U0451891

智慧机场建设概论

庞国锋 著

电子工业出版社
Publishing House of Electronics Industry
北京·BEIJING

内 容 简 介

本书围绕构建智慧机场建设理论体系，从生产运行、旅客服务、安全管控、商业经营、企业管理等业务领域，全面梳理智慧机场建设内容与建设重点，给出了智慧机场的规划设计方法，并着重提出了智慧机场智能化保障和数字孪生系统的实现过程。

本书主要供机场行业管理机构、机场服务企业、机场相关产业的从业人员，相关高校及科研院所人员，数字经济产业从业人员，对数字化及智能化转型感兴趣的人员参考阅读。

未经许可，不得以任何方式复制或抄袭本书之部分或全部内容。
版权所有，侵权必究。

图书在版编目（CIP）数据

智慧机场建设概论／庞国锋著．—北京：电子工业出版社，2022.7
ISBN 978-7-121-43937-7

Ⅰ．①智⋯　Ⅱ．①庞⋯　Ⅲ．①智能技术－应用－机场建设－研究　Ⅳ．①F560.3-39

中国版本图书馆 CIP 数据核字（2022）第 119302 号

责任编辑：徐　静　许存权
印　　刷：三河市良远印务有限公司
装　　订：三河市良远印务有限公司
出版发行：电子工业出版社
　　　　　北京市海淀区万寿路 173 信箱　邮编：100036
开　　本：787×1 092　1/16　印张：30.5　字数：780 千字
版　　次：2022 年 7 月第 1 版
印　　次：2022 年 7 月第 1 次印刷
定　　价：128.00 元

凡所购买电子工业出版社图书有缺损问题，请向购买书店调换。若书店售缺，请与本社发行部联系，联系及邮购电话：（010）88254888，88258888。
质量投诉请发邮件至 zlts@phei.com.cn，盗版侵权举报请发邮件至 dbqq@phei.com.cn。
本书咨询联系方式：（010）88254484，xucq@phei.com.cn。

序

数字经济为经济发展带来新动能，是社会高质量发展的新引擎。新基建作为数字经济的基础保障和重要支撑，已成为人们关注的焦点。在国家和地方新基建相关政策的推动下，各行业、领域纷纷开展新基建实践探索，加快信息基础设施建设的步伐。智慧城市、智慧交通、智慧机场等"智慧+"产业作为新基建的典型工程，正在不断深入推进与拓展。

机场是城市的门户和交通中心，是涵盖多类人员与空间的城市基础设施，体现了城市和国家的实力。由于机场空间中生产与生活要素的高度集中性和复杂性，因此对智慧机场的建设提出了更高要求。为促进民航高质量发展，满足人民群众的美好航空出行需求，我国提出了建设"平安、绿色、智慧、人文"四型机场，而智慧是"四型机场"的基本品质，也是实现其他"三型"的基础和路径。

庞国锋博士是我的学生，他博士研究生期间进行虚拟现实相关技术研究，取得突出创新成果。获得博士学位毕业后的近二十年时间里，他一直坚持本专业和相关领域的思考与研究，连续出版了多本系统仿真和虚拟现实方向的专著，受到读者欢迎，产生了很好效果。三年前，他告诉我要写一本关于智慧机场的专著，我颇感诧异。一是智慧机场技术性很强，需要综合运用物联网、云计算、大数据、人工智能、虚拟现实、数字孪生等各种技术手段并高效集成在一个智能系统；二是智慧机场专业性很强。机场的建设、运行、管理以及服务、经营，这些都是机场空间中的专业工作，没受过专门培训很难体会理解；三是智慧机场综合性很强。不仅是一种复杂的现代化智能系统，还是数字经济下具有完整产业链的一个独立的产业方向。建设智慧机场不仅需要系统观念和整体实践，还需要从产业发展的视角进行战略规划和顶层设计。上述因素使我感觉完成这本书，对他来说专业跨度过大，是一个巨大挑战。同时，我也认为智慧机场是一项极有意义的工作，非常期待这本书能早日面世。

令人欣慰的是，庞国锋博士用勤奋、钻研克服了专业上的跨度，在繁忙的工作之余，搜集材料、勤学深思、广泛调研、精心撰写，经过数个寒暑的辛劳，几易其稿，终于完成了这本专著。今年春节前，他专门花时间给我进行了介绍和讲解。我感到这本书有三个鲜明的特色，第一，这本书构建了智慧机场建设理论体系，从生产运行、旅客服务、安全管控、商业经营、企业管理等业务领域，全面梳理了智慧机场建设内容与建设重点，介绍了智慧机场的规划设计方法和重点业务信息系统，具有很强的综合性和实用性。第二，这本书根据智慧机场的需求特点，提出了智慧机场数字孪生的总体架构，给出了智慧机场数字孪生系统的完整实现过程，通过构建全要素全流程机场仿真系统，设计了面向数字孪生实现在线仿真和实时预测的方法。与现在一些只完成物理建模和数据智能的"数字孪生"相比，无疑具有一定的先进性和开创性。第三，这本书虽然写的是智慧机场，但一定意义上给出了智能系统开发的一种通用技术路线。对于任何一个智能系统，首先要深研其业务流程，分析各个业务流程间的交联交互关系，通过全面的协同协作，达成各方共同一致的情境意识，并在同一时钟标准、同一事件体系的驱动下推进各自进程。因此，协同协作系统作为智能系统的"心脏"，是一个开发重点；其次，会思考、能预测是"活"的智能系统的标志，而预测决策任务只能由数字孪生产生的模型智能来承担，因此，数字孪生作为智能系统的"大脑"，是另一个开发重点；最后，要顺应未来社会无人化、智能化的发展趋势，重点开发无人化、智能化装备体系。除上面三个鲜明特色以外，这本书还进行了大量案例分析，给出了不同规模不同类型智慧机场建设项目的建议，有助于决策部门精准规划，避免贪大求全。总之，本书既是一本学术专著，为相关专业领域学术和教育工作者提供了参照和借鉴；又是一本实用的工具书，对企业设计解决方案、开发实际业务系统也不乏参考价值；并且本书也有助于对数字经济、新基建和社会数字化智能化转型感兴趣的普通读者深入了解相关领域的研究进展。

目前，我国正处于从民航大国向民航强国跨越的关键时期，根据民航战略谋划，到2025年，我国运输机场数量将达到270个，到2030年将达到400个，覆盖全国所有地级行政区域和99%以上的人口地区。未来，我国新建和改造的机场均将向智慧化方向发展，成为助推我国高质量发展的又一高级别新兴产业。

总之，智慧机场建设已扬帆起航，《智慧机场建设概论》的出版恰逢其时，相信这本书能够在智慧机场建设中起到有益作用，同时祝愿庞国锋博士做出更大贡献。

中国仿真学会原理事长、中国工程院院士

2022年3月

前　言

当前，我国正处于从民航大国向民航强国跨越的关键时期。2019 年，习近平总书记出席北京大兴国际机场投运仪式，对民航工作做出重要指示，要求建设以"平安、绿色、智慧、人文"为核心的"四型机场"，为中国机场未来发展指明了方向。智慧是"四型机场"的基本品质，智慧机场建设作为"四型机场"建设中的重要组成部分，是推进"四型机场"建设的关键支撑和关键路径。

智慧机场是充分利用大数据、物联网、空间感知、云计算、移动互联网等新一代信息技术，综合运用交通科学、系统方法、人工智能、知识挖掘等理念与工具，全面覆盖机场空侧、航站楼、陆侧区域，通过建设实时的动态信息服务体系，实施航班、旅客、行李、车辆的精细化、协同化、可视化、智能化运行与管理，从而实现机场各功能彼此协调运作，提高机场运行效率，进而为旅客提供良好的服务，促进可持续发展的现代化机场新形态。智慧机场建设是民航业今后一段时期的重点发展方向，是机场发展的必然趋势。由于我国智慧机场建设刚刚起步，智慧机场概念尚不统一，对智慧机场建设的理解和认知水平参差不齐，在建设实践中的切入视角、建设投入、开发能力等方面也不一致。为推动我国智慧机场建设，促进民航高质量发展，本书围绕构建智慧机场建设理论体系，从生产运行、旅客服务、安全管控、商业经营、企业管理等业务领域，全面梳理智慧机场建设内容与建设重点，给出智慧机场的规划设计和系统实现方法，并着重提出了智慧机场智能化保障和数字孪生系统的实现过程。

本书由 12 章组成。其中，第 1 章为绪论，主要介绍机场的基本知识和智慧机场的产生背景、概念特点、发展现状、能力需求、建设目标等。第 2 章叙述智慧机场的规划设计，确定智慧机场的业务架构、应用架构、数据架构、技术架构等信息化规划蓝图。第 3 章介绍智慧机场建设的公共基础支撑平台，包括基础通信平台、大数据云平台、可视化平台、信息安全平台等技术基础支撑平台，以及航班正常性管理和旅客大数据管理两个业务基础平台。第 4 章至第 8 章，分别介绍实现智慧机场生产运行、旅客服务、安全管控、商业经营和企业管理五个具体业务领域的信息系统，其中 ACDM 系统、A-SMGCS 系统、指挥调度系统、旅客综合服务系统、安全综合管理系统、非航业务管理系统等是重点内容。第 9 章介绍用于智慧机场无人化保障的装备，给出了各类机器人的实现和特种车辆的无人化改造方法。第 10 章叙述智慧机场数字孪生系统的理论和实现过程，提出了智慧机场数字孪生的总体架构和实施方法，构建了全要素全流程机场仿真系统，以及面向数字孪生实现在线仿真和实时预测的方法。第 11 章介绍智慧机场标准体系和评估体系，第 12 章在分别介绍大型机场和中小型机场智慧机场实施典型案例的基础上，提出不同规模类型智慧机场的解决方案和实施路径。

  本书可供机场行业管理机构、机场服务企业、机场相关产业的从业人员，相关高校及科研院所人员，数字经济产业从业人员，对数字化及智能化转型感兴趣的人员学习参考。

  本书撰写过程历时三年并多次易稿，其间得到了中国仿真学会、北京航空航天大学、清华大学、中国民航大学、国防科技大学等高校和科研院所多位专家教授的支持与帮助，所参阅的文献资料均已在参考文献中列出。同时，电子工业出版社及作者本单位的领导亦给予了大力支持，在此，一并表示衷心感谢。由于作者水平所限，书中难免有疏漏与不足之处，恳请读者批评指正。

作者

目 录

第 1 章 绪论 ··· 1
  1.1 机场概述 ··· 1
    1.1.1 定义与分类 ··· 1
    1.1.2 系统组成 ·· 3
    1.1.3 业务工作 ·· 9
    1.1.4 运行指挥 ·· 12
    1.1.5 机场信息化 ··· 16
  1.2 智慧机场的产生背景 ·· 17
  1.3 智慧机场的概念特点 ·· 18
    1.3.1 概念 ··· 18
    1.3.2 特点 ··· 19
  1.4 智慧机场的发展状况 ·· 21
    1.4.1 发展历程 ·· 21
    1.4.2 当前状况 ·· 21
  1.5 智慧机场的需求分析 ·· 26
    1.5.1 生产运行领域需求 ·· 27
    1.5.2 旅客服务领域需求 ·· 28
    1.5.3 安全管控领域需求 ·· 29
    1.5.4 商业经营领域需求 ·· 30
    1.5.5 企业管理领域需求 ·· 31
  1.6 智慧机场的目标任务 ·· 32
    1.6.1 建设目标 ·· 32
    1.6.2 主要任务 ·· 33
  1.7 本书的编排结构 ·· 34

第 2 章 智慧机场规划设计 ··· 35
  2.1 规划方法 ··· 35

	2.1.1	规划目的	35
	2.1.2	规划方法	36
2.2	业务架构		39
	2.2.1	生产运行业务架构	39
	2.2.2	旅客服务业务架构	41
	2.2.3	安全管控业务架构	41
	2.2.4	商业经营业务架构	43
	2.2.5	企业管理业务架构	43
2.3	应用架构		44
2.4	数据架构		46
2.5	技术架构		51
	2.5.1	技术路线	51
	2.5.2	主要内容	52
2.6	信息安全架构		54
2.7	IT 治理架构		55

第 3 章　智慧机场公共基础支撑平台　57

3.1	基础网络通信平台		57
	3.1.1	空地通信	58
	3.1.2	地面无线通信	65
	3.1.3	物联网通信	73
	3.1.4	5G 通信	77
	3.1.5	定位通信	82
3.2	云计算平台		85
	3.2.1	需求分析	86
	3.2.2	总体设计	86
	3.2.3	基础设施	88
3.3	大数据平台		89
	3.3.1	体系架构	90
	3.3.2	数据融合	94
	3.3.3	应用领域	97
3.4	可视化平台		103
	3.4.1	总体设计	103
	3.4.2	GIS 系统	109
	3.4.3	BIM 系统	112
	3.4.4	视频监控系统	120

3.5 信息安全平台 132
　　3.5.1 威胁分析 132
　　3.5.2 系统架构 133
　　3.5.3 主要功能 133
　　3.5.4 关键技术 135
3.6 物联网平台 136
3.7 信息系统集成平台 138
　　3.7.1 基于 SOA 的系统集成 138
　　3.7.2 基于数据中台的系统集成 144
3.8 业务基础平台 147
　　3.8.1 航班正常性管理平台 147
　　3.8.2 会员管理平台 152

第 4 章　智慧机场生产运行业务系统　154

4.1 ACDM 系统 154
　　4.1.1 运行原理 154
　　4.1.2 需求分析 156
　　4.1.3 系统架构 157
　　4.1.4 工作流程 160
　　4.1.5 关键模块 161
4.2 场面活动引导与控制系统 175
　　4.2.1 系统概述 175
　　4.2.2 需求分析 177
　　4.2.3 系统架构 178
　　4.2.4 具体实现 179
4.3 机场空侧管理系统 181
　　4.3.1 系统架构 181
　　4.3.2 道面管理系统 183
　　4.3.3 设备管理系统 184
4.4 指挥调度系统 188
　　4.4.1 需求分析 189
　　4.4.2 系统架构 193
　　4.4.3 具体实现 193
　　4.4.4 实施效果 194
4.5 应急管理系统 196
　　4.5.1 需求分析 197

  4.5.2 系统架构 ………………………………………………………………… 199
  4.5.3 具体实现 ………………………………………………………………… 200
 4.6 除冰管理系统 ……………………………………………………………………… 201
  4.6.1 系统架构 ………………………………………………………………… 202
  4.6.2 主要功能 ………………………………………………………………… 202
  4.6.3 具体实现 ………………………………………………………………… 203
 4.7 货运管理系统 ……………………………………………………………………… 203
  4.7.1 需求分析 ………………………………………………………………… 203
  4.7.2 系统架构 ………………………………………………………………… 204
  4.7.3 具体实现 ………………………………………………………………… 205

第 5 章 智慧机场旅客服务业务系统 … 210

 5.1 综合服务系统 ……………………………………………………………………… 210
  5.1.1 业务背景 ………………………………………………………………… 210
  5.1.2 需求分析 ………………………………………………………………… 214
  5.1.3 系统架构 ………………………………………………………………… 216
  5.1.4 关键技术 ………………………………………………………………… 219
 5.2 陆侧交通系统 ……………………………………………………………………… 221
  5.2.1 需求分析 ………………………………………………………………… 221
  5.2.2 系统架构 ………………………………………………………………… 222
  5.2.3 具体实现 ………………………………………………………………… 224
 5.3 定位导航系统 ……………………………………………………………………… 225
  5.3.1 需求分析 ………………………………………………………………… 226
  5.3.2 技术原理 ………………………………………………………………… 227
  5.3.3 系统组成 ………………………………………………………………… 230
 5.4 动态标识系统 ……………………………………………………………………… 230
 5.5 行李跟踪系统 ……………………………………………………………………… 232
  5.5.1 需求分析 ………………………………………………………………… 232
  5.5.2 系统架构 ………………………………………………………………… 233
  5.5.3 系统功能 ………………………………………………………………… 234
  5.5.4 具体实现 ………………………………………………………………… 234

第 6 章 智慧机场安全管控业务系统 … 235

 6.1 安全综合管理系统 ………………………………………………………………… 235
  6.1.1 建设目标 ………………………………………………………………… 235
  6.1.2 系统架构 ………………………………………………………………… 236
  6.1.3 主要功能 ………………………………………………………………… 236

6.2 机场安检信息系统 247
  6.2.1 业务流程 247
  6.2.2 建设目标 248
  6.2.3 功能需求 249
6.3 场道异物检测（FOD）系统 251
  6.3.1 监测原理 251
  6.3.2 系统架构 253
  6.3.3 关键技术 254
6.4 机场围界安防系统 255
  6.4.1 建设目标 256
  6.4.2 系统组成 256
  6.4.3 主要功能 257

第7章 智慧机场商业经营业务系统 258

7.1 非航业务管理系统 258
  7.1.1 业务背景 258
  7.1.2 需求分析 259
  7.1.3 系统架构 260
7.2 O2O 电商平台 261
  7.2.1 业务背景 261
  7.2.2 需求分析 261
  7.2.3 系统架构 262
7.3 停车场管理系统 263
  7.3.1 业务背景 263
  7.3.2 需求分析 264
  7.3.3 系统架构 265

第8章 智慧机场企业管理业务系统 266

8.1 经营分析系统 266
  8.1.1 业务背景 266
  8.1.2 需求分析 267
  8.1.3 系统架构 268
  8.1.4 关键技术 269
8.2 战略管理系统 270
  8.2.1 理论基础 270
  8.2.2 建设目标 270
  8.2.3 系统架构 271

8.2.4 主要功能	271
8.3 资产管理系统	273
8.3.1 业务背景	273
8.3.2 需求分析	275
8.3.3 系统架构	276
8.4 能源管理系统	277
8.4.1 需求分析	278
8.4.2 系统架构	278
8.4.3 主要功能	280

第9章 智慧机场无人化保障装备 … 283

9.1 新型服务保障机器人	283
9.1.1 割草机器人	283
9.1.2 行李搬运机器人	287
9.1.3 服务机器人	289
9.2 加改装 AGV 式机器人	290
9.2.1 AGV 概述	290
9.2.2 道面安全检测机器人	301
9.2.3 智能安防巡检机器人	304
9.3 特种车辆无人化改造	306
9.3.1 无人驾驶水平划分	306
9.3.2 智能化改造方法	307
9.4 机场多机器人协同	308
9.4.1 体系结构	309
9.4.2 通信方式	313
9.4.3 协调控制	314
9.4.4 云机器人系统	315

第10章 智慧机场数字孪生系统 … 317

10.1 理论基础	317
10.1.1 数字孪生概述	317
10.1.2 数字孪生机场	318
10.2 总体架构	321
10.2.1 技术架构	321
10.2.2 核心平台	324
10.2.3 关键技术	333
10.3 系统实施	341

  10.3.1 建立机场的高精度数字化模型 ················ 341
  10.3.2 采集真实数据并与数字化模型关联 ············ 361
  10.3.3 开发机场设施设备故障预测模型 ·············· 366
  10.3.4 开发全要素全流程机场仿真系统 ·············· 368
  10.3.5 实现持续瞬态仿真和实时在线预测 ············ 389
 10.4 应用场景 ································ 395
  10.4.1 规划设计 ··························· 395
  10.4.2 建设施工 ··························· 395
  10.4.3 能力评估 ··························· 401
  10.4.4 车辆调度 ··························· 403
  10.4.5 应急演练 ··························· 407

第 11 章 智慧机场标准体系与评估体系 ············ 411
 11.1 标准体系 ································ 411
  11.1.1 建设思路 ··························· 412
  11.1.2 建设内容 ··························· 417
  11.1.3 组织实施 ··························· 420
 11.2 评估体系 ································ 421

第 12 章 智慧机场案例分析与实施路径 ············ 427
 12.1 典型案例 ································ 427
  12.1.1 首都机场 ··························· 427
  12.1.2 深圳宝安机场 ························· 431
  12.1.3 重庆江北机场 ························· 436
  12.1.4 长沙黄花机场 ························· 439
  12.1.5 遵义茅台机场 ························· 441
  12.1.6 鄂州花湖机场 ························· 447
 12.2 实施路径 ································ 450

参考文献 ···································· 464

第1章
绪论

1.1 机场概述

1.1.1 定义与分类

国际民航组织将机场(航空港)定义为:供航空器起飞、降落和地面活动而划定的一块地域或水域,包括域内的各种建筑物和设备装置,主要由飞行区、旅客航站区、货运区、机务维修设施、供油设施、空中交通管制设施、安全保卫设施、救援和消防设施、行政办公区、生活区、后勤保障设施、地面交通设施及机场空域等组成。

从机场的用途看,机场可分为军用机场和民用机场,民用机场主要分为运输机场和通用航空机场,此外,还有供飞行培训、飞机研制试飞、航空俱乐部等使用的机场。运输机场的规模较大,功能较全,使用较频繁,知名度也较大。通用机场主要供专业飞行之用,使用场地较小,因此,一般规模较小,功能单一,对场地的要求不高,设备也相对简陋。

除根据用途分类外,考虑机场的业务范围、在民航运输系统中的作用、其所在地的状况、机场的规模等,还有若干不同的分类方法,可将机场划分为不同类别,主要目的是便于科学管理、合理建设并相应设置配套设施和机构。

1. 按跑道等级分

国际上通用的是按跑道等级进行分类的方法。跑道是机场的主要设施,跑道的等级直接决定了机场的各项指标,如飞机起降架次、年旅客吞吐量等。如表1-1所示,以两位数字和字母的组合表示机场等级,如类别为4E的机场,表示该机场至少有一条跑道长度大于1800米,可起降翼展大于52米、轮距大于9米的民用运输机,如波音747等,属于大型机场。

表1-1 机场等级划分标准(1)

第一位数字		第二位字母		
数字	机场跑道长度/米	字母	翼展/米	轮距/米
1	<800	A	<5	<4.5

续表

第一位数字		第二位字母		
数　字	机场跑道长度/米	字　母	翼展/米	轮距/米
2	800～1200	B	5～24	4.5～6
3	1200～1800	C	24～36	6～9
4	1800 以上	D	36～52	9～14
		E	52～60	9～14

2. 按服务航线和规模地位分

我国国家综合机场体系分类框架中，将运输机场分为四类，即大型枢纽机场、中型枢纽机场、小型枢纽机场和非枢纽机场。按照功能属性，这四类机场又对应划分为国际性枢纽、区域性枢纽、地区性枢纽和非枢纽。中国民航总局在官方文件中指出，中国航空交通体系由北京、上海、广州 3 个国际性枢纽机场，成都、昆明、深圳、重庆、西安、乌鲁木齐、哈尔滨、天津、太原、大连、沈阳、长春、杭州、厦门、南京、青岛、福州、济南、南宁、海口、三亚、郑州、武汉、长沙、贵阳、兰州 26 个区域性枢纽机场，南昌、呼和浩特、石家庄、宁波、温州、珠海、合肥、银川、桂林、丽江、无锡、烟台、西宁、泉州、揭阳、西双版纳、拉萨、常州、绵阳、宜昌 21 个地区性枢纽机场，及其他非枢纽机场组成。

3. 按年客流量标准分

主要以年客流量 10 万、50 万、100 万、500 万、1000 万为标准线依次将机场划分为 6 个等级，如表 1-2 所示。

表 1-2　机场等级划分标准（2）

机　场　类　别	流　量　标　准
Ⅰ	旅客客流量 1000 万人次及以上
Ⅱ	旅客客流量 500 万～1000 万人次，包括不足 500 万客流量的区域枢纽机场
Ⅲ	旅客客流量 100 万～500 万人次，包括不足 100 万客流量的直辖市/省会机场
Ⅳ	旅客客流量 50 万～100 万人次
Ⅴ	旅客客流量 10 万～50 万人次
Ⅵ	旅客客流量 10 万人次以下

《中国民用航空发展第十三个五年规划》和《全国民用机场布局规划》（2017 版）均提出，"十三五"期间，到 2025 年，除北京、上海、广州 3 个国际枢纽机场外，我国还要建设成都、昆明、深圳、重庆、西安、乌鲁木齐、哈尔滨 7 个国际枢纽机场，以及天津、石家庄、太原、呼和浩特、大连、沈阳、长春、杭州、厦门、南京、青岛、福州、济南、南昌、温州、宁波、合肥、南宁、桂林、海口、三亚、郑州、武汉、长沙、贵阳、拉萨、兰州、西宁、银川 29 个区域枢纽机场，形成京津冀、长

三角、珠三角 3 大世界级机场群。

1.1.2 系统组成

从系统学的角度来看，机场是一个由设施、保障设备、人员及相关信息系统组成复杂的有机体。

1.1.2.1 设施

如图 1-1 所示，机场设施的组成可简单地划分为供飞机活动的空侧部分及供旅客和货物转入或转出空侧的陆侧部分。

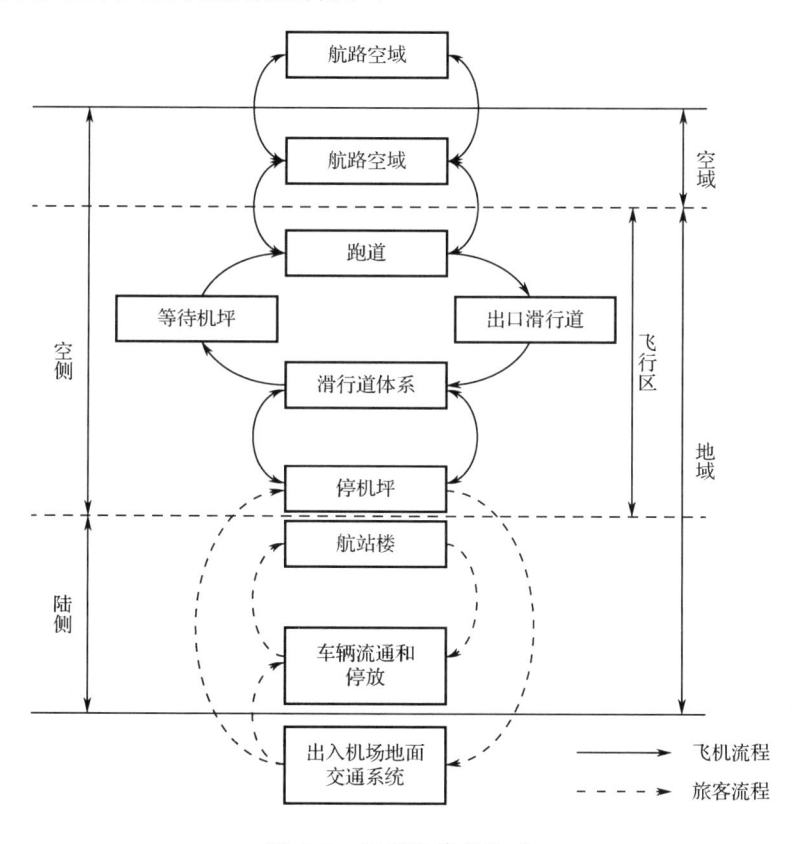

图 1-1 机场设施的构成

空侧和陆侧是对应的，以航站楼内的安检和门禁系统作为分界线。空侧部分，包括跑道、滑行道、停机坪、货运区等及相邻地区和建筑物（或其中一部分），如飞机库（棚）、油库、导航台（站）、气象台（站）、保障车辆停车场或驻停区域、仓库等，进入该区域是受管制的。陆侧部分则是为航空运输提供客运、货运及邮运服务的区域，非旅行公众也能自由进出该部分区域的场所和建筑物。主要包括航站楼（部分）和进出机场的地面交通系统等。

1.1.2.2 保障设备

机场保障设备是机场在地面进行飞行保障、旅客服务、安全管控、机场维护等工作时所使用的设备的总称，简单来分，机场保障设备可分为对空部分和对地部分两大类。

对空部分，包括仪表着陆系统、精密进近雷达、微波着陆系统、助航灯光设备等各种导航设备。

对地部分，包括在机坪上进行卸载和加载（旅客、货邮、行李）、加油、清理、检查和维修、充电、供应（水、食品）以及推拉飞机的设备，如飞机牵引车、加油车（栓、井）、供水车、空调车、升降平台车、摆渡车、气源车、电源车、地面电源、旅客舷梯车、自动升降登机车、登机桥、特种运货车以及食品车、污水车等。此外，为保障飞机在机场上的安全运行，还配备了场务维护（清扫车、吹雪车、除胶车、割草机等）、检测设备（道面摩擦系数测试车等）以及驱鸟设备。为处理可能发生的飞行事故，机场还配有消防车、抢救车、救护车和各种便携式消防器材。根据机场的不同等级，规定了满足机场运行最低标准的装备品类和数量。

飞机在经停时，一般需要在规定时间内完成上下旅客，装卸货物，供应食品和其他用品，加油加水，清除垃圾以及必要的检查和维修等工作。因此，会有许多保障设备同时围绕飞机进行服务（如图1-2所示），这些保障设备主要包括如下：

（1）牵引车。分为抱式和杆式两种，供飞机推出机位时使用。牵引车通常车身低矮，以适应飞机机体高度。牵引车与飞机之间采用硬式牵引杆，牵引不同机型有不同长度的牵引杆。

（2）加油车。一般有两种类型，罐式加油车和管线加油车。罐式加油车装有燃油，通过加油臂给飞机加油，一般可装10吨以上燃油，每分钟加油4000升。管线加油车通过连接机坪上的供油栓与飞机的加油孔加油，每分钟加油10000升以上。

（3）地面电源车。飞机停放在地面发动机未启动时由地面电源车供电，用于启动发动机、仪表和照明等用电。现代大型客机上都装有辅助动力装置（APU），可以提供电力需要，因此电源车使用逐渐减少，但在军用战斗机地面维护中还广泛使用。

（4）气源车。飞机气源车可提供低压大流量压缩空气启动飞机发动机，也可给飞机进行辅助供气，用于飞机检查等项目，是必须的地面保障设备。

（5）空调车。空调车主要用于地面保障过程中为飞机机舱提供适宜温度的新鲜空气。

（6）维护专用车。用于清理或维护飞机外部，它的升降高度可达12米，以保证能到达飞机外部各个部位。

（7）客梯车。也称旅客舷梯、自行登机梯，当飞机停靠远机位或在没有登机桥的机坪上供旅客上下飞机之用，可以在一定范围内调节登机梯的高度以适应不同机型。

（8）摆渡车。旅客摆渡车使用于机坪内，向旅客提供往返于航空器和登机口之间的交通运输车辆。当飞机停靠在远机位时，提供旅客在远机位和航站楼之间的运输服务。摆渡车的容量一般为70人左右。

（9）食品供应车。为飞机供应航空食品。食品车通常具有升降设备，可以为不同机型的飞机服务。

（10）饮水加注车。为飞机加注饮用水，一般带有升降设备，可以携带数吨清水。

（11）升降工作台。大型飞机货邮行李装卸设备。B747、A330和A340等大型飞机的货物通常装在集装箱内或集装板上，因此升降平台车一般用于集装箱或集装板的装卸。平台车的作业平台上装有滚动滑轮和控制装置，可实现集装箱4个方向的自动移动，节省了大量的人力。

（12）货物运输车。用于运输行李和货物，高度不到半米，一般和拖车联合作业。一辆拖车后面可衔接多辆平板车。

（13）行李传送车。飞机装卸行李和货物时，除了平台车，还可利用传送车加快装载速度，节约人力。

（14）廊桥。提供旅客从飞机舱门至航站楼的通道，供旅客上下飞机。廊桥操作员会根据飞机类型，调整廊桥高度对准飞机舱门。针对某些特殊的机型，廊桥拥有特殊设置，如服务大飞机的廊桥拥有双桥头，旅客可以在飞机前后舱门同时登机。

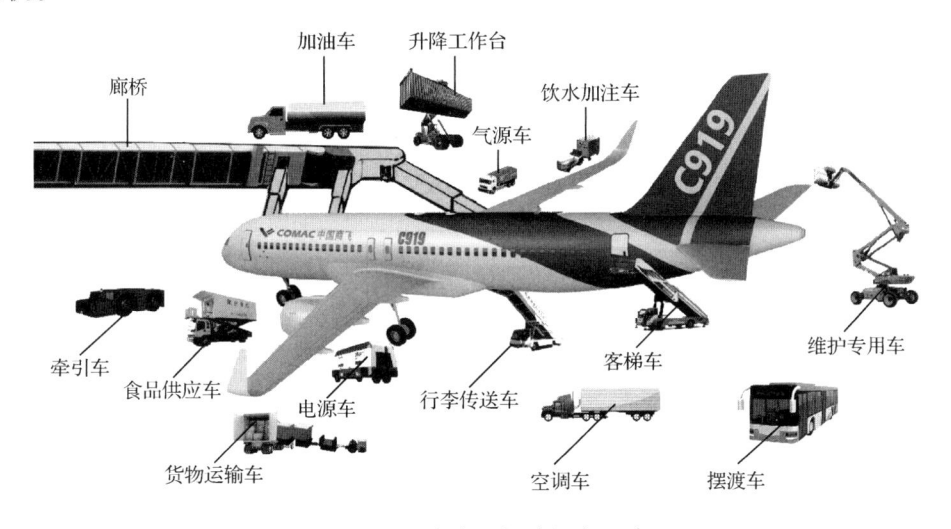

图1-2 机场地面保障设备示意

另外，随着社会发展和技术进步，机场信息化装备如各种有线/无线网络、各类终端、摄像头、传感器、无人机以及各种软件信息系统等不断进入机场，并发挥重要作用。

1.1.2.3 人员与组织

机场人员按岗位主要分为两类,一类是行政管理岗,一类是生产运行岗。行政管理岗组成了机场的行政体系,涉及的组织机构和部门主要有办公室、财务部、人力资源部、商务部、市场部等,基本上以承担企业管理职能为主。生产运行岗组成了机场的服务保障体系,涉及的组织机构和部门主要是一线生产和经营单位,如机务工程部、场务部、货运部、食品公司、旅客服务部、安检部、安全保卫部、信息技术部、车辆保障部、特种设备部、医疗急救中心、现场监管等,基本上以对外提供服务和保障为主。此外,机场还会有航空公司驻场的一些部门。简单地说,一般在飞机下面的操作都属于机场人员,飞机上的操作都属于航空公司人员。图1-3是一个典型枢纽机场的组织架构。

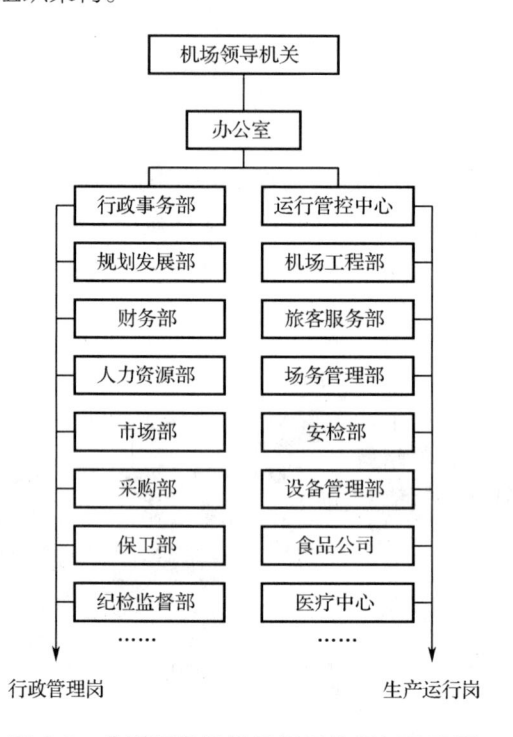

```
                机场领导机关
                     │
                   办公室
          ┌──────────┴──────────┐
    行政事务部              运行管控中心
    规划发展部              机场工程部
    财务部                  旅客服务部
    人力资源部              场务管理部
    市场部                  安检部
    采购部                  设备管理部
    保卫部                  食品公司
    纪检监督部              医疗中心
       ……                     ……
       ↓                       ↓
    行政管理岗              生产运行岗
```

图1-3 典型枢纽机场组织机构框架示意图

随着机场属地化改革的完成,目前很多机场采用了以产权清晰、权职明确、政企分开、管理科学为特征的现代企业制度,以往政企不分、由机场直接经营的组织模式正在逐步发展为统一领导、分区管理、专业支撑、配套服务的组织管理模式(图1-4),即在机场集团或机场股份公司的统一领导下,组成区域管理部门、专业保障部门和专业经营部门作为资产主体和责任主体,采取业务外包的形式,由其向各个专业公司(包括专业保障服务提供商和专业经营服务商)购买服务。这种组织管理模式的最大特点是所有权与经营权分离,机场主要由承担总体规划、安全监督、运行管控、服务监管、航空市场拓展、机场商业开发、国土资源管理等职责的管理机构或事业部组成，通过特许经营等业务外包形式吸引专业公司从事机场业务的生产经营与服务，从而理顺机场内部与外部的关系，实现机场运营价值的最大化。

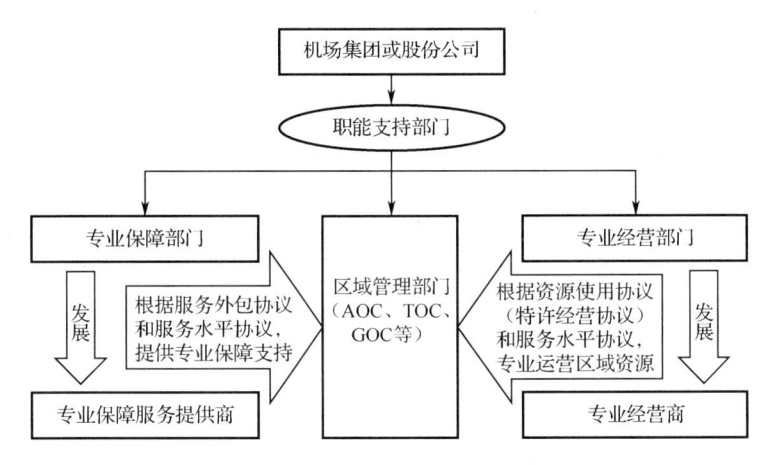

图 1-4 现代机场组织管理模式

1.1.2.4 信息系统

机场信息系统的主要目的是充分运用现代计算机网络技术、通信技术、信息处理技术和应用开发技术实现机场客货生产运营的航班信息、旅客信息、货物信息、邮件信息、行李信息、指挥调度信息、气象信息、机场生产运营资源信息等各类信息的及时采集、自动处理和统一发布。同时，运用接口技术实现各计算机信息系统之间的信息共享和功能联动。

机场信息系统建立在统一的信息系统集成平台之上，以信息集成系统为核心，根据机场的等级或规模可以包含全部或部分以下系统。

（1）机场信息集成系统（Airport Information Integration）

对机场范围内各生产、运行、管理、服务系统的相关信息进行集中采集、处理、存储和发布的系统。

（2）离港控制系统（Departure Control System）

计算机离港控制系统（Departure Control System），简称 DCS，为机场提供旅客值机、配载平衡、航班数据控制、登机控制、联程值机等信息服务，可以满足值机控制、装载控制、登机控制以及信息交换等机场旅客服务所需功能的系统，主要有旅客值机（CKI）、配载平衡（LDP）、航班数据控制（FDC）三大部分。如图 1-5 所示，离港控制系统是机场信息流程的开始。

（3）航班显示系统（Flight Information Display System）

通过 LED、LCD、PDP、CRT 等信息显示设备，向旅客和机场工作人员发布航班动态信息、值机信息、安检信息、候机/登机信息、行李提取信息、天气信息等实时信息的系统。

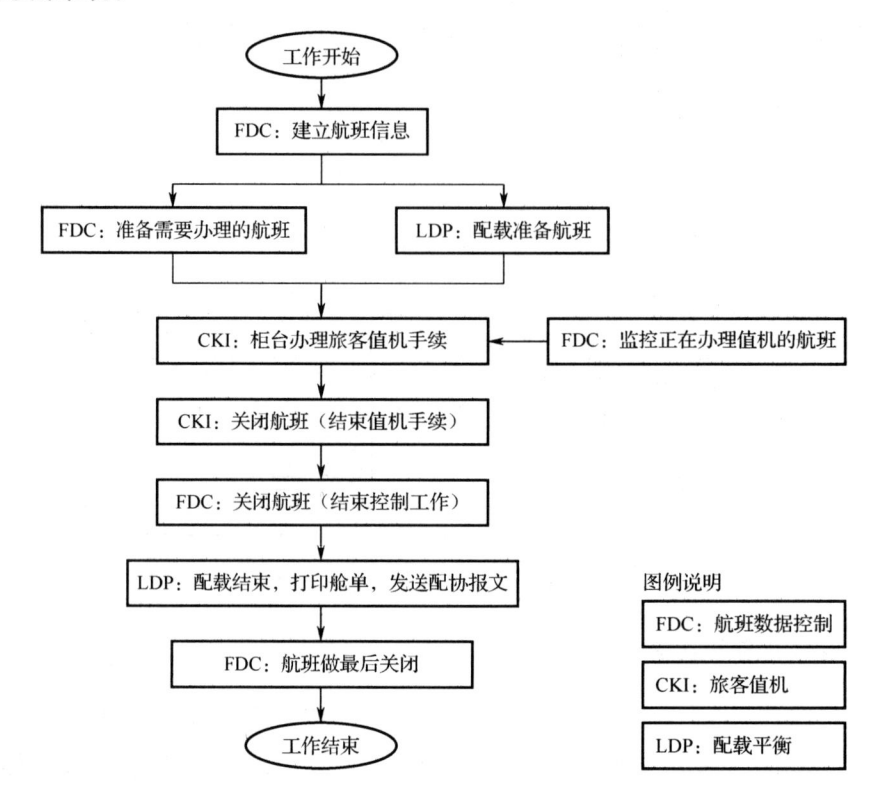

```
                    ┌─────────┐
                    │ 工作开始 │
                    └────┬────┘
                         ↓
              ┌──────────────────────┐
              │ FDC：建立航班信息    │
              └──────────┬───────────┘
                    ┌────┴────┐
                    ↓         ↓
     ┌──────────────────────┐ ┌──────────────────┐
     │ FDC：准备需要办理的航班│ │ LDP：配载准备航班│
     └──────────┬───────────┘ └──────────────────┘
                ↓
     ┌──────────────────────────┐    ┌──────────────────────────┐
     │ CKI：柜台办理旅客值机手续│←───│ FDC：监控正在办理值机的航班│
     └──────────┬───────────────┘    └──────────────────────────┘
                ↓
     ┌──────────────────────────────┐
     │ CKI：关闭航班（结束值机手续）│
     └──────────┬───────────────────┘
                ↓
     ┌──────────────────────────────┐
     │ FDC：关闭航班（结束控制工作）│
     └──────────┬───────────────────┘
                ↓
     ┌────────────────────────────────────┐   图例说明
     │ LDP：配载结束，打印舱单，发送配协报文│  ┌──────────────────┐
     └──────────┬─────────────────────────┘  │ FDC：航班数据控制│
                ↓                             ├──────────────────┤
     ┌──────────────────────────┐             │ CKI：旅客值机    │
     │ FDC：航班做最后关闭      │             ├──────────────────┤
     └──────────┬───────────────┘             │ LDP：配载平衡    │
                ↓                             └──────────────────┘
            ┌─────────┐
            │ 工作结束 │
            └─────────┘
```

图 1-5　离港控制系统

（4）广播系统（Paging System）

由自动广播软件实现语音合成和逻辑控制，集中或分区播放航班动态信息、值机信息、登机信息和机场服务信息，具有人工广播功能的系统。

（5）时钟系统（Master Clock System）

接收全球定位系统（GPS）或中央电视台（CCTV）时钟信号对机场时钟进行精确校时。

（6）客户呼叫中心系统（Customer Call Center System）

集语音技术、呼叫处理、计算机网络与数据库技术于一体，为客户提供全方位、多途径服务的系统。

（7）行李处理系统（Baggage Handling System）

使用条码识别技术和控制技术对旅客托运的行李进行集中传送、分拣与处理的自动化系统。

（8）飞机泊位引导系统（Docking Guidance System）

飞机泊位引导系统能够对机位进行自动分配，并且能引导飞机迅速、安全、准确地进入停机位，从而提高工作效率，做到机位的准确分配和引导。

（9）机场内部通信系统（Inner Communication System）

由专用交换设备和专用话机组成的具有直通、群呼、组呼和免操作应答等功能的有线通信调度系统。

（10）航空货运管理系统（Air Cargo Management System）

利用计算机技术和网络技术对航空运输货物的物流进行科学管理的系统。

（11）安检信息管理系统（Security Information Management System）

由计算机及其相关和配套的设备、设施（含网络）构成，具有对旅客安全检查、行李图像及安全检查现场视频、音频资料等信息进行采集、存储、传输和检索等处理功能的系统。

除以上系统外，机场还配有消防报警系统、自动视频监控系统、停车场管理系统、门禁管理系统、周界报警系统等信息系统。这些系统在统一的航班信息之下运作，为机场各部门的生产、调度、管理提供有效手段。

随着云计算、物联网、大数据等现代信息技术的发展，一方面信息集成系统正在转变为大数据云平台，为各业务信息系统提供云化服务；另一方面出现了空地协同决策、地面保障指挥、设施设备监控、旅客信息服务等新型的信息系统，为机场实现最优化的安全生产和服务保障提供了强有力的信息支撑，同时，这些新型的信息系统也是数字化、智慧化机场建设的基础。

1.1.3 业务工作

机场的作用是供飞机安全、有序、高效地进行起降，并为飞机和旅客提供相应的服务保障，除此以外，有的机场尤其是大型机场还发挥了提供非航空业务经营、促进属地经济发展的作用。因此，要围绕机场作用的发挥，考察机场服务保障航班正常飞行的全业务过程。如图 1-6 所示，机场全业务过程主要由航空器、旅客和行李三个服务保障流程所组成，这三个主要流程在旅客上下机的环节形成了交织。具体的，从航空器角度，涉及着陆、进港滑行、进港站坪保障、出港站坪保障、出港滑行等流程环节，其中，对航空器进出港站坪保障进行了浓缩，实际上包含了引导入位、上轮挡、机务维护、加油、加水、清洁、撤轮挡和放行推出等一整套保障活动；从旅客角度，涉及旅客进港、进港边检、楼内摆渡、出港旅客值机、旅客分流、APM（自动捷运）摆渡、出港边检、旅客安检、登机、出港远机位摆渡等流程环节；从行李角度，涉及进港行李机下保障、进港行李运输、行李提取、出港行李下传、出港行李分拣、运输、出港行李机下保障等流程环节。另外，为保证机场的顺利运行，还涉及机场的安全管控、商业经营、企业管理、应急处置等支撑性流程。形成机场全业务过程"一张图"非常重要（图 1-6），有助于机场各服务保障部门加深相互理解，形成共同的情景意识。

```
     进港                                    出港
航空器   航空器着陆 → 航空器滑行 → 进港站坪保障 → 出港站坪保障 → 航空器滑行 → 航空器起飞

旅客     旅客进港 → 航站楼内服务 → 行李提取 → 旅客值机 → 航站楼内服务 → 通行安检 → 旅客登机

行李     进港行李机下保障 → 港内运输 → 转盘等待提取 → 行李托运 → 行李分拣 → 行李运输 → 出港行李机下保障

其他     交通换乘   安全管控   内部管理   应急处置   特殊天气   商业经营   ……
```

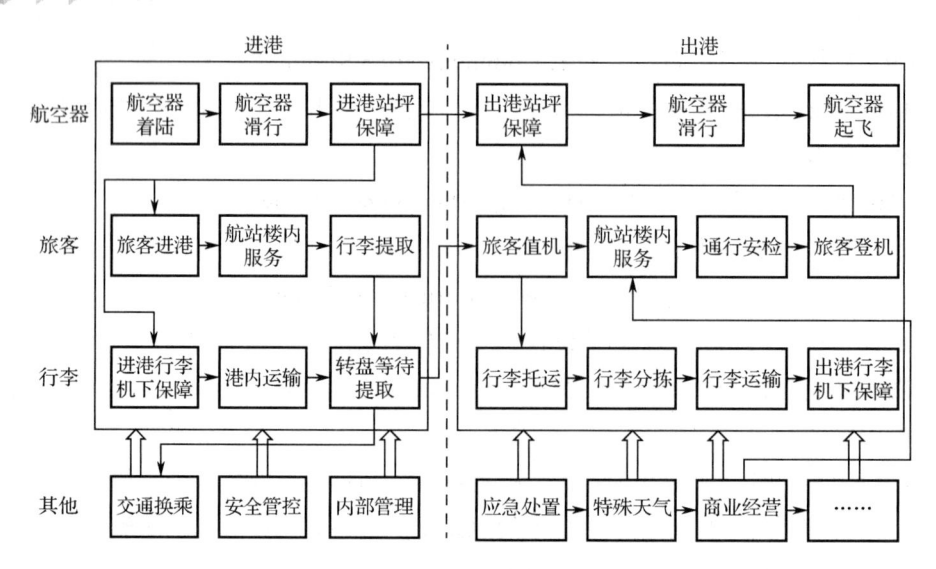

图1-6 机场全业务过程"一张图"

机场全业务流程中的每个流程环节都代表了机场进行服务保障工作的一个场景,而实现这些场景则需要机场各专业领域的业务工作来完成。按照分区管理、专业支撑的原则,可将这些业务工作归类划分为生产运行、旅客服务、安全管控、商业经营和企业管理五大领域,如表1-3所示。

表1-3 机场五大业务领域

保障部门	生产运行	旅客服务	安全管控	商业经营	企业管理
机场管理部门	航班管理、资源管理	服务质量管控、服务标准改进、服务考评	安全管理体系建设、安全标准改进、安全绩效评估	商业开发管理、租户管理、合同管理、商业布局规划	战略管理、人力资源管理、财务管理、资产管理、能源管理
飞行区服务保障部门	运行指挥、运行态势监控、保障资源调度、特情处置	旅客登机/下机服务、行李装卸、行李中转	机坪安全、跑道安全、设施安全、飞机地面安全、车辆安全、预防鸟击、场道消防安全	特种车辆和设备管理	不停航施工管理、设施设备管理
航站楼区服务保障部门	航班保障、运行监控、资源管理、应急管理	旅客进港、旅客出港、旅客中转、行李托运、贵宾服务	旅客安检、行李安检、设施安全、建筑消防安全	资源租赁管理	设施设备管理
公共区服务保障部门	交通调度、停车场管理	通勤服务、换乘服务	防止恐怖袭击、治安管理	停车业务	设施设备管理

1.1.3.1 生产运行

生产运行是指围绕航班安全运营所进行的保障工作,保障对象包括飞机、旅客、行李与货物等,主要业务工作包括(但不限于)面向机场管理部门的运行控制、航班管理、资源管理等；面向飞行区服务保障部门的运行指挥、运行态势监控、保障资源调度等；面向航站楼区服务保障部门的航班保障、运行监控、资源管理、应急管理等；面向公共区服务保障部门的交通调度、停车场管理等。

1.1.3.2 旅客服务

旅客服务指针对旅客和货主货代等提供的服务，以旅客服务为主，具体业务工作包括（但不限于）面向机场管理部门的服务质量管控、服务标准改进、服务考评；面向飞行区服务保障部门的旅客登机/下机服务、行李装卸、行李中转等；面向航站楼区服务保障部门的售票服务、旅客进港值机、旅客出港、旅客中转、行李托运、贵宾服务、不正常运输服务等；面向公共区服务保障部门的通勤服务、换乘服务等。

1.1.3.3 安全管控

安全管控是指在机场及其邻近区域内，通过各种手段，防止航空器或者机场设施发生或者可能发生的严重损坏以及其他导致或者可能导致人员伤亡和财产严重损失的情况，主要业务工作包括（但不限于）面向机场管理部门的安全管理体系建设、安全标准改进、安全绩效评估等；面向飞行区服务保障部门的机坪安全、跑道安全、设施安全、飞机地面安全、车辆安全、预防鸟击、场面消防安全等；面向航站楼区服务保障部门的旅客安检、行李安检、设施安全、建筑消防安全等；面向公共区服务保障部门的防止恐怖袭击、治安管理等公共安全。

1.1.3.4 商业经营

商业经营是指机场作为企业所从事的企业经营活动，包括物业、租赁、商业、特许经营管理等。随着机场基本功能的扩大，机场不仅向旅客提供各种商业服务，如餐饮、购物、会展、休闲服务，而且随着机场属地化管理的实现，依托机场还可建立物流园区、临空产业区、临空经济区以及航空城等，为发展地方经济服务。主要业务工作包括（但不限于）面向机场管理部门的商业开发管理、租户管理、合同管理、商业布局规划等；面向飞行区服务保障部门的特种车辆和设备管理等；面向航站楼区服务保障部门的资源租赁管理；面向公共区服务保障部门的停车业务等。

1.1.3.5 企业管理

企业管理是指机场作为一个行政单位或组织实体，对其内部所进行的组织管理工作，主要业务工作包括（但不限于）面向机场管理部门的战略管理、人力资源管理、财务管理、资产管理、能源管理等。其中人力资源管理、财务管理、资产管理是飞行区服务保障部门、航站楼区服务保障部门和公共区服务保障部门共同涉及的业务工作。

1.1.4 运行指挥

机场生产运行基本包括在机场飞行区作业的客机、货机等航空器进行的所有地面服务保障活动。运行指挥是机场管理部门和飞行区服务保障部门围绕地面服务保障所开展的指挥、协调、组织、管理等工作，目的是规范机场的地面运行保障秩序，及时处理紧急情况，以确保每个航班的安全性、快捷性和有效性。良好的机场运行指挥体系对于确保机场安全生产、提高机场运行效率至关重要。

1.1.4.1 运行模式

目前国内机场大体上有两种运行模式，即传统的指挥中心协调运行模式和 AOC/TOC/GTC 区域化运行模式。

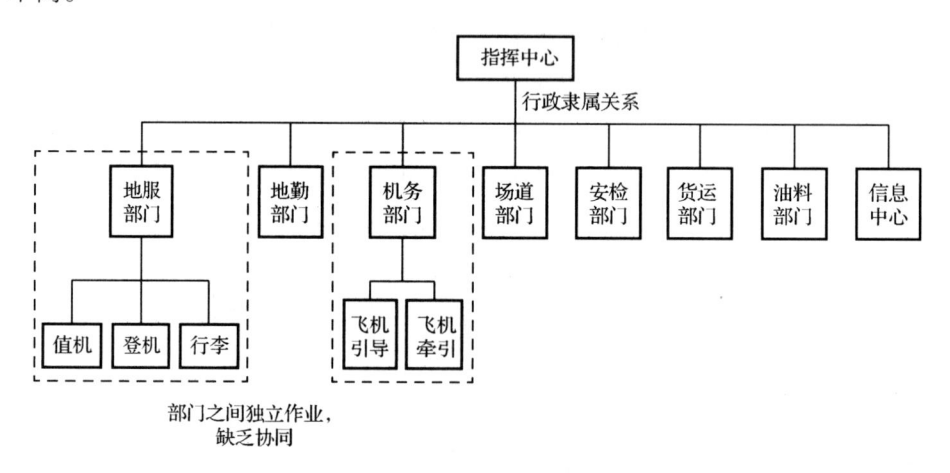

1. 指挥中心协调运行模式

指挥中心协调运行模式是以指挥中心为地面调度和协调机构，以地服、贵宾、场道、信息、货运等各二级生产保障单位为具体业务执行部门，按严格的行政隶属关系建立的垂直指挥管理体系，如图 1-7 所示。目前，国内大多数机场采用的还是传统指挥中心协调运行模式，这种模式下，指挥中心通过下级各部门接收一线保障班组的信息，对一线班组实施"统一指挥、统一调度"。该运行模式优点是各部门专业性强，部门间交叉职能少，在只拥有"一个航站楼、一条跑道"机场，各类保障资源相对充裕的条件下，有利于统一掌握和协调保障资源；缺点是部门间横向沟通少，航班信息和资源分配信息互相不透明，指挥链条长，指挥效率和资源调度的效率不高。

图 1-7 指挥中心协调运行模式

2. AOC/TOC/GTC 区域化运行模式

AOC/TOC/GTC 区域化运行模式是指采用"统一指挥、分区管理、专业支撑、配套服务"的运行理念，以区分机场运行管理区域和业务性质为基础，将机场运行管理划分为不同层次，按照飞行区运行管理、航站楼运行管理、公共区运行管理等不同维度，分别设置飞行区运行控制中心（AOC，Airport Operation Center）、航站区运行控制中心（TOC，Terminal Operation Center）以及机场地面交通中心（GTC，Ground Traffic Center）等区域管理机构，各功能中心负责相关区域内的业务协调、推进，既独立运行、又相互协作，形成对内和对外的明确责任主体，统一提供服务，如图1-8所示。

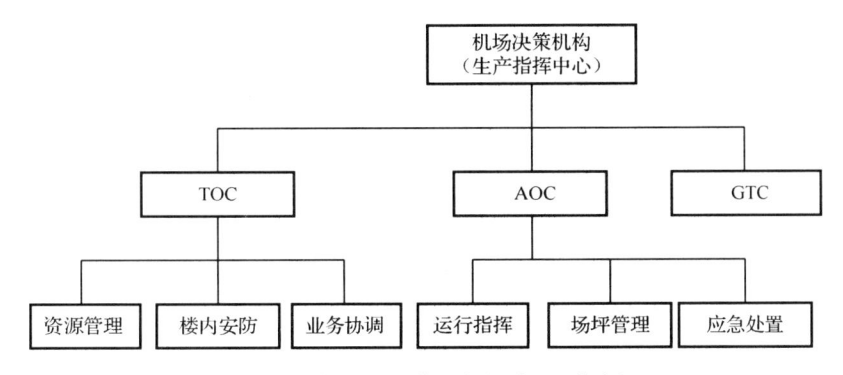

图 1-8 AOC/TOC/GTC 区域化运行模式

从机场运行管理的角度来看，通过建立 AOC/TOC/GTC 区域化运行模式，形成了各业务部门灵活顺畅的协调机制，有利于将机场运行日常事务从核心职能中剥离出来，有利于加强机场流程执行过程的监控和跟踪，提升服务质量。

纵观国际国内先进机场，其生产运行管理趋势正在从"统一指挥、统一调度"模式逐步向"统一指挥、分区管理"转变，机场当局的管理职责也从"全面深度管理"到"搭建软、硬件平台，提供资源和服务"的角色转变。目前，我国前十大机场大多采用多跑道、多航站楼的格局，而首都机场、上海机场等国际性枢纽机场甚至形成了机场群同时运行的格局，年旅客吞吐量都超过了 2000 万人次，这些大型的枢纽机场多数建立了 AOC，实行了飞行区、航站区、公共区互相独立的区域化运行管理模式，并设置了专业的后台支撑单位，加大了对运行指挥部门和区域管理部门的后台支持。随着二三线城市机场规模的不断扩大，越来越多的机场将引入 AOC/TOC/GTC 运行模式。

1.1.4.2 指挥体制

由上小节可知，AOC 在机场运行指挥体系中起着重要的中枢作用，在实行 AOC/TOC/GTC 区域化运行模式的机场中，主要采用以下三种运行指挥体制，一是"三个中心"的指挥体制，即运行控制中心、飞行区管理中心、航站楼管理中心分区指挥。运行控制中心是机场总体监控和协调中心，对机场航班信息和机位资源进行管理。飞行区管理中心是飞行区生产运行的指挥机构，航站楼管理中心是航站区生产运行的指挥机构，首都机场采用了"三个中心"的指挥体制。二是"两个中心"指挥体制，即飞行区管理中心和航站区管理中心分区管理模式。飞行区管理中心承担机场运行控制中心和飞行区区域运行管理主体的职责，是机场安全生产和旅客服务的最高协调管理机构，也是飞行区运行生产的指挥机构。航站区管理中心承担航站区区域运行管理的主体职责，是航站区运行生产的指挥机构。上海浦东机场采用"两个中心"指挥体制，成立机场运行中心和航站楼运行中心，分别负责各区域内生产运营活动的开展。三是"一个中心"指挥体制，即由AOC完成航空器地面保障和旅客服务的职责，负责为机场整体安全运行指挥调度、应急救援的指挥调度、航站楼候机区和登机口资源、对机场服务质量和机场服务保障类信息发布等工作。

以上三种指挥体制均体现了AOC/TOC/GTC区域化管理的特点，区别只在于飞行区管理中心是否承担整个机场的运行控制功能。在"两个中心"指挥体制中，AOC既承担了飞行区区域运行管理功能，也承担了整个机场的运行控制功能。而在"三个中心"指挥体制中，飞行区管理中心仅负责飞行区区域运行管理，整个机场的运行控制功能和关键业务管理由专门的运行控制中心负责。"一个中心"指挥体制则是将机场所有区域交由AOC统一管理。但无论怎样设置，AOC都是机场运行管理和应急指挥的核心，作为机场日常航班安全生产和旅客服务现场的最高协调管理机构，把必须在机场全局层面统一指挥的业务和职能整合在AOC，负责机场运行现场和飞行区安全运行管理，其主要任务是机场全局的运行指挥、航班计划/航班动态更新和发布、资源分配/资源动态更新和发布、各功能中心的协调管理以及外场管理和飞行区安防等。

1.1.4.3 职能任务

机场运行控制中心（AOC）的职能任务主要包括运行指挥、机坪管理和应急处置等三部分内容。

1. 运行指挥

（1）根据各航空公司提供的航班计划，编制本场每天的航班预报，并通过机场运营管理系统向各保障单位（部门）发布。

（2）负责收集、传递各种运行动态信息，对各种信息进行集成、分类和发布。

（3）负责本场的停机位、登机门和行李传送带等各种运行资源的分配与调整。

（4）掌握、记录飞行动态和航班信息，及时调整航班信息并向相关单位（部门）发布。

（5）负责发布航班生产、服务保障指令。

（6）参与专机、重要飞行、VIP等重要航班的保障工作。

（7）收听塔台与机组的对话，如获悉发生异常情况，立即按有关程序处置、报告。

（8）紧急情况发生时，负责应急救援工作启动与协调。

（9）监督机场代理航班的保障过程，协调航班生产工作，报告航班生产异常情况。

（10）负责与航管部门、航空公司及驻场单位等的协调工作，交流航班生产、服务保障信息。

（11）负责机场航班正常率、不正常率的统计，填写有关上行报表。

（12）负责收集航班服务保障情况，分析造成航班延误的原因。

2. 机坪管理

（1）负责对飞行活动区的管理和指挥、协调工作。

（2）负责飞行区航空器、车辆设备停放的管理。

（3）负责飞行区内不停航施工的监督管理工作。

（4）掌握飞行活动区内航空器、人员、车辆的动态，保证机坪运行安全、正常。

（5）检查、监督停机坪内人员、车辆、设备设施的运作情况和机坪标志的完整性以及机坪卫生状况。

（6）及时处置、制止可能危及飞行安全和航空地面安全的各种行为。

（7）参与组织指挥应急救援工作。

（8）负责向上级及时报告飞行区运行和航班生产的异常情况。

（9）根据机坪运行情况，及时向相关服务保障单位发布机坪运行动态指令。

3. 应急处置

（1）紧急事件发生时，负责向有关单位（部门）通报信息，按规定程序启动应急救援程序。

（2）在应急救援行动的准备和实施阶段，负责对各单位应答、施救的全面协调、指挥，并发出行动指令。

（3）与航空器所属企业建立并保持联系，索取有关资料数据，并向领导小组报告有关情况。

（4）负责组织、协调物资保障单位及有关单位，为救援行动提供必需的支援服务。

（5）收集有关应急救援信息，提出具体处置方案供领导小组决策。

（6）根据领导小组的决策，下达具体的指令，实施救援指挥。

（7）负责机场应急救援工作的组织、协调。

（8）负责与相关单位签订应急救援互助协议。

（9）负责策划、组织实施应急救援演练，并总结、评估。

（10）负责检查各单位（部门）的应急救援工作的落实情况。

（11）负责完善《机场应急救援手册》的内容，确保能够迅速、有效地实施救援工作。

1.1.5 机场信息化

机场是信息密集型产业，机场持续安全高效运转和客户服务的提升都离不开信息技术的支撑。因此，为了提升机场资源利用率和运行效率，世界各国机场都在加大信息化建设的力度。

相比于全球机场，我国非常重视机场信息化建设。我国机场信息化始于"七五"期间，经过数十年持续投入和重点建设，构建了大量的如 1.1.2.4 节所介绍的信息系统，这些信息系统极大提升了机场安全运营的效率，以及旅客、航空公司和货主货代的服务品质。

（1）生产运行信息化建设现状。为了支撑航班四大地面服务流程"飞机流、旅客流、行李流和货邮流"，机场构建了信息集成系统、离港系统、安检系统、安检信息管理系统、行李自动分拣系统、航班信息显示系统、内部通话系统、广播系统和时钟系统等。

（2）客户服务信息化建设现状。为了提升旅客服务体验，我国机场构建了自助值机系统、贵宾 VIP 系统和有线电视系统等。

（3）安全管控信息化建设现状。为了保证飞行区、航站区和公共区的安全，机场部署了鸟击防范系统、助航灯光监控系统、围界系统、道闸口管理系统、应急救援指挥系统、门禁系统、楼宇自动化控制系统、视频监控系统和停车场监控系统等。

（4）商业经营信息化建设现状。为了经营非航业务，机场建设了商业 POS 系统和停车场收费系统等。

（5）企业管理信息化建设现状。为了实现对人力、资金和资产的管理，我国机场部署了工资系统、资金管理系统、财务系统、停车场收费系统、资产管理系统、合同管理系统、电子政务系统和视频会议系统等。

虽然我国机场信息化建设在基础设施建设、重要信息系统开发和运行、技术队伍建设和人才培训等方面都取得了显著的成绩，为机场的生产运行、安全管控、旅客服务、商业经营和企业管理等业务提供了有力的支撑，但是我国机场信息化建设还面临着很多问题，主要体现在机场信息化建设重生产轻管理、重客轻货、重安全轻商业；系统建设是需求驱动、被动建设，信息资源未充分共享与利用；机场内部生产、安防、行政和经营等业务领域都存在不同程度的信息鸿沟甚至信息孤岛；弱电系统条块分割，彼此信息不畅，导致许多信息重复录入，岗位交叉，影响机场服务效率和质量；机场信息安全检查、等级测评和风险评估缺失；高端技术与设备主要靠进口，信息产品国产化率不高；突发网络安全事件应急响应能力不足；人才信息素养不高，信息人才无法承担高技术含量的系统运维等方面，这些问题严重阻碍机场业务规模和旅客吞吐量的增长。

为解决当前面临的问题，国内外先进机场纷纷提出了智慧机场的理念，主要思路是利用移动互联网、物联网、云计算、大数据、人工智能、5G 等先进信息技术，全面实现机场的感知和广泛的互联互通，使机场五大业务领域更加深入地智能化，以达到提升机场运行效率、扩大机场业务规模和提升客户体验的目的。

1.2 智慧机场的产生背景

当前，全球经济一体化进程不断加快，国家之间、城市之间的交流日益增加，民航运输业以其方便、快捷、高效的特点正发挥着越来越重要的作用。随着我国经济和民航业的飞速发展，民航客货运输流量快速增长，机场作为民航运输的一个重要组成部分，机场的规模和业务量日益扩大。同时，机场资金密集、业务复杂、发展迅速、对安全和服务要求极高，是所处地区的窗口，直接体现着该地区的经济发展水平以及现代化程度。为解决统一调度管理、规范生产运营和设备运行、保障航班正点和飞行安全、提升旅客服务质量、优化机场资源配置、提高工作人员素质和安全防范等方面的行业痛点，考虑借鉴互联网+、数字地球及智慧城市等理念，建设智慧机场，为现代化机场未来的发展提供了新的思路。智慧机场产生的背景包括以下方面。

1. 业务规模持续扩大

截至 2020 年，中国的民航运输总量已经连续 15 年排在世界第二，仅次于美国，预计 2035 年将超越美国成为世界第一。随着国家的经济发展与科技进步，民航运输总量持续增加，机场与航班的需求不断增多，作为航空运输体系中的核心节点，国内机场建设不断加速，机场规模越来越大、运行主体越来越多、管理越来越复杂，很多机场正在转变成为综合型交通枢纽，机场与各相关方衔接更加紧密、多元，机场建设和运营水平已成为关系到整个航空运输体系效率的关键因素。

2. 保障能力出现饱和

当前机场建设的矛盾表现突出，一是保障能力不足，在大流量、大容量运行时代，我国前 50 位的机场都出现了不同程度的饱和，尤其是北京、上海、广州、深圳等地机场长期处于极限运行的状态，已经处在保障能力的天花板上；二是管理复杂、难度大，在多航站楼、多跑道运行的情况下，我国机场的规模越来越大，管理幅度越来越大，难度也越来越高。与此同时，机场的运行资源日趋紧张，治安环境、反恐压力与日俱增。

3. 服务水平有待提升

旅客对机场的服务种类、服务质量、服务需求越来越高，因旅客人数增长、个性需求增加带来服务任务、难度的提升，同时因流程改善滞后、内部协同不足导致了服务能力、供给的下降，造成各类投诉事件层出不穷，旅客与民航冲突事件频发、航班延误问题日益凸显，公众关注度激增，现有的流程管理、危机管理、体验管理等运营管理方式已无法解决这些棘手问题。同时现代交通条件旅客出行选择多样化，高铁等其他交通对机场形成的竞争压力，迫使机场必须提高服务品质。

4. 机场商业成为趋势

随着经济全球化的发展，临空经济逐渐成为全球经济发展的主流形式之一。机场商业是临空经济的重要组成部分，扩展非航收入已成为机场价值变现的核心手段和相关各方的共识。全民航空时代的到来、机场管控模式的开放、消费者的深度智能手机使用习惯，为机场商业带来了一个重大变革和增长机遇。目前，我国机场商业在布局规划、模式设计、业态组合、管理服务等方面都存在一定缺陷甚至缺失，造成旅客对机场商业服务无感觉、对机场商业忠诚度低等问题。智慧商业是通过线上线下商业活动数据关联、迁徙和转化，在商业层面提供智慧运营决策支持，因此，如何借鉴智慧商业理念，整合旅客服务体验和商业服务管理，搭建集智能 POS、后台结算、客户关系管理系统、统一营销平台和商业大数据分析于一体的机场商业管理平台，实现机场航空数据和非航数据关联，精确掌握商业资源的多维价值分布，为精细化管理、个性化营销，以及开展电子商务提供支持，成为未来机场经营者必须考虑的关键因素。

5. 信息技术促进转型

随着机场建设不断加速和大数据、云计算、人工智能、虚拟现实等为代表的先进信息技术的深入推广应用，机场不断向大型化、枢纽化和智慧化发展，尤其是智慧机场概念的出现，为解决现代机场运行主体增多、运行状况复杂带来的管理保障、旅客服务和生产运营等方面的问题提供了可行的途径，成为未来机场发展的重要趋势。机场行业数字化转型势在必行，信息化不仅仅是一种工具，更是推动智慧机场建设的有效抓手、运营管理水平提升的重要资源和有效保障。

1.3 智慧机场的概念特点

1.3.1 概念

智慧机场目前还没有统一的定义，中国民航总局《推进四型机场建设行动纲要（2020-2035 年）》中将智慧机场描述为生产要素全面物联、数据共享、协同高效、智能运行的机场。国际民航组织（International Civil Aviation Organization，简称为 ICAO）围绕机场高效运行和容量提升，强调通过机场协同决策（ACDM）和全面机场管理（TAM），积极主动地规划和管理机场运行的航班正点、效率和可预测性，更好地利用地面资源。国际航空运输协会即国际航协（International Air Transport Association，简称为 IATA）在未来航空旅行中提出了未来机场的概念和愿景，强调了围绕旅客体验，实现单一身份认证和服务的自助化、自动化。国际机场理事会（Airports Council International，简称为 ACI）推出了机场 IT 计划，涵盖了广泛的机场 IT 主题，例如数据交换，数字化转型和网络安全等。此外，美国联邦航空管理局（Federal Aviation Administration，简称为 FAA）、美国国家航空航天局（National Aeronautics and Space Administration，简称 NASA）、欧盟委员会、欧洲航空安全局（EASA）、国际航空电信协会（Society International Telecommunicatioan Aeronautiques，简称 SITA）等国际组织在相关的愿景、规划、行动中都涉及智慧机场的概念，主要集中在打破机场与航管的界限、开发 ACDM 协同决策系统、提升旅客服务体验、加强资源管理、强化安全措施、大量采用无人智能化装备等。以上这些概念、构想和思路都体现了智慧机场部分特征，但都不够全面准确。

本书认为，机场是城市的一部分，是一个涵盖多类人员与空间的巨型复杂城市的基础设施。参照智慧城市研究的成果，对智慧机场定义如下：充分利用大数据、物联网、空间感知、云计算、移动互联网等新一代信息技术，综合运用交通科学、系统方法、人工智能、知识挖掘等理念与工具，全面覆盖机场空侧、航站楼、陆侧区域，通过建设实时的动态信息服务体系，实施航班、旅客、行李、车辆的精细化、协同化、可视化、智能化运行与管理，从而实现机场各功能彼此协调运作，提高机场运行效率，进而为旅客提供良好服务，促进机场可持续发展的现代化机场新形态。

1.3.2 特点

通过对智慧机场概念的分析，智慧机场的特点如下。

1. 全面感知

通过建设机场物联网，全面互联互通、深度感知，实现对服务对象、资源、设备设施等从"不知"到"知之"。能感知到的实体及其状态包括以下方面。

（1）飞机。降落、定位、路由引导、监控报警、调度、泊位。

（2）旅客。入场感知、区域感知、异常预警、值机确认、登机确认。

（3）行李。标识、传送、识别、定位、追踪、监控、安检报警、搬运追踪、装机确认。

（4）货物。入园安检、装卸、搬运配送、园区流转、入仓、出仓、出入海关、检验、包装、出园。

（5）员工。一卡通、出入登记、考勤、门禁、餐饮、商场、其他。

（6）车辆。停车出入卡、电子闸口、停车收费、安全检查、泊位、定位、追踪、监控、报警、调度、出园。

（7）设施设备。电子标签、识别、定位、传感器、运行监控、预警。

2. 深度融合

通过统一的信息集成平台，使原本孤立的空管、航空公司和机场的数据达成共享，实现内外部各系统信息的全面集成，如图 1-9 所示。

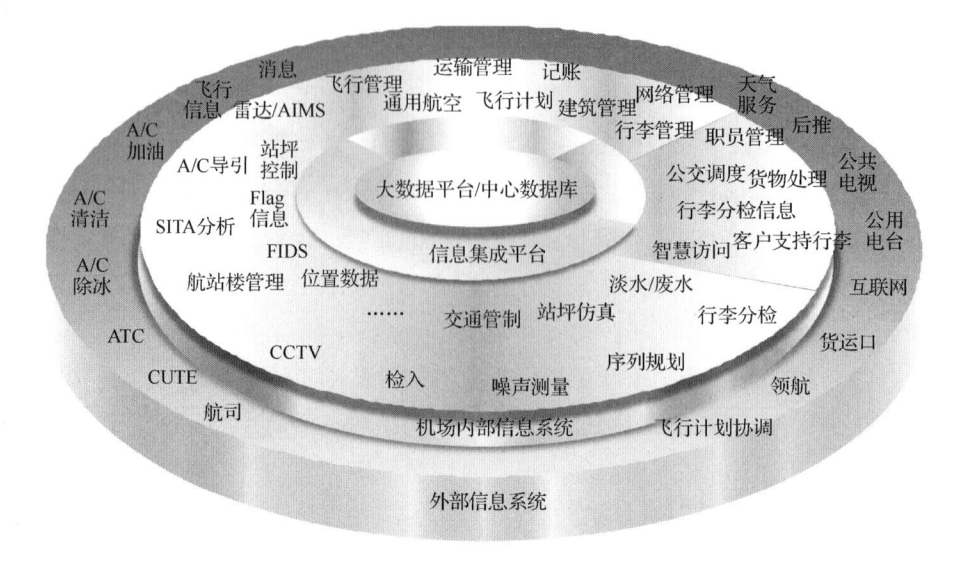

图 1-9　机场信息系统数据融合示意图

3. 自主决策

运用信息和通信技术手段，动态感知外在的个体或因素（航空公司、空管、旅客、物流、政府、陆面交通、天气等）变化，以及内在自身的变化，通过深度挖掘机场相关数据，形成问题分析模型，分析整合机场运行系统的各项关键信息，对包括生产运行、旅客服务、安全管控等各业务领域在内的各种需求自动进行辨别、分析、判断并做出智能响应和自我决策。建立机场协同决策系统，实现机场人与物、物与物、机场与外协单位的互联以及业务数字化，达到跨部门的实时信息交流、合作过程中的协同决策和机场智慧管理和运行，显著提升机场资源配置优化、公共决策、运行管理、公众服务等能力。

4. 高效运行

建立以航班流程为导向的进程监控体系，通过整体生产信息采集和模型分析，结合全流程数据实时监测，动态反映机场整体运行效率，如在航班地面保障各个节点，借助传感器，采集关键节点时间，为协同作业提供准确数据，提高航班起飞时间的准点率。还可以应用大数据技术对历史运营数据进行分析，制定符合机场实际情况的监控标准，为广大航空运输用户及各保障单位提供更为准确的航班动态信息及关键环节监控预警信息，以保证日常运行及特殊天气下的航班安全高效地运行。

5. 主动服务

通过物联网感知和大数据分析，最终在技术上实现从电子化到数字化、网络化、集成化，再到虚拟化、物联化、智能化，呈现出生产、服务、管理、经营、安全、物流、低碳、交通、空港、基础设施的全域智慧，为旅客/公众、货主/货代、航司、工作人员、管理、驻场单位等各类主体提供主动的和适人化的服务，达成涵盖上述各类主体的众佳体验。

1.4 智慧机场的发展状况

1.4.1 发展历程

智慧机场本质上是一个信息化建设的过程。伴随着机场的发展和信息技术的演变，国际民航组织将机场信息化发展划分为 3 个阶段，即电子机场、数字机场、智慧机场，如图 1-10 所示。其中电子机场是采用了航显、广播、导航等少量信息系统且互不联通的机场，是民航业初级阶段的机场形态，主要为飞机起降、旅客进出港提供必要、安全的基础设施保障，信息化主要是实现基本的旅客服务和信息发布功能；数字机场是主要业务都有信息系统支撑并在网络上进行了部分集成的机场，由于航空运输快速发展，机场成为城市的重要区域，需要数字化来提高机场资源的高效管理，数字化机场包含了各方谋求更多协作和共赢阶段的机场形态，各方致力于提升自己的业务能力并在核心业务上进行协同，信息化开始扮演重要角色，实现关键生产信息的共享和核心业务的运行协同；智慧机场是实现了全面感知、深度融合、自主决策、主动服务的机场，广泛应用各种新兴技术，具备先进的感知、分析、反馈能力，能够实现机场所有相关业务流程的整合与协作。

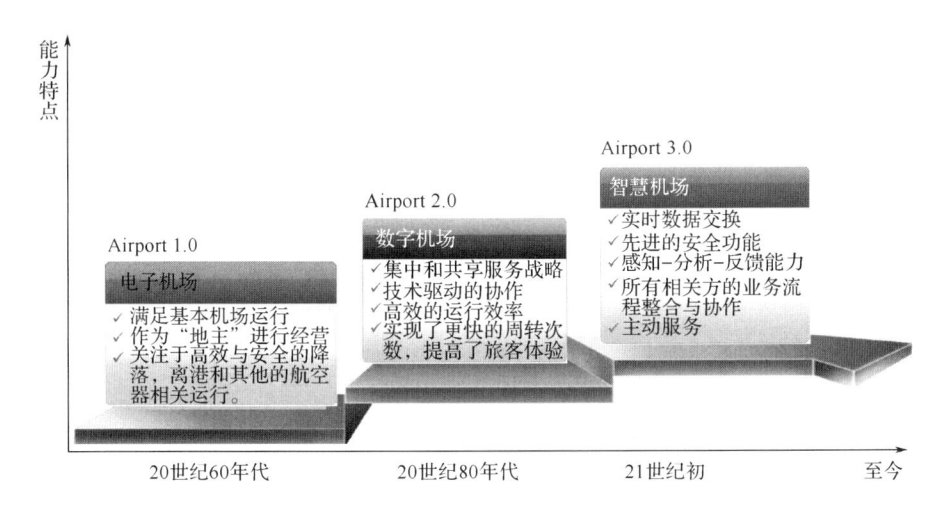

图 1-10 机场的发展历程

1.4.2 当前状况

国内外部分先进机场在智慧机场的探索和实践方面，做了很多有意义的工作，但是迄今为止，还没有任何一个机场能提供智慧机场的完整的实践，更没有一个机场能提供智慧机场的"最佳实践"。下面依次介绍五个业务领域在智慧机场方面的建设发展情况，以及国内外若干标杆机场的实践成果。

1.4.2.1 生产运行领域

从机场生产运行角度看,智慧机场能对机场航班流的保障态势进行全流程、全方位感知和预警,从而为运行指挥和其他业务管理部门提供资源动态调整和优化的依据。

因此,要实现智慧机场,首先必须从航空器地面保障角度考虑机场各业务领域信息的实时共享,其核心是实现机场协同决策(Airport Collaborative Decision Making,ACDM)。近几年,机场协同决策系统得到了国际上的普遍认可,截至2014年,欧洲已有40多个机场进行了推行部署,较好地实现了机场运行、中央流量管理单元(CFMU)、空管、航空器运营和地勤保障五者的信息共享与整合,国内也有首都机场等多个大型机场在相关领域取得了突破,大幅提高了运行效率。

另外,当前已经进入大数据时代,需要处理的信息与数据具有海量化、异构化、高速化的特征,机场管理方需要高效实时地对信息进行价值挖掘以提高运行效率。从未来智慧机场的整体运行角度,除了ACDM,还需从更广的范围、更多样的信息源进行数据的融合与处理。

机场运行领域的标杆机场主要有:一是伦敦希斯罗机场,它是较早开发使用ACDM系统的机场之一,要求航空公司和其他各方提供电子方式的实时或接近实时的数据,依托ACDM与基地航空公司共同分析正点率绩效,加强协调工作进一步提高正点率;二是慕尼黑机场,它将ACDM系统整合到机场常规运营系统,建设起"四个平台",即航班关键里程的监控平台、滑行时间的精确管理平台、空管放行预排队管理平台、突发事件的处理平台,通过与机场内部、航空公司、服务代理公司、地勤、空中导航服务供应商、空中流量管理单位等利益相关方建立合作,交换、融合并共享机场数据信息、空管数据信息、航空公司数据信息、其他驻场机构的数据信息、机场范围内的环境信息等,旅客也能通过机场内的导航服务查询服务设施,获取行进路线;三是苏黎世机场,它开发了机场运行状态汇报和可视化工具ZEUS系统,集成了场监雷达、二次雷达,可实时获取航班在空中和地面的实时经度、维度、高度信息,用户可以选取飞机后进入航班具体保障流程界面,看到航班入位、离位、上客、下客、保障车辆完成任务的具体时间点等进程信息,同时整合了机场运营数据库和离场管制软件,将来自不同系统的资讯联结在一起,能够持续监测机场各环节的表现,发送信息和预警,并能在每天航班运营结束后分析出现延误的原因,使AOC的运行指挥人员协作控制机场运行。

1.4.2.2 旅客服务领域

在旅客服务体验方面,通过物联网、大数据分析、无线定位、生物识别算法等技术的引入,从旅客到达机场、办理值机、行李托运、安检、候机、中转、行李提取等各个环节，为旅客提供端到端便捷、贴心、愉悦的出行体验，是智慧机场建设中的重点内容。智慧机场对旅客的关怀与服务，主要体现在"自助化"和"柔性化"服务两个方面。

目前，机场自助设备的广泛运用，可为旅客提供全流程的自助服务，如自助值机、自助行李托运、自助通关、自助安检、自助登机、自助行李追踪以及接送机、送货上门等线下服务。现代 RFID（射频识别）与 NFC（近场通信）等技术使得自助值机、自助行李托运得到迅速的普及。在一个完整的旅客离港流程中，值机、行李托运、证件核对、改签中转、登机和行李追踪等各个环节均可实现或部分实现自助化。各类自助设备将作为旅客关键信息（如行李信息、安检信息等）的采集装置，成为构建面向旅客服务的智慧机场大数据体系的重要信息源。

"柔性化"服务是智慧机场在旅客服务领域中的另一个显著特点，这也是大数据与"互联网+"为民航服务业带来的最大优势。智慧机场的柔性化服务体现在通过各类技术对旅客个体信息（如航班信息、旅客基本信息、旅客位置信息、历史飞行信息等）进行集成与挖掘，以提供精准合体的服务。近年来，移动互联网的普及与相关技术的飞速发展为机场"柔性化"服务提供了重要的保障，通过基于低功耗蓝牙 iBeacon 等新技术可实现米级甚至亚米级的定位，这就使得机场基于位置信息（Location Based Service，LBS）对旅客的服务可以更加个性化与多样化。旅客仅通过一部手机就能安排好出行的方方面面，如值机、服务预约、出租车预订等服务，旅客在行程之前就有整个行程计划以及运筹千里之外的出行体验；进入航站楼后，旅客通过手机能实时定位自己的位置，能查询不同地点不同的零售商品和促销活动；旅客到达目的地后，能通过手机查询到自己行李当前的轨迹信息。

国外机场普遍重视旅客的体验性，在旅客服务领域的国外标杆机场主要有：一是苏黎世机场，它与瑞航合作，进行单独的行李流程尝试，航空公司到旅客家里提取行李并进行托运，缓解了机场行李流程压力；二是荷兰史基辅机场是世界上第一座使用机器人装卸行李货柜的机场，利用 6 个机械手臂进行行李搬运。该机场使用了一整套的自助设备和系统，如自助值机柜台、自助托运行李设备、自助转机服务系统、自助过境服务系统、自动传送系统、综合配套设施等，为旅客提供快速的导航、指引等服务；三是在机场运行大数据的应用方面，法兰克福机场开发了 GORDIO AIRPORT 系统，该系统基于使用轨迹模型和社会力模型的仿真算法，监测现有旅客流量并预测未来一段时间的旅客流量，为法兰克福航站楼运营中心提供不断更新的信息，这些信息包括及时对旅客流量所带来的威胁进行预警并在它们发生之前主动积极地提供管理和控制旅客流量，从而确保机场航站楼的有序运行。

1.4.2.3 安全管控领域

对安全高标准要求是民航运输业的重要特征，也是智慧机场的重要体现，机场安全管控需要覆盖机场飞行区、航站区和公共区等所有区域。

飞行区方面，机场的一切工作以保障航空器安全为核心，物联网（IOT）是各类信息获取与整合的重要手段。智慧机场通过空管数据、数字视频监控（CCTV）数据、场面雷达数据、航空公司运行报文数据、ACDM系统数据、自动泊位与引导数据、飞行区地理信息系统（GIS）数据、客桥管理数据、跑道异物（FOD）监测系统数据、围界安全监控数据、站坪车辆调度系统数据等多源异构信息进行实时获取，实现对空侧安全的预警监控，再通过相关数据的整合挖掘，实现对航空器滑行效率、站坪保障能力、跑道运行饱和度、跑滑结构的智能化评估与优化，从而实现高效的综合安全保障与合理的资源配置布局。同时，随着机场规模的扩大，布局更加复杂，机坪交通流量大，航食、航油、航空公司等各种业务的作业车辆以及作业人员错综复杂，机坪高密度作业已常态化，智慧机场应具有基于大数据的预测分析能力，对于不确定或模糊事件，能及时提供检测和预警信号，准确感应并预测事件发生所需要的资源及工作程序。

航站区方面，智慧机场将借助先进的信息技术，通过对航站楼视频监控（CCTV）数据、旅客值机信息数据、安检系统数据、行李系统数据、航显数据、AODB集成系统数据、离港系统数据、呼叫中心（Call Center）数据、旅客互联网舆情数据等的集成实现安全预警，有效避免不安全事件的发生。

公共区方面，近年来随着旅客密度的激增（如当前首都机场平均每天旅客量将近25万人次），如何智能化地实现对人流与车流的安全管理是智慧机场需要考量的重要因素。

另外，在大数据时代，需要从互联网舆情对旅客的异常情绪及安全隐患进行甄别，如通过对航站楼内人群社交媒体信息的采集并进行旅客情感分析，通过对公共互联网敏感词的获取进行恐怖袭击预警等，这些也是智慧机场在互联网时代安保信息整合的重要方面。

在安全管理领域的国外标杆机场有：一是希斯罗机场，该机场创建机场情景智能整体解决方案，集成了不同类型的实时传感器和数据收集子系统，可以在固定和移动两种模式下，融合、处理和分析各传感器和系统的数据信息，为使用者和决策者提供实时动态数据信息和决策操作平台，同时智能化的提升，减少了持续操作和监视这些系统所需资源，减少人力，希斯罗机场还使用机场新型探地雷达（Qinetiq Tarsier）系统进行FOD检测，提高了机场的安全系数；二是巴西里约热内卢的桑托斯－杜蒙特机场，该机场试点名叫Qylatron五通道的安检设备，内部采用X光、自动化机器学习、保密扫描及化学筛选等技术来检查乘客的随身物品，不再依赖工作人员来逐一检查，排队等待时间大大缩短，能够一次性通过5个人、每小时检查600名旅客，减少了旅客等待时间；三是澳门国际机场，该机场构建旅客联检信息系统和安保调度控制中心，共同研究及促成类似于"机场口岸联检科技发展政策及措施"

"关于构建机场智慧安保发展方案"等参考性协调文件,迎接未来"大数据""云技术"和"科技反恐"的新局面。开发基于智慧视觉物联网的机场周界报警系统,通过智慧视频分析系统,实现智慧的资料采集及分析,取代人工对机场周界面临的入侵威胁做出快速回应。

1.4.2.4 商业经营领域

当前的机场商业经营模式比较单一,可以预见,传统的机场商业特许经营模式将在"互联网+"时代面临颠覆性的变革。

智慧机场的商业模式将把机场作为接驳入口,将传统的机场线下商业与互联网结合在一起,实现线上和线下资源、客流、信息、业务的互通,最终成就机场线上与线下商业的融合发展。未来智慧机场的商业将构建机场的泛在会员体系,以航站楼商业为入口,借助互联网实现餐饮、零售、停车、娱乐等资源的整合,真正使机场成为城市中重要的体验和休闲场所。

同时,航站楼内的商业设施将通过大数据手段实现对旅客的现场实时监测、客流密度分析、进店率分析、热度分析、历史轨迹回溯、驻留时长分析等,从而实现精细化的数据驱动型机场商业经营规划。

对于小型驻场企业(航空公司、货运、物流、商家等),通常也需要自建IT系统以支撑其机场相关业务的开展,这些IT系统"麻雀虽小,五脏俱全",系统的规划设计、设备采购、设备安装、系统调试、系统维护等环节同样也必不可少,在建设初期既要投入一定的资金成本,同时也要进行系统的全生命周期运维,费钱、费时、费力,尤其是系统的运维,小型分支企业往往不具备系统运维能力。可以开辟机场服务专有云,通过云平台为这些分支企业提供创新的IaaS/PasS甚至是SaaS服务,通过机场的服务专有云,驻场小企业不仅可以节省前期的IT投资,而且免去了后续系统运维的烦恼,直接通过机场服务云部署相关系统即可。

在智慧机场商业经营领域的标杆机场包括:一是新加坡樟宜机场,该机场建立了ONECHANGI大数据营销平台,该平台具备丰富而全面的异网络和异媒介来源数据的识别、转化、分类、挖掘和分析能力,并可实时动态地识别用户及其行为特征和变化等特点,可将所有的旅客触点信息如社交网络、电邮、智能手机、在线调查、电子反馈机及"社交树"等数据资源进行汇总,通过与旅客形成良好的互动关系,达到对旅客个性化消费服务分析并进行针对性智慧营销;二是德国法兰克福机场,该机场将整个机场区域视为AirportCity进行开发和经营,建立以Airrail为中心的交通联运系统,将机场与城市商务的办公室、零售餐饮、宾馆和停车场等商业性质产业联合起来,提高了航空城的综合功能;三是荷兰史基辅机场,该机场自建电商平台,旅客可网上选购商品,通关检查后去机场问讯处提取,提升了机场的商业水平。

1.4.2.5 企业管理领域

日益增加的空中交通，使得各个机场的资源使用超出了机场本身的负荷，机场资源最大化成为智慧机场内在的要求，促使机场的企业资源、人力资源等企业管理方面，应用先进的信息系统（如云计算架构的部署、各类中间件的灵活使用等）和"互联网+"的管理模式，构造扁平化、高效化、可视化的智慧机场综合管理体系，从而达成机场资源与管理的最优化。同时，为节约运行成本，能源管理等机场管理的其他方面对智慧机场的发展也尤为重要。机场作为特大型公共基础设施具有高排放、高能耗等特性，如何对各类资源和系统进行检测、控制、记录，实现分散节能控制和集中科学管理，为旅客提供良好的乘机环境，是智慧机场需要解决的重要问题。这就需要通过信息物理系统（CPS），实现机场空间的动态化的温度、湿度控制，新风、回风、排风控制，制冷控制，低碳照明控制，噪声控制等，成为"智慧绿色机场"。

企业管理领域国外标杆机场：一是德国法兰克福机场，该机场将日常运行和设备设施的维护和建设同步进行，通过寻找最佳的维护和建设解决方案，避免维护和建设严重影响日常运行，例如跑道/滑行道清理业务中，其路径是根据跑道方向和雪的类型进行特殊设计的，以保证跑道关闭时间最短，现场设备检查员一旦发现设备状态与运行标准有偏差，即可使用手持设备触发相应的工作流程；二是香港国际机场，该机场开发了 APDB（机场绩效数据库），构建了 KPI（关键绩效指标）体系，实现了对航班、旅客、行李处理流程，意外与事故的统计，以及机场零售收入统计等五个方面的运营绩效全面的考核，有助于产生更精确的决策数据，形成对保障机构的服务质量及其更好的持续性控制，促使服务部门更好地协调以加快决策流程，自动形成飞机、旅客和货物的精准及时信息，保证枢纽运行更顺畅。

1.5 智慧机场的需求分析

智慧机场建设由需求牵引、技术推动，需求分析是智慧机场规划设计的先导。分析智慧机场的需求，实际上是分析机场应具备哪些智慧化的能力。由于机场业务场景复杂，不同人员对智慧机场需求的理解差异很大，如机场服务人员认为智慧机场的功能主要侧重于开发服务 APP 为旅客提供个性化、智能化的服务，机场地面保障人员则会认为智慧机场应侧重于航空器状态的实时监控和机场保障资源的实时调度，机场安全管理人员会认为智慧机场就是对地面车辆、人员的安全管控和跑道防侵入，机场信息技术人员则会侧重 IT 设备设施及信息处理架构的迭代更新。这些客观存在的差异会对智慧机场建设产生持续的影响。应紧贴机场的五大业务领域，从各业务领域的工作流程出发，形成对智慧机场在各业务领域的能力需求的全面认知，以正确指导智慧机场的规划设计。

1.5.1 生产运行领域需求

机场的生产运行是整个机场工作的核心，它是围绕航班从进近到再次起飞期间所涉及的整个生产流程展开的，需要空管、机场公司、航空公司以及其他驻场单位等各个航空运输及保障部门之间的相互协调和配合，合理调度各种服务保障资源，并按照民航业标准完成对飞机、旅客及货物的地面服务保障，确保航空运输的安全和航班正点率，提高运作效率，降低运行成本。机场运行领域对智慧化的能力需求主要体现在以下几个方面。

1. 协同决策

机场生产运行系统需要从航空器地面保障角度考虑机场协同决策（ACDM，Airport Collaborative Decision Making），实现机场各运行单位的信息采集、整合和共享，使各航班运行保障单位形成共同的情景意识，然后根据排序规则对航班进行排序，将航班排序数据发布给各参与方，形成协同决策机制，从而有效提高整个机场的保障水平、运行效率和服务质量，减少航班延误，降低总体经济成本。当前 ACDM 主要侧重于空侧运行，未来 ACDM 将发展到全面机场管理（TAM）。TAM 是一个总括性概念，包括空侧和陆侧流程（例如安保和边境管制等）的规划、协调和连接，这将进一步提高机场容量及运行效率，并对航班的可预测性产生影响。

随着无线终端在机场地面保障各工作岗位的普及，ACDM 正在向移动化发展，通过移动终端采集地服、餐食、维保、飞机上下轮挡、飞机起降时刻等运行数据，实时传送至 ACDM 决策平台，同时将服务器后台信息实时发布至智能手机、平板电脑和其他移动设备。移动化协同决策能够有效改进相关信息的质量和效率，缩短各段工作流程周转时所需的缓冲时间。

2. 统一态势

由于各信息系统互不联通，孤岛效应明显，运行管理部门无法掌握全局态势和空中信息，因此，需围绕飞机流、旅客流、货运流等生产各环节，通过有线或无线物联网传感器、视频设备、车辆和人员定位、外网和人工上报等多种手段统一采集飞机状态、设备工况、场坪运行状况、人员状态等各类信息，对机场全流程、全方位的保障运行态势进行感知和预警，从而为运行管理部门提供资源动态调整和优化的依据。

3. 可视监控

机场可视化运行监控系统是基于 GIS 技术和定位技术的可视化管理平台，实现对场内航空器和各类车辆的实时监控、驶入禁区、超速等及时提醒，极大提高航空器和车辆安全管理水平。主要功能包括基于电子地图实时展示航空器、车辆位置，车辆越界、超速报警及时提醒，航空器、车辆轨迹回放，航空器、车辆全场景回放，跑道利用率分析等。

4. 指挥调度

由于航班量激增，在机坪和室外作业的车辆、设备和地勤人员的数量也随之剧增，原有的基于语音集群对讲的调度模式，其指挥调度与执行效率质量已不能满足需求。由于传统的人工传送派单等业务数据效率较低，增加了飞机在机场耽搁时间，因此需要提供高效的无线调度与监控手段，开发运行指挥系统，在一张网络上同时提供专业的宽带集群、数据采集和视频传输业务，实现派单的电子化和数字化，多部门人员之间的协同语音和视频调度，旅客服务和货物运输流程的快速响应、可记录、可回溯，提高地勤作业效率。

5. 航班管理

航班管理是地面保障部门安排工作和执行保障活动的基础，机场所有的保障活动归根到底都是围绕飞机进行的，航班信息的统一、可靠、精确对于地面保障至关重要。需要利用智能计划信息平台，实现运行计划的编制和发布，同时实现与空管、航空公司、机场以及其他驻场单位运行计划的信息共享，确保各单位协调运行。

6. 资源管理

资源管理是航班保障的重要组成部分，与航班管理系统协调运行，资源分配系统的结果与航班信息关联后分发给相关的航空公司、地服、航显、广播等多个系统，同时这些运行系统需及时反馈运行结果以便调整。机场保障资源的优化直接影响着运行效率和服务水平，资源管理需要机场各方协作解决，从而提升整个机场的运行效率。

7. 应急管理

应急管理也称异常事件管理。机场一般由 AOC 负责异常事件的协调，建立席位化、常态化应急机制，按照标准的应急接警、处警以及应急联动流程进行处置。需建立完善的机场应急管理平台和应急指挥调度系统，以实现应急预案电子信息化、应急演练常态化、应急处置与指挥过程信息化，通过信息系统的建立，不断完善应急预案，实施应急演练的培训。

8. 分析预测

利用大数据技术，对旅客、行李、航班、地服及天气等多方面的数据进行采集，分析预测客流分布、自助设备使用和飞机起降时刻，交叉辅助计算运行相关的地服、航班延误等因素对运行的影响。依据运行预测，估算可能出现的运行瓶颈，对航站楼的设施、人员及时调整，对突发事件着重做好预防，提升旅客满意度。

1.5.2　旅客服务领域需求

旅客服务的内容主要是通过旅客智能感知、所需信息自动获取、旅客位置自动获取、信息实时推送、异常情况感知、异常预警智能引导、网上/掌上自助办理、自助值机/行李登机/通关/安检等手段，提供网上/掌上/现场进出港全过程自助事务办理、信息伴随、事态感知、异常预警等个性化智能化服务，对旅客航空出行相关活动（机场活动）全面感知、深度服务、综合分析、科学应对；结合智慧市民服务、智慧旅游服务，借助各类智慧平台、深度融合、互通数据，提供旅客出行全流程及宽泛的航空综合服务。该领域对智慧化的能力需求主要体现在以下几个方面。

1. 全流程旅客自助服务

全流程自助服务主要是自助值机、自助行李托运、自助证件查验、自助签转、自助登机和自助行李查询等6个旅客出行关键环节的自助服务，这是由 IATA 主导的 FastTravel（快速旅行）项目所提出的，目的是使旅客登机流程变得更加便利。在进行全流程旅客自助服务的同时，还应用智能近场感知、主动服务实时信息移动推送、VR 楼内引导/VR 购物、旅客位置服务、异常预警、智能机器人查询、机器人行李搬运等新技术，提升旅客服务体验。

2. 基于大数据的旅客信息平台

利用基于大数据的旅客行为分析技术，通过航空旅客个性化信息分类与编码、旅客出行特点与偏好模式发现、航空信息个性化聚集与推送、旅客信息服务质量控制与安全保障等多项技术，构建可信、可靠的旅客个性化信息综合服务平台，研发面向互联网和旅客移动应用终端的个性化与智能化的旅客信息推送服务，为航空旅客提供快速、便捷、高效、个性化的航空信息服务，为机场、航空公司的管理与运行等提供一体化的服务体系与辅助决策。

3. 基于位置服务的航站楼导航指引

基于位置服务（Location Based Services，LBS）是指围绕地理位置数据而展开的服务，主要是通过移动终端使用无线通信网络(或卫星定位系统)，获取用户的地理位置坐标信息并与其他信息集成,向用户提供所需的与位置相关的信息增值服务。针对机场智能化和航空旅客对位置服务的需要，机场通常在航站楼引入基于位置的服务技术，实现实时感知。

4. 行李全程跟踪

提供当前行李的位置状态以及从值机到到达的历史行程记录，向到达处的地勤人员提供已知的行李的最终位置信息，在整个旅程中跟踪行李将使机场明确运行瓶颈，以改善过程和减少行李处理不当率。同时，行李信息可以推送到旅客的智能手机，旅客可以通过互联网及时查询或获得有关的公告信息，减少旅客等待认领行李的时间。

1.5.3 安全管控领域需求

机场安全的目标和建设内容主要是建立多层次、全方位立体技防安全体系，通过打造统一安防平台，实现安防信息自动获取、安全事件智能捕获、危险自动定位

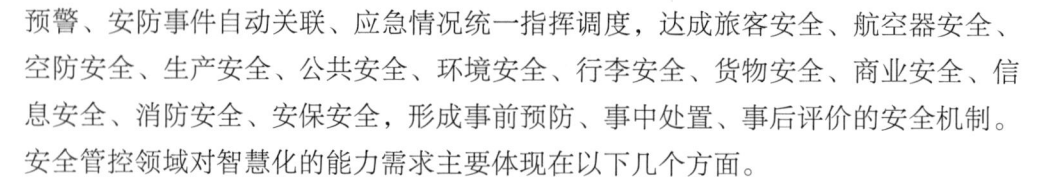

预警、安防事件自动关联、应急情况统一指挥调度,达成旅客安全、航空器安全、空防安全、生产安全、公共安全、环境安全、行李安全、货物安全、商业安全、信息安全、消防安全、安保安全,形成事前预防、事中处置、事后评价的安全机制。安全管控领域对智慧化的能力需求主要体现在以下几个方面。

1. 打造智慧化的安全管理体系

统筹考虑机场飞行区、航站区、公共区安全管控需求,构建统一的智慧安全管理平台,利用智慧手段构建感知—预防—执行—分析的立体安全管理体系。感知方面,实现对机场停机坪、滑行道、跑道等飞行区重要区域进行全天候、全覆盖、全方位、全过程的实时监控;预防方面,实现安全风险监控,具备预测能力,借助大数据等技术实现安全风险防范,加强事件关联管理,对不确定或模糊事件,能及时提供检测和预警信号,准确感应及预测事件发生所需要的资源及工作程序;执行方面,通过智能化识别技术,利用图像、影像识别技术,实现前端性管理,提高对机场安全管理的预测与判断能力;分析方面,实现属地间安全系统必要业务数据的实时共享,利用智慧安全管理平台,提升安全质量管理效率,实现质量目标和绩效管理。

2. 使用智能设备提高自动化和智能化水平

引入 FOD 系统、智能驱鸟系统、车辆跟踪系统等智能化设备,增加智能设备和系统之间的智能联动,实现系统级的安全管理智能化,提高安全管理的效率。

3. 利用互联网+和大数据技术实现主动安全

构建安全管控大数据平台,整合多种安全数据并进行挖掘分析,从中提炼出众多有价值的信息,如个人行为偏好分析、鸟类飞行路径规律等。智能分析技术是对输入的视频流采用运动目标检测、跟踪、分类技术,将视频内的目标经背景建模、目标分割、跟踪及分类等图像识别算法,完成由图像到事件参数的转变,实现对各种突发事件的实时检测和事后检测。机场安防领域已应用基于智能分析技术的视频监控,建立统一安防监控集成平台,从而有助于提前预警实现主动安全,为多部门应急联动提供数据与决策支持。

1.5.4 商业经营领域需求

机场商业经营的内容主要是面向机场驻场企业尤其是航站楼内商业企业,提供统一的平台接口,服务企业的经营决策、广告、销售等,发展新型的商业模式。该领域对智慧化的能力需求主要体现在以下几个方面。

1. 打造贯穿旅客全流程电商平台

通过与第三方移动支付供应商合作、打造自身的电商平台、开发机场 APP、微信、免税品官网等方式,打造贯穿旅客全流程的电商平台,收集有关交易信息,实现主动的零售管理,提升服务品质,提高非航收入。

2. 机场大会员管理 CRM 系统

CRM 系统是以客户管理为中心，同时又包含产品管理、数据分析、进销存、订单管理、财务管理等功能，向客户提供创新式的个性化的客户交互和服务的过程。CRM 系统融合了市场规划、业务逻辑、管理思想以及通信技术等各方面，满足不同价值客户的个性化需求，提高客户满意度和忠诚度，从而为企业用户实现客户价值的持续贡献。开发机场大会员管理 CRM 系统，建立完整的机场会员管理机制，能够进一步提高会员服务的工作效率、服务质量并降低服务和管理成本。

3. 基于精准定位的旅客营销管理系统

大数据在机场商业中有着广泛的应用，如互联网定制广告推送、旅客消费偏好、个性化消费层次、商品搭配组合等。基于对消费者消费行为和商铺销售业绩两方面的对比分析，既可以满足消费偏好和最佳的购物优惠组合，也可以对商业布局、商品的摆放格局有所改善，以达到商业最大化的销售增长。

1.5.5　企业管理领域需求

智慧机场企业管理主要是利用融合战略规划、决策、办公、资产、财务、人事等行政管理信息系统，在统一的接口、平台和统一的 BI 框架下实现智慧管理，为企业发展服务。机场企业管理领域对智慧化的能力需求主要体现在以下几个方面。

1. 打造智慧化的经营管理体系

结合运行、服务、安全、商业等大数据，形成包括人力资源、财务管理、资产管理等方面的智慧化经营管理体系，支撑整个机场运行、服务和战略目标的达成。

2. 开发基于大数据的机场经营分析平台

以 ERP 系统的数据为核心，借助云计算数据处理与应用模式的广泛运用，基于大数据前沿技术，构建机场经营分析平台，以展现整体业务现状和服务决策层为主要目标，实现相关业务数据展现和数据透明化，提高经营决策效率，实现从"业务驱动"到"数据驱动"的转变。

3. 基于互联网及大数据的资产一体化管理平台

建立统一的资产管理信息平台，实现对设备和固定资产的有效管理，使实物台账与财务固定资产台账达到真实、可靠地账账相符。执行统一的核算政策，建立统一规范资产管理体系并保障其贯彻执行，满足资产管理新增、变动、减少、价值核算等全流程需要。同时采用流程控制方法，针对其经营活动所发生的资产业务进行日常记录和反映。借助系统的高度集成性，为企业集团开展审批控制、预警、报告提供支持。支持企业内部控制的要求，并且能将实务资产管理与财务固定资产的价值核算集成和同步处理。利用与业务系统、财务核算系统的高度耦合，为企业决策提供充分有效的分析数据。

1.6　智慧机场的目标任务

1.6.1　建设目标

近年来，中国机场事业取得了举世瞩目的成就，机场网络初步形成、枢纽机场竞争力持续增强、战略作用愈发凸显、建设水平世界一流、安全水平全球领先、服务品质显著提升、治理体系日益完善、发展模式转型升级，机场建设始终保持了快速发展态势。2019 年，全行业完成运输总周转量 1292.7 亿吨公里、旅客运输量 6.6 亿人次，旅客吞吐量 1000 万人次以上的运输机场达 39 个。在全球最繁忙机场的前 30 名中，我国有北京首都、上海浦东、广州白云、成都双流等 5 个机场。同时，郑州、重庆、西安、三亚机场以及郑州、杭州、广州机场分别进入 10 年来全球客运量和货运量增长最快的前 10 名机场。

依靠大量投入的基础设施建设，民航业在产业发展速度与规模上取得了一定成绩，但是许多深层次的矛盾并没有得到很好的解决并逐步显现，制约了行业的发展。主要体现在：与民航发展需求增量的矛盾、与机场运行安全的矛盾、与城市规划建设的矛盾、与旅客出行需求的矛盾、与环境生态保护的矛盾等。这些矛盾充分表明，传统的单一依靠加强基础设施建设，依靠挤压早已饱和的运行资源的发展模式已难以适应行业发展的需要，急需转变发展方式，从过去注重数量、总量、增量的量优式发展，转向注重质量、效率、效益的质优式发展。

2019 年 9 月 25 日，习近平总书记出席北京大兴国际机场投运仪式，对民航工作做出重要指示，要求建设以"平安、绿色、智慧、人文"为核心的四型机场，为中国机场未来发展指明了方向。为贯彻落实习近平总书记关于建设四型机场的指示要求，加强顶层设计，更好推进四型机场建设，民航总局出台了《推进四型机场建设行动纲要（2020—2035 年）》，提出要按照民航强国"三步走"战略部署，紧紧围绕高质量发展阶段特征，以"四型机场"建设为总要求，全面推进机场治理体系和治理能力现代化，全力构建基础设施体系更加完善，机场保障能力全面提升，航空出行更加便捷，国际影响力、竞争力更加突出，服务国家战略、经济社会发展能力显著增强的新时代机场高质量发展新格局。到 2035 年，建成覆盖广泛、分布合理、功能完善、集约环保的现代化国家综合机场体系，四型机场成为普遍形态，机场保障能力和发展质量国际一流，为 2050 年建成全方位的民航强国奠定坚实基础。

《纲要》指出，四型机场是以"平安、绿色、智慧、人文"为核心，依靠科技进步、改革创新和协同共享，通过全过程、全要素、全方位优化，实现安全运行保障有力、生产管理精细智能、旅客出行便捷高效、环境生态绿色和谐，充分体现新时代高质量发展要求的机场。要准确理解四型机场的内涵，其中，平安机场指安全生产基础牢固，安全保障体系完备，安全运行平稳可控的机场；绿色机场指在全生命周期内实现资源节约、低碳运行、环境友好的机场；智慧机场指生产要素全面物联，数据共享、协同高效、智能运行的机场；人文机场指秉持以人为本，富有文化底蕴，体现时代精神和当代民航精神，弘扬社会主义价值观的机场。

"平安、绿色、智慧、人文"是四型机场建设的四个基本特征，四者之间有着清晰的内在框架。从内在逻辑关系来看，平安是基本要求，绿色是基本特征，智慧是基本品质，人文是基本功能，四个要素相互联系，相辅相成，不可分割；从机场发展的客观实际来看，单纯依靠基础设施建设等要素投入难以妥善解决当前面临的诸多问题和挑战；从实现路径来看，平安、绿色、人文更多体现的是四型机场建设的结果和状态，需要利用智慧化的措施、手段来实现。因此，智慧机场是推进"四型机场"建设的关键支撑和关键路径。应以智慧机场建设为核心和引领，着力打造集内在品质和外在品位于一体的现代化民用机场，全面推进机场向高质量发展转型，由巩固硬实力逐步转向提升软实力，实现四型机场建设目标。

1.6.2 主要任务

1. 加快信息基础设施建设，实现数字化

推进新一代移动通信系统建设及多网融合，提供广覆盖、低时延、高可靠、大带宽的网络通信服务。加快北斗导航在机场自动化作业、精准定位等方面的应用。逐步推进各项设施全面物联，使状态可感知、数据可获取，为实现网络协同、智慧运行创造条件。注重对现有信息基础设施的改造利用，将有限的资源集中在业务端，充分利用行业共享资源，部署低成本、模块化的信息基础设施，有效降低升级改造和运维成本。

2. 推进数据共享与协同，实现网络化

统筹机场内部各信息系统，实现全场一张网，数据全贯通，打破"信息孤岛"。建立系统对接标准，逐步实现不同信息系统的互联互通；统一数据定义及信息交互格式标准，实现不同系统数据的交互共享。整合线上和线下资源，实现线上、线下无缝衔接、顺畅切换。推进机场协同决策机制，实现机场和航空公司、空管、运行保障及监管等单位间核心数据的互联共享，建立高效的空地协同决策和运行控制系统，形成基础全域协同及智能决策能力。逐步建立以机场运行为核心的大数据信息平台，覆盖旅客出行全流程、货物运输全链条、运行监控全系统、机场管理全领域。

3. 推进数据融合应用，实现智能化

综合运用大数据、云计算、人工智能、区块链等新技术，收集、融合、统计和分析各类数据，实现辅助决策、资源调配、预测预警、优化控制等功能，支撑工作协同、精确分析、精准管控、精细管理和精心服务，最终实现机场智慧化运行，在此基础上，推进载运工具、设施设备智能化。应用具备多维感知、高精度定位、智能网联功能的终端设备，在智能运行监控、少人/无人机坪、机坪自主驾驶、自助智能服务设备、智能化行李系统、智能仓储、自动化物流、智慧能源管理、智能视频分析和节点时间数据自动化采集等领域取得突破，在高危工种、岗位试点机器人替代人工操作，在有人值守岗位逐步推行无人值守、远程监控等。

1.7 本书的编排结构

本书由 12 章组成，其内容编排结构如图 1-11 所示。第 1 章为绪论，主要介绍机场的基本知识和智慧机场的产生背景、概念特点、发展现状、能力需求、建设目标等。第 2 章叙述智慧机场的规划设计，确定智慧机场的业务架构、应用架构、技术架构、数据架构、基础设施架构等信息化规划蓝图。第 3 章介绍智慧机场建设的公共基础支撑平台，包括基础通信平台、大数据云平台、可视化平台、信息安全平台等，以及航班正常性管理和旅客大数据管理两个业务基础平台。从第 4 章到第 8 章，分别介绍实现智慧机场生产运行、旅客服务、安全管控、商业经营和企业管理五个业务领域的信息系统。第 9 章介绍用于智慧机场无人化的保障装备。第 10 章叙述智慧机场数字孪生系统的理论和实现过程。第 11 章介绍如何架构智慧机场评估和标准体系，第 12 章为智慧机场的案例分析，在分别介绍大型机场和中小型机场智慧机场实施典型案例的基础上，提出不同规模类型智慧机场的解决方案和实施路径。

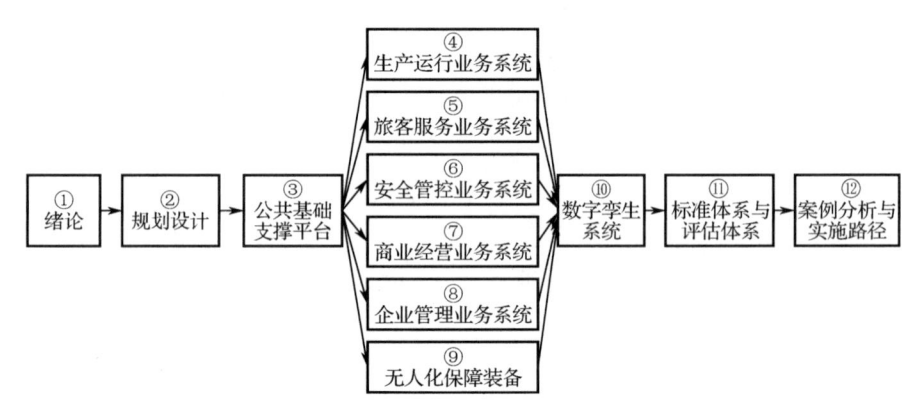

图 1-11 本书编排结构

第 2 章
智慧机场规划设计

2.1 规划方法

智慧机场本质上是一个庞大而复杂的信息系统，由于对智慧机场概念的理解和信息技术应用水平的不同，部分已开展先期建设的机场智慧化水平参差不齐，其中一些先进机场取得了很大进展，但大部分机场尚未有整体性的突破，有的甚至陷入了困境。主要体现，一是智慧机场建设与机场业务发展战略的关联性不够紧密。目前在智慧机场和机场信息化建设过程中，尽管智慧化信息化建设的战略目标、发展方向和重点任务的制定，一定程度上参考了业务发展战略，然而，二者之间缺乏清晰的体系性描述和紧密联系的机制，缺乏统一规划，缺少全局性的指导，对业务发展战略支撑不足。二是应用系统建设缺少统筹规划，存在重复建设、系统边界不清晰等现象，系统集成程度较低，缺乏统一管理，造成大量信息"孤岛"。三是技术平台多样化建设，平台定位不清晰，各平台之间存在交叉和重复内容。以项目为依托的、"烟囱"式的建设模式，每个系统建设时都会建设各自的底层技术架构和基础设施，在一定程度上存在重复建设和资源浪费的现象。四是技术架构、数据架构不统一，系统间的集成缺乏统一架构与规划，业务数据流转不顺利，数据共享难度大，信息资源未能充分利用。五是信息产品国产化率不高，自主创新研发能力不足。造成以上现象的原因很多，但缺乏科学合理的规划是主要原因之一。因此，为成功实施智慧机场建设，促进机场企业运作和信息系统有机衔接，为智慧机场系统成功上线和有效运用提供坚实的保障，必须首先开展科学的规划。

2.1.1 规划目的

智慧机场规划属于企业信息化建设的范畴，应遵循企业信息化规划的思路方法。企业信息化是为满足企业经营需求、实现企业战略目标，由企业高层领导、信息化技术专家、信息化用户代表根据企业总体战略的要求，对企业信息化的发展目标和方向所制定的基本谋划。企业信息化规划实际上是对企业信息化建设的一个战略部署，最终目标是推动企业战略目标的实现，并达到总体建设成本最低，产生效益最高。

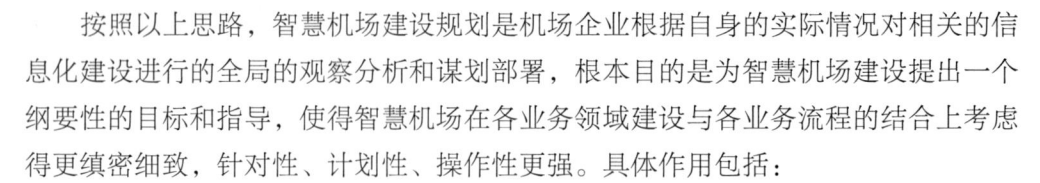

按照以上思路，智慧机场建设规划是机场企业根据自身的实际情况对相关的信息化建设进行的全局的观察分析和谋划部署，根本目的是为智慧机场建设提出一个纲要性的目标和指导，使得智慧机场在各业务领域建设与各业务流程的结合上考虑得更缜密细致，针对性、计划性、操作性更强。具体作用包括：

1. 确定智慧机场整体建设的顶层设计蓝图

智慧机场建设是一个系统工程，智慧机场建设规划为机场各级领导和员工描绘了一个未来智慧机场各领域业务、信息、应用和技术互动的蓝图，作为智慧机场建设及相关业务运行的基础。

2. 搭建业务与信息技术沟通的桥梁

在智慧机场建设中，业务部门与信息部门之间、业务主管与信息主管之间、业务与信息技术之间的鸿沟是实现信息化目标的最大障碍之一。彼此的信息不对称是形成这种差距的主要原因，一方面，信息技术人员无法了解业务的真实意图，另一方面，业务人员也体会不到信息技术的真正作用。智慧机场建设规划以业务战略为指针，以业务流程优化为基础，建立业务与信息技术沟通的桥梁。它在同一个业务架构平台上，用双方都能够理解的语言，描述业务与信息技术之间的关联。

3. 制定信息共享统一标准

智慧机场建设规划能够从总体上搭建信息架构，制定信息资源使用的标准，从根本上解决信息编码、数据库定义不统一的问题，定义出系统之间集成的数据接口，实现信息系统的集成和互操作，真正解决信息孤岛，实现信息共享。

4. 策划智慧机场建设实施指南

智慧机场建设规划能够自顶向下地对各领域建设工作进行系统的统筹考虑，既重点突出，又全面规划，既能以点带面，又考虑历史系统的可继承与再利用，避免实施中重复建设、节约信息化投资。

5. 适应未来机场业务变革发展

智慧机场建设以机场发展战略为指针，不仅仅是信息化基础设施的投资，而且是机场业务模式改变和新兴服务产业发展的基础。随着机场战略、管理和业务的不断变化发展，智慧机场建设规划应容纳各种业务与技术标准，以保持发展方向相对稳定，以适应机场业务变革。

2.1.2 规划方法

信息化规划从20世纪80年代起步发展至今，已被广泛应用于全球企业信息化建设。信息化规划方法很多，目前国际上主流的信息化规划方法包括Zachman架构框架、DODAF架构框架、企业架构框架等方法。由于智慧机场建设涉及机场的方方面面，需要一个相对稳定的规划作为指导，而基于企业架构的蓝图规划方法对真实世界企业的业务流程和IT设施进行了抽象描述，包括企业战略、组织、职能、业务流程、IT 系统、数据、网络部署等的完整内容，反映了企业业务的状况，体现了业务与 IT 的映射关系和各类 IT 系统对业务的支撑关系，因此，蓝图规划方法和业务结合紧密、适应性强、可操作性较好，尤其是比较全面和可持续，较为适合智慧机场建设规划领域。

蓝图规划包括业务架构、应用架构、数据架构、技术架构、信息安全架构以及 IT 治理架构等方面的内容，这些架构都自顶向下，逐层分解，相互融合和协同，如图 2-1 所示。

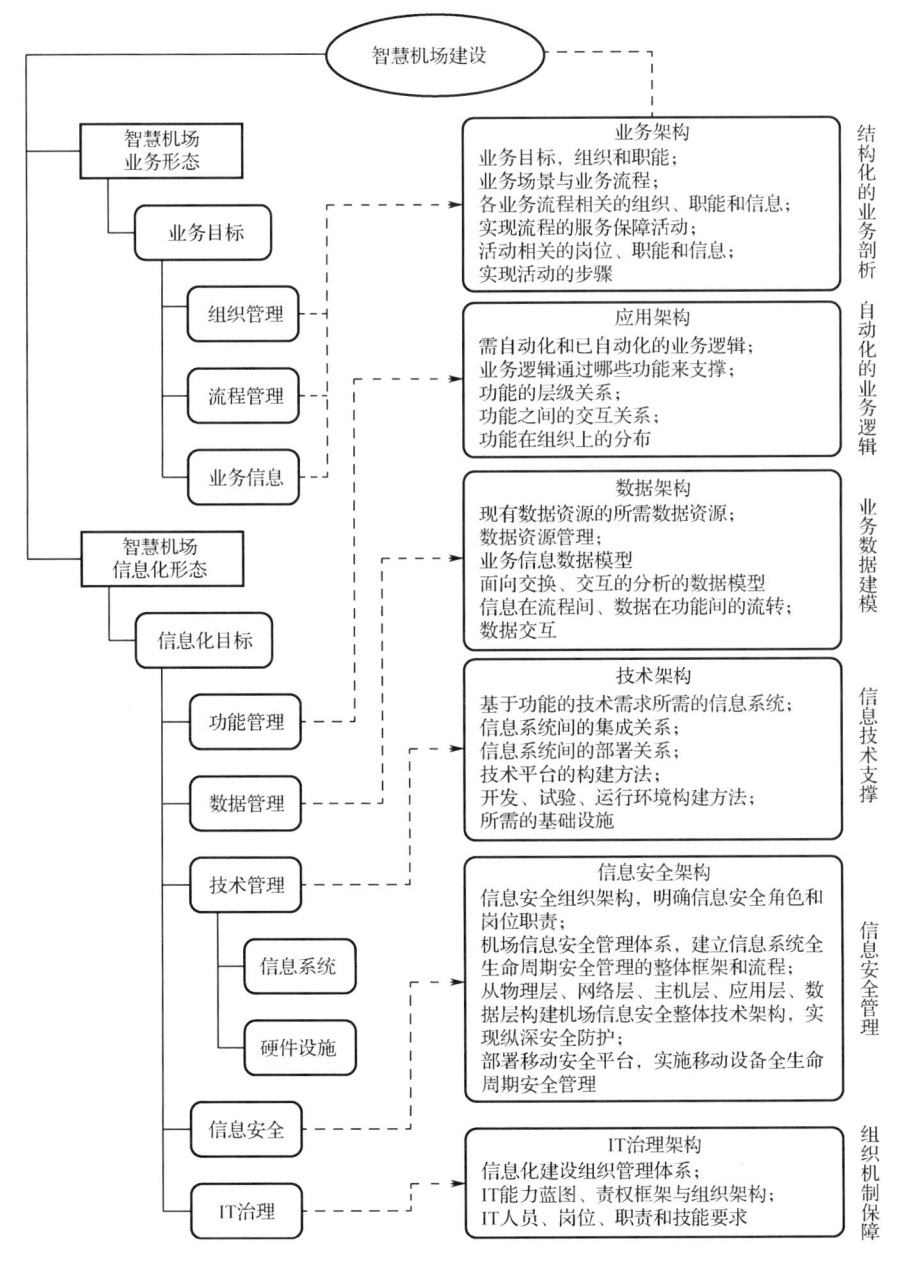

图 2-1 蓝图规划内容

1. 业务架构

业务架构是企业层面的架构规划和 IT 建设中的高端业务建模,重点考虑业务流程如何进行优化、业务架构如何进行重新整合、如何满足业务目标等问题,主要内容包括业务流程和活动、业务职能单元、组织岗位角色、业务核心单据和数据、业务协同等。

2. 应用架构

应用架构是业务架构落地应用,重点集中在应用和功能层面,体现业务组件化、能力化和可集成性。应用架构规划需要体现逐层展开的核心思路,在通过一一映射实现总体业务架构基础上,再针对各业务领域细化功能设计和集成设计。其中功能设计包括功能模块和具体核心功能点,明确业务架构和业务需求如何通过功能模块落地。集成设计包括业务集成和数据的集成,也包括集成接口关系和集成逻辑模型等方面的内容。

3. 数据架构

在解决业务功能和协同等问题之后,需要设计数据架构来明确底层数据的关联关系和相互映射,主要内容包括数据分域、主数据、跨业务模块的核心数据等。在数据架构中还需反映数据集成的问题,与业务集成主要采用 SOA 不同,数据集成有其他的系统解决方案,包括 BI、数据中心、数据中台等。

4. 技术架构

传统企业信息化规划中的技术架构偏基础设施和部署架构。在现代企业信息化规划中,技术架构应该描述企业开发、实施和管理应用系统和数据所需的 IT 技术和 IT 基础设施,技术架构规划往往也会涉及云计算,特别是 IaaS 层规划。

5. 信息安全架构

传统的蓝图规划中并不包含信息安全架构,但对于机场来说,安全是一切工作的基础,由于随着技术的发展,信息安全的风险越来越大,需要设计完善的信息安全管理架构规划,指导构建机场信息安全管理体系,建立信息系统全生命周期安全管理的整体框架和流程,实现主动的信息安全风险管控模式,并确保信息安全战略与业务发展战略一致。

6. IT 治理架构

IT 治理是指设计并实施信息化过程中各方利益最大化的制度安排,主要内容包括业务与信息化战略融合的机制、权责对等的责任担当框架和问责机制、资源配置的决策机制、组织保障机制、核心 IT 能力发展机制、绩效管理机制以及覆盖信息化全生命周期的风险管控机制等。IT 治理是企业整体治理的一部分,目的是平衡信息化过程中风险和收益,实现增值和企业价值的最终实现。IT 治理主要回答在信息化建设过程中,应当做出哪些决策、谁来做出这些决策、如何做出这些决策以及如何监控这些决策的执行等问题。

2.2 业务架构

智慧机场业务架构设计需回答业务目标、业务流程、业务活动以及与业务流程、活动相关的组织、职能、信息等重要问题。根据智慧机场需求理解和分析,智慧机场总体业务架构可分为三层,如表2-1所示。其中,战略层主要业务是由机场高层领导机构或各业务领域的高级职能部门承担的规划、计划、预测、分析、监控、决策、评估等工作,对机场组织机制、业务管理、硬软件设施建设等方面起着指导作用;管控层是智慧机场生产运行、旅客服务、安全管控、商业经营、企业管理等五个关键领域的主干业务流程;执行层包含五大关键领域的分支业务流程或相对独立的业务活动,是各领域主干业务流程的具体实现。管控层和执行层是智慧机场高效运行的基础,管控层对执行层起着管理和指导的作用,执行层通过服务保障活动对管控层起着支撑作用,在下面对这几个具体领域业务架构的描述中,将两者合并为业务运作层统一描述。

表 2-1 智慧机场总体业务架构

层别	生产运行		旅客服务		安全管控	商业经营	企业管理
战略层	运行战略 运行计划 运行监控 运行绩效		需求预测 服务绩效 旅客忠诚度分析 服务生命周期分析		安全监控 安全绩效 安全质量分析	非航业务战略 旅客会员体系 机场商业规划	战略规划 绩效评估 经营分析 预算管理
管控层	运行指挥 资源管理 应急管理		服务质量管理 旅客服务管理		安全质量管理 安全业务管理 安全预警与应急	非航业务管理 商业运营管理 停车楼管理	战略管理 市场经营分析 决策分析
执行层	运行预测 泊位管理 机坪管理 场道管理 机位分配 客桥分配 风险管理 应急预案	航班管理 可视监控 协同决策 设备管理 转盘分配 车场管理 货运管理 应急指挥	产品管理 行李服务 位置导航 信息服务 服务设施管理 旅客信息管理 服务全生命周期管理 特殊服务管理 互联网+旅客全流程服务	一关两检 社交服务 交通服务 贵宾服务	风险管理 安全政策 安全保障 安全培训 飞行区安全 航站楼安全 公共区安全 安全预警 安全应急响应	商业规划 业务分析 招商与合作管理 商业统一运营 租金与收入管理 旅客分析 O2O商城 停车泊位 信息服务	人力资源管理 财务管理 资产管理 采购管理 行政管理 外部关系管理 信息管理

2.2.1 生产运行业务架构

机场运行领域智慧化建设的目标是构建集中化、智慧化的运行模式,该领域的业务架构由决策层、业务运作层和支撑层构成,如图2-2所示。决策层包括运行计划、运行监控和运行绩效三个业务活动(运行战略由机场企业管理层或上级主管部门制订或审批,生产运行业务部门一般不负责战略的制订,只有参与权和执行权),机场按计划实施各类服务保障,并通过运行监控和运行绩效对运行计划进行反馈调节。

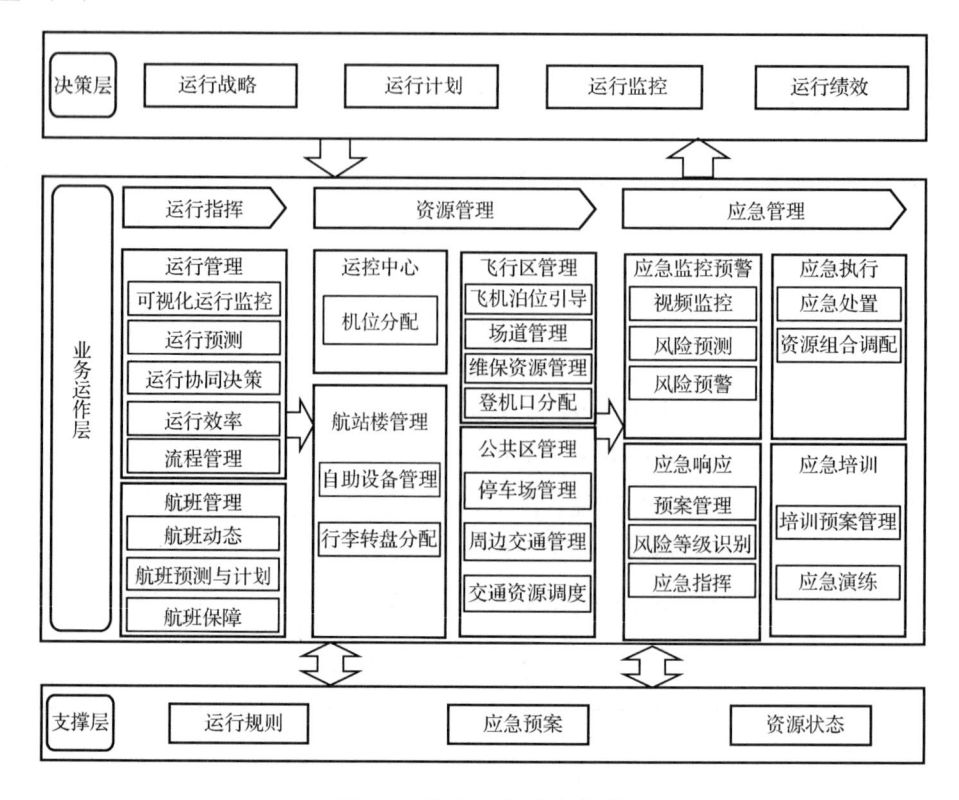

图 2-2　生产运行业务架构

业务运作层主要包括运行指挥、资源管理、应急管理三个互相关联业务流程。其中，运行指挥业务主要牵涉到地面保障运行管理和航班管理，其中地面保障运行管理包括可视化运行监控、运行预测、运行协同决策、运行效率分析、流程管理等。可视化监控、运行预测都需要基于高清视频设备和大数据监控平台的支撑，进行实时的数据收集与大数据运行状态分析，进行绩效管理监控，并根据预测到的情况通过协同决策系统对运行计划及时进行调整。资源管理是对飞行区、航站楼、公共区和运控中心本身的资源进行的管理业务，如机位分配、飞机泊位引导、场道管理、设备管理、登机口管理、行李设备分配、停车场管理等；在资源管理系统支持下，根据运行计划与实时运行状态对资源进行优化分配。应急管理利用协同手段建立运行应急机制，确保统一应急平台下业务的高效协同，流程如图 2-3 所示。

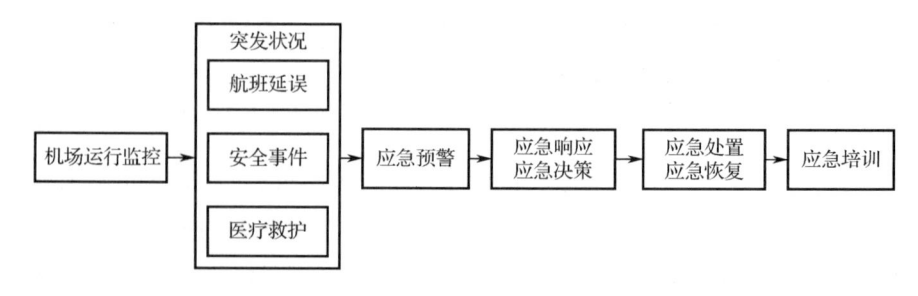

图 2-3　应急管理业务流程

2.2.2 旅客服务业务架构

旅客服务领域智慧化建设的目标是提升旅客服务质量和管理水平。如图 2-4 所示，其中决策层包括服务需求预测、服务质量管理、服务绩效管理三个业务活动；业务运作层只有一个旅客服务管理流程，包含了服务产品管理、服务质量管理、出港旅客服务、进港旅客服务、中转旅客服务、贵宾服务、信息服务、服务设施运维等子流程，一是具体执行旅客服务业务，二是收集旅客交互信息，为上层的监控、管理和决策等提供依据，三是依托自助设备或其他传感器，采集旅客信息。

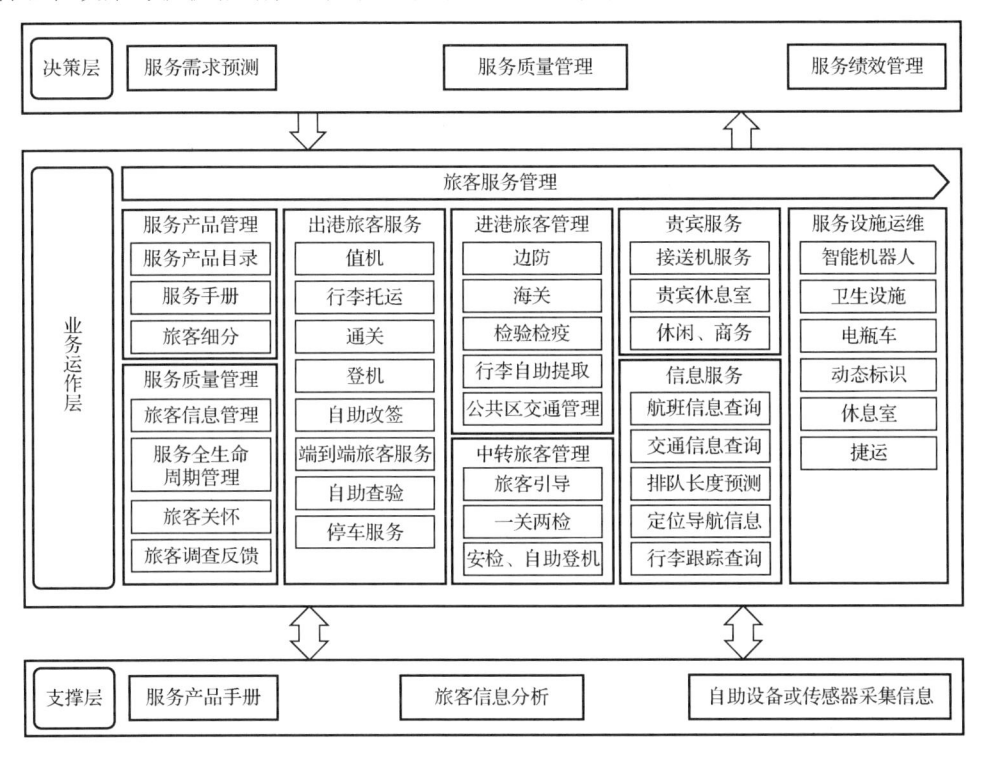

图 2-4 旅客服务业务架构

2.2.3 安全管控业务架构

机场安全管控领域智慧化建设的目标是在应急突发安全机制的支持下，结合物联网、大数据等技术，利用智慧手段提高飞行区飞机、车辆、人员的安全监控水平和航站楼、公共区等其他区域的旅客、交通工具的监控管理水平，实现对安全事件的提前预防，支撑安全规划目标的实现。如图 2-5 所示，其中决策层主要包括安全监控、安全绩效、安全质量分析三个主要的业务活动，业务运作层用以支撑决策层，主要是安全质量管理、安全业务管理和安全预警与应急处置三个核心业务流程。其中，安全质量管理包括安全风险管理、安全政策与目标、安全培训、安全保障等子流程，安全业务管理包括飞行区安全、公共区安全、航站楼安全等子流程，安全预警与应急处置包括安全预警、应急响应等子流程。

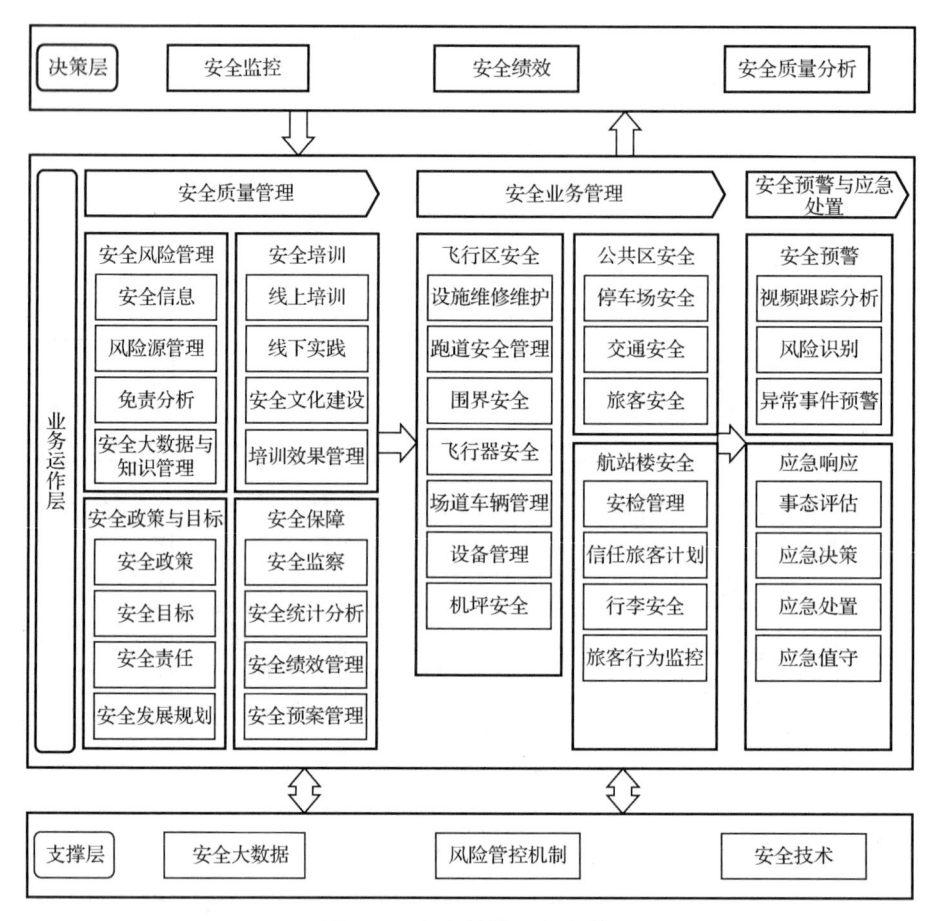

图 2-5 安全管控业务架构

由于民航业的特殊性，飞行区安全是机场安全管控业务的重中之重，图 2-6 描述了飞行区安全监控业务流程。

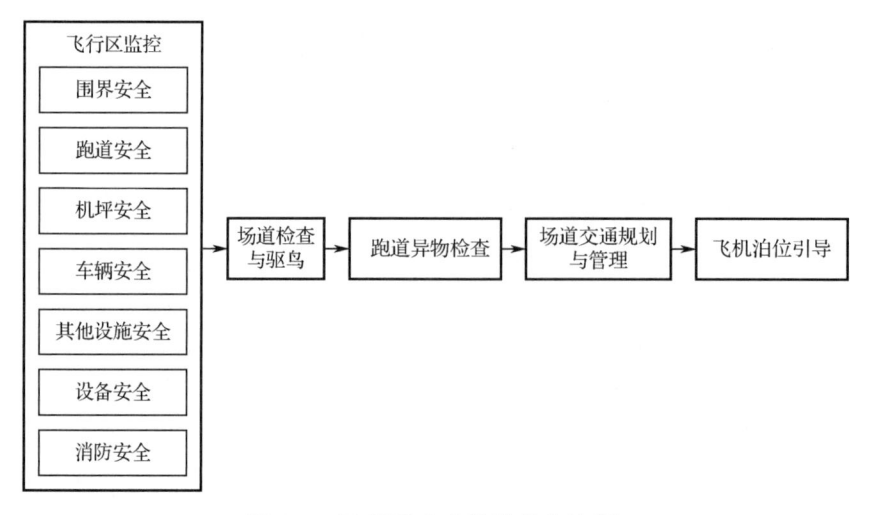

图 2-6 飞行区安全监控业务流程

2.2.4 商业经营业务架构

机场商业经营领域智慧化建设的目标是利用智慧机场手段对商业资源和商业业务进行充分开发利用，建立基于融合商业数据的机场客户和商铺营销体系，形成机场周边商业生态圈，如图 2-7 所示，其中业务运作层主要涉及非航业务管理、商业运营管理、停车场管理等核心业务流程，通过这些业务的实施为决策层中非航业务战略和大会员体系的建设扩展提供支撑。

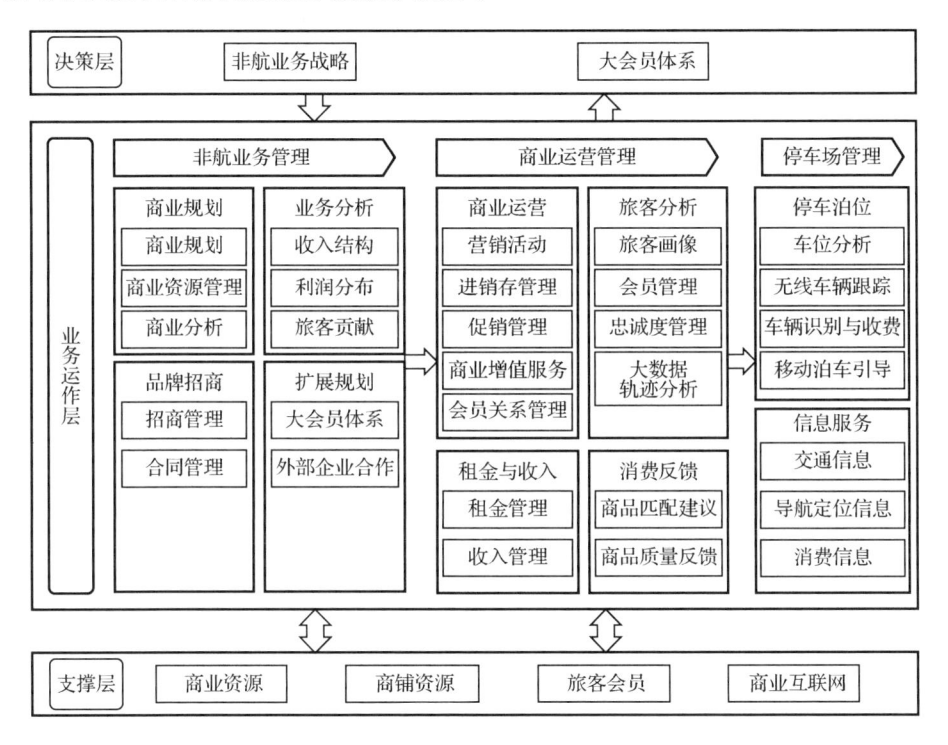

图 2-7 商业经营业务架构

2.2.5 企业管理业务架构

机场企业管理领域智慧化建设的目标是构建基于大数据应用的战略规划管理业务架构，形成从战略制定、战略分解、战略执行、战略监控、战略绩效到战略评价的循环管理体系，达成组织内各部门之间的战略协同，实现机场可持续发展。如图 2-8 所示，决策层主要是战略规划、战略绩效、经营分析、决策分析等业务活动，业务运作层涉及人力资源管理、财务管理、资产管理、采购管理、能源管理、信息管理、行政管理、外部关系管理等核心业务流程，为决策层提供支撑。

以战略决策分析为例，其业务流程如图 2-9 所示，以机场内的业务经营分析和外部行业情况为基础展开统计分析与预测，建立基于大数据的战略决策分析模型，使战略决策调整有充分的数据支持。

图 2-8 企业管理业务架构

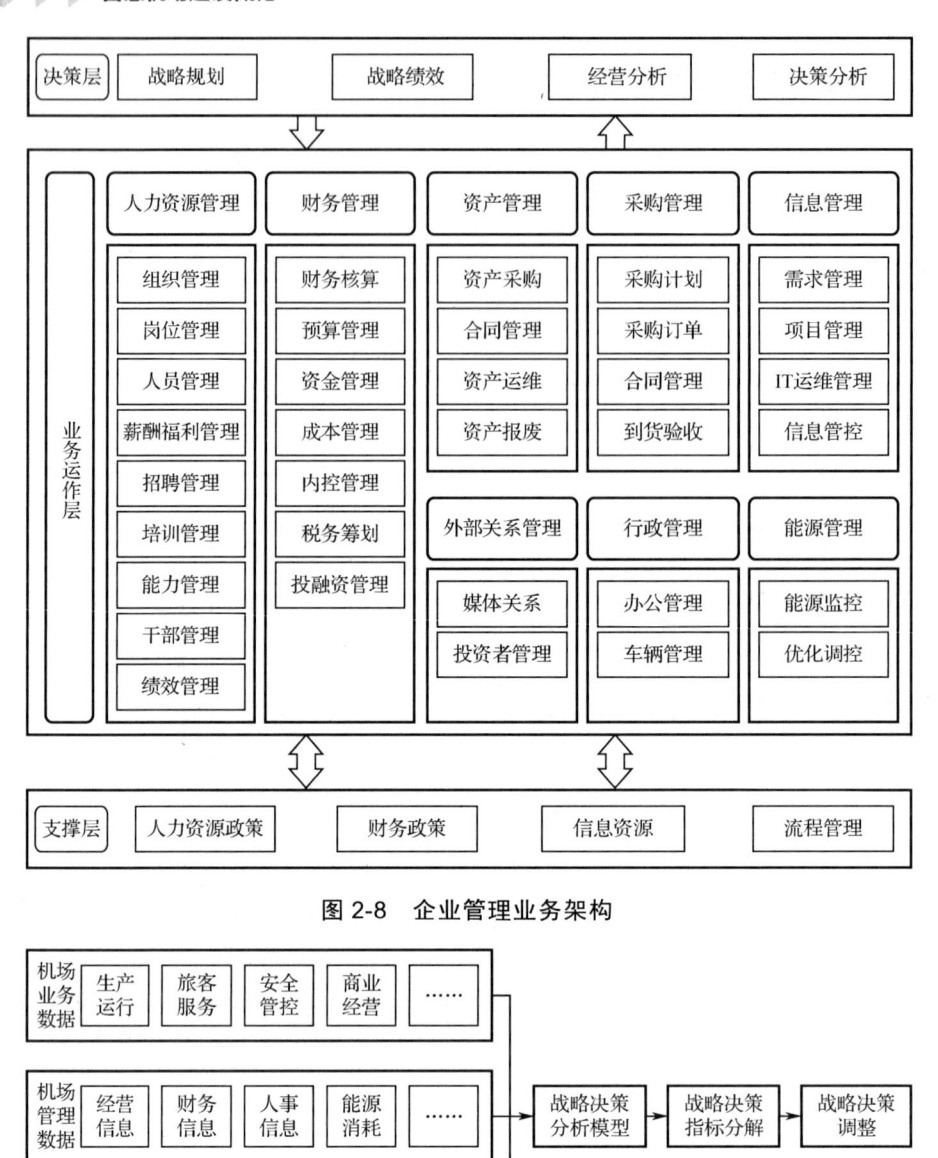

图 2-9 基于大数据的战略决策分析业务流程

2.3 应用架构

应用架构的主要目的是依据业务架构，梳理设计支撑各业务运行的业务系统及集成方式，通过应用系统的集成运行，实现机场各业务信息自动化流动，代替手工的信息流动方式，提高业务运作效率，降低运作成本。应用架构根据业务架构的总体要求，利用 IT 技术对各种业务模式进行优化设计，形成规范、完整、灵活、可扩展的应用系统功能及系统之间的关联关系。

根据智慧机场总体业务架构，设计总体应用架构（见表 2-2）。纵向上，应用架构划分为三层，最下层为平台层，其中基础性平台包括大数据平台、云计算平台、物联网平台、可视化平台、基础通信与位置服务平台、信息安全平台等，为所有业务提供公共信息支撑，同时，各业务领域也需要各自的平台，如航班正常性管理平台、会员管理平台、安全综合管理平台、非航业务平台、经营分析平台等。中间层为智慧业务层，具体是各业务领域所需的信息系统；最上层为智慧管控层，主要是形成各业务领域所需的共同态势，供相关领导掌握机场运行整体信息和分析决策使用。

表 2-2 智慧机场总体应用架构

层别	智慧运行	智慧服务	智慧安全	智慧经营	智慧管理
智慧管控层	可视化运行监控系统	服务质量管理系统	安全决策系统 安全质量分析系统	商业运营分析系统	战略决策规划系统
智慧业务层	AODB ACDM 泊位系统 离港系统 航显系统 RMS（资源管理系统） 客桥系统 除冰系统 场坪管理系统 场面交通引导系统 运行预测系统 移动指挥系统 应急管理系统 保障机器人/智能设备 空侧管理系统 货运管理系统	自助登机系统 自助值机系统 自助通关系统 自助查询系统 动态标识系统 服务产品管理系统 行李托运跟踪系统 位置与导航系统 服务机器人/智能设备 互联网+旅客全流程自助系统 陆侧交通管理系统	周界安防 门禁系统 移动 CCTV SMS 系统 火灾报警系统 安检系统 FOD 检测系统 驱鸟系统 信任旅客系统 安全巡查系统 证件管理系统	商业管理系统 移动支付 停车场管理系统 自助泊车系统 统一营销系统 自助缴费系统 O2O 电商系统	财务管理 战略管理 市场经营分析 ERP 决策分析 人力资源系统 资产管理系统 能源管理系统 OA 和移动 OA 系统
智慧平台层	航班正常性管理平台	会员管理平台	安全综合管理平台	非航业务平台	经营分析平台
智慧平台层	大数据平台				
智慧平台层	可视化平台				
智慧平台层	物联网平台				
智慧平台层	信息安全平台				
智慧平台层	云计算平台				
智慧平台层	基础通信与位置服务平台				

横向上依然按照机场五个业务维度对各业务系统应用进行划分。一是智慧运行领域，在航班正常性管理平台等业务平台支撑下，开发改进或集成应用 AODB（机

场运行数据库）、ACDM（机场协同决策系统）、RMS（机场资源管理系统）、场面交通引导系统、运行预测系统、飞机泊位引导系统、航班管理系统等核心业务系统，由可视化运行监控系统提供机场运行全局实时态势，为机场运行领域相关决策提供支持，并可依托移动指挥系统对机场生产运行和服务保障秩序进行管控，依托应急管理系统对突发情况进行处置。二是智慧服务领域，在会员管理平台支撑下，开发改进或集成应用自助登机、自助值机、自助通关、自助查询、行李托运与跟踪、位置与导航、互联网+旅客全流程自助系统、陆侧交通管理系统以及服务机器人与智能设备等核心业务系统，由服务质量管理系统提供机场服务的全局管理，为提升服务产品、改进服务质量提供决策支持。三是智慧安全领域，在基于大数据的安全管理平台的支撑下，开发改进或集成应用周界安防、门禁系统、安检系统、消防系统、FOD 检测、驱鸟系统等核心业务系统，并由安全质量分析和安全决策系统提供有关安全方面的全局情况，提出安全决策建议。四是智慧商业领域，在非航业务平台支撑下，开发改进或集成应用商业管理系统、统一营销系统、停车场管理系统、自助缴费系统等业务系统，并由商业运营分析系统提供基于大数据的机场商业生态圈全局经营态势，为提高机场商业经营效益提供决策支持。五是智慧管理领域，在经营分析平台的支撑下，开发改进或集成应用战略管理、财务管理、ERP、OA 和移动OA、人力资源管理、资产管理、能源管理、IT 服务管理等核心业务系统，并支撑机场战略决策规划系统，实现机场可持续发展。

在梳理分析各业务系统的基础上，设计智慧机场集成架构（如图 2-10 所示），依然划分为平台层、业务层和管控层，在大数据平台、物联网平台、可视化平台等基础性平台支撑下，各业务领域围绕自身的综合性业务平台集成相关的业务系统，并在管理层提供各类用户使用，共同驱动完成智慧机场各业务流程。

2.4 数据架构

数据架构是连接企业架构中业务架构、应用架构、技术架构的关键纽带，是企业架构的核心组成部分，直接反映业务的信息特征，起到解决业务与数据间的映射、规范应用架构中的数据集成关系、指导技术架构技术选型的作用，指引其他 IT 架构的建设。如图 2-11 所示，智慧机场数据架构从数据到应用包括源数据层、数据管理层、数据交换层、数据存储层、数据处理层和数据应用层。

1. 源数据层

源数据主要来源于五个业务领域，根据各领域的业务能力及业务职能的划分，确定数据主题域和具体的信息域，如表 2-3 所示，共包括 5 个业务领域、21 个主题域、100 多个具体的信息域，组成智慧机场的数据源，并且随着未来技术和需求的进一步发展，数据源也将不断增加和改进。

第 2 章 智慧机场规划设计

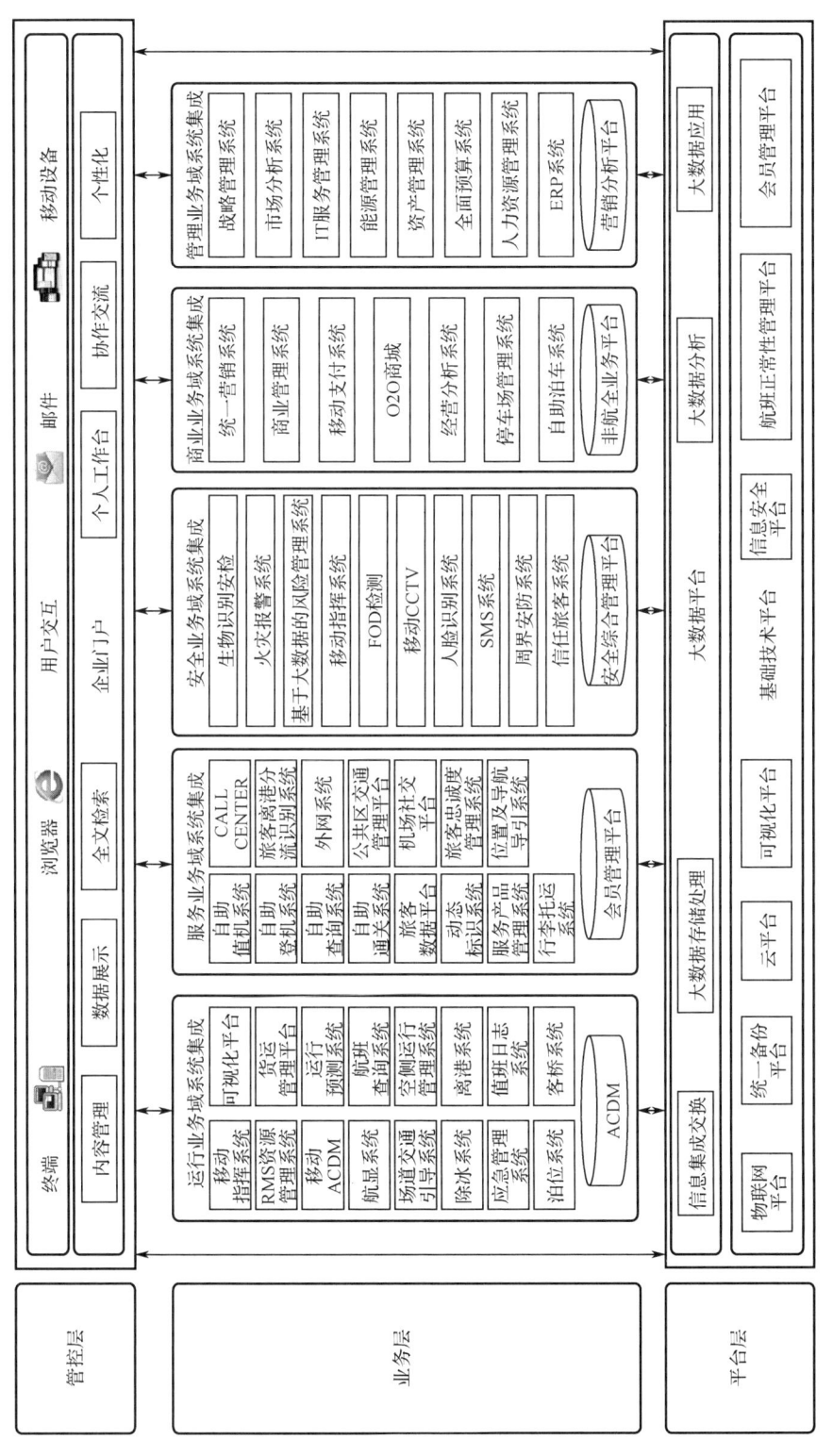

图 2-10 智慧机场集成架构

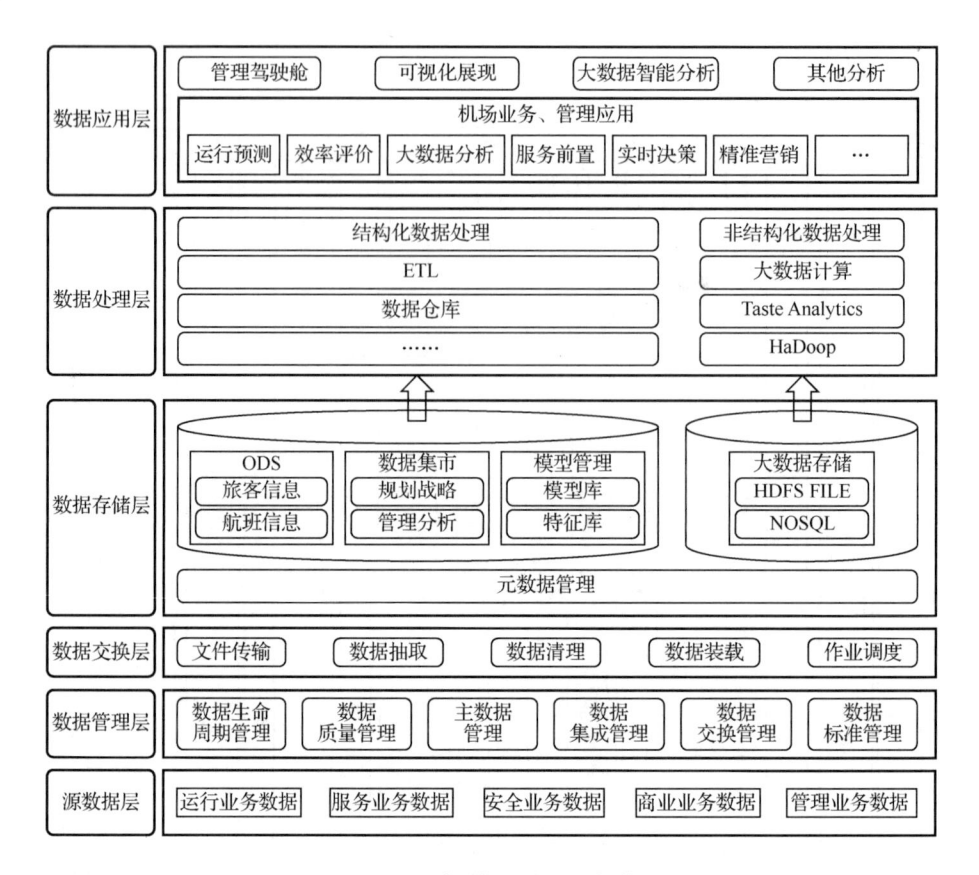

```
┌─────────┬─────────────────────────────────────────────────────────────────┐
│         │  ┌管理驾驶舱┐ ┌可视化展现┐ ┌大数据智能分析┐ ┌其他分析┐         │
│数据应用层│  ├─────────────────────────────────────────────────┤           │
│         │  │              机场业务、管理应用                  │           │
│         │  │┌运行预测┐┌效率评价┐┌大数据分析┐┌服务前置┐┌实时决策┐┌精准营销┐┌…┐│
└─────────┴─────────────────────────────────────────────────────────────────┘
┌─────────┬─────────────────────────────────────────────────────────────────┐
│         │  ┌结构化数据处理────────────┐  ┌非结构化数据处理─────┐          │
│数据处理层│  │         ETL              │  │     大数据计算      │          │
│         │  │       数据仓库           │  │   Taste Analytics   │          │
│         │  │        ……                │  │       HaDoop        │          │
└─────────┴─────────────────────────────────────────────────────────────────┘
```

图 2-11　智慧机场数据架构

表 2-3　智慧机场源数据

智慧机场业务领域	数据主题域	信　息　域
智慧运行业务领域	运行控制	运行监控信息、协同决策信息、站坪监控信息、场道管理信息、楼宇管理信息、人员监控信息、行李处理信息、交通管理信息、停车场管理信息
	资源管理	客桥分配信息、飞机泊位引导、柜台分配信息、自助设备管理信息、转盘分配信息
	航班管理	航班动态信息、航班预测信息、航班计划信息
	应急管理	应急决策指挥信息、应急预案与演练信息、应急处置信息
智慧服务业务领域	服务质量管理	服务订单信息、服务生命周期信息、旅客关怀信息、投诉反馈建议
	服务产品管理	服务产品目录、服务手册、旅客类型信息
	服务内容管理	全流程自助信息、海关检查信息、边防检查信息、检验检疫信息、贵宾服务信息、端到端旅客服务、排队长度信息、行李处理信息、交通管理信息、停车场管理信息、航班信息、动态标识信息、服务设施信息、位置及导航信息
智慧安全业务领域	安全质量管理	风险管理信息、安全培训信息、安全保障信息、安全政策目标
	飞行区安全	设备状态信息、跑道信息、场道交通信息、围界信息、飞行器安全信息

续表

智慧机场业务领域	数据主题域	信 息 域
智慧安全业务领域	航站楼安全	安检信息、行李检查信息、旅客行为信息
	公共区安全	停车场安全信息、交通安全信息、旅客行为信息
	安全预警与应急	风险识别信息、风险预警信息、安全事态信息、应急决策信息、应急执行信息
智慧商业业务领域	非航业务管理	商业战略规划、商业资源信息、招商品牌信息、合同管理信息、收入分析信息
	商业运营	营销信息、商品管理信息、消费者画像、会员体系信息、车位信息、消费投诉信息
	收入情况	租金收入信息、商业运营收入信息
智慧管理业务领域	战略管理	战略规划信息、战略决策信息、战略风险管理信息、战略绩效、管理制度信息
	人力资源管理	组织信息、部门信息、人员信息、薪酬信息、人事绩效信息
	财务管理	资金信息、财务账套信息、会计科目、预算信息、税务信息、内控信息
	资产管理	资产规划信息、资产采购信息、资产建设信息、资产运维信息、资产维修/更新信息、资产报废信息
	经营管理	投资信息、项目信息、业务运营信息、媒体管理信息、投资者关系
	能源管理	能源规划信息、能源采购信息、能源建设信息、能源设备运维信息、能源消耗信息

2. 数据管理层

数据管理层主要是构建包括数据生命周期管理、数据质量管理、主数据管理、数据集成管理、数据交换管理、数据标准管理等在内的数据管理体系，其中，数据生命周期管理按照数据创建、使用、归档、销毁数据生命周期阶段划分，针对结构化数据、非结构化数据、实时数据制定不同的生命周期管理策略，建立数据周期评价机制，并针对评价结果制定各类数据在主要生命阶段的管理手段；数据质量管理主要是建立一套科学的数据质量考核管理机制，对各业务活动主体产生的数据进行评价，确保数据在全生命过程中准确、及时、有效和充分共享，从而达到对数据质量的持续改进；数据安全管理的任务是建立一套科学的、适合智慧机场业务环境的数据安全分级标准及数据使用授权体系，并通过相应的组织、流程保证上述标准和使用体系得以执行，"需要数据的人员在其授权的范围内得到其所要的数据"；数据标准化管理是在实现智慧机场数据共享的基础上通过数据标准制造、管理维护和推广使用，从而达到对数据的规范化管理，主要包括业务标准、技术标准和代码标准；数据编码管理主要目的是设计统一的数据编码体系，实现数据编码统一制定、统一应用、集中更新、集中管控，主要任务是制定智慧机场数据编码分类体系，确定数据编码间的关联关系，在此基础上，分业务维度进行各大业务数据编码的规则定义，设计统一的数据编码方案，并通过主数据系统实施落地。

需要特别关注的是主数据管理。如果说上述各数据管理任务属于机制建设的话，主数据管理的任务则是对数据管理体系提供基础性的技术支撑。主数据是独立反映客观的真实存在，不依赖于其他数据、贯穿于整个智慧机场信息化项目被管理和引用的那部分数据，如组织机构、人员、设施、设备、物资等数据，随着智慧机场信息化研究和开发不断拓展，各业务领域还在不断产生新的主数据。主数据管控需要通过一套完整的组织、流程、技术来实现主数据规范化管理的体系，且未来将越来越多地使用集中式管理模式，即建设主数据管理平台进行主数据管理，业务系统不对主数据进行管理，仅仅是主数据的使用者。图 2-12 是主数据管理架构示意图，通过建立完善的、柔性的、面向服务的主数据管理框架，从技术层面保证主数据管理流程落地实施，主要涉及对主数据进行创建、变更（更改、删除）以及审核的流程，实现对主数据的统一规范管理，确保主数据在智慧机场各个业务和管理活动中的一致性。

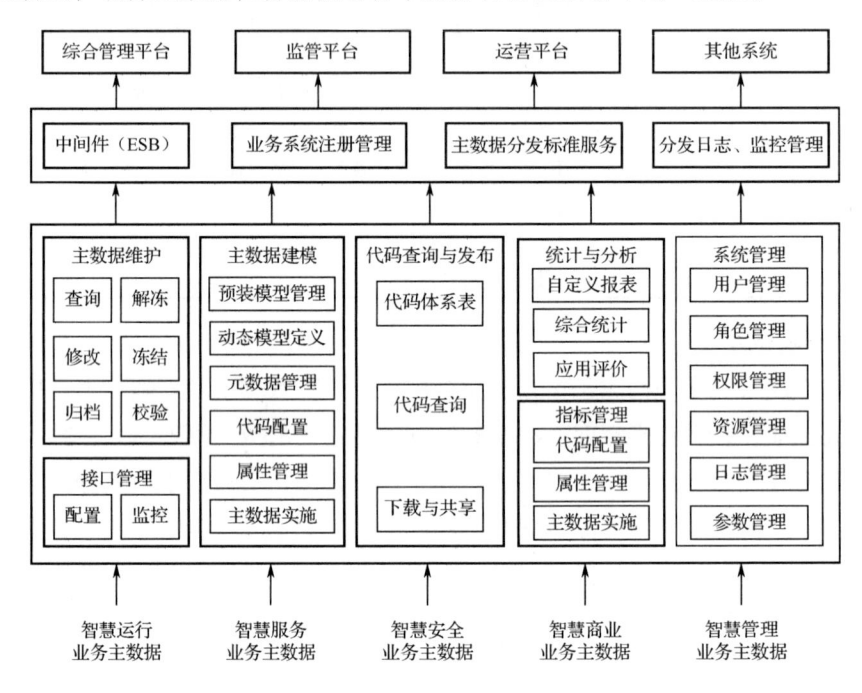

图 2-12 主数据管理架构

3. 其他各层

研究智慧机场数据架构的目的是建设一个具备高度可扩展性和灵活性，支持大规模数据获取、存储、组织、分析和决策，有效解决结构化、半结构化数据和非结构化数据的复杂处理需求，实现智慧机场各业务流程数据驱动的大数据平台。源数据层和数据管理层的研究为大数据平台的建设打下了很好的基础，其余数据交换层、数据存储层、数据处理层和数据应用层等都是大数据平台建设的主要内容，将在后续有关大数据平台建设的章节中叙述。

2.5 技术架构

技术架构描述了实现应用架构所采用的技术，同时也包括支持业务系统部署所需的基础设施和环境，主要目的是系统集成的技术路线，建立具有开放性、标准化和安全的企业级集成架构和基础设施平台。

2.5.1 技术路线

1. 基于 SOA 的技术路线

SOA（Service Oriented Architecture）是面向服务的体系架构。与传统技术相比，SOA 从业务着眼，基于标准化的技术手段，以"服务"为基本元素来构建或整合适合于各行业应用需求的信息系统，提高信息系统的开发效率，整合和复用 IT 资源，并使信息系统能灵活快速响应业务变化需求。

SOA 自 1996 年被提出之后，得到了产业界、学术界和行业用户的共同关注，在经历十多年的概念和技术发展之后，目前已进入稳健发展与应用阶段。它是近年来信息技术领域的重大热点之一，是软件开发和信息化系统构建方法的一个国际性技术趋势。基于 SOA 的信息化系统可以提供与业务更贴合的信息化服务，更顺利地解决跨行业、跨部门的信息资源互联互通，推动重要信息资源的开发利用，并可以支撑和促进各行业相关的业务变革和发展，这些恰恰是智慧机场建设在内的多数行业急需解决的问题。

基于 SOA 的智慧机场集成策略主要思路是：采用面向服务的体系架构（SOA），将机场应用中分散的功能组织成基于标准的互操作服务，通过服务的组合和重用，把握松耦合、共享、复用的内涵，选择适当的业务场景，不断完善 SOA 要素（如 BPM、ESB、服务组件等），逐步建立基于 SOA 的集成架构。

2. J2EE 和 .NET 共存的技术路线

应用系统开发运行的服务器操作系统，应遵循可移植操作系统标准规范要求，支持多主机集群技术和多中央处理器（CPU）并行操作。充分利用 J2EE 和 .NET 平台各自的优势，应用服务器系统软件采用 Java 企业版（J2EE）作为统一的技术架构，同时考虑与 .Net 的集成，选择适当的系统基于 .NET 平台开发，然后通过基于 SOA 的集成架构进行集成。

3. 集中部署的技术路线

集中部署的技术路线是指在信息系统集成中，逐步采用虚拟化技术、云计算技术、物联网技术，建立资源适度共享、统一管理的"绿色"基础设施平台。

4. 基于组件开发的技术路线

（1）公共服务组件开发

通过统一购买、开发或者封装已有的系统建设公共服务组件，形成企业共享的开发、运行、应用、集成、整合公用服务平台。公共服务组件包括除可以直接购买的公共服务组件软件外，如 GIS 组件、BI 组件、通用报表组件、内外网安全等，还包括通过开发形成的公共组件，如支持知识管理的组件、人力资源、财务管理等，逐步形成功能丰富的公共服务组件库，为应用系统开发提供共享资源。

（2）业务组件开发

针对智慧机场的应用，进行业务领域分析，按照复用和流程管理的要求，抽取该领域的业务组件，逐步形成服务组件库，满足今后应用系统开发、升级和业务流程再造的需要。业务组件将会根据应用领域，划分不同的业务组件，对外提供标准接口。对于遗留的系统，或新增加的产品化系统，则通过服务封装的方式，实现和其他系统的连接。

2.5.2 主要内容

采用基于组件开发的技术理念和开发路线，设计智慧机场技术架构如图 2-13 所示，分为七个层次。

（1）信息感知层。包括传感器、雷达、定位、地理信息等各类传感采集设备，以及旅客交互信息，是智慧机场信息的来源。

（2）基础设施层。为整体系统提供基本的运行支撑条件，包括数据中心、网络、存储设备、数据库管理系统、操作系统、云服务等。

（3）数据资源层。数据资源层对应本规划的数据架构有关内容，包括各类业务数据资源的管理、存储、共享体系。

（4）信息交换层。信息交换层是智慧机场的信息集成平台，也是智慧机场各业务应用系统研发、运行的基础技术平台，主要包括大数据平台、物联网平台、云平台、GIS 平台、可视化平台、信息安全平台、互联网+平台、统一备份平台等。

（5）应用系统层。应用系统层对应蓝图规划的应用架构，包括三层，最下层为业务平台层，是本业务领域通用的基础性技术平台；中间层为业务系统层，是本业务领域全部的应用系统；最上层为决策层，是本业务领域用于决策分析和发展规划的高级应用系统。

（6）业务架构层。对应智慧机场业务架构，围绕航班、旅客、行李三个主要的保障对象和保障流程设计业务场景，实现"端到端"的业务集成。

（7）访问展现层。智慧机场的管理者、员工、客户、供应商、政府部门、社会公众等运行、管理和使用主体，可以通过网页浏览器、短信、电子邮件、手机、PDA 接入系统，实现应用系统所有功能统一装配、统一展现，形成综合的、个性化应用展现层。

另外，技术架构中 IT 安全和 IT 治理，分别从技术和机制两方面保障智慧机场研发和运行顺利进行。

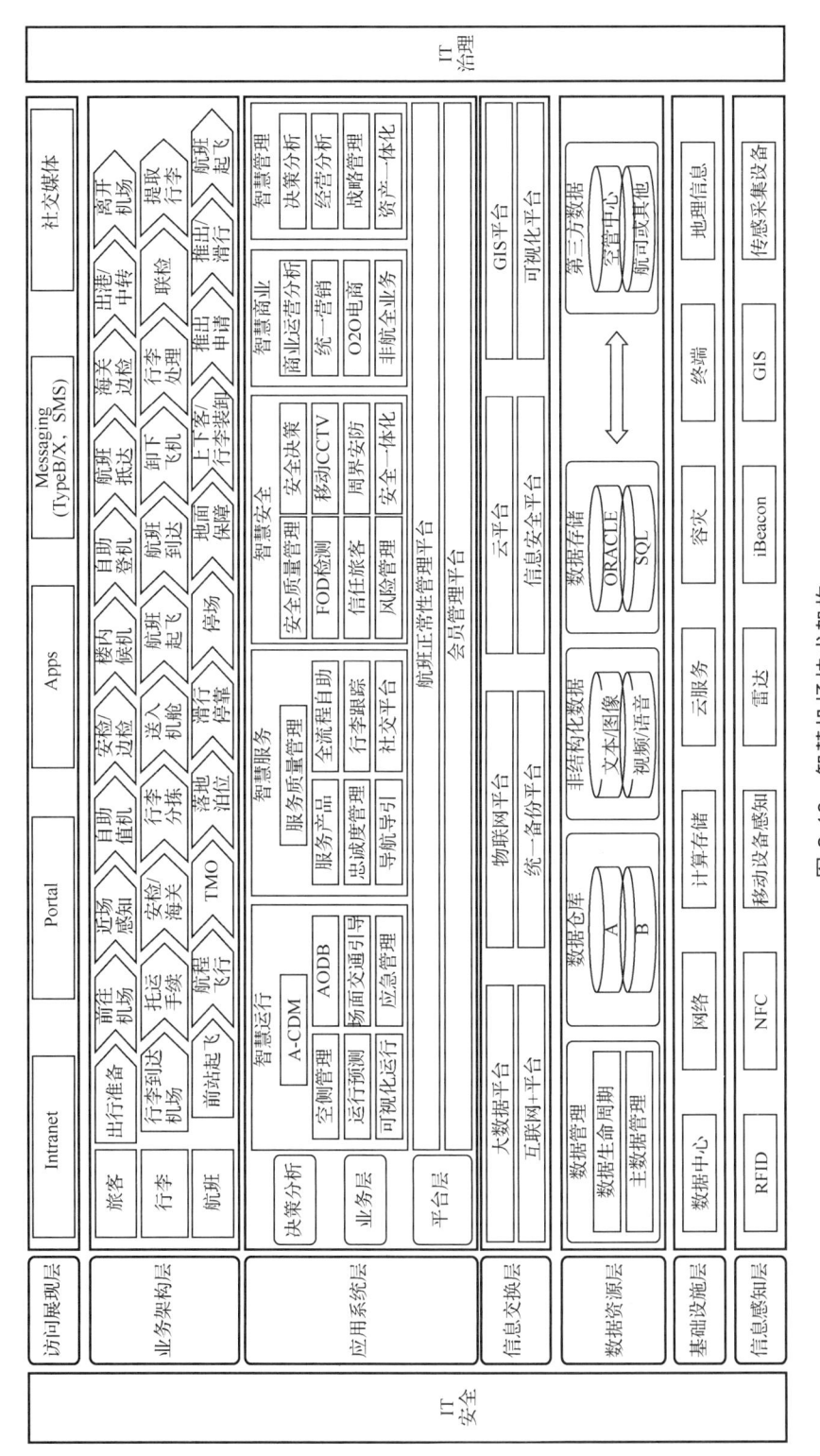

图 2-13 智慧机场技术架构

2.6 信息安全架构

智慧机场安全体系从安全组织、管理、技术三个领域进行规划构建，从智慧机场业务需求出发，保障智慧机场信息安全，如图2-14所示。

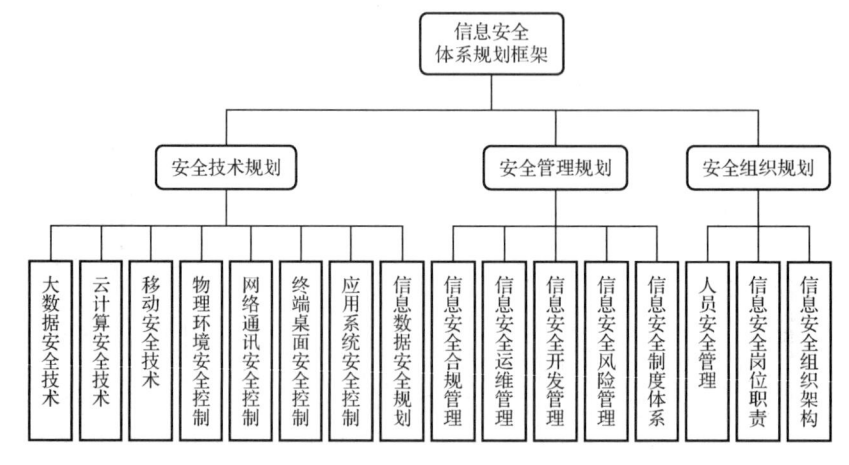

图 2-14 信息安全体系规划框架

其中，信息安全组织架构规划的任务是建立层次化的信息安全组织架构，明确信息安全角色和岗位职责；安全管理规划的任务是构建信息安全管理体系，建立信息系统全生命周期安全管理的整体框架和流程；信息安全技术规划的任务是从物理层、网络层、主机层、应用层、数据层构建信息安全技术架构，实现纵深安全防护，如图2-15所示。为落实安全管理规划和信息安全技术规划的内容，需开发统一的信息安全管理平台，使信息安全贯穿于各业务领域各层次的信息系统及其生命周期各阶段，有关信息安全管理平台的内容将在后续章节介绍。

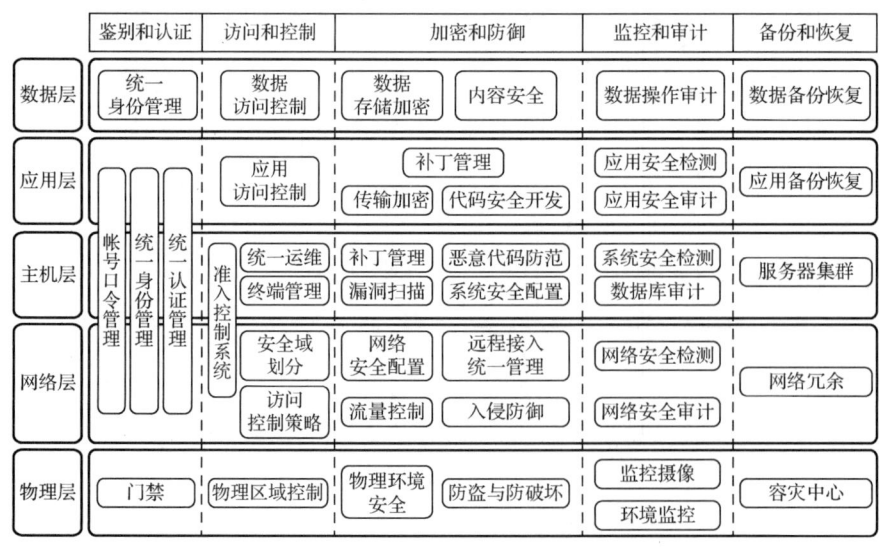

图 2-15 智慧机场信息安全技术架构

2.7 IT 治理架构

智慧机场建设牵涉面广，投资巨大，为科学决策、提高资金使用效率，避免决策失误的风险，需建立 IT（信息化）治理（IT Governance）架构，主要目标是在机场内建立合适的决策权归属和责任的分配机制，使机场从 IT 投资中获取更多的价值，同时平衡信息技术与过程的风险，确保实现战略目标。IT 治理包括建立业务与信息化战略融合的机制，权责对等的责任担当框架和问责机制，资源配置的决策机制，组织保障机制，核心 IT 能力发展机制，绩效管理机制以及覆盖信息化全生命周期的风险管控机制等。IT 治理实践需要决策层、管理高层的参与，它与 IT 管理的区别在于，IT 治理是决定由谁来进行决策，管理则是制定和执行这些决策的过程。

智慧机场 IT 治理的主要任务包括以下方面。

1. 建立科学合理的 IT 管理架构

健全 IT 管理组织结构，明确 IT 的组织架构和角色，明确各级组织的职责与权力，明确信息中心的定位以及与业务部门的协作关系。建立一个灵活的、反应迅速的 IT 组织，完善适合机场企业自身模式的 IT 运作机制，进一步完善信息安全管理、IT 服务管理及 IT 项目管理、IT 外包管理等方面的制度、标准规范体系，从而提高运营效率，增加 IT 投资的收益率。

根据企业信息化管理的组织模式，智慧机场建设信息化的管理组织模式一般有如下两种，如图 2-16 所示。其中模式一为总经理或 CEO 领导网络安全及信息化领导小组，信息化分管副总或信息总监代表信息化领导小组行使决策权，这种模式决策较快，但是跨业务板块和组织的协调沟通成本较高。模式二为总经理或 CEO 领导信息化领导小组，该小组具有信息化的决策权，这种模式业务协调成本较低、效率高。

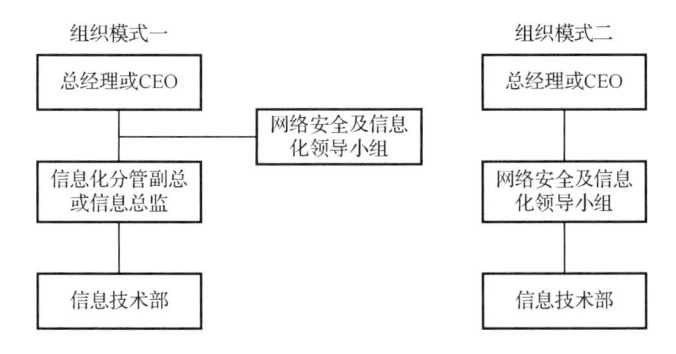

图 2-16 智慧机场建设信息化管理组织模式

2. 健全规范高效的 IT 决策机制

（1）实现 IT 技术与业务管理的融合。一是战略融合，从 IT 战略与业务战略的一致性出发，着眼于 IT 战略与业务战略的互动来进行 IT 决策，使信息化发展战略与行业发展战略融合演进，构建信息化价值链，实现效益最大化。二是管理融合，即 IT 与管理思想融合，把战略目标落实到业务流程中，固化到应用系统中，做到建以致用，用信息化推进企业流程再造和优化，解决在现有体制模式下跨层级、跨系统、跨部门流程对接、信息共享的深层次问题，实现从传统管理向信息化管理的根本性转变。三是应用融合，把信息化融入企业可持续发展战略和生产经营管理的各个环节，使信息资源与其他资源高度融合，并成为企业战略资源。

针对智慧机场建设，为了确保 IT 一体化的逐步实施，建立如图 2-17 所示的机制，保障核心的 IT 决策符合 IT 整体价值定位和演进方向。其中，核心决策领域主要有 5 个，IT 原则属于战略性决策，一般根据企业战略的变化进行调整（调整周期 3～5 年）；IT 架构、IT 基础设施相关的决策属于非经常性战术决策，一般在架构确定之后，不应经常修改，修改必须经过网络信息化领导小组研究讨论，业务应用需求、IT 投资属于经常性战术决策，一般伴随 IT 项目，根据一定流程进行决策。

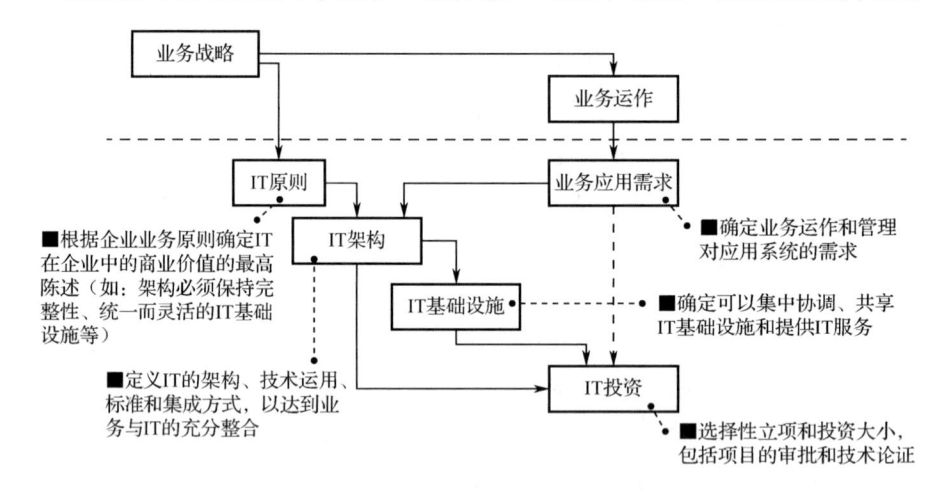

图 2-17 智慧机场建设信息化决策机制

（2）明确 IT 决策过程的权力与责任。一是明确责任与权力的边界，明确各种决策权利和责任的划分，由什么角色制定哪些决策，并应当承担什么样的责任。二是实现责任与权力对等，使所拥有的权力与所承担的责任相适应。

3. 强化风险管理

建立风险控制与管理机制，实现对关键信息资源的有效监控和管理，降低信息化的风险和对业务产生的影响，降低企业经营风险。

4. 构建信息化可持续发展的长效机制

在 IT 治理框架和信息化全流程风险管理控制体系的基础上，建立信息化绩效评价框架，分别从战略层面、流程管控层面、项目或系统层面对信息化过程的绩效进行评价，形成一套综合完整的绩效管理评估模型体系，通过严格的绩效评估和评估结果的透明披露，来实现信息化可持续发展的长效机制。

第 3 章
智慧机场公共基础支撑平台

从本章开始，按照应用架构规划来介绍智慧机场的建设内容。智慧机场是由软硬件组成的复杂的信息系统，从系统开发的角度，大体上可分为公共基础平台和业务应用系统两大部分。本章主要描述智慧机场建设所需的几个公共基础平台，其中大部分是技术基础平台，最后一小节介绍两个全局性的业务基础平台。

3.1 基础网络通信平台

网络通信是智慧机场的基础设施，其建设目标是建成基于 IP、统一的泛在网，提供在任何时间、任何地点、允许任何类型终端可控、安全、可靠的接入，实现信息全天候的互联互通。机场的网络通常由专用网络和公共网络组成，专用网络又分为生产类专网和办公类专网。如图 3-1 所示，从网络承载业务功能看，主要有承载机场运行业务系统的机场运行有线网、机场运行无线网、空地通信网、机场物联网等，承载安防监控业务系统的机场安防网，承载商业经营业务系统的综合业务网，

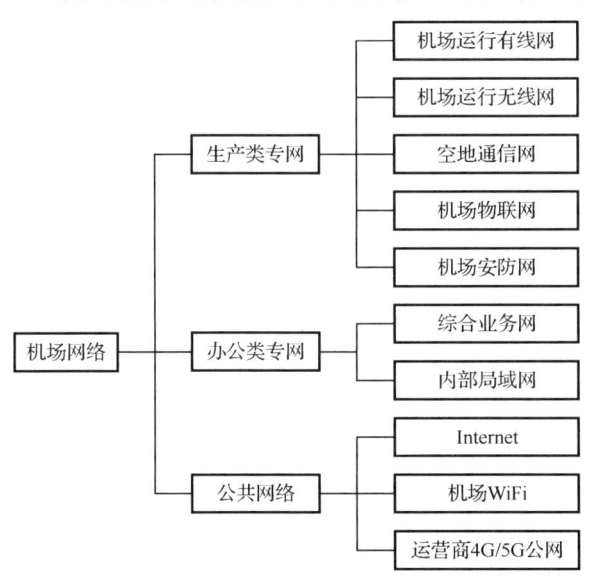

图 3-1 机场网络组成

承载企业管理业务的机场内部局域网,以及承载旅客服务类系统的公用网络,包括 Internet、机场 WiFi、运营商 4G/5G 公网等。从目前的情况看,有线网络已具备较好的基础,但空地通信、无线专网和物联网的建设还不够充分,需要重点加以完善。

3.1.1 空地通信

对智慧机场来说,空地通信的意义是实现地面对空中的实时感知,获得航班的进近状态,以便做好机场地面各项保障的准备工作。传统上的空地通信是指为进行空中交通管制和空地之间其他业务通信,主要通过飞机电台和地面对空电台组成通信网络,同时亦可纳入二次雷达、卫星线路等设备,一是实现语音通信,二是由空地数据链实现飞行中航空器的机载终端和地面航空部门的终端之间的数字化数据信息交换。由于缺乏飞机的定位信息和状态信息,而从空管转来的飞机信息在实时性和精确性上都有所欠缺,造成机场地面保障流程起始时间缺乏精准的预测,对保障的精确化、精细化都造成了影响,因而急需新的空地通信手段予以加强。ADS-B 是目前应用最为广泛的空地通信技术之一,而新一代机场航空移动通信系统 AeroMACS(Aeronautical Mobile Airport Communications System)作为机场专用的无线通信标准,正在迅速推广应用。

3.1.1.1 ADS-B

1. ADS-B 的定义和特征

ADS-B 全称是 Automatic Dependent Surveillance Broadcast,中文是广播式自动相关监视。顾名思义,即无须人工操作或者询问,可以自动地从相关机载设备获取参数,向其他飞机或地面站广播飞机的位置、高度、速度、航向、识别号等信息,供管制员对飞机状态进行监控。它衍生于 ADS(自动相关监视),最初是为越洋飞行的航空器在无法进行雷达监视的情况下,希望利用卫星实施监视所提出的解决方案。ADS-B 具备以下技术特征:

(1)自动(Automatic):无须人工操作和地面询问。

(2)相关(Dependent):信息全部依据机载装备。

(3)监视(Surveillance):提供航空器位置以及用于监视的数据。

(4)广播(Broadcast):数据不是针对某个特定用户,而是周期性地广播给任何一个有合适接收装备的用户。

ADS-B 可为航空器传送空域交通、天气、地形等飞行信息,使机组人员清晰地了解周边的交通情况,提高情景意识,并可用于航空公司的运行监控和管理,为安全、高效的飞行提供保障。ADS-B 还可以用于飞行区的地面交通管理,防止跑道侵入。与雷达系统相比,ADS-B 能够提供更加实时、准确的航空器监视信息,可以增加无雷达区域的空域容量且维护费用低、使用寿命长。正是因为 ADS-B 有以上诸多优点，促成国际航空界积极推进该项技术的应用。

2. ADS-B 的原理和优势

（1）工作原理

ADS-B 系统是一个集通信与监视于一体的信息系统，由信息源、信息传输通道和信息处理与显示三部分组成。ADS-B 的主要信息是飞机的 4 维位置信息（经度、纬度、高度和时间）和其他可能附加信息（冲突告警信息，飞行员输入信息，航迹角，航线拐点等信息）以及飞机的识别信息和类别信息。此外，还可能包括一些别的附加信息，如航向、空速、风速、风向和飞机外界温度等。这些信息可以由以下航空电子设备得到：①全球导航卫星系统（GNSS）；②惯性导航系统（INS）；③惯性参考系统（IRS）；④飞行管理器；⑤其他机载传感器。ADS-B 的信息传输通道以 ADS-B 报文形式，通过空—空、空—地数据链广播形式传播。ADS-B 的信息处理与显示主要包括位置信息和其他附加信息的提取、处理及有效算法，并且形成清晰、直观的背景地图和航迹、交通态势分布、参数窗口以及报文窗口等，最后以伪雷达画面实时地提供给用户。

如图 3-2 所示，ADS-B 系统的工作流程是：①装备了 GPS 系统的飞机从导航卫星接收授时信息从而精确确定飞机位置和速度，从大气数据系统中获得实时的气压和高度。②ADS-B 发送设备从关联机载设备（如多模式接收机 MMR、大气数据惯性基准组件 ADIRU）获取所需参数信息，以及飞机识别信息、航班号、空地状态等数据，通过数字式数据链，向地面的 ADS-B 接收机和其他飞机广播精确位置和速度。③在综合地面 ATC（空中交通管制）系统中，或者安装在其他飞机上的 ADS-B 信号接收方，向使用者提供实时的空中交通状态。地面站或其他航空器接收的报文数据经过解码及处理，结合 GIS 技术及时准确的动态显示，辅助管制、签派及飞行员等人员更加直观了解航班动态及其周围空域的交通态势。

相对于航空器的信息传递方向，ADS-B 分为两类：发送（OUT）和接收（IN）。其中 ADS-B OUT 是 ADS-B 的基本功能，它负责将信号从飞机发送方经过视距传播发送给地面接收站或者其他飞机，由航空器周期性向外广播飞机的矢量状态信息及其他附加信息。该飞机附近空域加装 ADS-B 机载设备的航空器与地面站可接收其广播的报文，监视空中交通状况，具有类雷达监视的功能。ADS-B OUT 技术成熟应用广泛，目前国内外主要应用该技术。ADS-B IN 是指航空器接收其他航空器发送的 ADS-B OUT 信息或地面服务设备发送的信息，为机组提供运行支持和情境意识，如冲突告警信息、避碰策略、气象信息。通过 ADS-B IN 显示，使飞行员可以看到周围空域的气象信息及附近的交通态势，有助于飞行员提前做出正确躲避危险的决策，提高飞行效率及安全性，缩小空域间隔。

（2）技术优势

ADS-B 技术用于空中交通管制，可以在无法部署航管雷达的大陆地区为航空器提供优于雷达间隔标准的虚拟雷达管制服务；在雷达覆盖地区，即使不增加雷达设备也能以较低代价增强雷达系统监视能力，提高航路乃至终端区的飞行容量；多点 ADS-B 地面设备联网，可作为雷达监视网的旁路系统，并可提供不低于雷达间隔标准的空管服务；利用 ADS-B 技术还可在较大的区域内实现飞行动态监视，以改进飞行流量管理；利用 ADS-B 的上行数据广播，还能为运行中的航空器提供各类情报服务。

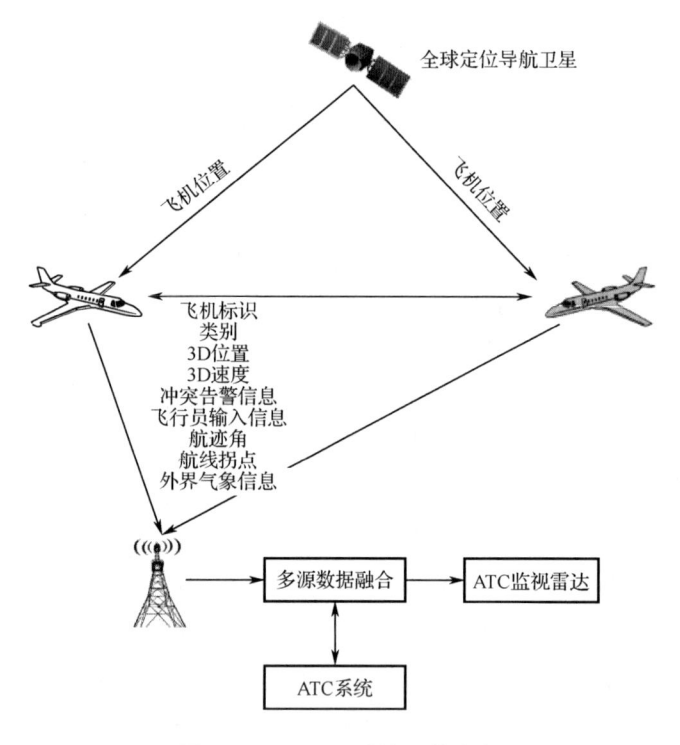

图 3-2 ADS-B 系统工作流程

ADS-B 技术在空管上的应用，是传统的空中交通监视技术的重大变革。ADS-B 技术用于加强空—空协同，能提高飞行中航空器之间的相互监视能力。与应答式机载防撞系统（ACAS/TCAS）相比，ADS-B 的位置报告是自发广播式的，航空器之间无须发出问询即可接收和处理进近航空器的位置报告，因此能有效提高航空器间的协同能力，增强机载避撞系统的性能，实现航空器运行中既能保持最小安全间隔又能避免和解决冲突的空—空协同目的。ADS-B 系统的这一能力，使保持飞行安全间隔的责任更多地向空中转移，这是实现"自由飞行"不可或缺的技术基础。

ADS-B 技术用于机场地面活动区，可以较低成本实现航空器的场面活动监视。目前大部分机场都没有场面监视系统，甚至部分机场没有二次雷达，缺乏对飞机的有效监视，对机场资源运行效率有一定的影响。同时在机场场面区域，传统的场面雷达监视作用范围有限，而且机场建筑等障碍物对雷达信号遮蔽严重，因此对于较低的空域无法完全覆盖，然而若利用 ADS-B 技术，由于其自身建设价廉，可以在机场场面大量布设站点，ADS-B 信号可以无死角地覆盖整个机场。只要飞机开启 ADS-B 机载设备，地面管制单位就可以对其进行有效监视，而且在飞机起落时，不需要重新识别和挂标牌，因此利用 ADS-B 技术可以实现机场场面监视的无缝覆盖。使用 ADS-B OUT 或者综合使用 ADS-B 和其他监视数据源（比如场监雷达、多点定位），能为机场的地面交通监控和防止跑道侵入等提供监视信息，降低场面安全风险发生率。

对于航空公司来说，ADS-B 的优点表现在安全、效益和容量三个方面。首先，ADS-B 可以保持或改善航空工业现有的安全标准；其次，效益方面，ADS-B 极大地提高了 ATC 系统监视数据的精度，这会帮助 ATC 了解飞机间的实际间隔，使管制员避免效率低下的引导指令来保持间距。在尾随程序中，帮助飞机机动到最佳运行高度，允许飞行员向 ATC 请求并接收改变到更高、燃油效率更佳的巡航高度。最后，容量方面，因为 ADS-B 的高精度和报告频率的增加可以大幅消减飞机的间隔要求，提高空中交通管制系统的容量，从而为航空公司开辟新航线提供技术支撑。

ADS-B 技术能够真正实现飞行信息共享。空中交通管理活动中所截获的航迹信息，不仅对于本区域实施空管是必需的，对于跨越飞行情报区（特别是不同空管体制的情报区）边界的飞行实施"无缝隙"管制，提高航空公司运行管理效率，都是十分宝贵的资源。但由于传统的雷达监视技术的远程截获能力差、原始信息格式纷杂、信息处理成本高，且不易实现指定航迹的筛选，难以实现信息共享。遵循"空地一体化"和"全球可互用"的指导原则发展起来的 ADS-B 技术，为航迹信息共享提供了现实的可行性。

3. ADS-B 的应用和发展

鉴于 ADS-B 的多个优势，世界范围内都在积极推进 ADS-B 系统建设，最早的 ADS-B 强制要求是在 2010 年 11 月的加拿大哈德森湾，在那里尾随间隔从 80 海里缩小到 5 海里。另外澳大利亚在 2013 年 12 月开始强制实施 ADS-B。由于澳大利亚西部大部分空域没有雷达系统覆盖，所以他们选择了 ADS-B 监视，以避免昂贵的雷达系统建设费用和维护费用。欧洲自 2015 年起对进入欧洲空域的飞机强制实施 ADS-B OUT，且自 2013 年起对生产线上飞机强制要求满足 ADS-B OUT 运行。美国计划到 2020 年 1 月对所有飞机，包括商用飞机和通用航空，强制要求 ADS-B OUT。

ADS 技术的应用方面，中国航空的起步并不晚，ADS-B 监视技术已经在中国民航处于实用阶段。自 2007 年以来，民航局针对 ADS-B 应用开展了专项研究工作，重点针对美国、澳大利亚、加拿大以及部分欧洲国家 ADS-B 技术应用和运行策略开展研究。2009 年国家"863"重点项目"国产 ADS-B 系统"在中国民用航空飞行学院绵阳分院 7910 号机上实施验证飞行，标志着中国民航运输航空器基于精确定位的航空协同监视技术应用拉开了大幕。2012 年，民航局发布了《中国民用航空 ADS-B 实施规划》，并于 2015 年进行了修订。近年来，结合中国民航实际运行情况，民航局还相继编制出台了《广播式自动相关监视（ADS-B）管制运行规程》《ADS-B 地面站（接收）设备技术要求》《ADS-B 数据处理中心配置要求》《ADS-B 数据处理中心最低功能和性能要求》等多部针对管制运行、技术要求、工程建设及人员培训方面的标准，基本建立了支撑中国民航 ADS-B 建设与运行的标准体系，为全行业开展 ADS-B 建设和应用相关工作奠定了基础。2019 年，中国民航按计划将全面启动 ADS-B 管制运行，标志着中国民航在 ADS-B 新技术应用领域已从"跟随者"转变为"领跑者"。

3.1.1.2 AeroMACS

当前机场无线通信手段，如甚高频（VHF）、800MHz 及 1.8GHz LTE 专网频段带宽有限，WiFi 网络易受干扰、支持移动速度较低以及安全性较差，而 ADS-B 主要用于飞行器导航而难以传输语音、视频等类型的信息，因此对具备大带宽、低时延、高安全性的宽带无线通信方式需求极为迫切。2007 年，国际电信联盟（ITU）和国际民航组织（ICAO）提出了航空机场地面移动通信系统的概念，即 AeroMACS，并为其分配了民航专用频段。根据相关技术标准，AeroMACS 工作于 5GHz 频段，将作为机场航空移动通信的专用网络系统，同时为空管、机场和航空公司在机场地面运行的飞机、车辆、人员以及各类机场地面传感设备提供综合无线宽带通信解决方案。

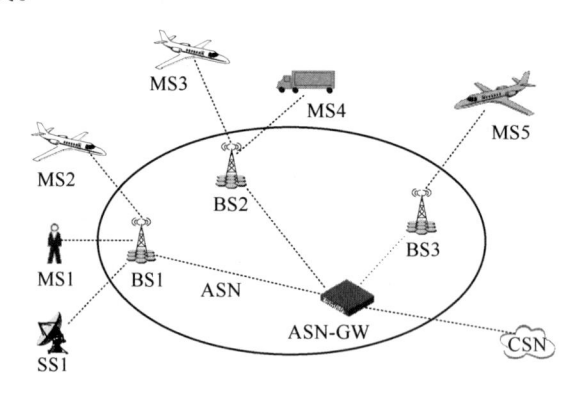

1. AeroMACS 网络结构

AeroMACS 实际上是一种特殊的 WiMAX 结构。为了保证网间良好的互联性，AeroMACS 采用基于由 WiMAX 论坛定义的 IEEE 802.16-2009 架构，同时 AeroMACS 也是一种支持模块化和灵活部署的全 IP 网络。如图 3-3 所示，AeroMACS 系统一般由以下几部分组成。

图 3-3 AeroMACS 网络结构

MS/SS：即移动用户站/固定用户站，他们都是最终的用户。MS 是指飞机、服务车辆、紧急情况车辆以及步行工作人员等移动结点，SS 是指雷达、气象站及航线设备等固定结点。

ASN：即服务接入网络，用于向 AeroMACS 用户、安全认证系统、资源管理系统提供无线访问接口，它由至少一个 BS 和 ASN-GW 组成。

BS：即基站，表示该网络的接入点，实现了空中接口和各项功能的接入，包括上行链路（UP）和下行链路（DL）调度器，射频资源管理模块和越区切换（HO）管理模块。一个物理基站可以包括多个按扇区角度或者频率划分的逻辑基站。

ASN-GW：即 ASN 网关，表示 ASN 与 CSN 之间的链路，主要实现路由和桥接的功能。此外，它还可以根据移动性和安全性方面的指标实现基站之间的负载均衡。

CSN：即网络联通服务，用于在机场内或者互联网范围内提供针对 AeroMACS 用户的 IP 连接服务。

ASN 一般部署在机场附近，如果基站的总数比较少，ASN 可以采用分布的方式在各个基站进行部署。

2. AeroMACS 的优点

AeroMACS 采用正交频分多址（OFDMA）载波调制，能提供多种宽带通信方案，满足机场地面运行对无线通信的需求。同时，AeroMACS 继承了 IEEE 802.16 标准的多个优点。

（1）AeroMACS 支持终端最大移动速度超过 120km/h，满足机场地面移动终端需求，未来将满足最大移动速度为 370km/h 的通信需求，最终系统能够向机场上空飞行的飞机广播机场信息。

（2）AeroMACS 具有良好的视距通信能力，视距最大通信距离目前为 8.3km，未来将扩大到大于 10km，能满足大部分中小型机场的需求，大型机场可使用多个基站来提高网络覆盖能力和数据的可靠性。

（3）AeroMACS 具备一定的非视距通信能力，满足航站楼及停机坪等环境的实际使用需求。

（4）AeroMACS 具有 QoS 能力，能够为用户提供基于通信速率的差别化服务。

（5）AeroMACS 采用基于 IP 的三层通信网络机制，具有良好的网络延展性，能够承载多种业务系统。

3. 国际发展概况

2009 年，FAA 与美国国家航空航天局（NASA）在美国克利夫兰机场搭建了全球第一套 AeroMACS 系统，并在此基础上完成了基于 AeroMACS 系统的多点定位系统（MLAT）数据回传，机场跑道、滑行道通信性能试验，以及 AeroMACS 机载设备通信性能试验。此后，全球多个机场陆续开展了 AeroMACS 系统相关研究试验。在德国，研究团队进行了 AeroMACS、全球无缝宽带网络（BGAN）以及甚高频（VHF）设备的联合组网，完成了三种系统机载设备间的切换通信试验，实现了"机场—航路—机场"过程中飞机与管制人员的无缝通信。在意大利米兰机场，研究团队利用改装车辆完成了机场地面基于 AeroMACS 系统的数字滑行（D-TAXI）模拟试验。日本研究机构先后完成了仙台机场 AeroMACS 系统通信试验、羽田机场 AeroMACS 信号覆盖仿真试验以及低空空—地 AeroMACS 通信试验等。目前，全球已经有超过 30 个机场正在开展 AeroMACS 相关研究和试验工作。

此外，AeroMACS 标准化工作正在稳步推进。2014 年，美国航空无线电技术委员会（RTCA）SC-223 工作小组和欧洲民用航空装备组织（EUROCAE）WG-82 工作小组共同完成了 AeroMACS 系统技术概要和最低运行性能规范（MOPS），同年，ICAO ACP WG-S 工作小组制定了 AeroMACS 标准与建议措施（SARPS）。2015 年 EUROCAE 完成了最低航空系统性能标准（MASPS）的撰写。2016 年 AeroMACS 技术手册（Technical Manual）由 ICAO 编写完成。2017 年航空电子技术委员会（AEEC）完成了 AeroMACS 机载收发机和安装标准（ARINC766）制定。2017 年年底，AeroMACS 小组联合多个网络安全标准制定机构依照 AeroMACS 系统自身特性以及机场网络安全需求完成了 AeroMACS 系统公钥基础设施（PKI）网络安全标准的制定工作。

4. 国内发展与应用前景

AeroMACS 的设计初衷是为机场提供及时高效的无线通信服务，利用统一的无线网络实现机场地面相关数据、视频及语音的传输和信息交换，以提高机场的运行效率。因此，AeroMACS 得到了中国民航局的高度重视。《民航空管系统"十三五"发展规划》已明确 AeroMACS 将成为中国民航未来 5 年的重点发展方向之一，国内民航相关研究机构也在积极开展 AeroMACS 系统的研究测试工作。比如，中国民用航空局第二研究所已经在桂林两江国际机场成功搭建了 AeroMACS 测试平台，并依照国内机场特点完成了相关基础应用研究以及机场地面保障业务的测试等工作。西南空管局于 2016 年投资建设了完好覆盖成都双流机场跑道、滑行道、停机位及机场周边区域的 AeroMACS 全覆盖网络，用于场面车辆、人员调度及应急指挥服务。

根据国内机场实际运行情况，可将 AeroMACS 潜在应用业务分为机场、空管以及航空公司三类应用，如表 3-1 所示。

表 3-1　AeroMACS 潜在应用业务

机　　场	空　　管	航 空 公 司
车辆引导与监视	飞行器引导与放行	飞机电子签派
安防视频传输	CNS 数据传输	电子飞行包下载与更新
人员/车辆指挥调度	气象雷达数据传输	气象信息更新
除雪/除冰/加油等服务保障工作	多点定位数据回传	航空行政管理通信

机场方作为机场的主要管理者，需要为飞机在机场地面安全运行提供安全、高效的地勤保障服务，AeroMACS 能够为地面车辆监视与引导、安防视频传输、人员（车

辆)指挥调度以及除雪、除冰、加油等提供可靠的通信服务。同时，AeroMACS 支持飞行器地面引导与放行指示、通信导航监视系统数据传输、气象雷达数据传输以及多点定位远端站数据回传等空管类服务，能够协助空管方实现对机场地面飞机状态的实时监视与指挥。此外，AeroMACS 有能力支持航空公司的带宽服务，例如飞机电子签派、电子飞行包下载与更新、气象信息更新以及航空行政管理通信等。在此基础上，AeroMACS 能够很好地实现信息共享，如将机场地面不同部门车辆、人员信息共享给机场、空管以及航空公司管理人员，以实现各部门对机场地面态势信息的全面了解，提高各部门对机场的协作管理能力。未来，利用 AeroMACS 大带宽、低时延以及高安全性的特点，可以使更多机场地面业务通过 AeroMACS 承载，从而提高机场的安全运行能力。

3.1.2 地面无线通信

由于机场服务对象数量巨大，地面保障服务班组众多且相互关联，机场地域相对较大且环境复杂，一直以来，机场对地面通信的效率和可靠性的要求都比较高。机场地面通信包括有线和无线两种方式，其中有线方式有有线网络、程控电话等，无线通信有对讲机、窄带数字集群等方式。随着机场业务量的快速增长，提高航班正常率、降低安全隐患，提升旅客和航空公司对机场服务满意度等需求愈加迫切，仅依靠有线通信手段进行机场地面通信的方式早已落后于时代，无法满足机场生产运行的需求和发展，而对讲机、窄带数字集群等无线方式通信效率不高、容量不足，难以传输音视频信息且定位性能较差，造成地面旅客服务、行李和邮件处理、货物处理、航空油料、航空食品、机务维修、地面车辆等生产班组的调度指挥基本上还是依靠人工协同，绝大部分 IT 系统无法延伸到生产作业流程中的每个步骤和每个检查点，无法支撑智慧机场对机场运行和服务工作智能化和自动化的需要，同时也难以满足旅客和机场商户不断增长的上网需求（图 3-4），因此提供统一、便捷、可靠的机场无线通信是智慧机场建设的当务之急。目前，在机场无线通信建设上主要有民航 1.8GHz 无线宽带专网、机场 WiFi、机场 5GHz 专网等。

3.1.2.1 无线宽带专网

为了有效缓解运行压力，机场必须采取有效的信息化手段和管理工具。一方面，要能够及时准确地全面监控运行和保障资源的状态，从而提高通信和生产指挥调度效率，促进资源生产效率的提高；另一方面，在生产过程中收集数据，为生产运行大数据统计分析提供决策依据，从而实现机场安全应急信息的发布、生产调度岗位任务的接受和反馈、应急保障措施的查阅、现场移动视频定位和监控，为高层决策提供及时有效的信息。因此，对机场通信的实时性、容量的需求越来越大，以往广泛应用的窄带集群通信系统正在向数据高速宽带化、业务多样融合化、终端坚固多模化、系统传输 IP 化的宽带数字集群方向发展。目前我国正在推行民航 1.8GHz（1785—1805MHz）频段宽带数字集群专网 CAWN（Civil Aviation Wireless Network），是专为民航专业用户建设的无线宽带专网，工作于 1.8GHz 国家无线电管理委员会（国家无委会）和工信部许可的频段，并得到各省市无委会、民航总局无委会及民航各地区无委会的许可。1.8GHz 无线专网以 IP 网络为承载，覆盖机场区域，通过提供丰富的终端、灵活的组网和个性化业务定制能力，将数据通信、语音通信、专用集群通信和视频监控通信网络融合为一张无缝、高效、易于维护的网络，为机场的民航专业用户提供了一体化的数据、语音、视频无线移动宽带接入服务。

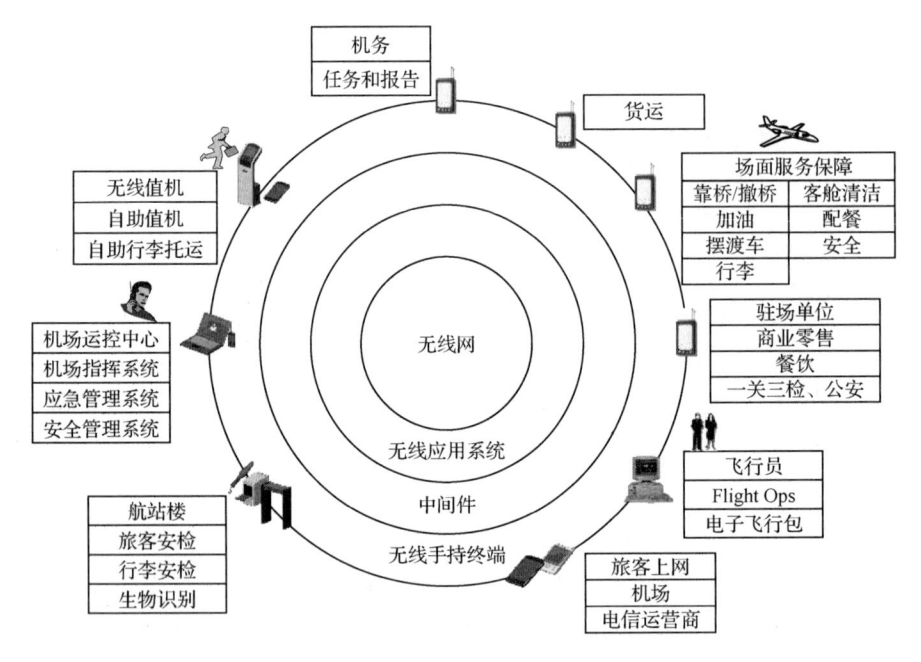

图 3-4　机场无线通信系统应用需求

1. 宽带集群系统的概念及其功能特点

宽带数字集群通信系统是基于宽带无线通信技术，以多媒体的集群业务形式提供实时指挥调度功能的专用无线通信系统。

宽带集群系统在具备全部窄带集群通信功能（如单呼、组呼、紧急呼叫和动态重组等功能）的基础上，新增业务及功能主要如下。

（1）可视单呼。两个移动或者固定（车载台、调度台）终端之间建立的双向视频通话，即两者可建立双工语音视频通话。

（2）可视组呼。在同一个小组中的一种双工语音和视频同时进行的多媒体形式的组呼。

（3）实时短数据。允许用户终端之间传送一些事先预定义的消息，支持实时短数据功能。

（4）订阅。宽带集群系统支持调度台订阅的状态监控功能。

（5）多重速率数据业务。宽带集群系统支持从 500kbps 至 100Mbps 的安全可控多重速率数据传输通道。

宽带集群专网的主要特点如下。

（1）覆盖范围较大，无线信号覆盖良好。采用 1.8GHz 专用频段所组网络，单基站可覆盖 2~3km，并可保障每个单作业区域的无线信号覆盖良好。

（2）支持全业务。一张网络可同时支持大数据作业、语音集群调度、视频调度、信息传送功能、视频监控业务，网络规划简单且维护方便。

（3）数据带宽大。TD-LTE 标准支持单小区最大峰值速率可达上行 50Mbps、下行 100Mbps，能够保障大量的大数据用户、大数据监视和无线视频监控用户同时使用。

（4）时延性能优越。群组建立时延小于 300ms，话权申请、话权抢占小于 150ms，通话清晰度高且终端声音大。

（5）集群容量大。单小区最大支持 160 个组呼并发，用户群组接入无拥塞。

（6）可靠性高。终端防护等级可达 IP67 级别（即：整体防护灰尘吸入，防护灰尘渗透；防护短暂液体浸泡），满足恶劣工作环境的可靠性使用。

（7）兼容性好。

2. 宽带集群网络构成

（1）独立宽带集群网络业务构成。

从硬件角度来说，宽带集群网络和原来的窄带网络硬件组成基本相似，都是由交换机、基站、调度台、用户终端（移动台、固定台）以及网络覆盖系统（拉远直放站、无线直放站等）组成。

从业务角度来说，宽带集群网络主要由语音集群、视频实时上传和分发、视频定位群、大数据传输等业务构成，是一种具有良好的语音调度与视频调度的融合模式。与窄带集群网络相比，宽带集群网络除语音对讲外，重要的是具有视频实时上传和分发功能。

（2）与目前正在使用的 TETRA 窄带集群网络兼容的网络构成。

TETRA（Trans European Trunked Radio，泛欧集群无线电），是一种基于数字时分多址（TDMA）技术的无线集群移动通信系统。TETRA 是目前世界上最先进的窄带陆地集群无线通信系统，被公共安全部门、铁路、交通、大型企业等部门广泛采用，用于指挥、调度、数据传输等业务。

尽管宽带集群网络可以独立使用，与窄带集群网络相比也更有优势，但需要指出的是，基于 TD－LTE 宽带集群与窄带集群之间也并不是绝对的竞争关系，它们是可以融合互为补充使用的，并且在一段时期内，窄带集群仍然可以凭借频段较低（800MHz）、覆盖距离远（5~10km）、产业链成熟、价格低廉的优势，成为一种性价比较高的语音调度解决方案。而宽带集群和窄带集群进行组网融合，可充分兼顾窄带集群的成本低、覆盖范围广的优点，同时还能具备宽带集群的高速率多媒体优势，这样对用户节省投资成本、在系统容量与调度质量之间可取得一种最佳平衡，如图 3-5 所示。

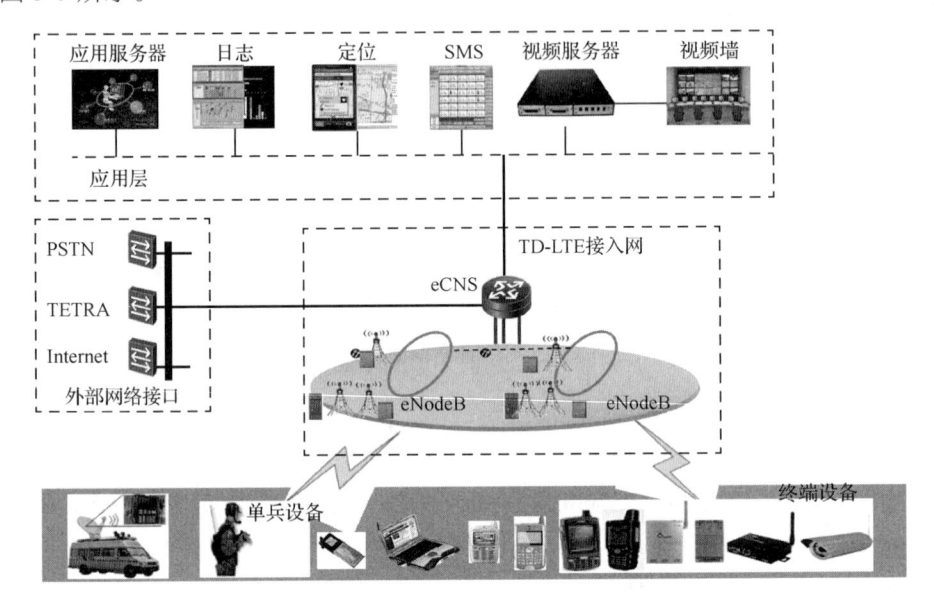

图 3-5 宽窄带融合的集群网络构成

目前，我国在 4G 技术上的发展十分迅速，同时也研发有与 TETRA 数字集群互联互通的设备，并在一些机场和港口做了试验网，效果良好，能完全和原来 TETRA 窄带集群网络设备融合使用且通话十分顺畅，较好地保护了原有的设备投资。

3. 宽带集群在机场的应用

随着民航业的迅速发展，机场旅客和货物量迅猛增加，机场和航空公司的各种业务也随之大幅增长，这对航空的安全和效益有了更高的要求。互联网+时代的来临给机场带来了充分整合和利用大数据的机会，因此也规划了用于民航机场传输网络平台建设和使用的 1.8GHz 频率（带宽为 20MHz）。1.8GHz 宽带集群覆盖范围大、无线信号覆盖和加密性能好，支持大数据作业、集群语音调度、视频调度、无线视频监控业务以及 GPS 精确定位业务，并能更有效地进行视频监控和更直观准确地调度，可靠性和安全性也更高，因此，在未来几年时间里，1.8GHz 宽带集群网络将取代窄带集群网络。

在 1.8GHz 宽带集群网络的应用方面，除了可以完成现在使用的窄带 800MHz 集群系统所有功能，宽带集群的数据+语音+视频的完整移动保障功能对于民航业务中的飞机离港和进港的机场智慧化管理、航空油料调度管理、人员车辆的定位管理、登机桥和机位的管理、机位安排定位旅客和货物的统计上报、实时航班动态信息的管理和查询、任务工单的一键指令派发及任务完成情况的实时跟踪反馈、消防应急管理、恐怖事件应急管理以及自然灾害的应急调度管理等数据和视频业务均可发挥重要作用。在效率提升方面，宽带无线网使民航机场地面具有大场域、高复杂情况下的多单位协同保障能力，极大地提高了整体运行效率；在科学决策方面，可以通过智能化、数字化的融合调度系统，为企业决策提供有力的数据支撑；在成本降低方面，可以通过精确地采集和传递现场保障数据，减少车辆空驶等待，提升人员绩效，并为机场节能减排做出贡献。

随着智慧机场概念的提出和推广，到目前为止，我国民用机场陆续进行了 1.8GHz 宽带集群专网建设并逐步投入使用，首都机场、三亚机场、南宁机场等机场的宽带集群网络已正式开通使用，在机场生产运行中发挥了良好的效果。

3.1.2.2 机场 WiFi

近年来，随着互联网高速发展和机场数字化进程的不断推进，衍生出了多项业务需求。除机场内部通信、调度、移动办公等重要生产应用之外，为公众提供高质量的无线上网服务也是提高机场档次、树立机场形象的重要方面。机场 WiFi 通过无线局域网与机场有线局域网的融合，能同时为机场工作人员和旅客、商户等提供统一、高速、全覆盖的无线通信手段。

1. 设计原则

（1）开放性

无线局域网采用的技术支持应为国际标准或业界标准，不局限于使用某个厂商的专用技术和协议，以保证网络设备的互通性，有利于网络的投资保护。无线局域网支持各种通信协议，能与现有的无线网络无缝融合，包括 IP、DHCP、RADIUS 等协议。

（2）高可靠性

无线局域网具有较高的可靠性，具有强大的容错功能，以保证各种应用的正常运行。无线控制器支持冗余备份机制，支持 1∶1 和 N∶1 的无线控制器冗余，冗余机制中无线控制器的配置可以实现自动同步。

（3）高性能

无线局域网能够适应用户高密度、高带宽的要求，满足日益增长的业务量需求，这些需求不但包括巨大的业务数据量，而且包括音频、视频等的需求。

（4）安全性

在网络安全性方面，无线局域网系统要具有与有线局域网同样要求的安全防护措施，包括但不限于以下方面。

① 接入认证，具有支持多种用户认证方式；

② 数据链路的全程加密；

③ 具有无线电波监控能力，能提供无线入侵侦测和无线终端位置的追踪功能；

④ 所有客户端支持实名登记认证。

（5）易管理和维护

无线控制器和无线网管软件需要支持简体中文、英文等常用语言管理界面，具有集中管控、智能调控、自动恢复、系统冗余等实用功能，使所建的无线网络可以适应多种环境的变化，可动态地保证良好的应用效果。

（6）可扩展性

整个无线局域网系统可以根据用户的需要进行规模上的扩展，扩展后所有功能和管理的模式保持不变，按照目前的业界标准，对于人员高密集的重点区域，需要使用 802.11ac 的无线接入点进行部署规划。

2. 网络架构

如图 3-6 所示的网络架构图，采用光纤线路组网，接入 POE 交换、AC 无线控制器、室外型 AP 设备，Portal 认证服务器、行为审计设备等，通过增设专用出口连接 Internet，部署汇聚交换机对数据进行汇聚转发，并连接核心交换机、路由器等网络设备。

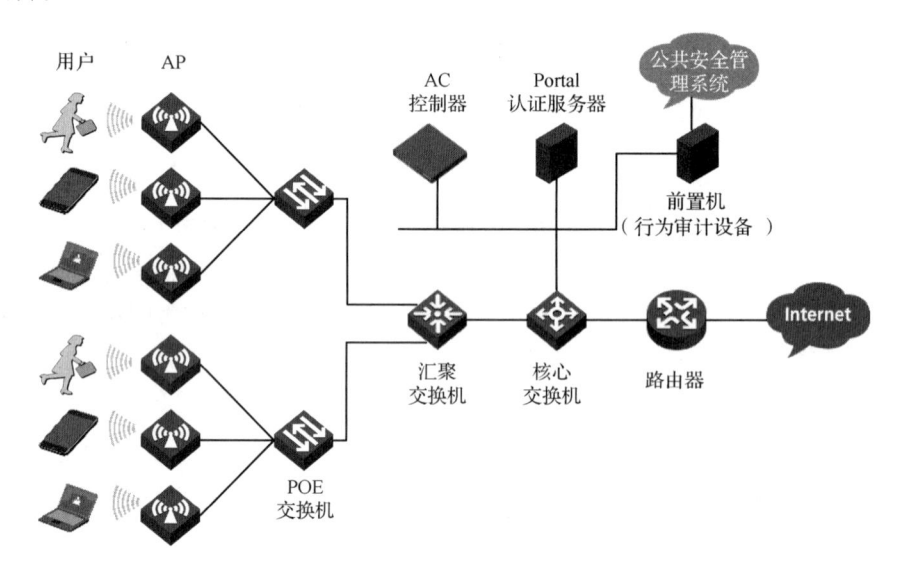

图 3-6 机场 WiFi 网络架构

在互联网的出口位置部署上网行为管理设备，达到公共热点区域满足公安部的 82 号令的审计要求，做到所有用户认证时的实名登记，同时满足相关应用层的带宽限速功能。上网行为管理网关设备的功能如下。

（1）弹出相关认证 Portal 页面。

（2）手机短信认证、微信认证。

（3）应用层带宽控制及管理。

（4）不同用户认证，实现相关实名登记日志的记录保存。

3. 指标要求

（1）无线覆盖信号

覆盖区域信号强度不低于-75dBm，信噪比 SNR≥20。业务使用较为集中区域的接入速率应不低于140Mbps。室内分布系统天线的等效全向辐射功率≥7dBm。室外分布系统天线、独立WLAN天线的等效全向辐射功率≥22dBm。室外覆盖方式时，WLAN无线信号一般按穿透一堵墙来设计。

（2）容量计算

当无线覆盖区域并发人数超过30个时，需预先考虑每层分布系统按双路设计，初期考虑单AP加功分器，增加覆盖范围。待业务量发展后，考虑增加AP部署密度。

（3）工作频段与频点规划

依照WLAN的国际规范和国际无线电管理委员会的标准，WLAN无线设备的工作频段为2400～2483.5MHz，带宽为83.5MHz，划分为14个子信道，每个子频道带宽为22MHz，最多有13个信道可用。频道划分如图3-7所示。

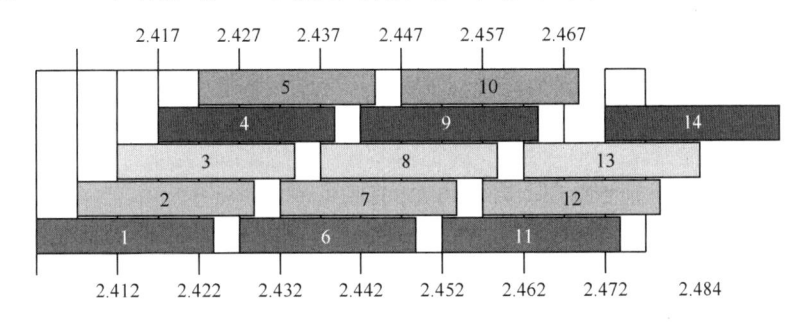

图3-7 WLAN无线设备工作频段划分（GHz）

在多个频道同时工作的情况下，为保证频道之间不互相干扰，要求两个频道的中心频率间隔不能低于25MHz。考虑参照北美标准设计的许多WLAN设备和终端（比如网卡）不能使用12、13信道作为使用信道，因此建议一般选用1/6/11信道。

频点规划方面，部署满足双频点的无线接入点，802.11n同时工作在2.4GHz和5GHz频点。

（4）覆盖效果计算

AP的信号总强度由发射功率和天线增益以及各种衰减决定，如表3-2所示。

表3-2 无线信号强度计算参数

项　　目	计算条件 （AP部署空旷区域，20～25m远，笔记本无线接入）	参考值（dB）
无线AP发射功率	100mW发射功率（高调制速率时发射功率会下降2～5dB）	20
增项	室内定向发射天线增益12dBi	12
	笔记本天线增益2dBi	2

续表

项　目	计算条件 （AP 部署空旷区域，20～25m 远，笔记本无线接入）	参考值（dB）
减项	参考 3m 7D 馈线平均损耗	-10
	一般情况，天线不对正，不在主波瓣情况的调整	-5
	2.4GHz/5.8GHz 空间传播 20m	-66/-74
	2.4GHz 10m 60dB，5.8GHz 10m 68dB，每 1 倍变化差 6dB	
	各种衰落/波动影响（室内、市区<15dB）	-15

（5）接入点位设计

无线接入点具体安装位置、无线接入点型号选择和数量需要在实地勘测后确认。

4．业务应用场景

（1）机场工作人员移动办公

机场工作人员可以利用无线局域网，随时随地进行 OA 系统访问、工作邮件收发。

（2）无线地勤调度

通过无线局域网，为机场的地勤调度系统提供传输网络，提高调度效率和地勤人员的响应速度，提高机场的地勤服务质量。

① 场景一

业务数据流向：调度中心↔无线局域网↔手持终端。

传输数据：调度集群语音，调度工单。

语音与工作调度单同时发送，确保调度任务正确接收，减少语音通信中信息失真；航班变化等信息及时发送到相关地勤人员。

② 场景二

业务数据流向：调度中心↔无线局域网↔手持终端。

传输数据：配载舱单、飞行任务单、航班变更信息。

机场配载舱单无线网络传输，货运公司配载和监装监卸代替由人工传送舱单工作方式，大大提高了舱单传送速度。

③ 场景三

业务数据流向：调度中心↔无线局域网↔无线摄像头，工作人员手持终端。

传输数据：破损行李照片，航站楼内，停机坪的移动视频监控。

作为民航机场安全管理重要组成部分的传统数字视频监控系统普遍基于有线网络，摄像机与监控人员的位置固定，易存在监控死角与盲区，缺乏灵活性与可扩展性，尤其无法满足机场突发与应急状态下的联动调度应用。

（3）乘客互联网接入

在机场内部署无线局域网还可以在确保网络安全的前提下，为到机场乘坐飞机的乘客提供高质量的互联网接入服务，提高机场的整体服务档次。

3.1.3 物联网通信

物联网是计算机与通信的交叉技术，目的是为了构建万物互联的世界。智慧机场中很多应用环境下都是物体与物体进行数据传输，包括保障车辆位置信息的上传、保障物资传递路径信息的采集、保障现场监控视频数据的同步等，这些数据的传输都依赖于高质量的物联网通信。物联网的无线通信技术中，物理层主要分为两类：一类是短距离通信技术，主要包括 ZigBee、WiFi、蓝牙等；另一类就是低功耗广域网通信技术（Low Power Wide Area Network，LPWAN）。

短距离通信技术中使用比较广泛的 ZigBee 是为了弥补 WiFi 和蓝牙的不足，拥有功耗低、成本低、速率低、容量高的特性，同时支持 Mesh 网络以及安全性较高等优点，因此被一度认为是物联网中最有可能被广泛使用的通信技术。

另一种广泛运用的物联网通信技术即为广域网通信技术，包括 NB-IoT、LoRa、SigFox 及 WeightLess。这些协议各有优缺点，也各有自己的应用场景，但对于机场应用来说，需要物联网具有低功耗和广域覆盖的特性，简单地说，就是在特别省电的情况下，实现长距离通信的无线技术。

对物联网四种广域网通信技术的对比如表 3-3 所示。

表 3-3　四种广域网通信技术对比

通信技术	LoRa	NB-IoT	SigFox	Weightless
覆盖范围（km）	3～30	50～60	3	2～5
频率	<1GHz	蜂窝频段	<1GHz	<1GHz
数据频率	100kbps	65kbps	100kbps	30～100kbps
是否支撑 OTA	是	是	是	是
运营模式	私有技术	国际标准	私有技术	公开
成本（美元）	8	5	9	2
功耗（电池支持时间）	3～10 年	10 年	3～10 年	3～10 年

（注：OTA，Over the Air Technology，空中下载技术）

在智慧机场中，LoRa 和 NB-IoT 的应用将十分广泛，但是由于各有特点，所以实际运用这两种技术也不同，LoRa 是独立组网的线性扩频通信技术，而 NB-IoT 是一种基站复用的蜂窝网络，因此在机场外场环境下基站部署较差，各节点间距离较远，部署 LoRa 较为适合，但在另外一些室内应用中，如机房、泵房的智能电表，使用 NB-IoT 更为合适。

1. LoRa

（1）LoRa 概念

低功耗广域物联网（LoRa）是为物联网应用中的 M2M 通信场景优化的，由电池供电、低速率、超低功耗、低占空比的远程无线网络通信技术，以基于蜂窝汇聚网关的星形网络覆盖，支持单节点最大覆盖可达 100km。该技术是近年国际上一种革命性的物联网接入技术，具有远距离、低功耗、低运维成本等特点，与 WiFi、蓝牙、ZigBee 等现有技术相比，LoRa 真正实现了大区域物联网低成本全覆盖。

（2）LoRa 的优缺点

见表 3-4，一项技术无法覆盖所有的物联网应用场景。适合 LoRa 应用的场景包括长电池寿命，并且在长距离下，传感器和应用每小时只需要传递几次数据，LoRa 基于 Sub-GHz 的频段使其更易以较低功耗远距离通信，可以使用电池供电或者其他能量收集的方式供电；较低的数据速率也延长了电池寿命和增加了网络的容量。另外，LoRa 信号对建筑的穿透力很强。LoRa 的这些技术特点更适合于低成本大规模的物联网部署。

表 3-4 LoRa 的优缺点

特　　点	优　　势	劣　　势
灵敏度-148dBm，通信距离>15km	远距离	频谱干扰：LoRa 设备和网络的增多，相互之间存在频谱干扰
最小的基础设施成本，使用网关/集中器扩展系统容量	易于建设和部署	网络需新建
电池寿命>5 年，接收电流 10mA，休眠电流<200nA	延长电池寿命	技术过于集中，不利于产业发展
免牌照的频段，节点/终端成本低	低成本	

（3）LoRa 物联网构建要素

① LoRa 物联网网络架构（见图 3-8）

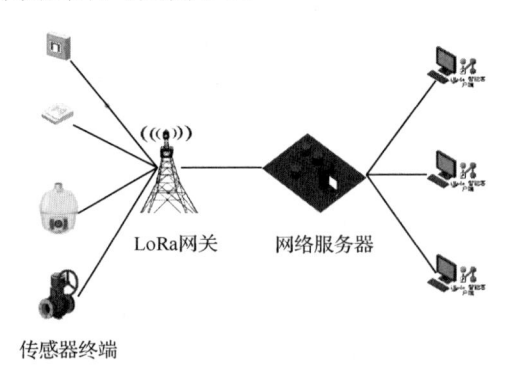

图 3-8 LoRa 物联网网络架构

许多网络都采用长距离星型架构。由于长距离连接性，当结点增加的时候，结点要收发从不相干的结点传递来的信息，导致增加了复杂度，减少了网络容量，减少了电池寿命。

LoRa 的网络结点不和特定网关相绑定。相反，通过结点传输的数据，被多个网关接受。每个网关通过传输信道（例如蜂窝网、以太网、卫星网、WiFi）将从端结点收到的数据包发向云端，由网络服务器理解和处理复杂任务，包括管理网络、过滤冗余数据包、进行安全性检查、通过优化的网关进行调度确认、执行自适应数据率等。如果一个结点是移动的，或者运动的时候没有网关之间的切换，就需要启用资源追踪应用。

② 电池寿命

LoRa 网络的结点是异步通信的，并且当它们有数据准备发送的时候，会采用事件驱动，或者与调度机制进行通信。而在蜂窝网等同步应用中，结点必须频繁地被唤醒，来同步网络和检查消息，这种同步大大消耗了能量，成为电池寿命减少的一个重要原因。在最近的 GSMA 对于 LPWAN 空间的各项技术研究和对比中，LoRa 的能耗指标比其他技术优 3 到 5 倍。

③ 网络容量

为了保证星形网络的可行，网关必须有能力处理大量来自各个结点的信息。LoRa 的高网络容量通过利用自适应的数据率，以及网关内多通道多数据机的收发器来实现。

④ 设备分类

不同应用的端设备具有不同的要求。在为了优化端应用配置，LoRa 使用了不同的设备类型。设备分类权衡了网络下行通信的延时和电池寿命。在一个执行器类型的应用中，下行通信延时是十分重要的因素。

双向终端设备（类型 A）：A 类型端设备允许双向通信，每个端设备的上行传输，伴随两个端的下行接收窗口，根据自身的传输需要随机打开窗口。A 类型操作是最低功耗的端系统。

双向终端设备具有固定接受时间槽（类型 B）：对于 A 类型设备随机接收窗口来说，B 类型设备具有固定时间接收窗口。它根据来自网关的接收指示，来决定何时打开接收窗口，服务器就可以知道终端设备何时再倾听数据。

双向终端设备具有最大接受时间槽（类型 C）：C 类型设备具有连续打开的接收窗口，只有在数据传输时才关闭。

⑤ 安全性

安全性是十分重要的因素。LoRa 具有两层安全防护，一个是网络，一个是应用。网络安全保证了结点的合法性，应用的安全保证了网络操作不能访问用户的应用数据。

2. NB-IoT

（1）NB-IoT 的概念和特点

NB-IoT 是 IoT 领域一种新兴的技术，用于构建蜂窝网络，只消耗大约 180kHz 的带宽，支持低功耗设备在广域网的蜂窝数据连接，也被叫作低功耗广域网（LPWAN）。

NB-IoT 支持待机时间长、对网络连接要求较高设备的高效连接。NB-IoT 具备四大特点：一是广覆盖，提供改进的室内覆盖，在同样的频段下，NB-IoT 比现有的网络增益 20dB，相当于提升了 100 倍覆盖区域的能力；二是具备支撑大连接的能力，NB-IoT 一个扇区能够支持 10 万个连接，支持低延时敏感度、超低的设备成本、低设备功耗和优化的网络架构；三是更低功耗，NB-IoT 终端模块的待机时间可长达 10 年；四是更低的模块成本，企业预期的单个连接模块不超过 5 美元。

NB-IoT 聚焦于低功耗广覆盖（LPWA）物联网市场，是一种可在全球范围内广泛应用的新兴技术。其具有覆盖广、连接多、速率低、成本低、功耗低、架构优等特点。NB-IoT 使用授权频段，可采取带内、保护带或独立载波三种部署方式，可直接部署于 GSM 网络、UMTS 网络或 LTE 网络，以降低部署成本、实现平滑升级。

（2）NB-IoT 与 LoRa 的比较

NB-IoT 与 LoRa 均采用星形网络拓扑结构，终端均需要通过射频与网关或基站连接，并通过网关或基站来实现大范围的网络信号覆盖。因此，LoRa 和 NB-IoT 天然就存在竞争关系。

表 3-5 列出了 LoRa 和 NB-IoT 的不同之处。主要包括，一是 LoRa 工作在免费的非授权频段上，任何企业都可以自行组网，因此不依赖于移动运营商的网络覆盖，也无需向运营商支付网络使用费用。而 NB-IoT 工作在授权频段上，网络运营集中在移动运营商手里，其覆盖也受制于移动运营商的网络覆盖，但受益于无处不在的 LTE 网络部署，理论上说，NB-IoT 的覆盖更广。二是 LoRa 工作在非授权频段上，可能遭受使用同一频率的其他无线通信技术的干扰。由于 LoRa 使用线性 Chirp 扩频调制，抗干扰能力强，因此也不必过于担心其遭受的干扰。三是 NB-IoT 工作在授权频段上，在处理干扰和网络重叠方面特性更好。同时它能够提供与蜂窝网络类似的 QoS，而 LoRa 无法提供 QoS 保证。四是在 NB-IoT 中，终端需要同网络定期同步。终端通过采用 PSM 和 eDRX 等省电技术来延长 IDLE 态下的休眠时间；同时通过减少不必要的信令和不接收（或减少接收）寻呼信息，来降低功耗，延长电池使用时间。LoRa 使用 ALOHA 异步通信协议，终端可根据自身需要进行休眠。相对于 NB-IoT 而言，LoRa 终端的功耗稍占优。但由于 NB-IoT 会与网络定期同步，因此其下行延时更短，能够提供更高的速率。五是安全性上，基于 LTE 的 NB-IoT 技术，其端到端的安全机制已经被几十亿的 LTE 用户证明是可靠的。而 LoRa 使用应用层的加密技术来保证安全，其可靠性还有待证明。

需要看到的是，物联网的每一种应用场景都需要考虑多种因素，如节点成本、网络成本、电池寿命、数据速率（吞吐量）、延迟、移动性、覆盖范围和部署模型等。不同的应用场景有不同的需求，即使对应同一种应用场景，不同用户也可能有不同的需求，因此没有一种单一技术能够同时解决所有问题。虽然 LoRa 和 NB-IoT 之间存在一定程度的竞争，但这二者还是具有不同的技术和商业特性，可以服务于不同的市场。从长期来看，二者互相竞争又互为补充。

表 3-5 NB-IoT 与 LoRa 的比较

技术标准	NB-IoT	LoRa
标准化组织	3GPP	LoRa Alliance（非 3GPP 组织）
部署	可重用已有的网络	需要建立一个新的网络
带宽	180kHz	125～500kHz
频谱	使用授权频段（已授权的 LTE 频段或对 GSM 频段进行重耕）	使用非授权频段（北美：902～928MHz，欧洲：863～870MHz）
速率	～30/60kbps（DL/UL）	300bps～38.4kbps
覆盖	164dB；由于无处不在的 LTE 网络部署，因此其覆盖更广	声称最大支持 157dB
电池	2AA 电池可用 10 年（真实的电池寿命取决于应用场景和覆盖需求）	1AA 电池可用 5 年；或工业电池可用 10～20 年
移动性	有限的移动性（只支持小区重选）	支持移动性和漫游
安全	完全支持已被证明的端到端的安全机制	基于软件的加密
地理定位	GeoRel13 不支持；但将在 GeoRel14 中加入定位功能	可选
技术演进	有清晰的演进路线，GeoRel14 和 5G 等对 NB-IoT 做进一步增强	未来的演进路线还不明确

3.1.4 5G 通信

近年来，人工智能、大数据、云计算以及物联网等核心技术迅猛发展，智慧机场概念在国内外广泛推出，新一代机场的组织形态和技术形态已呼之欲出，这些技术的应用都离不开高质量通信技术支撑，当前 5G 移动通信技术的逐步商用和基于互联网协议第 6 版（IPv6）的下一代互联网规模部署，将成为推动新一代智慧机场建设的关键契机。利用 5G 和 IPv6 新技术优势特点充分发挥机场各类人员、装备、设施的保障效能，对实现机场保障资源动态可视、保障信息实时传递、指挥控制智能高效、保障作业快速准确，提高机场持续的高强度保障能力具有十分重要的推动作用。

1. 5G 概念与特点

5G 移动网络与早期的 2G、3G 和 4G 移动网络一样，也是数字蜂窝网络，在这种网络中，供应商覆盖的服务区域被划分为许多称为蜂窝的小地理区域。表示声音和图像的模拟信号在手机中被数字化，由模数转换器转换并作为比特流传输。蜂窝中的所有 5G 无线设备通过无线电波与蜂窝中的本地天线阵和低功率自动收发器（发射机和接收机）进行通信。收发器从公共频率池分配频道，这些频道在地理上分离的蜂窝中可以重复使用。本地天线通过高带宽光纤或无线回程连接与电话网络和互联网连接。与现有的手机一样，当用户从一个蜂窝穿越到另一个蜂窝时，他们的移动设备将自动"切换"到新蜂窝中的天线。

5G 网络的主要优势在于，数据传输速率远远高于以前的蜂窝网络，最高可达 10Gbit/s，比之前的 4G LTE 蜂窝网络快 100 倍。另一个优点是较低的网络延迟（更快的响应时间），低于 1ms，而 4G 为 30～70ms。由于数据传输更快，5G 网络将不仅仅为手机提供服务，而且还将成为一般性的家庭和办公网络提供商，与有线网络提供商竞争。

5G 网络的特点如下：
- 峰值速率达到 Gbit/s 的标准，满足高清视频、虚拟现实等大数据量传输。
- 空中接口时延水平需要在 1ms 左右，满足自动驾驶、远程医疗等实时应用。
- 超大网络容量，提供千亿设备的连接能力，满足物联网通信。
- 频谱效率要比 LTE 提升 10 倍以上。
- 连续广域覆盖和高移动性下，用户体验速率达到 100Mbit/s。
- 流量密度和连接数密度大幅度提高。
- 系统协同化、智能化水平提升，表现为多用户、多点、多天线、多设备的协同组网，以及网络间灵活地自动调整。

以上是 5G 区别于前几代移动通信的关键点，是移动通信从以技术为中心逐步向以用户为中心转变的结果。

2. 机场 5G 网络设计

（1）机场 5G 网络架构设计

机场 5G 网络架构的设计部分主要从 5G 网络的系统设计和 5G 组网设计这两个方面来描述。网络系统设计主要包含实现逻辑功能并建造不同功能之间的交流渠道，5G 网络架构属于端到端架构，平面功能划分比较清晰；5G 的组网部分主要关注使用的硬件设备以及平台架构和网络节点部署等，5G 组网设计中将会充分利用 SDN/NFV（软件定义网络/网络功能虚拟化）技术，在新型集中式基础环境下加强 5G 通信的灵活性和安全性。

5G 网络的系统结构中主要有三个功能平面：接入平面、控制平面和转发平面。这三个平面可以构建整个 5G 网络的逻辑视图，如图 3-9 所示。

这三个平面在 5G 架构中担任不同角色，接入平面负责构建接入网络的拓扑结构、接入应用或者网络的筛选和重新部署等。为了融合不同接入网络的特性，接入平面需要采用多站点协作、多连接协同以及多制式网络融合技术，以构建一个灵活机动的接入拓扑结构；控制平面实现集中的网络控制和调度功能，与软件定义网络技术类似，是一个可重构、集中式的控制结构，5G 的控制平面可以根据算法完成按需接入、可灵活移动以及高质会话管理等任务，同时控制平面还能够向上支撑更加精细化的网络资源分配管理和企业接口能力开放；转发平面负责 5G 的数据转发和处理，为其提供更动态的网络节点部署，5G 在数据转发层面上讲是分布式结构，这样可以拥有更高效的数据处理能力，同时可以实现更加丰富的业务链。总而言之，5G 这三个平面架构可以相互协助，接入平面负责外接网络的可控接入，控制平面完成 5G 网络的集中控制调度，最后转发层面负责底层数据的转发。

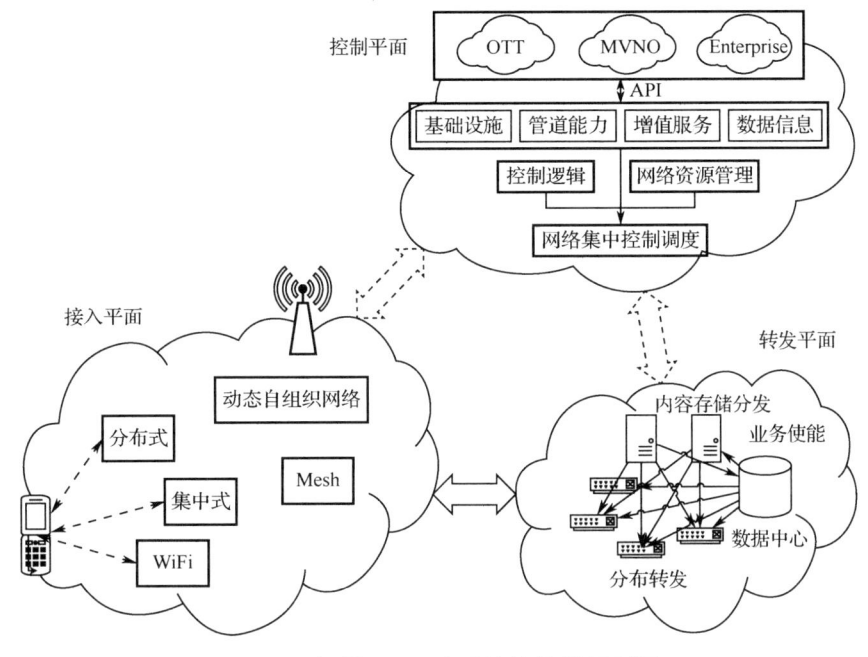

图 3-9　机场 5G 网络系统结构逻辑视图

（2）机场 5G 网络功能模块设计

上述三个平面可以看作 5G 系统架构的横向逻辑设计，5G 在架构的纵向设计可以看作是另一种设计模型，即采用功能模块化设计视图，通过在纵向组合不同模块化的功能结构，实现满足不同类型的逻辑网络结构，满足一些特定的应用场景。纵向架构可以将 5G 控制模块的功能视为 5G 核心，将其他网络的接入和数据的转发功能作为 5G 基础资源，最后 5G 可以向上给不同场景提供网络资源的管理编排和向不同用户提供网络能力的开放服务，以此可以形成如图 3-10 所示的三层网络功能视图。

在管理编排层面上，主要实现网络能力开放、网络资源管理和接口编排以及用户数据存储分析等三部分功能。5G 的大部分用户将会从大型企业逐渐发展到普通公民个人，与之前的移动通信类似，通信需要根据客户实际需要的能力按需分配，因此网络能力开放功能会将网络调用接口进行统一收集和封装，然后按照客户需求对客户进行 API 权限发放；网络资源需要合理分配调度才能满足更多客户的需求，类似于 SDN（软件定义网络）使用的虚拟化技术，5G 将会按需编排客户的网络功能以及按需创建客户的网络切片模式；最后客户产生的数据包括用户签约信息、业务消费模式、业务策略方向以及客户当前网络状态等，5G 将会安全高效地存储和调用用户在接受服务时产生的数据。

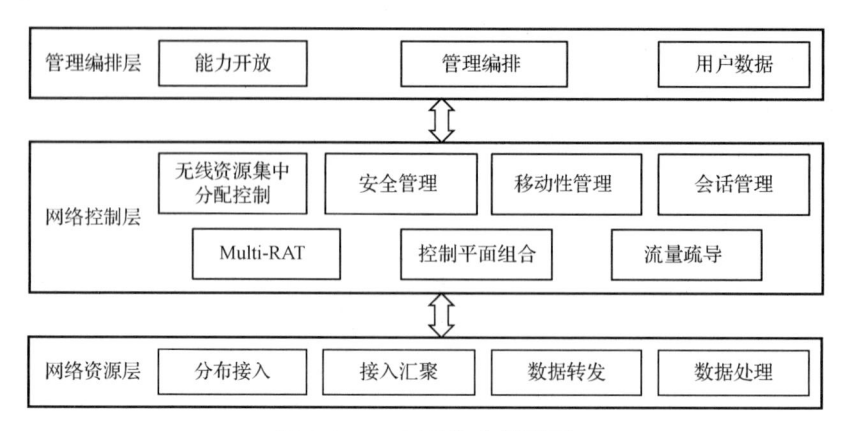

图 3-10 5G 网络功能视图

5G 的网络控制层主要用于实现控制功能的模块化,可以灵活实现网络集中控制方式。控制层面的主要功能模块包括下面几项:无线网络资源的集中分配控制、5G 网络安全控制、5G 移动网络控制、临时会话管理、多接口组合控制和 5G 流量调度控制等。根据管理编排层的需求,在网络控制层可以对以上功能模型进行灵活组合,从而可以向下对底层网络资源层面进行调度和使用。

5G 的最底层是网络提供的资源层面,这一层面与之前的转发平面相互对应,负责 5G 网络的底层架构。这一层对接入网络和网络自身功能负责。接入网络一侧包含两级功能单元即中心单元和分布单元,中心单元主要实现 5G 相关业务的汇聚;分布单元的目的是为 5G 终端设备提供数据的接入点。自身网络实现 5G 数据报文转发、5G 产生流量的优化和 5G 业务内容实现等功能。这一层面使用的分布式节点通信以及转发路由路径技术,可以构建高效丰富的数据转发和处理中心,灵活地完成例如 DPI(Deep Packet Inspection,深度报文检测)、数据费用计算和流量高效压缩等任务。

5G 网络完全采取 SDN/NFV(软件定义网络/网络功能虚拟化)技术完成集中式控制与分布式编排调度的平台模式,其中 5G 的基础平台构建过程中将使用通用硬件搭建的数据中心架构完成 5G 高质量通信需求和管理模式,同时完成移动通信网络的灵活部署。首先,5G 需要高质量硬件平台设计出动态配置和灵活调度的虚拟资源模式;其次,广域网层面上,NFV 编排器的作用是通过跨数据中心完成 5G 相关功能部署;集中式的 SDN 控制器负责处于不同层级上的数据中心之间进行数据通信;最后,城域网以下的层面上,可以在此部署一些软硬件解耦的单个数据中心,即 NFVI(网络功能虚拟化基础设施解决方案)基础设施层,也通过 SDN 控制器完成其数据中心之间的资源调度。

(3)机场 5G 组网模式设计

5G 能够很好地满足机场对集群语音、宽带数据、精准定位、安全可靠的无线通信需求,同时,为保护已有投资,构建机场 5G 融合专网,能够与现有的网络互联互通，保证网络平滑升级。具体实施上，有运营商帮助机场客户构建、机场客户自建以及运营商和机场共同构建三种模式，其中，运营商和机场共建又包括：无线网共享、核心网独立，核心网面向用户独立、无线网和控制平面共享，无线网、核心网完全共享三种模式（表 3-6 所示）。

表 3-6　机场 5G 组网模式

建设模式		实施方法	优缺点
运营商帮助机场客户构建		由运营商帮助机场在场区建设全套 5G 网络，机场使用运营商授权的频率	① 机场无须投资，以租用运营商服务方式运行。 ② 专网和公网隔离，专用网络设备的订阅信息和操作信息，仅在机场内部存储和管理。 ③ 运营商设备故障不影响机场 5G 专网
机场客户自建		机场自行在场区部署全套 5G 网络，使用运营商授权的频率	① 机场承担建设投资，有投资风险。 ② 专网和公网隔离，专用网络设备的订阅信息和操作信息，仅在机场内部存储和管理。 ③ 运营商设备故障不影响机场 5G 专网
运营商和机场共构建	无线网共享、核心网独立	机场场区只新建部署 5G 核心网设备（UPF、5GC CP、UDM、MEC），专网和公网在无线网侧共享基站	① 核心网侧专网和公网物理隔离。 ② 建立独立的业务网络，业务数据安全有保障。 ③ 节省无线网投资，但核心网投资仍较大
	核心网面向用户独立、无线网和控制平面共享	机场场区只部署核心网转发平面设备，专网和公网共享基站以及核心网侧的 5GC CP 控制设备	① 核心网侧专网和公网物理隔离。 ② 核心网侧控制平台共享，在使用和管理自有控制方面不如独立专网
	无线网、核心网完全共享	机场场区内部无须部署任何 5G 无线网设备，专网和公网共享基站和核心网全套设备	① 无须投资成本，只需向运营商订购网络切片服务实现专网能力。 ② UPF 及 5GC CP 部署在运营商侧，机场运营数据和订阅信息存储在运营商网络上，有一定安全风险。 ③ 与公网混用，在网络安全和容量方面不如独立专网

3. 功能指标

从智慧机场主要应用场景、业务需求及挑战出发，为满足未来机场对广域覆盖、热点高容量、低功耗大连接和低时延高可靠等通信需求，采用 5G 技术体制，实现机场各业务领域全要素全过程的泛在深度互联，应用场景如图 3-11 所示，机场 5G 融合专网由机场内网和公网组成，在公网部分，可通过 5G 智能终端安装 APP 软件，支持在 5G（或 4G）公网内使用语音点呼、视频、GIS、短彩信等业务，在机场内网部分，通过融合业务平台融合 5G、LTE 宽带、TETRA 窄带、PSTN 等基础通信系统，并接入各类业务应用终端。

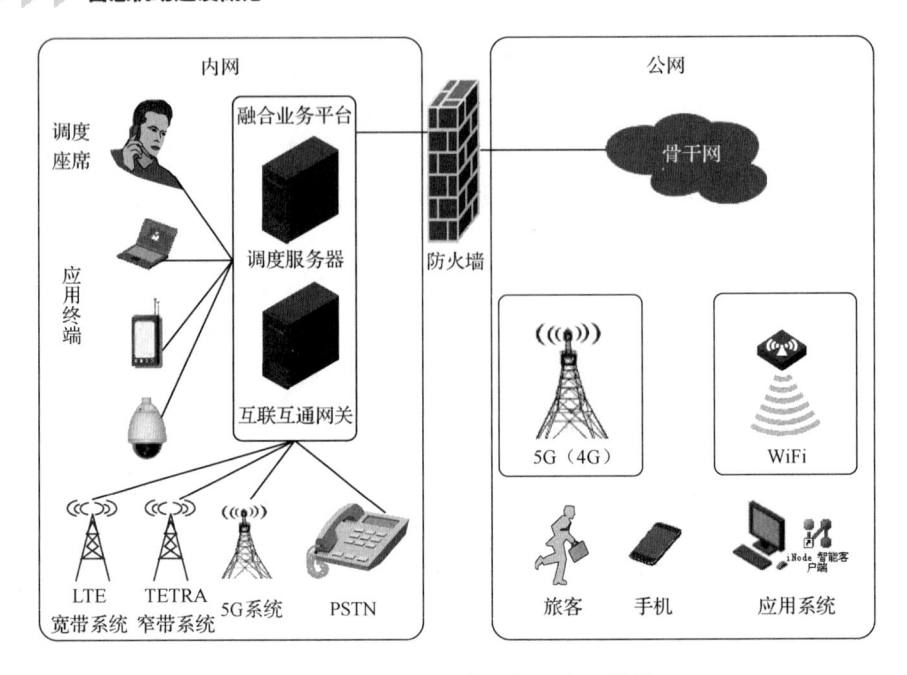

图 3-11 机场 5G 融合专网应用场景

主要技术指标如下。

（1）机场 5G 通信实现连续广域覆盖的基本覆盖方式，以保证单元的移动性和业务连续性为目标，提供无缝的高速业务体验，能够随时随地（包括场区边缘、高速移动等恶劣环境）提供 100Mbps 以上的用户体验速率。

（2）局部热点区域实现热点高容量，为用户提供极高的数据传输速率，满足 1Gbps 用户体验速率、数十 Gbps 峰值速率和数十 Tbps/km^2 的流量密度需求。

（3）面向机场环境监测、智能安防、跑道监测等以传感和数据采集低功耗大连接的应用需求，要求具有小数据包、低功耗、海量连接等特点。终端接入不仅要求 5G 网络具备超大规模连接的支持能力，满足 100 万个/km^2 连接数密度指标要求，而且还要保证终端的超低功耗和超低成本。

（4）面向保障装备的车联网、自动控制等特殊应用需求，需要为用户提供毫秒级的端到端时延和接近 100% 的业务可靠性保证，空口时延为 1ms；端到端时延为毫秒级；可靠性接近 100%。

3.1.5 定位通信

定位通信服务是机场各项工作和服务的基础。机场定位通信服务有两种，一种是面向机场车辆和机场管理保障人员室外工作的地面定位通信；另一种是面向航站楼、公共区域等室内空间中的旅客定位通信，用于向旅客推送基于位置的服务，本小节主要介绍室外定位。

目前，机场地面上的人员、车辆定位技术常用的有：全球定位系统（GPS）或北斗系统、航迹推算（Dead Reckoning，DR）、场面监视雷达（Surface Movement Radar，SMR）、广播式自动相关监视技术（ADS-B）、多点定位（Multilateration，MLAT）技术、地图匹配技术以及基于视觉导航的定位技术等。其中 GPS 技术是目前采纳最为广泛的定位技术，它可以实时地为车辆提供位置、速度等信息，具有多功能、高精度、响应速度快等优点。但是 GPS 接收机需要接受至少 4 颗卫星的信号才能进行精确定位，由于 GPS 的空间卫星结构并不能够保证 100%的无故障率，此外信号很容易受到各种人为干扰（电视、广播等无线电波），以及自然干扰（太阳剧烈的太阳黑子运动等）的影响，民用 GPS 的定位误差较大，以至于不能够提供可靠、及时的定位信息。常用的 SMR 可对全场进行集中式监控，但是它属于一次雷达，易受到机场的天气、地形和障碍物的影响，会存在盲区，无法有效完成对低空目标的监控，且针对环境复杂的机场无法提供有效的避撞线路；此外，高昂的部署成本也使场面监视雷达难以在我国的机场大面积使用。

2004 年，国际民用航空组织（International Civil Aviation Organization，ICAO）发布了 A-SMGCS 手册作为提高机场运行效率的指导文件，建议机场使用先进场面活动引导和控制系统（Advanced Surface Movement Guidance and Control System，A-SMGCS）来提高机场的安全和运行效率。A-SMGCS 概念的提出基于两大因素，一是保障机场安全，二是增大机场容量。ICAO 指出 A-SMGCS 主要实现监视、路径选择、引导和控制四项基本功能，而监视功能是整个 A-SMGCS 的核心和基础。目前关于 A-SMGCS 中新的场面监视技术研究主要集中于 ADS-B 和 MLAT。ADS-B 以地空/空空数据链为通信手段，通过全球导航卫星系统（Global Navigation Satellite System，GNSS）提供自身定位信息，并向外界广播式发送自身的状态参数（位置、速度、识别信息等），同时接收其他飞机广播的信息，达到飞机和车辆之间的相互通信，实现对周围交通态势的感知。MLAT 是基于应答机的多基站相关监视系统，它使用多个（不小于 3 个）地面固定基站的接收机，通过捕获同一目标的应答信号在到达时间上的差异（Time Difference of Arrival，TDOA）来计算目标位置。MLAT 定位精度高，本身具有目标识别能力，易于安装，采用无源接收站不仅可以降低成本，也可以减小对其他系统的干扰。

尽管如此，由于 ADS-B 的设计初衷是实现飞机空域的导航与监视。与机场场面相比，空域的范围，空域内的运动目标类型、数量、密度均远远小于机场场面，现有的雷达服务模式可以确保飞行员与空管员的监视效率。但对于机场地面保障应用，特别是对于保障车辆驾驶员而言，为了提高机场（特别停机坪）的利用效率，车辆驾驶员可能采用如图 3-12 所示的驾驶路线。在此情况下，现有的雷达服务模式就无法有效地实现避撞，2011 年 11 月 11 日厦门机场的机务面包车和飞机前起落架相撞的事故原因就在于此（图 3-13）。除此之外，无论是多点定位还是 ADS-B，由于其需要通过无线通信网络和安装在载体上的收发装置才能实现较高精度的定位与监视，对于没有安装收发装置的非合作目标，如在地面运行的多数车辆和机务人员，多点定位和 ADS-B 均无法实现有效定位和监视。综上所述，现有的 ADS-B 系统对于场面监视中的部分车辆行驶路线存在的不安全性和非合作目标无法实现有效监视。

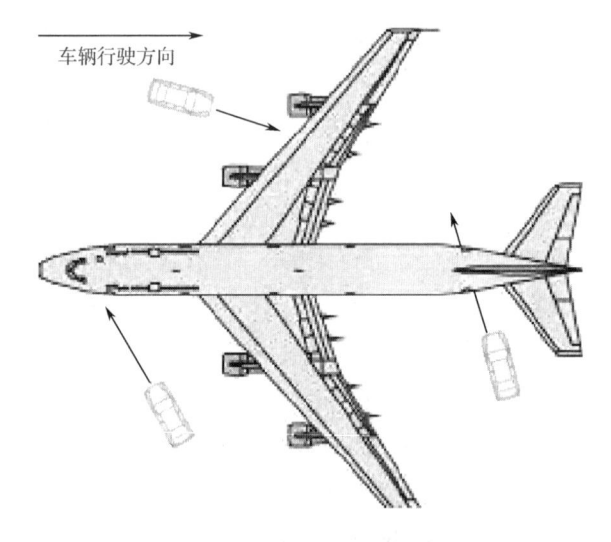

图 3-12　地面车辆不规则行驶路线

图 3-13　2011 年 11 月 11 日厦门机场地面车辆与飞机相撞事故

为了提高定位精度，通常可根据实际应用情况选择合适的定位技术进行组合导航，将多种传感器信息相互融合，实现优势互补。其中，结合机场场面的特殊环境，将传统的 GPS 信息与机场场面标记牌精确的位置进行融合，实现场面车辆的精确定位，是一个可行的思路。

如图 3-14 所示，采用基于多源信息融合的组合导航方式提高 GPS 的定位精度，具体的研究技术方案为：以现有的场面监视技术为基础，采用在移动车载上安装可见光传感设备的方法，通过主动探测识别滑行道旁的标记牌，并利用数字图像处理技术进行标记牌识别，再根据机场地理信息系统数据库提供的该标记牌的位置坐标，结合激光测距仪测得当前车辆距离该标记牌的距离和方位角，获得当前移动车辆自主定位信息；再与 GPS 接收机获得的当前时刻移动车辆的位置信息进行融合，校正 GPS 定位误差，两者优势互补，集成高可靠性、高精度的车辆定位数据，从而提高了车辆定位信息的冗余度、可信度以及精确度，为实现场面实时监控提供了定位依据。

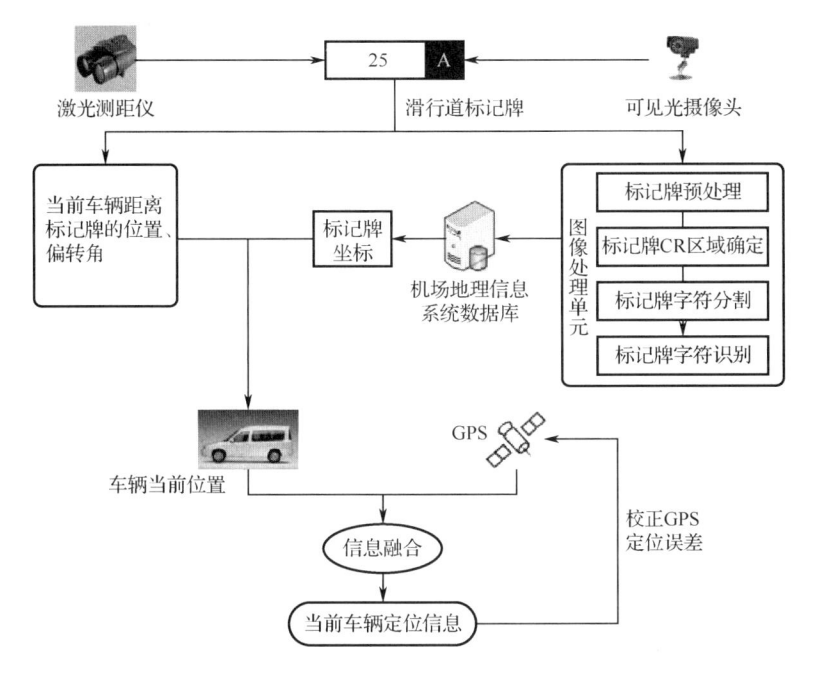

图 3-14　GPS+机场标识牌车辆定位原理

3.2　云计算平台

云计算是最受关注的智慧机场信息化核心技术，对机场信息化建设起着重要作用。全球范围内，越来越多的机场开始通过虚拟化云计算技术的引入，并结合机场信息化建设实际情况，实现机场的智能化建设。而且，随着云技术的不断发展，各种基于云技术的全新智能化应用也不断涌现。

云计算是基于互联网相关服务的增加、使用和交付模式，通常涉及通过互联网来提供动态易扩展且经常是虚拟化的资源。云是网络、互联网的一种比喻说法。过去在图中往往用云来表示电信网，后来也用来表示互联网和底层基础设施的抽象。狭义云计算指 IT 基础设施的交付和使用模式，指通过网络以按需、易扩展的方式获得所需资源；广义云计算指服务的交付和使用模式，指通过网络以按需、易扩展的方式获得所需服务。这种服务可以是 IT 和软件、互联网相关，也可是其他服务，它意味着计算能力也可作为一种商品通过互联网进行流通。

云计算包括三个层次的服务模式：SaaS（软件即服务）、PaaS（平台即服务）、IaaS（基础设施即服务）。对于机场而言，最关心的是系统或服务器是否安全可靠、是否平稳运行，不能一味地追求创新和革命，在机场规划设计和建设时，要保证机场能够平稳运行。在 IaaS 这个层面上，现在的成熟技术手段有能力支持机场在基础设施环节上的应用，为机场信息系统服务器、存储设备及网络搭建一个"云环境"，更有利于管理者有效利用资源，减少资源浪费，提高设备利用率。而在 PaaS 和 SaaS 层面上，目前云平台还处于发展阶段，相对较成熟的云平台应用也仅限于一些互联网领域应用。机场若想最终达到云平台的目标，还需要在基础设施类的系统云平台级的应用和推广下，不断完善与 IT 系统平台的接口规范标准，从主机、网络、存储不同方面进行云平台建设，集成数据管理、数据分析和服务管理等，以服务的形式展现，并提供面向服务和能力的管理和调度功能。

3.2.1 需求分析

随着信息化建设和应用工作的进一步深入，机场对数据中心处理能力和存储能力提出了更高要求，并且需要随时应对突发事件、提升应急能力。目前，机场内的生产业务、管理业务和非航空业务等都存在不同的技术标准，没有建立标准的统一编程模型，系统会存在功能单一、开放性与扩展性较弱的不足，这种信息化条块分割建设会带来以下问题。

- 越来越多的新业务要依赖独立的信息化系统，服务器的增加同时带来对运行环境的要求，机房空间、电源供应容量、UPS 不间断电源容量、电力消耗、管理难度等一系列问题都会带来的压力。
- 业务部门对信息化要求越来越高，不同业务部门要求不一，如何做到定制化的资源分配和供给将是更大的挑战。
- 信息化部门的响应效率方面，现有服务器平台上线一套新的服务器至少需要数天时间，且资源管理分配不灵活。
- 业务连续性、安全性因素，业务连续性和故障快速还原目前仍较为困难，通常还原一个故障的应用服务器或崩溃的操作系统将会花费数小时或一天时间，严重影响灵活性和安全性。
- 各业务间信息不联通，难以进行大数据的整合和挖掘，实现不了更多的经济价值。

以上因素会大大制约机场信息化的发展，为进一步支撑业务流程和应用的深入融合，需要建立和完善统一的综合技术平台体系，通过数据采集、存储、共享、交互和展现，提供高效的处理能力、消息转换能力以及数据交换能力，因而建设云计算平台成为最佳选择。

3.2.2 总体设计

机场云计算平台总体架构如图 3-15 所示。

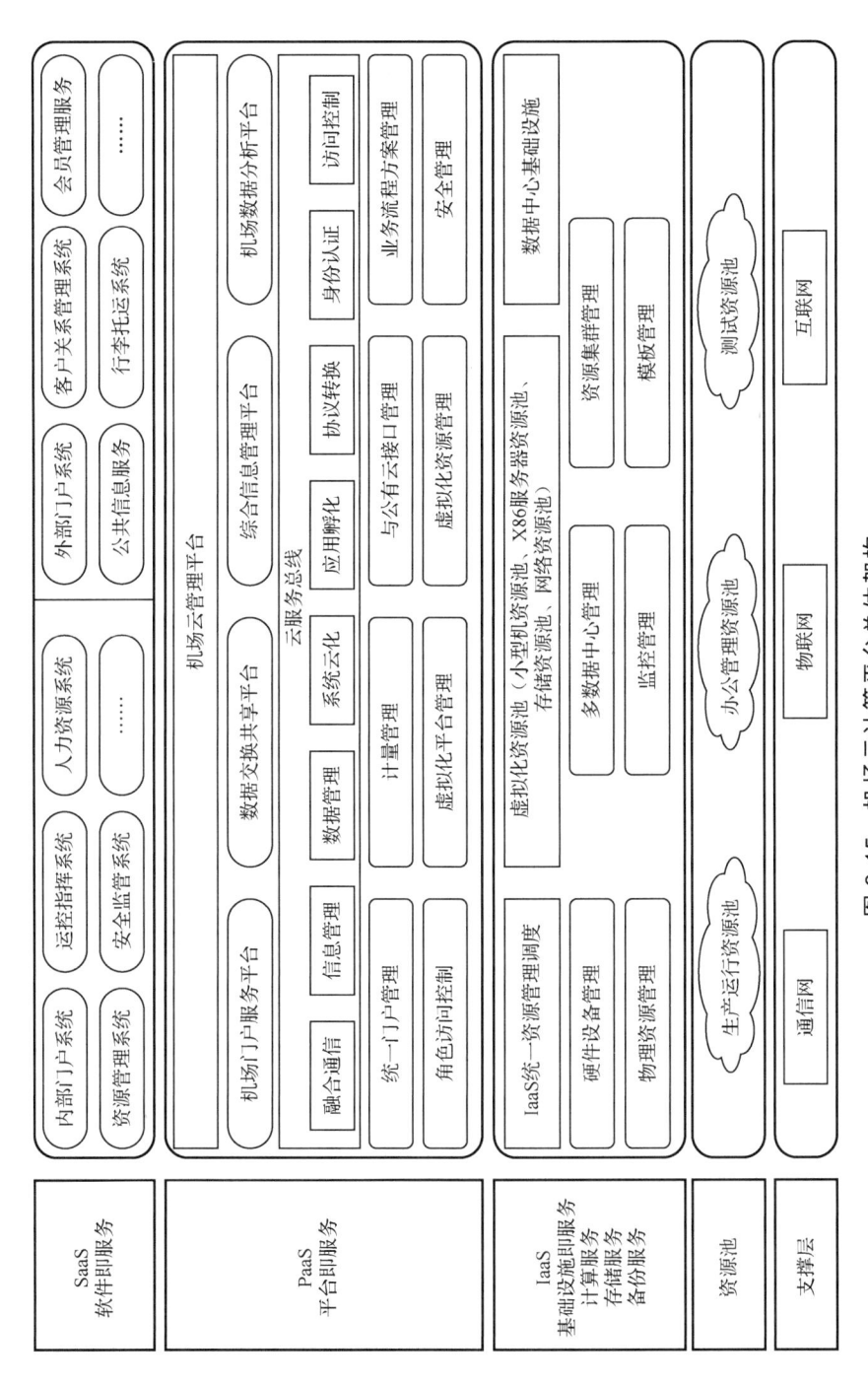

图 3-15 机场云计算平台总体架构

支撑层。为上节所述的基础网络通信平台，主要由通信网、物联网和互联网组成，收集来源不同的数据信息，支撑不同的业务应用。

资源池。分为三类资源池，一是生产运行资源池，主要是依托专用网络的业务系统，为机场运行、安全等生产运行领域提供的基础资源和运行平台，实现对专网上虚拟机、物理机、小型机的统一管理，满足生产运行系统可靠性、安全性、可用性要求。二是办公管理资源池，为机场各部门办公、商业等依托公用网络或是需要与公用网络互联的业务系统提供基础资源和运行平台，运用虚拟化资源的管理，通过与其他资源池的隔离实现对互联网外网的连接。三是测试资源池，为机场各部门信息系统提供上线前的测试环境，能够与业务资源池数据共享。三类资源池均可实现对现有系统的平滑迁移，具有持续技术升级与服务能力。

IaaS层。主要包括资源虚拟化、数据中心管理、物理资源管理、信息监控管理等。资源虚拟化是实现私有云的前提条件，是将小型机资源池、X86服务器资源池、存储资源池、网络资源池中的服务器、存储、网络等物理计算资源通过虚拟化的方式，让计算资源运行的负载超过以前更多，提升资源利用率。虚拟化使得应用和物理设备之间采用松耦合方式部署，可以根据物理基础资源变化而动态调整，物理资源状态的变更不影响到虚拟化的逻辑计算资源，从而提升了整体的灵活性。在运行上，提供IaaS统一资源管理调度，业务系统在新建、升级和扩容时可利用IaaS业务云对资源灵活申请，分布式计算的支撑系统可纳入IaaS服务，保证业务利用最小资源达到最佳服务效果。

PaaS层。通过云服务总线，集成虚拟化平台管理、虚拟化资源管理、信息安全管理、流量计量管理、接口管理、业务流程管理以及角色访问控制、统一门户管理等管理功能，搭建机场门户服务平台、数据交换共享平台、综合信息管理平台、机场数据分析平台等具体服务平台，组成云管理平台，简化机场的硬件部署，挖掘机场数据价值，实现机场资源和业务数据的统一调度、管理和结算，具备扩展性、弹性、资源池化、自助服务、可度量、低成本、按需支付和故障容错等能力。

SaaS层。分为内部软件和外部软件两个部分。从外部使用视角，集成会员管理服务、位置及导航导引服务、公共信息服务、客户关系管理服务、行李托运与跟踪服务等。从内部使用的视角，云平台提供机场内部用户的入口，实现对核心业务的内容分发，向机场各类用户提供服务。

3.2.3 基础设施

机场云计算基础设施建设，主要包含计算资源建设、存储资源建设和网络系统建设三大部分。做好这些建设后，再进行运维管理。

（1）计算资源建设

按照实际机场业务情况，采用"关键应用系统"+"X86虚拟化资源池"+"融合架构服务器"解决方案。在规划数据中心时，根据业务的特点对信息化资源划分为核心业务区和非核心业务区。针对生产运营、离港值机、安检管理、财务结算等核心业务构建高可靠、高性能、高可用、高效率的信息化资源，以年吞吐量 7000 万人次的枢纽机场为例，离港系统数据库服务器系统建设需要达到 171 万 TPC-C（联机事务处理基准）值。若机场为年吞吐量在 800 万的小型机场，则离港数据库系统建设需要达到 20 万 TPC-C 值。整个系统可用性要达到 99.99%以上，充分保证业务安全可靠。

（2）存储资源建设

采用企业级磁盘阵列，配置多个控制器、大容量高速缓存、支持不同规格硬盘，以高性能、高容量、灵活配置能力适应业务的需求，并灵活配置镜像、快照、数据重删、自动精简等存储技术，保障数据的安全性、可靠性。对于机场机房内原有规格较低的存储，可通过存储虚拟化技术，实现对原有存储的接管并进行扩容，同时可实现存储分层、数据精简、备份迁移等高级功能。

（3）网络系统建设

根据机场不同地域或应用划分不同的物理子网或逻辑子网，上节对机场网络的叙述已比较充分，此处不再赘述。

（4）运维管理

在机场数据中心日常管理中，信息化基础设施的运维成本占到了总成本的绝大部分，造成了大量资金浪费。目前机场数据中心或机房中的服务器、存储设备、网络设施等的使用存在诸多问题，如业务部门或其他单位向机场信息化部门申请分配基础设施时，一般需要经过复杂的审批流程，耗费时间长，造成了大量资源的闲置和浪费；已经使用完的硬件资源无法做到及时归还和重新分配，业务灵活性和自主性不足；缺少全面有效的监控管理功能，不能根据 CPU 利用率、内存使用率等性能指标对物理资源进行有效自动化管理和调控。

基于云管理平台软件，具有多维度、高效的监控管理功能，可以实现对服务器、存储设备、网络设施等运行状态的实时监控与远程自动化管理，使用资源时将不再受限于具体的物理设备的使用情况，可直接通过 Web 门户对已经池化的各种计算、网络、存储等虚拟资源进行申请、管理、分配和回收操作，增强了业务自主性和灵活性，提高了机场工作效率和资源的整体利用率，能够减少人力成本，降低设备能耗，达到降低机场运维成本的目的。

3.3 大数据平台

机场作为航班流、旅客流、行李流、货物流、地面交通流等多方面信息的交汇地，承担着保障航班高效运行、保障旅客安全和提升服务质量等重任，机场的正常运作必须建立在信息传递的正确性与快速性之上。特别是随着机场各类数据进入海量化、异构化、高速流转化的大数据时代，通过大数据技术构建智慧机场，提升机场运行效率，为旅客提供高品质服务，是智慧机场未来发展的重要方向。

实现机场高效运行的最根本且最核心的前提是：实现机场内外部各系统的运行数据实时无缝、精确、及时的信息共享。只有满足此基本条件，才有可能实现航班、车辆以及人员的共同态势感知，进而辅助合作单位协同决策，也才有可能实现机场数据分析及挖掘，挖掘隐含在数据中的业务知识，从而实现机场的智能化。

机场大数据平台通过运用大数据可视分析及人工智能技术，将机场内"三大区"（即飞行区、航站区、综合区）的各项业务数据进行整合，融合空管、气象、交通、地图、运营商等机场内外的各项数据，实现对机场"五大流"（即飞机流、旅客流、行李流、货物流、交通流）全区域覆盖、全流程管控，分析出机场当前的综合运行态势、各场区运行动态，对机场整体态势进行实时可视化展现，集智慧管理、智慧运行、智慧服务和智慧安全于一体，帮助领导者通过"一张图"了解机场整体运行状况，为机场的生产运行、指挥调度等管理提供高效、精准的支持。在预测研判方面，通过整合大数据资源，结合机器学习技术，形成抽象业务模型，并结合人脸识别、视频分析等人工智能技术，分析业务趋势及场景应用，全面提升系统预测预警能力，帮助用户快速完成数据多样化分析及业务理解，加速指挥决策，助力机场信息化建设实现生产保障型向智慧运营型的转变。

3.3.1 体系架构

众多的机场信息系统，如航显、离港、安检、信息集成（含核心运行数据库AODB）、飞行区管理、航空公司报文、资源分配、泊位引导、协同决策（ACDM）、客桥管理、飞行区围界安防系统等均成为机场大数据的来源。此外，机场作为民航运输体系中的一个环节，同时也是城市综合体的一部分及旅客密切关注的对象，处于一个由航空公司、空管、地面保障单位、公共互联网（包括网上售票信息、网络舆情信息等）、城市交通信息等构成的多源异构数据环境（包含各类文本、视频、音频等结构化、半结构化数据）之中。目前我国大部分民航机场的数据存储平台尚不能存储大规模多源异构运营数据，急需统一规划建设面向机场各项业务的操作型数据库（OLTP）和分析型数据库（OLAP），建立一个高性能、稳定可靠，具有开放性、可扩展性的大数据平台，完成应用系统数据及对决策支持有价值的外部数据的集中整合，提供辅助决策的全局数据视图，并保证数据一致性、准确性。在此基础上通过数据分析技术，建立高效、易用、实用、灵活的面向主题的全方位、多层次智能决策支持系统。

如图3-16所示的大数据平台体系架构，整体上分为8层，分别为基础设施层、数据生产层、数据交换层、数据存储层、基础服务层、数据应用层、用户访问层、数据管控层，下面分别对每层做进一步介绍。

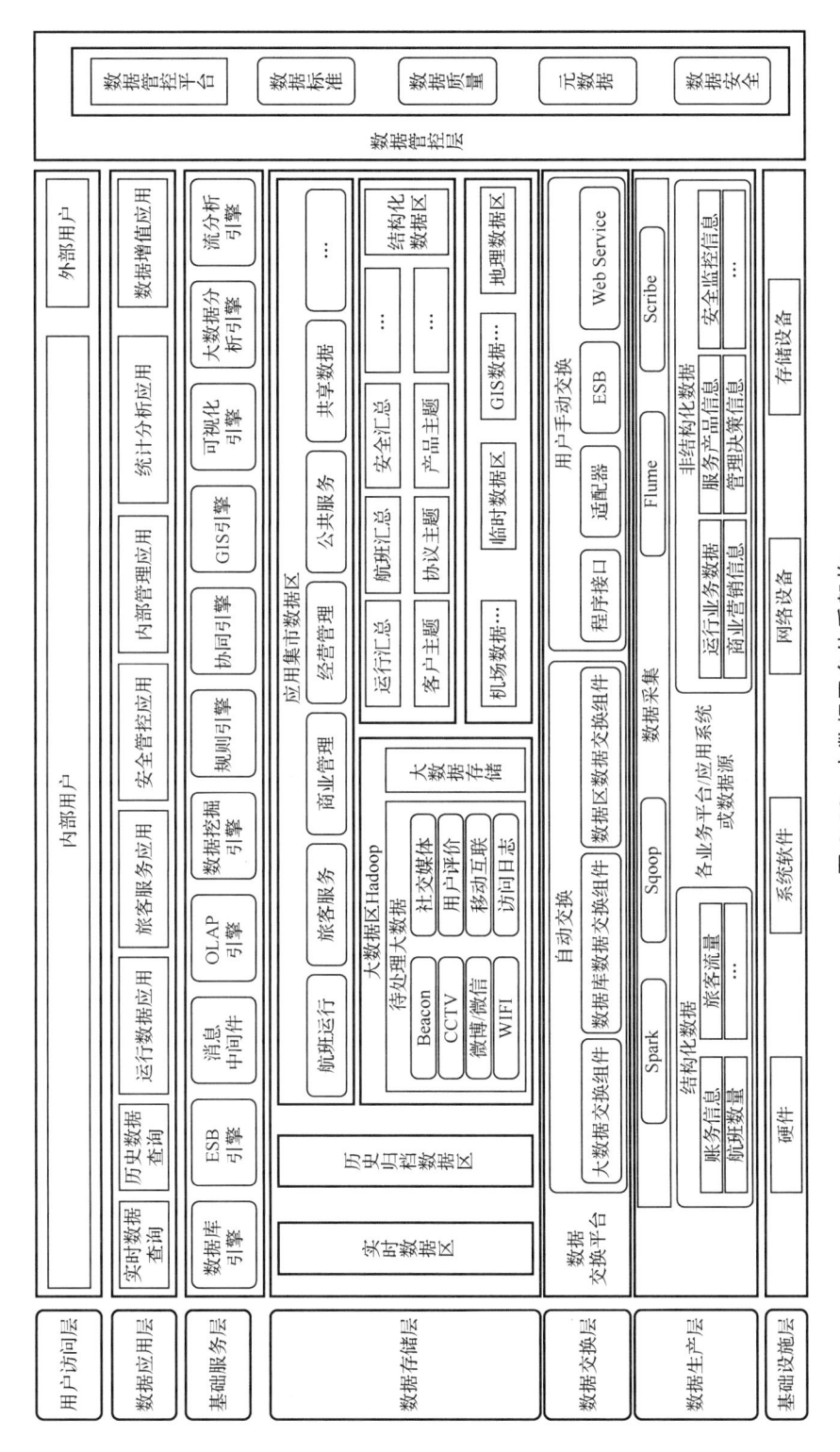

图 3-16 大数据平台体系架构

1. 基础设施层

基础设施层主要包括整个企业所涉及的硬件、系统软件、网络设备和各种存储设备等，实现方式可以基于企业的私有云，也可以基于公有云，从而实现自动化、虚拟化和标准化管理。

2. 数据生产层

数据生产层主要利用 Spark、Sqoop、Flume、Scribe 等数据采集技术或工具，对机场各业务平台、系统或其他数据源进行数据采集，这些数据包括结构化、半结构化和非结构化的数据。

（1）结构化数据主要指来自各种关系型数据库（例如 Oracle、DB2 和 MS SQL Server 等）的信息，如航班信息、旅客信息、设施设备信息、财务管理信息等。

（2）半结构化数据主要指各种以文件（如 XML、Excel、文本和日志文件等）形式存储的信息。

（3）非结构化数据主要包含图像、音频、视频和扫描件等形式的信息，如安全监控视频等。

部分数据源及含义如表3-7所示。

表3-7 部分数据源及含义

数据源	含义
AODB 数据	长期航班计划、当日及次日航班计划、航班动态；登机口、行李转盘、机位、廊桥、值机柜台等机场固定资源分配信息
机场安检数据	安检口开放信息，旅客排队情况信息、过检人数、安检视频监控等
机场视频数据	机场现有视频监控系统的实时视频
飞行区运行数据	跑道、滑行道、机坪可用性、大修维护、施工、净空事件等影响机场容量的数据
空管数据	综合航迹和飞行计划数据，航班进场排队序列及预计落地时间，航班起飞排队序列及预计起飞时间，流控信息、航班CTOT（计算的起飞时间）、COBT（计算的撤轮挡时间）、滑行时间、气象数据、雷达数据、航班预达时间、航班滑行路线规划
ADS-B 数据	航空器机号、航班号、飞机位置码、经纬度、方向、速度、海拔、状态码、时间等信息
ACARS 数据	航班落地时间、开舱门时间、上轮挡时间、滑入时间、关舱门时间、撤轮挡时间、推出时间、起飞时间
旅客数据	旅客人数信息、分舱人数信息、中转旅客信息、VIP 信息
行李数据	行李托运信息、行李分拣、行李装卸信息；包括行李件数、行李重量、行李牌号、行李类型、中转行李信息
货物数据	货邮信息，包括运单、承运信息、品名、货邮重量、货邮件数、危险品信息
航空公司数据	航班计划信息、航班动态信息（如预计上轮挡时间、预计撤轮挡时间、预计起飞时间、航班取消、加班、换飞机等）、地面保障服务信息、票务信息、行李信息、离港信息、中转数据、航班延误处置信息
地面服务保障单位数据	各类保障资源的到位时间，标准开始服务/结束服务时间，实际开始服务/结束时间，保障超时时长等

续表

数 据 源	含 义
资源实时监控数据	实时资源监控，包括对车辆、人员、设备、航班的监控
	区域设置，即设置自定义地图区域
	航班资源监控，即航班的降落、起飞、滑行、入位的轨迹信息
	车辆任务监控，即车辆当前保障任务信息
	历史报警查询及定位系统，即车辆发生超速、越界时产生报警及位置数据
	历史轨迹查询及回放，即一段时间内车辆的行驶轨迹
	车辆资源监控定位，即车辆位置和轨迹
	机坪人员资源监控定位，即人员位置和人员分布
	设备定位，设备分布
	航空器位置定位和航空器分布

3. 数据交换层

数据交换层主要开发交换平台，用来完成数据中心存储层与结构化、半结构化和非结构化数据源之间的数据交换。交换方式有两种，一种是开发各类数据交换组件，通过数据联邦、自动复制、数据清洗、流计算、消息传输等技术实现自动转换；另一种是直接面向应用系统，基于程序接口、适配器、ESB总线和WebService等多种技术，由用户自行手动实现数据交换，完成应用层对数据的调用。

4. 数据存储层

数据存储层是数据中心所有数据的集中（物理或逻辑）存放地，主要为逻辑数据存储区，用来分区存放各种数据，客户可根据具体情况进行实际部署。主要的数据存储区包括实时数据区、历史归档数据区、大数据存储区、汇总数据区、地理数据区、临时数据区等。一般说来，实时数据区和历史归档数据区采用数据仓库形式存储；大数据客户评价、社交媒体、WiFi以及视频等结构化和非结构化数据采用Hadoop形式存储；此外地理数据通常会单独存储在一个空间数据库，别的应用程序可以通过接口或Web Service方式调用GIS地理数据引擎获得想要的地理数据；共享数据通常以数据集市的形式与数据仓库存储在一起，也可以分开存储。

5. 基础服务层

主要包括构建创新型应用所需的各种核心引擎，除了传统的关系型数据库（DW）引擎、ESB引擎、消息中间件，还包括OLAP引擎、数据挖掘引擎、规则引擎、协同引擎、事件驱动、主数据管理引擎和GIS引擎等。另外，还有针对原始、半结构化和非结构化数据的大数据分析引擎，针对所有结构化、半结构化和非结构化数据的联邦和可视化工具及针对流数据的流分析引擎。

6. 数据应用层

基于数据中心提供的全面的预测分析能力和信息单一视图，机场可以构建各种全新的应用，如安检排队实时监测系统、机场流量分析、分析型客户关系管理、运行态势展示等。

7. 用户访问层

在用户终端层，用户可以通过各种终端访问多种应用（如门户系统、MDM 管理和各种运营分析系统、专业系统），机场工作人员可以通过门户系统随时查看待办任务、定制个性化页面、查询各种内容和图表，可以基于各种移动互联接入设备访问各种创新应用。

8. 数据管控层

数据管控层通过对贯穿整个企业信息的完整管理，解决信息冗余、冲突、缺失和错误等问题，保证数据一致性和相关性。数据管控其实是将企业信息作为一种资源加以管理并实施领导和控制，保证其满足企业的需求而不偏离方向。数据管控是实现智慧的分析洞察、构建数据中心的一个关键流程，可以帮助企业避免各种违规操作，降低风险。

数据管控的内容包括数据标准管理、数据质量管理、元数据管理、数据安全管理等内容，其中，元数据管理（Metadata Management）贯穿整个企业的所有层面，具体包括业务元数据、操作元数据和技术元数据等。通过公共仓库模型 CWM（Common Warehouse Meta model）构建公共元数据存储库、元模型、元-元模型和 CWM 元数据交换适配器等，可以实现企业级元数据的完整管理。通过元数据管理，用户可以进行元数据分析并为整个信息供应链提供全面的数据流报告，基于字段或作业的数据世系分析、影响分析和系统相关性分析。举例说明，当用户在查看客户购买行为的年度报表时，可以依据图形化的方式对客户姓名等字段进行正向追溯或逆向追溯（数据世系分析或血缘分析），了解客户姓名字段都经历了哪些变化，并查看字段在信息供应链各组件间转换得是否正确。

3.3.2 数据融合

机场空间信息资源是机场基础数据资源，全面深入地拓展机场空间信息资源，增强机场"空中、地上、地表、地下、室内、室外"四纵两横六位一体全生命周期空间实体信息资源的集成、融合、共享与应用水平，实现机场的动态感知、精细管理、防范预警、前瞻决策，是机场信息化发展的根本需求和必然趋势。建立机场大数据平台，首先面临着如何将机场多源业务数据与空间数据融合的问题。

1. 需求分析

对机场而言，重要的数据资产主要包括航空器、人员、货物、车辆等 4 个方面，机场所有的生产活动都是围绕这 4 类实体展开的。

飞机：包括飞机本身的属性，如隶属的航空公司、机型、翼展、座位，以及航班数据，如起飞时间、离港时间、各航班保障的开始与结束时间、保障设备、排班记录等。

人员：包括旅客和工作人员两类，其中旅客数据有人像数据、旅客偏好、旅客乘机记录等。

货物：货物也是一个对象群，它可分为托运行李、货物和邮件等。

车辆：分为保障服务使用的特种车辆以及社会车辆，特种车辆根据使用目的不同又可以分为旅客服务使用的车辆和航空器使用的车辆，不同类型的车辆具有自身的行驶路线和特点。

机场的4类实体在空间和时间上存在共性关系。安全、高效、顺畅的机场运营需要先进的技术手段将航班流、人流、车流、物流进行有效集成，实现精细化管理。因此，利用空间地理信息技术对4类实体相关信息进行融合集成是智慧机场系统建设中需要解决的关键问题。

2．理论支撑

空间数据融合是指将同一地区不同类型、不同格式、不同来源的空间数据，采用不同的方法，重新组合专题数据，补充和改善物体的分类分级和属性表达，进一步提高物体的集合精度，消除以下差异：

（1）空间物体在不同的空间数据模型中多次采集所产生的数据描述上的差异。

（2）相同或不同的数据模型采用不同的分类分级方法采集所产生的要素属性差异。

（3）空间数据的应用目的不同表现在要素综合详细程度上的差异以及多次数字化所产生的几何位置差异。

目前，空间数据融合的基本方法主要有：

（1）保持两种空间数据各自的要素编码和数据格式，通过对不同数据做快速切换显示的方法实现不同数字地图的共用，保持各图处于相互独立的状态，这种方法简单，但是如果两者都是海量数据，则两者之间的切换速度将有很大的限制。

（2）设计一种能融合多种数据的空间数据模型及其数据格式，研制实现多源数据融合的软件，统一符号系统。

（3）以一种数据编码为基础，将另一种要素扩充到该要素编码集（数据集），并用该要素数据格式的统一标准。

根据业务数据空间信息与空间基础地理信息的特点和融合的目的，机场采用最后一种融合方法的思想。首先利用室内外定位技术对业务实体赋予空间属性，再以空间基础地理信息为基础，将业务数据的空间信息扩充到空间基础地理信息上。

3．技术方法

（1）业务数据空间属性与空间基础地理信息的融合。

元数据是关于数据的数据。元数据索引就是将空间基础地理信息按照标准分类编码格式划分为不同的图层，按分类代码标准命名，每个图层中均为同一类地理信息，所有的图层信息必须在元数据表中进行注册，相当于一本书的目录，在索引项中记录了完全或部分属于该图层内的几何实体（空间要素）的标识，这样对空间对象的存取都通过元数据索引项来完成，这样就大大加快了空间索引的查询速度。

如图 3-17 所示，空间基础地理信息的数据结构是按图层来组织的，但业务信息是没有图层概念的，因此实现两者的融合，就需要利用元数据索引的原理，将业务数据进行逻辑上的划分，与空间基础地理信息的图层相对应。

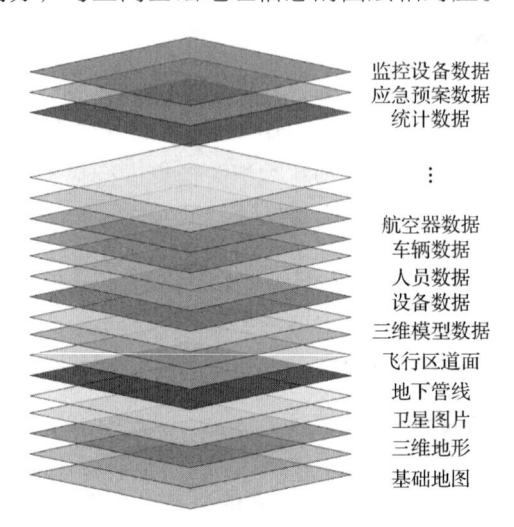

监控设备数据
应急预案数据
统计数据
⋮
航空器数据
车辆数据
人员数据
设备数据
三维模型数据
飞行区道面
地下管线
卫星图片
三维地形
基础地图

图 3-17　空间基础地理信息的数据结构

机场基础空间数据库以元数据索引为存取对象，关联空间基础地理信息与业务数据空间属性（在空间分布上的地理位置的固定性和不可移动性），降低数据反复存储对空间数据和业务数据空间属性的精度影响，提高业务数据查询效率。

（2）业务专题信息与空间基础地理信息的融合。

业务数据信息的主要任务和主要特点就是对业务要素专题属性进行全面、详细、多方式的描述，侧重于对业务要素的专题描述。由于业务信息中的业务要素的描述属性都是以对象属性表来表示的，所以空间基础地理信息与业务专题信息的融合实质上是空间基础地理信息与业务信息中地理要素属性表的关联。在空间基础地理信息中，每个空间要素都对应于一个坐标数据文件，文件中记录着空间要素的标识符和坐标数据，而属性数据是以属性文件的形式存在的。空间数据与属性数据的关联是通过要素的分类代码来实现的，同样的道理，可以通过在业务地理要素属性表中的要素分类代码与空间基础地理信息中的坐标数据文件的空间要素编号进行关联，这样也有利于对业务数据进行从空间到专题属性的查询检索。

例如，在机场总图系统中，每个空间要素按照标准分类代码组织为不同图层，属性表的主键按照空间要素分类代码与要素编码进行描述。在对空间基础地理信息展示时关联查询属性表，做到在一张图中融合业务专题信息与空间基础地理信息。

（3）业务数据时间信息与空间基础信息的融合。

业务数据的时间信息指业务实体在某个时间点的历史信息，通常用笛卡儿直角坐标系来表示。该坐标系由时间轴、空间轴和专题轴组成。一般以时间轴为主轴，这样更能了解空间实体变化发展的历史，以及对未来决策所产生的影响。

每个时间节点都对应着业务实体历史轨迹的图元编号，这些图元与空间基础地理信息中的地理要素图元进行关联，然后通过业务时间信息与空间基础地理信息融合的方法，实现业务地理要素属性表与空间基础地理信息中的地理要素图元进行关联，这样就建立了一个时间属性、空间属性、专题属性上的逻辑统一体，实现了业务时间信息与空间基础地理信息的融合。

例如，机场 GPS 车辆监控管理系统，在系统显示底图中以一张图的形式展示了飞行区场内空间基础地理信息。车辆轨迹则以业务时间信息为主轴，通过时间的推移展示车辆作为空间实体在基础地理信息中相对位置的变化情况，同时将车辆业务专题信息与空间基础地理信息有机结合。

3.3.3 应用领域

3.3.3.1 机场运行领域

机场运行涉及机场、航空公司、空管、各驻场保障单位等，具有多运行主体、多尺度、多变性、多信息源以及海量数据等特征，其领域是大数据应用的主要领域。

1. 机场运行预测

通过实时监控旅客分布与航班起降，应用大数据技术分析旅客流量变化数据并进行模拟预测，探索大数据环境下的机场运行态势感知系统的应用模式和运行机制；分析机场运行需求，通过 ACDM 方式及时决策调整运行计划，对运行瓶颈采取补救措施。基于大数据的机场运行预测原理如图 3-18 所示。

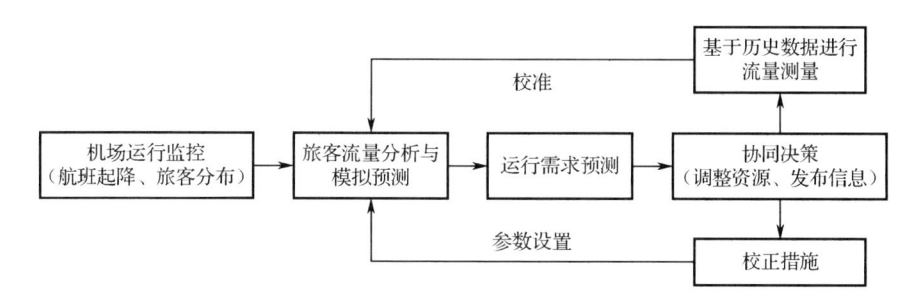

图 3-18 基于大数据分析的机场运行预测原理

主要内容如下。

（1）TOBT 预测。

提出基于 ACDM 系统的航班撤轮挡时刻的 TOBT 预测模型以及基于隐藏变量

的 TOBT 预测模型，可帮助空管人员给出飞机预起飞队列，机场合理调配资源，航司提升飞机利用率等，以提高运行协同效率。

TOBT 预测的研究目标在于航班进程里程碑事件的关联预测，包括关键影响因素识别和航班过站与滑行耗时动态测算两方面。其中，关键影响因素识别主要是通过对航班过站流程逻辑建模，利用基于 PCA/FA 的因子识别方法进行分析，最终获得关键影响因素；而航班过站与滑行耗时动态测算主要是通过对机位、机型、跑道，以及滑行、等待、起降等的航班数目进行运行数据、影响因素量化分析、预测模型、耗时测算、动态实际耗时等方式进行测算。

（2）可变滑出时间预测。

提出基于排队论的离港航班可变滑出时间预测模型，以便优化航班推出序列，减少飞机在滑行道上长时间等待造成的资源浪费。

（3）上客持续时间预测。

提出基于分布拟合和优度检验的上客持续时间预测模型，是实现停机位、登机口、廊桥等资源精确调度的重要保证。

（4）协同调度。

基于蒙特卡洛方法的远机位航班加油服务和上客服务的协同调度模型；满足不同类型服务流程约束的基础上，对各种保障车辆进行全局优化分配。

2. 机场运行监控

依托智能化高清视频技术，建立大数据运行监控分析体系，通过大数据及智慧化手段进行实时的数据收集与大数据运行状态分析，实现运行绩效管理，提升可视化运行监控能力。主要监控范围和内容如下。

（1）公共区运行监控。

包括停车场车位、车辆出入监控、交通路网监控等。

（2）航站楼运行监控。

包括旅客出入、排队长度监控、旅客行为识别、客桥、设备效率管理等。

（3）飞行区运行监控。

包括停机坪监控、场道交通行驶监控、飞行器监控、飞行区设备运行监控等。

3. 机位智能分配

利用大数据统计与分析技术，提升机位的智能分配水平。随着各大机场的升级与转场，新建机场往往要维护比旧机场多得多的近机位，与远机位相比，近机位对机型的要求更加严格，因此也对机场精细化管理提出了更高的要求。智能化机位分配面临静态和动态两方面的挑战，从静态来看，机场在得到航班计划信息之后，要通过大数据分析，综合考虑不同航空公司、机场各部门等内外部单位的使用偏好和期望，合理规划机位的分配和使用。从动态来看，当航班发生延误时，机场又要能够基于航延预测数据，及时调整机位的分配策略，从而避免资源浪费等低效运营的情况发生。

3.3.3.2 旅客服务领域

1. 精准营销和个性化服务

基于行为建模和社交计算，建立民航旅客出行兴趣预测与分析模型。包括航线对旅客的吸引力、航线热度、航空公司市场占有率、旅客忠诚度四个环节。利用大数据来决定应该部署哪些新的个性化服务，优化业务操作，以增强客户的黏度；将旅客在互联网上的活动与旅行过程的各个孤立数据整合，利用数据分析确定客户的需求及喜好，从而向客户推广产品，不仅可以为航空公司大大减少在昂贵的传统媒体上的宣传费用，还可以更加贴近客户的行为习惯。

2. 身份识别

身份识别是人脸识别技术最核心的应用之一，主要面临一对一和一对多两个识别维度。一对一的身份识别是指在旅客已提供身份信息的情况下，对后台数据库里的身份信息进行比对与确认，主要用于人证合一等场景。一对多的身份识别是指在不知道旅客信息的前提下，根据采集到的旅客人像，利用遍历与检索算法，在后台数据库中查找该旅客的身份，主要用于为各类旅客差异化服务的应用场景提供支持。

3. 黑白名单

根据民航局的规定，一旦旅客被列入黑名单，将对黑名单旅客乘坐航空器的行为进行限制，甚至采取"禁飞"的措施，以保障其他旅客的飞行安全。更广义的黑名单识别还包括识别公安系统中的黑名单人员等。

从安全性的角度考虑，机场安全保障的核心在于识别潜在的可疑人员和可疑行为，而黑名单为可疑人员的识别提供了依据。严格而言，黑白名单并非旅客感知层面的交互功能，但机场通过大数据技术对内外部黑白名单进行维护与更新，将为智能化机场安检系统实现黑名单布控、红名单识别等应用提供基础。

此外，机场还可拓展更多"名单"的维护，比如特殊旅客白名单、常旅客白名单、VIP旅客红名单等，以后续实现更多差异化服务。

4. 安检区人流引导

机场安检一般由旅客根据每个安检口的人流情况自行选择排队，当人流量大时，机场需要设置引导通道，并安排额外的安检引导员做人流引导。结合身份识别系统，机场可实现安检环节的自动引导。身份识别系统识别出旅客身份后，根据机场数据后台对旅客的综合分析，为其分配合适的安检口。用于分析的旅客画像数据可包括旅客VIP级别、是否行动不便、是否无陪儿童等。

例如，安检系统可基于身份识别系统对VIP旅客进行身份判定，根据过往安检记录和乘机记录，以及当前机票级别，为VIP旅客自动分配头等舱安检通道，提供更高效的安检服务。

3.3.3.3 安全管控领域

机场大数据平台集成了内外部多种数据，利用各个领域的大数据，对异常行为识别与风险控制进行综合性的分析和预测，预测风险特征并分析给机场带来的影响，规划和监控机场的日常运营操作，预警机场安全影响因素并实现实时动态响应，对旅客和员工提供基于大数据的安全平台，实现对机场整体安全管理的实时监控和预警。例如可通过机场业务系统和传感器网络收集机场的综合运行数据，利用大数据技术进行运行态势的监控和预测，通过计算模型推测不同天气条件下各种机型着落的安全度，结合飞行员飞行习惯和历史飞行事故原因，当超过模型警戒值时给出紧急预警，为保障民航的持续安全提供可靠的"大数据"支撑。

3.3.3.4 商业经营领域

建立基于融合商业数据的机场客户和商铺营销体系，建立基于大数据的旅客与商铺分析（图 3-19），利用大数据分析达成旅客与商品的匹配，可基于近场感知并结合商业大数据定制推送商业信息，从而使大数据贯穿商业决策与营销活动全程，实现机场商业决策和营销活动的可追踪、可衡量、可优化，促进机场商业的发展。

3.3.3.5 企业管理领域

大数据和数据挖掘技术在机场企业管理领域的各业务系统中也有着很高的潜在应用价值，例如基于机场经营绩效数据进行战略分析与决策、机场能源管理等。应用决策树分析方法对数据进行分析，可以得出对机场管理者和领导者有价值的规则和知识。将这些规则和知识作为预测模型，可以进一步指导管理者和机场领导者做出相应的决策，如节能措施、设备的自动关闭和开启等。这显示了数据挖掘区别于传统数据报表的优势，也体现了实施集成化的信息系统平台所具有的战略意义。

以机场供电、水务、暖通等能源设备的管理为例，机场上这些专业系统布置的监测点数以百计，在实时运行中，这些智能化设备将会产生大量数据，同时各监测点年复一年地观测所采集和积累的数据是海量的，人工是很难理解这些数据及其关系的，更不用说及时地总结并进行预测。因此，可以从这些数据中了解设备的性能和运行状态，通过计算机自动实时地从产生的数据中抽取知识或规则，并利用获得的知识对即将进行的过程进行估计预测或根据已获得的知识对发生偏离的过程进行实时纠正，合理地安排调度计划，提高运营效率。

表 3-6 所示的机场部分专业设备数据库，它是关于某个专业内的设备的工作状态与天气情况的关系数据库。"设备是否工作"是决策属性，"天气""温度""湿度""是否有风"是条件属性，通过决策树分析技术挖掘上述数据。

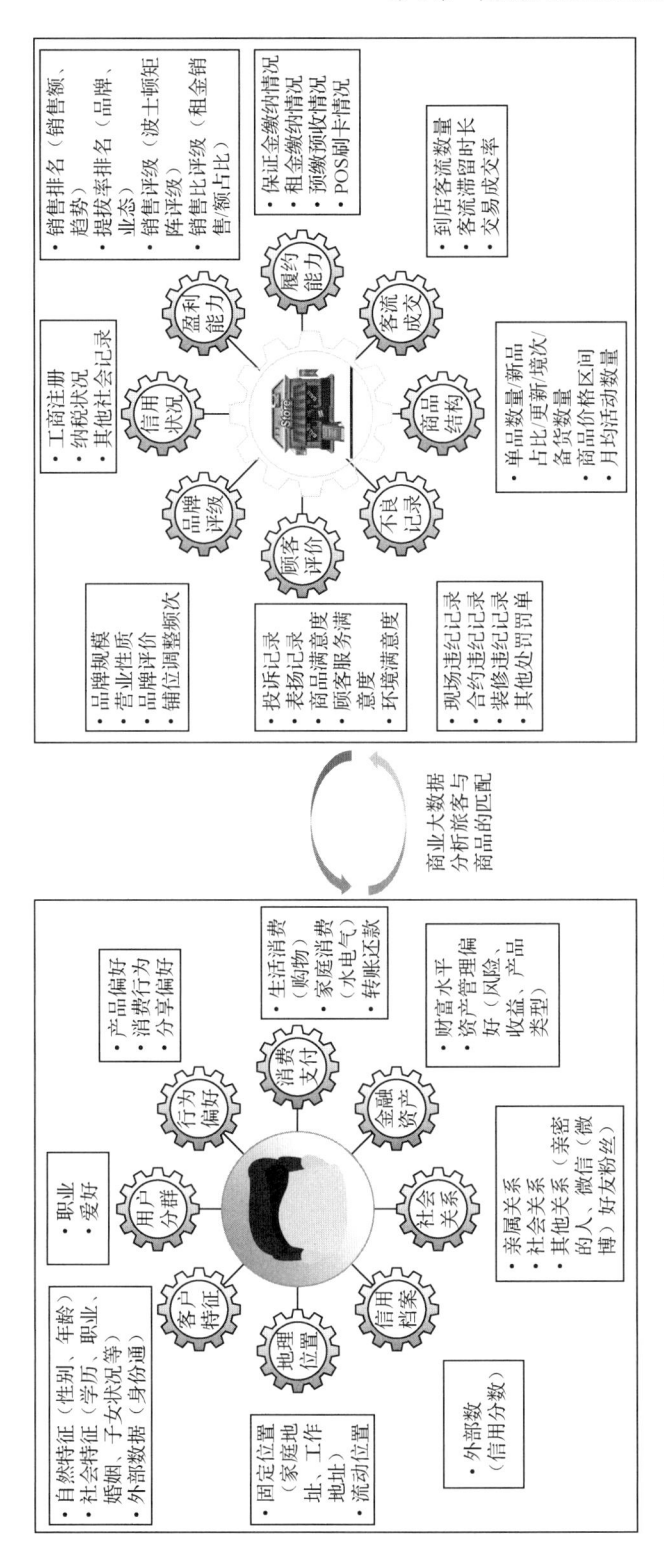

图 3-19 基于大数据的旅客与商铺分析

表 3-6　机场部分专业设备数据库示例

编号	天气	温度（℉）	湿度（%）	是否有风	设备是否工作
1	晴	85	85	否	否
2	晴	80	90	是	否
3	多云	84	86	否	是
4	雨	70	96	否	是
5	雨	68	80	否	是
6	雨	65	70	是	否
7	多云	65	65	是	是
8	晴	73	95	否	否
9	晴	69	70	否	是
10	雨	75	80	否	是
11	晴	75	70	是	是
12	多云	72	90	是	是
13	多云	81	75	否	是
14	雨	71	91	是	否

图 3-20 描述了从上面数据库中进行分类分析所获取的分类规则。图中的叶子节点表示该设备是否工作的状态，从树根到枝干的节点表示天气相关属性。

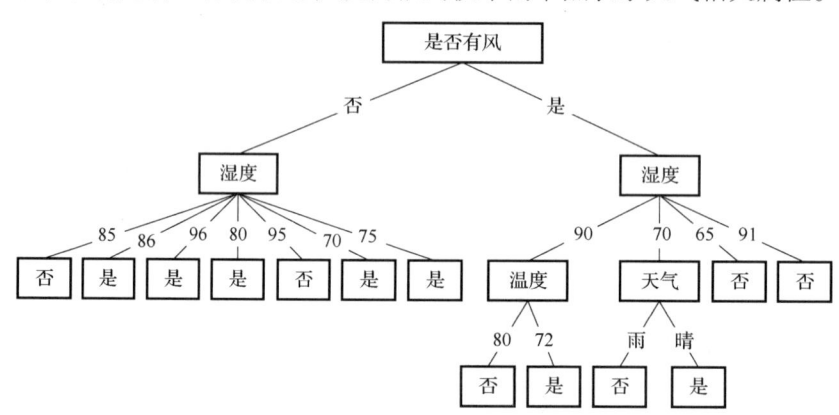

图 3-20　专业设备工作状态分类规则

图中的决策树反映了专业设备的工作状态与天气的关系，例如可以清晰地获得一条预测属性"是否有风=否"^"湿度=85"="是否工作=否"，据此规则可以自动地设置将当满足无风和湿度为 85 的条件时，自动关闭设备，实现节能等目标。

同样，在机场电力专业系统中，应用数据挖掘技术可以从采集的电力数据中发现隐藏的电力高低峰与时间段的关联关系，据此可以根据时间段增加或者减少供电线路，从而达到节能的目的。在水务专业系统中，应用数据挖掘技术可以从采集的水务数据中发现隐藏的水位与天气的关联关系、水位与年份、季节、月份的关联关系，据此可以预测将来水位的可能变化，更准确地做水务管理，保证机场运营的安全。

3.4 可视化平台

智慧机场可视化平台基于信息可视化技术、GIS 技术、BIM 技术、空间定位技术以及视频融合技术的综合运用，并集成航空器动态、地面保障车辆动态、机场基础设备、场坪管理、旅客服务、机场商业等多个维度的机场运行信息，监控机场运行的重要区域，实现机场运行可视化、机场运营数据分析可视化、三维空间管理可视化等功能，同时支持机场运行核心系统的各项关键数据的综合展现，为用户提供一个集运行监测、辅助决策、指挥调度、信息发布等多功能于一体的机场保障态势可视化平台，提高机场保障能力。

3.4.1 总体设计

3.4.1.1 系统架构

可视化平台系统架构如图 3-21 所示，平台主要依托大数据平台研发来实现，从下到上分别为数据采集层、数据资源层、功能服务层和决策分析层等。

1. 数据采集层

数据采集层由数据采集设备构成，主要有从 ADS-B 或空管系统来源的航空器状态采集、GPS 或北斗来源的地面保障车辆状态采集、视频设备，测绘航拍设备、物联网设备等。

2. 数据资源层

数据资源层由基础地理数据库、三维模型库、业务数据库等组成，这些数据库包含了地形地貌数据、飞行器状态信息、保障车辆信息、设施设备信息、气象信息、BIM 信息、灾害信息、业务运行信息、视频信息等，并在机场大数据云平台框架下依托大数据云平台数据交换机制为上层服务提供数据支撑。

3. 功能服务层

功能服务层由航班监控、旅客跟踪识别、设施设备管理、运行流程管理、运行统计管理、GIS/BIM 服务等功能模块组成，一方面完成可视化监控的功能，另一方面为上层分析决策及其他应用提供服务支撑。其中，航班监控对飞行区航班运行的机坪、跑道和滑行道等区域进行可视化监控，监视航班执行空侧运行控制决策的实时情况，对航班遇到的异常情况预警；旅客跟踪识别对旅客基本信息进行识别，对旅客进行定位追踪与异常行为预警；设施设备管理对各类服务保障设施、定点设备、保障车辆等进行状态监测，预测其异常状态并及时报警；运行流程管理对运行业务流程建立模型，跟踪流程节点的运行状态，实现流程优化与精准节点控制，提高业

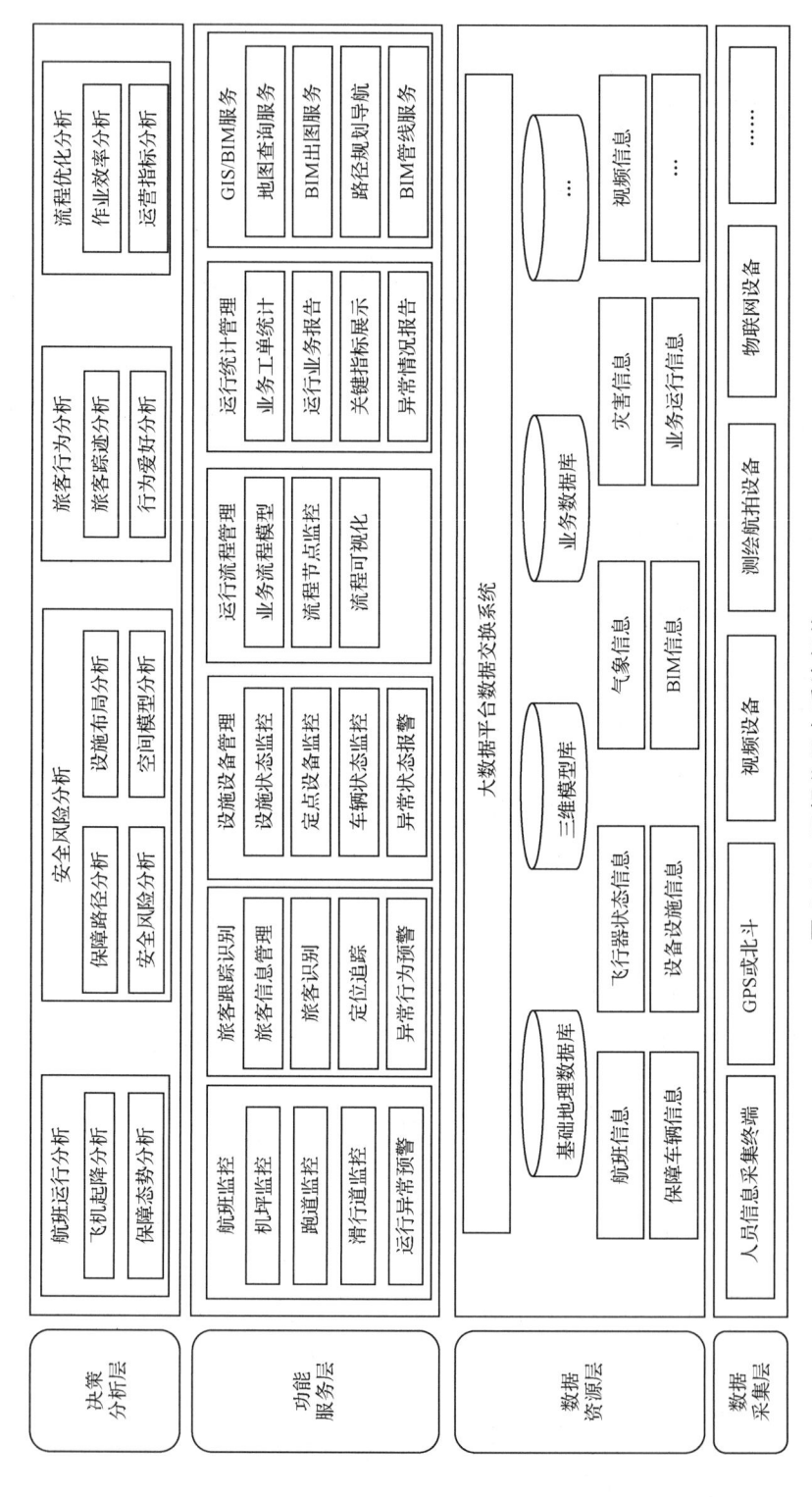

图 3-21 可视化平台系统架构

务管理的实时性和有效性;运行统计分析对运行业务作业工单分析形成业务总结报告,对运行关键指标进行实时监测,对业务中的问题和教训进行总结与分析,避免后续工作出现类似情况。另外,本层还包括系统本身提供的 GIS/BIM 服务,包括地图查询服务、路径冲突预警、在线地图编辑、BIM 出图服务、BIM 管线服务、三维模型服务、影像服务、路由导航等。

4. 决策分析层

可视化运行监控平台决策层包含航班运行分析、安全风险分析、旅客行为分析和流程优化分析等,能够利用智慧大数据分析技术对异常情况发布预警信息,并对各领域业务流程进行优化。

3.4.1.2 主要功能

1. 机场布局三维全景信息可视化

(1)机场全景展现

结合地理信息系统,应用三维仿真技术,对机场外场、场坪、重点保障设施等关键区域进行全方位三维实景展现,可通过缩放、平移、旋转等操作浏览,直观、完整地呈现机场整体建设情况,并支持对任一基础设施进行详细查看。

(2)GIS 服务

提供 GIS 空间定位、分析、显示等服务,主要包括如下方面。

数据管理:利用三维 GIS 技术,通过 CAD 图纸、BIM 数据、影像数据、高程数据、矢量数据、模型数据等对地上场景及地下管道等进行三维场景建模,为其他业务系统接入可视化提供展示基础,同时为机场监控视频融合提供模型基础。

GIS 分析:利用三维 GIS 平台实现对入库后的空间数据进行数据分析与 GIS 服务。三维平台能够实现对海量地形数据、海量城市级模型数据快速调度与高速渲染,根据平台自身的调度优化,理论上可以支持无限量地形影像及城市模型数据,精度可以达到当前数据获取的最高精度要求。

空间定位:通过对机场跑道、场坪、航站楼大厅等基础设施,视频监控、车载 GPS(或北斗)、手持移动终端、入侵检测、门禁、火警传感器等设备,以及人员和车辆等信息的集成,实现对人员、设施在空间位置的快速定位,为机场保障全程精细管控提供基础位置信息。

(3)BIM 服务

应用 BIM 技术,对机场所有建筑进行三维模型创建,以三维数字化的形式,整合既有建筑三维模型和数据信息,实现对既有建筑的直观展示和竣工资料的综合管理,优化建筑性能。在运营维护阶段,运维单位接收数字化移交各类成果,辅助应急抢修,体现基建为运行服务的思想,主要功能如下。

机场建筑信息展示与查询:BIM 模型将建筑物附属设施台账作为参数信息扩展

到模型中，包括设施名称、型号、规格、参数、供应商、质保商、质保有效期、联系人、联系电话等，提供多种方式供用户快速定位和查询，提高管理效能。

文档资料链接查询：按照场区、楼宇、楼层分级，按照系统分类，并与BIM模型进行关联。在系统集成窗口中用户对竣工图进行条件筛选，查看设计图纸实现对图纸资料合理有序的组织管理。

（4）视频监控服务

系统整合机场外场、围界、油库等重点部位的视频资源，支持视频地理空间数据的显示及管理，可在地图上进行点选、框选操作，支持监控视频的实时调用、回放、秒级检索，实现对视频资源的灵活调用和统一管理，提供全景可视宏观态势，为突发事件管理和处置提供实时监控信息支撑。

2. 机场飞行保障态势可视化

（1）飞机运行状态实况

结合飞行计划，对本机场飞行状态进行展现，可以分为历史数据和实时在飞数据两个时间维度主题，实现对机场飞行计划执行情况的实时监控。同时可展现航行通告、重要天气情报、空域情况等与飞行保障相关的信息，为机场飞行安全提供数据保障。

（2）场坪实时监控

针对外场场坪保障现场进行实时监控，动态展示机场场坪全景，对跑道开闭状态、当前飞行状态、场内车辆运行状态实现全方位动态监视，协助指挥部门从机场全局角度进行指挥调度，实现机场外场运行的实时动态全景呈现。

（3）机场车辆实时监控

支持对机场内的作业车辆实时精确定位、位置及速度信息的回传、车辆跟踪、轨迹回放、越界报警、超速报警、事故分析等各项车辆安全运行管理功能，进而实现对场面区域交通的实时监测监控，为保障机场场面安全、提升机场吞吐量提供数据支撑。

（4）保障资源动态情况

结合机位、装备、车辆、物资等保障资源动态和飞行数据进行联动分析，实时展示机场保障资源实况信息，支持保障资源容量不足、冲突、不匹配等预警功能，为机场资源管理、运营效率提升提供数据决策依据。

3. 机场安全防卫可视化

（1）场面雷达监视

结合地理空间信息，对机场场面雷达监视范围进行可视化展现，全方位感知机场场面运行态势。支持对雷达监测结果进行定位以及信息展开，包括跑道侵入、区域侵入、滑行道冲突等。

（2）安全管理实时监控

系统集成机场安防监控系统、门禁系统、入侵监测系统、视频监控系统，对机场安防分布情况、周界防范情况进行可视化呈现，对紧急报警事件实现事件加载、快速定位，并标示报警内容。同时可查看周边监控视频和警力资源，方便指挥人员对事件状态和周边情况的判定和分析，对报警事件进行前期处理及联动分配。

4. 机场运维管理可视化

（1）设备运行状态

结合 GIS、BIM 等信息，通过物联网传感器接入与数据显示，实现保障装设备状态信息的实时、准确、直观、全面反馈。

（2）能耗管理可视化

支持对机场内水、电、燃油等能耗情况进行可视化分析，包括能源库存分布、实时消耗分析、能源在线动态监测等，帮助管理者实时了解机场能耗状况，为资源合理调配、节能减排提供有力的数据依据。

5. 运营调度管理可视化

（1）地勤智能指挥调度

支持对地勤人员进行实时定位以及关键信息显示，并支持结合地勤调度管理系统，实现对地勤工作班组、人员的指挥调度可视化，帮助管理者实时掌控机场运行状态，提高机场生产监控能力。

（2）突发事件报警

系统结合机场飞行动态、保障态势、安全管理、设备监控、保障资源利用情况等信息与相关趋势进行实时动态分析，实现安全实时报警与飞行预警、地面预警等突发事件的数据预警告警功能。

（3）机场管制预案管理

针对飞机安全事件、跑道侵入、特殊情况、复杂气象等特殊情况，支持接入应急处置预案，并将预案的相关要素及指挥过程进行可视化，以提高运行指挥和地面保障人员对预案的熟悉程度，增强处置突发事件的能力和水平。

（4）应急指挥调度信息展示

发生突发事件时，系统可实现对报警事件加载、快速定位，并标示报警内容，协助各联动单位开展突发事件的事先防范和处置工作。实现应急信息发布、保障岗位接收、应急预案查阅、现场移动视频联动监控，为管理者提供更及时有效的应急决策信息。支持对历史突发事件处理数据进行多维度分析整合，为实战中的预警研判、常规研判、专题研判提供有力数据支撑。

6. 运行数据分析研判

系统通过整合机场各业务系统，汇聚各系统产生的实时数据和历史数据，不仅实时反映机场运行状态，实现一体化监控管理，也通过历史数据分析为领导决策提供及时的数据支持，主要包括飞行保障动态数据分析、资源使用情况动态数据分析、机场设备运维情况动态数据分析、机场环境动态数据分析等，为机场在宏观层面改善机场资源分配、生产调配提供数据决策依据。

3.4.1.3 关键技术

1. 三维机场全景精细呈现

（1）三维机场态势呈现

基于三维地理信息，利用三维视图，将包括机场航路、站坪、建筑物、机动目标、管线设施等在内的机场全景进行完整、鲜活的呈现。

（2）多样化的二维电子地图

支持多样化的二维电子地图，能够加载矢量数据和栅格数据，进行地图放大、缩小、漫游、距离量算、区域覆盖计算、标绘以及图层控制，支持移动目标的显示控制。

（3）二三维联动

二三维地理信息联动功能，二维的平面地理视图便于操作交互，三维视图便于直观形象化呈现，适用于大屏、多屏环境下的地理信息可视化。

（4）全时空态势呈现

将数据按照时间和空间两个维度进行同步呈现，全面掌控数据变化态势。支持空间数据的实时监控、历史回放、模拟推演，让规律清晰可见，让决策有据可依、更加高效。

2. 多类型数据融合

（1）多类型数据融合

支持集成包括地理信息、GPS（北斗）数据、三维模型数据、统计数据、航行情报数据等多类型数据，用于综合管理监控飞行保障态势。

（2）多部门数据融合

支持整合飞行、保障等多领域多部门现有系统资源，实现多部门数据的协同管理。

3. 数据分析引擎

（1）分析算法模块

系统内置分析算法，可支持分析算法模块扩充。支持嵌入各种仿真计算模型，为更加复杂的行业应用提供支持。

（2）多维并列分析

针对海量数据繁多的指标与维度，按主题、成体系地进行多维度的实时交互分析，提供上卷、下钻、切片、切块、旋转等数据观察方式，呈现复杂数据背后的联系。

（3）可交互联动分析

将多个视图整合，展示同一数据在不同维度下呈现数据背后的规律，帮助用户从不同角度分析数据、缩小答案的范围、展示数据的不同影响。

3.4.2 GIS 系统

GIS 是一个基于数据库管理系统（DBMS）分析和管理空间对象的信息系统，以地理空间数据为操作对象是地理信息系统与其他信息系统的根本区别。随着计算机技术的快速发展，近年来三维 GIS 得到了快速发展，能够基于三维 GIS 技术更真实地对世界进行再现，因此在各个行业得到了深入应用。

地理信息系统是机场信息化的重要支撑技术，是机场管理、服务的纽带，是智慧机场的软件基础之一。民航总局等管理方高度重视机场地理信息系统的建设与发展，早在 2009 年就颁发了《民用机场地理信息系统设计导则》等标准法规，规范了机场地理信息系统的设计原则、功能模块和开发步骤等关键内容。近年来随着对智慧机场认知水平的提高和 GIS 本身技术的发展，机场 GIS 正在向云平台化、移动化、通用化等方向发展。

结合对机场的调研与分析，机场地理信息系统应采用国际先进成熟的 3S（GIS、GPS、RS）技术、工程管理技术和三维建模技术，以二维地理信息为基础，重点进行三维场景建模，包括地上场景建模以及地下主要管线建模（电网、水网、输油网、通信网）等，为机场工程管理、综合管线管理、机场资产和设备管理、应急指挥等业务提供智能、高效、稳定的信息服务平台。

1. 系统组成

GIS 系统组成架构如图 3-22 所示，系统总体逻辑架构的框架层面主要分为四个不同层次，包括基础设施层、数据层、平台支撑层和应用层，并且通过这些层次的应用，实现了系统在开放性、实用性、安全性、可维护性、可扩展性、标准化和性能上的完美融合，为用户提供了可靠的三维数据运用体验。

（1）基础设施层

包括局域网、存储设备、服务器设备、计算机设备、网络安全设备、输入输出设备、操作系统、数据库等，为平台的开发和运行提供基础的硬件和软件支撑。

（2）数据层

数据层主要包括 GIS 地理数据库、空间信息数据库、三维模型库、预案推演知识库和系统业务数据库，为平台提供基本的数据服务。数据层采用关系数据库+空间数据库，包含了元数据、基本地形空间数据、地下管线数据、影像及多媒体数据、预案知识、接口数据等，负责二维数据、三维数据和属性数据的更新、配置、发布和物理存储。

（3）平台支撑层

平台支撑层是系统的核心，包括核心引擎、支撑服务和系统集成接口，为系统集成、态势显示和综合应用提供支撑。

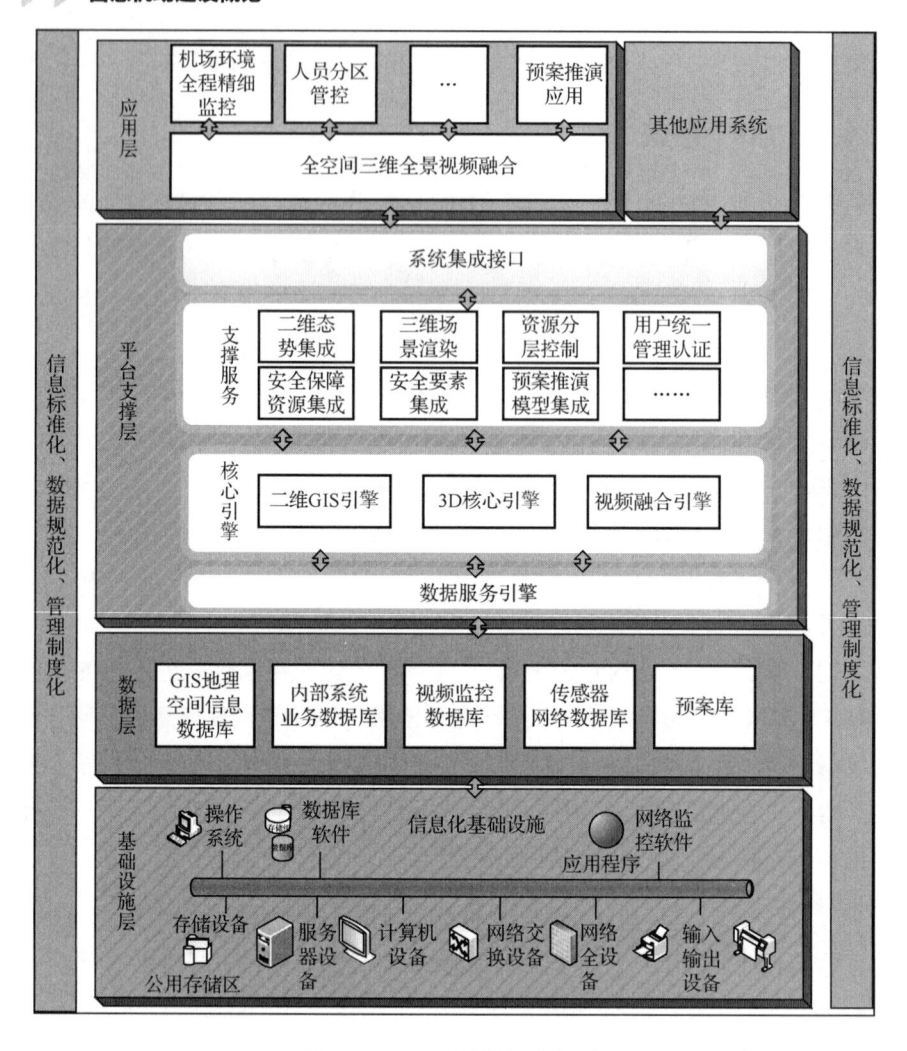

图 3-22 GIS 系统组成架构

核心引擎包括二维 GIS 引擎、3D 核心引擎和数据服务引擎，其中二维 GIS 引擎为二维态势综合集成提供支撑，3D 核心引擎为保障机场环境三维场景的渲染提供支撑，数据服务引擎为系统和数据的综合集成提供基础服务，可以是 ESB 服务总线，也可以是其他类型的数据交换服务产品。核心引擎各组成部分可以采购目前成熟的产品。

支撑服务在核心引擎的基础上进行二次开发，为平台应用层提供支撑。通过零码组装、在线服务、二次开发等多种形式的地理信息服务，提供地理信息集成与共享解决方案。通过设备、人员、技术准备等资源的集成，形成二维和三维的综合态势。通过资源分层控制、用户统一管理与认证，实现用户权限的控制。通过调用预案推演知识库，结合二维态势和三维场景，为应急预案的推演提供支撑。

（4）应用层

应用层面向用户提供人机交互功能。主要包括基于视频融合监控应用、机场环境精细管控、保障流程和状态全程实时掌控、人员分区管控、应急处置辅助决策支持等。

2. 主要功能

GIS 系统主要为机场各业务系统和可视化提供相关的 GIS 服务，如空间定位、分析、显示等，主要应用场景包括物联网传感器接入与数据显示、基于导航的活动目标与车辆跟踪、民航异常旅客、异常物品信息接入与显示，带标签的人员或车辆重点出入口、管控区触发系统显示以及防空禁区显示等。

3. 数据采集

数据采集是建设地理信息系统的基础性工作，由于机场地域广大、建筑密集并需同时反映室内外的情况，因此，需要将航空测绘、地面测绘、三维建模等技术综合在一起实施，才能取得较好的效果。

（1）主要任务

收集分析已有资料，如机场卫星地图、航拍照片、机场范围及周边的 CORS 站点、卫星定位（GNSS）大地控制点、二三等水准点等，为 GIS 系统实施提供高精度、现时性强的测绘基准服务。同时，收集机场范围及周边大比例尺地形图、当地交通旅游图等，作为控制点粗略检查和工作参考使用。采购或收集高精度 DEM 数据，作为未来机场 GIS 系统地形建模的基础。

（2）航空倾斜摄影数据采集与处理

按照机场范围并向周边延伸约 8km 以上范围，进行倾斜测绘航空摄影数据采集与生产。根据采集的倾斜航空摄影数据进行处理并建立三维数字模型，转换为彩色点云数据，最终建成机场真实三维场景。

（3）地面重点区域三维激光扫描与处理

针对机场内塔台、航站楼、跑道、场坪、重要道路，以及机场外公共服务区、交通转换枢纽、停车场等重点区域进行地面三维激光扫描，根据采集的激光点云及全景影像进行处理，并获取高精度彩色点云。

（4）重点建筑物室内三维激光扫描与处理

针对塔台、航站楼等重点建筑进行室内三维激光扫描，根据采集的激光点云及全景影像进行处理，并获取高精度彩色点云。

（5）彩色点云数据融合处理

系统集成倾斜摄影转换的彩色点云数据，地面重点区域的彩色点云数据、地面道路彩色点云数据、重点建筑物室内彩色点云数据，进行点云编辑、分类、修补等工作，最终输出到全息数据管理平台。

（6）建立三维地理信息系统

选择可靠性高、数据处理能力强、具备可伸缩性和高安全性的 GIS 平台软件，构建基于三维数据的地理信息系统，实现基于全息三维实景信息的互动展示、查询功能。

3.4.3 BIM 系统

BIM（Building Information Modeling）指建筑信息模型，是对建筑设施物理特性和功能特性的数字化表示，它可以作为信息共享源从项目的初期阶段为项目提供全生命周期的服务，这种信息共享可以为项目决策提供可靠的保证。机场工程体量大，系统复杂，专业繁多，竣工资料档案记载了整个建设工程完整的历史基础信息，反映了项目的施工质量及重要技术，是项目移交后运营维修、运营安全及扩建、改建管理的最重要档案资料。但由于传统竣工资料档案移交方式存在不足及当前竣工资料管理存在问题，给机场运营带来了很大困扰。

BIM 技术的出现，使得上述情况得到改善。应用 BIM 技术为既有机场创建三维模型，以运营维护管理需求为导向，对竣工资料档案按参数信息、文档资料信息分类梳理，与模型构件一一对应，完成数字化移交，能够直观、简洁地提炼出运营维护管理所需要的信息，辅助管理者决策，还可预估建筑系统能源性能，实现节能减耗。BIM 精细化的三维建模，在机场 GIS 大场景地理空间信息的基础上建立单体建筑室内精细数据，两者互为补充，构成了可视化平台的基本组成。设计机场 BIM 系统，主要是在机场云计算平台和大数据平台上搭建一个 BIM 应用管理平台，实现机场三维可视化并提供 BIM 模型创建与管理、进度计划管理、安全质量管理、档案管理等工程投资、建设、运维全生命周期等相关业务应用。

3.4.3.1 定义与功能

1. 定义

BIM 是对设施物理特性和功能特性的数字化表示，它可以作为信息共享源从项目的初期阶段为项目提供全生命周期的服务，在这里，信息不仅仅是三维几何形状信息，还包含大量的非几何信息，如建筑构件的材料、重量、价格、进度等，这种信息共享可以为项目决策提供可靠的保证。这一定义是目前行业内对 BIM 广泛认可的定义，当然相关的定义还有很多。同时这一标准中对广义的 BIM 进行了解释，BIM 包括三层意思，第一是作为产品的 BIM，即设施的数字化表示；第二是指作为协同过程的 BIM；第三是作为设施全生命周期的 BIM。

2. 功能

应用 BIM 技术，对机场建筑进行三维模型创建，以三维数字化的形式，整合既有建筑三维模型和数据信息，实现对建筑的直观展示和竣工资料的综合管理，优化建筑性能。在运营维护阶段，运维单位接收数字化移交各类成果，辅助应急抢修，体现基建为运行服务的思想。

（1）模型管理

机场 BIM 模型的构建过程是在 CAD 竣工图纸的基础上，结合现场实际情况，利用 BIM 软件对二维成果进行三维化虚拟表达，分别对机场的土建、机电、给排水、消防、暖通、民航专业系统等进行 BIM 信息构建，针对机场领域的实际管理需求，对子系统进行重分类，以满足管理单位不同层级和部门的管理需求。这样可以突出显示需要管理的对象，隐藏不需关注的对象图层，汇聚管理焦点，提升管理效率，满足管理需求。

（2）构件信息关联

原始的设备台账以 Excel 形式存在，台账记录与空间实体对象相对孤立，无法建立有效的关联关系。BIM 模型将设备台账作为参数信息扩展到模型中，设备台账信息包括设备名称、型号、规格、参数、供应商、质保商、质保有效期、联系人、联系电话等，在设备需要维修或保养时，维修人员可以查询设备准确的台账信息，便于联系生产厂商和售后服务商；并且提供多种方式供用户快速定位到设备，如在三维图形中漫游到指定位置，从空间位置直接查找到设备是非常直观的一种方式。同时，也可通过模糊搜索的功能，将所有满足条件的结果列表，通过对列表的操作导航至指定的设备。通过快速导航方式，实现设备的快速定位，进而查看设备台账或对设备进行维修、保养管理。

（3）文档资料链接查询

竣工图纸、文档资料的合理查找和浏览，对用户在机场运营管理中非常重要。应将竣工图纸按照园区、楼宇、楼层分级，按照系统分类，并与 BIM 模型进行关联。在系统集成窗口中用户对竣工图进行条件筛选，即可查看设计图纸；而图纸资料也通过 BIM 模型关联、位置分级、系统分类，实现对图纸资料合理有序的管理。

（4）预估能源性能

通过对机场既有建筑深度建模，提高能源模型假设的准确性，更好地预估能源性能，基于建筑运营的反馈信息，科学地选择设备型号和规格，提供能耗更低的建筑系统。另一方面，通过将实际能源性能与使用 BIM 节能模拟软件预测的能源性能，进行比较，实现优化建筑性能。

（5）应急处理预案

机场航站楼作为公用建筑，每日为大量的旅客提供进出站服务。遇到突发事件时，机场管理部门必须采取合理的应急措施，在优先保证旅客生命财产安全的前提下，进而控制事件的影响范围，尽可能减小事件所带来的损失。机场航站楼体量大、系统繁杂、设备众多，这些特点对于现场管理人员快速及时处置应急情况提出了较高的要求。BIM 模型可以很好地运用到航务人员的培训中，通过模拟真实场景演练，达到熟记预案、提高应急处置能力的目的。

3.4.3.2 BIM 模型搭建与管理

1. 模型搭建标准

模型搭建标准是 BIM 实施标准之一，用来规范设计单位、施工单位、BIM 咨询单位的模型创建。其目的是使所有工程项目中涉及的模型具有统一的建模行为要求，从模型创建上保证模型的有效传递和共享，是 BIM 标准体系的基础标准之一。

模型搭建标准的具体内容分为标准规则中名词术语和具体建模规定两大部分。名词术语包括在 BIM 项目建模过程中经常用到的术语，包括 BIM、BIM 模型、几何数据、非几何数据、构件、基础数据库、协同、工作集等。具体的建模规定如下：

- 建模依据和建模数据来源；
- 建模软件的范围和在何种情况下采用哪些软件；
- 模型文件的命名规则；
- 模型拆分规则；
- 模型分专业、分系统的颜色设定规则；
- 构件的命名规则；
- 不同专业构件的基础属性规则；
- 模型尺寸单位、轴网、标高统一规则等。

2. 民航工程 BIM 标准模型库建设

BIM 的设计效率很大程度上取决于企业族库水平的高低。如何合理管理已有族文件、如何与设计工具无缝连接、如何保护自主创建族文件以及如何标准化族库，提高族库质量等问题都是关系到提高 BIM 工具使用效率的关键因素。

标准模型库的建设分为以下几个步骤：首先进行族库分类，可以按项目类型分类（如通用类、医院类、工厂类、民航类等），以及按专业分类（建筑、结构、暖通、给排水、设备、人防、精装修等）；其次按照分类，根据需要按步骤和计划来创建族文件，在创建过程中需要注意哪些是通用族库，哪些是特有族库，哪些是产品设备族库；再次建议集中购买或创建基础通用族库，分步创建和积累各专业族库，由供应商按产品目录提供相应的产品族库；最后再定制专有、特有族库，形成企业或行业资源构件库。

通过各类族库的建立，逐步形成符合民航工程标准的族库。包含但不限于以下子类别。

（1）机场机电、弱电设备 BIM 标准模型库：登机桥及桥载设备、行李系统及安检设备、建筑设备（水电空调、电梯、扶梯、步道）、民航弱电系统设备等。

（2）飞行区助航灯光设备 BIM 标准模型库：进近灯光系统、跑道引入灯光系统、跑道系统、滑行道系统、滑行引导标记牌系统、助航灯光供配电系统、站坪照明与供电系统等。

在族库管理上，可以使用基于 Revit 平台的 isBIM 族立方族文件管理软件。通过在 Revit 中的无缝集成，能够让设计师便捷地操作族库，通过互联网，不再受时间、地点等限制，能够迅速简洁地获取所需参数化的族文件，支持单个或批量族文件上传、下载、加载，大大提高工作效率。

isBIM 族立方提供了功能强大的 Web 端族库，把日常所用到的浏览和管理功能放到服务器端，一方面大大提高了客户端的使用便捷程度，也方便脱离 Revit 环境的管理功能的操作。isBIM 族立方在 Revit 中使用，通过多层次的文件加密手段保护用户自主创建族文件，另外也提供了完善的权限管理体系，保证企业族库文件统一规范管理。isBIM 族立方管理软件技术架构如图 3-23 所示。

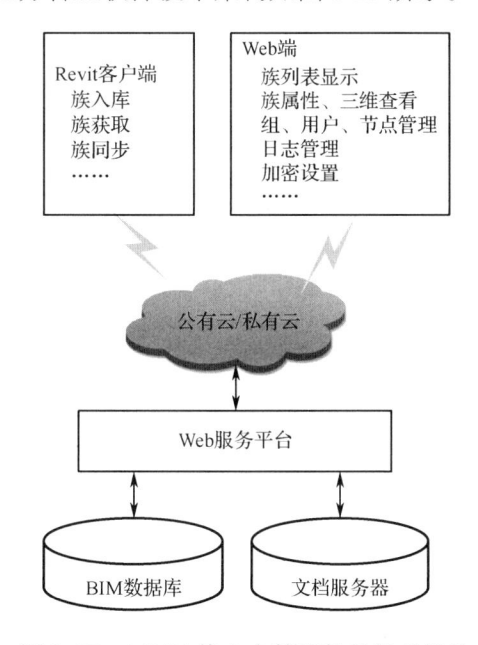

图 3-23　isBIM 族立方管理软件技术架构

3. 模型管理

（1）模型导入

系统支持以 Revit、Navisworks 和 IFC 格式为主的模型导入，模型能够在系统中合并或者独立展示。同时支持主流 GIS 数据的导入，如 shp、kml 等。

（2）轻量化

系统具备对模型进行自动轻量化处理的功能，模型直接导入系统，由系统进行轻量化处理，并保证模型在网页端、移动端的模型浏览性能；模型数据支持动态加载模型，允许在模型数据全部下载完成之前对模型进行查看等操作。

4. 信息维护

BIM 模型创建完成后，要能够根据整个施工过程数据、人员信息、设备数据、档案资料，以及后期运维数据进行必要的扩充信息输入，这样既能够从模型上面拿到模型的设计数据,又能够在实际的应用场景中附加相应的数据信息,能够真正实现模型和二维信息的衔接,如图3-24所示。

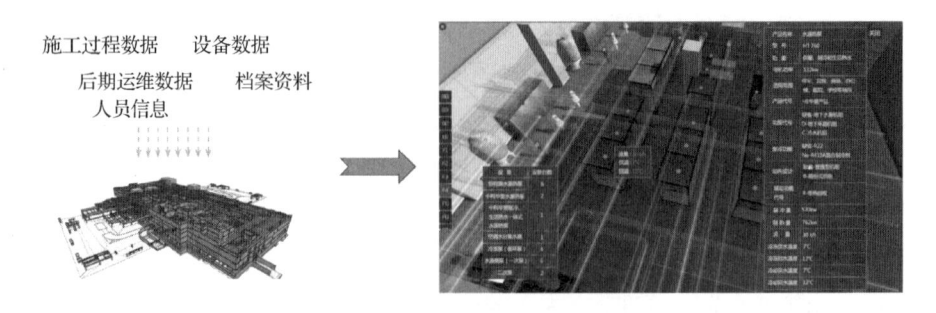

图 3-24　BIM 信息添加与使用示意

BIM 模型的精度会随着工程的进度不断提高,模型的精度大体上分为三个方面:一是 L1,反映构件形状特征、主要控制尺寸与材质特征信息等;二是 L2,准确反映构件所有外部细节、尺寸及其精度要求、材质特征等设计数据;三是 L3,如实反映项目施工安装完成后的所有构件外部细节、尺寸及其精度要求、材质特征、产品批次、材料进场日期、安装日期和单位等施工数据。BIM 模型设计在设计阶段、施工安装阶段、竣工阶段都应分别根据国家行业标准来满足相应的等级要求。

5. 工程计量

工程量计算是工程造价中最烦琐、最复杂的部分,计算机辅助工程量计算软件的出现,大大减少了造价人员的工作量。目前,市场上主流的工程量计算软件有基于 AutoCAD 平台软件和基于自主开发的平台软件,然而,造价从业人员在用计量软件进行工程量计算过程中,都必须对工程图纸进行输入、建模,建模工作成了工程计量最为重要的环节,几乎占据了计量工作 70%以上的时间,并且所建模型图形不够逼真,模型的重复利用率低,甚至存在建模过程工程图纸数据丢失的风险。

Revit 是全球范围内应用最广泛的 BIM 建模和应用平台,如果能在 Revit 设计平台中直接进行工程量计算,省去计量建模环节、提升模型复用率和数据准确性,将极大地提升工作效率和 BIM 的价值。基于 Revit 或者 Revit Viewer 的 BIM 计量软件 isBIM 直接使用 Revit 模型进行计算,无须二次建模,真正做到一套模型、重复使用。isBIM 计量使计量信息随模型应用于建筑全生命周期,体现和发挥了 BIM 的价值,具有操作简单、计量精准、核查便捷等特点,提高了工作效率。

6. 场坪管理

通过 BIM 技术创建施工场地平面布置模型、结合施工进度计划安排和现场实际施工情况,进行平面布置协调管理,能够直观地展示施工进度计划节点、现场平面布置调整情况,而且对于现场周围环境的协调起到非常大的作用,不再需要经常到现场实地考察。可以通过 BIM 技术,利用 BIM 模型直观表现和快速调整施工现场各阶段的平面布置情况。

场坪布置的具体内容如下。

- 大门：办公区大门、生活区大门、工地大门。
- 围墙：彩钢板围墙、砖墙、栅栏围墙。
- 临时房屋：办公/宿舍楼、食堂、厕所、浴室、门卫。
- 绿化设施：草坪、灌木、乔木。
- 防护棚：钢筋加工棚、可移动防护棚、电工棚、变压器防护棚、木工棚、安全通道。
- 管井沟槽：沟槽、管井。
- 临边洞口防护：临边防护（立面的）、洞口防护（平面的）。
- 机械设备：塔吊、吊车、施工电梯、其他机械。
- 排污设施：污水池、沉淀池、化粪池、隔油池。
- 图牌标语：宣传牌、导向牌、条幅、标示牌。
- 临时道路。
- 临时用水。
- 临时用电。
- 旗台。
- 民航建设工地特殊设备：栈桥等。

3.4.3.3 GIS 和 BIM 的集成

BIM 与 GIS 之间并无相互可替代性，而是更倾向于一种互补关系。BIM 可以整合和管理建筑物本身所有阶段的信息，GIS 则可整合及管理建筑外部环境信息。将 BIM 和 GIS 技术进行集成，把微观领域的 BIM 信息和宏观领域的 GIS 信息进行交互，结合机场建设、开发的实际需求，打造机场规划建设管理、运维管理平台，满足展示、查询、空间分析、业务集成等功能。BIM 与 GIS 集成应用，是通过数据集成、系统集成或应用集成来实现的，可在 BIM 应用中集成 GIS，也可以在 GIS 应用中集成 BIM，或是 BIM 与 GIS 深度集成，以发挥各自优势，拓展应用领域，主要集成方式如下。

1. 将 BIM 数据接入到 GIS 平台

国内外 BIM 建模软件种类繁多，不同的软件有各自的存储方式。这些数据格式彼此不同，且相对比较封闭，没有公开文件结构，给 BIM 数据接入到 GIS 平台带来了最直接的挑战。

BIM 数据依赖于 BIM 软件，比如 Revit 的 rvt 文件本身是不带贴图的，存在于 Revit 安装目录的材质库中，要读取 Revit 数据的完整信息，包括属性、材质、几何等，离不开 Revit 软件本身。实现读取 BIM 数据目前最务实的方法就是利用 BIM 到 GIS 数据格式转换工具或插件，也就是基于 BIM 软件库的原有支撑，将 BIM 数据转换到 GIS 数据库。

国产地理信息系统 SuperMap 先后提供了多款 BIM 主流设计软件的转换插件和工具，如 Autodesk 旗下的 Revit、AutoCAD 和 Civil3D 软件，以及 Bentley 的 MicroStationCONNECTEdition、达索的 CATIA 软件，将数据的顶点和属性信息一次性导出，并且按类型或图层进行分类。导出数据不仅保留了 BIM 数据实例化的特点，还生成了多细节层次（Levels of Detail），提升数据在三维 GIS 平台中加载和浏览的性能。SuperMap 也为某些行业的标准格式提供了对应的转换工具。

2. 实现 BIM 模型轻量化

BIM 建模软件注重的是单一体建筑，但 GIS 需要管理一个区域或整个机场的 BIM 数据，并且 GIS 终端可能是配置不高的 PC，甚至是 Pad 或手机，因此 GIS 面对的数据量挑战更大，不仅要解决数据格式转换，更要进行适当的数据轻量化和优化。

实现 BIM 轻量化需要原生 LOD（Level of Detail）技术。BIM 软件中的三维对象是参数化的，比如圆柱体，用圆心、半径、高度来描述，但导入 GIS 系统要三角化为三角网，在三角化时，利用此技术可生成多个不同细节层次的模型，即将 BIM 模型解析出不同的显示精度和显示层级。

3. 在 GIS 平台表示 BIM 模型

对象模型是一类 GIS 空间数据模型，用来描述离散空间的要素，包括二/三维点、线、面以及三维体对象模型。其中，三维体对象是通过拓扑闭合、高精度的三角网来表示的。三维体对象模型可以表示现实对象，如建筑、桥梁等。

GIS 要从室外走向室内，室内数据需要 BIM 来获取。要实现 BIM 模型支持查询、统计及分析等功能，首先需要解决如何在 GIS 平台表示 BIM 模型的难题。与 3dsMax 模型相比，BIM 模型不是一张皮的表面模型，它是体对象，具备完善的拓扑完整性及闭合性，因此可以用三维体对象模型来表达这样的建筑。

BIM 模型进行三角化后，统一到三维体对象模型，可以做三维空间关系判断（包含、相交、相离）、三维空间运算（交、并、差），还支持计算表面积和体积，支持多种三维空间分析如控高分析、构建三维缓冲区等，为灵活定制城市设计规则提供技术支撑。

4. BIM 单体之间链接网络表示

网络模型是另一类 GIS 空间数据模型，包括二维网络数据模型和三维网络数据模型。三维网络模型数据可以表示道路、管廊、管线等数据之间的拓扑连接关系。BIM 的应用对象往往是单体建筑，但如何实现如地下管线、铁路、隧道、港口等大规模区域性对象的管理，则需要集成 GIS 来实现，用三维网络模型数据来表示 BIM 单体之间的链接网络，比如道路数据，可以提取出带拓扑连接关系的三维点、线对象，然后构建三维网络数据模型。

5. BIM 与多源数据融合匹配

GIS 有一个很重要的特性，就是集成了海量多源数据，比如地形影像、倾斜摄影模型、激光点云、精细模型、水面、地下管线以及场数据等。如何实现 BIM 与多源数据融合匹配，从而提高数据的利用价值，这是对 BIM+GIS 应用的又一挑战。

要进行融合匹配，首先需要进行坐标转换和数据配准，将 BIM 模型与倾斜摄影模型、地形等多源数据统一到一个坐标系，实现各种信息对齐；然后再对数据进行操作和处理，进行诸如镶嵌、压平、裁剪等操作，实现数据平滑衔接、纹理拼接自然。

3.4.3.3.4 应用方法

BIM 在解决基础设施建设方面，特别是解决大型复杂建筑建设方面有着不可替代的作用。BIM 非常适合应用在机场这样投资大、工程复杂、全生命周期运营的建筑项目，2020 年 3 月，中国民用航空局发布了《民用运输机场建筑信息模型应用统一标准》(MH/T5042-2020)，该标准不仅规范了机场 BIM 模型的技术要求，还规范了 BIM 应用的一般规则，列出了 12 大类 40 项可能的应用成果，标志着 BIM 技术在民用运输机场工程建设中的全面落地，对于提高民用运输机场工程建设、设计、施工、运维等单位的 BIM 应用能力，规范 BIM 应用环境，发挥 BIM 在"四型机场"建设中的应用价值，将起到重要作用。

一是 BIM 建筑信息模型查询。模型可以包括机场从审批到建设的全过程信息。信息的内容可以包括尺寸、颜色、声音等物理信息，也可以包括规范标准审批件等法律信息，以及速度、处理量、能耗等性能信息。总的来说，也就是项目从立项阶段到施工阶段全部建设过程信息都可以查询，对于民航机场的建设管理、监督、审计、监察都有着重要的作用。

二是 BIM 可视化应用。通过贴图、光照、环境烘焙等技术，借助先进的三维渲染引擎，可将三维模型更立体、更真实地表现出来。通过像素渲染可形成产品效果图；与动画技术结合可生成动画序列帧；与移动平台 APP 开发项结合可制作 AR 产品、全景漫游产品；与 PC 端 VR 技术结合可以制作接近真实的虚拟空间；与 MR 技术结合可以营造虚拟与现实融合的混合空间；与体感技术结合可以通过肢体语言在虚拟场景中漫游；与运维平台、管控平台等平台开发相结合，可以将图形与数据绑定，将数据呈现具象化。可视化技术作为 BIM 技术的分支与延伸，在 BIM 应用领域发挥着巨大价值。

三是 BIM 可用于协同业务和虚拟运营。任何一项建筑工程，都会包括业主方、设计院、监理方、建设方、施工方等各参建单位，各方都在忙自己负责的相关工作，而对于机场这样一个功能复杂多样的巨大工程，如果没有一个共同协作的平台，无异于盲人摸象。通过 BIM，各方共同使用一个信息模型，而改造的同时更新模型信息，更新之后各方的信息平台都是一致的，使机场运行高效顺畅。

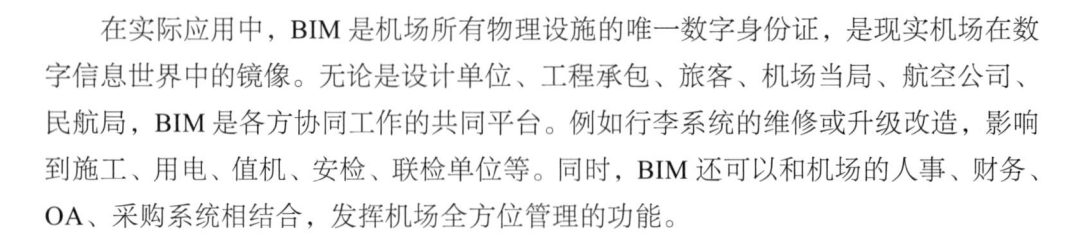

在实际应用中，BIM 是机场所有物理设施的唯一数字身份证，是现实机场在数字信息世界中的镜像。无论是设计单位、工程承包、旅客、机场当局、航空公司、民航局，BIM 是各方协同工作的共同平台。例如行李系统的维修或升级改造，影响到施工、用电、值机、安检、联检单位等。同时，BIM 还可以和机场的人事、财务、OA、采购系统相结合，发挥机场全方位管理的功能。

3.4.4 视频监控系统

视频是最基本的可视化手段，在机场运行和安防监控中起着不可或缺的作用，在飞行区停机坪、飞行区周界、飞行区出入口、飞行区进出车道、安检房、安检通道口，航站楼迎客大厅、送客大厅、业务大厅、安检大厅、候机厅、行李提取大厅、行李房、国内行李提取大厅、国际行李提取大厅、行李分检场地、传送带停车场行车道及出入口，机场周界及周界设备、卡口进场道路及机场其他区域都有广泛应用。随着技术的发展，机场视频监控从早期的后台视频监控系统（CCTV）发展到智能视频分析、基于 VR 的全景三维视频等。

3.4.4.1 后台视频监控系统（CCTV）

1. 用户需求

根据《GB50348—2004 安全防范工程技术规范》的要求，机场视频安防监控的建设要求为："民用机场航站楼的旅客迎送大厅、售票处、值机柜台、行李传送装置区、旅客候机隔离区、重要出入通道及其他特殊需要的部位（包括货运库、维修机库、停车场、进场交通要道、塔台等部位），应设置视频安防监控系统，进行实时监控，及时记录。在飞行区内的视频安防监控系统，应对飞机着陆进港和起飞离港的过程进行监视和记录（包括旅客上下飞机的情况、旅客行李和货物的装机、卸机情况等），并与照明系统、警告广播系统联动。机场视频安防监控系统需要与防爆安检、入侵报警、出入口控制、周界防护等系统进行联动"。

机场的视频安防监控系统的监控范围包括航站楼、行李、飞行区、停车场、周界、卡口、货运场等重要场所。

当前机场视频安防监控系统的建设，正处于模转数到全数字化的阶段，在这个阶段中，新老系统并存、模拟与数字并存，正处于系统建设的转型期，一方面，全数字视频安防监控系统还属于比较新的事物，架构简洁、技术先进、功能强大，另一方面，全数字视频安防监控系统非常便于集成门禁、消防、报警、安检、周界、行李系统，实现跨系统联动。

2. 技术趋势

安全、容量、效率为机场管理的核心领域的三个方面，如何尽可能结合人、技、物三方面的优势，最大限度加强安全防范，提高管理和运行的效率成为机场对安防系统的新期待。

由于模拟系统资源共享困难，系统扩展成本较高等缺点，目前，国内许多新建或扩建机场已部分或全部启用数字系统。伴随机场信息网络的建设，数字系统不受地域限制、易扩充，方便的信息共享和权限分配的优势得以充分发挥。

3. 建设方法

（1）智能化手段提升预警能力

"高起点、无终点"是机场对安防系统的要求。"高起点"是指机场安防系统要求技术非常先进、稳定；"无终点"则体现了机场对"安全性"的要求永无止境，机场是一个对安全"零容忍"的领域。其对安防的要求已经远远脱离了许多领域基于"事后取证"的目的，而是变被动为主动，主动防范变得非常重要。

（2）多系统协作提高运营效率

机场的安防通信一般都包含多个系统，如门禁、视频监控、防盗报警、广播、内通等，单一的系统无法满足机场安防及通信的高要求，必须有效地整合这些系统。不同系统可以根据需要被选择并更有机地组合在一起，各有侧重、相对独立又互相补充、联合防范，从而构成一个多种手段、多道防线的完整系统。

（3）直观的数字视频监控

机场面积往往数十万甚至上百万平方米，范围广、楼宇众多，视频系统作为机场的眼睛，监视机场范围内的一切情况。要保证旅客从进入机场到登机，必须始终处于被监控的状态，前端监视点将会非常密集。大型国际机场的视频监控系统一般可由候机楼子系统、货运站子系统、飞行区子系统、配餐中心子系统、行李分检子系统、停车库子系统、油库子系统、道路交通子系统等八个部分组成。这八个子系统分别监控不同区域，承担不同任务，一般均相对独立工作。但由于机场的特殊性，内部的机场运营、消防控制、旅客服务、航空控制、安检、检验检疫、海关、公安、国安等多个机构都需要构设监控中心，使得视频监控系统必须互相关联成为一个整体。

（4）针对不同的场所，合理采用不同类型的摄像机

如在飞机跑道等环境恶劣选用红外照明摄像机及防抖动的一体化球机，实现对跑道从白天到夜晚，从地面到空中的立体监视；在航站楼进出口，选用宽动态摄像机，可在光线强弱对比明显的场景下获得清晰稳定的图像，还能保证色彩还原度；在广阔区域，如机场围界，选用智能球机，可实现大面积监控，还能跟踪移动目标。

4. 主要功能

（1）立体式的周界安全防范

作为第一道防线的机场周界安全防范系统，其地位十分重要，需要起到阻挡、延时、探测和响应、报告等多重措施。但是机场周界往往连绵十几甚至几十公里，环境复杂（内部可能紧贴巡警区或货物运输道路；外部可能是草地、公路、农田、

沟渠、海水等），防范起来非常困难，单一的探测设备很难满足要求，必须使用多种技术的探测设备，形成立体的防护及探测网。

（2）三级区域防护

即预警区、报警区、出警区。在周界外部设置范围作为预警区域，提醒无意靠近围栏的行为；将周界设置为报警区，对目标的入侵过程进行报警；在周界内部设置出警区，非法入侵越过周界后，立即出动警力。

（3）三维立体防护

即低空、地面、地下三维立体报警。可利用智能视频分析进行低空探测，对抛物、翻越和低空飞行器等入侵行为进行报警。利用红外对摄探测器及震动电缆进行地面（围栏）探测，对攀爬、破坏等入侵行为进行报警。利用震动光纤等探测设备，对围界地下进行探测，对掘地入侵行为进行报警。

（4）高安全等级的出入口管理

现场警示与处警相结合。在周界设置声光报警设备，当有报警产生时，现场声光设备启动，警示入侵人员。同时，报警传至指挥中心，管理人员接到报警后立即启动处警预案。

（5）大屏

监控中心一般采用大屏/多屏环境，支持多屏拼接，显示内容自由布局组合。可通过PAD手持设备作为控制终端来实现对大屏的交互控制，实现软件根据投放内容自动切换大屏幕布局场景，大幅度降低使用过程中的交互复杂程度。图3-25是某机场AOC的大屏/多屏环境。

图3-25 某机场AOC的大屏/多屏环境

3.4.4.2 智能视频分析系统

随着我国经济的高速发展，航空运输活动日益增加，有效保护机场周界安全、人员安全、货物安全，提高机场的安全防范能力，成为亟待解决的问题。在飞机起降过程中人员流动较大，作为交通枢纽，安全保护的级别要求也相对较高，对全实时、零延时的视频和控制提出了很大的挑战。

在传统的CCTV闭路电视监控模式下，安保人员需要监视太多的视频画面，远远超出人类的接受能力，导致实际监控效果降低。如果能帮助监控人员及时发现异常行为并进行处理、制止或处罚，消除可能存在的安全隐患，以保证财产或人员的安全，将对机场安全管理部门的管理工作具有非常重要的意义。

智能视频分析系统集成机场各区域部位的视频信息，利用先进的人工智能、机器视觉等智能视频分析技术，通过智能分析处理及时发现机场内部及周界的异常行为并自动报警，从而加强对机场的智能监控，提高监管工作人员的工作效率，减轻工作负担，提高监测准确度，使机场管理工作更加有效。

1. 系统架构

如图3-26所示，在不改变机场原有监控系统的前提下，部署于监控区域的摄像机将采集到的现场图像传送到硬盘录像机（DVR）中进行存储，通过连接ISE（智能分析引擎）设备进行分析处理，将处理后的有用信息转到服务器，提供到监控服务平台，通过与设定的警报系统进行比对，对于物品遗留、区域非法入侵等不符合机场管理规则的非法行为进行报警，协助工作人员进行快速处理，提高机场的安全与稳定性。

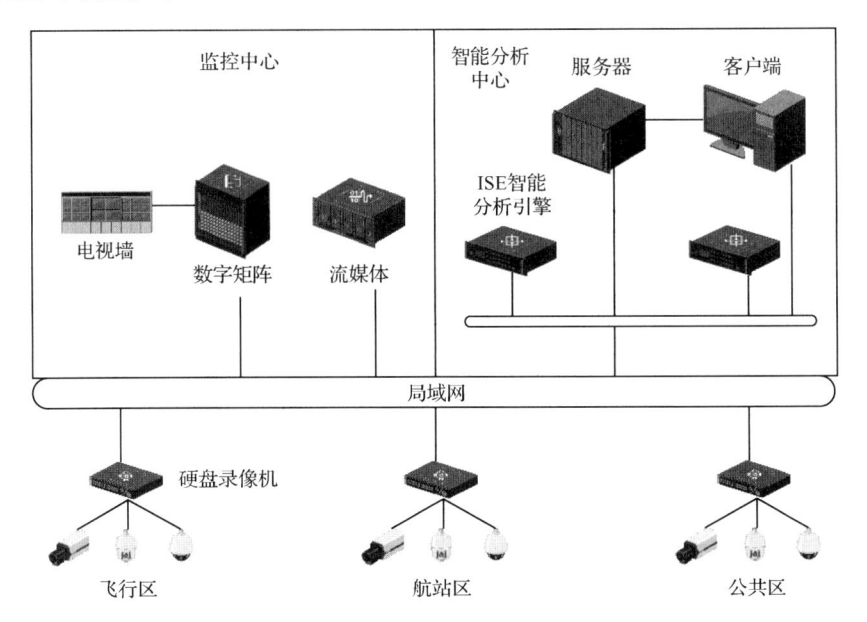

图3-26 智能视频分析系统架构

2. 主要功能

智能行为分析系统是一种涉及图像处理、模式识别、人工智能等多个领域的智能视频分析产品。系统能够对视频区域出现的打架斗殴、异常奔跑、逆行、尾随等异常行为进行分析，并对视频指定区域内的可疑行为进行自动标记，及时报告可疑事件的发生。具有自动行为分析能力，能同时监测同一场景里多个目标的不同行为，可以根据防范目标的特点进行灵活设置，包括运动物体的种类和大小。能够适应不同的环境变化，包括光照、四季、昼夜、雨晴等，能够很好地抗摄像头抖动。智能行为分析系统改变了以往视频"被动"监控的状态，不仅仅局限于提供视频画面，而且能主动对视频信息进行智能分析、识别和区分物体，可自定义事件类型，一旦发现异常行为或者突发事件能及时发出警报，有助于克服人类生理的局限性，从而更加有效地协助安保人员处理突发事件。

智能视频监控系统与传统的CCTV视频监控系统有着明显的区别，采用了高端智能视频服务器为主要设备，不仅提高了周界防范系统的安全等级，还大大节省了机场安保人员的人力，主要功能如表3-7所示。

表3-7 智能视频分析系统功能

一级区域	二级区域	智能视频功能	目的
飞行区	① 跑道 ② 滑行道	警戒区入侵检测	防止非法进入，提高起降安全性
		遗留、遗弃物检测	防止遗留物品造成的起降安全隐患
	③ 停机坪	警戒区入侵检测	防止非法进入造成的破坏和盗窃
	④ 机场中车辆通道	警戒区入侵检测	对车辆越界行驶进行自动报警
		遗留、遗弃物检测	对车道上遗留物体进行自动报警
		逆行检测	对逆行车辆进行自动报警
航站区	① 候机大厅 ② 公共大厅	遗留、遗弃物检测	防止恐怖分子对机场的破坏； 发现并跟踪潜在危险人物； 为调度、救援提供依据，提高机场自动化管理能力
机场周界		警戒区入侵检测	防止非法进入，提高机场安全保卫能力

（1）自动跟踪

自动跟踪功能支持与门禁信息的比对，重点关注通过门禁人员的数量变化，当出现非法人员入侵时要跟踪入侵者，自动报警自动锁定追踪。检测是否有人尾随通过门禁等特殊通道，防止尾随偷窃和抢劫行为。

（2）区域入侵检测

在周界和内部设置禁入区域（图3-27（a））或虚拟警戒线（图3-27（b）），启用区域入侵检测，一旦有非法人员、车辆或其他物体进入，智能视频系统除了会联动其他系统报警，还会在电视墙的大屏幕上将闯入者圈起来，并标出入侵的轨迹。

（a）

（b）

图 3-27　区域入侵检测

（3）逆向穿越检测

在一些单向的出入口启用逆向穿越功能，可以识别到人员或者车辆在禁行方向的运动；可有效防止旅客逆向通过，破坏机场秩序。

（4）遗留物检测

在机场候机大厅启用此功能可防止旅客忘记携带自己的旅行包等物品，也可防止机场周界有非法人员安置危险物品或乱倒垃圾。

（5）物品搬移检测

可防止机场的公共物品被旅客不经意搬动或被非法人员盗走。

（6）异常行为技术指标

重点关注可疑人员的快速移动、突然加速和打架斗殴等行为，实现视频监控下人员运动特征、运动轨迹、肢体剧烈变化的自动识别。

（7）聚众监测技术指标

自定义设置区域范围内人员数量和密集程度的监测，当超过预设值时自动预警。

（8）预警与报警结合

设置预警区和报警区，连接脉冲电子围栏和主动红外报警系统等各种终端报警设备，预警与报警结合，提高防范能力。

3. 环境指标

(1) 适应性

- 适应各种天气条件，如大风、雨、雪、雾、冰雹等；
- 适应各种光线条件，如强光、低照度、逆光、阴晴变化、白天黑夜转换等；
- 可消除小动物、树叶、飞舞的纸片等造成的误报；
- 能过滤各种易引起虚警的干扰源，如树枝摆动、水波荡漾、闪电、光影变化等。

(2) 可靠性

- 自动消除摄像机抖动影响；
- 系统能够长期运行，平均无故障运行时间12个月以上。

3.4.4.3 基于虚拟现实的三维全景视频监控系统

目前视频监控面临一些很难解决的问题，比如监控摄像头数量太多，在日常工作时，监控人员需要长时间查看各路监控视频，无法实现大面积区域的连续观测，极易产生视觉疲劳，监控效率低下。在警报发生时，监控人员需要根据警报发生位置，调取相关摄像机进行事态评估，无法实现警报和视频关联。在发生突发应急事件时，无法使各类摄像机联动，需要大量人工干预等，这些问题极大制约了应急处置的效率。为解决上述问题，可采用三维虚拟现实技术，将已有的视频监控图像融合到虚拟三维环境中，形成三维全景视频融合监控系统的技术方案，通过"一张图"掌控重点防控区域全局实时态势，将各类碎片化视频数据进行时空统一组织与表示，让监控管理人员快速理解重点治安防范区域实时态势并进行应急处理，结合智能化视频分析和报警联动，达到安全管理的全局化、精细化和智能化。基于虚拟现实的三维全景视频监控系统是当前最先进的视频监控解决方案，借助虚拟现实技术形成虚拟和现实世界的融合统一，为监控管理人员提供前所未有的自然体验，可实现视频监控从当前的"事件回查"为主到"实时方便高效"的监控为主转变。

1. 传统视频监控的问题

传统视频监控系统（图3-28）受各种主客观因素的制约，在以下几个方面不能完全满足安全管理的实战需要。

(1) 视频碎片化难以认知

传统视频监控图像显示画面过多，多采用视频墙、九宫格的方式查看监控视频，这种离散的单点视频查看方式、监控画面无法与其他监控画面和周边环境产生联系、无法满足大场景的监控和指挥调度需求，且容易造成视觉疲劳，更无法实现对场景事件进行连续观测。遇到突发情况，导致监管人员应接不暇，既看不过来，也不易看懂，使得监控沦为事后责任追查的工具，失去了实时监控和响应应急指挥的意义。

(2）图像显示呆板，难以驾驭

监控指挥中心受到屏幕制约，需要轮流切换多个分镜头画面，摄像机轮询模式与实际场景的空间位置没有关联，无法对整体场景进行连续的实时监控。由于传统监控只是呆板地显示监控图像，方向感全无，整体布局也难以体现。一旦出现紧急警情，不便统一指挥协调。

（3）被动式管理，费时费力

在现有安防系统中，监控往往是被动的，不够自动化、智能化，同时只能看到局部区域视角，不能快速进行多区域、跨镜头追踪。往往依赖值班人员去主动发现和关联突发状况，无法真正实现重点区域全场景的宏观指挥、整体关联和综合调度。在长时间、场景复杂的背景下，值班人员工作效率低下。

（4）监管不全面，细节不足

在传统视频监控建设模式下，安防系统中的监控设备主要是低点枪机、球机摄像头。球机虽然可变焦，但是监控距离短，尤其在夜间、雨天，监控画面质量受到很大影响，并且只在重点位置布控，安装的相机位置多数较低，监控范围有限，不可避免地存在大量监控盲区，对于人流量大、面积广、环境复杂的场所，难以实现全面监控，不能进行全局监控。急需提供有效的可视化规划工具，对摄像机资源进行优化布置，以便及时补充，彻底解决监控死角和盲点问题。

（5）报警呈现单一，应急处理效率低下

在现有安防系统中，警报类型繁多，如消防烟感、电子围栏、激光对射、震动光缆、高压电网等，各数据与实际监控场景之间缺乏关联性。当警报发生时，无法联动视频，不能第一时间看到报警现场情况，需要手动调出视频画面，存在盲目处理警情的情况，特别是出现误报等情况时，浪费人力物力，工作效率低下。

图 3-28 某机场视频监控系统

2. 功能需求

目前机场重点防控区域所采用的视频监控系统功能单一，在解决了视频质量和数据存储的问题后，重点防控区域视频监控所需解决的真正问题不仅要将图像记录下来，在屏幕上输出显示，更重要的是要融合监控，提供智能预警能力，运用先进的手段，以降低管理成本，提高管理效率，减少巡逻警力。为满足重点防控区域监控需求，迫切需要融合重点防控区域大量实时视频，对重点防控区域环境进行多方位全局监控、全程监视、多角度智能监控，主要功能需求如下。

（1）视频融合监控

对重点防控区域进行三维建模，构建出三维虚拟环境，将离散分布区域不同位置、具有不同视角的监控视频实时动态地融合到真实的三维场景模型中，对监控范围整体大场景的连续监控和实时融合展示，并提供上帝视角，从宏观上掌握监控点区域的整体态势变化，实现室内室外不同场景无缝浏览，从而实现对重点防控区域整体态势与局部细节的多尺度感知。

（2）三维视频巡逻监控

支持自定义三维视频巡逻监控路线，无须人工干预，系统自动按照事先定义好的计划时间，按照监控人员定义的特定路线进行三维视频巡逻监控，用虚拟视角按顺序观察不同区域的场景，也可以随机调整线路和视角来观察全景中的局部场景。系统会在警告信息出现时自动巡逻到报警区域，第一时间展现应急场景，并形成警报快照。

（3）全景历史视频统一回放

要求对所有接入的监控摄像机使用统一时间线，监控管理人员可通过平台提供的时间线操作界面实现全局时钟控制，实现多摄像机画面历史回放的三维全景虚实融合显示，从而还原真实画面。

（4）智能预警分析

要求提供智能视频图像分析功能，实现在不同摄像机镜头中出现的人和物进行有效检测、定位、跟踪和行为模式识别，解决实际问题。包括区域入侵检测、警戒线穿越检测、打架斗殴报警、遗留物体预警、物品消失或移动检测、人体检测与统计、人群聚集预警、逗留徘徊预警和车流量检测等，以增强安全态势感知能力。

（5）多源信息融合

要求系统接入重点防控区域中多种来源的数据，并将这些在空间中相对散乱的传感器数据有组织的融合显示在三维虚实融合画面中，以辅助治安管理人员更好地通过平台来理解现场态势。同时支持接入 GPS 实时数据，对配备 GPS 设备的现场巡逻人员、车辆进行实时跟踪监控，遇突发事件时，第一时间进行调度指挥。

3. 总体设计

为了提高整体安全防范能力，掌握重点地区的整体态势、增强机场指挥决策的作用，结合三维全景视频融合技术，建设基于虚拟现实的三维全景视频监控系统。采用三维建模技术，对监管区域及周边环境进行三维建模，构建出三维虚拟环境，将离散分布区域不同位置、具有不同视角的监控视频实时动态地融合到真实的三维场景模型中，实现对监控范围整体大场景的连续监控和实时融合展示，并提供上帝视角从宏观上掌握监控点区域的整体态势变化。在三维视频融合监控平台中展现所有监控视频画面，形成场景内不同视频画面之间的空间关联，可以对接重点区域综治信息，实现真正意义上三维全景视频融合智能管理体系，对大场景或复杂结构环境进行多方位全局监控、全程监视、多角度监控，进一步提高态势感知与指挥决策能力、安全防范水平、管理部门的工作效率，同时还能减轻监管人员工作强度、减少工作差错，全面提升应急指挥的能力和水平。

基于虚拟现实的三维全景视频监控系统架构如图3-29所示，按照逻辑结构分为感知设备层、前端接入层、资源服务层、业务层、展示层等5个层次。其中感知设备层主要完成前端设备和平台的数据获取和采集，前端接入层主要完成感知设备层的数据接入，资源服务层完成对所有数据的处理、管理、缓存以及权限分配，业务层主要有展示端的平台和应用，展示层有各种展示方式。

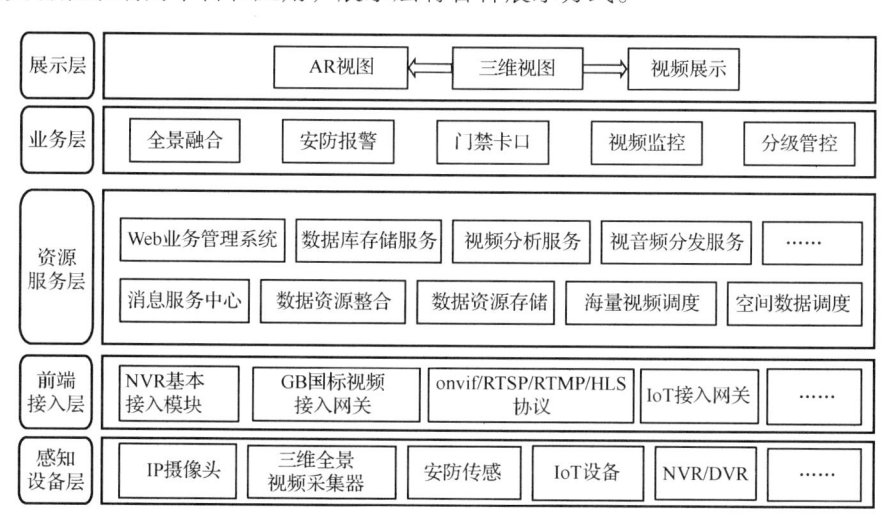

图 3-29 基于虚拟现实的三维全景视频监控系统架构

（1）感知设备层

感知设备层主要是利用已有的设备，最大化利用重点防控区域已有设备资源，节省投资。主要包括基本视频设备，如 IP 摄像头、NVR/DVR，三维全景视频采集器；感知前端采集存储设备/平台，如高点球机和枪机、低点相机等。平台视频接入支持海康威视、大华等主流品牌的 NVR 或平台，如果是目前没有支持的设备，提供平台或设备的 SDK 通信协议亦可进行二次开发接入。

（2）前端接入层

前端接入层主要有 NVR 基本接入模块、GB 国标视频接入网关、onvif/RTSP/RTMP/HLS 协议等模块，来源于感知设备层的数据通过前端接入层的模块按照要求进行格式转换或者协议对接，以平台支持的格式接入到平台进行读取和展示。

（3）资源服务层

资源服务层对各类信息整合并提供各类基础服务。

其中，Web 业务管理系统是集数据统计接入、摘要管理分析、服务状态检测、用户审计记录等功能于一体的自动化数据集成处理系统。包括数据管理交互、权限管理与认证、功能许可授权中心和事件存储服务等，如存储服务对现有的场景数据、视频源摘要文件等进行入库存储管理，为平台、Web 服务、视频分析服务以及媒体服务等提供基本的数据支持。存储的警报事件可为后期事件的查询与检索提供很好支持。

视频分析服务提供多项视频智能分析功能，主要包括禁区入侵检测、绊线跨越检测、滞留徘徊检测、火焰烟雾检测、物品遗留检测、打架斗殴检测和剧烈运动检测等。还有智能分析服务，其包含了人数统计、人脸比对、行人检索和车辆检索，通过这两个分析服务可以将传统被动安防变换成主动安防，有效减轻监控管理人员的工作强度，提高监控管理效率。根据具体业务需求，还可实现一些个性化的定制分析功能。

数据中台在后端对资源服务层数据和服务提供支持，包括整个数据运行过程中的存储支持，以 Web 端对其进行数据交互管理、功能授权中心、权限管理认证等功能管理，以及通知分发服务的支持。

视频音频接入服务主要功能是为虚拟现实视频融合平台提供视频音频流的接入、解码、播放功能，以及解码后像素数据用以融合及其他图像处理应用，并且为虚拟现实视频融合平台提供球机设备的云台控制功能。

（4）业务层

业务层包含全景融合、分级管控、视频监控、视频分析等平台叠加功能。

（5）展示层

展示层根据现场和业务层的情况选择展示方式，如在监控中心需要布设三维视图和 AR 视图，在日常管理时，只布设三维视图即可。

4. 网络拓扑图

基于虚拟现实的三维全景视频监控系统网络拓扑图如图 3-30 所示，主要思路是充分整合重点防控区域视频监控资源，有效利用各历史阶段建设的视频监控系统资源，部署简单方便，系统只需要部署消费级图形工作站和数据库服务器，大大地节约了系统维护和运行成本。

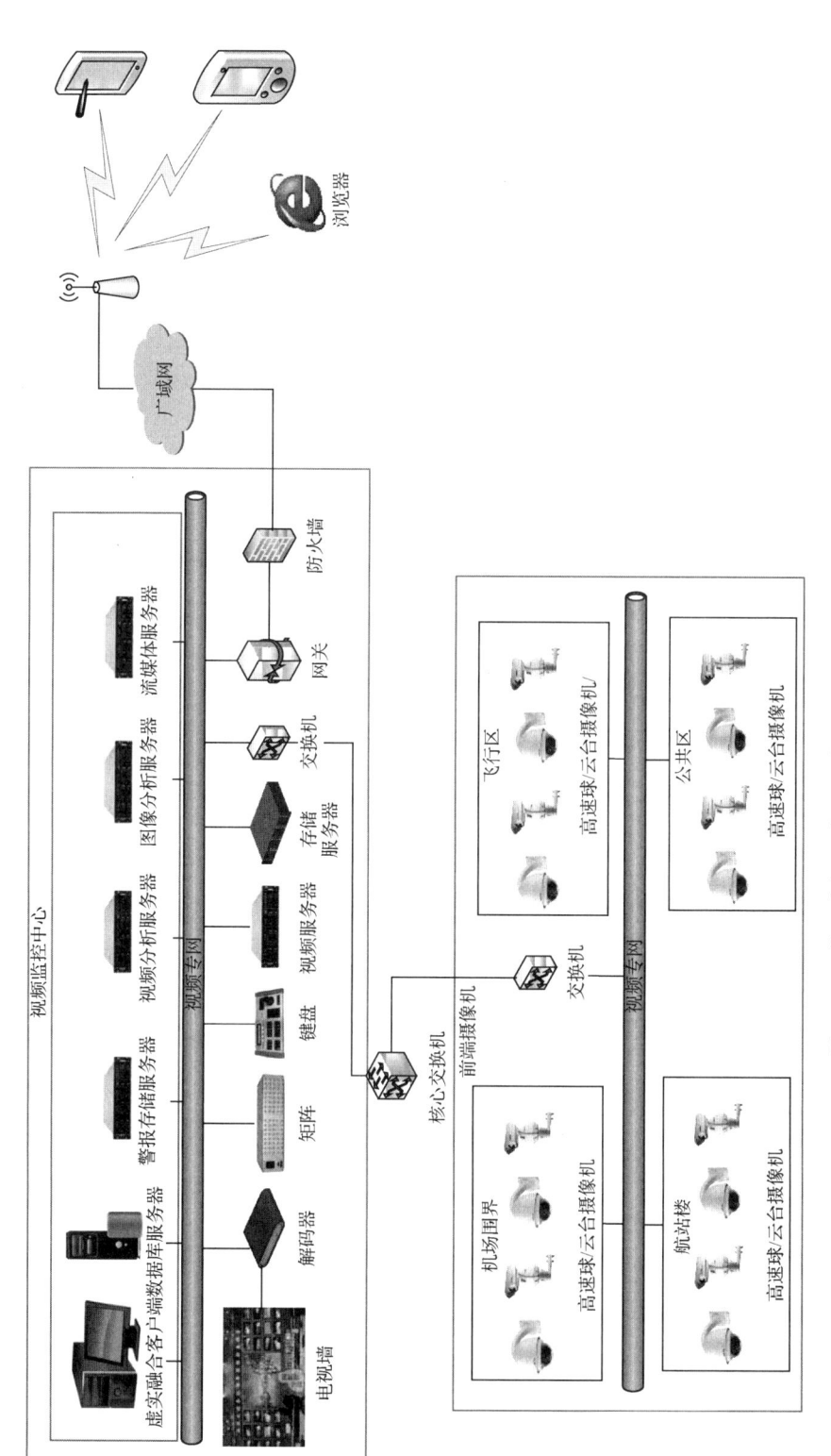

图 3-30 基于虚拟现实的三维全景视频监控系统网络拓扑图

3.5 信息安全平台

智慧机场本身就是一个复杂的信息系统，从网络看，主要由通信网、有线网、无线网、物联网组成；从硬件看，由各种服务器、终端、网络设备、外围设备等组成；从软件看，由机场运行、安全防控、旅客服务等各类系统组成；此外还有各类特种车辆、加油、服务、安防等信息化装备。同时，机场网络还通过跨网汇聚交换机和跨网数据同步系统，从外网汇聚各类公开数据和信息。由于机场信息系统分散部署且类型多样，容易导致设备信息和设备状态不清楚。这种缺乏有效的物联设备监测的管理方式，容易导致敏感数据泄漏、网络攻击等安全风险，因此，需要有效的信息安全手段，识别机场面临的各种威胁并依据安全策略进行有效防护，确保机场安全可靠地运行。

3.5.1 威胁分析

机场网络面临的安全威胁风险主要来自物联网设备接入侧和物联网业务服务侧。

1. 设备异常

由于机场设备分布广泛，且部分设备分散部署在户外或人员不经常巡查的地方，容易出现从设备节点向其他网络单元发起攻击的现象。例如，攻击者可以通过摄像头、手持终端等物联设备异常掉线，将攻击设备私自接入，或者伪冒替换摄像头，或者恶意篡改摄像头，或者未授权访问设备进而暴力破解，或者直接利用摄像头设备漏洞。攻击者一旦控制机场设备，可以非法联到机场网络并对内网实施攻击。

2. 威胁攻击

机场网络应用层部署有 GIS 服务器、视频融合服务器、WEB 服务器和其他多种类型的服务器，服务器上存储有大量重要信息。同时，机场又从外网引入公开信息，涉及外网数据引接问题。因此，也容易出现从传统网络单元向机场设备和相关内网业务发起攻击的可能。攻击者首先可能身处机场网络内部，利用端口扫描程序，针对设备区域，扫描处于活动状态的设备以及开放的网络端口、应用协议等。之后，攻击者利用默认密码针对特定设备进行扫描检测，以发现物联设备是否使用默认或出厂设置密码凭据，从而控制摄像头、手持终端等设备，然后利用受控设备攻击物联设备、攻击内网业务等。

另外，机场网络从外网引入公开信息，涉及外网数据引接、安全防护以及对应的物联网设备监测管理等问题。因此，需要考虑数据引接处的物理隔离，引接数据涉及机场设施安全监测与故障预警等，实现将外网及其他特殊机场设施纳入统一的安全监控管理。

综上分析，机场信息安全主要针对机场网络和实施有效的管理与安全防护，同时也对其他设施进行监测与故障预警。

3.5.2 系统架构

机场信息安全平台的总体架构如图 3-31 所示，平台主要依托大数据云平台来研发实现，从下到上分别为数据采集层、数据资源层、安全核心管理处理层和信息安全应用层等。

1. 数据采集层

依托 IT 基础设施、安全设备、业务系统/外部系统接入采集机场外的飞行状态数据、空管数据、情报数据与机场内的业务数据和管理类数据，如地面保障信息、安全管理信息、警告数据、需求数据等信息，同时包括信息系统基础设施相关情景数据、系统配置信息、漏洞数据、物联网数据、设备运维数据、外网数据等。

2. 数据资源层

依托大数据云平台，存储管理上述相关信息，常用的数据存储有大数据存储、分布式缓存和情景数据库等方式，为核心服务提供数据支撑。

3. 安全核心管理处理层

由跨网信息安全管理、信息安全综合检测分析管理、网络边界准入管理三个核心服务组成。其中，跨网信息安全管理需根据等级保护的要求，构建多重安全保障防线，综合采用边界访问控制、入侵防护、病毒防护、安全隔离、安全数据交换、PKI、集中监测管控与综合审计等技术，建设与内外部系统信息交换统一的数据交换管理平台、保障信息交换安全可靠。信息安全综合检测分析管理将大量安全信息进行分布式采集，统一分析、管理和展示，同时提供信息安全日常管理的工作平台，确保机场重要信息系统安全可视、可控、可管。网络边界准入管理通过与防病毒、数字证书等第三方平台配合，构建机场网络安全准入的管理机制，强制所有入网终端（含移动终端）和用户进行接入认证和安全审查；搭建业务系统的开发安全需求框架，实现终端、人员、业务系统从入网到使用的全生命周期的安全管理。

4. 信息安全应用层

主要提供安全信息管理，支持信息流可视化和报表可视化；信息安全预警信息提醒和 IT 运营界面的管理，使安全管理工作处于严密的风险控制，减少安全隐患的发生。

3.5.3 主要功能

1. 设备自动识别与快速备案管理

基于流量实时分析和主动扫描探测手段，系统自动发现机场物联网络的接入设备，快速识别设备类型、厂家品牌等设备信息和设备弱口令等安全漏洞，并根据 IP 和 MAC 等设备指纹进行资产备案。系统定时巡检，及时发现设备掉线、私自接入、伪冒替换等设备异常接入情况。

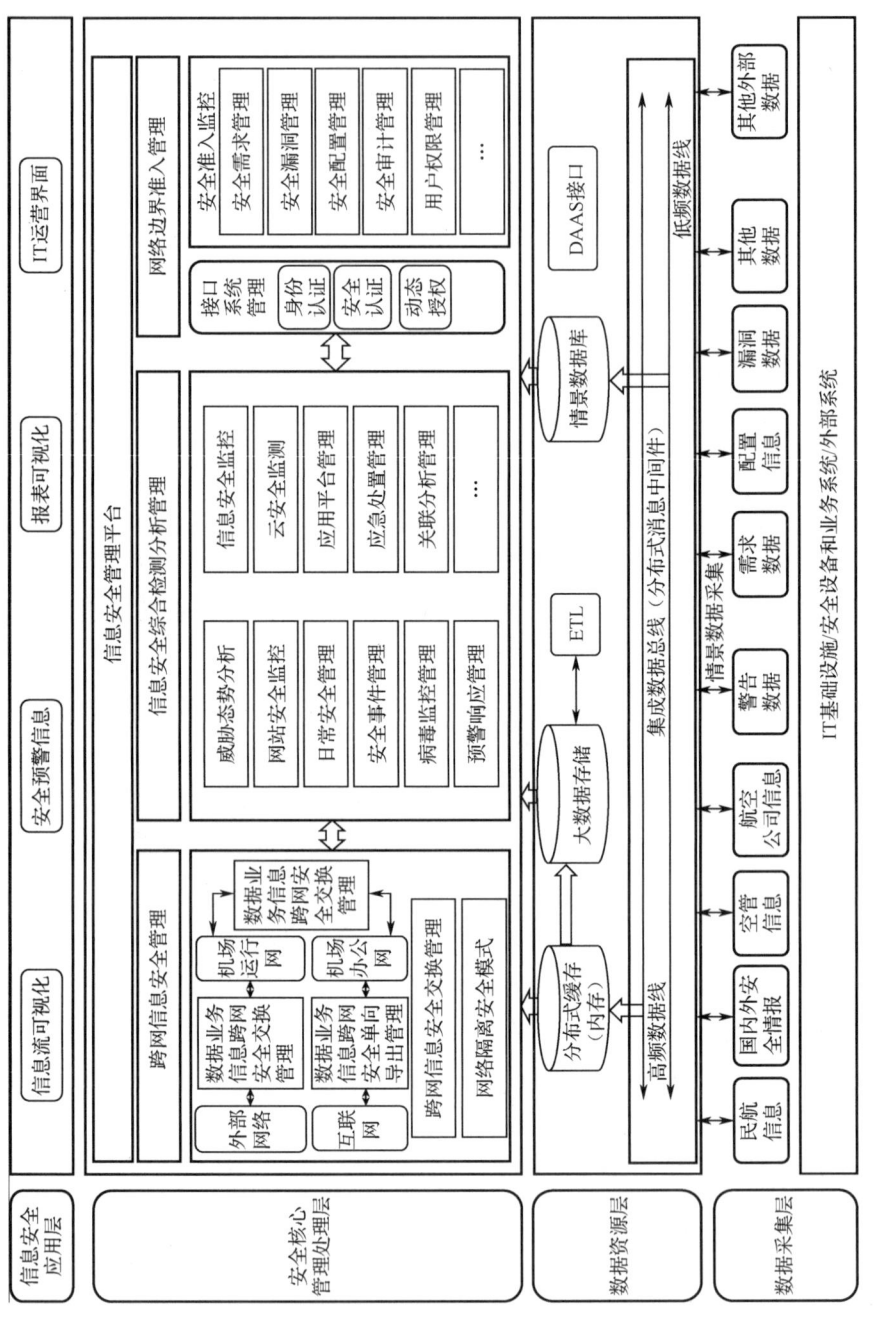

图 3-31 机场信息安全平台的总体架构

2. 监测分析

设备异常识别与威胁攻击告警。依据白名单机制，系统及时发现机场物联网中存在的未授权访问设备、设备恶意篡改、设备非法外联、设备攻击业务等设备异常行为。通过镜像流量分析，系统及时发现端口扫描、暴力破解、DoS 攻击等威胁行为。当识别到违规行为时，进行告警与阻断。

3. 异常识别

网关依据设备白名单和设备指纹，基于主动协议探测和被动流量分析，实时巡检设备在线状态并比对设备指纹，及时告警注册设备的异常离线和再次上线，及时识别注册设备的伪冒替换并告警处置。

4. 威胁防御

网关基于网络流量威胁分析模型，实时检测可能存在的威胁攻击行为，对物联网内设备安全状态进行实时分析，及时发现应用层的暴力破解、SQL 注入、XSS 攻击和网络层的端口扫描、DDoS 攻击等威胁攻击事件，并告警处置。

5. 设备漏扫

网关定期对监控网络内的注册设备进行漏洞扫描，综合分析设备健康状态，及时发现设备存在的账号弱口令、系统漏洞等安全隐患，并告警处置。

6. 入侵免疫

当安全接入、访问控制、应用控制、异常识别、威胁防御和设备漏扫等网关模块触发告警处置时，依据告警处置策略对违规行为进行实时阻断并报警，从而实现入侵免疫。阻断措施包括 TCP 复位、ARP 欺骗、安全设备联动等。

3.5.4 关键技术

1. 基于"应用程序白名单"的主机防护技术

目前针对主机的安全防护主要采用"应用程序白名单"技术。"应用程序白名单"技术主要指一组应用程序名单列表，只有在此列表中的应用程序允许在系统中运行，之外的任何程序都不被允许运行。通过数据采集和分析，智能学习模块自动生成的控制软件正常行为模式的白名单，与主机要运行的进程进行比较、匹配、判断。如果发现其特征不符合白名单中的记录，则将会对此行为进行阻断或告警，以此避免网络受到未知漏洞威胁，同时还可以有效阻止操作人员异常操作带来的危害。

2. 基于可靠性提升和专有协议识别的网络防护技术

网络防护技术能够有效检测到网络中的通信异常和协议异常并加以阻止，对网络专有协议进行深度分析，层层拆解数据包，深入剖析结构，帮助用户实现对网络进行深层次的安全管理和控制，进而避免系统的意外事故。网络防护技术相对传统 IT 网络防护，主要在可靠性方面进行了增强，并增加了专有协议的识别。该技术用于生产控制网与监控网、监控网与管理信息网的边界，隔离生产控制网和监控网以及保护网络安全区域的安全,阻止来自监控网、管理信息网和其他区域的安全威胁,提供协议深度解析、指令访问控制、攻击防护、日志审计等综合安全功能,保证生产安全有序进行。

3. 基于镜像流量的网络威胁检查技术

基于镜像流量的网络威胁检查技术主要用来检测网络安全区域的网络流量,发现来自监控网、信息网和其他区域的安全威胁。对控制协议的通信报文进行深度解析,能够实时检测网络攻击、用户误操作、用户违规操作、非法设备接入以及蠕虫、病毒等恶意软件的传播并实时报警,同时详实记录一切网络通信行为,包括指令级的工业控制协议通信记录,为工业控制系统的安全事故调查提供坚实基础。

4. 基于模糊测试的设备漏洞挖掘技术

模糊测试主要通过生成相应的报文,变换协议字段进行安全测试从而挖掘设备中的未知漏洞,提高设备的安全等级。基于模糊测试的设备漏洞挖掘技术可以支持控制系统中的主流协议以及私有协议进行深度挖掘,帮助企业有效审核风险控制策略,对设备中存在的漏洞进行全面安全评估,提升系统的安全性。

5. 基于指纹识别和漏洞库的设备漏洞扫描技术

基于指纹识别和漏洞库的漏洞扫描技术主要是检测已知的安全漏洞,采用基于被动方式接收流量扫描,与指纹识别库和漏洞库进行特征匹配,发现设备漏洞。在工业应用环境中,漏洞扫描建议采用被动的、非破坏性的办法对系统、设备和网络进行检查检测,及时发现漏洞,发现威胁,避免影响正常的生产业务。在机场运行业务中,生产业务的稳定性、可靠性、连续性是至关重要的,尤其是对一些核心的生产系统、控制设备,因此,对其进行漏洞扫描时也需要做到"无害""无损"。把扫描融入正常的业务中,也就是说,扫描行为与正常的业务行为是一致的,这样就能避免非正常的操作对系统造成影响。通过这种成熟的技术,以实现无损漏洞扫描。

3.6 物联网平台

物联网是智慧机场开发和实施的基础,随着技术的发展,各类物联网设备广泛应用于机场各领域,大大提高了机场的工作效率和工作质量,同时也产生了对物联网平台的需求。

物联网平台是连接物联网硬件、进行协议转换,并能提供设备和用户身份验证、数据可视化分析的软件平台,具有通信、数据流通、设备管理和应用程序等功能。物联网平台处在物联网时代软硬结合的枢纽位置,一方面肩负管理底层硬件并赋予上层应用服务的重任,另一方面,聚合了硬件属性、感知信息、用户身份、交互指令等静态及动态信息,通过物联网平台的建设,整合机场物联网管理,实时监测机场状态,实现故障自动发现及自动流转处理、远程管理与控制、数据可视化展示、数据共享及设备互联互通等，支撑智慧机场各业务领域的系统应用。

1. 系统架构

机场物联网平台系统架构如图 3-32 所示，大体上分为应用层、网络层、设备感知层三层。其中，设备感知层包括各类物联网设备和传感器，如摄像头、RFID、各类传感器、GPS 或北斗定位系统等；网络层包括有线网络和无线网络，利用网络将设备、人员的状态、定位、功率能耗等信息传送至物联网平台，实现设备与系统的连接；应用层包括基于物联网的各类应用系统。

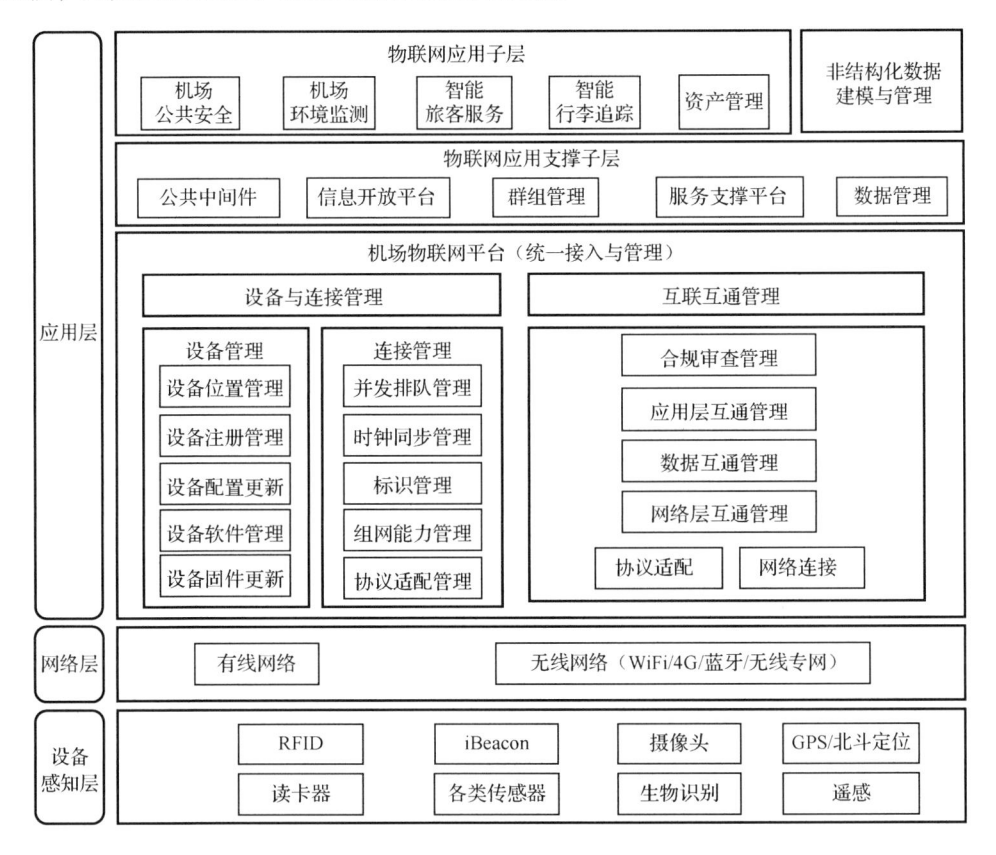

图 3-32　机场物联网平台系统架构

2. 主要功能

机场物联网平台应具备少量接入、快速响应、平滑扩展等能力，提升设备数据共享与协同水平，核心价值体现在如何利用数据解决问题，主要功能如下。

（1）设备管理

设备管理主要实现对物联网终端进行远程监控、设备调整、软件升级、系统升级、故障排查、生命周期管理等功能，实时提供网关和应用状态监控告警反馈，为预先处理故障提供支撑。设备管理向上层子系统开放设备和连接调用接口，能帮助上层子系统进行系统集成和增值功能开发。

（2）互联互通管理

网络层的互联互通管理，在各子系统与物联网平台之间建立有效的网络连接通道，实现对物联网连接配置和故障管理、保证终端联网通道稳定、网络资源用量管理、号码/IP 地址/Mac 资源管理，全面检查物联网终端的通信连接状态、服务开通等情况，查询其拥有的物联网终端的连接使用等情况，进行部分连接故障的定位及修复。

数据层的互联互通管理，将各子系统所采集的物联网数据传输到物联网平台后，进行有效的整合并提取具有价值的知识。

业务层的互联互通管理，是在各子系统基于自身所采集的物联网数据提供一定服务业务的基础上，利用物联网平台汇聚的大数据进行分析和挖掘，改进或增强上述服务和业务，乃至整合各种业务流程实现统一的工作流程和服务环境。

（3）物联网平台应用管理

数据处理管理功能，包括数据标注、数据预处理、数据存储、数据分析等，主要是通过整合海量物联网数据，对其进行充分分析和挖掘，提取应用所需的知识，从而实现信息反馈、知识学习、设备控制等三大目标。

3.7 信息系统集成平台

目前国内机场信息化建设中包括众多信息子系统，这些系统在开发时采用了不同的编程语言和技术，使得机场出现了众多异构的网络环境、异构的软硬件平台、异构的业务应用系统，相互之间缺乏互联互通互操作的能力，形成了很多信息孤岛。要实现智慧机场，必须充分利用先进的信息技术构建机场信息系统集成平台，将机场分散的信息系统和信息技术平台整合起来，达到资源共享和联动控制的目的，这对于建设现代化智慧机场具有十分重要的意义。本节介绍两种信息系统集成方法，基于 SOA 的集成与基于数据中台的集成。

面向服务的架构 SOA（Service Oriented Architecture）是当前主要的信息集成方法，它实现了技术与架构的完全分离，消除了软件服务集成的障碍，使得软件集成不必受任何标准限制。SOA 具备 3 个基本要素，即松散耦合、粗粒度、位置和传输协议透明。运用 SOA 架构，机场既能实现其内外信息系统集成，又能根据需求随时更新这些集成。目前，国际先进的机场信息系统集成大多采用 SOA 架构。

3.7.1 基于 SOA 的系统集成

3.7.1.1 系统架构

基于 SOA 的信息系统集成主要需解决以下几个问题：
一是协议解耦。将机场各个系统提供的服务进行协议转换，从而在集成平台内部采用同一种协议。这需要解决异构系统集成时的构建访问方式与规则不一致、开发语言不一致、数据表现形式不同的难题。

二是路由分发。需要解决从一个系统到另一个系统的数据传输问题，并在此基础上通过整合业务流程来达到多系统协同工作的目的。

三是接口汇聚。接入到系统集成平台的各种系统都有接口连接，这就需要在集成平台端将接口汇聚起来，集中进行归一处理，形成总线式的可热插拔的接口配置方式。

实现 SOA 架构主要有以下两种方式：

一是通过 WebService 分布式计算服务模式，实现不同应用系统之间的远程调用，这种服务具有平台无关性、普遍性、易于使用等优点，可以沟通不同平台、编程语言和组件模型中的不同类型系统，方便地实现异构系统之间的集成。早期基于 WebService 的系统集成实现了点到点的集成，即单个系统对单个系统的集成。但由于系统的集成逻辑都直接通过编码写进各应用系统中，需要编写多个接口服务程序，因此这种集成缺乏伸缩性、扩展性、可重用性，关系混乱且难于管理，以机场企业管理各应用系统为例，基于 WebService 的点到点集成框架如图 3-33 所示。

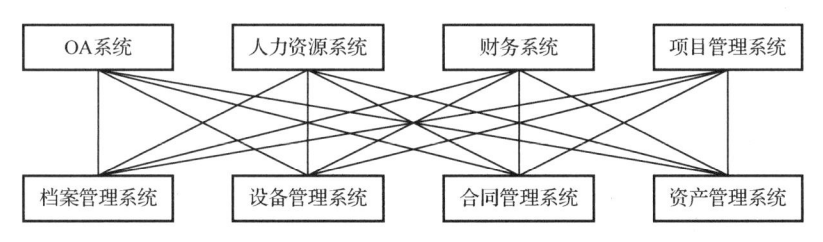

图 3-33 基于 WebService 的点到点集成框架

二是基于企业服务总线 ESB（Enterprise Service Bus）的 SOA 集成框架，它是一种端到端的服务集成框架，如图 3-34 所示。这种框架通过 ESB 中间件作为服务管理基础，将各异构应用系统的通用服务插入到 ESB 总线上，支持服务的即插即用。它以标准为基础，以消息流转或数据交换为沟通方式，实现跨平台、跨技术的多应用系统和服务间的信息沟通和数据共享。

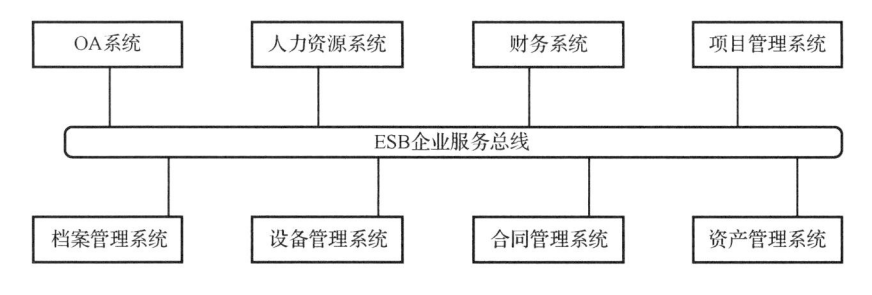

图 3-34 基于 ESB 的端到端集成框架

结合对 SOA 集成技术的分析，采用图 3-35 所示的 ESB 集成平台作为机场整合各应用系统的基础平台，其核心部分由服务运行平台、服务治理平台、服务监控平台、通用适配器四部分组成。服务治理平台供用户和管理员进行服务发布、关联、测试和上线等工作，承担服务生命周期各阶段包括分析、设计、开发、测试、投产、运行及退役的治理任务。服务运行平台负责接入各应用系统（从服务的角度分为交互服务、流程服务、信息服务、外联服务、应用服务和访问服务），为系统之间的互联互通提供基础设施和运行保障，包括动态路由、报文校验、格式转换、协议转换、安全控制、共享缓存、日志管理、异常处理、订阅发布等功能。服务监控平台对运行期间的服务提供实时监控和运行反馈（包括实时监控、系统资源监控、服务日志监控、异常信息监控、服务报表统计、系统参数管理等功能）。服务通用适配器屏蔽了遗留系统与总线之间通信方式和报文接口等方面的差异，为那些集成较困难的应用系统接入总线提供了通用的解决方案。

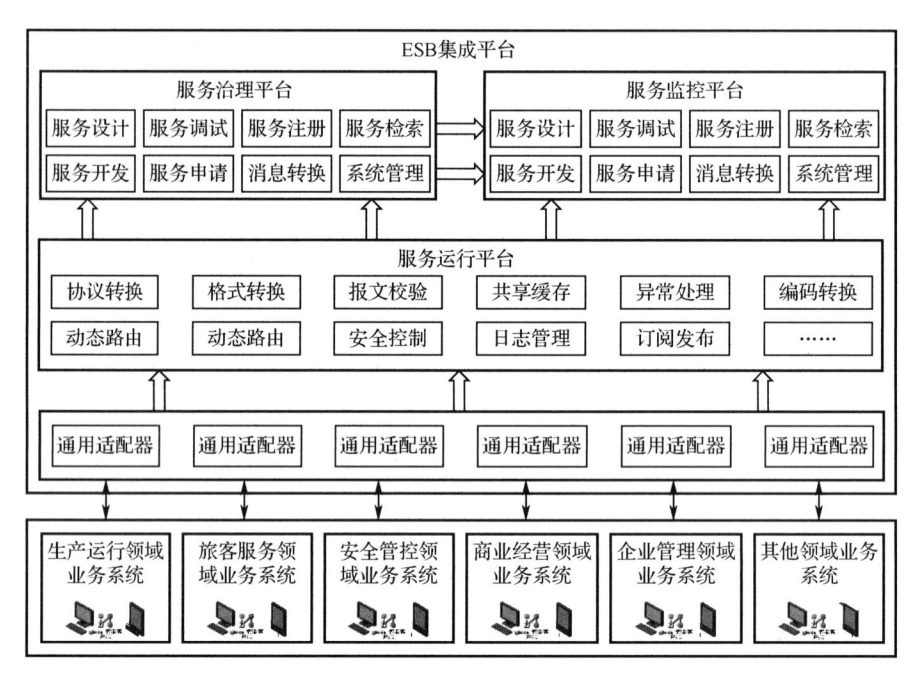

图 3-35 基于 ESB 集成平台的机场信息系统集成方案

3.7.1.2 主要功能

通过建立企业服务总线，提供集成设施，使得基于不同平台和技术实现的信息系统能够被集成，可以实现机场内部与关键合作伙伴、供应商和客户之间商业运作流程的自动化和端到端整合，最大限度地提高流程自动化效率，降低人工成本，并能简化基础设施，减少在系统维护上的支出。同时，提供机场的业务优化和监控系统，对业务提供决策支持。

1. 路由服务

作为核心子系统，ESB 平台路由服务主要提供如下功能。

（1）报文规范化

基于 W3C 标准，使用 XML 规范，制定统一标准的报文规范，实现全机场范围内各系统的报文规范化标准。

（2）通用组件服务

标准化通用服务，主要包括如下方面。

- 报文校验：动态配置校验策略。
- 格式转换：配置方式实现转换规则。
- 协议转换：为各系统通信协议的差异设计各种类型的协议转换组件。
- 安全控制：系统服务访问安全控制。
- 交易路由：动态配置路由信息，实现各系统消息流的路由功能。
- 日志管理：统一的日志机制，提供统一的日志接口。
- 共享缓存：统一的共享缓存机制，提供缓存刷新机制及缓存信息管理。
- 异常处理：提供统一的异常处理机制。
- 订阅发布：支持各系统及各系统管理员的信息订阅发布功能。
- 通用适配器：连接各系统，提供统一的适配器实现机制，并为各系统的通信协议、报文格式的差异定制适配器。

2. 互联管理

ESB 平台互联管理主要提供如下功能。

- 服务管理：注册部署，服务状态管理，服务交易优先级管理，服务安全管理，服务版本管理等。
- 中间件（Message Broker）平台管理：代理域、执行组、队列等在集群环境中的部署管理，后期可以扩展到统一部署管理消息流（集）版本等。
- 安全管理：人员、机构、访问权限、系统备份管理等功能。
- 日志管理：日志格式、日志类型、日志级别、日志维护（备份，清理）等功能。
- 系统配置管理：路由信息、服务信息、系统参数信息等配置管理功能。
- 统计分析：日志分析、交易分析等功能。
- 报表：提供各类交易日志及平台信息的统计报表等。

3. 服务监控子系统功能要求

ESB 平台服务监控主要提供如下功能。

- 服务状态监控：分布式执行组进程监控、服务负载监控、消息流监控等功能。
- 平台状态监控：对运行平台的异常、运行状态及运行日志监控等功能。
- 系统资源监控：对各系统的 I/O 流量、Disk 容量、CPU、内存、数据库使用状态等监控的功能。
- 策略配置：对于不同服务、不同的交易进行报文及内容的策略配置。

- 策略管理：建立相应的策略模式库、有效地管理各类服务策略。
- 交易监控：装配相应的策略模块、对各类服务类交易信息进行策略监控。

3.7.1.3 具体实现

1. ESB 产品选择

目前流行的 ESB 产品包括商业 ESB 产品和开源的 ESB 产品。每个 ESB 产品的基本特征应包括如下方面。

- 连接性：提供支持多种协议、多种服务的连接属性。
- 交互性：提供支持不同服务之间的交互属性。
- 集成性：提供对于异构系统之间的集成属性。
- 消息处理机制：提供统一的消息描述格式、多种通信方式，实现对异构系统的消息处理。
- 管理机制：提供对服务的运行、交换、资源、安全以及接入等的管理、监控功能。
- 安全性：提供保障服务安全的完整性校验、消息审计、服务安全（认证授权、传输加密、消息加密等）的安全机制，确保服务访问过程的安全性、可靠性、一致性。
- 服务质量：提供消息成功率/失败率、流量控制、故障次数、响应时间等服务质量参数，提高服务质量 QoS。

典型的产品有 IBM WebSphere ESB、Microsoft ESB、ServiceMix、OracleOSB 以及开源的 OpenESB、JBossESB、MuleESB 等，也可基于 J2EE 等基础平台实现。

2. 实现案例

根据机场信息系统特点，以基于 IBM WebSphere ESB 和 J2EE 实现 ESB 平台例，服务交换平台使用 MB 技术架构，实现动态路由、报文校验、格式转换、协议转换、安全控制、异常处理、订阅发布等功能；治理监控平台采用 J2EE 架构，监控平台主要有实时监控架构图、系统运行状况实时监控、服务日志监控、异常信息监控以及对 MQ、MB、ESB 架构的监控、交易日志查询、监控规则维护和报表统计等功能，治理平台主要提供服务的生命周期管理、服务的查询和用户的权限管理等功能；通用适配器采用 MB 来实现功能，支持对定长报文/Fix 报文/8383 报文与 SOAP 报文的转换，包括报文解析、转换、日志管理和配置加载等功能。

3. 接口设计

ESB 平台主要由运行平台、管理平台、监控平台及适配器四部分组成，各平台的接口以及与外系统的交互如表 3-8 所示。

表 3-8　ESB 平台接口交互表

接口类型	源系统	目标系统	数据形式	单向/双向方式	接口交互方式	同步/异步方式	通信方式
内部接口	管理平台	运行平台	MQ 脚本/SQL 脚本	单向	集群服务器执行 MQ 脚本/前线库执行 SQL 脚本	无	TCP/IP
	管理平台	监控平台	SQL 脚本	单向	后线库执行 SHELL 脚本	无	TCP/IP
	管理平台	适配器	MQ 脚本/SQL 脚本	单向	集群服务器执行 MQ 脚本/前线库执行 SQL 脚本	无	TCP/IP
	运行平台	监控平台	SQL 数据	双向	轮询	同步	TCP/IP
	运行平台	适配器	基于 XML 的 SOAP1.1 报文	双向	集群通信	同步	TCP/IP
外部接口	外围系统请求方（标准）	运行平台	基于 XML 的 SOAP1.1 报文	双向	请求应答	同步	JMS/SOAP
	外围系统服务方（标准）	运行平台	基于 XML 的 SOAP1.1 报文	双向	请求应答	同步	JMS/SOAP
	外围系统请求方（非标准）	适配器	XML、定长定长+XML、JSON 等报文	双向	请求应答	同步	TCP/IP
	外围系统服务方（非标准）	适配器	XML、定长定长+XML、JSON 等报文	双向	请求应答	同步	TCP/IP

（1）管理平台和运行平台接口

管理平台和运行平台接口是单向接口，管理平台以 Shell 脚本的方式生成 SQL 和 MQ 脚本，然后以人工方式自动在前线库运行生成服务信息数据，在运行平台生成 MQ 队列数据，运行平台则分别以 ODBC 协议和 MB 方式访问前线数据库和 MQ 队列。

（2）监控平台和运行平台接口

监控平台和运行平台接口是双向接口，运行平台产生交易流水至前线数据库，后线数据库数据同步进程实时将前线库流水同步至后线库，监控平台则以 JDBC 方式访问后线库，对交易等进行监控，监控平台又以 JMS 的方式访问运行平台 MQ 队列，对超时、死信消息等进行监控。同时，监控平台以 JDBC 方式访问前线数据库，对当前的服务信息数据及运行平台消息流状态进行动态更新。

（3）外围系统和运行平台接口

外围系统采用 JMS，或原有通信协议（经 ESB 适配器转换），以基于 XML 的

SOAP1.1 报文方式，同运行平台 MQ 网关进行交互。

3.7.2 基于数据中台的系统集成

近年来，数据中台成为大数据行业的热门概念，它最早来自阿里，是指通过数据技术，对海量数据进行采集、计算、存储、加工，同时统一标准和口径。其基本理念是：将所有的数据汇聚到数据中台，每个业务系统用的数据统统从数据中台获取。数据中台把各类数据统一之后形成标准数据，再进行存储，形成大数据资产层，进而为客户提供高效服务。数据服务跟企业的业务有较强的关联性，是企业业务和数据的沉淀，不仅能降低重复建设、减少烟囱式协作的成本，也是差异化竞争优势所在。

数据中台是在 SOA 架构推进过程中遇到沟通与协作成本高、组织架构制约、缺乏长效机制等问题，造成应用不持续、效果不理想的背景下产生的。与 SOA 相比，它从系统架构层面上重构了整个 IT 生态，因而完全破除了应用之间的壁垒，是一种更深刻、更底层的信息集成。

3.7.2.1 系统架构

如图 3-36 所示，数据中台可分为三层，即数据模型、数据服务与数据开发层，通过数据建模实现跨域数据整合和知识沉淀，通过数据服务实现数据的封装和开放，快速、灵活满足上层应用的要求，通过数据开发满足个性化数据和应用的需要，从而实现数据的分层与水平解耦，沉淀公共数据。

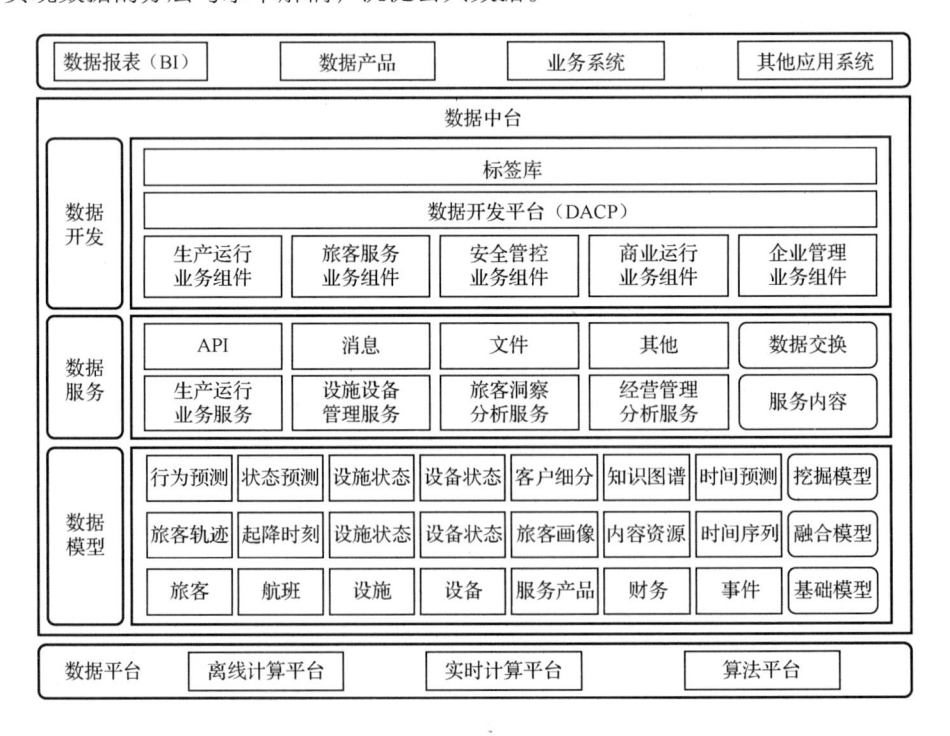

图 3-36 数据中台架构

从图中可以看出，数据中台既是大数据建设的一部分，同时它的功能又建立在大数据平台的基础之上，如果把大数据建设工作比如盖楼的话，数据中台就是楼层规划、户型设计，通过数据服务为大数据使用客户提供个性化服务。可以说，数据中台就是增强了服务功能的大数据平台。

为满足各业务信息系统不同的数据需求，提升服务开发效率，简化服务注册、服务调用等工作，方便快速接入新服务并获取和使用数据，数据中台主要通过设计API系统实现服务管理和内容编排，覆盖了服务的定义、测试、发布整个生命周期管理过程，同时，API网关可分布式部署、自动扩展、承载大规模访问。图3-37是数据中台API系统功能架构。

3.7.2.2 主要功能

1. 数据资产管理

盘点数据资源、规划数据资源、获取数据资源，并将所有数据资源进行完整呈现；通过元数据信息收集、数据血缘探查、数据权限申请授权等手段，解决"有哪些数据可用""到哪里可以找到数据"的难题，并且提升数据资源的利用率。

2. 数据质量管理

数据质量就是保障数据正确性的工具，一是支持准确性校验规则，二是支持双表校验，三是输出校验报告。

3. 数据模型管理

数据模型管理，主要是为解决架构设计和数据开发的不一致性，约束平台使用者的表名、字段名的规范性，从工具层合理地进行模型分层和统一开发规范，包括两部分，一个是规则配置，另一个是对表名、字段名的定期校验。

4. 构建标签体系

对2.4节数据架构中给出的各主题域进行标签提取，将其特征数字化，为后续进行持续跟踪和精准预测提供必要条件。

5. 数据应用规划及实现

为减少重复业务系统开发及实现，系统数据可共享一个技术平台底座，中台应能够前后分离，后台统一提供数据接口，将多年技术沉淀的价值最大化，前台实现业务流转，统一各个业务部门或系统重复使用、重复建设的功能，并与系统统一规划和管理。

3.7.2.3 具体实现

数据中台体系涵盖数据开发、数据模型、数据资产、技术平台建设和数据产品应用等内容。通过建设数据中台建立数据资产体系，规模化服务业务，保证数据质量，更大限度发挥数据价值。数据中台的建设可以参照大数据平台，基础还是数据仓库和数据中心的设计和实现。

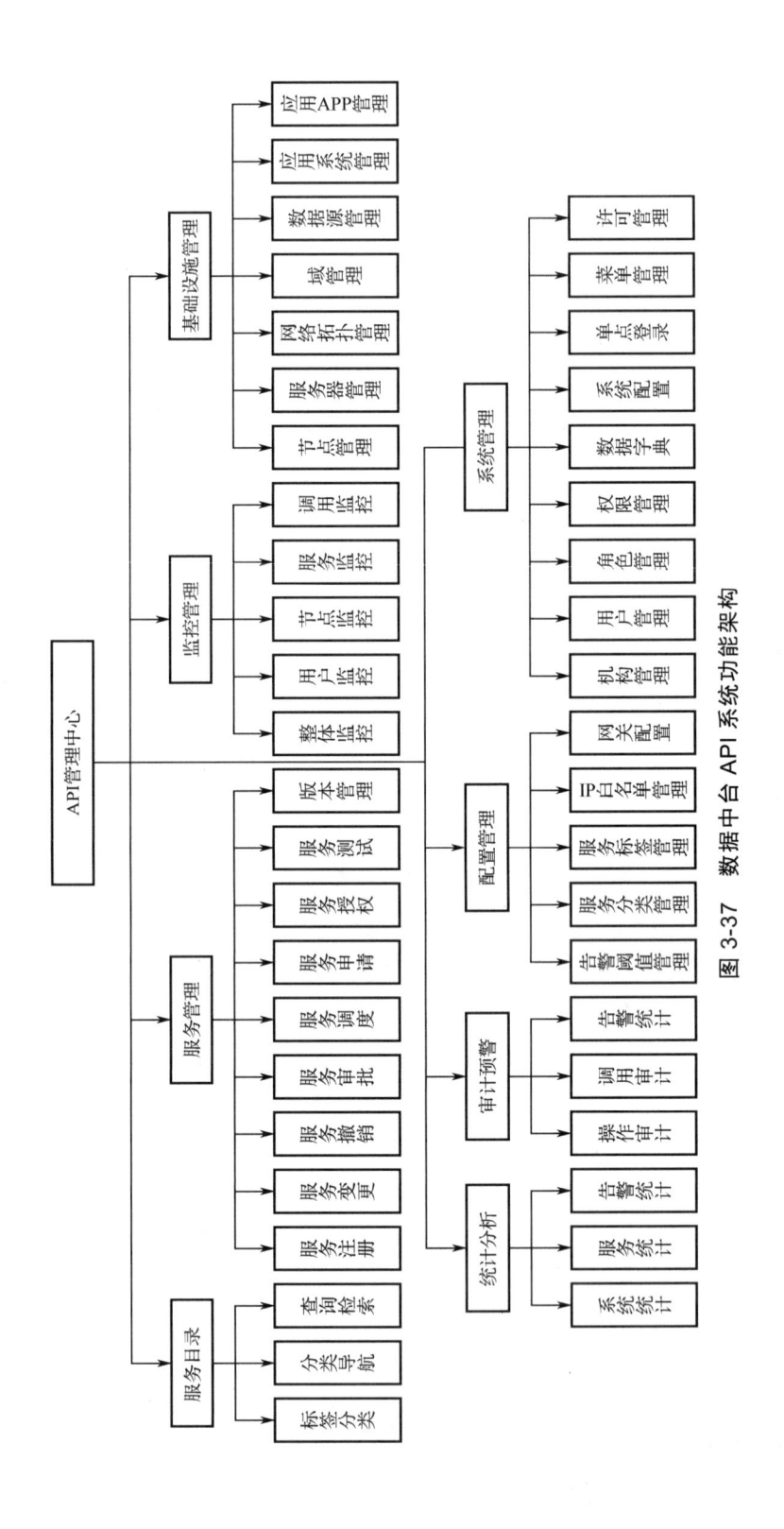

图 3-37 数据中台 API 系统功能架构

在具体集成时，业务应用系统前端可以直接基于数据中台进行集成，但是当集成工作仅仅是为了满足本业务流程和业务处理需求时，只涉及业务应用系统后台构建而无须再建设数据中台。只有当在业务应用系统后台有前端流程监控分析和大数据分析的需求时，才会涉及数据中台的构建，如图3-38所示。

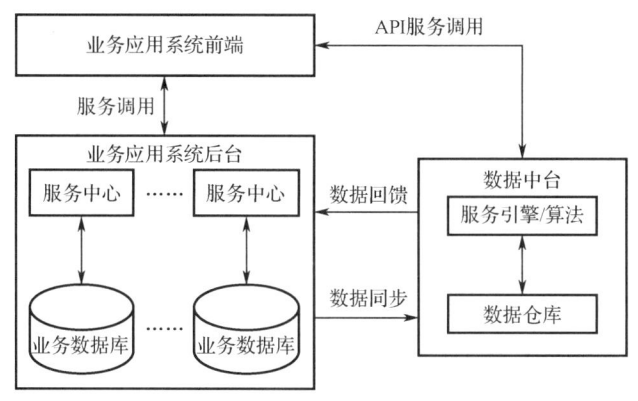

图3-38 基于数据中台的信息集成

在图3-38的架构中，数据中台本身为上层应用提供各种数据服务能力，尤其是实时的数据服务能力。同时，当构建上层业务应用的时候，往往需要跨多个业务组件提供整合后数据的能力。因此，在此架构下，数据中台也能够提供跨业务多组件共享数据服务的能力。

3.8 业务基础平台

机场的主要职能是为飞机和旅客提供服务，机场的所有业务系统都是围绕航班保障和旅客服务来运行的。因此在大数据平台之上，设计航班正常性管理平台和会员管理平台，作为贯穿于机场五大业务领域的业务基础平台，对航班信息和旅客信息实施有效管理并向相关系统提供或推送信息服务。

3.8.1 航班正常性管理平台

不正常航班是指那些没有在既定的航班时刻表之内的航班，或者是在一定时间内原定发班而未能发班或进港的航班。随着中国经济的迅猛发展，中国民航机场的数量和规模，以及航班次数都得到了空前的发展，但不正常航班数量也在迅速增加，大量的航班延误造成机组和飞机利用率降低，运行成本增加、收益下降，给旅客带来不便，直接影响公司品牌形象，有的甚至由于正常率过低被局方追责。因此，航班正常与否是制约民航服务质量的焦点问题，更关乎民航整体运行品质。另外，航班正常性定义了各型飞机的最小过站时间，进而规定了地面服务流程各节点的工作时间，提供了地面服务保障的时间标准，对地面保障的服务品质形成了约束。

根据民航总局相关文件，航班延误原因划分为前飞晚到、地面保障、空管放行三大类和空管放行、前飞晚到、天气原因、公司原因、旅客原因、军事活动、联检原因、公共安全、离港原因、油料原因、过站时间不足、机场原因等十二小类。由此可见，改善航班延误、提高航班运行正常性是一个非常复杂的系统性问题，需要航司、机场、管理机构等行业参与者，从制度设计、管理体系、业务流程、技术手段甚至人员奖惩激励等各个方面紧密协作，其中信息系统的设计与建设是航空公司提高正常性管理能力的重要内容。

3.8.1.1 业务流程

依据民航局、机场有关航班正常的文件规定和航空公司运行质量管控标准，航司航班正常管理和高效运行至少应该做到以下方面。

- 公司整体航班运行顺畅，主观因素造成的不正常情况达到有效控制；
- 提高正收益航班执行率；
- 避免航班长时间延误，提升旅客满意度，控制补偿费用支出。

要达到以上要求，航班的正常管理系统应该对航空公司航班正常保障工作进行流程化、模块化、精细化管理，同时引入闭环管理模式，将航前预测、航中监控、航后分析融入航班正常性管理系统，从而降低不正常航班率，如图3-39所示。

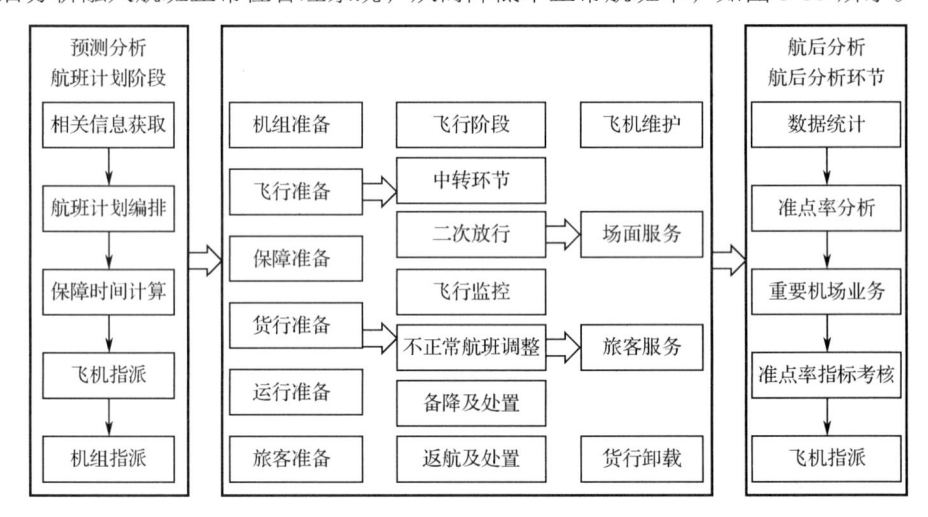

图3-39 航班正常性管理系统业务流程

3.8.1.2 系统架构

保障航班正常性，应由多部门多岗位进行统一协调，按照航班运行"航前预测、航中监控、航后分析"闭环管理。根据部门及岗位职责，航班正常性管理平台划分为资源层、数据层、业务层、分析层等，主要功能是监控航班运行、预测航班动态和处置航班延误等，结合大数据分析可能延误的航班并采取相应的运行计划调整和旅客服务等处置措施，保障航班正常运行，减轻延误造成的影响，如图3-40所示。

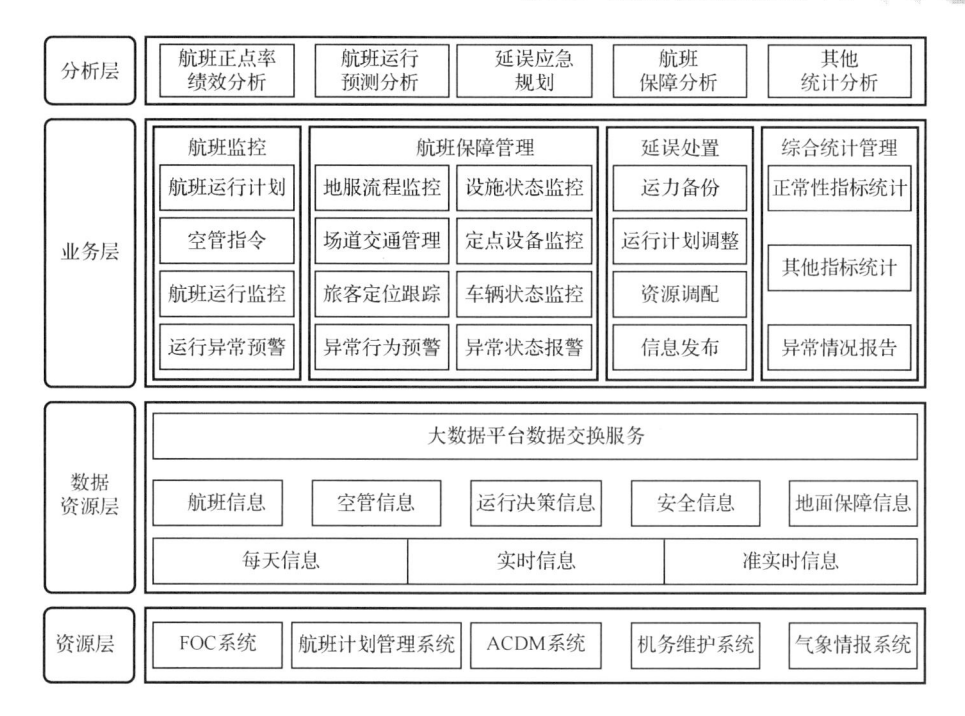

分析层	航班正点率绩效分析	航班运行预测分析	延误应急规划	航班保障分析	其他统计分析
业务层	航班监控	航班保障管理		延误处置	综合统计管理
	航班运行计划	地服流程监控	设施状态监控	运力备份	正常性指标统计
	空管指令	场道交通管理	定点设备监控	运行计划调整	其他指标统计
	航班运行监控	旅客定位跟踪	车辆状态监控	资源调配	
	运行异常预警	异常行为预警	异常状态报警	信息发布	异常情况报告

数据资源层	大数据平台数据交换服务
	航班信息 / 空管信息 / 运行决策信息 / 安全信息 / 地面保障信息
	每天信息 / 实时信息 / 准实时信息

| 资源层 | FOC系统 | 航班计划管理系统 | ACDM系统 | 机务维护系统 | 气象情报系统 |

图 3-40　航班正常性管理平台架构图

其中，资源层需对接其他系统，如航空公司运行管理系统（FOC）、航班计划系统、ACDM 系统、气象系统、情报系统、机务管理系统等。

数据层通过抽取、采集、处理资源层的原始信息，向业务层提供航班信息、空管信息、机务信息、地服信息、安全信息以及其他信息。

业务层按照航班正常性管理业务流程，主要分为航班监控、航班保障管理、延误处置和综合统计等模块。航班监控对航班计划执行情况进行监控，实现航班运行计划与实际空管指令及相关运行动态的协调管理。航班保障管理实现航班运行的地服流程、场道交通、旅客定位跟踪等保障管理。延误处置实现运力备份、运行计划调整、资源调配、信息发布、旅客服务等多方面的管理服务。综合统计是对航班运行过程中每个节点的相关指标进行统计，供决策分析层使用。决策分析层对航班正点率绩效相关指标进行分析，提供航班运行预测、延误应急规划、航班保障分析等所需的决策信息。

3.8.1.3　具体实现

1. FOC 系统接口

FOC（Flight Operations Control）是一个对航空公司进行运行管理的系统，它囊括了公司运行所涉及的各部门职能，如航班管理、飞行签派、飞机数据管理、航行情报处理、报文处理、订座/离港信息采集、气象信息处理、运营分析、通用查询、INTERNET 查询、系统管理、飞行计划、配载平衡、飞行跟踪系统和应急备份系统等。航空公司通过 FOC 系统的建设，基本上可以实现运行管理的自动化、规范化和信息化，具体体现在以下方面。

（1）建立整个航空公司的数据仓库，对历年的航班时刻数据、飞机的性能数据、全球的导航数据、各航班的运营数据等进行有效管理。可以为本系统所用，同时也可以为其他系统提供数据上的有力支持。

（2）对航班运行计划进行有效管理，确保各部门是按照同一份航班计划来工作，避免产生工作脱节现象。

（3）有效及时地监控公司航班的执行情况，并根据实际情况（如天气、延误、旅客人数等）对航班进行合理有效的调整。

（4）根据各方面汇总的信息（如油量、机组、飞机、气象、NOTAM 等）对飞机进行放行评估，保障飞机飞行的安全性。

（5）建立 ACARS、SITA、AFTN 等报文系统的接口，提高获取信息及发送信息的效率。

（6）制作计算机飞行计划，在最大程度上节约燃油成本，保障飞行安全。

（7）对飞机的飞行进行全程监控，保障飞行安全。

（8）提供信息网上查询手段，向旅客及其他相关人员提供信息服务。

FOC 与航班正常性管理平台建立接口，机场相关部门可以实时了解航班运行动态、地面保障情况、飞机状况、机组信息，制作航班飞行计划，从而保证地面服务工作的有序性、正常性，减少由于地面工作而引起的航班延误。同时也为机务部门、机组部门安排机组执行航班计划，提供实时飞机状况和航班情况的跟踪信息，便于制订停场维修计划或进行人员调整，保障公司航班运行的正常性和安全性。

2. 运行监控分析

保障航班正常高效运行的重要工作是强化航班运行监控和分析。运行监控分析的功能是充分整合、运用生产运行大数据，建立航班预警机制，通过时间轴对运行主要和关键节点的业务完成情况进行监控和预警。可以按时间顺序监控各个环节的完成进度，当没有完成并可能影响航班时发出预警信息，图 3-41 是地面保障任务节点监控的示意图。同时，根据航班实际运行情况，通过多种统计标准实现航班正常率统计，有效预判航班运行风险，及时启动延误预警功能，自动对航班正常率较低、公司原因占比较高以及公司计划过站时间不足的航班进行信息提示，提醒签派员对航班进行调整；通过航季、月度、周航班计划的导入，能自动化分析航班计划符合性，包括航班航段时间、计划过站时间、航班时刻安排等多项指标。

3. 运力备份接口

运力备份的安排无疑是保障航班正常的有力手段，同时也是制定航班计划的关键环节。然而，航空公司是以盈利为最终目的的，运力备份过多会造成资源浪费，过少会造成运力调配机动性差。因此需要根据自身的运行特点实施备份运力的季节性管理，合理制定科学备份运力管理方案，将有效减少航班延误。

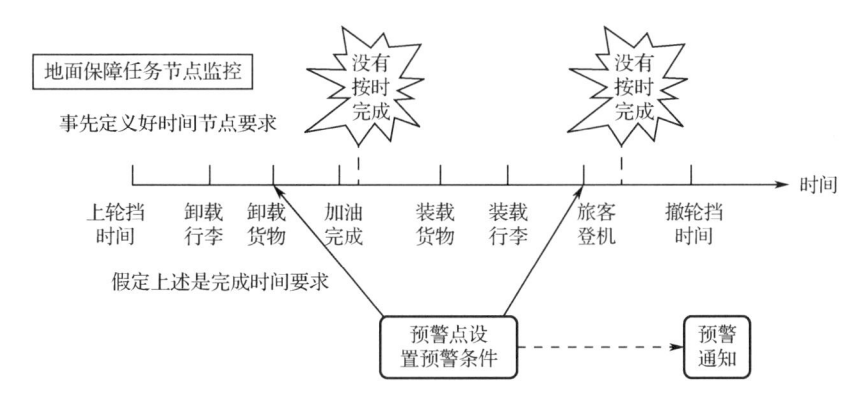

图 3-41 地面保障任务节点监控示意图

依据民航局备份运力实施指南中对备份运力计算的要求，实现科学的运力备份，从航班计划编排阶段就需按照"源头预留，科学投放，灵活使用，预防突发"的原则，中长期航班计划"战略备份"与短期航班计划"战术投放"双管齐下、同时进行（图 3-42），充分结合航线网络和航班运行实际，综合考虑飞机定检、排故、机组资源、预期天气、空中交通流量等相关运行限制因素，辅以数据统计分析，快速确定备份运力、投放机场和备份时段，最大程度保证备份运力的可用性，有效管控盲目停场、运力补充不及时等问题，切实发挥备份运力的价值和作用。

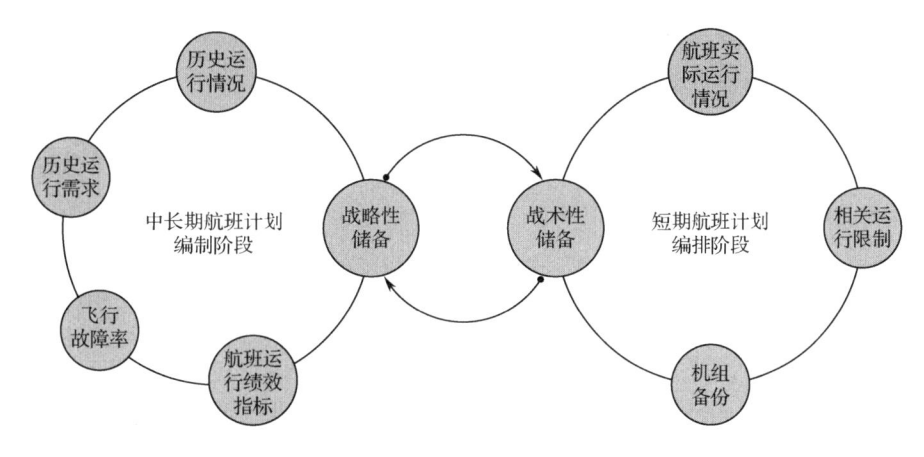

图 3-42 航班运行监控与预警示意

4. 智能计划调整

航班实际运行时会受各种意外因素影响，造成执行和计划的偏差，而预测、监控到航班运行不正常情况后的决策与航班计划调整密切相关。

目前调整航班计划必须依赖于连接航班监控和运力备份的智能化调配系统，在内部理顺飞机、机组、市场收益、服务处理和地面保障之间的业务流程关系，结合备份运力、机组情况、飞机机型限制、航线限制、机场限制、能力限制，以及后续航班执行情况、旅客情况、公司航班运行动态成本数据等，推荐出多个航班调整方案，并能够评估出各方案对公司航班运行的影响及消耗成本，给航班调整人员作为参考依据，进行航班调整。

航班如何智能化调整已超出了本书的研究范围，因此这里只提出需要有此功能模块作为延误处置的手段，并提供相关的航班调整信息。

5. 航班正常性指标统计

民航发〔2013〕88号文件《民航航班正常性统计办法》中规定了进港、出港、过站等状态下航班正常性指标的定义和计算公式，明确了数据报告的主体单位和相关职责，为实施精细化管理提供了依据。但是，需要指出的是，航班正常管理是一项长期性的、全局性的工作，是设计和管理出来的，不是统计出来的。随着科技的日益发展，应当进一步整合内部资源，推动运行监控全面、风险预警及时、应急处置有效的正常航管管理体系建设，全面提高航班正常率，提供更加优质的服务。

3.8.2 会员管理平台

近年来，随着民航业加速发展，客流量迅猛增长，为机场商业经营带来了更多空间；另一方面，各机场下放地方管理之后，更加重视服务产品的开发和经营，机场会员服务作为高端服务产品受到了越来越多的重视。但目前多数机场与航空公司的客户数据没有互联互通，各商/租户之间会员数据割裂，尚未形成整体商业价值，因而建立会员管理平台，是机场形成覆盖机场服务和商业运营等多领域的旅客会员定制化管理，增强旅客黏性，实现旅客价值最大化的重要手段。

1. 系统架构

如图3-43所示，会员管理平台从决策分析层、核心业务层、资源层三个层面分别实现旅客关系管理的功能，其中决策层分析旅客忠诚度、价值、服务需求等，核心业务层实现客户管理、常旅客管理、积分及兑换管理、服务管理、客户交互管理等，资源层对旅客基本信息、常旅客信息进行管理。

2. 功能设计

（1）决策分析

通过大数据平台支持的旅客信息，实现旅客忠诚度分析、旅客价值分析、服务质量分析、旅客需求预测分析等功能。

（2）会员管理

会员在线注册管理，并管理和维护会员信息；实现常旅客管理、常旅客信息维护等功能；对会员消费记录进行统计分析、评估会员价值等。

（3）奖励/消费管理

实现会员状态的实时更新，维护奖励政策，对会员积分进行管理；实现积分兑换功能，并与电子商务平台集成，实现积分换礼等功能。

决策分析层	旅客忠诚度分析	旅客价值分析	服务质量分析	需求预测分析	产品分析	伙伴分析

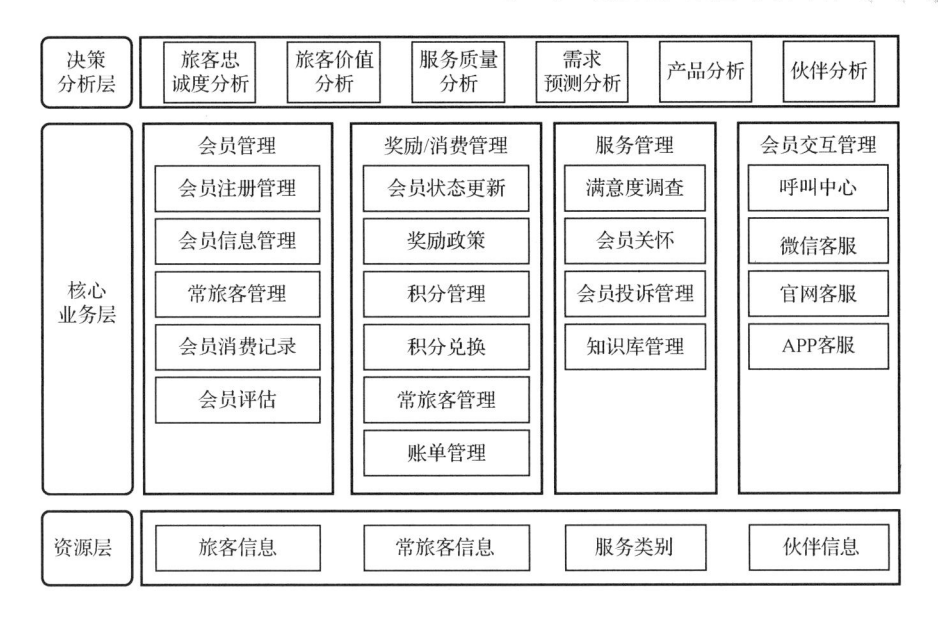

核心业务层	会员管理	奖励/消费管理	服务管理	会员交互管理
	会员注册管理	会员状态更新	满意度调查	呼叫中心
	会员信息管理	奖励政策	会员关怀	微信客服
	常旅客管理	积分管理	会员投诉管理	官网客服
	会员消费记录	积分兑换	知识库管理	APP客服
	会员评估	常旅客管理		
		账单管理		

资源层	旅客信息	常旅客信息	服务类别	伙伴信息

图 3-43 会员管理平台系统架构

（4）服务管理

开展会员满意度调查，包括调查表发布、回收、分析等功能；开展旅客会员关怀服务，增强会员黏性；实现会员投诉管理，投诉跟踪、质量管理等功能，对服务问题、解决方案等知识库进行管理。

针对 VIP 旅客，根据机场航班信息、旅客信息以及 VIP 车辆（电瓶车）调度信息，管理 VIP 旅客和车辆，实时跟踪车辆和旅客的状态和行踪。对每个 VIP 旅客进出贵宾室做记录，安排空闲车辆，提高 VIP 的服务质量。

（5）会员交互管理

实现呼叫中心、微信客服、官网客服、APP 客服等服务渠道的信息交互汇总，并监控服务质量，实现服务及管理的集中管控。

3. 具体实现

机场会员管理平台与其他类型服务企业的会员管理系统本质上并无不同，主要的区别在于平台中有一个呼叫中心。一般可采用 CTI（Computer Telecommunication Integration，计算机电信集成）系统完成呼叫中心的任务，把相应的主叫电话号码等信息，通过接口传送给应用系统，当需要进行登机提醒时发送相关信息并呼叫旅客及时登机。因此，平台应设置 CTI 服务器，负责 CTI 系统的运行管理，及电话录音文件的存储。

机场会员服务管理系统在设计过程中可借鉴国内外一些成熟客户管理系统的设计模式。同时，随着机场的业务不断发展，需将该系统功能持续更新，采用业界新技术及手段，进一步提升管理效率，推进机场信息化发展。

第 4 章
智慧机场生产运行业务系统

根据智慧机场生产运行业务的相关规划,机场生产运行业务领域相关信息系统以 ACDM(机场协同决策系统)为核心,集成场面交通引导系统、机场空侧管理系统、资源管理系统以及传统的航班管理系统、航显系统、离港系统、泊位系统、客桥系统、RMS(机场资源管理系统)等弱电系统,形成机场运行全局实时态势,通过指挥调度系统、应急管理系统管理调度机场保障资源,达成机场高效指挥和顺畅运行。

4.1 ACDM 系统

机场作为航空运输的起始节点,包括了空管、机场公司、航空公司等航空运行保障部门。我国现阶段,空管、机场和航空公司等都有其各自的运行控制系统,每个单位都有各自部门所涉及航班的飞行信息,这直接导致管制单位内部之间、管制单位与航空公司及机场之间对航班运行信息的不透明,各部门间无法形成共同的情景意识,制定决策时必然存在一定的盲目性,部门与部门间的协调工作量大,运行效率低,并且可能因信息缺乏共享而导致时隙资源严重浪费。

机场协同决策(Airport Collaborative Decision Making,ACDM)是一种基于资源共享和信息交互的多主体(管制、机场、公司等)联合协作的理念,源于 EuroControl 与国际机场理事会(ACI)及国际航空运输协会(IATA)共同制定的机场协同决策(ACDM)的规范和方针,旨在为机场管理提供一个信息共享的运营环境,使各相关营运单位均在统一的平台之下协同运作。ACDM 通过信息交换、精确跟踪航班运行流程关键节点,采用信息化技术手段实现一套完整的民航管理控制流程,所有参与方能协调做出更为安全有效的决策,有效提高整个机场的保障水平、运行效率和服务质量,从而提高航班正常率,减少航班延误。

4.1.1 运行原理

机场协同决策系统是将机场、空管、航空公司等相关方集成至统一平台,通过集成各方数据,并将数据进行共享,来实现以机场为中心、各运营方资源合理调配,提高整体的运行效率，以保障航班运行。

ACDM 包含 6 个核心要素，即信息共享、里程碑、可变滑行时间、协同离场前排序、不利条件下协同决策和航班更新协同管理。这些要素包含了航班关键节点的预测性信息，为各利益相关方之间更好的协作提供基础，具体内容如下。

（1）信息共享：整合从空管、机场、地勤公司、航空公司等运行主体过来的民航各环节的生产运营核心数据，如航班计划、机位分配、航班保障进程、进港预测及离港排队等信息，并通过合适的方式向各参与方共享发布信息。信息共享是其他 ACDM 要素的基础和实施的前提，界定了协同决策各参与方为了实现共同的情景意识、提高交通事件可预测性，应该准确、及时地共享哪些信息。

（2）里程碑方法：是飞行计划或航班运行期间发生的重要事件。通过界定里程碑，描述从初始计划至起飞的整个过站流程，旨在通过对重要事件的密切监测，完成对航班保障流程的全程监控，实现共同情景意识。

（3）可变滑行时间（VTT）：预计航空器从停机位滑行至跑道或从跑道滑行至停机位所用的时间，用以计算目标起飞时刻（TTOT）或目标许可开车时刻（TSAT）。可变滑行时间是准确预测起飞时间及上轮挡时间的关键，尤其在复杂机场，由于飞机的机型、停放位置、起飞使用的跑道不同，飞机在机场的滑行时间也各不相同。使用可变滑行时间可以更加准确地预测航班的起飞时间，同时，该时间对于空管也非常重要，能帮助空管合理优化航路安排，从而尽量减少由流量控制而造成的航班延误。

（4）协同离场前排序：在综合考虑各参与方优先条件和运行限制的前提下，安排航空器离开停机位（撤轮挡推出）的顺序。

（5）不利条件下协同决策：在意外机场流量或容量降低期间（预测到的或未能预测到的），提前预测干扰事件，并在干扰事件之后迅速恢复，实现机场协同管理。

（6）航班更新协同管理：在流量管理单元同 ACDM 参与方之间传递航班更新信息（FUM）和离场计划信息（DPI），加强机场和空管之间进、离场信息的交换质量。

ACDM 系统运行原理如图 4-1 所示，空管、航空公司、机场、地服及其他部门的信息共享是 ACDM 系统的基础。ACDM 通过一个统一的平台将机场、空管、航空公司的相关信息集成并进行共享，以实现各方对整体态势的把握。实现信息共享后，就可以根据航班运行的整个过程，使用预先定义好的里程碑来推算每架航班的预计推出时间（TOBT）。该时间是航空公司和地面服务保障相关单位共同努力以达成的目标，一旦某个航班无法按时完成转场流程，势必对后续的航班造成影响。通过对航班各个里程碑的监控，可以提早发现转场流程中可能出现的问题，以便提早安排对策。对于离港航班的重新排序，需要尽量合理安排机场、航空公司及空管的现有资源。例如，可以更合理地安排乘客的登机时间，减少乘客在飞机上的等候时间；合理安排加油、除冰车等资源，避免由于地面保障不到位而造成航班延误等。

总之，ACDM 通过机场协同决策管理，在保障航班正常运行的基础上，提高资源的利用率以及实现航班最大的运行效率。

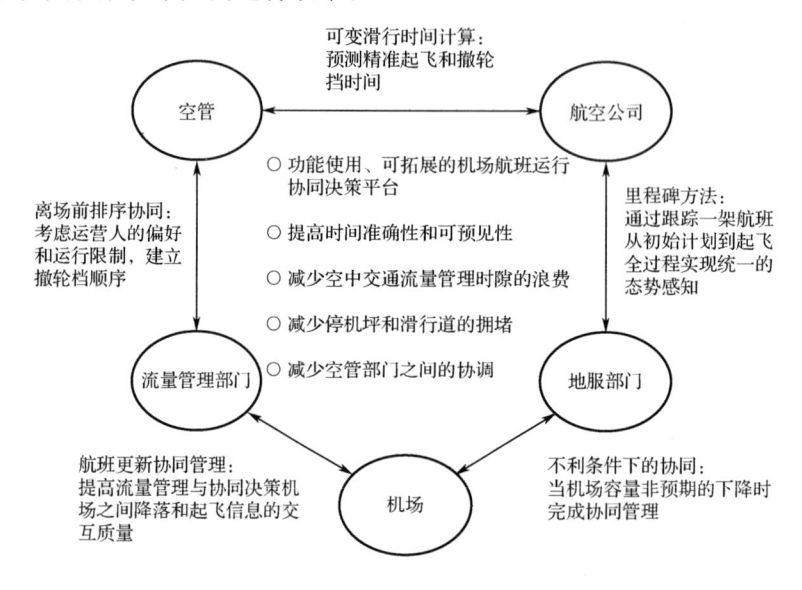

图 4-1　ACDM 系统运行原理图

4.1.2　需求分析

1. 建设目标

建设以航班保障全流程管理为核心、兼顾旅客服务、全面覆盖信息共享、里程碑方法、可变滑行时间、离场前排序、不利条件下的协同决策以及航班信息更新的协同管理等要素的完整的空地协同运行管理平台，加强各运行主体协同机制，促进机场运行管理变革，全面提升机场运行的系统性安全度，全面提升包括航班正点率在内的机场服务水平，全面提升空地保障资源使用效率和机场整体运行效率，使参与方获得最大利益。

2. 主要功能

机场协同决策系统需要融合空域内各机场的相关信息，需要各机场将飞行信息共享到平台，从而进行综合决策，主要功能如下。

（1）多源头信息整合，生产信息实时采集以及保障信息集中管理和实景展现。支持各机场之间的信息交换，实现信息共享。

（2）对航班关键节点进行基于放行目标的监控和预警，当出现关键事件时，需触发报警机制，提醒工作人员处理，实现生产保障全流程管控。

（3）通过对关联机场、流控、气象等因素分析预判本场运行态势，实现飞机的预排序处理，给出预起飞时间。

（4）可控地面滑行时间。

（5）对各类保障活动进行规范，实现各运行主体之间的业务协同。

（6）共同管理机场运营过程中产生的航机（航空公司、机场）数据，通过 KPI 指标测量分析消除短板，持续提升运行品质。

3. 建设内容

（1）建立信息共享与集中管理平台。

（2）建立基于流程控制的业务协同平台。

（3）建立业务（管理）拓展的支撑平台，方便参与方根据特定时期的业务需求和关注重点对既有业务系统进行调整或拓展。

（4）建立资源统筹平台，便于各参与方了解停机坪、机位、登记口等资源使用动态，根据航班和保障情况的实时变化对资源配置进行优化和实时调度。

（5）运行态势展示，方便生产运行部门掌握和把控各保障环节的进度。

（6）利用第三方专网或运营商公网，在机场实现无线网络覆盖，利用手持终端开发移动 APP，实现现场数据采集和应用。

4.1.3 系统架构

ACDM 系统架构如图 4-2 所示。

其中各层的内容说明如下。

1. 平台资源层

包括相关的软硬件基础设施和业务基础平台，如云计算平台、大数据平台、物联网平台、空侧管理平台、航班正常性管理平台等，都作为 ACDM 系统信息的来源和支撑平台。

2. 数据资源层

数据资源层主要包括实现机场协同决策所需的各类信息数据，如航班计划信息、航班保障信息、机场资源信息、地理信息数据、气象信息数据等，以及容差标准管理、数据交换管理等相关的数据管理机制。

3. 信息服务层

信息服务层提供机场协同决策过程中各类需要交互的信息及其服务，主要包括飞行计划信息服务、协同告警服务、DPI 信息服务和协同决策时间信息服务等，这些信息一是在运行态势上进行显示，二是可推送给用户或其他业务系统使用。

4. 协同业务层

在这一层，各方依托 ACDM 执行协同决策业务的核心功能，主要包括如下。

（1）运行协同决策

① 常态化空地协同决策

根据空管发布的建议推出时间、航空公司目标撤轮挡时间，测算出登机、关舱门等过站里程碑关键节点时间；根据各保障环节保障进度，与空管协同决策，对目标撤轮挡时间和建议推出时间进行修正。

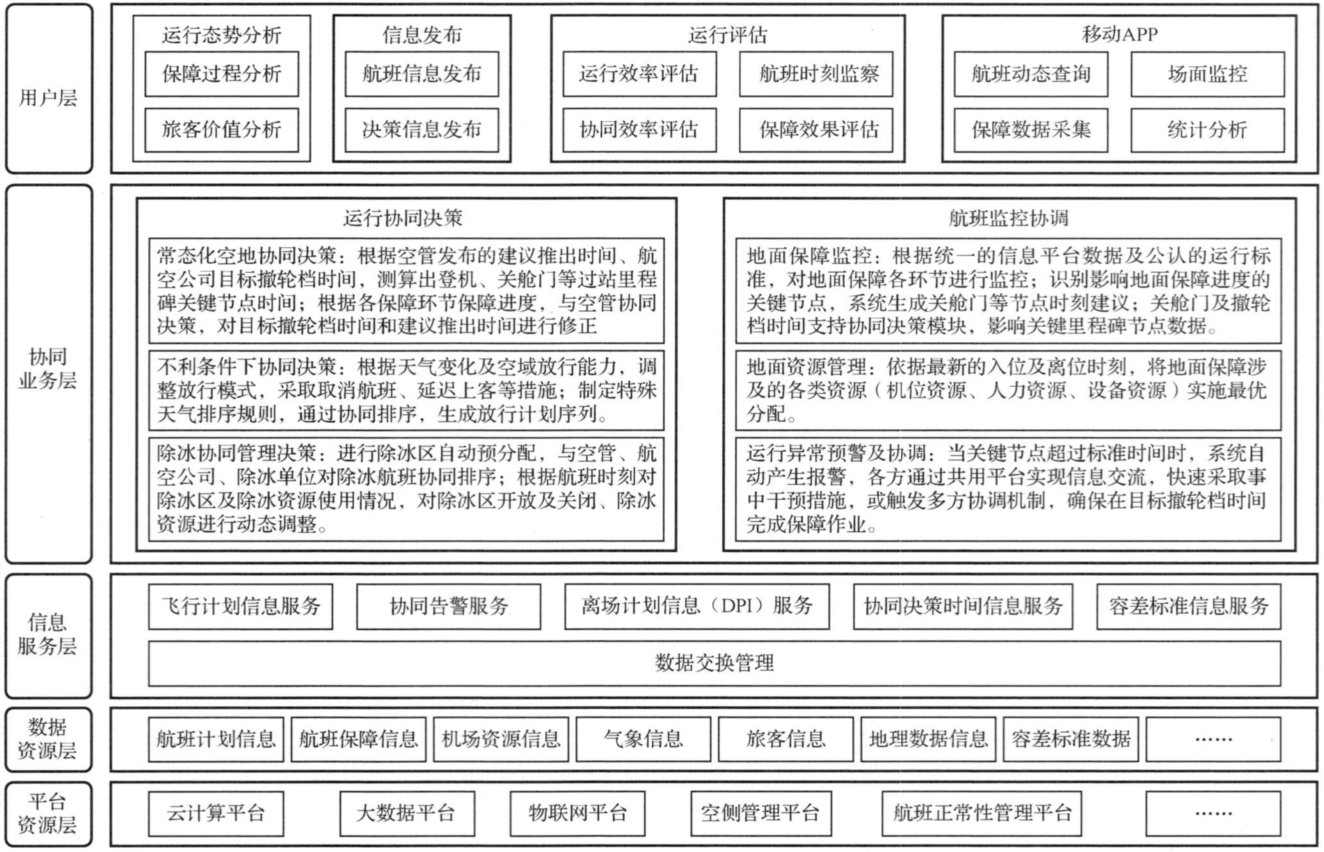

图 4-2 ACDM 系统架构图

② 不利条件下协同决策

根据天气变化及空域放行能力，调整放行模式，采取取消航班、延迟上客等措施；制定特殊天气排序规则，通过协同排序，生成放行计划序列。

③ 除冰协同管理决策

进行除冰区自动预分配，与空管、航空公司、除冰单位对除冰航班协同排序；根据航班时刻对除冰区及除冰资源使用情况，对除冰区开放及关闭，以及对除冰资源进行动态调整。

（2）航班监控协调

① 地面保障监控

根据统一的信息平台数据及公认的运行标准，对地面保障各环节进行监控；识别影响地面保障进度的关键节点，系统生成关舱门等节点时刻建议；关舱门及撤轮挡时间的支持协同决策模块，影响关键里程碑节点数据。

② 地面资源管理

依据最新的入位及离位时刻，将地面保障涉及的各类资源（机位资源、人力资源、设备资源）实施最优分配。

③ 运行异常预警及协调

当关键节点超过标准时间时，系统自动产生报警，各方通过共用平台实现信息交流，快速采取事中干预措施，或触发多方协调机制，确保在目标撤轮挡时间完成保障作业。

5. 用户层

用户层提供人机操作与管理界面，依托基于 B/S 移动 APP 终端，提供以下功能。

（1）运行态势分析

对各单位的运行保障过程数据进行实时分析，为各方提供所需决策信息；结合放行能力、地面保障能力、除冰能力、天气变化趋势、地面运行异常事件等，可视化展现运行态势预测。

（2）信息发布

实时发布航班信息（延误原因，预计起飞时间），满足旅客知情权；结合 ACDM 决策信息，及时发布资源调整信息。

（3）运行评估

地面保障、空域保障各环节运行效率评价，识别影响航班正点因素；协同决策效率评价，包括关键里程碑准确性、规则运行准确性、共享数据的准确性及及时性等内容评价；航班时刻执行情况的动态监测和统计。

（4）移动 APP

移动 APP 主要给现场作业人员使用，包括指挥调度和保障人员，同时方便各级领导随时随地掌握现场情况。提供航班动态查询、保障数据采集、场面监控、统计分析、气象查询等功能。现场保障环节的作业人员通过该 APP，实时填报各个保障环节的进度，包括开始时间、结束时间及部分作业过程记录。移动 APP 的主要功能如图 4-3 所示。

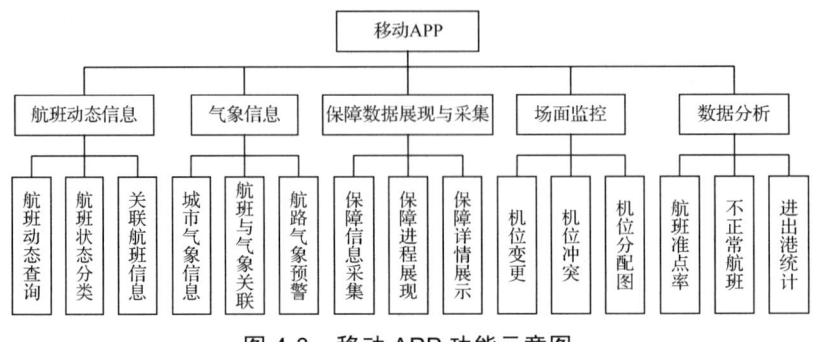

```
                          移动APP
    ┌─────────┬─────────┬─────────────┬────────┬─────────┐
 航班动态信息  气象信息  保障数据展现与采集  场面监控   数据分析
  ┌──┬──┬──┐  ┌──┬──┐  ┌──┬──┬──┐   ┌──┬──┬──┐  ┌──┬──┬──┐
  航 航 关    城 航 航    保 保 保     机 机 机    航 不 进
  班 班 联    市 班 路    障 障 障     位 位 位    班 正 出
  动 状 航    气 与 气    信 进 详     变 冲 分    准 常 港
  态 态 班    象 气 象    息 程 情     更 突 配    点 航 统
  查 分 信    信 象 预    采 展 展        图     率 班 计
  询 类 息    息 关 警    集 现 示
           联
```

图 4-3 移动 APP 功能示意图

4.1.4 工作流程

ACDM 系统工作流程如图 4-4 所示，从图中可以看出，为了满足系统需求，实现信息共享，ACDM 系统需要采用定时器监听方式从空管、机场、航空公司现有系统来引接数据，侦测各类事件。其中，从空管引接的信息包括航班计划动态信息、预到达时间的更新、流量控制信息、离港航班排序信息、出港航班排序信息、塔台电子进程单信息、实时航空器分布及位置信息、本场及外场气象信息等；从航空公司引接的信息包括航班计划信息、航班动态信息（如预计上轮挡时间、预计撤轮挡时间、预计起飞时间等）、地面保障服务信息、票务信息、行李信息、离港信息、中转数据、航班延误处置信息、ACARS（飞机通信寻址与报告系统）数据等；从机场信息系统引接的信息包括航班计划动态信息、机场桥位资源分配、机场运行维护信息（安检信息等）、机场容量信息、机场特殊事件信息等。系统事件是指某一数据发生改变，或某一条件由不符合变为符合，或者人为触发某一动作，能够对航班预计时间或航空器状态产生影响的一系列动作。ACDM 系统事件包括里程碑事件、航空器保障事件、旅客服务保障事件、生产调度事件、异常事件等。其中，里程碑事件是指飞行计划或运行期间发生的重要事情，包括着陆、上轮挡、关舱门、撤轮挡、起飞。航空器保障事件是指地面保障服务部门对航空器进行地面保障的相关事件，如靠桥、加油完成、清洁完成、配餐完成等。旅客服务保障事件是指航站楼内旅客服务保障相关事件，如值机结束、开始登机、结束登机等。生产调度事件是指机场生产调度指挥人员对航班进行调度管理的相关事件，如调整飞机、调整机位等。异常事件是指按照一定时序和条件自动触发的系统检测、预判、预警等相关事件。

ACDM 系统通过基于流程的事件驱动机制对航班空地运行全过程监控，实现各参与方的业务协同。业务协同的核心是空地协同，基本原则是"空中主导，兼顾地面"。其中与空管的协同工作有：接入 AMAN（Arrival Manager，进场管理系统）、DMAN（Departure Manager，离场管理系统）、CDM、多点定位等系统信息，对到达航班信息进行精准校正，实现航空器地面运行实景监控；为空中交通管理提供地面保障实时信息；实施放行预排队要素，为优化放行排队和延误处置提供参考方案；实施可变滑行时间要素，缩短航空器地面滑行时间；提供申请放行检测功能，为航空器放行决策提供参考依据等。与航空公司和机场地服部门的协同工作主要是通过系统授权和访问控制，逐步落实地勤公司、航空公司相关运行主体对各自保障服务工作的责任，进一步实现停机位等资源的优化分配。

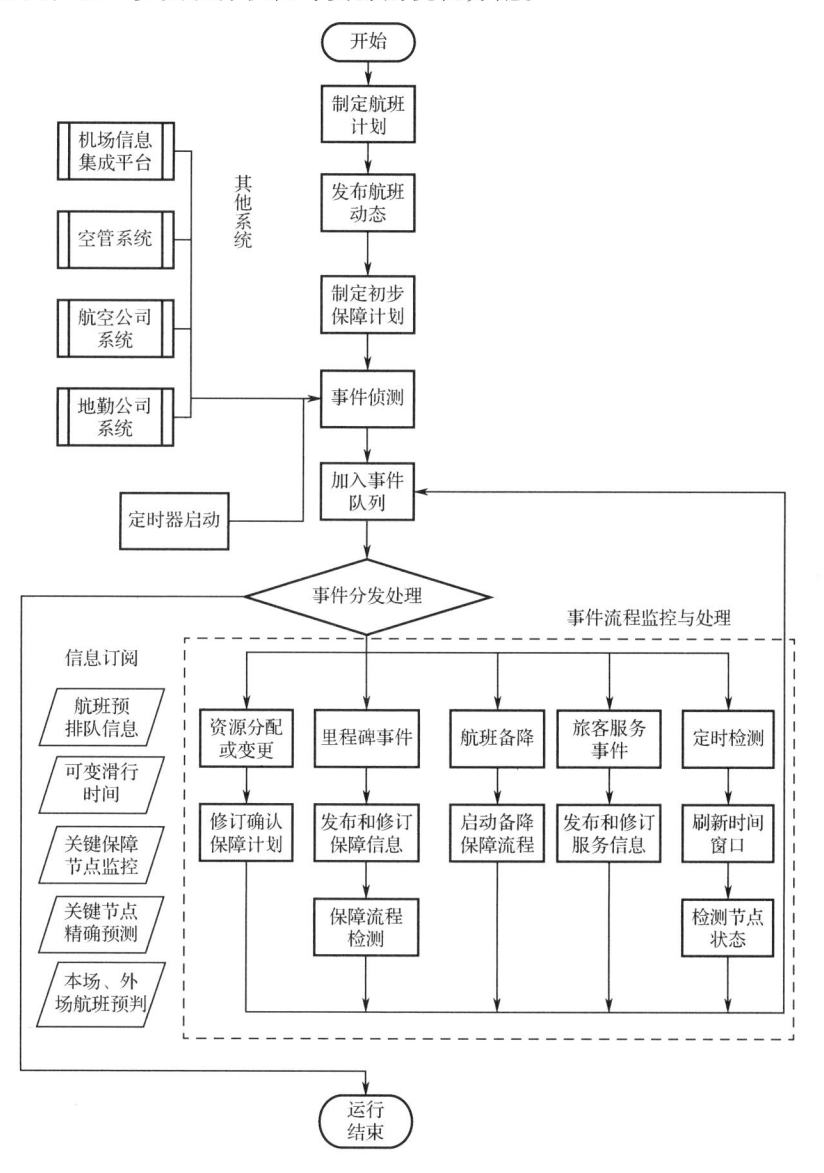

图 4-4 ACDM 系统工作流程图

4.1.5 关键模块

4.1.5.1 航班监控

航班监控按照空地运行保障流程对地面保障各环节进行监控。空地运行保障流程是指由空管、机场、地面保障单位、航空公司等各单位共同完成的航班空地运行保障业务操作的详细流程，由一系列的保障节点组成，各个航班保障节点之间存在一定的关系，且关系具有一定约束性，如图4-5所示。航班保障流程受机型、任务性质、代理人、机位等因素影响，其标准不尽相同。系统提供对节点和工作流定义的功能，支持用户根据机型、机位、任务性质因素定义选择节点和定义工作流程，目的是根据不同业务规则由用户自行定义不一样的保障流程，来适应系统业务的复杂性，满足各参与方的实际运行情况。常见的航班保障流程有进港过夜航班保障流程、出港始发航班保障流程、过站航班保障流程、除冰航班保障流程等几类。

如图4-6所示，航班监控基于机场运行态势展示场面上航空器的实时位置、车辆的实时位置、机位实时状态、场面实时视频、气象信息等，使场区实际运行状态一目了然。地图上航空器用不同图标样式（大小、颜色、形状）表示不同含义，如滑行出港、滑行到港、正常保障、过站超时、停场航班等。地图上车辆用不同图标表示不同类型的车，如行李牵引车、飞机除冰车、加液车、牵引车、摆渡车、客体车、其他车等。

基于如图4-7所示，航班保障进程状态界面可直观查看详细的保障进程信息，包括所有保障进程节点、已完成节点的计划时间/实际时间、正在保障的节点、未进行的节点、预计保障完成的时间等。同时，还可及时进行保障超时预警，提醒地勤、机场、空管等各相关单位，是否影响预计起飞时间、调整放行等，从而达到协同工作、优化资源的目的。

4.1.5.2 运行预测

运行预测模块在大数据平台的支持下，采集航班、旅客、机场保障及其他协同信息，以机场航班运行和旅客分布作为主要参考依据，通过运行预测模型对未来数分钟至数小时内的机场运行情况进行预测，为机场运行决策提供支持。随着现代仿真技术发展，未来将越来越多依赖实时仿真或数字孪生等手段提供预测功能，涉及仿真和数字孪生的内容将在第10章详细介绍。

运行预测系统架构如图4-8所示，从上到下包括决策分析层、核心业务层和数据资源层。其中，决策分析层提供航班正点率分析、旅客分布分析、排队长度预测、运行需求预测和设备利用率分析等信息，基于运行需求变化改善运行资源管理；核心业务层包含航班运行管理、旅客管理、动态队列管理和运行预测；数据资源层包含航班信息、空管信息、旅客信息、资源使用信息和协同决策信息。

在核心业务层中，航班运行管理功能通过航班运行状态跟踪、运行计划管理，考核正点率绩效，采取协同决策方法提高航班正点率；旅客管理功能跟踪旅客轨迹分布和流程管理，实现机场内的旅客排队长度预测和旅客流预测，应对可能到来的旅客高峰。动态队列管理的主要功能是监控展示的每个区域和流程的排队队列，与

图 4-5 航班保障流程图

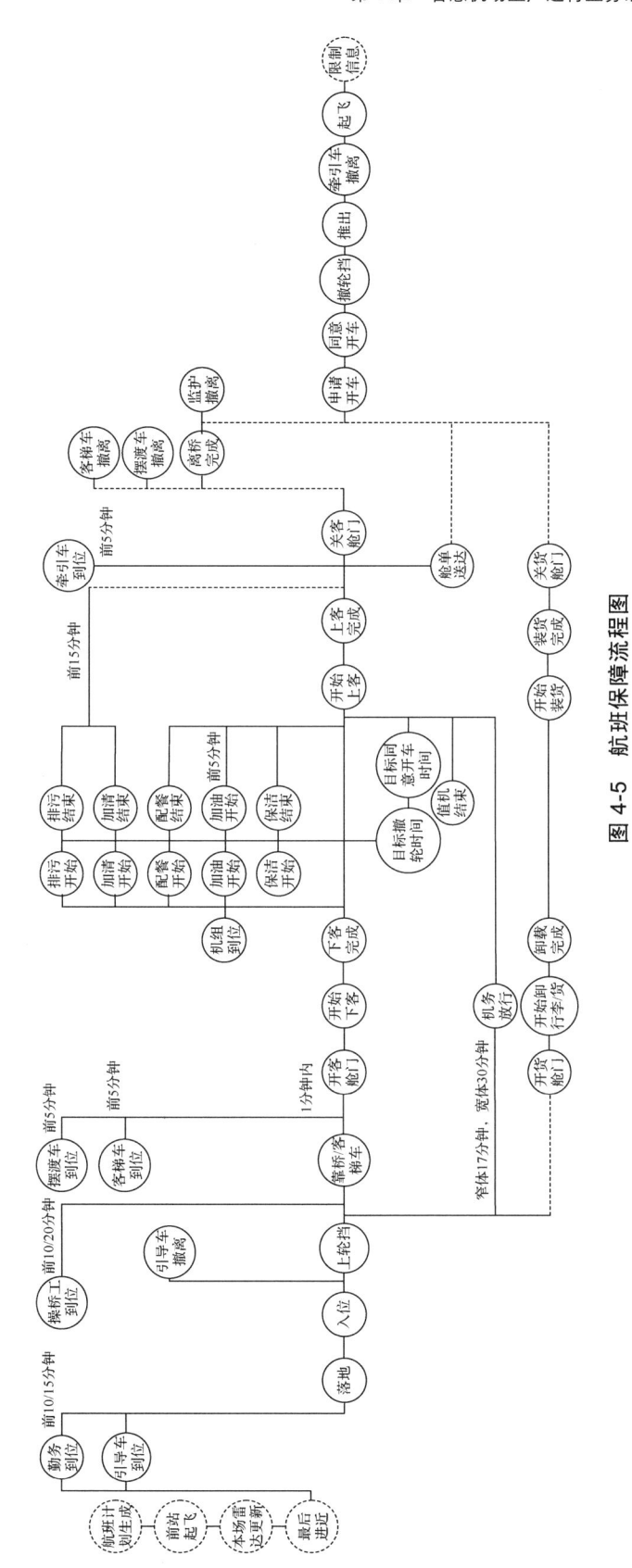

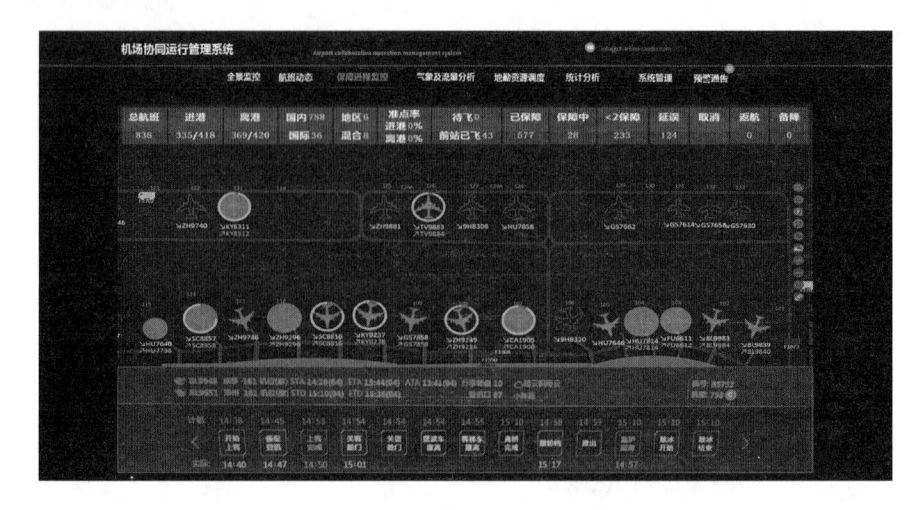

图 4-6 航班监控界面

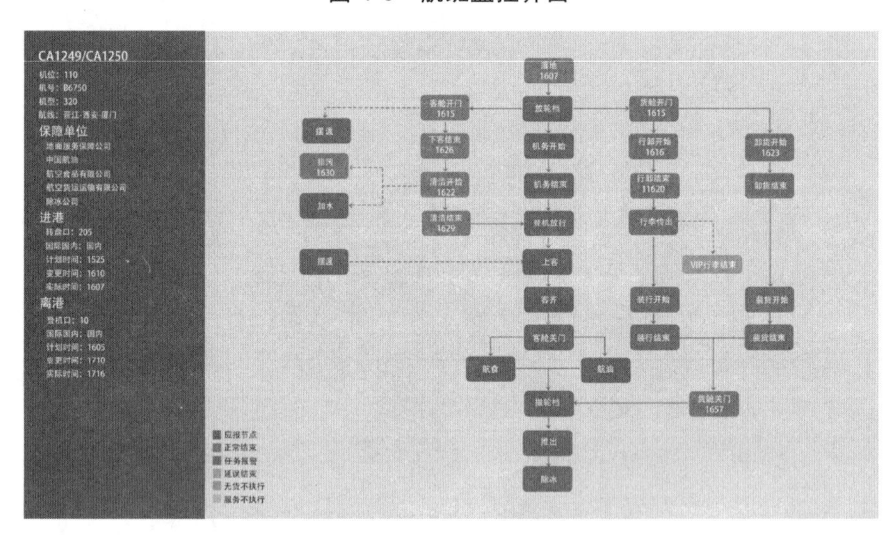

图 4-7 ACDM 航班保障进程状态界面

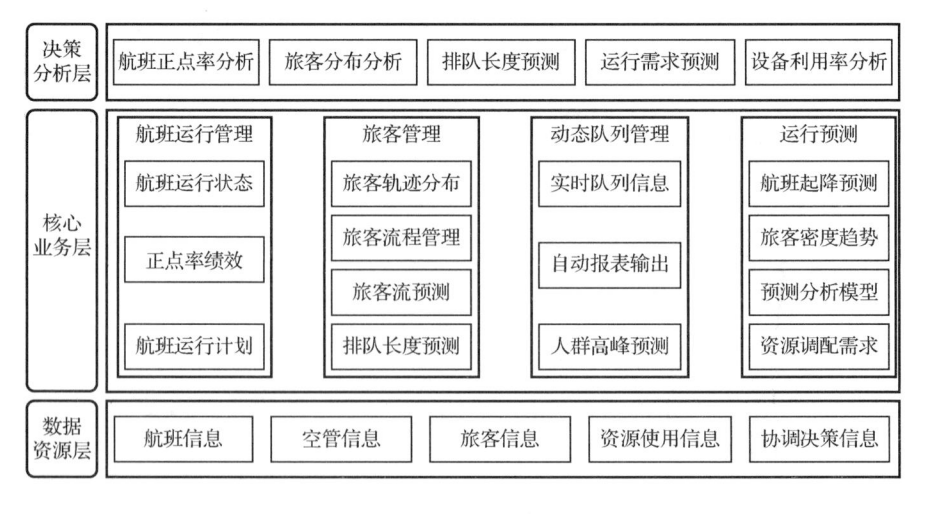

图 4-8 运行预测系统架构

资源管理系统协调，调整资源分配，避免大面积排队等候。运行预测通过输入航班信息和旅客信息到预测分析模型，得到运行预测结果，指导航班起降和旅客集散管理，机场根据运行预测分析结果配置资源，将资源调配到可能导致运行瓶颈的地方。

4.1.5.3 信息服务

ACDM 最核心的基础是协同合作。实施 ACDM 涉及每一个参与者，包括机场、航空公司、空中交通管理机构，都必须做好一起协同合作的准备。机场、航空公司和空中交通管理机构的程序将被整合到同一个信息共享系统，让所有参与者能够预测飞机的推出时间、开车时间以及预计起飞时间，以更好地安排本部门的工作计划。因此，必须对整个协同决策过程中的信息关系进行分析，通过信息服务化达成信息共享。

空中交通管制单位主要使用空管自动化系统，将航班飞行计划数据、航班电报数据和雷达监视的飞机实时位置数据进行整合，整合后的数据主要用于向空中交通管制员提供信息服务；机场运行控制系统主要用于机场资源（如机位值机）的自动分配与管理，和以航班地面运行为主线的地面服务流程的信息数据管理；航空公司的运行系统以航班计划的执行为中心，对每个航班的飞行计划与飞机实时运行数据进行管理。

4.1.5.3.1 整体信息关系

机场运行信息涉及空管、航空公司、地服公司、机场、流量管理等。

对机场方面来说，需要提供机位信息（机场机位分配以及使用情况）、从机位滑行进入跑道的时间以及预计的除冰开始时间和所需时长。对地面服务公司来说，需要提供目标保障完成时间（根据地面保障情况提供的预计地面服务完成时间，可定义为关舱门时间）、最小过站时间（根据机型定义的平均最小过站时间）、航班计划、离港优先级等。航空公司需要提供签派数据。而对空管局来说，则应提供前场预计起飞时间、前场实际起飞时间、区域管制时间、终端管制时间(航班即将降落)、航班落地时间、航班预计起飞时间（空管局根据航路流控制信息，对航班进行二次放行排序后排定的预计起飞时间）、航班实际起飞时间等。整个机场协同决策实施过程中的信息交互关系如图 4-9 所示。

4.1.5.3.2 里程碑管理信息交互

机场协同决策的实施关键在于里程碑管理方法的实施。地面保障里程碑是指从航班落地到起飞，即航班过站期间涉及的地面保障节点，是 ACDM 系统必须采集和配置的时间数据。根据机场性质规模的不同，有不同的里程碑的定义。如《机场协同决策（ACDM）技术规范》（征求意见稿）中，定义了 43 个里程碑事件，也可根据需要选取典型的、不可逾越的保障节点来定义。本书选取了 16 个典型的里程碑事件，主要目的是阐述里程碑事件之间管理信息交互的时间基准，并将航班的里程碑管理流程分为 4 个阶段，详细分析各阶段各系统之间的信息交互关系。

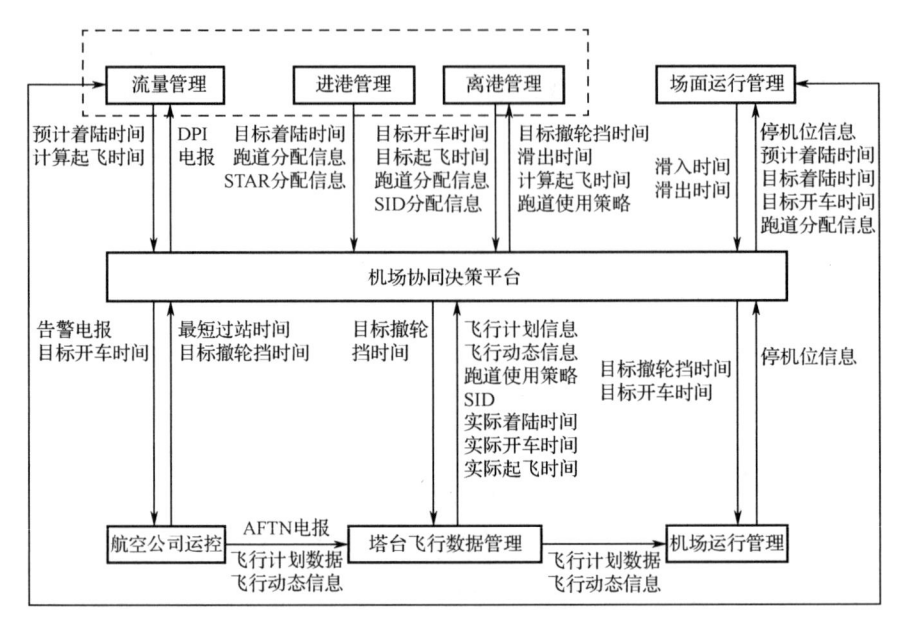

图 4-9 信息交互关系示意图

1. 航班计划预处理阶段

这个阶段包括里程碑节点 1（EOBT（预计撤轮挡时刻）前 2.5h）和里程碑节点 2（EOBT 前 1.5h）。

航班计划预处理阶段信息关系如图 4-10 所示。

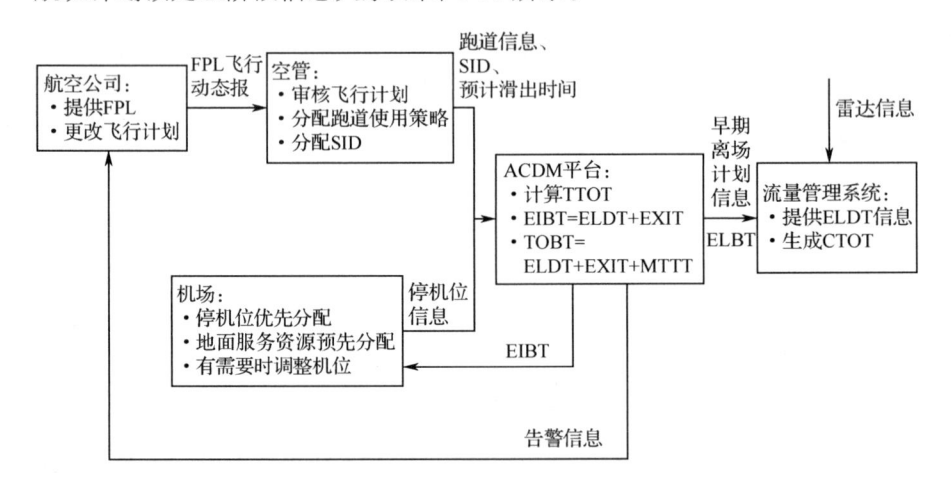

图 4-10 航班计划预处理阶段信息关系

（1）飞行计划审核后，由空管分配跑道和 SID（标准仪表离场）航线，机场分配停机位和地面服务资源，ACDM 平台根据机位和跑道信息计算 EXOT（预计出港滑行时间）和 TTOT（目标起飞时间），发送给流量管理系统进行流控。

（2）根据流量系统提供的 ELDT（预计着陆时间），EXIT（预计进港滑行时间）

和 MTTT（最小过站时间）计算 TOBT（目标撤轮挡时间）并与 EOBT 比较，比较根据实际情况得到的最早撤轮挡时间能否满足飞行计划的 EOBT 要求。

（3）航空公司收到 ACDM 告警信息，拍发飞行动态报，空管、机场、ACDM 平台分别生成新的 TTOT 和 SID，由流量管理系统生成 CTOT（计算的起飞时间）。

2. 航班前站数据处理阶段

该阶段包括里程碑节点 3（前站起飞）、里程碑节点 4（进入本地雷达范围）、里程碑节点 5（最后进近）、里程碑节点 6（航班落地）、里程碑节点 7（航班上轮挡）和里程碑 8（地勤开始服务）。航班前站数据处理阶段信息关系如图 4-11 所示。

（1）判断 TOBT（ELDT/TLDT/ALDT+EIXT/AXIT+MTTT）是否满足 EOBT 的容差要求。

（2）判断 TTOT（TOBT+EXOT）是否满足 CTOT 的容差要求。

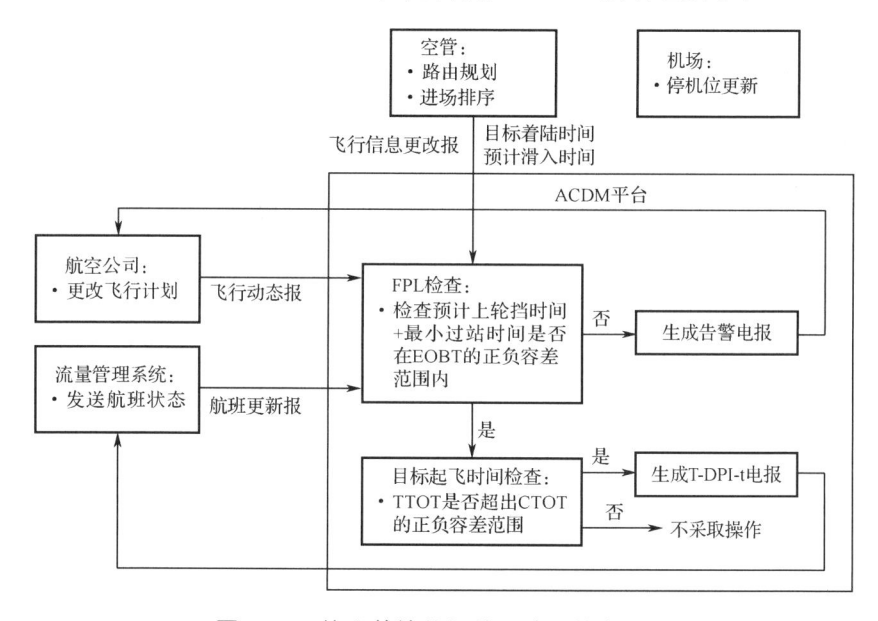

图 4-11 航班前站数据处理阶段信息关系

3. 航班本站飞行前处理阶段

该阶段包括里程碑节点 9（TSAT 之前更新 TOBT）、里程碑节点 10（TSAT 发布）、里程碑节点 11（开始登机）、里程碑节点 12（航空器准备好）和里程碑节点 13（申请开车）。航班本站飞行前处理阶段信息关系如图 4-12 所示。

（1）在里程碑 9，与前一阶段相同，判断 TOBT 和 TTOT 是否满足容差范围要求。

（2）在里程碑 10，各参与方根据 TSAT（目标许可开车时间）进行组织活动。

（3）在 TOBT 前规定时间进行登机检查，确认航班能够遵守 TOBT；如不符合要求，更新 TOBT。

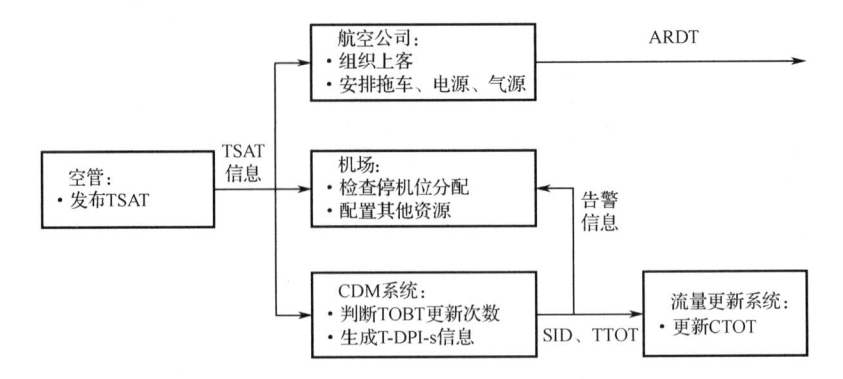

图 4-12 航班本站飞行前处理阶段信息关系

4. 航班本站运行阶段

该阶段包括里程碑节点 14（同意开车）、里程碑节点 15（撤轮挡）和里程碑节点 16（起飞）。航班本站运行阶段信息关系如图 4-13 所示。

判断是否在 TSAT 的容差范围内获批开车，不满足则要重新排序，分配新的 TSAT，更新至相关方，各参与方按更新信息采取措施。

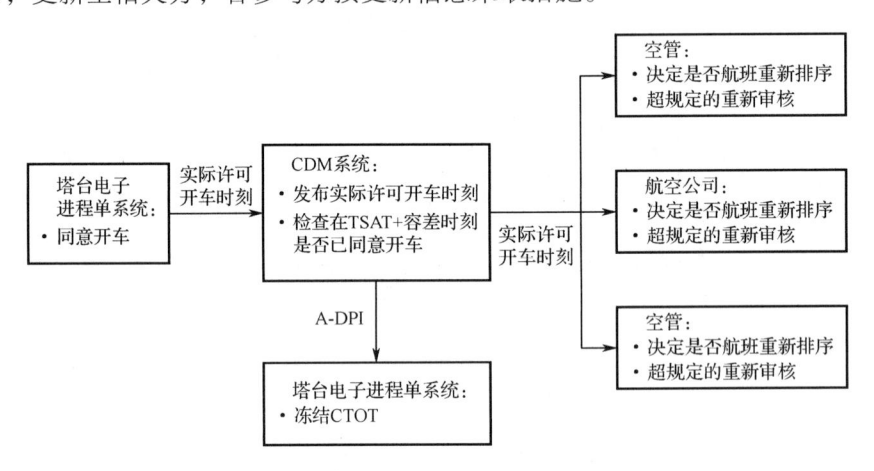

图 4-13 航班本站运行阶段信息关系

4.1.5.4 资源管理

4.1.5.4.1 业务描述

在机场业务中航班资源保障是指在考虑机型大小、航班任务、机位容量、机位与航班属性的约束、各保障资源之间的约束条件、航班时刻等因素的情况下，为未来一个时间范围内的进港或离港的航班指定停机位、登机口以及行李转盘，保证航班不发生延误。机场停机位根据所能停放的机型大小分为大、中和小型停机位，停机位上可停放的机型有严格的规定。次类资源包括航班运营保障时使用的登机口和行李转盘等资源。由于航班保障所需次类资源的分配依赖于机位的分配，所以整个机场运营资源保障的问题就是停机位的分配问题。

停机位分配是指根据航班的机型、航空公司、任务以及国际国内航班属性，为每一个航班分配一个具体的停机位，包含航班到达停机位的时间和离开停机位的时间。在运营日的不同时间段内，由于到港和离港的航班种类、属性、数目和时间不同，确定每个航班使用停机位的时间也不同。机场运营指挥中心调度人员要根据实际生产需要为未来一个阶段的航班进行停机位分配，准时为每个航班分配到合适的停机位。停机位的分配是否恰当，不仅对提高航空器的利用率关系密切，而且对保证航班计划的实现、降低运输成本、提供优质服务都有很大影响。

为航班分配停机位包括航班占用具体停机位以及进出停机位的时间两项内容。在为航班进行保障资源分配时，航班计划时间已知，应按照"先到先服务"原则对航班进行资源分配，但是由于机场停机位和各类保障资源是有限的，尤其是停机位、登机门和行李转盘等在数量上是固定的。另外考虑到航班如果使用远机位，航班各保障阶段的时间增加，造成航班过站时间较长，可能会导致航班延误，所以在允许的情况下尽量分配航班在近机位。

资源的分配必须满足不同的约束条件，这些约束条件可能会因机场与航空公司业务的不同而不同，如以下约束条件：

（1）同一个停机位在同一时间不能分配一个以上的航班。

（2）每一个航班在同一时间必须被分配且仅能被分配至一个停机位。

（3）使用停机位的航班必须满足该机位的相应约束条件。

（4）航班进出停机位的时间间隔不得低于飞机完成一次过站作业所需的最低时间要求，使用同一停机位的航班前后之间应保持一定的时间间隔。

（5）由于每个机场与航空公司的业务不同，导致机场在停机位分配问题上有许多合约约束，最终导致约束规则随业务变化而变化，停机位的实际分配也会发生变化。

因此，合理制定停机位分配和次类资源的分配方案并将约束规则可配置，是机场生产指挥中心完成作业任务的核心工作之一。

4.1.5.4.2 需求分析

1. 相关概念

资源管理模块也可独立成为机场资源管理系统，负责对机场运营资源进行分配和管理，主要包含实时资源分配和资源规划管理等内容，具有运营资源分配、资源基础信息管理、约束信息管理、智能分配分析功能，为用户提供合理的运营资源分配方案，并通过消息发布/订阅机制实现多用户并发操作的数据同步。

运营资源主要包括：停机位、登机口、行李提取转盘等。该模块把机场范围内的资源按照所在位置（不同航站楼）、属性（国内、国际）、种类（停机位、登机口、到达口、行李提取转盘等）、所属单位（公用、机场、航空公司、地勤公司等）等特性进行归类，这些资源的特性确定和使用划分由用户进行统一管理。航空公司、地勤公司等单位在用户划定的范围内为所辖航班进行资源分配。

2. 建设目标

满足机场航班实时资源分配要求，通过用户设定的规则和约束条件，提供自动分配停机位、登机门和行李转盘的功能。提供友好的用户图形界面，使操作人员能便捷地对各种资源的分配进行快速手工调整。

3. 功能需求

（1）机位预分配

资源管理模块接收到航班计划后，按"机位预分配规则"自动为对应航班分配机位，并自动将产生的航班机位分配设置成"锁定"状态。"机位预分配规则"是用户自定义机位分配规则中的一种特殊类型规则，用于实现某航班，对机位长期性、规律性的固定占用。用户设置"机位预分配规则"的条件包括：航空公司、航班号、进出标志、航班属性、开始日期、结束日期、机位号、周执行情况等。

这一过程完成后，大部分航班计划将会按照"机位预分配规则"产生航班机位分配，其中有一些航班的机位分配会产生"占用时间冲突"或"机型冲突"，或二者皆有。指挥调度人员会根据实际情况，对机位占用冲突的航班进行机位手动调整。

（2）机位自动分配

机位预分配结束后，调度人员会根据预分配结果对冲突航班进行手动调整，然后对所有未分配机位的航班进行自动分配机位。自动分配机位的过程中，用户可选择分步实现，如先对机场代理航班自动分配机位，再对特定航空公司的代理航班自动分配机位。航班机位自动分配时根据用户自定义机位分配规则进行。由于受机位分配规则的影响，航班机位自动分配完成后，系统中可能会有无法自动分配机位的航班，对于这些航班需要由用户为其手动分配机位。

（3）航班动态执行

此阶段中用户根据航班动态执行情况，对航班资源计划数据进行调整、确认，产生航班资源分配的最终结果。航班动态执行阶段的主要处理过程包括：航班机位分配调整、航班机位分配确认、航班登机口分配、航班行李提取转盘分配，以上各处理过程均针对一个航班或一对进出匹配航班进行处理。

（4）出港航班登机口分配

本过程发生在航班机位分配后，分配到靠桥机位的航班，由系统自动将靠桥机位对应关联的登机口分配给该航班。为航班分配登机口时，只需要为航班分配登机口号，不需要分配航班对该登机口的占用时间。

航班登机口分配规则的要素有：航班任务、属性、代理、"就近原则""均衡使用原则"。"就近原则"指根据航班机位和登机口的距离关系，优先分配离该航班机位较近的登机口。"均衡使用原则"指尽量使用空闲的登机口，实现登机口的均衡使用。

（5）进港航班行李转盘分配

本过程发生在该航班机位分配后，由系统自动为该航班分配行李提取转盘。为航班分配行李提取转盘时，只需要为航班分配行李提取转盘号，不需要分配航班对行李提取转盘的占用时间。

航班行李转盘分配规则与登机口分配规则类似，分配规则的要素有：航班任务、属性、代理、"就近原则""均衡使用原则"。"就近原则"指根据航班机位和行李提取转盘的距离关系，优先分配离该航班机位较近的行李提取转盘。"均衡使用原则"指尽量使用空闲的行李提取转盘，实现行李提取转盘的均衡使用。

（6）航班执行完成确认

用户对执行完毕的航班资源分配进行善后、分析、记录处理，为下一运营日航班计划的资源预分配做准备。此阶段只针对航班机位分配进行处理，处理过程包括航班机位分配的分割（拖飞机）、机位长期占用（停场过夜且次日不飞行）、打印机位甘特图。

4.1.5.4.3 系统架构

资源管理模块的系统架构如图 4-14 所示，从下到上依次是数据资源层、业务功能层和决策分析层。其中，数据资源层主要是航班计划信息、航班动态信息、航班资源信息、旅客信息、气象信息等；业务功能层包括预分配资源管理、实时资源分配管理、资源规划管理等；决策分析层包括资源占用显示、航班/资源查询、历史分配记录、保障绩效统计等。其中资源占用显示以甘特图的形式显示机场机位和登机口、行李转盘等资源的占用情况，综合了各种航班机位动态信息要素，实时直观地显示各航班的资源分配情况。资源占用甘特图包含了所有对动态机位的操作，包括预分配、自动分配、手动分配和机位回收，还可以实现对机位锁定、确认、设置 VIP，以及机位分割的操作。另外甘特图中还实现了对纯进港、纯出港、10 分钟内进港航航班、待分配机位航班、冲突航班，以及各种自定义冲突航班的分类显示。

下面详细介绍业务功能层的几个子模块。

1. 预分配资源管理模块

机位预分配管理模块包括：

（1）预分配处理

接收由 ACDM 系统转入的季度航班计划、短期日航班计划、次日计划，转换为适用于资源管理模块使用的数据格式，并根据预分配规则执行预分配处理。

（2）规则匹配分析

通过匹配固定分配规则分配机位及次类资源。

（3）分配冲突提示

对分配后结果之间的冲突进行明确提示，明确给用户提示冲突的类型及详细信息，以便用户验证分配的合理性。

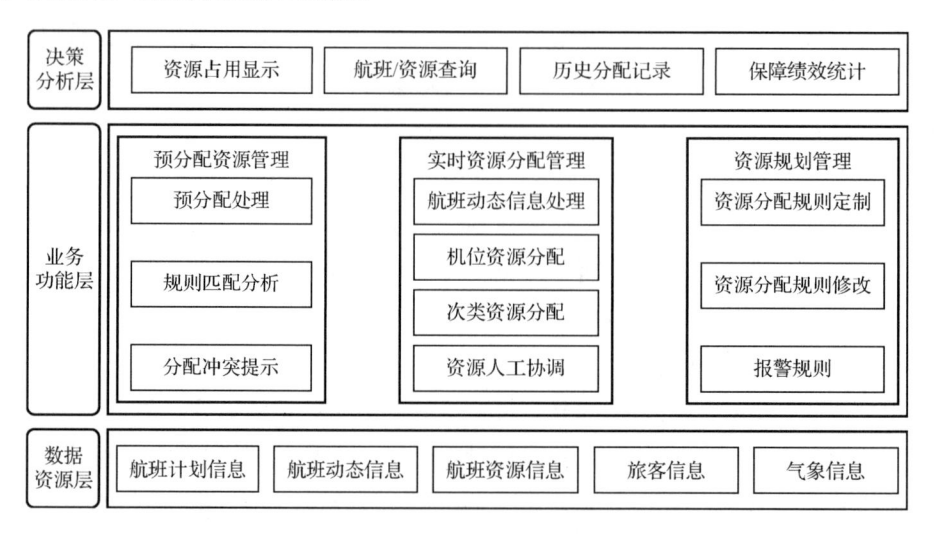

图 4-14 资源管理系统架构

决策分析层：资源占用显示 | 航班/资源查询 | 历史分配记录 | 保障绩效统计

业务功能层：
- 预分配资源管理：预分配处理、规则匹配分析、分配冲突提示
- 实时资源分配管理：航班动态信息处理、机位资源分配、次类资源分配、资源人工协调
- 资源规划管理：资源分配规则定制、资源分配规则修改、报警规则

数据资源层：航班计划信息 | 航班动态信息 | 航班资源信息 | 旅客信息 | 气象信息

2．实时资源分配管理模块

实时资源分配管理模块，是机场资源管理最重要的模块之一。通过方便直观的航班资源管理界面，可以对机位以及次类资源进行分配和调整。航班动态的变化关系到一系列资源计划的调整，如航班延误使得此航班的机位计划占用时间增长，导致此机位上的其他未到达航班的机位占用计划也应做相应调整，为了保证机场运营的高效性，设计了以下功能。

（1）航班动态信息处理

处理由 ACDM 传入系统的航班动态，实时更新资源管理模块本身维护的航班动态信息，达到数据的一致性，并且自动处理由于航班动态变化造成的资源占用的变化，如占用时间增长等。

（2）机位资源分配

按照分配规则为航班自动分配机位。

（3）次类资源分配

按照用户所设定的各资源之间的关联规则以及一些次要规则，系统会推荐用户每个航班可分配的次类资源，用户也可以手工选择相应的此类资源进行分配，所分配的资源包括值机柜台、登机口、行李提取转盘等。

（4）资源人工协调

机位分配有可能导致次类资源的分配变化，特别是登机桥关联的机位，系统提供了机位确认功能，未确认的机位分配调整，次类资源会根据新的机位分配为航班资源，如果机位已确认，则不会调整此类资源的分配，此功能满足了机位与次类资源之间的关联需求。

3. 资源规划管理模块

该模块主要实现对资源的规划管理，资源包括机位、登机口、值机柜台、行李转盘等。模块提供对资源分配规则等进行定制添加和修改，规则能够灵活设置其优先权值，使自动分配时按照此权值不同，优先的规则也进行相应灵活的调整。模块还提供了报警规则的设置，用户可以按照需求配置报警条件，系统通过计算用户报警规则，在界面上明确显示出冲突报警。

4.1.5.4.4 具体实现

1. 机位预分配算法

机位预分配算法的主要功能是根据"机位预分配规则"，实现航班对机位长期性、规律性的固定占用分配，如图 4-15 所示。

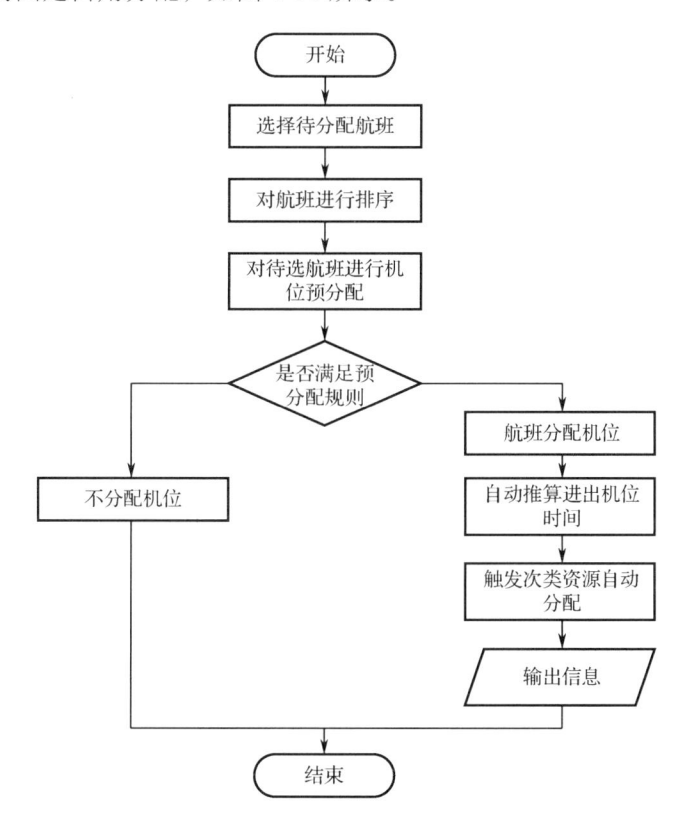

图 4-15 机位预分配算法示意图

2. 机位自动分配算法

机位自动分配模块的主要功能是根据"机位分配规则"以及各种约束条件，完成待分配航班的机位自动分配，待分配航班可以为多个，机位自动分配算法流程图 4-16 所示。

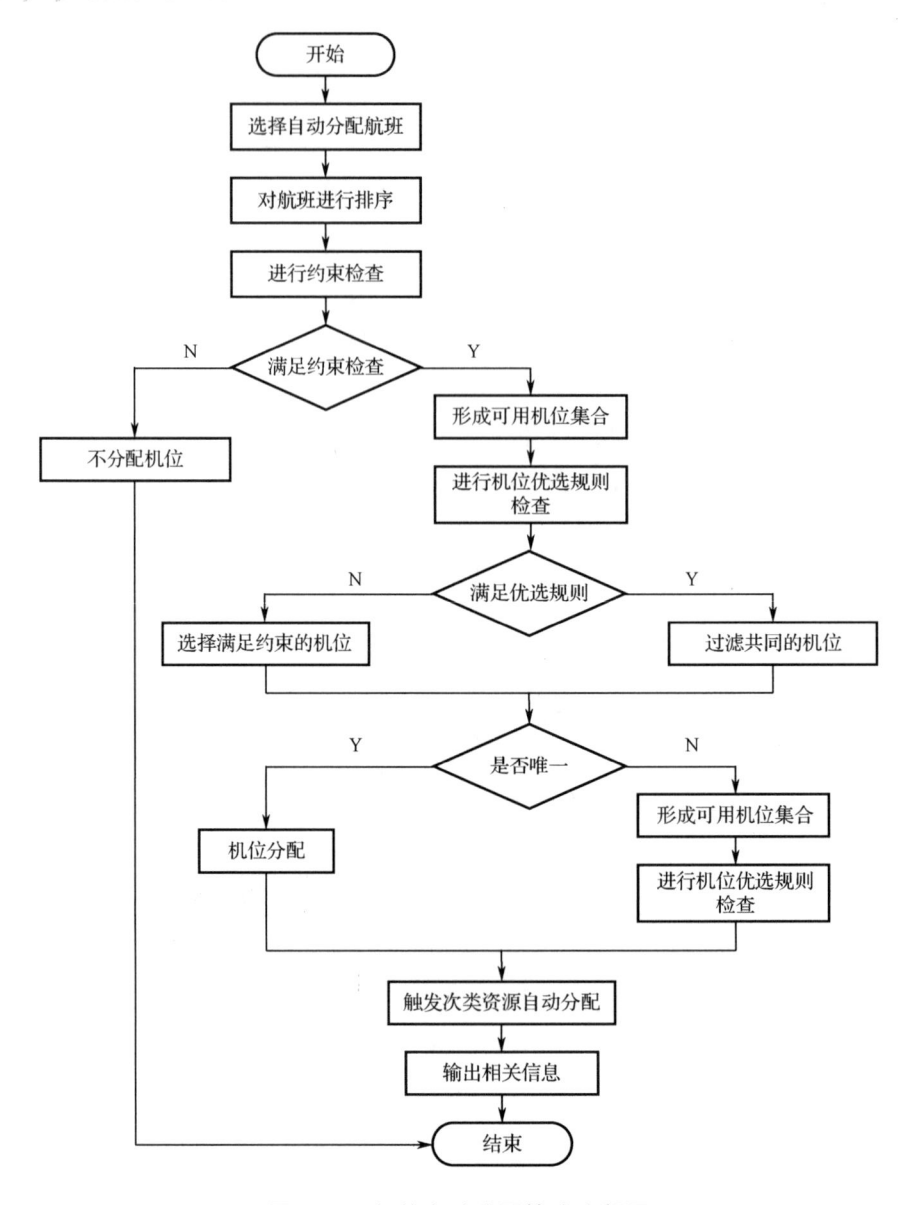

图 4-16　机位自动分配算法流程图

3. 登机口自动分配算法

航班机位分配后自动完成该航班登机口的分配。分配到靠桥机位的航班，系统根据靠桥机位与靠桥登机口的关联信息、自动将对应的靠桥登机口分配给该航班。分配到远机位的航班，系统根据"就近原则""均衡使用原则"为该航班分配远机位登机口。登机口自动分配算法流程图 4-17 所示。

4. 行李转盘自动分配算法

航班机位分配后自动完成该航班行李转盘的分配。系统根据"就近原则""均衡使用原则"分配行李转盘，算法与图 4-17 所示类似，此处不再赘述。

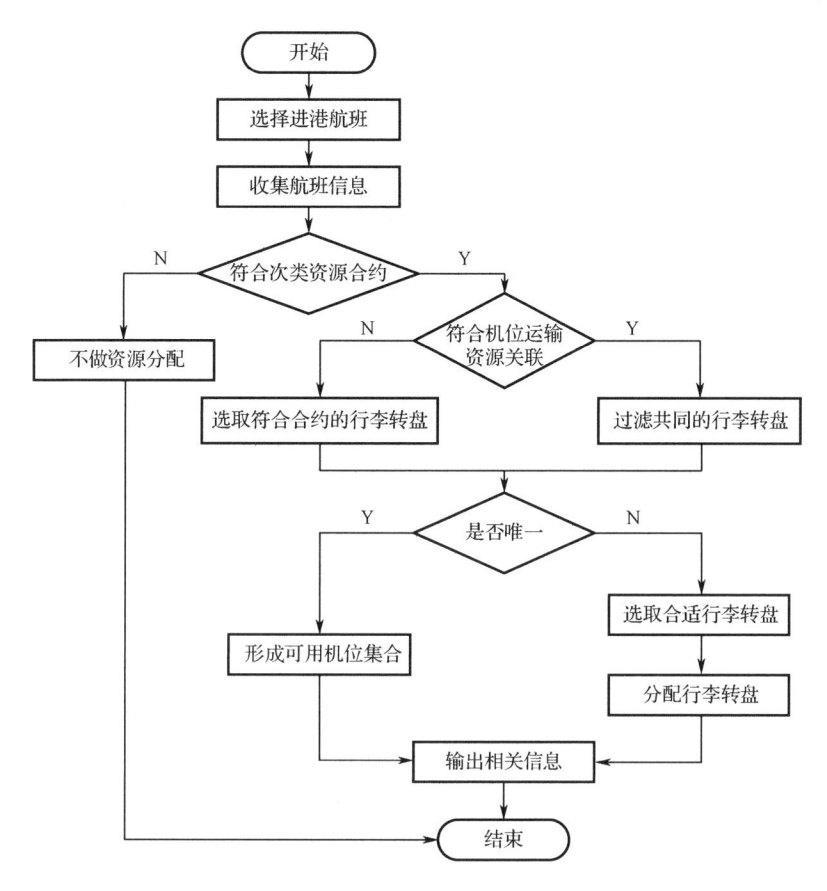

```
                    ┌──────────┐
                    │   开始   │
                    └────┬─────┘
                         ▼
                    ┌──────────┐
                    │选择进港航班│
                    └────┬─────┘
                         ▼
                    ┌──────────┐
                    │收集航班信息│
                    └────┬─────┘
                         ▼
           N      ◇符合次类资源合约◇     Y
      ┌──────────┤                 ├──────────┐
      ▼          └─────────────────┘          ▼
┌──────────┐              N   ◇符合机位运输   Y
│不做资源分配│        ┌─────────┤ 资源关联 ├─────────┐
└──────────┘         ▼         └──────────┘        ▼
                ┌──────────────┐            ┌──────────────┐
                │选取符合合约的 │            │过滤共同的行李转盘│
                │   行李转盘    │            └──────────────┘
                └──────┬───────┘                   │
                       └───────────┬───────────────┘
                                   ▼
                          Y   ◇是否唯一◇   N
                     ┌────────┤          ├────────┐
                     ▼        └──────────┘        ▼
              ┌──────────────┐            ┌──────────────┐
              │形成可用机位集合│            │选取合适行李转盘│
              └──────┬───────┘            └──────┬───────┘
                     │                           ▼
                     │                    ┌──────────────┐
                     │                    │  分配行李转盘  │
                     │                    └──────┬───────┘
                     └───────────┬───────────────┘
                                 ▼
                          ┌──────────────┐
                          │  输出相关信息  │
                          └──────┬───────┘
                                 ▼
                            ┌────────┐
                            │  结束  │
                            └────────┘
```

图 4-17 登机口自动分配算法流程图

4.2 场面活动引导与控制系统

A-SMGCS（Advanced Surface Movement Guidance and Control System，高级场面活动引导与控制系统）是用于机场场面活动管理的先进工具。它通过对机场场面活动的监视、引导和控制来解决机场在安全、效率和容量等方面的问题，可实现全天候、高密度航班流量和复杂机场环境条件下的机场场面运动的监控和引导，从而有效避免场面活动目标发生冲突，显著增强机场的智能水平和服务保障能力，特别是在低能见度条件下大幅度提高机场运行的安全与效率。

4.2.1 系统概述

A-SMGCS 技术的前身是场面活动引导与控制系统（Surface Movement Guidance and Control System，SMGCS）。监视机场航空器和车辆的运行是机场交通管制的基础。早期机场交通管制基于目视"看见与被看见"（see and beseen）的原则进行导航与监视，后来发展到基于场面监视雷达的 SMGCS。但 SMGCS 只是通过在飞机和车辆上安装雷达或无线电模块，用于向监控中心发送飞机或车辆的位置信息，只能在监控中心对车辆实现一定的监视功能。20 世纪 80 年代末期以来，随着民航运输业的高速发展，机场交通流量增大、机场规模扩大（从单跑道到多跑道，单航站楼到多航站楼）、场面布局结构日益复杂以及雨雾等低能见度气象条件对场面运行的影响日益严重，仅靠管制员在监控中心来监视整个机场场面的方式已渐渐无法满足低能见度条件下场面运行管理效率和安全性的需求。同时，机场场面雷达由于受杂波、气候等因素影响严重，且具有不能识别目标的局限性，不能完全满足未来机场场面监视的需要。此外，航空器和车辆驾驶员也希望能够在自己的航空器或车辆上看到自身所处的位置以及自己周围场面运行的状况，并希望及时得到报警信息。随着场面监视雷达、广播式自动相关监视、多点定位等场面监视新技术的出现和计算机自动控制技术的发展，利用监视传感器对场面活动目标进行精确定位，并使用计算机对场面目标活动进行自动化管理成为可能。基于以上需求和技术可行性，提出了在机场部署"高级场面活动引导与控制系统"A-SMGCS 的概念。从主要依靠管制员人工管制场面活动的 SMGCS，向主要依靠各种监视设备和计算机系统对场面活动进行自动化管制的 A-SMGCS 发展已成为大势所趋。

A-SMGCS 概念的提出基于两大因素，一是保障地面机场的安全，二是增大地面机场的容量。1997 年在题为"A-SMGCS 可操作的需求"的文件中，国际民航组织（ICAO）指出了 A-SMGCS 的要点，并定义了其要实现的基本功能：监视、路径规划、引导和控制。2004 年，ICAO 发布了 Doc.9830 文件，即《A-SMGCS 手册》，对 A-SMGCS 系统的概念、应用中的运行和性能要求以及实施注意事项等进行了详尽阐述。A-SMGCS 通过为场面上的航空器与车辆提供监视、路径选择、引导和控制功能，已不仅仅局限于在低能见度条件下保障机场的安全运行，而是在任何机场运行条件下监控场面飞行区的交通状况。作为一种能够兼顾场面安全性与运行效率的先进系统，A-SMGCS 已经在当代大型枢纽机场的安全高效运行中占据了至关重要的位置。

按照 ICAODoc.9830 文件，A-SMGCS 系统建设分为 5 个级别，并对应规定了相应的系统要求。

Ⅰ级：监视。没有场面监视雷达，也没有助航灯光系统，管制员仅凭目视监视航空器与车辆的位置，并手动分配滑行路径；管制员与飞行员凭借目视观察预测冲突及发出告警；通过油漆中心线和滑行引导牌实现地面引导。

Ⅱ级：告警。管制员借助场面监视雷达监视航空器与车辆；冲突预测和告警通过场面监视雷达，以及管制员和驾驶员的目视观察完成。滑行路径由管制员手动分配；地面引导采用油漆中心线、滑行引导牌和固定的中线灯实现。

Ⅲ级：自动路径选择。场面监视雷达自动监视航空器与车辆，滑行路径由系统自动分配；冲突探测和告警，由管制员、飞行员和系统共同完成；通过油漆中心线、滑行引导牌和人工控制中线灯实现地面引导，但中线灯由空管人员人工开关。

Ⅳ级：自动引导。基于Ⅲ级系统，系统自动控制中线灯及助航灯光，实现航空器与车辆滑行自动引导。

Ⅴ级：在最低能见度条件即跑道视程（Runway Visual Range，RVR）不超过75m的低能见度条件下适用，并要求在Ⅳ级的基础上为航空器与车辆配置卫星导航设备、数据链和数字化机场电子地图，能为机场场面交通管理部门对飞机和车辆制定交通规划，为科学管理提供支持，实现对飞机和车辆"门对门"的全程控制和管理。

Doc.9830文件还建议，A-SMGCS系统的建设级别应视具体的机场交通密度、布局复杂性和能见度条件而定。A-SMGCS是复杂系统，技术标准是根据最严格的机场状况制定的。由于用户需求的千变万化，并不是所有机场都必须实现在Doc.9830文件中描述的全部功能。A-SMGCS在实施前需要估计成本（研究收益）以及考虑用户需求的不断变化。在包括能见度、交通密度和机场布局等因素的任意组合都不会对场面航空器和车辆的运行造成问题的情况下，建设一个复杂的A-SMGCS系统既不经济也不必要。

4.2.2 需求分析

A-SMGCS系统的目标是在各种机场环境下，通过自动化手段对航空器和车辆进行控制、引导以及路由规划，并在保证机场安全与高效运行环境的基础上，提供最佳的机场容量。围绕A-SMGCS的目标，系统需实现监视、控制、路由规划和引导等4个功能。

1. 监视功能

系统将接收场面监视雷达（SMR）、进近雷达、多点相关监视（MDS）和广播式自动相关监视（ADS-B）等监视设备输出的目标监视数据，通过多元数据融合处理，对在机场场面覆盖范围内运动的航空器和车辆进行连续的定位与标识，在管制员监视界面上显示机场场面运动目标的运行态势和运行环境。

2. 控制功能

系统为地面运动提供各类告警服务，包括：冲突告警、目标丢失告警、特殊代码告警、重复二次代码告警、偏离滑行道告警、侵入告警、速度告警等。对出现的告警提供直观的画面或声音告警提示。

3. 路由规划功能

系统具备滑行路线自动选择能力，能够进行航空器场面滑行路线的自动安排，实时生成出港航班由停机位牵跑道、进港航班由跑道牵停机位的滑行路由，并能自动解决滑行冲突。同时，系统提供可视化路由选择界面，可由管制员人工选择路由。

4. 引导功能

系统具备助航灯光自动引导数据的生成能力，能够根据航空器滑行路线、场面运动航迹、跑道视程等数据，自动产生滑行路径上助航灯光的点亮、熄灭、灯光强度等控制数据,发送给助航灯光监控系统,实现对滑行道中线灯和停庄排灯的控制,形成与航空器同步运行的引导灯光,用于自动引导航空器沿规划的路由滑行、停止和穿越交叉口。同时,系统具备引导过程中的冲突解脱处理能力,能够根据航空器滑行路线、场面运动航迹等数据,自动预测各滑行道交叉口处的航空器滑行冲突情况,并可通过自动解脱方案化解可能出现的滑行冲突。

监视、路由、引导和控制 4 项基本功能相互依存,相互关联,协同工作,如图 4-18 所示,系统运行状态下,监视功能提供任何天气情况下的机场场面活动区内所有航空器和车辆的位置与身份确认。A-SMGCS 系统对场面的态势感知不仅能被相关人员(如管制员、飞行员和驾驶员)使用,同时还能激活 A-SMGCS 的其他功能,如引导和控制功能。路由规划功能则为每一架航空器和车辆规划出一条运行路由。在人工模式下,滑行路由先被管制员所接受再将路由信息传送给航空器和车辆;在自动模式下,滑行路由则被直接传送给航空器和车辆。为了保证路由功能的准确可靠,路由规划功能必须考虑所有的场面态势数据以及相应参数,并能实时反馈和调整场面运行发生的各种变化。引导功能为飞行员和驾驶员提供清晰而准确的指示,以保证航空器和车辆按照其规划路由运动。控制功能帮助管制员为场面安全运行提供保障,它必须能够组织所有的场面交通工具,使航空器、车辆、障碍物相互之间保持必要的安全距离,并能探测各种类型的场面运行冲突。

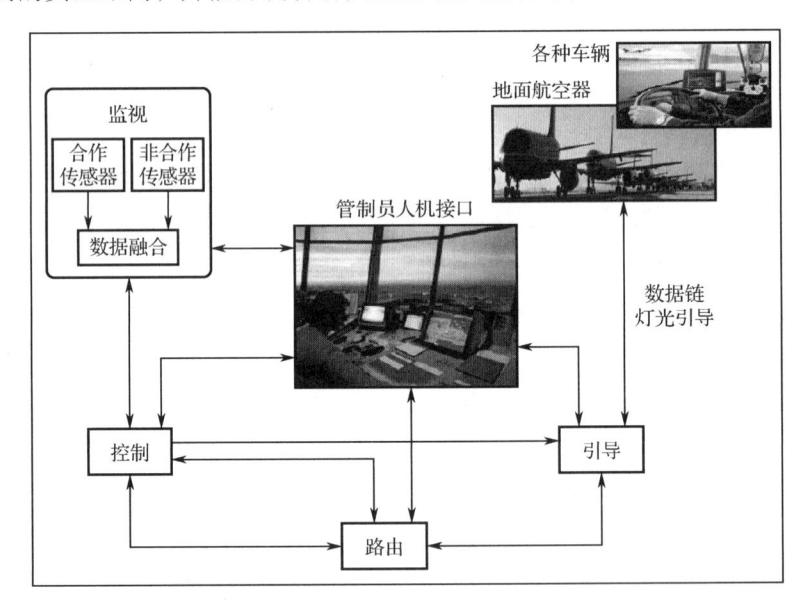

图 4-18 A-SMGCS 系统功能之间的关系

4.2.3 系统架构

A-SMGCS 系统架构如图 4-19 所示,从上到下分别是决策分析层、核心业务层、数据资源层和数据采集层。

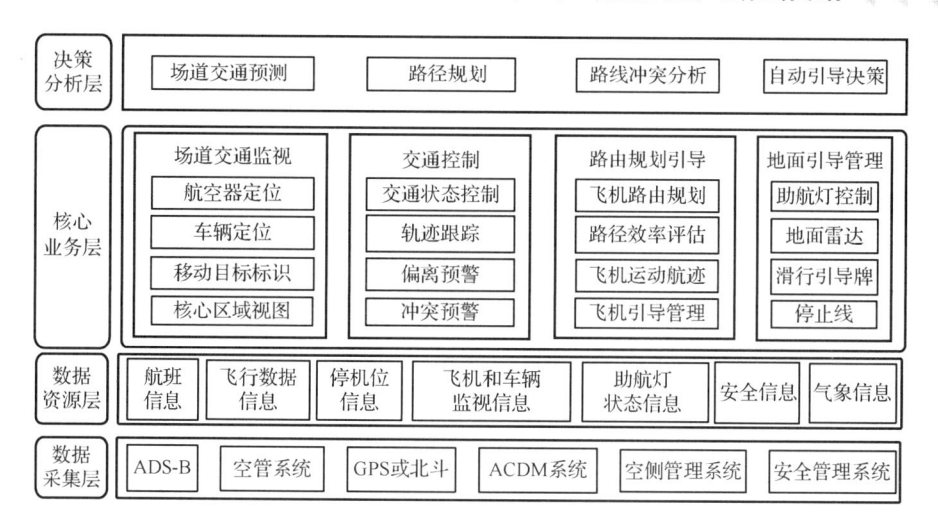

第4章 智慧机场生产运行业务系统

决策 分析层	场道交通预测	路径规划	路线冲突分析	自动引导决策
核心 业务层	场道交通监视 航空器定位 车辆定位 移动目标标识 核心区域视图	交通控制 交通状态控制 轨迹跟踪 偏离预警 冲突预警	路由规划引导 飞机路由规划 路径效率评估 飞机运动航迹 飞机引导管理	地面引导管理 助航灯控制 地面雷达 滑行引导牌 停止线
数据 资源层	航班信息	飞行数据信息	停机位信息	飞机和车辆监视信息	助航灯状态信息	安全信息	气象信息
数据 采集层	ADS-B	空管系统	GPS或北斗	ACDM系统	空侧管理系统	安全管理系统

图 4-19 A-SMGCS 系统架构

其中，决策分析层包括场面交通预测、路径规划、路线冲突分析和自动引导决策等，根据航班分析运行信息、服务车辆信息及相关车辆信息规划各类车辆的行驶路线，对各类车辆的运行进行导航、监控；自动引导决策在路径规划基础上实时监视或调整，对路线冲突识别预警。

核心业务层包括场面交通监视、交通控制、路由规划引导和地面引导管理等。场面交通监视是指系统接收、处理目标监视数据，通过多元数据融合处理，对在机场场面覆盖范围内的航空器和车辆进行连续的定位与标识，并在监视界面上显示机场场面运动目标的运行态势和运行环境。交通控制是指系统通过自动产生与机场场面活动相关的各类告警信息，为管制员提供对机场场面活动进行控制的信息。路由规划引导为起飞或降落的飞机提供最优的滑行路由以及各飞机地面滑行引导的先后次序和路由。地面引导管理能自动生成引导路线，产生滑行路径上助航灯光的点亮、熄灭、灯光强度等控制数据，发送给跑道灯光监控系统，实现助航灯的灯光段控制。

数据资源层包含航班信息、飞行数据信息、停机位信息、飞机和车辆监视信息、助航灯状态信息、安全信息、气象信息等。上述各类信息经 A-SMGCS 系统处理后，除能够产生管制员进行机场场面管制运行所需要的辅助决策信息外，还能向助航灯光系统输出灯光控制信息、向停机位分配系统输出停机位占用信息、向其他空管系统输出系统综合航迹和其他特殊需求的信息等。

数据采集层是指与本系统相连接的其他外部系统，如 ADS-B、空管系统、GPS 或北斗、ACDM、空侧管理系统、安全管理系统等。

4.2.4 具体实现

1. 监视数据融合技术

场面监视雷达（SMR）、进近雷达、多点定位系统（MLAT）和广播式自动相关监视（ADS-B）等监视设备的出现，对机场场面目标的"看得见"提供了有力的手段。如何将多种监视信息进行有效的融合处理，是 A-SMGCS 系统的核心技术之一。

由于航管雷达与新型监视手段的信息格式、数据更新周期存在差异，采用基于联合卡尔曼滤波的特征及数据融合方法可以很好地提高融合精度。该方法的实现包含了以下几个过程：预处理、时空配准、误差修正、单传感器点迹或航迹互联及滤波、数据关联、数据融合以及误差估计。系统在多类监视信息的基础上，建立各类目标之间的数据关联映射关系，构建一个将多点定位系统数据与多雷达数据融合处理的过程方法，实现多类信息的深度融合和对有效信息的综合利用，降低雷达测量误差对系统监视精度的影响，提高系统跟踪的精确性。

2. 控制告警技术

机场场面运行网络的复杂性和运行的动态性导致了场面运动过程的不确定性，所以系统需要实时进行各种运行告警的计算，给出提示告警。控制告警技术是系统的关键技术，系统通过控制与告警服务模块实现滑行中的冲突解脱，避免运动载体发生碰撞。系统可检测各种与运行安全相关的隐患，并预先告警。

A-SMGCS 系统应提供纵向间隔、滑行道冲突、目标穿越跑道、跑道入侵、穿越停止排灯、滑行路由偏离、闯入其他路线、停机位占有等告警信息。

3. 路由规划技术

A-SMGCS 系统路由规划功能是指当航空器和车辆向监控中心申请路径时，自动为其规划指定路径，即规划从起始点到目标点的最佳路径，并考虑到在现有能见度条件下，航空器或车辆完整的行驶时间。当机场情况复杂或交通密度很大时，路由功能应该提高效率，并能为运动区域的航空器和车辆提供其他区域的路由信息。

机场场面滑行路由规划问题是一个包括空间和时间的有机结合，涉及的因素很多，为便于实际实现，在计算方面应采用人工智能技术，结合运筹优化技术。其实现过程包括机场场面物理布局的解析、数学模型的建立、实现算法设计以及规划方法的具体应用。

4. 场面引导技术

在 A-SMGCS 系统中，通过滑行道中线灯蠕动式点亮和交叉口引导灯的切换实现航空器的滑行过程控制。A-SMGCS 滑行道交叉口引导灯控制，是由离散的灯光控制信号和连续的航空器滑行位置相互作用的过程，属于混合控制理论的研究范畴。系统的引导功能模块能够自动产生既定路由上助航灯（包括中线灯和停止排灯）的打开、关闭控制信息，顺序打开航空器前方的助航灯、关闭航空器后方的助航灯。在交叉路口关闭停止排灯，放行航空器通过，并在其通过后打开停止排灯。

控制命令通过灯光控制模块发送给助航灯光监控系统，实现助航灯光的控制，在场面上形成实际的、向前运动的引导灯光段，用于自动引导航空器滑行、停止和穿越交叉口。

系统的灯光控制模块是转发灯光控制命令的中间通信模块，负责将 A-SMGCS 产生的灯光控制命令转换成助航灯光系统能够接收和识别的协议数据包（PDU），通过通信接口模块发送给助航灯光系统。助航灯光系统对每一个 PDU 返回响应信息，包含命令执行情况和灯光的实际状态，灯光控制模块将灯光的状态转发给人机界面，以保持界面显示的内容与场面一致。如果收到灯光故障信息（或与控制命令不一致的灯光状态），即向人机界面和引导模块发送助航灯光异常（或状态不一致）告警，告知发生异常的助航灯。

4.3 机场空侧管理系统

机场空侧区域是指机场安全检查与隔离管制区后的区域，包括跑道、滑行道、停机坪、货运区等及相邻地区和建筑物（或其中一部分），由于更接近实际飞行，并直接决定着飞机的飞行安全，该区域一直是民航安全重点管制区域，同时也是影响机场运行效率的关键部位。随着民航运输迅速发展，机场空侧区域安全形势日趋紧张，如何应用最新技术手段提升空侧安全水平与运营效率成为机场管理的重要内容。

机场空侧管理系统目的是生成和管理与机场生产运行相关的所有设施、设备信息，通过物联网、智能硬件设备、智能监控设备等新技术的应用，自动采集道面、机坪、灯光、货运等设施设备数据，一是利用可视化分析技术，将分散的即时海量数据和航班保障实时信息、车辆动态信息、机坪占用实时信息、设施设备状态信息等直观呈现，实现保障节点超时预警、机坪占用预警、机位类型冲突预警等多项功能；二是与 ACDM 系统集成，形成空侧协同决策管理指令，配合指挥调度系统，达成对空侧航班、场面交通、泊位引导等多方面全面管理，极大提高航班保障的地面运行效率；三是通过大数据平台等方式与其他领域的系统集成（如安全管理、资产管理等）或信息共享，为机场日常办公和管理决策提供数据信息。

4.3.1 系统架构

空侧管理系统架构如图 4-20 所示，从上到下为决策分析层、业务功能层、数据资源层、数据采集层。其中，空侧管理系统决策层包含空侧管理方案规划、态势生成分析及异常预警、统计分析、数据管理、规则管理等，业务功能层包括机坪管理、道面管理、除冰管理、设备管理、施工管理、鸟击管理、灯光管理、净空管理等；数据资源层包含航班信息、场面交通信息、航班资源信息、气象信息、保障设施设备信息和地理位置信息等，数据采集层是指物联网、智能硬件设备、智能监控设备、ACDM 等相关的设备与系统。

| 决策分析层 | 空侧管理方案规划 | 态势生成分析及异常预警 | 统计分析 | 数据管理 | 规则管理 |

| 业务功能层 | 机坪管理 | 道面管理 | 设备管理 | 鸟击管理 |
| | 除冰管理 | 净空管理 | 施工管理 | 灯光管理 |

| 数据资源层 | 航班信息 | 场面交通信息 | 航班资源信息 | 保障设施设备信息 | 气象信息 | 地理位置信息 |

| 数据采集层 | 物联网平台 | 智能硬件 | 智能监控 | ACDM系统 | 其他数据源或采集系统 |

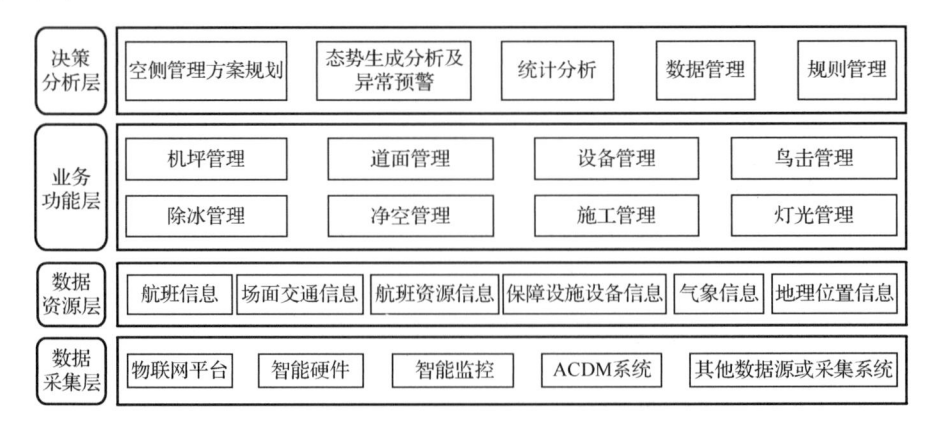

图 4-20 空侧管理系统架构

主要功能模块说明如下。

（1）道面管理：该功能包括道面基础数据处理和维护、飞行区道面信息的展示、道面巡检、道面维修管理功能。

（2）机坪管理：该功能包括机坪运行管理巡检、违规事件记录、设备设施巡检记录和 FOD 管理功能。

（3）除冰管理：该功能包括航空器除雪和道面除雪，具体包括除冰除雪次序管理，掌握除冰除雪资源，上报除冰除雪状态，填报除冰液信息。

（4）施工管理：支持对机场内部各类施工进行管理，包括道面维修、灯杆维修等。需支持施工计划制定、施工规定要求查看、施工监视监护，施工区域封闭、施工区域恢复等功能。

（5）设备管理：主要是面向空侧的无动力设备，如发电机、电站等固定设备进行管理，具体功能一是自动设备定位，支持定期从定位终端设备发送无动力位置信息，服务器端接收到定位信息后，可以在可视化地图界面中显示，并绑定该设备对应的岗位、人员等基本情况。二是自动设备绑定，支持随时通过 PC 或移动设备绑定或解绑无动力设备与定位模块的关系，以便更换设备时使用。三是自动电量报警，系统支持监控定位设备自身的电量情况，当剩余电量低于设定阈值时，系统将在地图界面上持续进行报警，催促操作人员更换设备电池。四是堪用状态报警。自动对设备运行状态、维修状态、备件状态等进行监控，不符合堪用状态时可在地图界面上持续进行报警。五是多维度数据叠加。支持在地图上叠加车辆、航班、视频点、气象、管制区域、机位等信息。六是设备历史定位信息查询，支持根据时间条件，在地图上查询无动力设备历史定位情况。

（6）鸟击管理：包括生成驱鸟计划和日常巡视安排，将驱鸟设备的使用情况、巡视的范围、使用的耗材等情况管理，输出鸟情分析报告、鸟击事件报告。

（7）灯光管理：包括机场飞行区灯光的巡视和维护，供电设施的维护保障。

（8）态势生成分析及异常预警：地图方式显示空侧运行状态，进行巡视巡检，对数据进行过滤、重组，形成 KPI 指标并进行 KPI 指标本身的管理，展示 KPI DashBoard，出现运行异常情况则告警；

（9）空侧管理方案规划：规划并制定空侧运行的协调行动方案，结合各类现场运行情况进行 What-if 的分析，并制定配套行动方案。

（10）统计分析：对飞行管理过程中产生的任务数据、维修数据、基础设施数据、违规事件等信息进行统计分析。

（11）数据管理：包括一是航空器机型、属性等基础数据，特殊服务要求、状态、位置、运行时间等；二是保障设施检测结果及状态数据、各类运行保障的影像数据、天气信息等；三是特定业务规则数据、地面保障作业的执行情况、空管的调度执行结果。

后面介绍几个核心的空侧管理子系统。

4.3.2 道面管理系统

机场道面管理系统基于 GIS 空间数据管理与可视化展示能力，对飞行区道面板块以电子地图形式直观展示。利用移动智能终端结合高精度定位实现道面日常巡检和维修管理，解决道面板块难以识别的问题。基于道面板块破损、维修数据提供数据分析功能辅助科学决策，为道面管理提供信息化、智能化、精细化的手段，提高道面管理的工作效率，并为道面评定决策提供有力依据。

道面管理业务流程如图 4-21 所示。

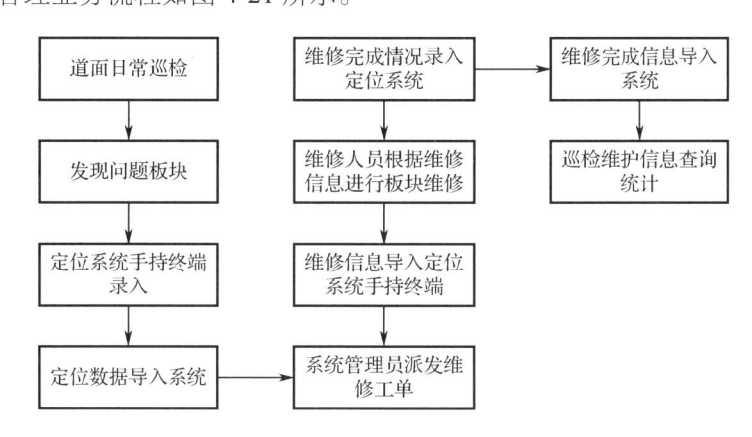

图 4-21 道面管理业务流程图

按照业务流程，道面管理系统的功能设计如图 4-22 所示。

需要指出的是，在以上道面管理系统中，还是以人工巡检为主要业务设计的，亦可用在机坪管理系统或其他和设施有关的管理系统的功能设计上。随着物联网技术的深入应用，智能跑道、智能场坪等也不断出现，为道面管理、机坪管理提供了新的、更高效的手段。

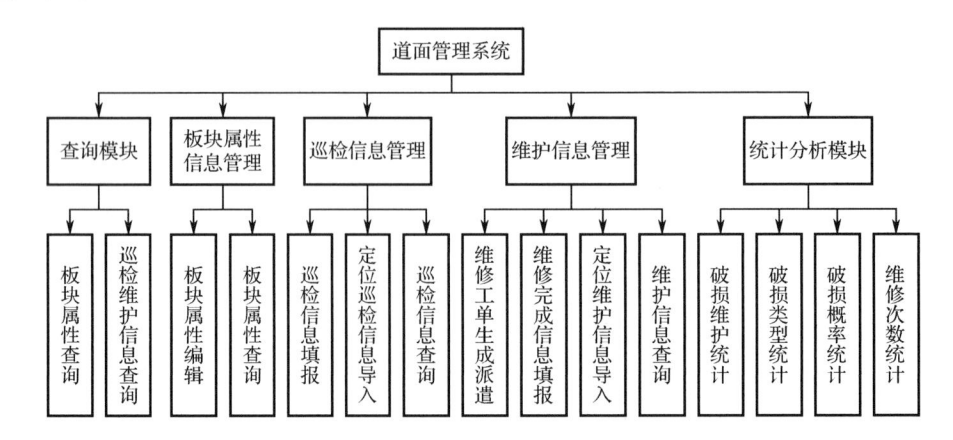

```
                        道面管理系统
    ┌──────────┬──────────┬──────────┬──────────┐
  查询模块   板块属性   巡检信息管理  维护信息管理  统计分析模块
            信息管理
  ┌──┬──┐   ┌──┬──┐   ┌──┬──┐   ┌──┬──┬──┐   ┌──┬──┬──┐
  板 巡   板 板   巡 定 巡   维 维 定 维   破 破 破 维
  块 检   块 块   检 位 检   修 修 位 护   损 损 损 修
  属 维   属 属   信 巡 信   工 完 维 信   维 类 概 次
  性 护   性 性   息 检 息   单 成 护 息   护 型 率 数
  查 信   编 查   填 信 查   生 信 信 查   统 统 统 统
  询 息   辑     报 息 询   成 息 息 询   计 计 计 计
      查           导     派 填 导
      询           入     遣 报 入
```

图 4-22 道面管理系统功能设计图

4.3.3 设备管理系统

机场地面设备（包括动力和无动力设备）是进行飞机保障的物质基础，飞机在飞行时的电力、空调和油料等能源供应，以及停靠机坪时的例行航班检修与运输服务等都离不开机场地面设备，其健康状态和实时工况直接影响保障效率。以往，机场人员都是通过手工录入和实际观察进行设备监控，无线传感网（Wireless Sensor Networks，WSN）的出现，可实现机场设备海量数据信息集中抄录、统一管理，在提高机场设备监测数据透明度和利用率的同时，解决了系统布线、维护和系统扩容的问题，而且物联网架构特点使本系统可轻松与机场其他信息系统互联，实现底层生产自动化平台信息整合和重组的在线可配置，为上层管控提供极大便利性。

设计机场设备监控系统，需紧密结合机场实际生产情况和场景，充分考虑机场生产活动的内在规律性、节点的硬件资源配置以及网络动态特性等方面要素，将民航机场设备的特征与工作环境进行详细量化，并将这些特征量与网络路由协议的优化紧密结合，将分簇的思想引入机场设备工况监控网络的路由算法中，保证网络协议的可靠性和适用性；通过优化 WSN 路由协议，延长节点的正常运行寿命，网络信道负载均衡，使设备工况参数能及时准确地传输至上位机，便于进行监测和控制，保证设备运行的可靠性和稳定性。

4.3.3.1 系统组成

WSN 因其全面感知、可靠传送、智能处理等优点，得到了国内外学者广泛关注。传感器节点感知和收集物理层的数据，通过无线通信模块和网关设备将其传输至上位机和服务器，对这些数据进行存储、分析和预测，完成对设备或底层环境的监测和控制，实现物与物、物与人的密切关联。

如图 4-23 所示，基于 WSN 的设备监控网络由三层结构组成，分别是数据采集层、网络传输层和综合应用层，主要由交换机、服务器、数据集中器、网关以及 WSN 节点等组成。WSN 节点感知和收集设备的工况运行和环境数据（噪音、温湿度等数据），使用 WSN 所设置的路由协议和 MAC 标准规范，多个 WSN 节点可共用一个现场无线感知层网关，接收 WSN 节点采集到的数据信息，通过数据总线系统或者网络设备与数据中心服务器连接。数据中心服务器对数据进行分析、评估等处理，最后传送至控制终端，实现控制和监视功能。

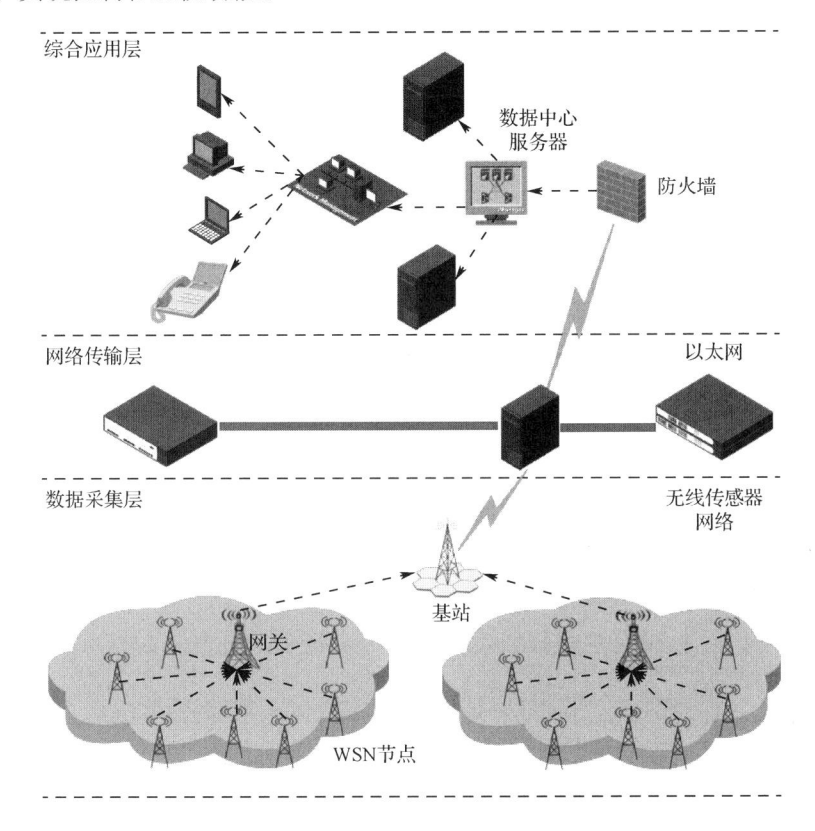

图 4-23 基于 WSN 的设备监控网络

4.3.3.2 感知设计

1. 感知对象

机场设备系统由地面设备、基站、监控节点以及无线网络构成。其中地面设备包括地面空调、电源、充电桩、助航灯、廊桥、机坪特种车辆等地面资源。飞机进入停机位之后，其保障工作是由各服务部门同时进行的，期间各种机坪特种车辆同时在机体周围进行操作，主要有：摆渡车、客梯车、食品车、行李车、清水车、电源车、平板车、升降平台车、传送带车、加油车等。

以机坪电源、空调等能源设备为例，通过部署监测 WSN 节点感知和采集这些设备的温度、湿度、电压、电量等工况数据，通过无线通信模块和网关设备传输至上位机和服务器进行数据处理，并根据数据的分析结果对设备进行监测和控制，为设备的正常运行做好保障工作。

2. 无线传感器节点

传感器是一种测量物理量并且将其转换为电信号的设备，转换后的电信号可由其他电子设备读取。传感器在物理环境和电子设备之间提供了接口。

传感器有许多分类方法。按照传感器自身有无携带电源设备，可将传感器分为无源传感器和有源传感器。无源传感器不需要任何额外电源，由外部激励直接产生电信号，如光敏二极管。后者需要外部提供电源才能正常运行。

一个理想的传感器应具有高灵敏度、高准确性和可重复性，以及低功耗和低成本，同时易于使用。但是传感器通常很难兼顾以上所有优势，所以在 WSN 的设计中必须谨慎选择特定应用的传感器。结合机场设备的工作环境，在传感器的选择过程中应考虑以下三个方面的因素。

- 环境条件，由于机场覆盖范围较广，并有严格的布线规定，传感器应由电池驱动并且具备节能功能，避免电量不能及时续航造成网络中断。同时，传感器应尺寸较小、便于携带，操作和维护简便，并且能在恶劣环境下使用。
- 设计参数，将 WSN 节点部署在廊桥、充电桩、特种车辆等机坪设备上，用于收集温度、湿度、电量等工况数据，设定传感器使用无线传输方式，采用 IEEE802.11b/g/n 标准，工作频段在 420MHz～445.6MHz 范围。
- 传感器参数，使传感器封装的尺寸尽可能小，以节省空间，保证测量准确性，转换器寿命、测量范围尽可能高，达到监控目的。

综上，表 4-1 列出了用于机场设备监控网络 WSN 节点的参数。

表 4-1 用于机场设备监控网络 WSN 节点的参数

序号	参数名称	参数值明细	
1	模块尺寸	110mm×100mm×35mm	
2	接收灵敏度	−114dBm	
3	实测距离	450m	
4	供电电压	9～12V	
5	工作电流	15mA	
6	休眠电流	0.6μA	
7	采集时间间隔	4s	
8	数据传输速率	1.2～15KB/S	
9	最大功率	10mW	
10	工作频段	420MHz～446.6MHz	
11	通信输出接口	无线 WIFI（IEEE802.11b/g/n 标准）	
12	生产工艺	机贴（无线类产品必须机贴方能保证其可靠性）	
		温度	湿度
13	精度	±0.5℃（0～45℃）	±%4RH（20%～80%RH）

续表

序号	参数名称	参数值明细	
14	正常工作范围	−40～+85℃	10%～90%（相对湿度）
15	量程	−20～65℃	5%～95%RH
16	分辨率	0.01℃	0.05%RH

当 WSN 节点以一个确定的方式部署，节点和网关之间的通信能够使用预定的路由。然而当节点以一种随机的方式部署，所产生的拓扑结构不均匀分布且不可预测。这种情况下，这些节点的自组织是非常重要的，它们必须合作以确定自身位置、识别邻居节点和发现到网关设备的路径。

由于民航机场面积较广，存在处于远机位并且没有电量持续供应的无线传感器节点，同时机坪上又有路线规划确定的特种车辆用于架设代理节点，进行路由的中继传输。因此需要针对位于远机位无源节点和架设在机坪移动特种车辆的代理节点两种数据传输方式分别研究。

4.3.3.3 路由设计

网络路由层主要负责找到从数据源到网关设备的路径，设备工况监控网络需要大量 WSN 节点来覆盖整个区域，因此需要间接的多跳通信方法，如图 4-24 所示。WSN 节点不仅要获取物理层的数据并发送出去，也要作为其他 WSN 节点的转发或者中继节点。从源端到网关设备，在这个过程中历经 WSN 节点，搭建的这条通信链路就是路由。所有的 WSN 节点在网络层的主要任务是通过其他中继节点找到一条从源节点到会聚集节点的路由。

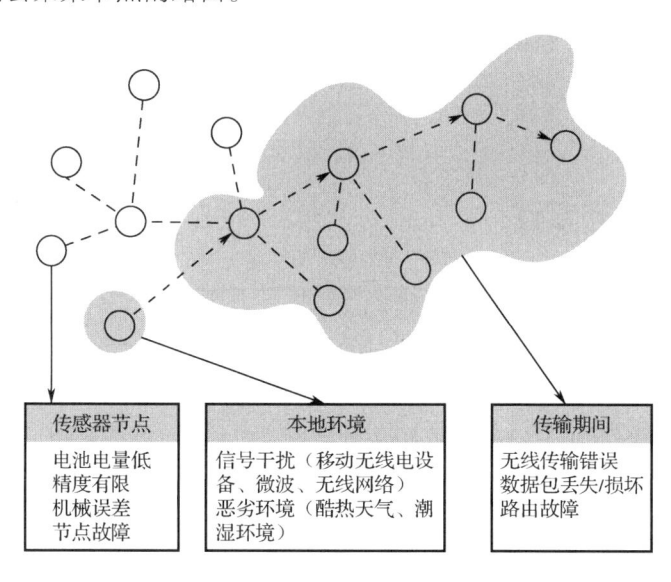

图 4-24 多跳路由示意图

通过对现场 WSN 进行测试及理论分析，网络性能方面有可能存在一些问题。例如：节点的能量损耗，网络通信的平均延时、数据吞吐量等。由于 WSN 特性和各种约束，有线网络和自组网（Ad-hoc Network，WANET）的无线网络设计的路由协议不适合 WSN。结合机场环境，对监控网络路由的约束条件和优化方面的需求如下。

（1）很多网络路由协议的研究目的是在数据传输过程中提升网络服务质量（Quality of Service，QoS），但由于机场环境复杂，无源的传感器节点往往距离充电桩很远，不能及时有效的补给电能，因此，该监控网络路由协议的主要目标是在有效传输数据的前提下，降低节点在通信过程中的能量消耗，保存节点的能量。

（2）无线传感器节点有许多限制，尤其是在机场环境中，要考虑有限的能量供应、有限的内存大小、有限的计算能力、无线传感器之间无线信道的有限带宽等。

（3）WSN 部署着大量节点，因此仅仅使用一个全局标识地址来访问每个单独节点是不可能的。

（4）WSN 感知不同的环境，就会有独特的应用需求，所以 WSN 路由协议的设计应该面向特定环境与应用。

（5）传感器通常是按照一定密度进行部署的，这样能够使传感器覆盖整个监测区域。由于节点的位置和感知范围往往存在重叠区域，较强的时空相关性导致网络中的信息存在大量的冗余，这些冗余产生于许多无线传感器节点在同一时间感知同一环境现象的时候。因此，路由协议应消除检测到的数据冗余，传感器处理冗余数据并不是简单的删除掉冗余数据，而是要保留数据的重要信息且不会产生不必要的存储需求。

（6）由于传感器电池驱动的成本较低，很容易出现错误或故障。因此，即使网络中有节点出现故障，路由协议也应正常有效地发挥作用。这种容错功能要求路由协议应该具有通过发现和维护一个新的路由来传输数据，从而具有克服网络中任何故障的能力。

4.4 指挥调度系统

随着航班量不断增加，机场各类客户对地面服务保障的质量要求越来越高，如何有效、合理地调度各种资源，在规定的时间内，按照服务标准，完成对航班、旅客、货邮的服务，保证航班正点率，保证航班安全，提高工作效率，降低运行成本，成为各机场地面服务单位迫切需要解决的问题。

长期以来，我国民航机场地面保障主要采用对讲机进行指挥调度，任务指令、生产信息和航班保障状态的发布和沟通都是通过人工语音对讲的方式，生产信息无法及时、准确、完整地共享和交换，无法全面、实时掌握服务流程的各个工序和控制点的情况，大部分重要的生产数据没有记录的手段，难以做到量化的事前计划、事中调整、事后分析，以贯彻服务标准、提高服务质量和效率、持续改进工作流程。同时，指挥调度人员要记住保障人员的技术情况、各车种不同车型的使用范围、每个航班的保障标准和特殊保障要求等大量信息，并根据航班情况选派相应的人员和设备，记录航班保障的动态，还要同协作部门沟通、向上级部门反馈生产情况，造成指挥调度人员需处理的信息多、工作强度大，时刻都处在高度紧张的工作中，易发生差错，影响航班安全。

为此，开发保障现场指挥调度系统，主要目的是利用现场视频、图片以及人员、设备信息，进行风险识别和指挥决策，实施相关方案预案，合理分配保障人员任务，安排资源配置，现场管理调度保障资源，确保保障任务及时有效地推进。

4.4.1 需求分析

一般来说，机场指挥调度业务流程如下。

（1）了解服务需求：航班计划，旅客、行李季节性变化，服务协议、个性化服务要求。

（2）掌握资源情况：人员/设备的服务类型、能力和状态。

（3）制定资源计划：制定服务标准、工作流程的工序和检查点，合理安排人员/设备。

（4）执行资源调度：合理调度人员/设备，及时处理和通知变化信息。

（5）考核服务结果：历史追踪，报表、绩效、统计分析。

（6）改进服务质量：根据生产数据分析，优化生产流程和管理，做出预测，调整服务人员和设备。

指挥调度系统的主要功能有现场监控、ACDM信息处理、智能排班、调度管理、信息查询与系统管理、移动应用和应急指挥等，具体见表4-2。

表4-2 指挥调度系统功能需求表

功能分类	具体任务	主要内容
现场监控	机坪监控	飞行区航班运行时机坪区域可视化监控，监视航班执行空侧控制决策的实时情况，对航班遇到的异常条件预警
	跑道监控	飞行区航班运行时跑道区域可视化监控，监视航班执行空侧控制决策的实时情况，对航班遇到的异常条件预警
	滑行道监控	飞行区航班运行时滑行道区域可视化监控，监视航班执行空侧控制决策的实时情况，对航班遇到的异常条件预警
	围界监控	飞行区航班运行时机场围界可视化监控，监视航班执行空侧控制决策的实时情况，对航班遇到的异常条件预警
	航站楼监控	飞行区航班运行时航站楼及相关陆侧区域可视化监控，监视上述区域的实时情况，对航班遇到的异常条件预警

续表

功能分类	具体任务	主要内容
现场监控	其他重点部位监控	飞行区航班运行时的机坪、跑道和滑行道等区域可视化监控，监视航班执行空侧控制决策的实时情况，对航班遇到的异常条件预警
	旅客异常行为识别与跟踪	旅客基本信息管理，异常行为识别与定位追踪
	预警信号生成与处理	异常信号的管理与处置规则设置
ACDM信息处理	ACDM航班动态	将航班相关信息推送到页面显示，并实时刷新
	ACDM全景监控	航班起飞、降落、滑行、入位轨迹的GIS地图显示。另外，航班保障信息、车辆信息、车辆轨迹、除冰情况也显示在地图上
	ACDM航班保障	以机位为单位显示各个机位上航班的保障情况，可以显示保障进程
	ACDM里程碑进程查看	以航班保障里程碑时间为基准显示各个里程碑的时间，并且可以通过调整时间来协调里程碑时间
	ACDM进出港排队	根据跑道使用情况、机坪内交通情况、航空器目标停机位、机场天气能见度等关键数据计算出实际滑行时间以预测TOBT。以机场跑道为时间轴列出了每个时刻飞机的关键时间，比如TSAT、TOBT等
	协同除冰管理	发布航班除冰排队计划，监控除冰流程，并将除冰保障情况、除冰保障能力共享给各相关方
	ACDM资源管理	人员管理、岗位管理、用户管理、用户配置、班型管理、设备管理
	ACDM航空气象	通过气象雷达图、卫星云图、实时气象数据反馈气象对机场运营的影响，发布低能见度预警，预测容量下降程度，并根据不利态势的发展，实时向各相关方发布，实现机场在低能见度情况下的管理
	ACDM统计分析	以航班数据为基础，分析进港航班正常率、进港延误时间、离港航班正常率等统计内容
	协同会商管理	创建相关部门群组，并且实现与组内或组外联系人的实时通信。各相关方可通过这个功能提供的操作界面录入协商结果，或通过各自系统将协商结果数据共享，与集成子系统传递。这里会记录各类关键信息的协商决策过程
调度管理	航班信息监控	展现航班基础信息、航班变更情况，以及本岗位航班服务的状况，对当前范围内在运行的航班进行实时动态监控，各级调度可按调度级别，自定义航班、服务、任务的监控范围。监控内容包括：航班重要服务时间，航班计划与航班动态，航班及各种信息变更提示，重点航班监控
	航班装载单据处理	装机单、卸机单（进港装机单）、舱单等报文数据的接入与解析，以图形化的方式或原文打印装载单据，并监控打印状态
	任务信息监控	显示与任务相关的各类信息，包括航班基本信息、任务状态、执行人、各类时间信息、备注等

续表

功能分类	具体任务	主要内容
调度管理	服务资源监控	显示与服务资源相关的各类信息，包括作业资源的线上\线下状态、岗位、工号、已派发任务数量、已完成任务数量、与任务关联的车号、当前任务航班等
	消息处理	航班变更、任务消息、生产通告、报警信息、信息回执的查看和回复等操作
	航班过滤、排序、检索、追踪	将航班的数据按照一定规则排序，按照航班号检索、设置追踪
	航班闹钟	对于需要用户关注的航班，用户可以通过设置航班闹钟的方式进行定时提醒
	任务派发	一个航班任务的建立需要四个必要元素：航班号、执行人、创建人、任务类型，任务派发的过程就是确定这几个要素以及其他辅助元素的过程
	任务车辆关联管理	在任务列表中显示车辆信息
	任务处理	调度对任务的处理有取消任务、重发任务、修改任务状态。此外，调度也可修改服务状态，对于类似 HCC 的岗位，调度也可修改监控项的时间
	短语发送与处理	短语的发送、查看、转发、回复、回执监控、信息统计等
信息查询与系统管理	航班详细信息统计、查询、打印	查看所选航班所有的相关信息，有航班信息、航班变更、任务与服务信息、报警信息、生产信息等
	任务信息统计、查询、打印	显示任务的详细信息，导出或者打印任务信息
	生产信息统计、查询、打印	查询生产信息，打印生产信息
	集群对讲	设置集群对讲信息
	任务调度配置	配置任务编码
	航班基础信息管理	航班基础信息的增删改查
	航班动态信息管理	航班动态信息的增删改查
	设备信息、用户信息管理	设备信息的增删改查
	SOP 基础数据管理	SOP（标准作业流程）基础数据的增删改查，支持 SOP 检查项目的汇报
	权限管理	配置数据访问权限、用户管理权限、任务派发权限
	合约管理	支持合约文件以 PDF、图片的格式导入到系统，支持查看、变更、归档、终止、到期提醒功能。 这个功能可以完成服务保障项目的抽取，并且为指挥调度提供配置依据
移动应用	移动端员工登录/员工注销	系统开启自动进入登录页面，输入用户名、密码进入系统

续表

功能分类	具体任务	主要内容
移动应用	移动端航班查询	系统可以根据航班号、机号、机位、登机口、转盘号、进港时间、离港时间和自行输入查询内容查询所需航班信息
	移动端航班订阅	在查询结果详情的最下方可以订阅航班动态信息
	移动端任务处理	系统支持多种任务处理方式，如接收服务器下发任务、主动申请任务、自动下发任务等
	移动端任务申请	查询出相关航班后，在航班详细页面可以申请任务
	移动端任务查看	点击任务按钮可以打开任务列表，点击任务可以查看任务详情
	移动端任务报警	当有任务超过时长未完成，系统会给出报警提示
	移动端变更与自动推送	当有任务下发到移动端时，系统会给出提示
智能排班	手工排班	手动生成排班表，支持通过文件导入的方式将排班结果导入排班系统
	排班查看与调整	针对导入的排班数据做临时性调整
	资源显示与配置	调整资源的显示方式，支持根据排班结果显示资源
	资源显示与更新	在指挥调度系统上显示排班人员及相关信息，并且可以自动更新
	自动排班	按照固定排班规则、可选性排班规则、输入性排班规则实现自动排班
	排班规则维护	调整固定排班规则、可选性排班规则、输入性排班规则的内容
	人员基础信息维护	对人员基础信息的增加、修改、删除和查看。人员的基本信息包括姓名、性别、部门、岗位、排班状态等属性
	自动生成排班结果	根据排班规则和人员信息自动生成排班结果
	排班结果对接	将排班结果的信息共享给指挥调度系统
应急指挥	应急接警	显示系统内部的报警和来自其他系统的报警信息，其中包括事件名称、事件类型、时间、地点、等级、状态信息。系统会自动触发报警或者由监控员人工触发报警。报警会在机场电子地图上标识出位置。记录监控员对报警进行的操作动作和时间
	突发事件管理	通过事件查询功能查看某个时间段的突发事件，包括事件的名称、类型、时间、地点、响应等级、应急预案、事件描述等信息
	应急预案管理	完成预案编制、审核、查询，在预案编制中可以新建预案，内容包括名称、参与单位、救援物资类型、数量、响应等级、集结地点等信息。
	应急预案管理	根据突发事件实际情况调整并确定所需的保障资源类型、数量，启动预案。指定各方保障力量集结地点，并在电子地图上进行预先标定。结合通信系统，与各应急保障机构建立联系，系统记录落实情况。向各相关机构发布事件通报
	应急处置	监控人员通过报警、填写突发事件信息、查看现场情况、查看物资情况、准备相应预案来完成应急处置

续表

功能分类	具体任务	主要内容
应急指挥	救援过程监控	系统会在电子地图上标出突发事件发生的地点，以及救援车辆、人员的位置，监控人员可以实时监控
	救援过程回放	监控人员可以在系统中输入发生事件的开始时间和结束时间，查看救援过程
	救援过程监控	选择应急演练系统中的事件接警、报警，下发的消息中都会有演练的标识，其执行过程和真实处理一样
	人员管理	维护各应急保障机构的直接联系人及负责人信息，包括人员隶属单位、级别、职务、通信方式等
	组织机构管理	维护应急期间各机构间的组织结构关系。对参与应急保障的组织机构进行维护。包括机构名称、上下级关系、保障职能分组、紧急联系人、机构联系方式等
	车辆管理	维护所需的应急保障车辆信息，包括车辆隶属单位、车辆型号、车辆保障职能、车牌号、可用状态等
	物资管理	维护应急救援物资台账，准确记录各类物资的品名、型号、用途、数量、类别、存放地点、最近盘点时间、物资管理部门、可用状态等

4.4.2 系统架构

指挥调度系统的架构如图 4-25 所示，从上到下为决策分析层、核心业务层和信息资源层。其中，信息资源层包括保障现场视频、图片信息、人员设备信息、保障方案、ACDM 等相关系统的指挥协调信息等；核心业务层包括现场监控、ACDM 信息处理、调度管理、智能排班、移动应用、应急指挥等，决策分析层包括现场情况分析、方案设计、风险评估分析、指挥决策、指挥效能评估等。

4.4.3 具体实现

指挥调度系统运行于民航 1.8G 无线宽带专网上，该专网是专为民航专业用户建设的无线宽带专网，工作于 1.8GHz 国家无委会和工信部许可的频段，并得到国家无委会、民航总局无委会及民航各地区无委会的许可。1.8G 无线网络以 IP 网络为承载，覆盖机场区域，通过丰富的终端、灵活的组网和个性化业务定制能力，为机场的民航专业用户提供了一体化数据、语音、视频的无线移动宽带接入服务。

如图 4-26 所示，指挥调度系统分为后台和移动终端两部分，后台部署的指挥调度系统运行控制软件部分，负责指挥调度车辆、人员，监控人员/车辆 GPS 位置，监控任务执行情况，与岗位、班组语音对话。移动终端包括智能手机、手持设备、车载移动终端等，接收/回复调度指令，现场回传视频、图像信息，与运行控制中心进行语音对话。

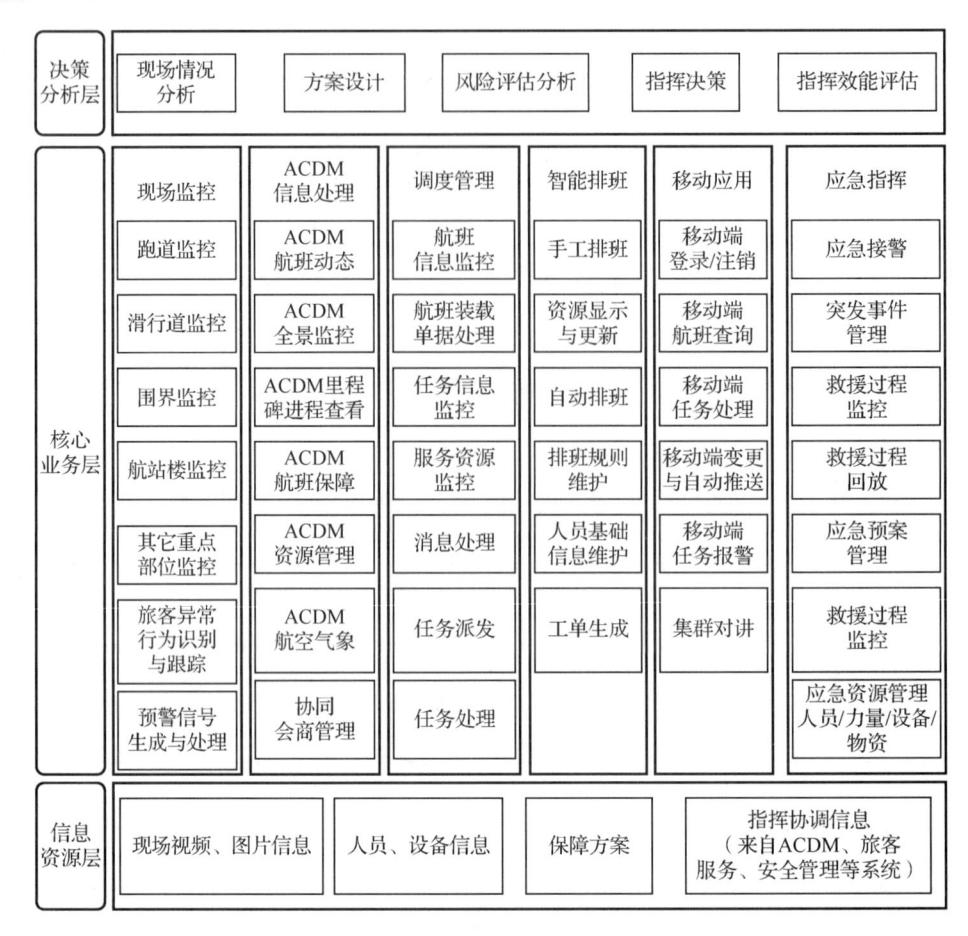

决策分析层	现场情况分析	方案设计	风险评估分析	指挥决策	指挥效能评估
核心业务层	现场监控	ACDM信息处理	调度管理	智能排班	移动应用	应急指挥
	跑道监控	ACDM航班动态	航班信息监控	手工排班	移动端登录/注销	应急接警
	滑行道监控	ACDM全景监控	航班装载单据处理	资源显示与更新	移动端航班查询	突发事件管理
	围界监控	ACDM里程碑进程查看	任务信息监控	自动排班	移动端任务处理	救援过程监控
	航站楼监控	ACDM航班保障	服务资源监控	排班规则维护	移动端变更与自动推送	救援过程回放
	其它重点部位监控	ACDM资源管理	消息处理	人员基础信息维护	移动端任务报警	应急预案管理
	旅客异常行为识别与跟踪	ACDM航空气象	任务派发	工单生成	集群对讲	救援过程监控
	预警信号生成与处理	协同会商管理	任务处理			应急资源管理人员/力量/设备/物资
信息资源层	现场视频、图片信息		人员、设备信息	保障方案	指挥协调信息（来自ACDM、旅客服务、安全管理等系统）	

图 4-25　指挥调度系统的架构

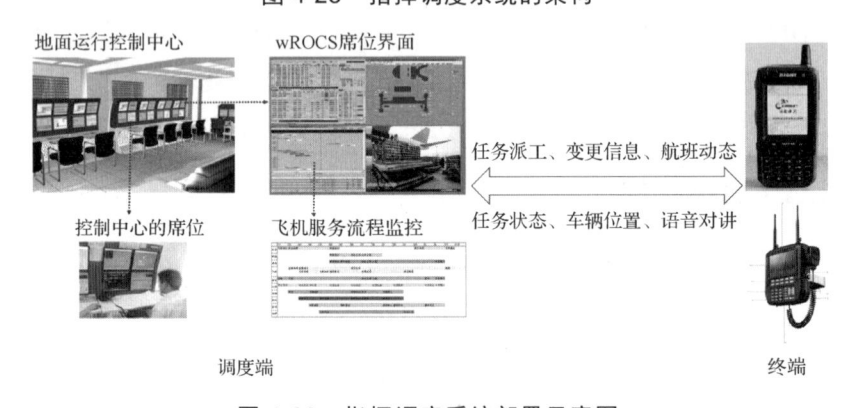

图 4-26　指挥调度系统部署示意图

4.4.4　实施效果

指挥调度系统实施后与当前现状的对比见表 4-3。

表 4-3 实施指挥调度系统前后对比

现　　状	实　　施　　后
业务流程	
面向结果的控制：不对业务流程的工序和检查点进行监控，出现了延误或事故后，才去控制和协调，只能事后处理。 粗放型资源调度：在不能及时、全面掌握服务对象的需求和状态，资源的状态和位置，服务流程执行状态的情况下，很难做出合理的、经济的资源调度	实现高度自动化的、事件驱动的、全数字化的协同作业流程，精确调度，全程监控。 标准量化：企业服务标准成为量化的指标，指导和约束生产作业。 事前计划：按照航班计划和服务协议，提前做好设备计划和人员排班，确保满足未来生产作业任何时间段的设备和人员需求。 流程分解：把生产作业流程分解成若干工序和控制点，更标准地实施作业和监控作业。 基于规则：基于业务规则的自动化或半自动化调度，提高工作效率
粗放型流程监控：由于缺少必要的技术手段，服务流程的工序和检查点的状态无法及时、准确、完整地上报，调度员无法实时掌握资源及服务流程的状态，服务标准的执行和服务质量依赖于服务人员的自觉性。 粗放型管理决策：没有及时完整准确的生产作业数据，无法基于精密的数据统计和分析来进行管理决策	事件驱动：支持事件驱动的航班、旅客、货邮三大服务流程，通过事件自动触发相关生产作业。 无线派工：任务指令和相关的变化信息通过无线网络直接发送到车辆终端设备或手持设备上，服务人员按照工序实施服务，在检查点汇报服务情况。 可视化监控：服务进程的甘特图展现出生产作业流程的每个工序和控制点的情况，并依据企业服务标准和 SLA（服务等级协议）给出状态标注和提示。 多种模式：一岗管理一种车辆和人员，一岗管理多种车辆和人员，分区域管理模式，按航班类型分别管理模式等。 事后分析：详细记录生产作业数据，事后可做统计分析，为管理和决策提供量化依据
组织	
金字塔式三级甚至多级调度组织方式，静态服务小组，信息传达缓慢，资源利用率低	实现组织的扁平化/动态化，信息在组织内/跨组织及时传递，动态服务小组提高了资源利用率。 扁平化：避免了金字塔式的信息流程，围绕业务流程的工序和管理要求，信息直接送达相关工作人员，提高信息传递效率，协作单位之间及时、准确、完整地交换信息。 动态化：按照工作量，动态组建服务小组，避免资源浪费
位置	
调度员分散在现场，任务单据人工送达	实现生产作业流程的调度和监控不再受场域限制。 调度人员：可以在机场内或机场周边地区任何地方进行指挥调度，服务人员也可以随时随地收到任务指令/相关变化信息或查询信息。 管理人员：可以实时监控一个或多个机场所有的生产作业流程。 跨场调度和通信：支持异地机场的指挥调度和数据交换，支持异地机场之间的数据、语音、视频通信

续表

现　状	实　施　后
数据	
无集中存储的营运数据库系统，无统一集成的外部数据源接口。 无营运数据库，采用纸介质单据/任务书/事后填写的工作报表。 通过传真/SITA电报获得业务单据，人工送达或用对讲机、电话通知相关岗位人员。 相关业务数据通过人工方式从外部系统中查询获得	实现业务数据及时、准确、完整、可靠地共享和交换。 及时"推"到：各种业务数据及时、准确、完整地"推"到使用者，不用轮询。 可靠传输：业务数据的交换通过存储转发、校验、应答、重发、生命周期等机制，确保数据可靠送达。 统一接口：实现与空管、机场、航空公司、离港系统等外部数据源的统一接口。 完整记录：生产业务数据详细记录、存档
应用软件	
航班动态系统，电报收发系统	实现可视化的指挥/调度/监控/管理的枢纽，形成生产作业的中枢神经系统。 规则约束：按照规则进行自动或半自动指挥调度。事件驱动业务流程自动化。 预警提示：可监视服务对象、服务资源、服务流程的状态，提供预警和提示。 数据采集：各种业务数据自动采集。 信息发布：按需把数据自动发布给相关业务人员
技术	
采用集群对讲系统、FAX、电话、SITA电报	1.8G无线移动宽带：集成无线数据、电话、集群对讲、视频通信。 电信级专网通信质量：确保足够的宽带、用户容量、通信的可靠性和安全性。 工业级终端设备：使用工业级无线数据手持终端和无线数据车载终端

4.5　应急管理系统

在突发事件时机场的应急救援是机场运行管理的重要内容。目前，国内机场应急救援工作的信息化建设程度相对较低。大部分机场没有建立较为完善的应急管理系统，现有的应急信息管理技术和方法存在诸多不足，主要表现在以下方面。

（1）各类支撑资源的信息关联度不够，信息孤岛现象严重，且数字化程度较低。

（2）现有系统用户功能不具体，信息表达不直观，用户使用连贯性较差。

（3）在日常应急事务管理时，无法满足机场应急管理部门对应急资源的信息化管理工作。

（4）在应急情况发生时，无法为决策者提供从微观资源管理到宏观态势感知的决策支撑。

针对上述问题，需开发应急管理系统，目的是满足民用运输机场日常应急管理工作需要及应急救援过程中的信息决策支撑需要，改善现有信息管理中存在的不足，为应对机场突发事件提供技术保障。虽然上节所述指挥调度系统中已包含了部分应急指挥内容，但应急指挥只涉及在场面上的资源调度，应急指挥所需的大量信息需要应急管理系统来提供。

4.5.1 需求分析

4.5.1.1 业务目标

1. 应急信息日常管理

通过应急管理系统完成机场相关应急部门的日常信息管理工作，其他相关单位通过相应权限对系统进行访问。

2. 应急救援信息支撑

在发生应急救援时，通过应急管理系统能进行信息接报、辅助研判等操作，为应急处置决策者提供从微观资源管理到宏观态势感知的信息支撑。

4.5.1.2 业务需求

民用运输机场应急管理系统的业务需求主要包括以下方面。

（1）能准确及时获得突发公共事件信息和现场信息，提高信息报送的及时性和准确性。

（2）提高应急预案的可用性和使用效率，方便预案快速检索、预览和使用。

（3）掌握重大危险源、关键基础设施以及重点防护目标的空间分布和运行状况信息，在日常管理与应急救援过程中能利用该数据给予辅助参考。

（4）对应急预案、辅助决策和 GIS 系统进行融合，将事件发展趋势、影响区域与地理空间信息系统相结合，进行危险性分析和综合研判。

（5）协调指挥应急救援，提供对专家人员、储备物资、救援装备和医疗救护等应急资源的动态管理，对应急救援车辆的运行进行监控。

（6）汇总应急处置过程中各项信息，并进行数据统计分析，提出改进措施。

4.5.1.3 功能需求

民用运输机场应急管理系统的功能需求见表 4-4。

表 4-4 应急管理系统功能需求表

业务细化	功能需求
预案与处置程序	① 支持预案与处置程序的上传及预览。 ② 增加、删除、修改预案与处置程序信息。 ③ 可进行检索、查看详情及报备记录。 ④ 维护预案类型，方便分类查询。 ⑤ 与应急处置模块连接，可直接预览对应类型的预案和处置程序

续表

业务细化	功能需求
重大设施与危险源	① 增加、删除、修改、查看重大设施和危险源的信息。 ② 支持批量导入与导出数据信息。 ③ 维护重大设施与危险源类型，支持按类型查询或模糊查询。 ④ 在 GIS 上标记地理位置，并存储至数据库。 ⑤ GIS 显示危险源空间分布，依据二维电子地图进行可视化表达
应急设备	① 增加、删除、修改应急救援设备信息。 ② 支持批量导入与导出数据信息。 ③ 维护应急设备类型，支持按类型查询。 ④ 支持按过期日期、磨损度的排序
专家库	① 增加、删除、修改专家信息。 ② 支持批量导入与导出数据信息。 ③ 支持按专业方向、对接部门/单位等条件的检索、查看。 ④ 快速联系应急救援专家
案例库	① 支持案例报告的上传及预览。 ② 增加、删除、修改案例信息。 ③ 可按事件类型、制定部门进行检索、查看详情。 ④ 维护事件类型，方便分类查询
培训与演练	① 可增加、删除、修改培训计划或演练计划。 ② 培训与演练计划可导出备份。 ③ 支持成果上传；成果形式包括文本、表格、照片、视频等。 ④ 详情页中附件可打开预览
应急人员	① 增加、删除、修改应急人员信息。 ② 支持按不同属性进行检索、查看。 ③ 支持批量导入与导出数据信息
基础信息管理	① 支持通信设施、政府机关、医疗卫生、避难场所等基础信息的增加、删除和修改。 ② 支持批量导入与导出数据信息。 ③ 支持不同条件查询或模糊查询。 ④ 在 GIS 上标记地理位置，并存储至数据库。 ⑤ GIS 显示基础信息的空间分布，依据二维电子地图进行可视化表达
救援队伍	① 增加、删除、修改应急人员信息。 ② 支持按机场救援或外部支援 2 种属性进行检索、查看。 ③ 支持批量导入与导出数据信息
事件接报	① 录入报告人基本信息，如姓名、电话、时间等。 ② 录入突发事件信息，如时间、地址、类型、原因等。 ③ 配备自动群发短信 API 接口，短信形式自动通知对应的突发事件应急人员。 ④ 在 GIS 上标记事故地理位置，并存储至数据库。 ⑤ GIS 显示历史事件的空间分布，依据二维电子地图进行可视化表达
应急处置	① 预案及处置程序查阅，支持按事故发生类型的快速查阅，并支持按事件类型的检索查阅。 ② 地图研判，GIS 直观显示事故位置、应急要素分布，可分类筛选检索显示。支持距离量测、范围分析，显示实时路况，方便决策者调度。 ③ 配备自动拨打电话的 API 接口，将专家、应急人员的电话绑定在内，在突发事件发生时自动拨打电话，快速联系相关人员。

续表

业 务 细 化	功 能 需 求
应急处置	④ 应急救援车辆管理。应急车辆详细信息显示，在地图上以点的形式实时显示出所监控车辆的位置，并能指示车辆的移动路线方向。车辆运行轨迹回放，监控中心对车辆历史行驶状态进行详细记录，在地图上可以描绘出车辆的历史行程轨迹，可以作为车辆管理、监控的依据
GIS 系统	① 地图可视化，展示机场电子地图，能执行自由放大、缩小、滚动缩放、地图全视图等显示操作。 ② 维护的重大设施与危险源、各类基础信息、历史事件，显示在二维地图中，可分类筛选检索显示。 ③ 在 GIS 系统中可新增应急要素，并同步更新到数据库。 ④ 提供机场应急救援网格图，展示机场及机场方圆 8 公里的地理数据，并支持绘制、更新完善最新网格图。 ⑤ 支持距离量测、范围分析，显示实时路况，方便决策者调度
统计分析	支持预案与处置程序、重大设施与危险源、应急设备、事件地理分布、案例库和培训与演练的统计分析
系统管理	进行部门管理和用户管理
配置管理	支持预案类型、重大设施与危险源类型、应急设备类型的自定义

4.5.2 系统架构

系统支持机场应急信息资源的整合、管理及 GIS 系统的建设，并提供对应用服务的统一调度和管理，同时，系统体系结构应分层组织，系统功能模块化，系统集成松耦合，方便业务应用的修改、重用和部署，满足系统未来弹性扩展的要求。系统整体建设内容包含决策分析层、核心业务层、信息资源层，系统架构如图 4-27 所示。

图 4-27 应急管理系统架构

其中，信息资源层包括地理信息、专家信息、危险源信息、应急预案、应急资源信息突发事件信息，以及力量、人员、设备信息等；核心业务层体现了应急管理的核心业务，包括日常管理、应急处置、GIS 管理、系统维护三个功能模块，决策分析层包括应急处置态势分析、应急预案设计、数据统计分析、历史事件管理、培训与演练等。

4.5.3 具体实现

4.5.3.1 应急事件处置过程

依托应急管理系统的应急事件处置过程如图 4-28 所示。

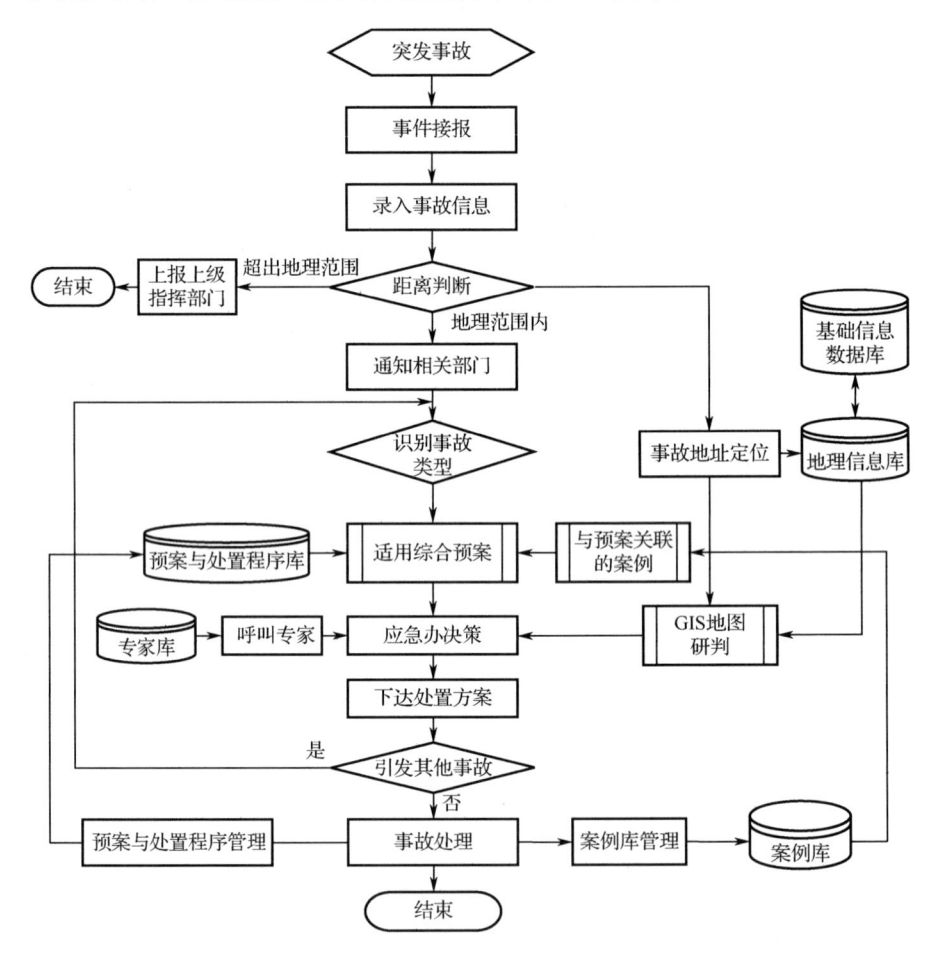

图 4-28　应急事件处置过程

4.5.3.2 主要功能模块开发

1. 日常管理

用于管理各种应急资源、培训与演练的相关信息，主要包括预案与处置程序、应急资源信息管理、危险源信息管理、设施设备信息管理、应急专家库、部门与人员信息管理等，以及人口分布、医疗卫生、避难场所等基础信息管理，还包括培训与演练的相关信息管理。这些基础信息能为应急处置提供相关的辅助信息，也为统筹安排并有效调度应急资源提供有力依据。

2．应急处置

应急处置模块按处置流程分，包括事件接报、预案查阅、地图研判、专家呼叫、救援车辆监控五部分。

事件接报是在突发事故发生时，应急人员录入事故相关信息，将事故地址定位到 GIS 地图上，并以短信的方式通知相关部门人员。

预案查阅是辅助应急办快速阅览对应事件类型的综合预案及处置程序，辅助决策者快速准确制定有效应急方案。

地图研判是在 GIS 地图上显示应急资源分布和周围环境，通过测距和区域范围分析，便于应急处理决策者对应急资源进行统筹安排，合理调度。按照民航相关规定，GIS 模块在电子地图上显示机场周边 8 公里范围以内的应急资源和周围环境，也可对应急资源进行查询、新增、更新维护等，提供影像、矢量两种地图模式，支持在选定图层及相应范围半径或手动选择范围之后，系统显示范围内的关注对象，以便于应急处置时有针对性疏散人群，避免重大人员伤亡。

专家呼叫是在遇到突发紧急状况时，可通过平台及时联系相关领域的专家，以获得更多专业的应急处理指导。

应急救援车辆监控可对车辆进行监控和管理，实现实时位置、行驶状态、轨迹回放等功能。

3．系统管理

用于主管部门或人员进行系统配置和用户信息管理维护等工作。

4.6 除冰管理系统

根据中国民航总局相关规定，飞机在起飞之前，飞机表面不允许有任何冰、雪、霜。飞行实践证明，环境温度等于或小于 5℃时，发动机进气入口处就有可能结冰。据统计，近年来随着全球变暖影响，我国大部分机场气象条件更加复杂多变，除冰雪日益成为机场尤其是高纬度机场冬春季重点保障工作。

飞机除冰的效率直接关系到航班的正常性，飞机除冰涉及跑道滑行道资源统筹、除冰能力测算、除冰计划安排、飞机放行顺序、引领车分配、保障人员分工等工作，需要协调多个环节，统筹各类资源，除了提高除冰作业人员操作水平、配合能力，除冰管理系统的可靠及高效性也是影响除冰效率的重要因素。

除冰管理主要功能是对机场航班除冰作业合理安排顺序并进行跟踪监控，保障航班起飞前的正常除冰作业服务。

4.6.1 系统架构

如图4-29所示，除冰管理系统分三层实现，其中决策分析层包含航班编队分析、除冰决策分析、即时工单分析和天气预测分析等；核心业务层包含除冰协同管理、除冰作业管理和除冰资源管理等；资源层包含航班信息、天气信息、跑道类别和资源需求信息。

决策分析层	天气预测分析	航班编队分析	除冰决策分析	即时工单分析
核心业务层	除冰协同管理 天气检测 除冰需求 历史除冰统计 消耗情况统计		除冰作业管理 除冰流程管理 除冰航班排序 即时工单跟踪 预警管理	除冰资源管理 设备材料管理 除冰车辆管理
资源层	天气信息	航班信息	跑道类别	资源需求信息

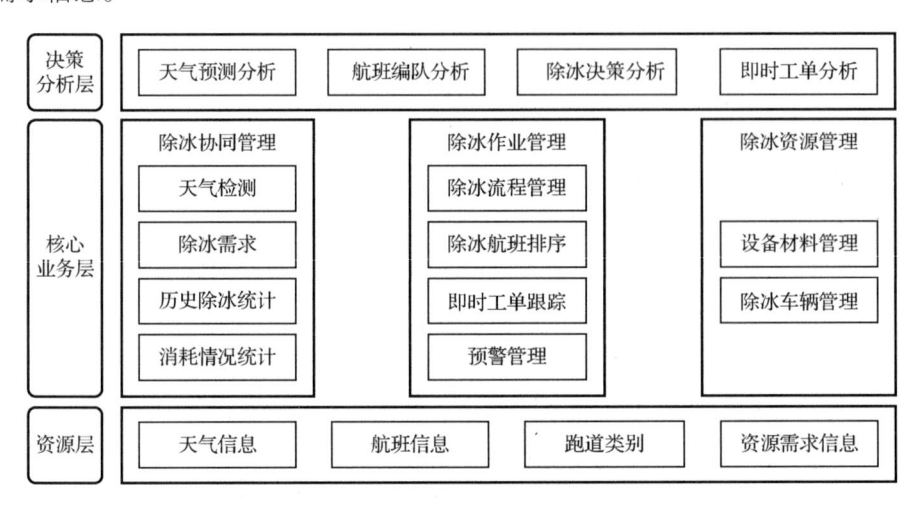

图4-29 除冰管理系统架构

4.6.2 主要功能

1. 除冰系统决策分析

除冰决策，依据航班顺序和天气情况等多种因素综合安排除冰顺序，并跟踪即时工单任务执行调整。

2. 协同管理

获取天气、航班、历史除冰记录等相关信息，结合除冰需求进行综合分析，促进除冰调度方案的形成。对除冰设备、资源、材料、人员的使用情况进行分析，对设备、材料的消耗情况提交采购系统供制定采购计划使用。

3. 除冰作业管理

提供对除冰作业流程、规范、作业手册的电子化管理。

对除冰作业岗位发送除冰作业任务，跟踪记录任务执行情况；针对除冰作业请求、现场除冰作业的异常情况设置相应的告警规则、告警触发条件及告警通知方式。

4. 除冰资源管理

对除冰液、除冰设备、消耗和库存情况的进行管理；

记录除冰车辆基本信息，包括车辆编号、型号、购买日期、服务年限、保养情况及维修情况等。

4.6.3　具体实现

以信息可视化、调度指挥智能化和风险规避主动化为设计理念，实现航班数据、航空器 GPS 信号、除冰车 GPS 及除冰液存量信息、引领车 GPS 信号等各类信息流交互，打破不同岗位的信息交流障碍，除冰资源状态、飞机除冰进程实时呈现，所有保障人员均可使用上述数据。同时，为解决安全性问题，除冰管理模块实时显示机位状态，当除冰位分配员所分配的除冰位处于使用状态，或机位适用性与待除冰航班机型不符时，系统会进行消息提示等防错保护，主动规避风险。

4.7　货运管理系统

随着世界运输业的高速发展，航空货运越来越成为现代运输业的重要组成部分。机场货运是航空货运的主要环节，其作用主要是完成集装器存储、货物存放、分拨等服务。机场货运业务在货运区内完成，一般来说，货运区处于机场空侧区域，由货机停机坪、集装货区、库区、收发区及办公区组成。长期以来，国内机场普遍存在着重客轻货的现象，这里面既有货运基础设施不足、资源配置不合理的问题，也有运行机制不完善、货机货物保障效率不高的问题。2020 年 8 月国家发改委和民航局联合发布《关于促进航空货运设施发展的意见》，进一步明确提出了要完善提升综合性机场货运设施能力和服务品质，统筹机场客货运区域的规划、建设、运营和管理。为此，开发集监视、控制、调度、管理等功能于一体的机场货运管理系统，提高货运区设施设备安全运行水平和航空货运储存、装卸的作业效率，减少货物发运差错，提升航空公司和机场航空货运的服务能力，很有必要。

4.7.1　需求分析

机场货运管理的主要任务是实现航空货运运单管理、监控机场货站日常作业、保障货机货物在机场货运区安全生产、处理突发事件等，从而保证日常航空物流的入港、出港、配单、收费等环节的正常运行。

主要业务流程包括以下方面。

（1）国内出港货运。业务流程包含委托运输→单据审核→货物预定舱→接单→制单→接货→安检→打板装箱→航班跟踪→信息服务→费用结算等环节。

（2）国内进港货运。业务流程包含航班到达→机场理货→到货通知→审单核对货物→货物出库等环节。国内进港货物主要流程是到货通知和货物交接两部分，有的机场开展了国内货物优先提取业务，能够实现机下分拣、快速配送的需求。

（3）国际出口货运。国际航空货运业务是以航空器为运输工具，由承运人将托运人的货物从一国境内运输到另一国境内，或经停另一国境内的约定地点的运输方式。国际航空货运主要包含国际进口货运业务和国际出口货运业务两部分。国际货物运输的出口业务流程是指从托运人委托运输货物到航空承运人将货物装上飞机的货物流、信息流的运输组织与控制管理的全过程。包含以下几个环节，委托运输→单证审核→预订舱→接单→制单→接货→标签→配舱→订舱→出口报关→出仓单→提板箱→装板箱→签单→交接发运→航班跟踪→信息服务→费用结算。国际航空出口业务涉及诸多部门，包含人流、物流、信息流、单证流以及资金流的紧密结合、交叉与传递。

（4）国际进口货运。主要包含航空公司进港货物的操作程序和航空货运进口代理业务程序两大部分。航空公司进港货物的操作程序是指从飞机到达目的地机场，承运人把货物卸下飞机直到交给代理人的整个操作流程，即进港航班预报→办理货物海关监管→分单业务→核对货运单和运输舱单→制作航班交接单→货物交接。航空货运进口代理业务主要包括以下几个环节，即代理报关→交接运单与货物→理货及仓储→整理运单→到货通知→进口报关→收费与发货→送货及货物转运。

（5）货运区地面保障。机场货运区是货物的集散地，其主要职能是安排飞机的停靠，利用设施设备和人员将货物卸机、分拣、搬运、堆垛、装机，需要各个部门和子系统的密切合作。主要流程包括 EDI 报文传输（飞机到港前，飞机上的工作人员把 EDI 报文给机场货运管理部门，报文内容包括预计降落时间、货物数量重量、目的地等）→安排飞机降落跑道→获取该航班上货物信息→安排装卸货计划→分配拖车以及其他专用车辆→把指令队列分配给作业线→进行装卸货作业直至指令全部完成→根据飞机货物情况形成新 EDI 报文。

（6）其他业务。主要包括货运相关的机场运营情况统计、分析、决策，货区货物管理，服务保障质量控制等。

4.7.2 系统架构

货运管理系统架构如图 4-30 所示，从上到下为用户层、决策分析层、核心业务层、资源层和数据采集层。

1. 用户层

- 航空货运管理用户：指对航空货运主要流程审核的操作人员，享有系统所有货运管理监控审核的全部功能。
- 机场货站管理用户：主要把握航空货运链首末端完整，揽收货物登记，货运流程扫描录入，发货确认操作等与货物直接接触的机场货站操作人员。
- 进出港报单管理普通用户：主要指货运流转过程前后，需要进出港制单管理的货物，由专人监控是否符合出入标准，并针对性制单操作，处理非正常货物。
- 机场货运部门决策规划人员：主要是机场货运业务主管领导和规划人员。

```
┌──────┬─────────────────────────────────────────────────────────────────────┐
│用户层│  航空货运管理用户    机场货站管理用户   进出港报单管理    机场货运部门  │
│      │                                         普通用户        决策规划人员  │
├──────┼─────────────────────────────────────────────────────────────────────┤
│决策  │  货运保障动态     航线航班经营    货运任务完成情况   销售量价收入分析 │
│分析层│  态势监控分析     情况分析        统计分析                            │
├──────┼─────────────────────────────────────────────────────────────────────┤
│      │        进出港管理           航班管理         货站生产运行            │
│核心  │  出港管理  进港管理     航班信息管理      收费计费                   │
│业务层│  收运管理  舱单管理     订单航班查询      车辆和资源调度             │
│      │  货主货代管理 分拨与派送管理 跑道、机位分配  货运区生产全流程监控   │
│      │  中转管理  提货管理     保障现场监装监卸   KPI质量控制                │
├──────┼─────────────────────────────────────────────────────────────────────┤
│资源层│  航班信息   货物信息   货运区机坪保障设施设备监控信息  货运设施设备信息│
├──────┼─────────────────────────────────────────────────────────────────────┤
│数据  │  物联网平台  货物跟踪   智能监控   ACDM系统   机场CRM货主货代        │
│采集层│                                                                     │
└──────┴─────────────────────────────────────────────────────────────────────┘
```

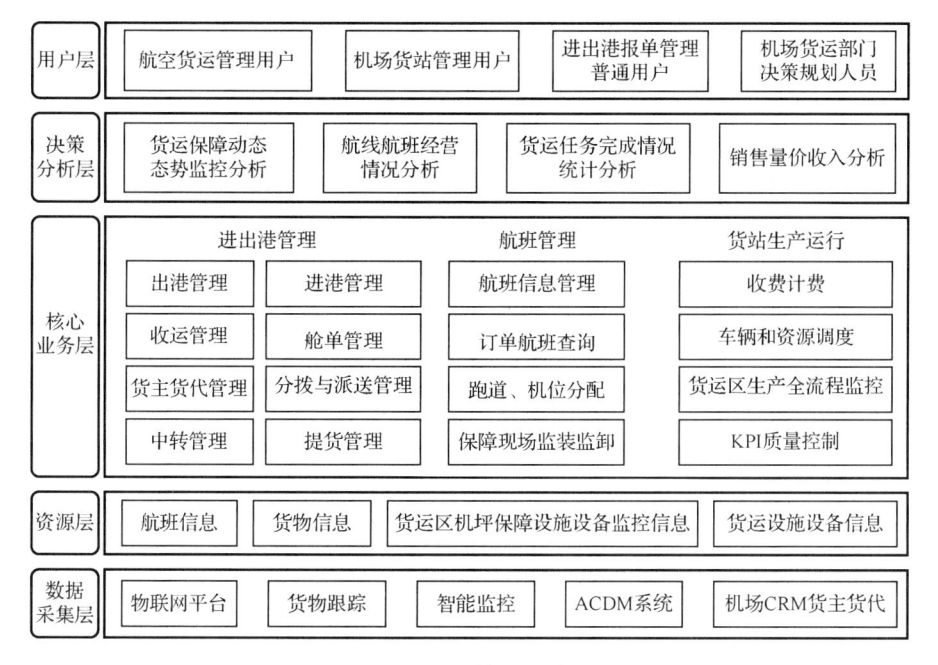

图 4-30　货运管理系统架构

2. 决策分析层

主要功能包括货运保障动态态势监控分析、航线航班经营情况分析、货运任务完成情况统计分析、销售量价收入分析等。

3. 核心业务层

- 进出港管理：实现出港管理、进港管理、货物处理等功能。
- 航班管理：实现航班信息管理及维护、订单航班查询、跑道和机位分配、保障现场监装监卸等功能。
- 货站生产运行：实现收费计费、车辆和资源调度、货运区生产全流程监控、KPI 质量控制等功能。

4. 资源层

包括航班信息、货物信息、货运区机坪保障设施设备监控信息、货运设施设备信息等。

5. 数据采集层

包括 ACDM 系统、物联网平台、智能监控、机场 CRM 货主货代、货物跟踪等相关的设备和系统。

4.7.3　具体实现

机场货运管理系统为机场航空货站提供场内进出港货物操作全流程业务管理功能，覆盖国内国际进出港、中转、计费、仓库、集控管理等核心业务，涵盖全部货站业务岗位和操作点。通过应用货站处理系统，可促进业务流程标准化，最大程度减少纸面工作，降低差错。同时，系统可一目了然地展现出实时生产统计报告，减小人工汇总数据的工作量，提高数据准确性。更重要的是，系统通过对货站保障能力进行量化，为货站的管理提供有效监控和跟踪，从而加强管理的时效性和可控性，提升各级岗位的管理水平。整个航班保障的完成情况一目了然，相应质量监控数据可帮助货站找到并改进薄弱的操作环节。下面对几个主要的功能模块进行介绍。

4.7.3.1 进出港流程管理

- 制单：主分单制单。
- 收运：收运模块与磅秤直连，允许分批收运，并提供标签打印功能。
- 代理自组板：自动采集代理人组板信息。
- 复磅称重：复核整车重量，自动对比舱单重量，计算散货、板箱重量误差。
- 舱单打印：提供多种舱单样式，以满足不同用户需求。
- 关闭航班：记录航班状态、航班状态关闭时间，同时自动发送 FFM、FWB、UCM、FSU 等行业报文。
- 进港理货：理货完毕时，自动发送进港报文。
- 核单、签单：确认舱单、按航班核对、录入单证信息。
- 货物分流：根据舱单、分流申请、进港承运数据，登记货物流向。
- 分拨与派送：登记分拨信息，向海关发送分拨申请，并接收回执状态；制作和打印随车清单。
- 中转标准业务处理：实现货站常见的多种中转业务情况处理。包括库内中转、机坪中转、一单到底、换单承运等。
- 不正常管理：登记不正常信息，并提供监控功能，完成后续跟踪、结案处理等工作。
- 提货处理：提货时可根据计划自动发送 FSU 报文。支持与仓储收费系统对接，接收仓储收费系统提货状态，自动完成提货操作。
- 危险品管理：提供危险品相关公共代码管理、鉴定文件添加和查询功能。

4.7.3.2 拖车调度

拖车调度是机场货运生产核心业务职能，拖车调度效率提高，货运生产运作效率就能提高。以拖车为对象，分析拖车调度总流程，流程图如图 4-31 所示。飞机到港前，飞机上的工作人员把 EDI 报文给机场货运管理系统，报文内容包括预计降落时间、货物数量重量、目的地。根据这些信息机场安排降落跑道和停机位。确认货物信息无误后，中央控制系统利用算法安排装卸货计划，并交由飞机人员。

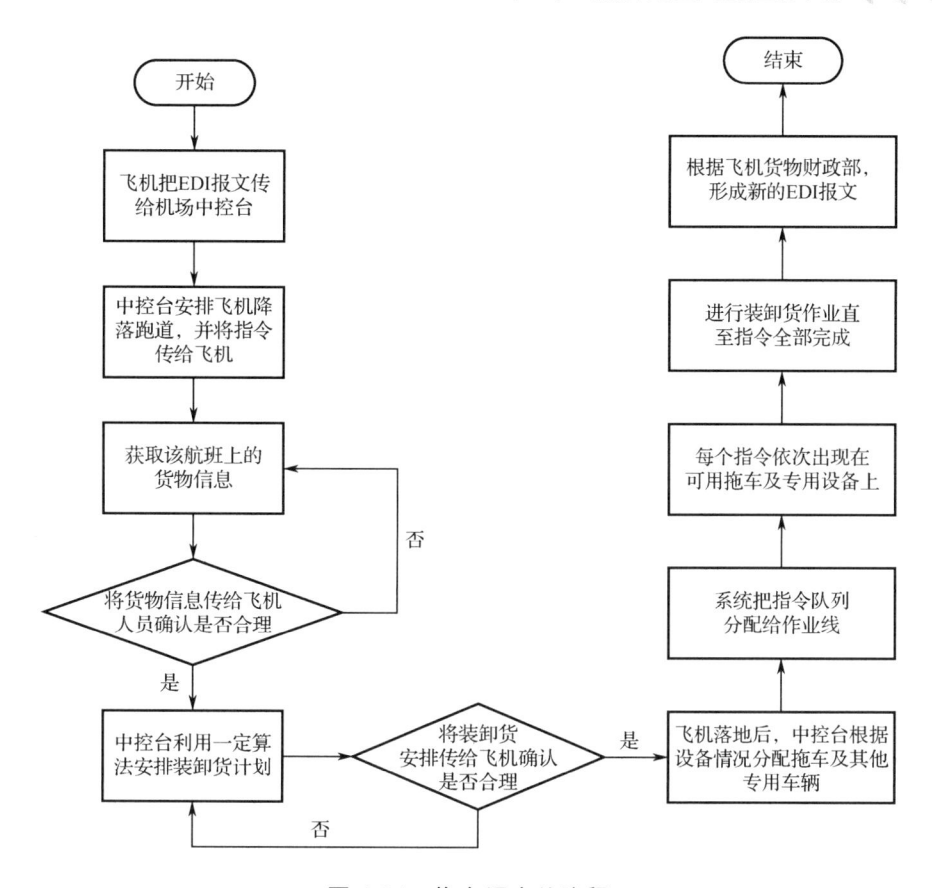

图 4-31　拖车调度总流程

飞机到港后，装卸货计划形成指令队列，如表 4-4 所示。

表 4-4　拖车调度指令表

指令序号	服务航班号	拖车编号	出发地点	到达地点	作业板箱数
1	102	3	临时堆场	102	4
2	104	2	104	分拣中心	3
3	…	…	…	…	…

指令 1 表达的信息是调配 3 号拖车从临时堆场到 102 航班所在机位为该航班服务，运输板箱数量为 4 个。指令队列由一系列这样的指令组成。

指令逐条分配给空闲可用拖车，拖车作业完成后，航班管理系统根据飞机货物情况，形成新的 EDI 报文。

指令逐条分配的方式是一种"实时滚动式"的调配方式，其优点是可改善作业线调度模式成本高、效率低、容错率低、处理突发情况不力的问题。关于成本，提前给拖车排班的模式需要拖车数量更多，且拖车需等待，成本更高。关于效率，逐条分配的方式可保持多辆拖车连续服务，货物以最快的速度装卸。

4.7.3.3 装卸货过程监控

装卸货是货物在机场除分拣外最重要的流通过程。使用射频识别 RFID 技术，全过程监控装机卸机、服务送机两项保障过程，建立流程关联预警，有效防控货物漏装、漏卸的安全风险。同时，通过货物出库过程中装载重量自动计算、称重结果自动复核等手段，解决货物配载、出库装斗、称重复核、货物拉运等多个环节需要人工计算，手工复核的问题，进而对实际称重重量与舱单记录重量不符的情况，进行自动提醒，并从操作流程上禁止作业人员进行下一步操作，有效避免货物隐载风险。

机场卸机作业流程图如图 4-32 所示。指令队列激活后，指令出现在相关拖车和目的地的显示器上，拖车司机根据指令作业。目的地处的射频识别系统识别货物的批号、正确度、完好程度，确认此项指令完成。指令完成后，从拖车指令队列中消除，拖车被分配下一条指令，继续作业。

机场装机作业流程图如图 4-33 所示。总体流程与卸机作业类似。需要注意的是，飞机上的射频识别系统确认后，飞机人员需进一步确认货物无误，指令才被消除，避免飞机离港后失误无法弥补。

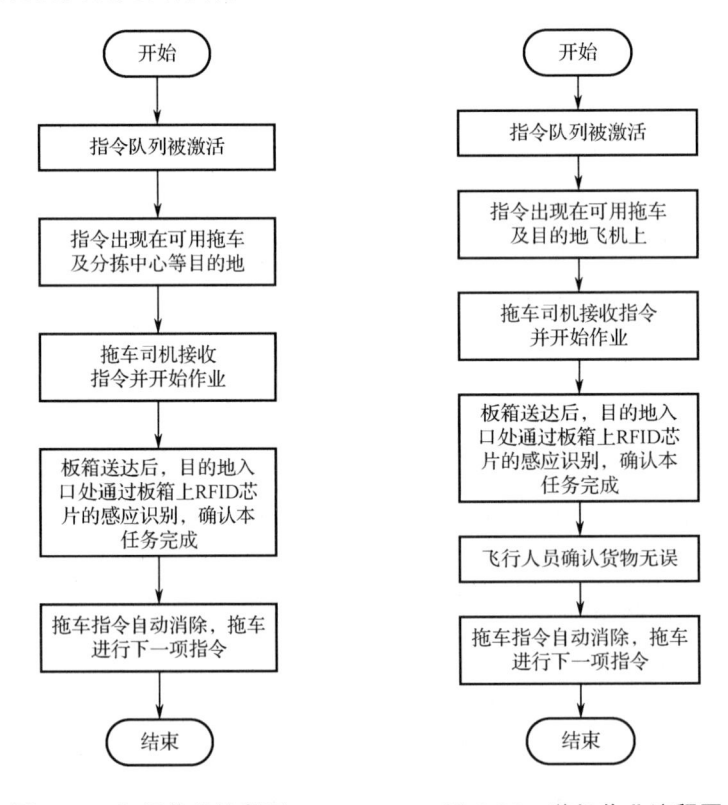

图 4-32　卸机作业流程图　　图 4-33　装机作业流程图

4.7.3.4 突发事件处理

在货运机场地面保障的运作过程中会出现很多不可控的突发情况，导致系统不能按计划运行。货运机场的突发情况一般有以下两种。

① 飞机延误到达

在作业线调度模式下，机场对拖车及其他专用车辆的作业安排是固定的。比如根据已获得的航班到港离港时间以及货物的信息，提前给拖车安排任务。航班到达后，拖车根据已有任务列表完成任务。

提前排班、飞机不等待作业线调度模式看似效率很高，实则无法应对突发情况。如果飞机延误到达，且整体安排不可更改，拖车将会不定时等待，后续任务全部延误。

因此，具备信息系统后的地面保障模式采用"实时滚动式"的任务分配，而非"提前固定式"的任务分配。已知航班信息，但系统在飞机到港前一段时间，根据拖车情况进行分配，且指令逐条下发，可有效解决飞机延误到达时大面积延误的问题。

② 拖车故障。

"实时滚动式"模式同样避免了拖车故障带来的损失。拖车发生故障后，其作业内容需重新分配。拖车的指令逐条接收后，若拖车发生故障，并不会导致大面积的重新分配。

指令逐条分配的模式需要信息系统掌控机场所有信息，包括每个航班的装卸需求、每个拖车的位置状态等，同时需要信息系统反应足够完备，指令传达迅速，才能保证机场整体运行的高时效。

4.7.3.5 货运生产统计分析方法

统计分析方法多样，有时间序列分析、对比分析、趋势预测等多种分析方法。在机场货运可按年、月、日以及自定义时间维度，对生产数据、代理人、货主、航线、承运人、货物结构等进行统计分析。主要内容包括以下方面。

- 承运人、代理货量统计与分析。
- 进出港货量、中转货量货运分析。
- 航线（承运人、代理人）货量分析。
- 货物结构分析。
- 货物包机货量、机型货量分析。
- 货代、地面处理收益分析。
- 航班收益分析等。

第 5 章
智慧机场旅客服务业务系统

旅客服务是机场的主要业务。当前机场服务管理的信息化水平较低,各领域信息系统分散且互不连通,机场服务信息化的效率和质量都有待提高,针对这些问题,根据智慧机场相关规划,机场旅客服务领域信息化建设工作侧重系统之间的信息共享和业务协同,以旅客综合服务系统为核心,集成陆侧智能交通、定位导航、动态标识、行李跟踪、自动泊车等系统,通过获取与旅客服务相关的信息和需要的服务,形成旅客服务过程全程实时态势监控分析,通过及时的信息推送和相关资源的调度调配,提高旅客服务的效率和质量,适应新时代"互联网+"与机场行业快速融合的趋势。

5.1 综合服务系统

旅客综合服务系统从旅客服务和楼内运行的角度,对旅客服务环节的安全、环境、效率和质量进行综合管理,通过分析旅客服务流程的各项要素,主动向旅客推送有价值的服务,提供增强旅客关怀、保障高效运行的检测和分析工具,协助处理旅客多样化的服务要求,避免异常事件的发生,协助保障部门进行特殊事件的处理,提升机场的旅客服务水平和品牌形象。

5.1.1 业务背景

5.1.1.1 机场服务的概念

服务是指服务的提供者与服务的接受者在互动的过程中完成的一种无形性的活动。服务行为的最终目的是为了使服务对象获得的利益发生变化,同时,提供服务行为的主体自身也能获得利益。服务本身不仅仅是一种产品,同时也是企业同竞争对手进行竞争的一种有效工具和手段。对于面临激烈竞争的机场企业来说,获取竞争优势的途径不仅包括企业的技术优势、设备优势、产品优势、品牌优势等,而且服务是企业实行差异化战略和管理、谋求长期优势的重要途径。

从广义的角度来说,所有驻场的单位、到机场的人或物等都是机场的服务对象,机场的服务对象主要如下。

（1）旅客。航空旅客出行乘坐飞机时必须经由机场，旅客在进入机场到登机前和下机离开机场前，机场为其出行提供一系列的相关服务，因此航空旅客是民航机场的顾客。

（2）货物。机场根据货主要求提供货物存储、装卸、运送以及航空快递等服务。

（3）航空公司。航空公司和民航机场是两个即相对独立又相互依存的经济体，民航机场方面为航空公司提供航空器地面维护、飞机起降、飞机配载平衡等服务；航空货物运输仓储作业、装卸作业和进行远近距离运输等服务；设备租赁等物业后勤服务；另外，机场单位还需收集整理各航空地方市场的相关资料，为航空公司管理者进行航空决策提供咨询服务。从服务对象的角度来看，航空公司和民航机场也有着共同的服务对象，即航空旅客。

（4）其他驻场单位。由机场向其提供物业、治安等服务。

根据机场行业自身的特性，机场服务最主要的服务对象就是旅客。因此，机场服务的概念可归纳为：机场服务是机场经营管理单位通过与其他相关驻场协作单位共同努力，为了满足机场旅客的需求或期望，向机场旅客提供一系列具有机场特性活动的过程。

5.1.1.2 机场服务的内容

根据机场为旅客提供服务的性质，可以将机场提供服务的内容分为两类：航空性服务和非航空性服务。

（1）航空性服务。指机场工作人员利用机场内设施设备为飞机运行所提供的一系列相关服务，包括飞机在飞行过程中所需的通信功能、导航功能、雷达监视、气象观测、空中交通管制、地面安保及消防等为保证飞机安全运行所提供的服务，同时还包括机场为旅客和货主所提供的一系列与运输相关的服务，这部分服务内容也是我国民用机场提供的核心服务内容之一。

（2）非航空性服务。指机场为满足顾客的需求，向旅客提供的航空性服务以外的服务内容。非航空性的服务与机场提供的核心服务内容密切相关，具体包括机场内的各类商店及各类免税店、各类餐饮食品店、航空餐食、停车场、各类交通车辆、广告经营等服务项目，这些与旅客需求密切相关的非航空性服务根据机场级别的不同而有所差别，但受机场旅客吞吐量和飞机起降架次的影响比较大。

5.1.1.3 机场服务的流程

每个机场为其旅客提供服务的过程基本是一致的。这些环节主要包括旅客到达机场时接受服务的流程、旅客离开机场时接受服务的流程以及旅客在机场进行中转时接受服务的流程。其中，从机场出发的离港旅客对机场提供服务的整体过程的体验最为完全，所接受到的服务主要包括旅客使用机场的地面交通服务、办理值机手续时接受的服务、进行安全检查时接受的服务、候机楼候机所接受的服务、托运行李的服务、机场问询服务、登机服务和下机服务等服务内容，因此选择旅客离港服务流程作为主要研究对象。旅客的服务流程是指从旅客到达机场开始直至旅客登机离开机场的整个时间，在此期间旅客按照规定的顺序办理相关手续并接受机场提供服务。

旅客服务流程上主要包括的具体环节如下。

（1）地面交通。地面交通服务是指机场为旅客直接或间接提供的从出发地到机场的过程中享受到的交通设施服务及其必要的附加服务。机场主要提供的服务是机场大巴及运行线路安排、机场附近交通线路设计和机场停车场设施和出租车运行管理，而地铁线路规划等其他交通服务主要由当地政府完成。

（2）引导标识。引导标识服务是指机场帮助旅客自助解决简单问题的信息标识，例如，航站楼大厅平面图、洗手间引导牌等。这项服务包括旅客对引导标识的图形设计、内容设计、位置布局等细节的感知。机场引导标识从旅客去往机场的路上就开始为旅客服务，贯穿整个服务流程，是机场服务中旅客使用最多的服务。因此，提高机场服务质量的关键环节之一是做好机场引导标识服务。

（3）问询。问询服务是指机场问询柜台工作人员或其他工作人员为旅客解决问题的服务。问询服务是对整个机场工作人员素质的考验，任何一名员工都代表着机场的形象，其服务态度、专业技能等都会影响旅客对该项服务的体验。

（4）值机。值机主要是指通过人工、值机设备或其他技术手段为旅客办理乘机手续的服务。值机的方式有许多种，主要包括人工值机、互联网值机、自助设备值机、酒店值机、手机客户端值机等多种方式。传统柜台值机是目前机场航站楼内应用最多，所占比重较大的值机方式。近年来，自助值机、手机客户端值机和互联网值机在值机方式中所占的比重呈逐年上升趋势。

（5）航站楼大厅服务。机场航站楼大厅提供的公共服务是指机场为旅客提供的在大厅内休息、娱乐、餐饮、购物等服务。该项服务涵盖面较广，航站楼整体环境、机场经营服务、机场各种设施布局、机场特殊旅客服务、无线上网服务等均属于机场候机楼大厅公共服务的范畴。因此机场航站楼大厅提供的服务是机场服务环节提升服务水平非常重要的一环。

（6）安检。安检是机场为保证旅客飞行安全不可或缺的一项重要服务项目，它由旅客人身检查和旅客随身行李检查两部分组成。

（7）候机。候机服务是指旅客通过安检，在候机大厅等待登机的过程中，享受机场提供的一些公共服务，如：使用候机区的座椅，使用机场电子设备、充电设施在机场进行购物，使用机场候机区卫生间等。

（8）登机。登机服务是指旅客在飞机起飞前排队等候、核实旅客身份、记录旅客信息并进入机舱的服务。

5.1.1.4 机场服务的问题

目前国内大部分机场的行李系统、调度系统、安检系统等生产领域的核心系统都已实现较高水平的信息化，在机场的内部实现了系统的互联，使得系统数据得到共享，但是机场服务类信息平台还处于初期阶段，服务资源缺少有效整合，旅客过港服务、商业服务、贵宾、商旅等均单兵作战。每个服务系统在自己的业务范围内独立运行，得不到生产系统产生的航班数据和旅客信息，也不能将自身业务数据共享给其他系统。例如旅客来到贵宾区域消费时，需要对旅客的身份信息进行校验、核实、录入，而这些数据早在旅客购票时已经被航空公司获得并共享给机场，这样重复的采集旅客信息降低了旅客的出行体验，也造成了机场内部系统的数据冗余。另外，还存在乘机流程陈旧，未实现全流程自助、机场动态化引导设施不完善等问题。

根据上述对旅客服务管理问题的分析，结合机场行业在旅客服务方面信息化建设的趋势和成功经验，可以将机场旅客服务信息化大致可以分为秩序保障、创新服务、个性服务、智慧服务四个阶段，如图 5-1 所示。

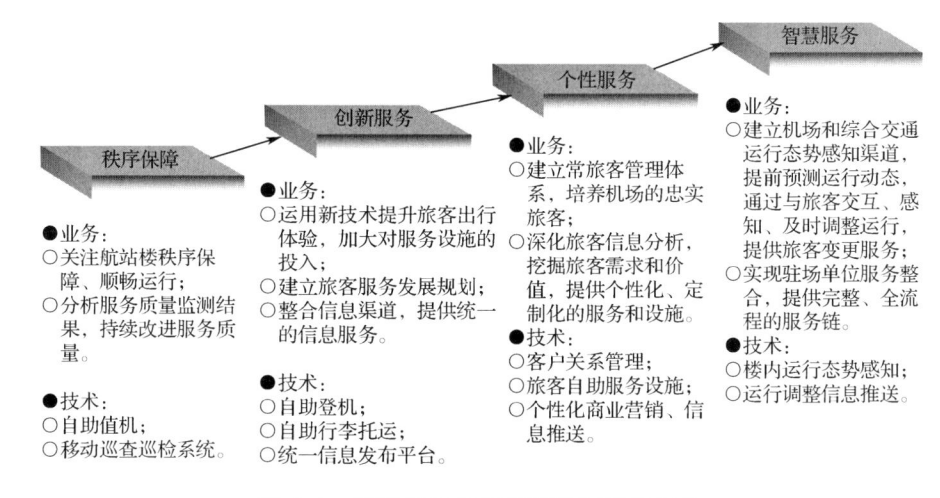

图 5-1 旅客服务信息化现状与阶段划分

秩序保障阶段关注航站楼秩序保障和顺畅运行，通过对服务质量监测结果的分析，持续改进服务质量。

创新服务阶段开始尝试运用新技术提升旅客出行体验，加大对服务设施的投入；建立旅客数据收集渠道，加强旅客服务发展规划；整合信息收集渠道，提供集中统一的信息服务。

个性服务阶段通过常旅客管理体系的建设，培养机场的忠实旅客；深化旅客信息分析，挖掘旅客需求和价值，提供个性化、定制化的服务和设施。

智慧服务阶段建立机场和综合交通运行态势感知渠道，提前预测运行动态，通过与旅客交互、感知，及时调整运行；提供旅客变更服务，实现驻场单位服务整合，提供完整、全流程的服务链。

目前，大部分机场的旅客服务信息化水平还处于秩序保障阶段，有的已初步尝试运用新技术对旅客服务流程进行优化，对旅客服务管理进行创新。因此，为缩小与国内外标杆机场的差距，提高旅客服务水平，提高旅客出行体验，急需开发综合的服务系统，利用先进的技术对原有业务系统进行整合与创新，同时提升旅客服务管理能力，增强机场竞争力。

5.1.2 需求分析

5.1.2.1 建设目标

智慧机场的目标是提供机场运行各参与方的众佳体验，针对旅客服务，信息化建设将重点关注服务体验提升和改进相关业务领域的服务。从旅客进入机场区域到离开机场这一阶段，机场将提供先进的信息化基础设施、应用系统、创新的信息化业务服务手段，让旅客充分分享与其关联的所有信息，享受输出这类信息的所有机构、服务提供者、信息提供者等服务主体围绕旅客和数据使用主体所开展的一系列服务活动。

围绕这个主题，通过对机场旅客服务信息化建设差距的分析，提出旅客综合服务管理平台的建设目标如下。

（1）建立并整合旅客信息收集渠道，提供统一的信息服务；

（2）提供旅客自助服务，提升旅客服务流程运行效率；

（3）深化旅客信息分析，挖掘旅客需求和价值，提供个性化、定制化的服务；

（4）建立机场和综合交通运行态势感知渠道，提前预测运行动态，通过与旅客交互、感知，及时调整运行，提供旅客变更服务；实现驻场单位服务整合，提供完整、全流程的服务链条。

5.1.2.2 业务功能

围绕上述建设目标，系统主要业务功能包括旅客信息管理、服务态势监控、旅客自助服务、服务决策分析、服务质量管理等，如图 5-2 所示，系统外部与 ACDM、广播系统、会员系统、视频监控（CCTV）、外部交通系统、停车场系统、GIS 系统等外部系统进行交互。

1. 旅客信息管理

此功能实际上分为两个子功能，一是信息关联。主要在后台进行，针对目前旅客信息缺失、难以根据旅客的实际情况有针对性地提供服务的问题，系统根据航空公司订票系统或机场会员系统中获取的旅客姓名、证件号、航班号等关键信息，与从系统内外获取的服务进程信息、定位导航信息、行李跟踪信息、排队等待信息、服务质量信息、智能交通信息等相关信息关联起来，并以此作为旅客综合服务信息系统的数据基础。二是信息发布。针对机场与旅客没有统一服务界面、信息传递渠道不一致的问题，构建统一的信息发布平台（如移动 APP、动态标识系统等），建立旅客信息服务，整合旅客综合服务信息链上的内部服务检测数据，形成"旅客信息－航班信息－服务信息－监控信息"相互关联的"旅客综合服务信息链"，向旅客发布相关服务信息，提供全面、个性化服务推送，减少旅客因为延误带来的焦虑感，提升旅客出行体验，实现旅客服务信息发布的数据同源、渠道统一。

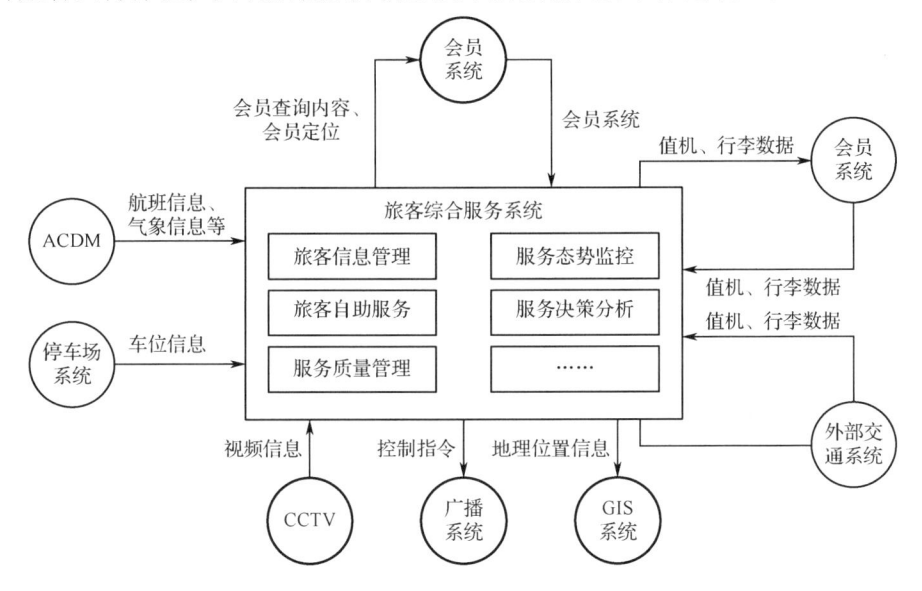

图 5-2　旅客综合服务系统业务功能架构示意图

2. 服务态势监控

针对缺乏有效手段客观评价旅客服务效果和质量，因而难以对驻场单位进行监管的问题，通过各类自助设备、传感设备，采集旅客信息和动态情况，集成旅客服务信息、旅客投诉信息、自助服务信息、动态标示信息，以及旅客定位信息、摄像视频信息和航班信息，监测客流密度、排队情况、等待时间等，提供实时的绩效指标统计和查询，实现对旅客状态和进程的全盘掌握。

3. 旅客自助服务

针对旅客出行体验差的问题，在旅客登机前提供全流程自助服务，包括自助订票、自助通关、自助行李托运、自助登机、自助改签、自助查验、自助设备查询等，同时每个自助服务设备或服务系统作为旅客信息和服务信息的采集点，均具备核查旅客身份和安全管理功能，与机场其他信息系统互联交互，维护机场正常运行，发生异常时发出警告。

4. 服务决策分析

预先定义场景判断规则，以及在各场景下的应对工作流程和服务机制，通过实时服务态势数据与历史基线数据，为旅客服务的分析和评估提供数据支撑。基于智能化业务规则引擎，包括分析和评估现场运行环境等数据分析规则，评估运行效率、预测旅客流线，支持运行决策。根据旅客位置、航班信息、旅客所在位置模拟并预测旅客行为，并及时应对该旅客可能发生的服务事件，进行运行服务调整。根据旅客信息挖掘旅客潜在需求，提供个性化定制服务，或及时调整各类运行资源。例如需要定义排队长度、特定区域旅客人数等，从而判别旅客服务事件和场景；在特定场景下(例如排队时间过长)，建立相应的业务响应流程和通知对象，例如通知安检加开通道等，然后通过技术手段实现业务流程的自动化和快速响应。

5. 服务质量管理

建立服务品质标准与规范，设计与完善质量管理制度流程，实现服务标准的建立、制度流程的优化、品质监督、投诉反馈等。通过对系统获取的服务质量原始数据进行整理、聚合和计算，强化品质监督与考核评估，发现系统在运营中的服务质量问题，整改业务过程，提高服务质量，为旅客出行体验提供良好服务。

5.1.3 系统架构

旅客综合服务系统的架构如图 5-3 所示，从下至上分为信息资源层、业务功能层和应用决策层。信息资源层提供航班信息、客流信息、旅客信息、行李信息、交通信息、视频监控信息等服务，业务功能层根据旅客信息管理、服务态势监控、旅客自助服务、服务决策分析、服务质量分析等业务场景封装了实现相应业务的具体功能模块，在应用决策层对旅客服务质量效果进行分析，开发旅客服务移动 APP 应用，以及面向机场高层进行旅客需求分析和服务产品决策。

应用决策层	服务指标监测	旅客信息分析	旅客服务APP	服务产品管理
业务功能层	旅客信息管理 信息关联 信息整合 信息发布 信息推送	服务态势监控 信息采集 指标管理 信息查询 态势生成	旅客自助服务 状态采集 身份核查 安全告警	服务决策分析 场景分析 行为分析 规则引擎 即时查询统计	服务质量分析 投诉应对 问询管理 品质监督 考核评估
信息资源层	航班信息	客流信息	旅客信息	行李信息	交通信息	视频监控信息

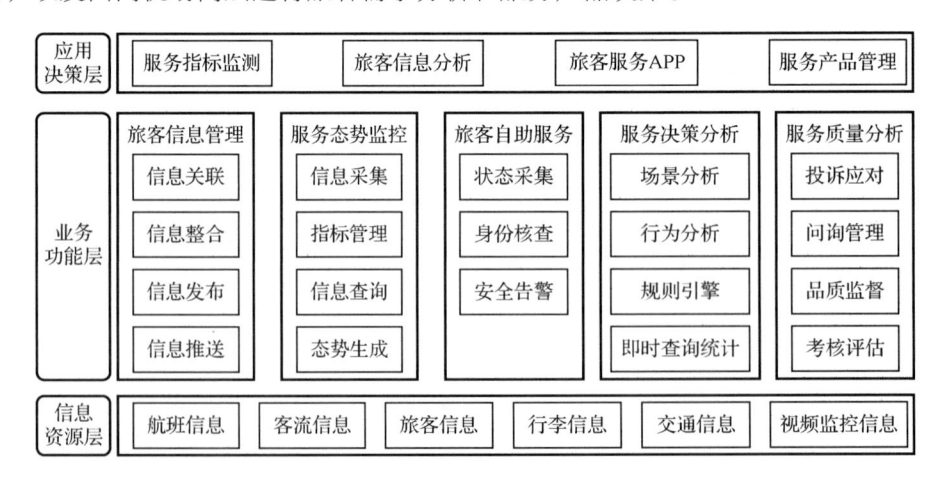

图 5-3 旅客综合服务系统架构

1. 信息资源层

管理旅客服务相关的数据信息，包括航班信息、旅客信息、服务信息、行李信息、交通信息、视频监控信息等服务相关的信息。

（1）航班信息：包括航班计划信息和动态更新，延误信息等。

（2）旅客信息：包括旅客基本数据，消费数据，以及值机、安检、等级、位置等数据。

（3）客流信息：包括旅客服务相关的 CCTV、楼内资源分配以及柜台、登机口、通道设施、公共设施、旅客自助服务设备服务状态信息等。

（4）行李信息：旅客托运行李的位置、状态等信息。

（5）交通信息：广播信息、停车场信息、航班信息、道路信息等外部交通信息，以及上述信息与旅客服务信息关联后的综合信息。

（6）视频监控信息：航站楼、停车场等机场公共区域的视频监控，以及进行人流、车流、生物特征或行为识别后的加工信息。

2. 业务功能层

包括旅客信息管理、服务态势监控、旅客自助服务、服务决策分析、服务质量分析等。提供对机场实时运行情况的监控、分析和预测功能，发布和推送服务及保障信息，进行业务规则管理和流程管理，根据规则处理旅客服务事件。

（1）旅客信息管理

① 信息关联：获取旅客姓名、证件号、航班号等关键信息，与从系统内外获取的服务进程信息、定位导航信息、行李跟踪信息、排队等待信息、服务质量信息、智能交通信息等相关联。

② 信息整合：整合旅客综合服务信息链上的内部服务检测数据，形成"旅客信息-航班信息-服务信息-监控信息"相互关联的"旅客综合服务信息链"。

③ 信息发布：面向旅客群体发布公开信息。

④ 信息推送：面向会员或特定旅客推送相关信息。

（2）服务态势监控

① 信息采集：通过各类自助设施、传感设施，采集旅客信息和动态情况，集成旅客服务信息、旅客投诉信息、自助服务信息、动态标示信息，以及旅客定位信息、GIS 系统信息、摄像视频信息及航班信息，客流密度、排队情况、等待时间等实时数据。

② 指标管理：预定义关键绩效指标数据和服务等级，精炼数据，设置 KPI 指标和数据模型，用于场景判断。

③ 信息查询：提供实时的绩效指标统计和查询，实现对旅客状态和进程的全盘掌握。

④ 态势生成：形成统一的多视图旅客服务态势，主要形式有如下几种。

- GIS 信息图：采用 GIS 图层叠加的方式，按照"一张图"的原则，在 GIS 上标注各类信息。
- 客流线图：通过平面图的方式，直观反映旅客流线和分布密度。
- 运行管理驾驶舱：使用直观、形象的图表，反映旅客服务和楼内运行的各 KPI 指标结果。
- 运行视图：通过平面图的方式反映旅客保障情况，包括旅客流线、密度、异常事件发生地点及特殊旅客的行动路线等。
- 即时消息告警：显示各类告警信息。

（3）旅客自助服务

① 状态采集：通过各类自助设施采集旅客服务进程和服务状态。

② 身份核查：核查旅客身份信息。

③ 安全告警：发生异常时进行安全告警。

（4）服务决策分析

① 场景分析：通过预先设置的各类服务场景，预测、验证及分析服务策略的执行效果，主动根据采集的运行和服务数据做态势预测分析，比如未来客流密度变化情况、高峰情况等。

② 行为分析：旅客行为数据采集和分析，用于场景分析。

③ 规则引擎：根据各类运行场景（如安全事件、航班大面积延误、高峰客流等）预设业务流程和响应机制等，管理各种告警规则、服务推送规则和行动方案，支撑旅客服务事件处理过程中的跨部门协同业务流程。

④ 即时查询和统计：提供即时报表和数据分析功能。

（5）服务质量分析

① 投诉应对：明确服务规范、服务流程，对服务投诉进行管理。

② 问询管理：明确服务规范、服务流程，对旅客问询和应对进行管理。

③ 品质监督：在旅客使用服务的过程中对业务的使用动态进行实时监测。

④ 考核评估：通过对系统获取的有关服务质量的原始数据进行整理、聚合和计算，对违反情况进行分析整理；发现系统运营中的服务质量问题，并进行改进。

3. 应用决策层

包括服务指标监测、旅客信息分析、旅客服务 APP、服务产品管理等。

（1）服务指标监测

提供统计分析数据，帮助管理人员进行决策。

（2）旅客信息分析

对旅客类型、消费习惯、旅客购买需求以及会员生命周期做分析判断；以消费水平、社交影响力、业务往来数据判断旅客价值；通过满意度调查、旅客关怀以及投诉建议模块收集旅客的反馈信息。

（3）旅客服务 APP

发布或提供动态内容及个性化定制、机场专属的客户端应用软件。

（4）服务产品管理

分析旅客类型及行为特征，细分旅客类型，管理旅客订单；制定服务战略，运用服务设计、运营方案等，持续改进机场服务质量。

5.1.4　关键技术

5.1.4.1　客流分析

机场每日拥有巨大的客流量，人员流动呈现高动态、时空分布不均匀等特点，随之而来的是机场巨大的服务压力。安检、安防、应急突发事件、值机、行李追踪等机场服务，都期望提前获知未来客流量的时空分布，以此为依据对机场的各种资源进行配置布局，提高旅客的用户体验。客流分析的主要目的是整合机场环境的历史客流数据，并对各区域的客流数据动态监控，分析客流的时空分布，预测客流高峰时段和拥堵区域，进行客流流向及服务引导策略的优化调整。同时，监测异常客流数据及时预警处置，降低客流拥堵风险及影响，提高机场的运行效率。

常用的机场客流量分析预测方法有两大类。第一类是定性预测法，主要依据主观逻辑判断。通过已有的信息和经验，结合各个因素对事物发展的影响，对未来做出定性判断。具体的方法有主观概率法、专家会议法等。这种方法的优点是关注事情发展的主要因素，执行效率高，较为灵活，决策者有较大的自主权；缺点则是过于依赖决策者的经验、知识和能力，而且难以做出定量的准确预测。第二类则是定量预测法，它关注事物发展在具体数值上的分析，期望用精确的数字来描述发展过程。依赖对历史数据的分析来找到关键影响因素，较为科学。定量预测法又可以分为两类，第一类是解释性预测方法。依据各个影响因素建立回归模型进行预测。如计量经济法、趋势外推法、线性回归预测等。另一类则是时间序列算法，即通过对观测历史数据的序列分析，找到内在的变化规律并对未来做出相关预测，包括时间序列平滑预测法、灰色模型预测法、支持向量机预测法、神经网络预测法等。随着大数据、机器学习等技术的发展以及原始数据的积累，以客流量时空分布预测为核心的交通智能诱导技术越来越成为未来智慧机场旅客服务领域的热点之一。

以时间序列分析预测为例，时间序列预测是通过对时间数列进行分析，找出影响其规律的关键因素，并预测未来趋势。简而言之，就是用已知事件测定未知事件。所谓时间序列是按照标准时间先后顺序收集相应数据的数值集合，通过对集合的分析来预测事物长期的发展趋势。时间序列数据的趋势变动可以分为趋势性、随机性、周期性以及综合性。趋势性指某个变量随着某个自变量（可能是时间）的变化，呈现出缓慢而长期的上升、下降或稳定趋势，变动幅度可能不等；周期性是指某个因素随着星期或月份或季节的交替出现高峰与低谷的相似规律；随机性则是样本中存在随机变动，不影响整体的统计规律；综合性是指实际变化情况一般是集中变动的叠加或组合，在预测的过程中一般会过滤掉不规则变动。

时间序列预测法又可以分为传统的预测法和机器学习预测方法。传统的时间序列预测法依据历史时间序列所表现出来的发展趋势来预测未来的趋势走向，这类方法通过建立合适的数学模型来拟合趋势曲线，预测未来。常见的模型有 ARMA（自回归滑动平均模型），VAR（向量自回归模型），TAR（门限自回归模型），ARCH（自回归条件异方差模型）等。传统的时间序列预测借助历史时间序列就可以构建模型，有着较为广泛的适应性，但是限于缺少对其他影响因素的考虑，准确性并不高。机器学习算法的引入提高了预测的准确性，依据具体的场景，对问题进行透彻的分析，找到可能影响预测值的特征，将这些特征融入模型中，借助机器学习的模型进行预测，往往能够获得较为优秀的结果。以历史数据并引入航班起飞、地理位置信息、最近信息等预测机场未来的客流量分布，不仅可以辅助机场管理人员对资源进行更优的配置，对航班排班也有一定参考价值，在提高用户体验度的同时也节约了成本。

5.1.4.2 排队分析

目前在机场候机楼值机、安检等各处排队现象严重，尤其是在机场高峰时段。由于登机口关闭时间的限制，旅客在排队过程中因等待时间不确定而产生焦虑心理，大大降低了旅客的机场体验。另外，旅客通常由于对机场排队时间不了解而提早到机场，大量的时间花费在无聊的等待中，加重了旅客行程的疲劳感。目前的机场信息提示系统仅能够提供所在航班登机时间、登机口位置、机场内商业布局等信息，未将各处流程的排队等候时间列入其中，旅客机场排队时间只能靠旅客到达机场目测估计，缺乏能够提供有效信息的工具。在综合服务系统中开发旅客排队信息提示功能，能够解决由于没有机场排队信息的提示而造成旅客过早到机场、在机场排队心理压力大、机场体验不佳等问题。

具体技术方案如下：

（1）由队列检测模块根据摄像装置实时拍摄获取机场候机楼排队队列视频图像。

（2）队列检测模块对获取的机场候机楼排队队列图像进行人头检测，利用人头检测算法对队列视频图像进行人头顶部特征点提取，通过数据点采集和椭圆拟合实现对排队区域单条队列人数、到达率和离开率计数。

（3）根据实地环境设定排队队长阈值，判断排队队长是否超过设定阈值，若超过则增开服务台，现场形成新的排队队列，对新队列进行实时排队等待时间测算。

（4）服务端测算模块依据单条队列人数、到达率和离开率的计数，将当前队列到达率和离开率各自平均带入排队模型，得到该队列的平均等待时间，再将平均等待时间乘以检测到的排队人数得到该队列完成排队所需时间。

（5）服务端测算模块依据历史排队等待时间数据和航班计划，预测一天中不同时段排队的等待时间。

（6）服务端测算模块将生成的排队信息通过信息显示模块发送到机场显示终端，提示已到达机场的旅客。

（7）服务端测算模块将生成的排队信息通过信息显示模块发送到手机客户端，提示已到达机场的旅客和未到达机场的旅客。

本方法计算的实时等待时间和预测等待时间，让旅客能够得到及时的排队信息，减轻旅客在机场的排队压力，提高旅客在机场的体验，为机场和航空公司更好地服务旅客提供了渠道。同时，旅客排队异常数据实时报警，并推送给相关工作人员，可实现异常事件的快速识别预警及远程调度指挥。

5.1.4.3 人员设备追踪

系统基于现场的位置感知设备，可快速定位旅客和现场工作人员的实时位置及历史移动轨迹信息，实现异常事件的人员快速调度和应急指挥，提高机场人员的工作效率及紧急事件的响应速度。同时可追踪手推车、专用车等设备的位置及移动轨迹，整合历史数据实现设备投放位置的策略优化，提高设备利用率。此部分技术属物联网典型应用，已较为成熟，在此不再赘述。

5.2 陆侧交通系统

以往民航行业在旅客服务的信息化探索中，将更多的关注点放在了空侧服务上，在自助值机、自助行李托运、快速安检等方面做了很多努力，利用信息技术，使旅客充分感到乘机便利。近年来，机场行业空地接驳的重要性得到了充分认识，陆侧交通服务作为机场旅客出行服务中重要的一环，如何采用多样化的交通服务方式和服务产品，满足旅客空中运输与地面运输服务的无缝接驳、"零换乘"的需求，为航空旅客出行提供全流程的服务，已逐渐成为智慧机场建设的重要内容。

5.2.1 需求分析

5.2.1.1 建设目标

智慧机场在交通管理方面的总目标，也是机场陆侧交通系统的建设目标，具体如下。

（1）构建陆侧交通管理平台，将陆侧各类交通信息与航班信息整合处理、统一发布，使各管理方之间信息共享更通畅，协调指挥更智能，使旅客换乘更便捷，充分发挥机场交通枢纽作用。

（2）与地方交通管理部门的系统进行对接，通过信息共享和协同运行机制，与政府合力完善枢纽管理。

（3）基于旅客流量和停车场容量协调出租、大巴车进出场安排，优化运行秩序，提升旅客体验。

5.2.1.2 业务需求

根据目前机场尤其是枢纽机场陆侧交通规模庞大、结构复杂、功能众多、信息分散、动态连续等特点，针对目前机场各运营主体的信息系统相对独立，信息集中程度较低、汇聚共享不够，综合监测及协调调度业务支撑有限的实际，借助信息化技术和智慧化管理手段，建立一套科学、全面的监测和监管系统，实现航空、高铁、城铁、地铁、出租、大巴、社会车辆等多种交通方式以及相应的场站、路网等对象的高效监管，并满足机场组织管理部门、地方管理部门、旅客等多方参与者信息服务与业务处理的需要，主要功能包括以下方面。

1. 运行监测

实现对枢纽内客流、车流、路网、场站、事件及设备状态的日常监测，以及重大活动、节假日等的专题监测，全面掌握机场综合交通枢纽的运营和运行状态。

2. 协调调度

运营管理部门实现大巴、出租车的多级协调调度，具体包括宏观运力保障、近端业务调度。针对旅客滞留等事件制定应急预案、组建组织体系、建立协调机制，开展处置工作。

3. 智能决策

对交通运行态势进行综合分析，客观、科学地反映各类运行要素的运行现状和趋势，并提供辅助决策建议，以提高服务水平和管理效率。

4. 信息服务

为旅客提供换乘信息共享及引导发布。

5.2.2 系统架构

如图 5-4 所示，系统从下到上分别是数据资源层、信息资源层、业务功能层和决策分析层。

1. 数据资源层

包括区域交通类系统、周边道路类系统、公共运输类系统、建设规划类系统等与机场周边交通有关的各类信息系统，以及 ACDM 系统、旅客信息系统等与空侧有关的系统，通过系统对接和数据共享获取这些系统的数据。

（1）区域交通类系统

机场区域交通类系统，具体包括视频监控、出入口抓拍及收费、信息采集、违法行为抓拍、高清卡口、车位检测、GPS/北斗定位等子系统。

① 视频监控系统，包括航站楼内外、场站、道路上安装的模拟摄像机、高清摄像机、智能分析设备、人脸比对设备、客流密度分析设备等。

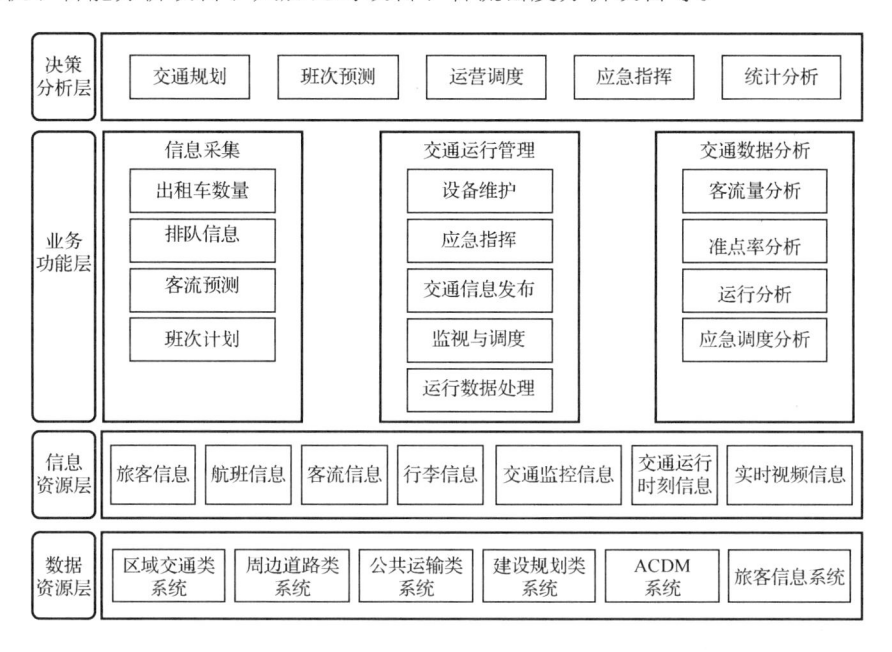

图 5-4 陆侧交通系统架构

② 出入口抓拍及收费系统，由出入口车牌识别、道闸、信息屏、收费计价器等组成，收费包括 RFID（不停车）、银联、微信、支付宝、二维码、现金等多种快捷支付方式。

③ 信息采集系统，包括道路交通状态及事件检测、停车场蓄车量检测、旅客排队长度检测设备等。

④ 违法行为抓拍系统，包括违法停车抓拍、出租车抛车超限时首尾抓拍、违法限行抓拍、超速抓拍、闯红灯抓拍等。

⑤ 高清卡口系统，包括进出枢纽节点卡口抓拍、进出普通节点卡口抓拍、卡口图片中前排人像对比等。

⑥ 车位检测系统，包括每个停车位状态检测、事件分析等。

⑦ GPS/北斗定位系统，包括客货重点车、巡逻车、勤务人员的定位。

（2）周边道路类系统

包括周边道路交通状态、交通事件、交通管制、道路施工等信息，此类信息可以通过与上级交通信息中心、枢纽交通管控中心进行数据共享对接得到，本系统也可以将有关交通数据、图片、视频信息共享给同级或上级部门。

（3）公共运输类系统

包括交通浮动车（出租、公交）、轨道交通、高铁、长途客运车等的班次、发车时刻、实时客流和规律统计信息，此类信息可以通过与交通信息中心、公交公司、出租车公司、地铁及铁路部门、长途客运部门进行数据共享对接得到。

（4）建设规划类系统

包括机场地图信息、路政设施信息、区域内管线施工信息等，此类信息可以通过与建设规划部门及机场相关部门进行数据共享对接得到。

2. 信息资源层

包括旅客信息、航班信息、交通信息、客流信息、行李信息和视频监控信息等，其中航班信息、旅客信息等与空侧相关的信息通过 ACDM、旅客服务平台等系统获取。

3. 业务功能层

主要包括信息采集、交通运行管理、交通数据分析等，其中信息采集通过与各交通方式运营系统的接口等技术手段收集公共区内与运营有关的各类业务信息，把各交通方式的运营信息等统一采集到平台层面，把原先分散的系统数据进行统一汇总，为公共区域的运营管理提供信息支持。交通运行管理对所收集的信息进行必要加工、计算、处理，形成客流管理所需要的各类数据；实现与相关交通方式的协同运行；向旅客、工作人员和各交通方式的运营主体提供信息服务；对区域内的相关设备运行状态进行监视，在设备出现异常时，及时发出报警；在突发事件等紧急状态下，根据紧急预案可以直接向各交通方式的运营主体发布指挥调度命令。交通数据分析对准点率、客流量以及应急处置绩效等数据进行分析，形成具有一定趋势性的统计分析记录，为管理机构和人员提供公共区域运营数据的统计和分析，作为改进与提升的参考。

4. 决策分析层

决策分析层以机场陆侧交通管理体系为基础，面向各类参与人员提供交通规划、班次预测、运营调度、应急指挥、统计分析等业务功能的操作实施界面。

5.2.3 具体实现

5.2.3.1 运营调度

1. 出租车管控

实时采集出租车蓄车量及上客点排队情况，对乘客及司机发布准确、快捷的服务信息，同时通过对出租车备用车道、出租车抛车违法抓拍、出租车加分激励的管理，解决夜间打车难、排队长问题，实现舒适、方便的陆侧换乘，有效预防排队拥堵现象。

2. 停车管控

通过道路分级停车诱导屏指示停车场方位分布及剩余泊位数，起到均衡停车资源、减少道路绕行的目的；建设出入口卡口视频抓拍识别系统实现自动抬杆；通过快速费用支付（银联、RFID、支付宝、微信扫一扫、ApplePay等）的个性化服务，提高出入口通行效率；通过停车场内车位引导、反向寻车服务、车位预测、车位视频共享服务、挖掘经营盈利等手段，综合提高停车的服务能力、保障停车安全。

3. 人流管控

对机场出发层、到达层、换乘点、通道等处的人流进行实时监视、自动分析，可对进出人员数及趋势进行统计分析，在人流拥堵时能够进行有效的信息引导，一旦出现人员徘徊、越界、遗留、人脸比对布控匹配、人流密度达到某个阀值等情形能够立即报警，启动有关预案，保障人流安全、有序。

4. 车辆管控

车辆进出必有抓拍记录，对进入机场的每辆车均可追踪行驶轨迹信息，包括从本区域哪个通道进入、驶过哪些路段、进入哪个停车场，以及具体的停车位等信息，做到层层布控、不留死角，管控进出机场的车辆，有效保障机场安全；通过建设针对卡口抓拍图片中前排人像比对系统建设，做到车辆、人员结合布控，有效提高侦查破案效率。

5. 违法监管

通过高清摄像机对严重危害交通安全的违法停车、出租车抛车、违法限行、超速、闯红灯等车辆违法行为进行自动抓拍，并传输至交警违法处理平台进行处罚，通过处罚、警示规范交通秩序，确保机场交通有序、安全。

5.2.3.2 信息服务

提高机场出行舒适度和信息化服务水平，为进出机场人员打造一个畅通、安全的出行环境，同时建设交通信息诱导屏发布系统和互联网、微信、APP、车载导航、广播电台、新闻媒体等多种信息发布方式，完善机场交通出行信息服务，提高周边道路运输效率，满足公众多元化便捷出行需求。

5.2.3.3 应急指挥

能够实时进行勤务调度，当监控到某处发生紧急情况，能够及时报警并采取及时、合理的处理措施；遇到重大活动、节假日、恶劣天气等应急情况，能够启动相应预案，通过视频监控、信息发布、指挥调度、汇报决策机制等手段，对事态进行控制，有效应对和处理应急事件。

5.3 定位导航系统

当前，从管理者角度来看，机场服务存在以下问题。

1. **机场作为服务主体处于被动模式，服务需要旅客主动发起**

一方面，旅客的出行信息，包括航班、行李、旅游、交通等信息，都需要旅客自己主动通过某种方式去查询获取，未能形成一套根据旅客信息主动推送的机制。另一方面，旅客来到机场后的各个环节，各种服务都需要自己主动找到设备或工作人员去完成，不论是普通旅客还是高端旅客，都需要自己进行多个步骤才可以完成整个行程。

2. 旅客出行信息割裂，服务信息缺乏一致性，存在信息孤岛

当前，旅客出行所需的信息众多，又过于分散零碎，航班信息、行李信息、交通信息、旅游信息等信息相互之间不能共享互换，在功能上不关联互助，缺乏一致性，存在信息孤岛，需要通过一个统一平台进行整合。

3. 服务环节断裂，没有形成完整的服务链

在整个流程中，机场并非在每个环节上都有相应的服务进行支撑，而且所提供的服务也都是割裂的，服务质量参差不齐。从行前的出行计划到旅行结束后旅客的反馈收集等环节都存在服务盲点。如何补足空缺的环节，打通全流程服务链，需要机场、航空公司、服务内容提供商等的多方合作。

因此，需要在新的技术体系和商业模式下，从旅客需求出发，结合机场平台化发展方向，搭建技术平台，把航班、服务和旅客从时间和空间上联系起来，这种情况造成位置服务成为当前的迫切需求。

5.3.1 需求分析

1. 研发目标

通过对室内位置服务关键技术研究，构建旅客综合信息服务平台，建立机场个性化服务应用。

2. 需求描述

（1）室内 GIS：研究和制作机场室内地图，并在地图上形成符合机场流程的拓扑图和 POI 数据。旅客可以通过手机查看机场室内的电子地图，如国内出发厅与到达厅、国际出发厅与到达厅、候机厅及其他服务场所电子地图等，各种服务设施在地图上一目了然，如安检口、值机柜台、自助值机处、登机口、购物店、餐饮厅、免税店、VIP 室等位置。地图支持放大、缩小、平移等功能。查看各种设施的详细信息，如免税店介绍、餐厅介绍、购物店介绍等。

（2）机场位置服务 LBS：通过选择合适的技术方案，实现室内精确定位。通过安装定位服务器和服务 APP，获取旅客实时位置，提供机场内服务设施引导、路径规划与查询等功能。

（3）个性化信息服务：依托大数据技术实现定位数据与机场业务数据的交叉分析，实现基于位置和时间的个性化信息推送，如商家商品信息推介、登机/寻乘信息推送、其他相关信息推送等功能。

5.3.2 技术原理

目前，室内定位技术有很多种，虽然作为 LBS 最后一米的室内定位饱受关注，但技术不够成熟依然是不争的事实。不同于 GPS 等室外定位系统，室内定位系统依然没有形成一个有力的组织来制定统一的技术规范，现行的技术手段都是在各个企业各自定义的私有协议和方案下发展，在精确度、穿透性、抗干扰性、布局复杂程度、成本 5 个方面各有优势。

1. 红外线定位技术

红外线室内定位技术有两种，第一种对定位目标使用红外线 IR 标识作为移动点，发射调制的红外射线，通过安装在室内的光学传感器接收进行定位；第二种是通过多对发射器和接收器织成红外线网覆盖待测空间，直接对运动目标进行定位。

红外线定位技术已经非常成熟，用于室内定位精度相对较高，但是由于红外线只能视距传播，穿透性极差，当标识被遮挡时就无法正常工作，也极易受灯光、烟雾等环境因素影响。加上红外线的传输距离不长，使其在布局上，无论哪种方式，都需要在每个遮挡背后、甚至转角都安装接收端，布局复杂，使得成本提升，定位效果有限。红外线室内定位技术比较适用于实验室简单物体的轨迹精确定位记录以及室内机器人的位置定位。

2. 超声波室内定位技术

超声波室内定位技术基于超声波测距系统，由若干个应答器和主测距器来实现其功能。其中主测距器放置在被测物体上，向位置固定的应答器发射无线电信号，应答器在收到信号后向主测距器发射超声波信号，利用反射式测距法和三角定位等算法确定物体位置。

超声波室内定位整体精度很高，达到了厘米级，结构相对简单，有一定的穿透性而且超声波本身具有很强的抗干扰能力，但是超声波在空气中的衰减较大，不适用于大型场合，加上反射测距时受多径效应和非视距传播影响大，需要精确分析计算底层硬件设施的投资，成本太高。

3. 射频识别（RFID）室内定位技术

射频识别室内定位技术利用射频方式，由固定天线把无线电信号调成电磁场，附着于物品的标签进入磁场后生成感应电流，并把数据传送出去，以多对双向通信交换数据来达到识别和三角定位的目的。

射频识别室内定位技术的优点是精度高、传输范围大、造价较低，但其不具有通信能力，抗干扰能力较差，不便于整合到其他系统中，且用户的安全保障和国际标准化都不够完善。射频识别室内定位技术已经被仓库、工厂、商场广泛使用在货物、商品流转定位上。

4. 蓝牙室内定位技术

蓝牙室内定位技术是利用在室内安装的若干个蓝牙局域网接入点,把网络构造成基于多用户的基础网络连接模式,并保证蓝牙局域网接入点始终是这个微网(Piconet)的主设备,然后通过测量信号强度对新加入的盲节点进行三角定位。

蓝牙室内定位技术最大的优点是设备体积小、短距离、低功耗,容易集成在手机等移动设备中。只要设备的蓝牙功能开启,就能够对其进行定位。蓝牙传输不受视距的影响,但对于复杂的空间环境,蓝牙系统的稳定性稍差,受噪声信号干扰大且蓝牙器件和设备的价格比较昂贵。

蓝牙室内定位技术主要应用于对人的小范围定位,例如单层大厅或商店。现在已经被某些厂商开始用于 LBS 推广。

5. WiFi 室内定位技术

WiFi 室内定位技术有两种,一种是通过移动设备和三个无线网络接入点的无线信号强度,通过差分算法,比较精准地对人和车辆进行三角定位。另一种是事先记录巨量的确定位置点的信号强度,通过新加入的设备信号强度对比原有巨量数据的数据库,来确定位置。

WiFi 定位技术可以在广泛的应用领域内实现复杂的大范围定位、监测和追踪任务,精度比较高,但是用于室内定位的精度只能达到 2 米左右,无法做到精准定位。由于 WiFi 路由器和移动终端的普及,使得定位系统可以与其他客户共享网络,硬件成本很低,而且 WiFi 定位系统可以降低射频干扰。

WiFi 定位技术适用于对人或者车辆的定位导航,可以用于医疗机构、主题公园、工厂、商场等各种需要定位导航的场合。

6. ZigBee 室内定位技术

ZigBee 室内定位技术通过若干个待定位的盲节点和一个已知位置的参考节点与网关之间形成网络,利用每个微小盲节点之间相互协调通信以实现全部定位。

ZigBee 是一种新兴的短距离、低速率无线网络技术,其传感器只需要很少能量,以接力的方式通过无线电波将数据从一个节点传到另一个节点。作为一个低功耗和低成本的通信系统,ZigBee 的工作效率非常高。但 ZigBee 的信号传输受多径效应和移动的影响很大,而且定位精度取决于信道物理品质、信号源密度、环境和算法的准确性,定位软件的成本较高。

ZigBee 室内定位技术已经被很多大型工厂和车间的人员在岗管理系统采用。

7. 超宽带室内定位技术

超宽带室内定位技术是一种全新的、与传统通信定位技术有极大差异的新技术。它利用事先布置好的已知位置的锚节点和桥节点,与新加入的盲节点进行通信,并利用三角定位或指纹定位方式来确定位置。

超宽带通信不需要使用传统通信体制中的载波,而是通过传送和接收具有纳秒或纳秒级以下的极窄脉冲来传输数据,因此具有 GHz 量级的带宽。由于超宽带室内定位技术具有穿透力强、抗多径效果好、安全性高、系统复杂度低、能提供精确定位精度等优点,前景相当广阔。但由于新加入的盲节点也需要主动通信,功耗较高,而且由于事先需要布局,使得成本还无法降低。

超宽带室内定位技术可用于各个领域的室内精确定位和导航,包括人和大型物品,例如地库汽车停车导航、矿井人员定位、贵重物品仓储等。

除了以上提及的 7 种室内定位技术(见表 5-1),还有基于计算机视觉、图像、磁场以及信标等定位方式,但是大部分目前还处于开发研究试验阶段,暂没有成熟的产品投入市场。

表 5-1 室内定位技术比较

室内定位技术名称	精确度	穿透性	抗干扰性	布局复杂程度	成本
红外线	★★★★☆	☆☆☆☆☆	☆☆☆☆☆	★★★★★	★★☆☆☆
超声波	★★★★★	★☆☆☆☆	★★★☆☆	★★☆☆☆	★★★★★
射频识别	★★★★★	★★★☆☆	★★☆☆☆	★★☆☆☆	★★☆☆☆
蓝牙	★★★☆☆	★★★☆☆	★★☆☆☆	★★★☆☆	★★★☆☆
WiFi	★☆☆☆☆	★★★☆☆	★★★★★	★☆☆☆☆	★☆☆☆☆
ZigBee	★★☆☆☆	★★★★☆	★★★☆☆	★★☆☆☆	★★★☆☆
超宽带	★★★★★	★★★★★	★★★★☆	★★★☆☆	★★★★☆

如表 5-1 所示,从目前来看,蓝牙、WiFi、超宽带室内定位技术是最有可能普及的三种方式,WiFi 室内定位技术有着廉价简便的优势,但在能力表现上不够强大,而蓝牙室内定位技术各项指标较为平均,超宽带室内定位技术有着优秀的性能但成本较高,而且现阶段因为大小功耗等原因,无法很好地与手机等移动终端融合,暂不利于普及。因此,目前机场航站楼较流行的是以 WiFi 来搭建室内的位置服务传感网络,其原理如图 5-5 所示。

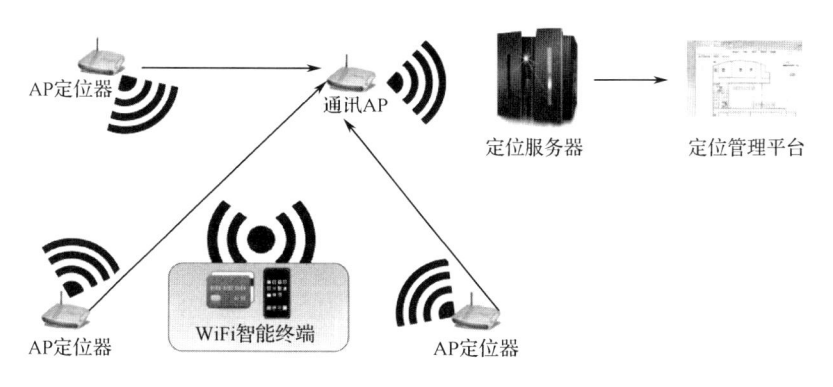

图 5-5 旅客室内定位原理示意图

具体流程是:
(1) WiFi 智能终端周期性地发出无线信号。
(2) 不同位置的 AP 获取到不同的信号强度,然后发给定位服务器。
(3) 定位服务器根据定位算法判断 WiFi 智能终端所处位置,并通过电子地图显示出来。

5.3.3 系统组成

如图 5-6 所示,面向旅客个性化服务的机场室内定位导航系统大体上可以由手机应用客户端、位置信息平台、数据发布平台及数据分析平台组成。位置信息平台由地图服务器和定位服务器组成,凭借高精度的 WiFi 室内定位技术,建立位置服务中心以保存全局用户位置信息,并随时更新用户的位置信息,把位置信息的更改作为通知事件,主动向用户发送该区域内的旅客服务信息,精准推送各种服务消息。数据分析平台由偏好分析软件、数据挖掘软件和流量监控软件组成,通过数据挖掘个性旅客的偏好,分析旅客进出机场的行为一般规律,对机场应该为旅客提供的服务类型、服务模式等的优化与调整进行辅助决策,做到个性化服务。同时机场也可以清楚掌握旅客人数最多的高峰时刻,并可进行旅客行为的分析与决策,有利于机场的管理和服务,如当旅客经过机场店铺时,可以获知商场店铺的优惠信息,并在手机 APP 地图上导航。手机应用客户端支持地图浏览、实时导航、商家搜索和智能推送功能。数据发布平台由数据发布工具和后台管理工具组成。

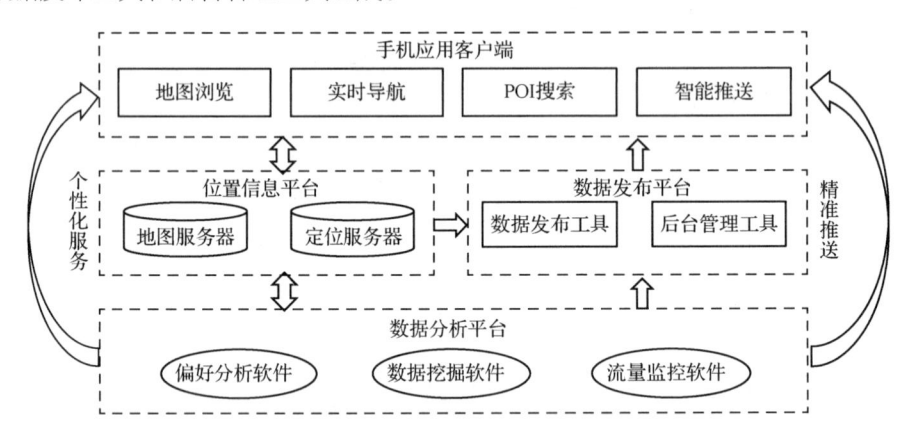

图 5-6 面向旅客个性化服务的室内定位导航系统

5.4 动态标识系统

机场是城郊一个巨大而独立的多功能空间,其动态标识系统既要发挥指引旅客登记、出港、中转的作用,还要明确不同航空公司的功能区域、国际与国内航班区域、迎送区域、候机与餐饮购物等区域的划分。每个区域内的行李托运与存取、购票、搭乘手续、外币兑换、中转、登机等相关窗口的标识要醒目、易识别。机场的引导标识主要以指示功能为主，主要包括航班信息服务、路线引导、海关检查、检疫、无障碍服务、安全检查、安全警示、公共场所服务标识、商业服务、餐饮服务、金融服务、寄存与提取行李、车辆服务、旅游交通服务等。引导标识对于航站楼大量的国内外旅客来说，不但是重要的，而且绝对是关键的，引导标识涉及机场航站楼弱电系统中航班动态显示、子母钟、公共查询等部分，同时也是建筑空间中重要的元素，其设计的成功与否，直接关系到建筑空间质量和服务管理水平的高低，随着现代全球性倡导的人性化服务理念，引导标识的清晰与否，还成为国际航空业专业调查机构（如英国 Skytax Research）对国际机场进行评定的重要评审内容。

针对目前缺乏创新的旅客服务手段，难以提供个性化的楼内引导服务的问题，需要重新构建智慧机场概念下的区别于传统的静态信息显示牌的"动态标识服务"。

动态标识服务的管理并非简单地将旅客从一个地点引导到另外一个地点，而是需要整合内部的旅客基础服务信息和服务检测信息，以及外部的航班查询信息和天气广告宣传信息，以实现通过控制前端动态的电子引导牌，向旅客提供航班信息、路线指引信息、周边服务设施指导信息、商业活动信息、气象信息、公共服务信息、股票行情信息、广告视频信息等"全方位""多元化"的动态信息。

动态标识系统架构如图 5-7 所示，主要建设目标是根据航班信息调整显示内容，制定与 ACDM 决策相适应的显示发布策略，引导旅客行进路线，为旅客提供精准的服务体验。

在图 5-7 中，动态标识系统决策分析层对显示内容进行管理，显示标识布局规划，制定内容发布策略以及进行安全监控分析等；业务功能层包括标识内容管理、内容布局与发布以及显示管理等；信息资源层包含旅客引导数据、航班信息、公共信息和旅客动线及告警信息等。在具体实现上，动态标识系统需结合航班信息和旅客流变化等来动态改变标识内容，动态标识的布局规划和显示时间以各区域功能和旅客轨迹分布为依据统筹安排。

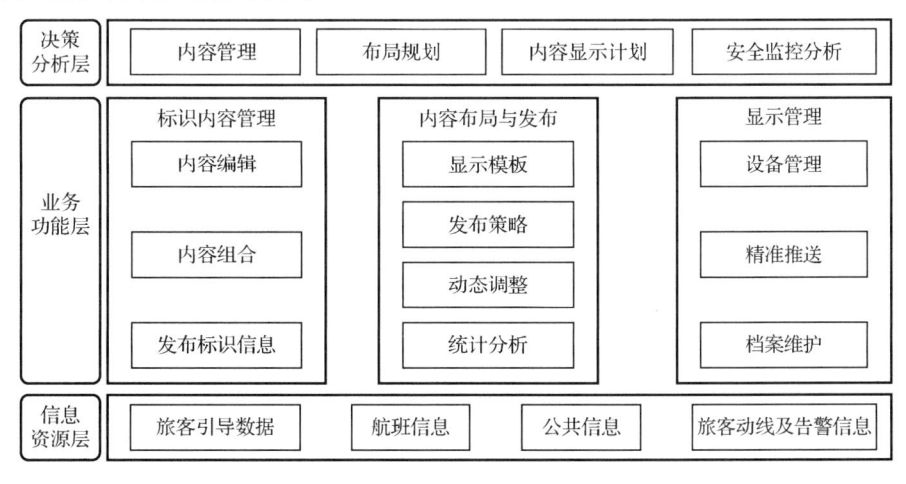

图 5-7 动态标识系统架构

5.5 行李跟踪系统

长期以来，行李在机场中经历的中间环节太多，行李托运过程中常常遇到行李延误、错运或者丢失等问题。随着我国航空运输业的发展，机场进出港旅客人数不断增加，托运中出现问题的行李数量不断攀升，而由此造成旅客对航空公司和机场不满，甚至投诉，已严重影响民航运输的服务质量。如果按民航法规定每公斤 100 元的标准赔偿旅客，这对于航空公司和机场来说都是一个沉重的经济负担。为避免行李在托运环节中出现问题，开发行李追踪系统 BTS（Baggage Tracking System）成为必要。BTS 是对行李托运全流程跟踪和校验的系统，实现行李安检、分拣、装车、装机、卸载等行李托运全流程的数据自动收集，为行李托运处理提供强有力的支持。与此同时，机场、航空公司可以监控行李运输过程中的每一个环节，极大地避免行李的错装、错运，同时可将行李实时的位置和状态发送给旅客，使每个环节变得更加透明，从而有效降低行李在托运过程中出错的概率，提高民航服务水平。

5.5.1 需求分析

5.5.1.1 建设目标

行李追踪系统的主要目标是跟踪行李托运全过程，包括确认行李通过安全检查，确认行李正确分拣，确保行李装载在正确的航班上，确保旅客与其行李在同一航班上，确认行李到达机场并进入行李提取转盘等。基于 RFID 和 OCR 的行李跟踪系统将其获得的行李数据发送信息给推送平台，信息推送平台再通过短信、机场微信公众号或手机 APP 及时通知旅客，以便旅客快速获得行李的具体位置和状态。同时系统为工作人员提供参考，建议是否应装载某件特定行李，对行李装入板车、集装箱或机舱进行详细记录，记录行李的位置，制作装货单报告并突出有问题的部分，用于管理及查询。行李追踪系统在机场的运用能够准确地追踪行李，不仅有助于改善行李运输状况，而且帮助机场航班和旅客准时出发，提升服务水平。

5.5.1.2 建设内容

行李追踪系统建设内容主要在行李托运的七个环节实现自动追踪，以达成对行李托运全程追踪的目的，包括：值机、行李安检、行李分拣、行李装车、行李装机（出港）、行李卸机（进港）以及行李提取，每个环节的主要处理流程如下。

（1）值机：值机时，打印 RFID 行李标签，离港系统生成 BSM（Baggage Source Message，行李源消息）报文，发送给行李追踪系统。BSM 报文包含有航班号、目的地代码、流水号、行李件数等信息。旅客在办理行李交运时，信息由值机计算机生成。民航总局的报文主机采集此信息，发送到机场计算机离港系统，然后通过行李分拣系统的报文接口机发送给行李分拣上位控制机，上位控制机将报文通过内部

LAN 传递给行李处理系统的转盘或 PLC（可编程控制器）。

（2）行李安检：值机后的行李经过 RFID 识别设备，行李系统将 RFID 识别的行李信息发送至行李追踪系统，紧接着行李进入安检机接受检查，安检系统随即发送判读结果至行李追踪系统。

（3）行李分拣：安全的行李会由行李系统进行分拣，期间通过 RFID 和 OCR 识别设备对行李进行跟踪，最后分拣信息由行李系统发送至行李追踪系统。

（4）行李装车：行李到达出港转盘之后，工作人员通过无线手持移动终端扫描 RFID 标签后，被搬运工装上集装箱或板车，此时行李追踪系统获取扫描仪标号、装车时间、装车地点以及板车或集装车的编号等信息。

（5）行李装机（出港）：行李在装机出港前，同样通过无线手持扫描终端进行识别，行李追踪系统获取装机时间、行李的舱位等信息。

（6）行李卸机（进港）：对于进港行李，接收上一站行李报文，即可通过无线手持终端进行识别，便获得行李的进港信息。

（7）行李提取：旅客在行李提取大厅提取行李后，需要通过工作人员用手持终端核验行李与旅客信息，旅客才能带走行李。

行李追踪系统将这七个环节的信息数据再转发给信息推送平台，通过短信或 APP 及时通知旅客，以便旅客实时得知行李的具体位置和状态。

5.5.2 系统架构

行李追踪系统架构如图 5-8 所示，其中，决策分析层包括行李安全分析、效率统计分析、行李问题分析、延误惩罚措施等；功能业务层执行行李托运流程并运用行李追踪技术对行李托运全流程进行跟踪，利用信息服务功能推送行李信息给旅客和工作人员，并具有用户管理、数据解析等功能；信息资源层通过机场网络与离港系统、行李处理系统以及安检系统进行数据交换，完善对旅客托运行李的追踪与监控，获取的相关数据包括值机信息、行李状态信息、地理位置信息等。

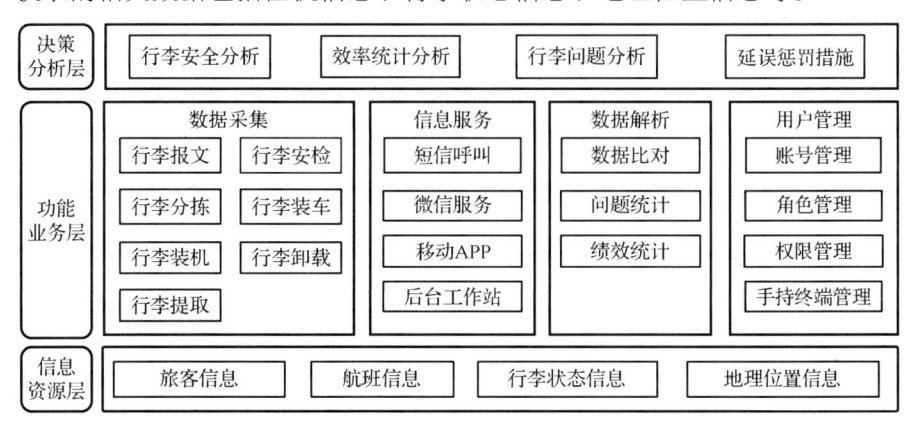

图 5-8 行李追踪系统架构

5.5.3 系统功能

1. 数据采集

通过 RFID 手持扫描仪实现行李托运管理，获取行李装车、行李装机、卸载以及行李核验（行李提取大厅）等信息，从而协助工作人员根据航班登记和装卸行李，不仅提高了托运速度，而且减少了行李延误、错运和丢失的情况。

2. 信息服务

追踪的结果可以在移动客户端、行李查询终端或工作站上显示，以便旅客或工作人员能迅速把握行李的准确位置和状态。

3. 数据解析

对获取的行李数据进行比对、过滤和分析。行李追踪系统将采集到的数据结合外系统提供的航班信息、旅客信息、行李信息在行李追踪系统的后台进行比对，并在系统终端上显示比对结果。

4. 用户管理

包括账号管理、角色管理、权限管理以及手持终端管理，以确保系统安全运行。

5.5.4 具体实现

1. 信息交互内容

行李追踪系统与外部有数据需求的系统，包括离港控制系统、航班信息系统、行李处理系统、安检系统、信息推送平台等，主要交互的信息包括如下。

（1）航班信息：航班号、计划日期、目的地机场 IATA 代码、预计起飞时间、当前航班状态，以及该航班使用的离港转盘、登机口、停机位等。

（2）行李信息：行李源报文 BSM，也可能是来自行李处理系统的行李分拣记录，包含行李条码、航班号、计划日期、目的地机场 IATA 代码、行李状态、分拣等。

（3）安检信息：行李条码、安检时间、安检级别、安检结果以及安检机编号等。

2. 报文处理机制

行李追踪系统可以由行李报文数据为基础，至少需要以下几个方面的报文，来构建行李追踪系统的数据基础。

（1）值机信息。在值机时航空公司系统将 BSM 报文发送给主机，并由主机转发到机场 DCS（离港控制系统），随后 DCS 系统再将这条 BSM 报文发送给行李追踪系统（BTS），获取值机信息。

（2）行李安检信息。安检系统将行李的判读结果，以 BPM 报文形式发送给行李追踪系统，获取行李安检信息。

（3）行李装车信息。行李到达离港转盘之后通过手持移动终端扫描 RFID 标签后，搬运工装上集装箱或板车，此时行李跟踪系统获取扫描仪标号、装车时间、装车地点以及板车或集装车的编号，再以 BPM 报文形式转发给其他系统。

第 6 章
智慧机场安全管控业务系统

美国"9·11"事件后，民用航空的安全问题成了世人关注的焦点。2018 年，习近平总书记做出了"安全是民航业的生命线"和"头等大事"的重要批示，把民航安全提升到了事关国家安全全局的高度。国际民航组织倡导的安全管理体系是加强机场安全管理的有效手段，由一系列安全管理的系统化方法组成，要求建立安全政策和安全目标，通过对机场组织结构、责任制度、程序等要素进行系统管理，形成以风险隐患管控为核心的管理体系。中国民航总局于 2019 年 7 月发布《运输机场安全管理体系（SMS）建设指南》，指导民航机场安全管理体系的建立和实施，实现从事后到事前、从开环到闭环、从个人到组织、从局部到系统的安全管理。但是，随着机场业务量的不断攀升，对安全管理工作的要求也在不断提高。目前还存在安全管理工作流程割裂、标准不统一的情况，大量日常安全管理工作还依靠纸质检查单、线下电子表格等手工作业，对安全隐患的处理效率不高，无法满足机场安全管理需求。为加快机场安全管理体系的落地实施，急需开发综合性一体化的安全管理系统，利用大数据、云平台等信息化技术手段，围绕国内机场实际安全管理业务，并集成旅客安检、场道 FOD 检测、围界安防、车辆管控、设施设备监控等相关系统，通过系统化流程化管理，全面支撑机场开展安全目标、安全绩效、安全风险、安全培训、安全监察、不安全事件调查等相关工作，全面提升安全管理水平，保障安全目标的达成。

6.1 安全综合管理系统

为解决 SMS 深化落地的问题，围绕风险隐患、安全目标、监督检查、自愿报告、安全文化等安全管理体系的主要要素，同时满足安全态势监控、安全风险分析、安全培训演练等方面的需要，构建机场安全综合管理系统，有效提高安全管理体系运行效能，加强机场安全防控能力。

6.1.1 建设目标

安全综合管理系统建设目标如下。

（1）实现对机场运行日常信息和相关数据的收集、查看、统计分析并生成相关分析报告，为民航企业安全管理人员提供清晰、有效、明确的方案引导与科学决策的数据支持，以指导相关单位在具体的运行中开展安全管理体系建设。系统应充分结合移动化应用技术创新安全管理模式，根据民用机场运行特点，对民用机场运行与安全相关的数据信息进行收集整理、分析研究。

（2）基于系统对各类安全事件信息整合统计分析，落实安全监督制度，制定检查计划，规划实施安全绩效考核体系，强化安全类文件的管理，固化机场日常的安全管理工作，形成管理闭环，降低安全隐患与风险，提高安全管理工作效率和质量。

（3）建立信息化、自动化的机场安全管理平台，以任务管理的方式实现安全管理过程中的安全检查、事件调查、安全信息管理、内部审核等工作。结合自愿报告与强制报告，将以上各项工作与风险管理有效衔接，有效提高民航机场的安全管理工作效率，为机场提升安全管理能力提供有效技术支持。

（4）形成结合实际工作的安全管理评价指标，依据各项指标实时生成安全整体态势并进行监控和管理，在发生安全事件或风险预警超过阈值时集中报警，同时依托机场视频系统的检测、分析功能进行保障现场监管，对相关安全隐患进行管理处置。

（5）建立基于大数据的风险管理机制，对来源于现场一线的监测数据（包括项目建设、维修保养、跑道检测及视频监控数据等客观数据）进行全面、客观的安全分析，结合风险管理单位与专家分析，对机场安全状态进行预警预测，减少机场内的安全隐患、规避风险。

（6）进行安全培训、演练和考核，利用新型的虚拟现实或三维立体模拟培训系统对员工进行安全知识与安全技能培训，讲解安全案例，组织应急安全事件处置的演习演练，进行线上考核，应使每位员工的安全知识与技能实践能力都达到要求，熟悉安全事件的处置程序。

6.1.2 系统架构

安全综合管理系统架构如图 6-1 所示，信息资源层包括旅客信息、航班信息、监控信息、业务信息、安全事件信息、安全风险信息、安全相关文件等；业务功能层包括安全信息管理、安全监督检查、安全态势监控、安全绩效管理、安全应急响应、安全培训考核等；决策分析层包括安全态势与 KPI 指标分析、安全风险分析、安全绩效分析、安全案例复盘分析等。

6.1.3 主要功能

6.1.3.1 安全信息管理

对机场运行日常信息和安全相关数据进行收集、查看和统计分析。采集航空器、

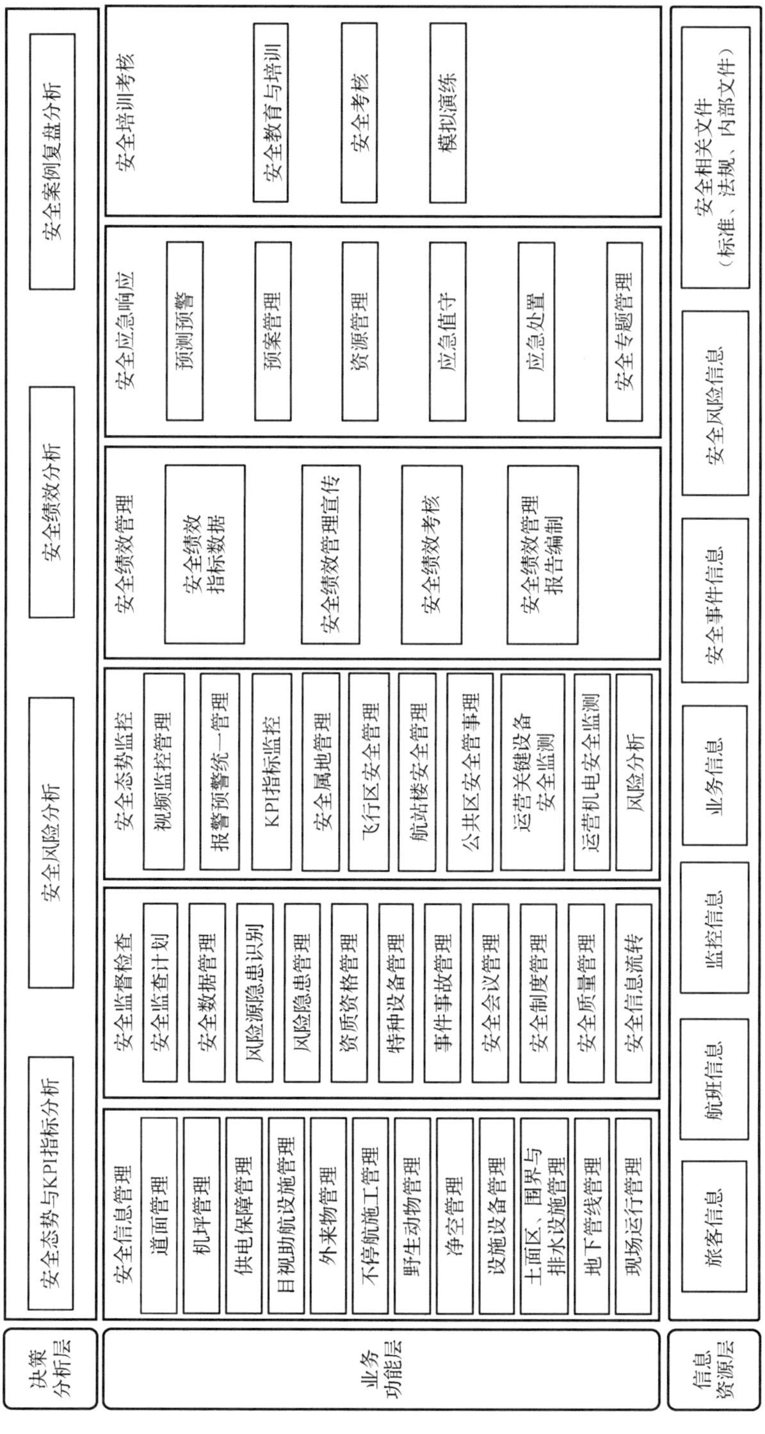

第6章 智慧机场安全管控业务系统

决策分析层	安全态势与KPI指标分析			
		安全风险分析	安全绩效分析	安全案例复盘分析
业务功能层	安全信息管理	安全监督检查	安全态势监控	安全绩效管理	安全应急响应	安全培训考核
	道面管理	安全监查计划	视频监控管理	安全绩效指标数据	预测预警	安全教育与培训
	机坪管理	安全数据管理	报警预警统一管理		预案管理	安全考核
	供电保障管理	风险源隐患识别	KPI指标监控	安全绩效管理宣传	资源管理	模拟演练
	目视助航设施管理	风险隐患管理	安全属地管理		应急值守	
	外来物管理	资质资格管理	飞行区安全管理	安全绩效考核	应急处置	
	不停航施工管理	特种设备管理	航站楼安全管理			
	野生动物管理	事件事故管理	公共区安全管理	安全绩效管理报告编制	安全专题管理	
	净空管理	安全会议管理	运营关键设备安全监测			
	设施设备管理	安全制度管理				
	土面区、围界与排水设施管理	安全质量管理	运营机电安全监测			
	地下管线管理	安全信息流转	风险分析			
	现场运行管理					
信息资源层	旅客信息	航班信息	监控信息	业务信息	安全事件信息	安全风险信息	安全相关文件（标准、法规、内部文件）

图 6-1　安全综合管理系统架构

旅客和机场运行相关信息，积累安全数据，为安全数据分析提供基础；采用移动端数据采集设备并将信息推送至 Web 端或移动端 APP，减少数据采集环节，同时提供安全信息提示、风险提示。航空器信息由 ACDM、航班管理等相关系统提供，旅客信息由旅客服务平台或安检系统提供，机场运行信息则由空侧管理或相关子系统提供，主要包括机坪管理、道面管理、现场运行管理、净空管理、地下管线管理、FOD 管理、排水设施管理、不停航施工管理、外来物管理、目视助航设施管理、供电保障管理、围界管理等。

1. 道面管理

系统记录、查询、统计有关机场道面的关键信息。该模块功能包含但不限于以下模块。

（1）道面板块管理

根据道面布局，在系统中构建准确的道面板块图，系统板块图上的各个板块与实际道面布局一一对应，并根据跑道、滑行道等名称进行归档。每一个道面板块均采用独立的单元，采用结构化设计，在道面板块图中录入道面属性信息，包括但不限于板块结构（各层厚度、混凝土配比、配筋等）、修建时间、修建单位、标高、PCN 值等，其中沥青混凝土道面应按照《民用机场道面评价管理技术规范》进行单元划分。在使用时，若对板块单元进行维修维护，系统应能记录并存储。

（2）嵌缝料管理

嵌缝料管理模块用于对道面嵌缝料进行管理。利用系统记录嵌缝料属性信息和维护信息，如嵌入时间、单位、质保期、后期维护等信息。基于 GIS 系统，能准确测量该区域嵌缝料长度信息。

（3）标志线管理

标志线管理模块用于对道面标志线进行管理。系统界面中的标志线与实际道面助航标志线能一一对应，包括跑道、滑行道、停机坪和服务车道所有地面标志线信息（含停车位及设备摆放区）等。利用系统记录标志线属性信息和维护信息，如类型、宽度、色度、首次施划时间、施划单位、更新时间、更新标志线单位等信息。基于 GIS 系统，能准确测量该区域标志线长度和面积等。

（4）道面巡检及维护管理

该模块具备如下功能：

① 可现场采集各类飞行区信息（如道面损坏状况、FOD 发现位置、类别及数量等，具备拍摄功能，可采集照片和视频信息），采用无线功能将采集数据传输至资源管理系统进行存储，根据地理坐标等信息将数据点与系统界面进行匹配对应。

② 利用手持终端进行记录点搜寻。利用手持终端的导航功能，完成出发地至记录点之间的路径导航功能。

③ 具备与系统相匹配的道面巡检和维护流程管理功能。

④ 分析道面日常巡查数据时，当发现与现行相关规定、规范相冲突的数据，以明显方式（如图标闪烁）警示用户加以关注。

2. 机坪管理

（1）机坪区域检查

该模块记录、查询与统计分析机坪区域的相关内容。记录该机坪区域的位置、道面状况、道面清洁情况等，如发现 FOD，上报提交 FDO 信息；如发现道面有问题，可在地图上标注该位置并报相关部门维修。

（2）机坪区域设施检查

该模块记录、查询与统计分析机坪区域设施适用性的相关内容。记录该机坪区域的位置、设施的完好性，发现问题报相关部门维修。

3. 供电保障管理

（1）供电设备管理

该模块为管理、技术和运行人员提供各种供电设备及备件查阅、汇总和分析的平台，能够实现设备信息参数查询、维护工作计划制定、维护维修情况记录查询、维护维修数据分析等功能。

建立设备设施、备件及专用工具档案，记录各项参数数据以及出入库信息、维护维修、升级改造和使用方法、技术资料等基本信息；建立维护维修数据录入、汇总平台，向专业人员提供设备运行情况报告；能以设备种类分类、单台设备分类、时间分类、备件种类分类等维度，提供各种设备设施的维护维修数据汇总情况；能根据设置标准和使用频率，自动判断备件储备情况，并能提前提示是否需要采购和合理的采购量；主要子模块包括设备档案、设备维护、设备维修、升级与改造等。

（2）备品备件管理

备品备件管理记录相关备品备件的型号、类型、数量、厂商、参数、使用频率、存放位置等信息，并可按数据项统计查询。

如有耗材消耗，根据台账记录自动修改相应库存备品、备件的数量，根据设置的备品、备件指标，预警库存状况。

4. 目视助航设施管理

该模块记录、管理机场除标志线以外的目视助航设施，包括指示标识、信号设施、灯光、标记牌等。系统界面中的目视助航设施与实际目视助航设施一一对应。系统记录目视助航设施的属性信息和维护信息，并可在地图上显示目视助航设施的状态信息，如名称、类型、构型、亮度、状态、维护维修情况、参照标准等信息。功能包括但不限于以下模块。

（1）灯光设备管理

该模块为管理、技术和运行人员提供各种设备及备件查阅、汇总和分析的平台，能够实现设备信息参数查询、维护工作计划制定、维护维修情况记录查询、维护维修数据分析等功能；包括助航灯光系统运行所涉及的所有设备设施、备件以及专用工具等。

（2）标记牌管理

该模块记录机场标记牌的属性信息，显示其状态。

5. 外来物管理

该模块用于记录、管理所有巡查发现或其他随机发现的 FOD 相关信息，该模块与道面检查维护有关联。对外来物信息按照相关流程进行处理后，可以基于地理信息进行统计、查询与报告生成。该模块包括但不限于以下功能。

（1）FOD 信息录入

该模块用于记录所有巡查发现或其他随机发现的 FOD 相关信息，如类型、发现位置等，发现位置可由手持终端的 GPS 定位直接导入位置信息、或在地理信息底图中手动点击或输入坐标点确定，照片、视频等相关信息可直接导入。

（2）轮胎损坏信息

记录、管理 FOD 航空器轮胎损伤的相关信息。

（3）FOD 事件调查

接报 FOD 或 FOD 航空器轮胎损伤信息后，可按照相关要求启动 FOD 调查，该过程还可直接启动风险管理程序。

6. 不停航施工管理

（1）不停航施工审批

接到施工单位提交的施工申请后，录入相关申请信息，审批后决定是否许可，若许可，应根据情况来决定是否进行施工监管，并可在地理信息系统中显示该施工区域并做标记。

（2）不停航施工监管

不停航施工监管包括施工专用通道安保检查、施工专用通道到等待点之间的车辆及人员检查、施工等待点检查、停航后信息确认、施工现场检查、施工用电检查、探沟挖掘检查、施工现场恢复阶段检查等。监管人员可根据需要制定监管计划，从系统监管项目数据库中提取相关检查项目并生成检查单，发送至相关监管人员任务中。由监管人员检查现场情况，检查完毕后，记录施工单位人员、车辆违章的相关信息以及照片、视频等，并可根据需要生成并打印罚单。

7. 野生动物管理

该系统记录、管理、查询、统计有关机场野生动物的相关信息。系统主要功能模块包括但不限于机场动植物查询与识别、机场鸟情信息监测、鸟情预测、鸟情信息统计查询与自动生成报告等功能。

（1）机场动植物查询与识别

该模块记录机场鸟类、植被、昆虫与土壤动物、兽类等信息，通过机场动植物的图片、名称、形态特征、生态特征等条件查询及模糊组合查询等方式，识别、查询机场动植物相关信息。系统提供相应的防范措施及记录，用户可随时添加、修改。

（2）鸟情信息监测

该模块记录机场日常鸟情监测中收集的鸟、虫、草、鸟击的相关信息，包括：鸟种名称、数量、位置、飞行高度、飞行路线、原因分析；样地号或区域、优势植被种类、盖度、高度、生长状况、优势昆虫的种类和数量等；鸟击信息、鸟防设备的使用与维护等情况。

（3）鸟情预测

结合历史数据，输出需关注的危险鸟种。可按危险等级，输出未来一段时间内的鸟种、区域等信息。

8. 净空管理

该模块显示、记录机场净空管理相关数据，并可向机场人员提供其净空巡查时所在点的最大许可高度。

该模块功能包括但不限于障碍物相关信息的录入、添加、修改、显示、查询等，并可上传相关资料作为档案保存。基于机场的地形图，可以地图的方式，从不同角度放大和缩小显示净空管理的各个限制面。输入障碍物坐标或者其经纬度，即可在地图中显示所要查询的建筑物所处位置、与机场跑道的距离、最大允许海拔高度等数据，可直接看到障碍物位置以及其限制高度。

9. 设施设备管理

收集、录入、管理机场与运行安全相关的设施设备信息，为业务部门确保飞行区适合航空器运行，相关保障设施设备运行秩序正常、完好率处于可控状态提供便利工具，实现对相关设施设备运行状况的监控。

（1）设施设备基础信息

- 按设施设备的不同类型收集不同信息；
- 系统类设施设备按维修时的影响范围分为不同单元；
- 不同设备或单元对航空器运行保障的重要等级。

具体包括但不限于设备编码、设备名称、计量单位、设备状态、品牌、规格型号、主要技术参数、车牌号码、位置、重要程度、投用日期、制造商、供应商、原值、管理单位、维护单位、使用单位、文档等。

（2）设施设备维护

- 按重要等级实现不同的报停、审批、启用流程；
- 按重要等级实现可用性统计。

维护记录包括但不限于设施设备基础信息、工单号、工单状态、工单执行人、工单填报人、影响范围、计划开始时间、计划完成时间、影响时长、维护费用、实际开始时间、实际完成时间、备注、文档等。

可用性统计包含设备台账报表、定期的设备维修费统计报表和定期的设备报表。

10. 土面区、围界与排水设施管理

（1）土面区管理

土面区模块对土面区进行分区，并提供土面区基本属性查询功能。系统图中可导入并显示升降带平整区和跑道端安全区的土质密实度数据，且定期更新并显示每周土面区分区割草状况，如割草区域、割草时间、割草工程量等。

（2）围界管理

该模块应满足围界的基本属性查询和导入功能。系统图上可以显示物理围界基本属性，包含但不限于围界的建设和维护时间、长度、高度、材质、编号、大门编号及通道编号等。可录入、查询围界维护的相关内容。如围界需维护，记录维护相关信息，如时间、位置、维护人、结果等。

（3）排水设施管理

该模块应满足排水设施的基本属性查询和导入功能。系统界面上可以显示排水设施基本属性，包含但不限于排水设施的建设和维护时间、排水方向、排水能力、排水沟长度、横截面、材质、编号、排水口位置及编号等。可录入、查询排水设施维护的相关内容。如排水设施需维护，记录维护相关信息，如时间、位置、维护人、结果等。

11. 地下管线管理

收集、录入、管理机场地下管线信息，为业务部门监控飞行区地下管线状态，保障地下管线完好，实现对地下管线运行状态监控提供便利。

（1）地下管线基础信息

该模块实现收集、记录地下管线属性信息，并可在地图上显示地下管线状态，标识地下管线的属性信息与可用状态。

（2）地下管线维护

记录地下管线维护的基础信息，如工单号、工单状态、工单执行人、工单填报人、影响范围、计划开始时间、计划完成时间、影响时长、维护费用、实际开始时间、实际完成时间、备注、文档等。

12. 现场运行管理

（1）违章管理

该模块记录人员、车辆违章的相关信息；还可自动导入车速监控数据记录，在地理信息底图中手动点击或输入坐标点确定，并可录入照片、视频等相关信息。

（2）保障作业检查

对在机坪作业的相关单位的保障作业情况进行检查，包括保障作业单（综合）、重要航班保障检查单、小拖车、旅客摆渡车、飞机牵引车、电源车、气源车、客梯车、配餐车、垃圾车、清水污水车、平台车等作业的检查。

6.1.3.2 安全监督检查

支撑安全监查各项工作开展,包括安全监查计划、安全数据管理、安全质量管理、安全信息流转等。

1. 安全监查计划

(1)安全监查计划的制定与发布。

(2)安全检查单的线上制作、打印、回录,可提供专用的安全检查移动设备。

(3)安全检查标准的管理、维护、查询。

(4)安全检查计划(周、月、季度)执行情况记录、安全检查统计分析、安全检查自动提醒。对每次安全检查均进行信息记录,填写整改信息,跟踪整改执行情况。

2. 安全数据管理

(1)风险源隐患识别:定义安全隐患和风险的类别、等级及判定规则,可基于大数据系统分析识别风险源。

(2)风险隐患管理:提供安全隐患分级管理和跟踪,系统对已识别出来的隐患进行维护及更新,在线发起安全隐患审批流程、隐患信息和整改措施填写、安全隐患定期反馈、督办人跟踪,对减轻措施的落实情况进行动态管理,实现安全隐患的闭环管理和安全隐患库管理。由指定的危害管控员进行跟踪,在规定时间内完成实施减轻措施,实现长期(从建设期到运营期)持续监控管理。

(3)资质资格管理:对供应商、机场的安全管理人员、特殊岗位作业人员进行资质、资格登记管理。

(4)特种设备管理:与运营资产管理系统对接,进行专业化管理。

(5)事件/事故管理:事件/事故登记、发送事故快报、事件/事故处理维护、事件/事故跟踪和查询、事件/事故分析。

(6)安全会议管理:会议计划管理、发送会议通知、会议签到管理、会议信息记录、会议总结、会议执行情况监控。

(7)安全培训与教育:包括培训需求管理、培训计划管理、培训通知、培训执行、培训签到、培训考核、培训总结。

(8)安全制度管理:负责机场对当前国家法律、机场内规章制度、作业规范的管理,从维护、报送、审核发送、签收、下发、学习到反馈进行全方位管理。

(9)安全文件管理:提供规章标准、管理文件、风险案例、培训资料等相关管理文件的起草、审核、发布、查阅、控制清单导出;提供基于文件标题及内容的全文检索;支持移动端访问,机场员工可随时随地查找所需要的文件内容。

3. 安全质量管理

针对机场工程,安全质量管理包括以下方面。

(1)质量报监管理:参建单位编制、提供质量报监材料;主管部门审核报监材料，登记报监信息；提交报监材料后，获得质量监督登记号码并登记。

（2）安全报监管理：按主管部门交底，参建单位编制、提供安全报监材料；主管部门审核报监材料，登记报监信息；提交报监材料后，召开安全文明施工监督告知会议。

（3）安全质量监督：应用视频监控、物联网、GIS等多种方式的自动化与智能化手段，通过检查的方式，自动采集、分析安全质量信息，及时发现安全质量问题，并自动向安全质量监管人员及相关责任人进行预警，督促安全质量相关责任人按照法律法规、规章制度要求进行生产，有效防范事故发生，降低安全质量风险。

4. 安全信息流转

（1）信息汇总：对于下属单位上报的安全、质量信息进行汇总、分析，形成安全、质量报告。

（2）任务下达：向下属单位下达工作任务，发送文件，并能监控下属单位接收和反馈情况。

（3）任务接收：接收上级单位下达的工作任务和文件，并对上级单位进行反馈（适用于分、子公司）。

（4）信息上报：按照标准化的信息表格填报安全、质量信息，并上报给上级单位（适用于分、子公司）。

6.1.3.3 安全态势监控

1. 视频监控管理

（1）构建现场安防视频监控系统，通过全景显示或云平台全方位移动及镜头变焦控制，在现场复杂的周边环境条件下有效防止外界人员侵入，具备对安防区域的周界报警、闭路电视监视和广播等功能。

（2）报警集中显示、报警定位、报警统一处理。

2. KPI指标监控

提取若干影响安全的关键性指标，实时显示其变化趋势或KPI安全监控。用户亦可以监控周期为节点，查看每个绩效指标的曲线图，随时随地了解指标趋势。

3. 安全属地管理

（1）飞行区安全：机坪入侵检测、场道异物识别、围界安全、场道交通管制等。

（2）航站楼安全：旅客安检、旅客行为跟踪、消防安全、门禁管理和消防设施安全等。

（3）公共区安全：停车场安全、消防安全、交通安全与旅客安全等。

4. 运营关键设备安全监测

以飞机和场道车辆的运行、重要设备的状态为数据来源，具备在线运行故障实时告警显示、态势分析和统计等功能。

5. 运营机电安全监测

以运营线网指挥中心主要机电设备实时状态报警信息为数据来源，以达到在复杂的运营设备系统环境下实时监测设备故障态趋势分析为目标，具备对各专业设备运行状态的故障定位、客流信息显示、行车状态、实时告警显示、态势分析的功能。

6. 风险分析

支持存储视频资源的统一检索、回放及图像质量的集中管理功能，或进行视频、图像检测，具备智能分析手段，以识别安全风险隐患。

6.1.3.4 安全绩效管理

1. 安全绩效指标数据

制定本公司的安全绩效指标，形成实现安全绩效目标的行动计划，监控各绩效指标的状态。

（1）安全绩效指标数据库

安全管理人员负责编制公司或所在部门的安全绩效指标，主要包括管理目的、指标类型、指标来源、关联部门（岗位）、目标值、目标值评估周期、预警值、预警方式、数据来源、控制措施等。

（2）安全绩效指标维护

完成指标设计和修订后，安全管理人员将指标维护工作与其对应的岗位（用户）相关联，用户在个人的综合信息页面能够看到与本人相关的安全绩效指标的监控任务，根据各指标的预警周期、数据来源等信息定期录入指标监控信息。

安全管理人员将指标的行动计划分配给承担对应职责的人员完成，相应人员开展落实具体工作，并录入工作执行记录。

2. 安全绩效管理宣传

宣传、培训、沟通，确保实施部门理解和明确安全绩效管理的目标。

3. 安全绩效考核

明确安全绩效考核的标准和方法；收集、处理、分析和评价各类安全绩效考核结果。

4. 安全绩效管理报告编制

提出改进计划和管理决策建议。

6.1.3.5 安全应急响应

1. 预测预警

实现各种安全监控系统的监测数据项与各种预警信息的转换；通过转换，产生相应的事件报告，提供数据统计及态（趋）势分析任务。

2. 预案管理

应急预案的日常维护，包括创建新的预案、对已有预案进行修改、不适用预案删除等操作，预案管理应具备版本控制能力。

3. 资源管理

基于 GIS 对各种应急资源进行管理（具有资源新增、修改、删除等功能）；资源管理模块能够通过 GIS 系统对各类重要设施、各类监控设施、重点保护场所、救援设施、抢险资源、抢险单位、抢险车辆进行定位管理，一旦出现突发事件，可快速在电子地图上显示相关信息；资源管理也包括专家资源、知识方法、历史案例等管理。

4. 应急值守

包括日常值班、任务列表、协同工作、事件接报、位置确认、事件提醒、事件处理、通信沟通、善后处理等功能。

5. 应急处置

包括预案启动、预案执行、预案调整、次生灾害处理、信息参考、通信联络、处置留痕、GIS 展示等功能。

6. 安全专题管理

配合城市大型活动，定制专题的功能模块，实现安全监测点布置及信息采集、救援组织、资源配置、救援点布置等管理。

6.1.3.6 安全培训考核

1. 安全教育与培训

该模块的主要功能是编制培训计划、生成培训任务、记录培训过程、教员档案管理、培训质量评价等。

（1）每个培训启动时，由培训责任人在系统中指定参训人员和培训教员，相应学员和教员可以在系统中看到培训任务。

（2）每次培训结束之后，责任人在系统中录入学员参训考勤情况、考核情况等，同时上传本次培训的相关教材、录像等信息。

（3）学员可以在系统中查看本人的培训结果，并且对本次培训的质量进行评价，包括组织情况、授课情况等。对于个人参加的外出培训，个人完成培训之后需要提交相应的结果性材料，作为完成该培训的证明材料，由培训责任人上传相关资料。记录每次培训具体情况，并最终形成每个员工的培训档案。

（4）该模块具备教员培训档案管理功能，每份档案详细记录教员的聘用时间、历次授课记录、参加教员培训情况等。教员档案永久保存，对已经退出教员序列的个人档案进行标记。

2. 安全考核

安全考核使每位员工的安全知识与技能实践能力都达到要求，能够应对安全事件，包括题库维护、题目生成、线上答题等。

3. 模拟演练

利用新型三维立体模拟培训系统或虚拟现实仿真系统对员工进行安全知识与安全技能培训，复盘安全案例，组织安全演习，包括演练计划制定、演练方案制定、演练执行、演练评估等。

6.2 机场安检信息系统

安全技术检查简称安全检查，是在民用机场实施的为防止劫机和炸机以及其他危害航空安全事件的发生，保障旅客、机组人员和飞机安全所采取的一种强制性的技术性检查。机场安检的目的是通过实施安全检查，有效保护机组人员、民航工作人员和旅客的安全，以及机场本身的安全。安全检查主要依靠安检信息系统和技术装备来实施，目前安检信息系统反应速度慢，图像存储量低，功能也比较少，信息集成度不高，同时，安检信息系统和其他系统之间的信息相互独立，信息不能共享，无法解决当前安检质量效率与需求增量不匹配的问题，急需进行智能化升级改造，满足民航快速发展需要和广大旅客需求。

6.2.1 业务流程

安检业务流程由值机柜台业务、安检通道业务、登机口业务以及安检控制中心业务组成，如图 6-2 所示，旅客首先在值机柜台办理登机牌和行李托运，如果携带违禁或其他危险物品，安检人员通过机器操作会将其行李自动传送到开包工作台，对照 X 光机所显示的图像进行开包检查，同时所有相关信息通过局域网传输到安全检查部门。

旅客到达安检口验证台，相关设备会自动拍摄旅客容貌并扫描登机牌，使旅客身份信息与所持登机牌相一致，同时检查手提行李是否携带违禁或其他危险物品，是否需进行开包检查。

在验证结束后，旅客即可进入安全检查通道，在旅客持登机牌在登机口登机时，旅客所有相关信息已经传送到离港系统，工作人员通过电脑显示对旅客进行复核，查看旅客登机牌与身份、容貌是否一致，符合要求才能允许旅客登机。

安检控制中心通过后台管理功能，例如人员排班、绩效管理、应急处理、黑名单管理等，对整个安检业务进行监控和管理。

安检信息系统以离港过检旅客为线索，记录与之相关的所有信息。具体包括如下。

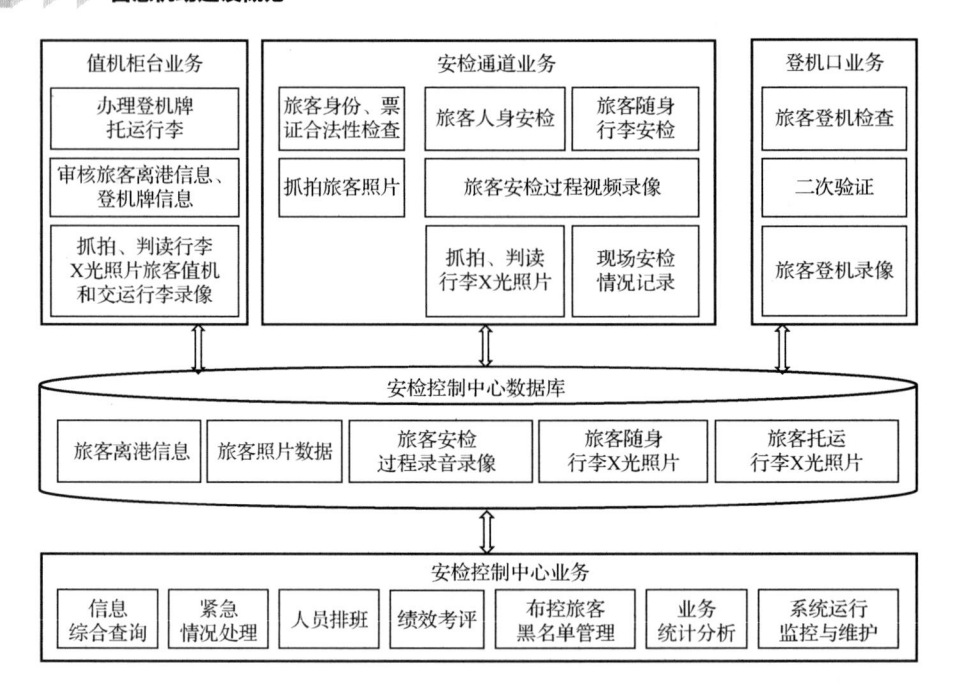

图 6-2　安检信息系统业务构成

- 旅客姓名、航班号、座位号等基本离港信息；
- 通过摄相机抓拍的旅客肖像；
- 相关旅检人员信息；
- 旅客通过安检验证台的视频录像；
- 旅客通过安检通道的视频录像；
- 交运行李行检人员信息；
- 随身行李行检人员信息等。

以上这些信息在值机、安检和登机环节流转，并由安检控制中心数据库统一集中存储、管理，可以被各个安检控制中心业务单位共享和利用，以加强信息交流和协同合作。

6.2.2　建设目标

安检信息系统围绕机场安全检查工作业务内容和实施流程，利用网络技术和多媒体技术对原来分散、各自独立的旅客离港系统、闭路电视监控系统、行李安检系统进行整合，使机场安检现场的视频图像、交运及手提行李安检图像、旅客离港信息和安检人员及设备信息有机地结合起来，相互对应，从而实现全过程监控、全方位自动分析的网络化检查体系，建设目标在于以下方面。

（1）通过与离港控制系统、安检X光机系统、行李系统、ACDM系统及闭路电视监控等系统的信息集成，配合现有的机场行李安全检查分层管理系统、离港系统，对离港的旅客及其行李进行视频、音频、图像的采集和共享，获取全面的航班、旅客、行李信息，将分散检查的信息进行集中整合，达成旅客、行李、航班快速准确的对应，实现旅客安检全过程的信息管理，满足机场相关单位对旅客及行李信息采集、验证、处理、查询的需求。

（2）加强验证员、开检员的自动化作业能力，提高飞行安全突发事件的处理能力和工作效率，完善机场安全检查的业务质量和管理水平，减少危及空防安全的事件发生，进一步提高空防保障能力，满足民航总局公安局的相关要求。

（3）辅助安全监控措施，实现对通缉人员的真实身份比对；与离港登机口系统进行联网，实现对旅客的区域定位，提高航班正点率，实现登机口二次验证，杜绝偷渡、私换登机牌等情况。

（4）为机场各业务单位提供一个关于旅客综合性安检信息的共享平台，基于本系统所提供的安全检查信息及其流程，各个联检单位可以协商定制相关的安全协防职责及业务操作流程，并且在本系统平台上可以进行信息共享和交互。

6.2.3 功能需求

如图 6-3 所示，根据离港旅客的业务流程，除相关业务接口外，安检信息系统主要包括旅客值机、旅客安检、旅客登机、安检管理四个主要功能模块。通过综合信息系统的业务集成，可以提升机场安全等级、信息管理和总体上的把控能力。

1. 旅客值机

在值机柜台运行。获取旅客离港的信息、交运行李的信息，并对值机中的人包分离过程进行录像。

2. 旅客安检

在安检柜台运行。负责旅客身份的确定，并对旅客的随身行李进行检查处理。把旅客的过检信息及相关照片、录音、录像进行处理。

3. 旅客登机

在登机口柜台运行。对登机旅客的身份进行二次确认，显示未登机的旅客信息，并可以对未登机旅客进行查询。

4. 安检管理

实现安检信息管理的系统管理、查询统计、资源管理、工作日志管理等功能。

5. 业务接口

实现与业务关联单位（包括国检、边防、海关、公安等）、离港系统、航班信息集成系统等接口，具体包括以下方面。

- 与边防的接口：提取旅客通过出入境闸口的过程和检查信息。
- 与国检的接口：提取旅客人身及行李通过检疫检验闸口的过程和检查信息。
- 与海关的接口：提取毒品、走私物品监管信息。
- 与公安的接口：提供需要公安协防的信息；获取公安的布控信息。

图 6-3 安检信息系统功能结构图

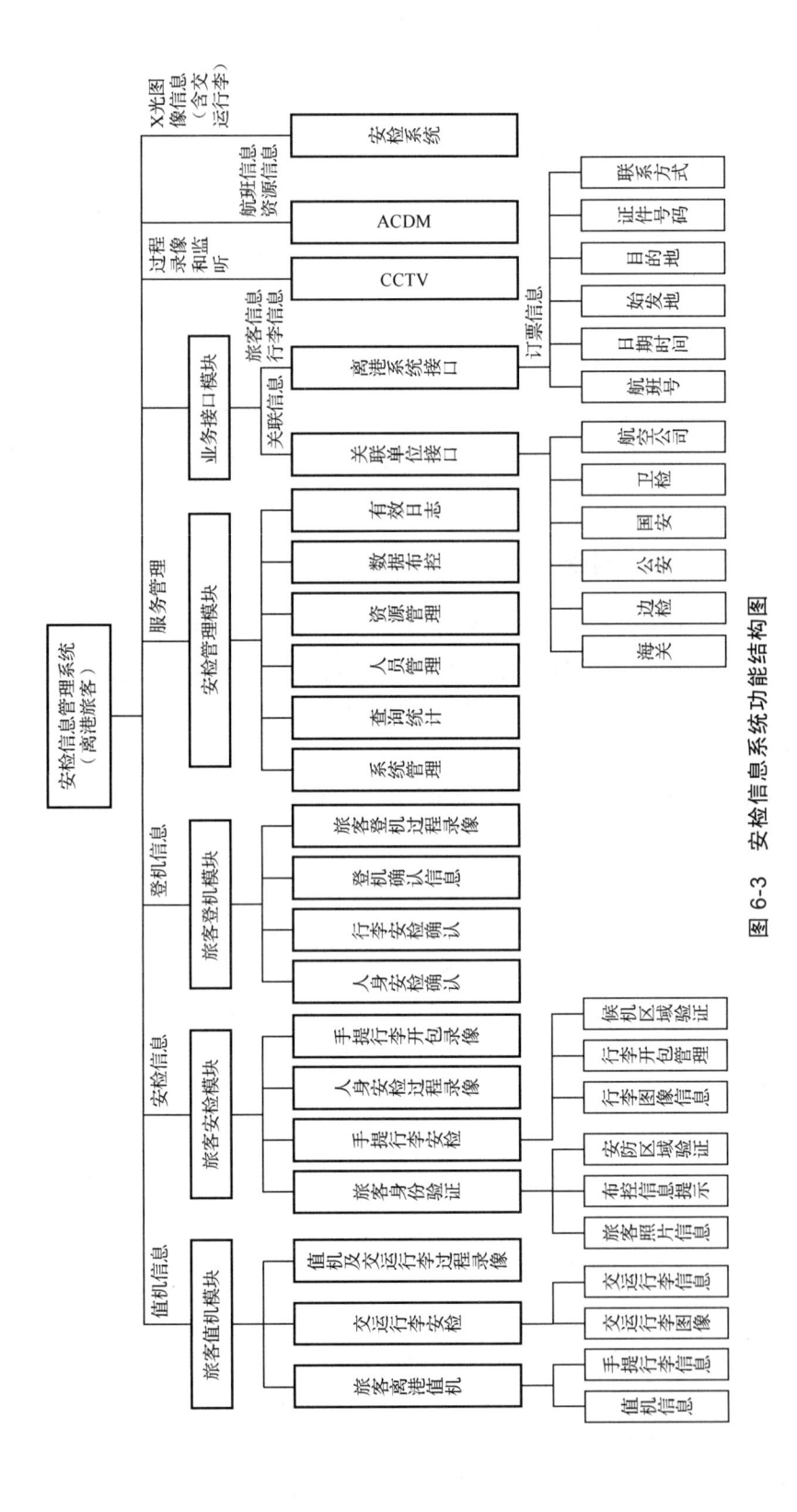

- 与航空公司接口：获取旅客名单信息。
- 与国安的接口：提供需要外联协防的信息。
- 离港系统接口：获取旅客名单、行李数据。
- ACDM 系统接口：获取航班数据。

6.3 场道异物检测（FOD）系统

FOD 是 Foreign Object Debris 的缩写，泛指可能损伤航空器或系统的某种外来的物质，常称为跑道异物，通常包含飞机和发动机连接件（螺帽、螺钉、垫圈、保险丝等）、机械工具、飞行物品（钉子、私人证件、钢笔、铅笔等）、野生动物、树叶、石头和沙子、道面材料、木块、塑料或聚乙烯材料、纸制品、运行区的冰碴等。FOD 的危害非常严重，实验和案例都表明，机场道面上的外来物很容易被吸入到发动机，导致发动机失效。碎片也会堆积在机械装置中，影响起落架、襟翼等设备的正常运行，防范 FOD 是机场日常安全作业的重要内容之一。

目前，针对跑道可能出现的异物，国际民航采取的应对方法为采用人工检查方法，每天进行 4 次道面巡视，每 3 个月进行一次道面步行检查。人工方式巡检的措施存在低效、高成本、受环境影响大、易遗漏等缺陷。因此，近年来随着雷达、摄像以及信号处理技术的发展，跑道异物的自动化监测成为可能，未来将逐步替代原有人工的巡检方式。相对于人工方式，自动化方式不再依赖于人工跑道巡检、人眼识别，而是通过固定或者移动安装的探测器自动扫描跑道，通过对探测到的数据进行处理分析来获得跑道异物情况。自动化方式按照前端探测器的不同又分为雷达、摄像以及混合（先雷达探测后摄像识别）等类型。

FOD 检测技术是指监测跑道异物、维护跑道安全的一系列技术的总称，如表 6-1 所示。

表 6-1 FOD 检测技术比较

系　　统	检　测　原　理	能　　力
人工/目视	FOD 探测系统性能的基准，人工观察提供 FOD 检测，且人工判断提供了危害的评估能力，以保证安全	支持定期、周期性和专项检查
雷达	使用无线电传输数据作为探测跑道和其他机场运行区 FOD 的主要手段	固定系统支持连续监视。移动系统补充人工/目视检查
光电	利用视频技术和图像处理作为探测 FOD 的主要手段	支持连续监视
混合	联合利用雷达和光电数据作为探测 FOD 的主要手段	支持连续监视

6.3.1 监测原理

雷达与摄像设备作为跑道安全监测系统重要的探测手段，混合型监测组合了雷达型与摄像型的技术特点（图 6-4），是目前主流的技术方向。

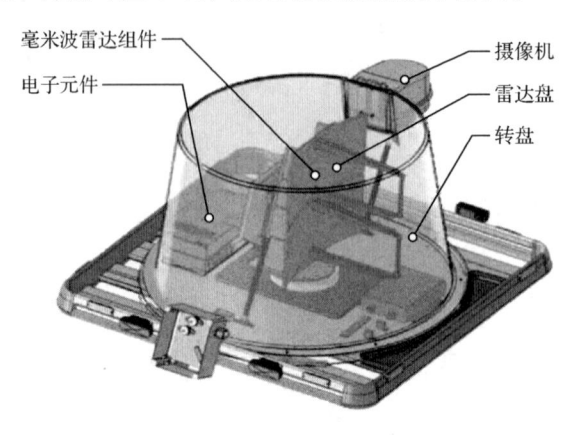

图 6-4　混合型 FOD 监测单元

FOD 监测系统工作原理如图 6-5 所示，混合型 FOD 监测单元以固定或移动方式监测整条跑道。雷达通过发射电磁波并对回波信号进行接收处理来获得机场跑道图像，采用目标检测算法对图像进行实时快速处理，判别是否出现异物及异物位置等相关信息，通过光纤等网络媒介将信息传送给中央处理单元，由中央处理单元自动调用摄像设备按设定规则对感兴趣异物进行可见光视频拍摄，并捕捉清晰的图像，然后中央处理单元对异物图像进行识别，判别威胁程度，并按规则要求执行相应决策，还需操作人员进一步对拍摄视频和图像进行人工判别与确认，以减少虚警与误操作。需要清理异物时，中央处理单元将异物位置信息发送给巡查人员进行异物回收处理。

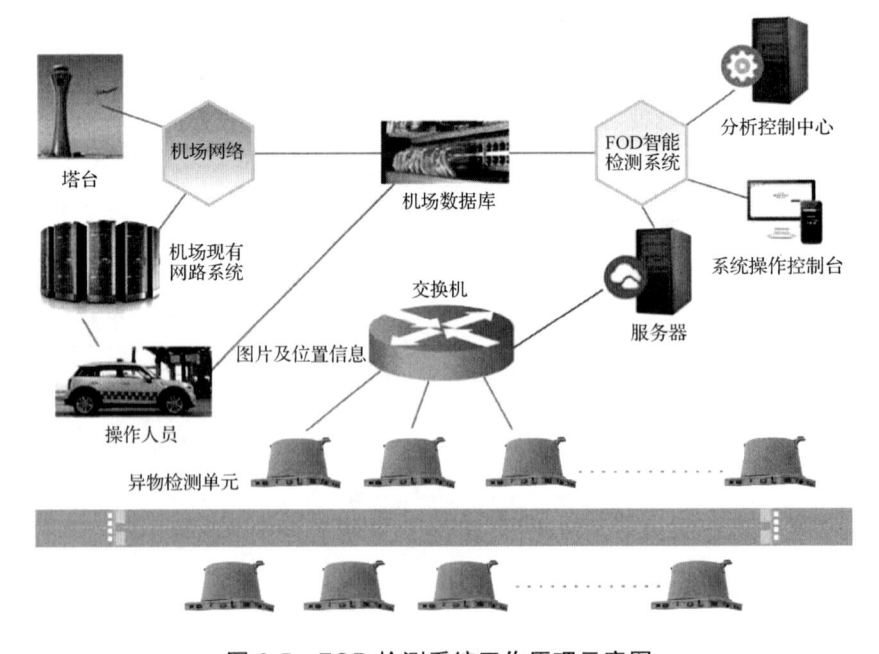

图 6-5　FOD 检测系统工作原理示意图

6.3.2 系统架构

FOD 检测系统架构如图 6-6 所示。

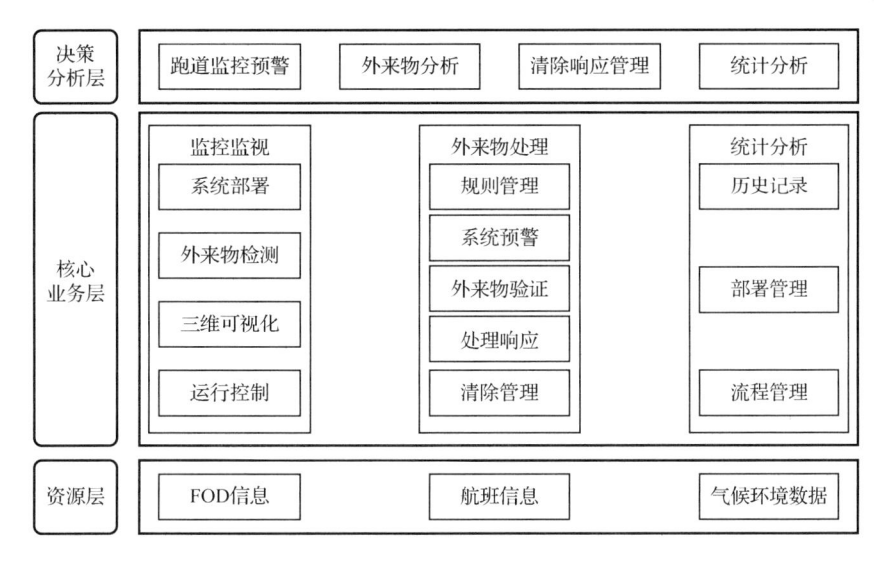

决策分析层	跑道监控预警	外来物分析	清除响应管理	统计分析
核心业务层	监控监视 系统部署 外来物检测 三维可视化 运行控制	外来物处理 规则管理 系统预警 外来物验证 处理响应 清除管理		统计分析 历史记录 部署管理 流程管理
资源层	FOD 信息	航班信息		气候环境数据

图 6-6 FOD 检测系统架构

1. 决策分析层

（1）跑道监控预警对机场跑道上的外来异物实时监控，形成实时图像，排除安全隐患，对进入跑道的异物预警并安排资源维保。

（2）对外来物事件进行统计分析和历史查询。

（3）对机场外来物防范和防跑道侵入等业务流程优化进行分析，提供决策建议。

2. 核心业务层

执行外来物监测、外来物处理和分析等核心功能。

（1）具备对跑道上各种常见异物（例如飞机脱落的部件、脱落的跑道灯光装置、建筑材料、石头）进行自动探测、分类、记录及定位功能。

（2）最小可探测到 2cm 的异物，并可准确指出异物的位置（定位偏差<3m）。

（3）具备图像放大认证功能，附文字及图像的 FOD 实时警报，协助空中交通控制及陆地操作控制中心做出正确决定。

（4）可针对机场环境的变化（例如雷电、雨水、光线及霜雪）进行一定的自动调适，能 24×7 全天候地提供实时、全面的机场跑道视频监控信息。

（5）在一个统一的机场跑道 2D（或 3D）地理模型上，显示并跟踪防区内和防区外附近的所有目标物（包括跑道入侵物），随时掌控整个现场环境发生的情况。

（6）实时检测、跟踪和对入侵的目标物进行分类，自动识别入侵目标物种类，包括行人、车辆、飞机、飞鸟等。

（7）当未经授权的活动/入侵发生时，系统自动触发警报，通过语音和视频提醒安保人员,并准确指出入侵物在现场的具体位置,帮助快速部署警卫,防止事件的升级。

(8)系统可有效屏蔽周围环境对真实目标物的影响,包括树木、草地、水域、阴影、垃圾以及阳光等。

(9)可以检测设备并进行配置管理和调配部署。

(10)设备维护管理,对系统的运行状态、质量安全进行跟踪控制。

注:资源层的功能与其他系统的类似,在此不再赘述。

6.3.3 关键技术

6.3.3.1 毫米波雷达对微小目标的探测技术

毫米波雷达波束窄、波长短,具有较高的空间(角度和距离)分辨率、较强的抗干扰能力和较好的低仰角探测性能,同时体积小、重量轻,受外界条件影响小,因此,对于跑道异物的探测,目前的主流技术是采用毫米波雷达。对跑道扫描时,在雷达接收端接收到的信号包括目标反射回波信号,地表面及设备、固定建筑、植物等干扰物的回波信号。通常情况下干扰物带来的信号比目标反射的回波信号功率更强,甚至完全覆盖目标信号。考虑到跑道环境复杂,导致杂波干扰较大。跑道异物检测的最大难点就是由于杂波存在带来的干扰,杂波的消除是跑道异物目标提取识别问题中的主要难题。雷达除需具备高精度的检测能力之外,后端还必须具有有效的目标检测技术和方法,解决复杂背景静态低散射异物目标的检测,如静态杂波图生成技术、背景对消技术、恒虚警率算法等。

6.3.3.2 复杂背景下不确定目标的图像识别技术

跑道处在不断变化的外界条件下,而且出现在跑道上的异物类型不确定,外部光照条件以及视频设备缺陷造成图像质量不均衡,图像的复杂背景、异物类型的复杂性、复杂的气候环境等因素,造成图像背景以及异物目标的图像特征千差万别,在某种特定背景以及异物目标情况下,对熟悉的条件约束或许研究出的算法具有比较好的识别效果,但如果约束条件改变,会有调整算法参数的需求,尤其是当主要的图像特征变化时,算法就变得没有效果。如何研究通用性强、适应多样化背景与目标条件的图像处理技术,高效解决在变化背景条件下检测与识别不确定的异物目标是研究的关键点与难点。

6.3.3.3 性能验证与评估技术

检出率、漏检率和误检率是通常用于评价检测算法的3个指标。它们相互联系,却又相互制约,高的检出率会导致误检率提升,同时降低漏检率。同样,低的检出率会导致漏检率上升,但会降低误检率。找出保证 3 个指标都能较好地达到一个平衡点,或者寻找新的技术,使得在检出率提高的同时漏检率和误检率下降,需要统一权威的性能验证与评估技术作为支持。因而建立大量充分覆盖典型测试条件的测试样本库及测试标准流程,来对各种技术进行客观公正的评估是技术研究的关键也是难点之一。

6.4 机场围界安防系统

随着国内民航交通的发展,民航飞机数量大大增加,大机型广泛采用、机场对多跑道的需求均导致了周界范围扩充,同时因旅客/货运吞吐量激增也导致了机场跑道和机坪面积成倍增加。由于人力资源成本等诸多因素,在机场飞行区周界仅简单依靠人工+监控系统进行管理已经不堪重任,简易的周界安防监控配套技术远不能满足实际需求。在此情况下,飞行区周界安防系统智能入侵探测技术的应用显得极为迫切。

目前用于周界探测的产品技术主要有:红外对射入侵检测、震动传感电缆、脉冲电子围栏、张力围栏、高压电网、震动光缆等。表 6-2 为机场围界不同探测技术的特点比较。

表 6-2 机场围界不同探测技术特点比较

性能	红外对射入侵检测	震动传感电缆（麦克风电缆）	脉冲电子围栏	张力围栏	震动光缆	高压电网
使用防范区域大小	中小区域	中等区域	中等区域	中等区域	大中区域	大中区域
防范区域类型	周长线型	周长线型	周长线型	周长线型	周长线型	周长线型
安装条件	围墙或立杆	围栏	围栏	围栏	围栏	围栏
告警精确度	一般	一般	一般	高	高	无
误报率	较高	较高	基本没有	较高	较低	无
跟踪手段	入侵点（静态）	入侵点（静态）	入侵点（静态）	入侵点（静态）	入侵点（静态）	无
室外配电	有	无	无	有	无	有
综合成本	较低	较高	较高	较高	高	一般
防破坏	差	低	高	高	一般	差
可靠性	差	较低	高	一般	一般	差

综合来看,光纤技术具有耐腐蚀、抗干扰、无源、监测长度广、抗雷击电击、体积小、便于野外敷设而且能适用于各种恶劣自然环境等显著优势,而且光纤本身不仅是传输通道还能用作传感器,能够实施长距离探测。目前,采用震动光缆并配合视频监控逐渐成为主流的围界安防技术。

6.4.1 建设目标

周界安防系统的建设目标如下。

（1）对机场控制区（跑道、滑行道、停机坪、飞行区围栏及出入口通道）监控管理和安全保卫，及时发现警情，确保飞行安全。

（2）根据不同飞行区的具体情况和系统要求把控制区周界划分为若干小区域，细化对边界的控制管理，提高报警的精确度。

（3）与视频监控子系统联动，在报警的同时利用视频监控看到现场情况，及时处理问题。

（4）与附近的照明系统进行联动，以保证照明度，对入侵者形成威慑。

6.4.2 系统组成

以震动光缆为例，光纤周界安防系统由报警探测器、监控主机、信号处理主机、光缆、联动输出器、监控摄像头、广播设备、照明设备、声光报警灯组成。系统配有视频联动功能，在周界安防系统发出报警信号的同时，发出控制信号，控制视频监控系统进行影像切换，光信号通过传输光缆通往外部的光缆分配盒，到达每个防区的传感光缆。

图 6-7 是光纤周界安防系统构成示意图。当有警情发生时，周界探测器自动向监控中心传送报警信号，自动弹出以报警点为中心的区域电子地图，显示报警的相关信息和控制窗口，控制矩阵自动在屏幕墙上切换显示对应地点的图像，联动相应的摄像机对准该位置，报警联动的摄像机图像能自动录像存储报警前后一段时间的情景。同时自动启动广播对现场播放警告劝阻语音以及自动启动灯光照明。

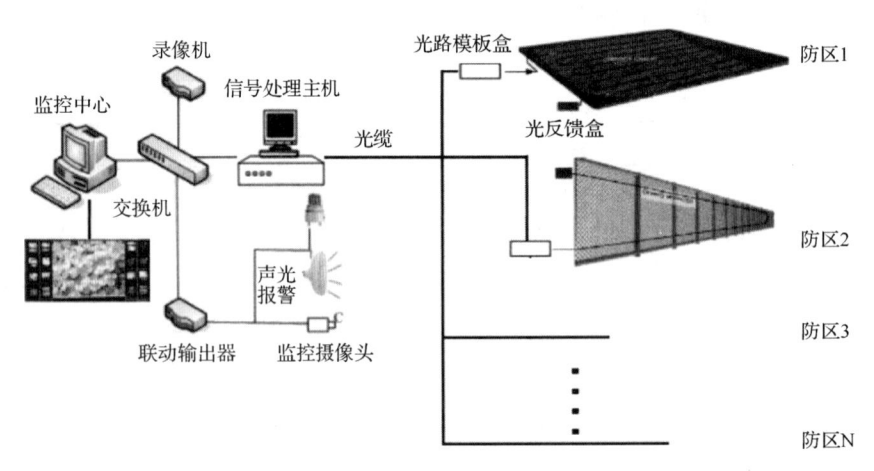

图 6-7 光纤围界安防系统结构示意图

6.4.3 主要功能

1. 报警功能

当入侵者执意要攀爬进入防区时,光纤震动传感器感应到信号,光纤安防系统主机就会立即发出报警信号。安装在现场围界的声光报警装置会发出声光,使入侵者产生慌乱,提醒周围的值班巡逻人员快速赶到报警地点。另一方面,报警中心的管理设备也会立即发出报警声音提示和现场电子地图准确方位提示,通知值班人员前去处理警情。报警发生的地点、时间都会被电脑记录下来,一般可存储1个月或更长时间,用于日后备查。

2. 联动功能

当光纤安防系统主机发出报警信号的同时,为了能够快速看到入侵的现场情况,方便对现场情况处理,以及对报警现场情况进行快速录像,以作为事故证据备用,光纤安防系统可以实现与视频监控联动的功能。即当某一个防区报警后,立即自动联动本防区的摄像机转移到报警发生地点,方便值班人员及时查看现场视频图像。如果报警发生在夜间,还可以自动联动报警防区的灯光,立即打开灯光,使入侵者暴露在灯光之下,难以逃脱。

3. 管理功能

系统提供用户管理、主机事件记录、处警记录、维护记录、系统日志、备份等传统功能,以及系统构建向导、项目管理和设备管理等功能。利用这些功能可对项目以及各种设备的详细资料进行管理,大幅度提高工作效率和工作质量。

第 7 章
智慧机场商业经营业务系统

当前，我国民用航空业务发展迅速，国内大中型机场均将非航空性业务（简称非航业务）作为新的收入增长点，经营业绩逐渐增长，但与国外先进机场相比差距仍然较大，主要体现在旅客满意率低、对商户支持不足、缺乏整体策划和高效管理能力等。这些情况对机场商业管理和高层决策人员提出了更高的要求，加强机场商业经营管理信息化建设成为当务之急。根据智慧机场系统思维和顶层设计，机场商业经营业务领域信息化建设工作应围绕加强非航业务管理，建立非航业务管理系统，并以其为核心集成O2O电商系统、统一营销系统等专业化的商业经营系统，打通信息化在机场商业经营业务流程中的应用，促进机场非航领域商业生态，提高机场赢利水平。

7.1 非航业务管理系统

7.1.1 业务背景

机场非航业务，主要包括零售（包括免税）、餐饮、广告、停车场、场地出租以及娱乐休闲等与航空运输不直接相关的业务。目前，国内许多机场在管理上借鉴国际先进机场发展非航业务的成功经验，通过机场特许经营的方式，逐步由经营型机场向管理型机场转型，取得了一定效果，但在管理水平、服务理念上还存在很大差距。全球机场非航收入平均占比为50%，很多国外先进机场非航收入已经超过航空性收入，成为机场主要收入来源，而我国机场平均非航收入占比仅为30%，还有较大提升空间。

机场非航业务是一项复杂的系统工程，与机场发展战略、运营体制、技术手段等都有着密切关联。作为机场管理方，建设非航业务管理系统，目的是支撑非航管理的全业务流程，全面掌握机场商业相关的所有数据，合理规划机场商业空间，更好地制定非航业务发展模式、发展路径、实施计划等决策，提升商业管理效率。概括起来，建设非航业务管理系统的目标是实现商业资源可视、销售数据透明、客户管理规范化和商业数据增值。

1. 商业资源可视

机场商业资源主要指的是可租赁的店铺，机场方非常关心能否掌握准确的店铺基础信息，有时店铺的租赁情况发生了变化，而机场管理方却不能及时获知这一变化，这样会带来一系列的管理问题。商业资源可视就是用一张地图清晰直观地展示最新的机场店铺基础信息，这些信息包括店铺的位置、店铺的面积、配套设施、业态、合约信息、销售额等，这些信息作为商业主数据，将同步给其他需要的业务系统，从而保证商业主数据的一致性，为机场方更好地管理其商业资源提供数据支撑。

2. 销售数据透明

除了店铺的基础信息，机场方最关心的就是各店铺的销售数据，销售数据不准确，将直接导致机场方所收租金不科学不合理，如何准确获取各店铺的销售数据一直是困扰机场管理方的难题。销售数据透明化就是用多种数据采集手段帮助机场方全面掌握店铺的经营状况，应用固定 POS 机、智能 POS 机、数据采集盒、数据采集接口等多种采集手段，将销售信息记录在商业管理平台，确保每一笔销售情况都能及时掌握，每个店铺的销售数据对机场管理方和该店铺可见。

3. 商户管理规范化

从商户与机场签订合约，到商户正式营业，再到商户终止与机场合作，这整个过程称为商户的生命周期。在这个过程中，商户与机场方要频繁沟通，涉及现场踏勘、定期巡检等许多管理流程。机场商户众多，商户的生命周期管理环节多、流程复杂，如何提高管理效率，一直是商户管理的痛点。商户管理规范化就是通过商户管理客户端及商户管理小程序，跟踪商户生命周期管理的关键节点，简化商户上报审核流程，设置日常巡检项目库，规范商户巡检流程，设置消息通知机制，提高商户与机场方的沟通效率。

4. 商业数据增值

商业数据是机场的重要资产，充分挖掘商业数据中的价值，有助于更好制定商业发展战略。商业数据增值就是通过大数据挖掘技术，深入分析店铺经营数据，合理制定租金计算方法，合理规划不同店铺位置，合理引入不同特色的商业服务，合理制定个性化营销策略，提升机场非航业务销售收入。

7.1.2 需求分析

根据机场商业经营业务管理信息化智能化的总体要求，采用统一的技术开发平台和系统集成技术，建立统一集中的非航业务管理系统，对非航商业经营全业务进行在线系统支撑，形成企业管理统一视图（基础数据、业务规范、业务处理原则）和跨部门的业务流程系统集成与资源共享，并为各级管理层提供及时、透明和统一标准的业务经营数据，促进科学、有效决策。主要应实现以下功能。

（1）建立统一管理标准和流程，支持机场商业项目招商、运营、结算等业务，并对以上业务进行集中控制和管理。

（2）支持以"会员制"为基础的客户关系管理模式，对机场旅客进行细分，确定重点目标人群，明确主要商品定位，支持营销策略的分析决策。

（3）建立支持机场特色的商业运营管理模式的商业智能，突破传统意义的数据分析，通过采集及分析商户、品牌、品类、商品等各类数据，统计各商户租售比、客流配比等情况，适时调整招商业态与品牌，弹性调整租金及合作方式，从而实现商业价值的最大化。

7.1.3 系统架构

非航业务管理系统架构如图 7-1 所示，从应用决策层、业务功能层、信息资源层等三个层面分别实现非航业务管理的功能，其中信息资源层对非航资源信息、非航结构信息、非航收入信息、旅客信息、商户信息、位置服务信息等进行管理。业务功能层实现非航全业务流程，包括招商管理、商户管理、商铺管理、合同管理、租金管理、财务结算等；同时实现客户关系管理和商业智能分析功能，客户关系管理包括会员管理、营销模式管理、营销信息推送、客户反馈处理、告警信息发布等，商业智能分析包括非航业务结构分析、非航业务利润分析、旅客画像分析、旅客消费分析、机场旅客流线分析、旅客忠诚度分析等。应用决策层进行商业模式规划、商铺业态规划、旅客流线规划、商业布局规划、营销活动规划、目标客户规划等高层规划与决策活动。

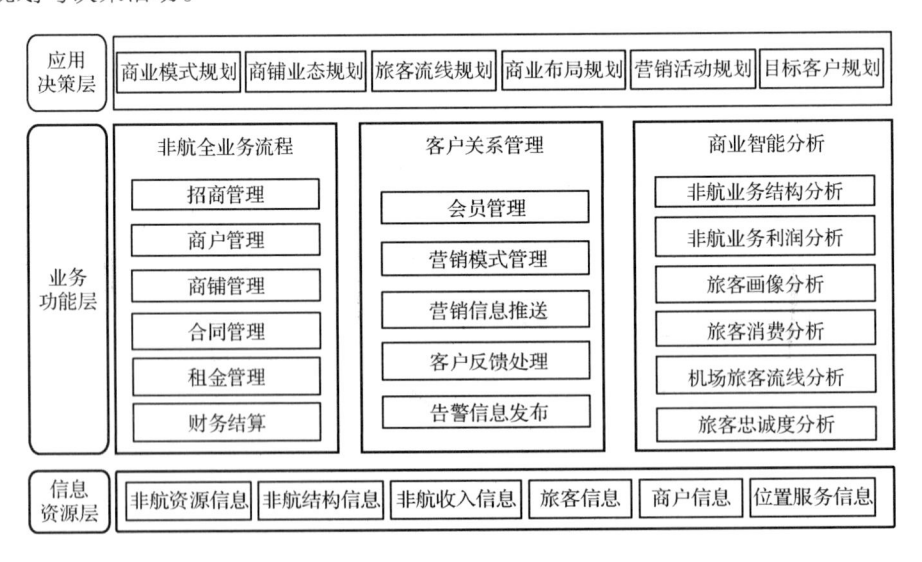

图 7-1 非航业务管理系统架构

7.2 O2O 电商平台

7.2.1 业务背景

当今时代已是互联网时代。中国互联网公司三巨头 BAT，分别掌握着中国的信息型数据、交易型数据、关系型数据，百度通过广告实现变现，阿里通过电商平台和广告实现变现，腾讯通过游戏和广告实现变现，最终实现流量"变现"，这就是"流量经济"。按照互联网思维模式来开发机场非航业务，要以客户为中心，通过加强与航空公司合作，满足其个性化需求，推动航空公司不断提升航空流量（客流、货流和飞机流），以机场海量的旅客信息搭建基础平台，运用大数据、云计算等信息手段，不断开发餐饮、零售、广告、旅游、贵宾服务等非航资源，为客户提供全新的线上线下互动的商业场景，实现从单一的实体消费到线上线下交互的客户体验，并在此基础上，运用互联网思维，连接商业链条中的相关方，构建机场商业新生态，提高非航业务盈利能力，最终将流量转化为收入，实现流量经济的变现，在提高非航业务利润的同时，实现企业价值最大化，从根本上转变传统机场行业仅将眼睛盯在主营业务上的经营思路。这一互联网商业模式链条实现的关键就在于 O2O。

O2O（Online to Offline）模式，是一种将线上电子商务模式与线下实体经济相融合，通过互联网将线上商务模式延伸到线下实体经济，或者将线下资源推送给线上用户，使互联网成为线下交易前台的一种商业模式；它把线上的消费者带到现实的商店中——在线支付购买线下商品和服务，再到线下去享受服务。O2O 电商平台通过线上销售、线下服务的商业模式使旅客购物更便捷、高效、省钱，满足旅客的个性化需求，改善旅客的购物体验与服务，促进机场商业营销，这种商业模式越来越受到机场的重视。

对于旅客，O2O 电商平台解决了与用户信息不对称的问题，用户可以随时随地通过互联网及手机了解到购物中的各种信息，并可以与购物中心互动。用户通过使用购物中心提供的各种信息化工具，如网上选购、网上预约、智能停车、移动支付等先进的互联网工具，改善用户的消费体验。通过 O2O 电商平台提供的信息沟通渠道，如用户论坛、微信服务、互动等与购物中心及会员社群建立联系，形成粉丝效应。对于机场商户，O2O 电商平台为商户提供了交易、交流和线上展示平台，服务商户参与到线上互联网经营，把交易前台搬到线上，实现线上推广的统一管理。对于机场商业管理方，"一铺多店"不仅是一个招商模式的创新，更改变了机场的经营模式，从单纯的租金模式，转变为"租金+销售抽成"，从机场商业空间的出租者转变为机场的经营者，主导机场的商业运营。用户成为机场的会员，而非商户的会员，不会随商户的外迁而流失。

7.2.2 需求分析

O2O 电商平台一般由以下几个模块构成。

（1）网上商城：为用户展示商品服务、提供注册、订单、购买、支付的网上商城。

（2）手机客户端软件：提供商品购买、WiFi导航等多种服务。

（3）WiFi及客流分析系统：为用户提供上网服务、店内导航、停车场反向寻车、会员系统等。

（4）支撑应用的后台系统：支撑网上商城、手机客户端的商户管理、商品管理、交易管理、结算系统、支付网关等，它是O2O电商平台的基础。

7.2.3 系统架构

如图7-2所示，机场O2O电商平台从决策分析层、业务功能层、信息资源层三个层面分别实现线上引流、线下维系的功能，决策分析层进行旅客大数据分析、客流分析、需求预测、精准营销等；业务功能层实现后台管理、网上商城、手机APP、智能交易数据采集、客流跟踪与导航等；信息资源层对旅客信息、商户信息、会员信息、商品信息、位置服务信息等进行管理。

决策分析层	旅客大数据分析		客流分析		需求预测		精准营销	
业务功能层	后台管理	网上商城	手机APP	智能交易数据采集	客流跟踪与导航
	商品管理	商品管理	移动支付	交易数量	室内定位
	订单管理				
	会员管理	会员管理	商品展示	交易金额	室内导航
	支付方式管理				旅客轨迹
	广告管理	广告管理	手机定位导航	会员跟踪	客流分布
	结算管理				
信息资源层	旅客信息	商户信息	商品信息	会员信息	位置服务信息

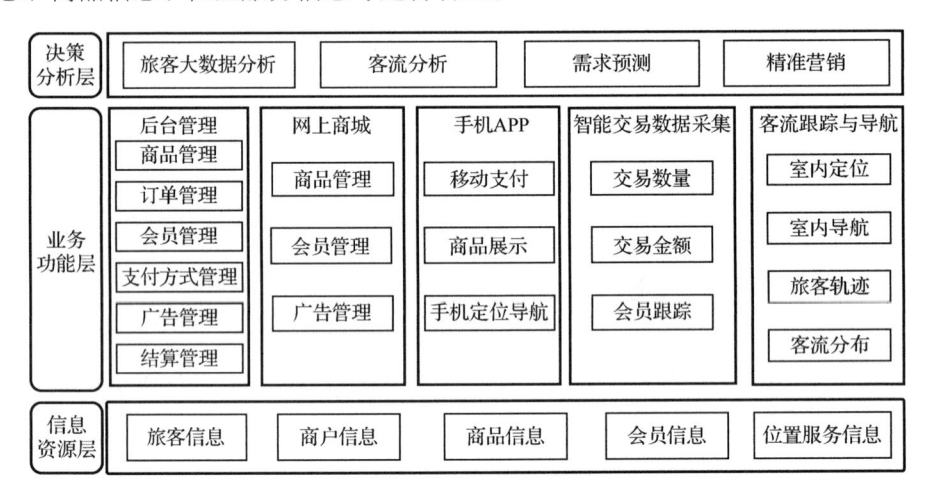

图7-2 机场O2O电商平台系统架构图

其中，业务功能层的几个核心模块介绍如下。

1. 后台管理

（1）商品管理：包括后台商品库存管理、上货、出货、编辑管理和商品分类管理、商品品牌管理等。

（2）订单管理：在线订单程序，使消费者能够顺利通过WEB在线的方式，直接生成购买订单。

（3）会员管理：会员是机场、商户的核心资产和宝贵财富，在O2O系统中，集成会员注册是吸引会员进行二次购买和提升转换率最好的方式，对会员进行管理，可提高旅客的忠诚度和客户黏性。

（4）支付方式管理：即通过网银、支付宝、微信，进行网上资金流转换的业务流程。

（5）广告管理：内置在系统中的广告模块，网站管理员能够顺利通过操作就可以在前端界面中添加各种广告图片。

（6）结算管理：根据当前促销活动和旅客或会员的种类、级别不同进行结算。

2. 手机 APP

除具备网上商城所有功能外，手机 APP 还具有以下功能。

（1）移动支付：旅客可以现场扫描商品标牌、商家账单上的二维码实现手机支付，不仅提高用户体验，而且大大降低商家的人员成本，节省刷卡交易手续费。

（2）手机定位导航：在手机 APP 界面上提供旅客定位和室内导航服务。

3. 智能交易数据采集

智能交易数据采集在不改变商户 POS 系统的前提下，通过 WiFi 连接实现交易数据采集。

4. 客流跟踪与导航

系统利用 WiFi 室内定位和导航技术，跟踪旅客运动轨迹和路线，实时显示客流分布情况，为决策分析提供相关数据。

7.3 停车场管理系统

停车场是机场非航业务收入的主要来源之一。按照民航业界的观点，陆侧交通是支持机场发展的三大支柱之一，而停车场又是陆侧交通流程的中枢所在。近年来，随着我国大型机场业务的快速发展，机场停车规划建设和运营管理已经成为机场管理当局的重大课题。作为现代化最为快速的交通体，机场停车场应该具备一套标准非常高的管理系统，以适应其车辆流量大、车位周转率高和停车场面积广等特点，并解决机场停车场交通秩序的问题。

7.3.1 业务背景

1. 停车场设置多个分区，管理难度加大

近几年，为了满足停车需求，不少机场的停车场都在扩建。以往，国内大部分机场的航站楼停车场都是地面露天形式的，但是，在停车位需求急剧增加和地面资源相对紧缺的情况下，停车楼逐渐成为一种趋势。随着停车量的增多，从停车场的服务功能方面来说，分区停车管理成为提升管理水平、节省管理成本的有效措施之一。目前国内机场的停车场大多分为短期临时停车区、长期过夜停车区、职工停车区、远程停车区、贵宾停车区、冠名停车区等。机场管理区外民营机构开设的停车场，一般称为机场外围停车场。多个停车分区加大了机场管理上的难度。

2. 软硬件设施质量要求高

由于车流量大，服务标准高，机场停车场需具备快速入场（入口感应系统）、精确引导（车辆诱导系统）、场内停放（标识引导系统）、目的地到达（行人诱导系统）、找车方便（正反向寻车系统）、快速离场（收费管理系统）等系统，相应软硬件设施也要求达到一定标准。

3. 安全管理责任大

安全事件一直是机场方的首要关注点。关于安全问题，机场停车场要比普通停车场关注力度大得多。机场停车场在安全管理上应具有完备的体系、流程、责任及分工，如针对超长时间停放的车辆，应向公安机关进行通报，检查是否为失窃车辆；有些过夜车辆会在停车场有数天时间静止不动，需防止偷窃行为；场内车速较快，需防止发生刮擦；司机为图方便不按规定停车，需防止逃费等。

4. 机场停车受航班状况影响大

由于机场停车场的服务对象多为搭机旅客，若因其他因素导致航班无法正常下降，而在排除障碍后，航管单位准予航班降落时，可能会有许多航班在同一期间降落，因此会出现停车场取车离场旅客暴增的现象，因此，如何快速引导离场车流是需要机场方高度重视的问题。

7.3.2 需求分析

7.3.2.1 建设目标

根据机场停车管理业务的背景分析，机场停车场管理系统的目标应包括以下方面。

1. 针对旅客

（1）停车便捷高效。

（2）自由车辆安全管理。

（3）车位引导，导航智慧化。

（4）停车预约缴费移动化。

2. 针对机场管理方

（1）提高车位利用率。

（2）降低管理成本。

（3）实时监控管理。

（4）智能化财务管理。

（5）提升服务质量。

（6）提升机场服务形象。

7.3.2.2 功能设计

1. 前端手机 APP 功能

（1）车牌识别：车辆入场时，利用视频识别技术识别车牌号，满足所有车辆入场快速通行，可实现车辆不停车入场。

（2）车辆跟踪：利用地磁设备、RFID 或视频跟踪等技术收集车辆和车位信息，查看车辆位置。

（3）自助泊车：结合室内定位导航技术，引导车辆至车位、实现自助泊车、自助寻车、自助取车。

（4）信息推送：实时推送机场停车场位置和空余车位信息，或停车费信息。

（5）自助缴费：手机支付停车费，自动后台代缴。

2. 后台管理功能

（1）建立统一管理平台，实时管理、监控停车场运营情况。

（2）电子显示屏信息发布与管理，诱导旅客停车。

（3）财务与统计管理。

（4）远程运维管理。

（5）商业智能分析，统计分析停车泊位的利用率、效益转化率等指标数据，为机场管理方统筹规划资源提供依据。

7.3.3 系统架构

机场停车场管理系统架构如图 7-3 所示，决策分析层进行车位利用率分析、车场效益转化分析、周边路径规划等商业智能分析；业务功能层分手机 APP 与后台管理两部分，手机 APP 的功能包括车牌识别、车辆跟踪、自助泊车、信息推送、自助缴费等，后台管理的功能包括运营情况监控、信息发布、财务结算统计、设备远程运维等；信息资源层对旅客信息、停车场信息、车位信息、车辆信息、交通信息等进行管理。

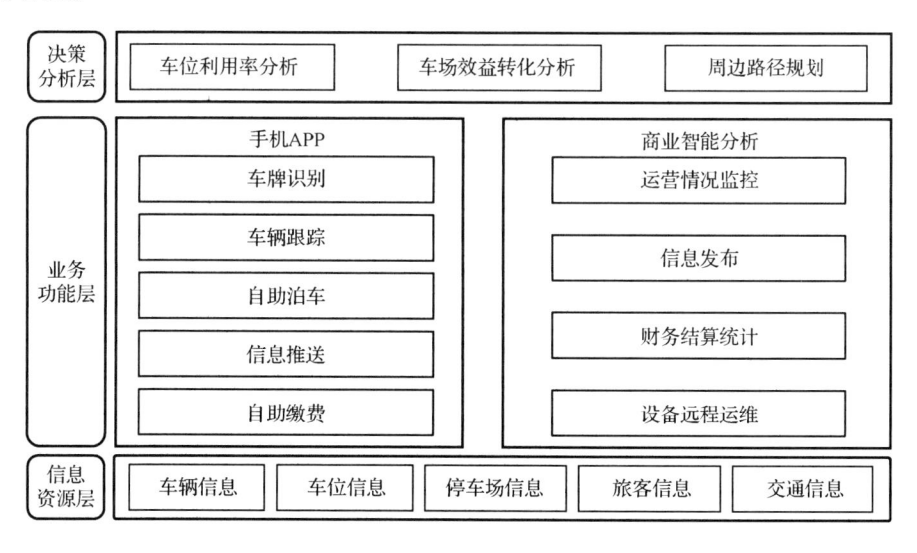

图 7-3 机场停车场管理系统架构

第8章
智慧机场企业管理业务系统

智慧机场不仅是一种新型的技术形态，而且是一种信息化智能化的新型机场管理形态。2005年我国对民航机场管理机构实施属地化管理和市场化经营政策后，大部分机场正在由经营型向管理型机场转变，在市场环境中追求效益成为机场企业的生存之基、发展之源，也是机场管理工作的目标。智慧机场的赢利体现在对外提供航班及旅客服务增加收入和对内加强管控降低成本两个方面，但在已经运行的信息系统和提供的信息服务中，重心是机场运控、服务、安全等核心业务，对于企业经营管理、企业效益管理、企业行政管理等方面的支持力度远逊于对机场运行的支持。随着机场业务范围的不断扩展，企业管理的精细化、复杂度均将显著提高，必须采用信息化、智能化的手段加强企业经营管理信息化建设，加大对企业管理的支持。主要思路是在原有办公自动化、财务管理、人力资源管理等系统的基础上建设经营分析平台，将上述系统以及资产管理、能源管理及其他业务领域相关系统的数据收集起来进行分析，并将分析结果作为实施机场战略管理的依据，不断加强机场在各个业务领域的管理，有效达成机场战略目标，实现机场可持续发展。

8.1 经营分析系统

8.1.1 业务背景

现代化机场企业的经营环境呈现出客户至上、竞争激烈、市场变化速度越来越快的特征，必须准确及时地对自身以及客户的业务情况进行了解，同时有效了解对手的情况。经过多年企业化转型与发展，各机场现有经营数据已经逐渐增加，如何对已经积累的业务以及客户数据进行深入整理和挖掘，对业务运营系统进行有效利用，同时能够对这些数据根据需要进行相应集成，对有价值的数据进行筛选，为一线市场、客服、营销以及经营决策快速、准确地提供有价值的分析数据，实现快速支撑，是机场管理者面临的一个重要课题。

随着智慧机场建设的不断推进，大数据、云计算、移动应用、可视化、人工智能等新技术和智能化的新型业务系统不断出现，企业经营分析数据来源、类型不断丰富，数据处理实时性的要求也不断提高，而原有以财务分析为中心理念建设的企业经营分析系统因对机场战略发展决策缺乏智能商业分析、项目精细化管理数据支撑不足、信息化建设存在孤岛、跨部门数据难以贯通、可视化功能不完善等缺陷，已无法适应机场大数据时代的全方位业务分析需求，需要构建高性能、低成本的基于大数据的分析系统，对数据进行有针对性地开发，挖掘出有价值的信息，形成企业知识，指导企业经营决策。

机场经营分析系统旨在将商业信息转为知识，再将知识转为企业竞争优势。它由数据仓库、数据查询和报表、数据挖掘、联机分析处理、预测等部分组成，对机场所有航班历史数据、航站楼资源分配数据、航空公司数据、城市/机场数据、航空业务相关收费数据、机场资源相关收费数据以及其他相关数据进行统计分析。同时机场管理者可按照自身分析的需要，从不同维度将有价值的机场运营数据、财务数据、机场资源数据以及其他重要数据进行充分整合和利用。

8.1.2 需求分析

经营分析系统的主要功能有关键指标（KPI）监控、统计报表、综合分析和数据挖掘等。

1. 关键指标监控

关键指标监控是对机场业务指标进行实时监控和预警的功能。KPI借助表格和图形方式直观地展现，使管理者能以宏观的角度及时了解现有旅客数量、业务收入以及同期数据，也能以微观的角度了解某类业务的具体情况。管理者根据不同时期业务发展的情况，可以通过选择或输入的方式对关键指标的门限值进行相应设置，达到对业务发展进行实时监控的目的。

2. 统计报表

统计报表功能是指在制定的统计周期之内，按市场部门的要求生成统计结果数据，进行汇总或分析处理，形成规定格式的报表图形，并向相关部门提供有关业务预测与经营分析资料。报表生成具有很高的灵活性，支持按指定时间段自动汇总、统计各级报表数据，自动生成汇总报表，支持选择各种统计元素。

3. 综合分析

综合分析是基于OLAP的多维分析技术。根据某个分析主题，选择与主题相关的维度，进行多维度分析。综合分析提供灵活多样的展现方式，常用的展现方式有固定（预定义）报表、图表、即席查询、多维动态分析等。

4. 数据挖掘

数据挖掘从大量的数据中寻找数据之间的关系模式，包括旅客价值分析、业务预测、消费层次变动分析、旅客忠诚度分析、旅客细分等。与前面的分析不同，数据挖掘分析不是一个单步骤的分析，而是一个迭代、螺旋式上升的流程。流程包括数据准备、数据建模、模型评价和解释三个阶段。当最后阶段的模型评价和解释不能达到要求时，就重新回到第二阶段的数据建模阶段，甚至有时必须回到第一阶段。比如旅客忠诚度分析，首先在数据准备阶段，获取与主题有关的所有数据，包括客户状态变动、消费变动、市场竞争强度、投诉申告等数据和信息，然后预处理消除噪声，导出与主题关系更强的变量。接着是数据建模阶段，采用决策树、神经网络学习等方法，分析旅客流失的主要特征，建立旅客的流失模型，预测发现流失概率较大的客户，继而找出提高旅客忠诚度、避免旅客流失的策略措施。第三阶段是数据评价和解释阶段，对模型评分和解释，如果达到要求，就保存模型并应用所得结果于市场行动。这类分析涉及的变量数目多，变量的关系复杂，数据分布缺少较强的规律性，因此分析的综合性、难度和深度比前三种分析大得多，对分析人员要求较高。如果没有对数据挖掘算法和业务的深入理解，分析的效果往往很难得到保证。

8.1.3 系统架构

经营分析系统架构如图 8-1 所示，从决策分析层、业务功能层、信息资源层三个层面分别实现经营管理的功能。

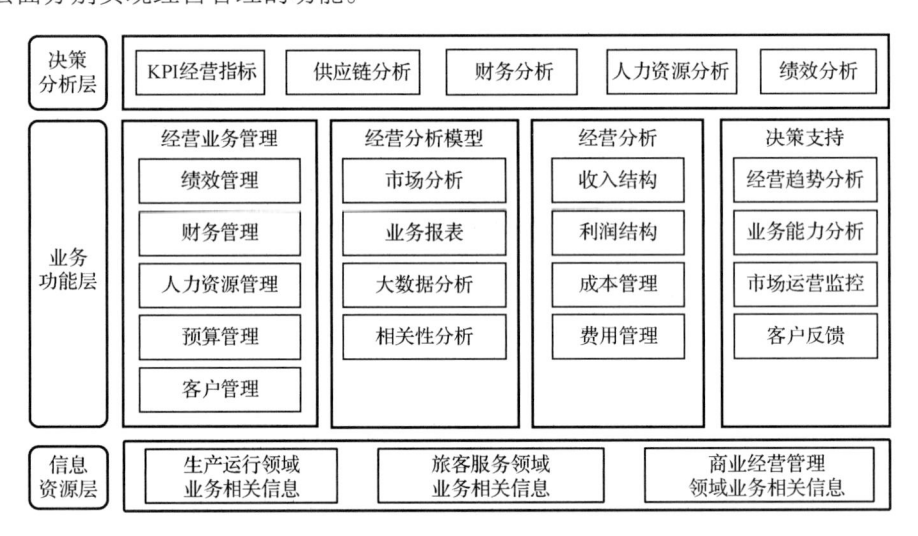

图 8-1 经营分析系统架构

1. 决策分析层

（1）制定 KPI 指标，分解到各部门单位。

（2）进行供应链、财务、人力资源等业务管理分析。

（3）经营绩效分析，反馈经营中的问题，为经营规划提供支持。

2. 业务功能层

（1）经营业务管理：经营绩效管理实现各业务的绩效考核，按精细化标准进行财务管理、人力资源管理、预算管理、客户管理等，支撑项目精细化管理。

（2）经营分析模型：建立市场分析模型，结合大数据分析对业务、管理、外部环境等进行相关性分析，并主要以业务报表形式对经营业务具体展现。

（3）经营分析：从对外提供能力的角度进行经营业务的收入结构分析、利润结构分析，分析旅客消费贡献率；从对内加强管理的角度分析经营成本与费用管理，优化成本管理模式，降低成本。

（4）决策支持：从经营趋势分析、业务能力分析等方面提供决策支持。

3. 信息资源层

资源层对运营域信息、业务域信息、管理域信息进行管理。

8.1.4 关键技术

经营分析系统采用先进的数据分析技术，即联机分析处理和数据挖掘两大类。

1. 联机分析处理（OLAP）技术

联机分析处理是一种软件技术，使分析人员能够迅速、一致、交互地从各个方面观察信息，以达到深入理解数据的目的。这些信息是从原始数据直接转换过来的，他们以用户容易理解的方式反映企业的真实情况。联机分析处理大部分策略都是将关系型的或普通的数据进行多维数据存储，以便于进行分析，从而达到联机分析处理的目的。这种多维数据存储可以被看作一个超立方体，沿着各个维度方向存储数据，它允许分析人员沿事物的轴线方便地分析数据，分析形式一般有切片和切块以及下钻、挖掘等操作，以完成决策支持和多维环境下的查询及报表，并以较直观的方式呈现给用户，以提供完整、准确的决策信息。

2. 数据挖掘（DM）技术

数据挖掘是指运用人工智能、机器学习、统计学等技术，对企业中的数据进行分析推理，找出隐含或未知的模式，提供给管理人员，提高其决策水平。数据挖掘技术典型的分析方法有分类、聚类、关联等。每类方法有很多不同特点的算法，如分类方法有决策树算法、神经网络算法，聚类算法有划分聚类算法、分层聚类算法等。在实际应用中，根据模式的作用，可以有分类模式、聚类模式、回归模式、关联模式、时间序列模式等。

数据挖掘与联机分析处理有着本质区别，OLAP更多地依靠分析人员输入的问题和假设，受分析人员业务水平因素影响很大。在进行数据分析时，分析人员对业务发展情况建立一系列假设，然后利用联机分析处理技术验证假设的正确性。而数据挖掘技术能帮助企业以更全面的视角洞察客户，依靠强大的挖掘工具自动化地挖掘数据，发现隐藏在数据背后的商业机会。

8.2 战略管理系统

8.2.1 理论基础

近几年来，国内大型机场普遍开始重视机场战略管理问题，目的是在明确机场定位的基础上，以清晰、完整、可操作的战略规划来引领机场的可持续发展。

企业战略管理，又称企业战略绩效管理（Enterprise Strategy Performance），或战略性绩效管理，是指以战略为导向的绩效管理，其核心思路是对企业的长期战略制定实施过程及其结果采取一定方法进行考核评价，并辅以相应激励机制的一种管理制度。它以企业战略为导向，强调将公司的战略转化为战略地图并分解转化为公司、部门、员工的绩效指标，通过战略绩效管理的流程制度，使企业在计划、组织、控制等所有管理活动中全方位发生联系并适时进行监控。主要内容包括三个方面：一是制定企业战略规划；二是根据企业战略规划，建立科学规范的绩效管理体系，以战略为中心牵引企业各项经营活动；三是建立战略绩效管理运作体系，依据相关绩效管理制度，对每一个绩效管理循环周期进行检讨，对经营团队或责任人进行绩效评价，并根据评价结果对其进行价值分配。

战略管理系统或战略绩效管理系统是为机场战略规划能够有效执行而设计的管理软件，用以帮助机场将战略目标、战略计划、任务指标、管理重点执行落地，并且能够动态评估 KPI 指标的执行情况，从而实现过程管理与结果管理相结合的双重效果。

8.2.2 建设目标

与传统的管理信息系统（ERP、HR、OA）不同，战略管理系统的目标是实现全员战略管理，管理的内容是战略、目标、指标、绩效和价值等核心过程和核心要素。

对于决策者，战略管理系统要达成以下目标。

（1）战略、目标、指标自上而下保持一致并全员落实。

（2）让每个人都了解战略，知道自己的目标、指标。

（3）动态监控战略执行效果，实时下达决策指令。

（4）动态掌控机场运营情况，实现过程管理与结果管理相结合的管控手段。

对于管理者，战略管理系统要达成以下目标。

（1）了解战略、目标、指标的布局，为其实现提供有效的日常管控手段。

（2）推行全员目标管理、指标管理，采用有实际意义的绩效考核手段。

（3）计算组织价值和员工价值，为未来发展提供科学的数据支持。

对于执行者，战略管理系统要达成以下目标。

（1）清晰了解组织战略。

（2）知道自己的价值和作用，完成自己的目标和指标。

8.2.3 系统架构

战略管理系统架构如图 8-2 所示。在核心业务层，系统通过战略地图构建上下一致的战略目标框架，把战略目标层层分解，将组织行为与执行过程相结合，实现可视化的、可衡量的、可管理的战略执行平台，形成从战略制定、战略分解、战略执行、战略监控、战略绩效到战略评价的战略闭环。在信息资源层，战略管理系统与公司其他的战略性与业务性系统进行业务和数据层面的集成，包括 ERP 系统、经营分析系统、全面预算管理系统、主数据系统、OA 办公系统等，这些系统形成了对战略系统的数据支撑；在决策分析层，系统通过战略监控分析、战略分析、价值链分析等，通过指标评价公司的战略执行情况并及时做出调整，确保战略绩效指标落地。

决策分析层	战略分析	价值链分析	战略指标体系调整	战略监控分析
核心业务层	**战略指标** 战略指标设置 战略地图绘制 战略指标录入 战略指标导入	**战略计划** 年度经营计划 各板块计划 运营计划 计划管理	**战略执行** 各板块计划任务管理 建设业务跟踪 运营业务跟踪 开发业务跟踪	**战略监控** 流程管理 流程绩效 预算分析	**战略绩效** 绩效分析 绩效考核
信息资源层	ERP系统	经营分析系统	全面预算管理系统	主数据系统	OA办公系统

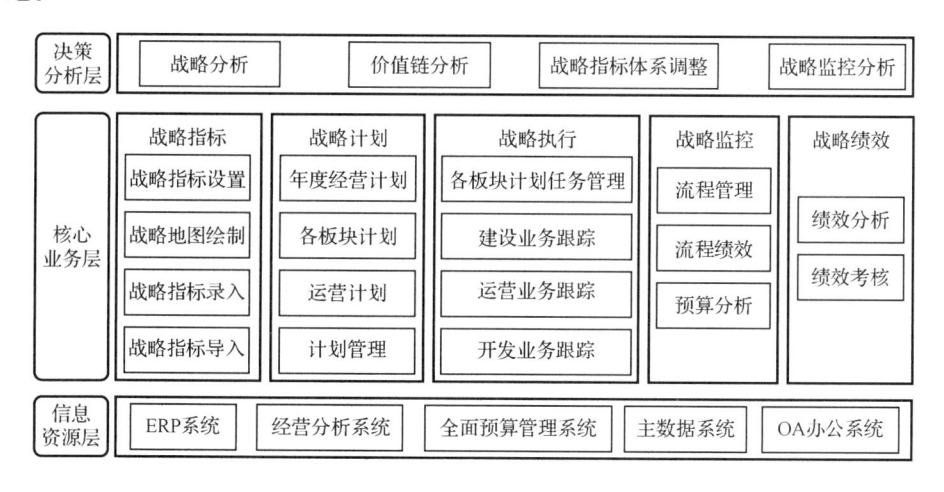

图 8-2 战略管理系统架构

8.2.4 主要功能

1. 战略指标

（1）战略指标设置：通过平衡计分卡（BSC）等战略管理工具，将基于使命、愿景和价值观而制定的战略分解成战略主题（子战略）、战略目标、行动方案（计划）和关键任务，形成战略目标体系。

（2）战略地图绘制：依次按照财务、客户、内部运营流程、学习成长 4 个维度，对战略目标进行层层分解，明确机场的战略目标后，将机场战略所包含的一连串假设转化为一系列具体的因果关系链，通过因果关系链绘制战略地图。

战略地图把一个企业平衡计分卡上不同的衡量性目标纳入一条因果关系链内，从而使企业希望达到的结果与这些结果的驱动因素联系起来。战略地图是对企业战略目标之间因果关系的可视化表示方法，它将平衡计分卡 4 个层面的目标集成在一起描述企业战略及达成战略目标路径。财务层面主要是阐明了企业经营行为所产生的可衡量性财务结果，体现公司对股东价值的增值。客户层面的重点是公司期望获得的客户和细分市场，公司如何满足内部和外部客户需求。内部运营层面的重点是为了吸引并留住目标市场客户，并满足股东的财务回报率期望，公司必须擅长核心经营流程，并符合公司的核心价值观导向。学习成长层面的重点是为了获取这些突破性的业绩与成功，组织以及员工需具备核心知识与创新精神。

（3）战略指标录入：基于战略地图目标体系，按周期设置各个维度的战略指标项，从财务、客户、流程、学习成长维度设置公司的管控板块、建设板块、运营板块、开发板块的指标。平衡计分卡的每一个目标一般只需要两个绩效指标就能准确表达其涵义，因此需将每个维度的目标控制在 3 个以内。

（4）战略指标导入：系统应支持从 EXCEL 等系统导入战略指标。

2．战略计划

以下介绍三个方面。

（1）年度经营计划：按照战略目标，制定年度经营计划，并与全面预算系统集成，包括年度收入、成本、费用等。

（2）各板块计划：支持各个部门全面参与计划的制定过程。计划可分为战略行动计划、企业计划、部门计划、项目计划、个人计划等；周期维度可分为周计划、月计划、季度计划、年计划和不定期计划等；系统提供灵活、丰富的战略计划模板，支持对历史数据的分析利用，根据一定的条件自动完成计划的编制、移动、修改及考核。

（3）计划管理：对计划版本进行管理，实现计划指标的随时修订、统一发布。

3．战略执行

以下介绍两个方面。

（1）各板块计划业务管理：对各板块战略计划任务进行管理；计划可关联多项任务，通过任务的执行情况自动或手动管理各计划项的执行情况。

（2）业务流程跟踪：制定流程体系，将战略体系中的目标、指标放在规范的流程管理节点上，通过流程解决目标、指标的执行问题。对战略执行情况进行录入或导入，包括建设板块计划完成情况，运营板块计划完成情况，开发板块计划完成情况等，可按天、周、月度、季度等维度录入或导入。

4．战略监控

（1）流程管理：支持战略事项流程的发起、审批、执行；对流程执行情况进行分析；支持可视化的流程分析和监控。

（2）流程绩效：支持流程与 OA 系统的接口，并根据流程的流转过程，对流程的 5 要素（时间、数量、质量、成本、风险）进行统计分析，与指标挂接形成流程绩效评估结果。

（3）预算分析：可从全面预算系统中提取数据，对预算执行情况进行分析。

5. 战略绩效

（1）绩效分析：绩效分析是面向公司及部门层面的。根据战略绩效指标的设定，结合战略执行情况，从各个维度评价战略绩效，包括各业务板块，给出公司层面、部门层面的绩效分值；各个层级通过系统及时了解战略绩效完成情况，可通过仪表板和统计图分析绩效排行情况；按照平衡计分卡给出绩效趋势分析。

（2）绩效考核：绩效考核主要是面向具体岗位的。这是因为，无论是公司级指标还是部门级指标，都是由公司内部具体的岗位来承担，因此，具体岗位的指标要素设计是构建战略绩效体系的重中之重，岗位指标的设计必须根据组织层级、职位序列及职位种类，同时与公司战略、部门职责、岗位职责和业务流程充分结合，同时保证考核指标是岗位主体通过努力可以达成和实现的。一般来说，指标要素所涉及的内容有：岗位绩效考核表的设计（也有的公司称为 KPI 协议书、岗位目标责任书、绩效合约等）与考核指标的内容设计。

目前，比较流行的岗位绩效考核表主要是将定量指标 KPI（关键绩效指标，Key Performance Indicator，实现基于结果的绩效考核）、定性指标 GS（工作目标设定，Goal Setting，实现基于行为的绩效考核）、能力素质指标 CI（能力素质指标，Competency Indicator，实现基于素质的绩效考核）相结合。当然，每个机场都可以根据其需要来设计岗位绩效考核表。考核指标的内容包括：指标编号、指标名称、指标定义、计算公式（或考核评分标准）、指标的目标值、指标设定目的、责任人、数据来源、考核周期、考核指标的权重分配以及指标的计分方法等。

6. 战略分析

（1）战略分析：根据统计分析的战略执行情况，提出公司、部门层面的改进优化建议，包括财务、流程层面的优化等。

（2）战略调整：按周期调整战略指标，确保年度目标的实现。

8.3 资产管理系统

8.3.1 业务背景

资产管理是现代企业管理的重要内容，对企业的发展有着重要影响。随着民航机场业的迅速发展，加强资产管理，有效控制成本，获取最大的经济效益，对提升机场企业经济效益与综合竞争力，推动企业战略发展有着重要的意义。

机场企业中的固定资产主要有以下几种：核心资产（跑道、机坪、航站楼等）、通用设备、专用设备、特种车辆等；土地、房产与经营性资产等；消防设施、辅助设施、生活设施等；办公设备、办公家具及其他固定资产等，按其价值高低和对经营影响程度，可以设计不同的管控模式，如图 8-3 所示。

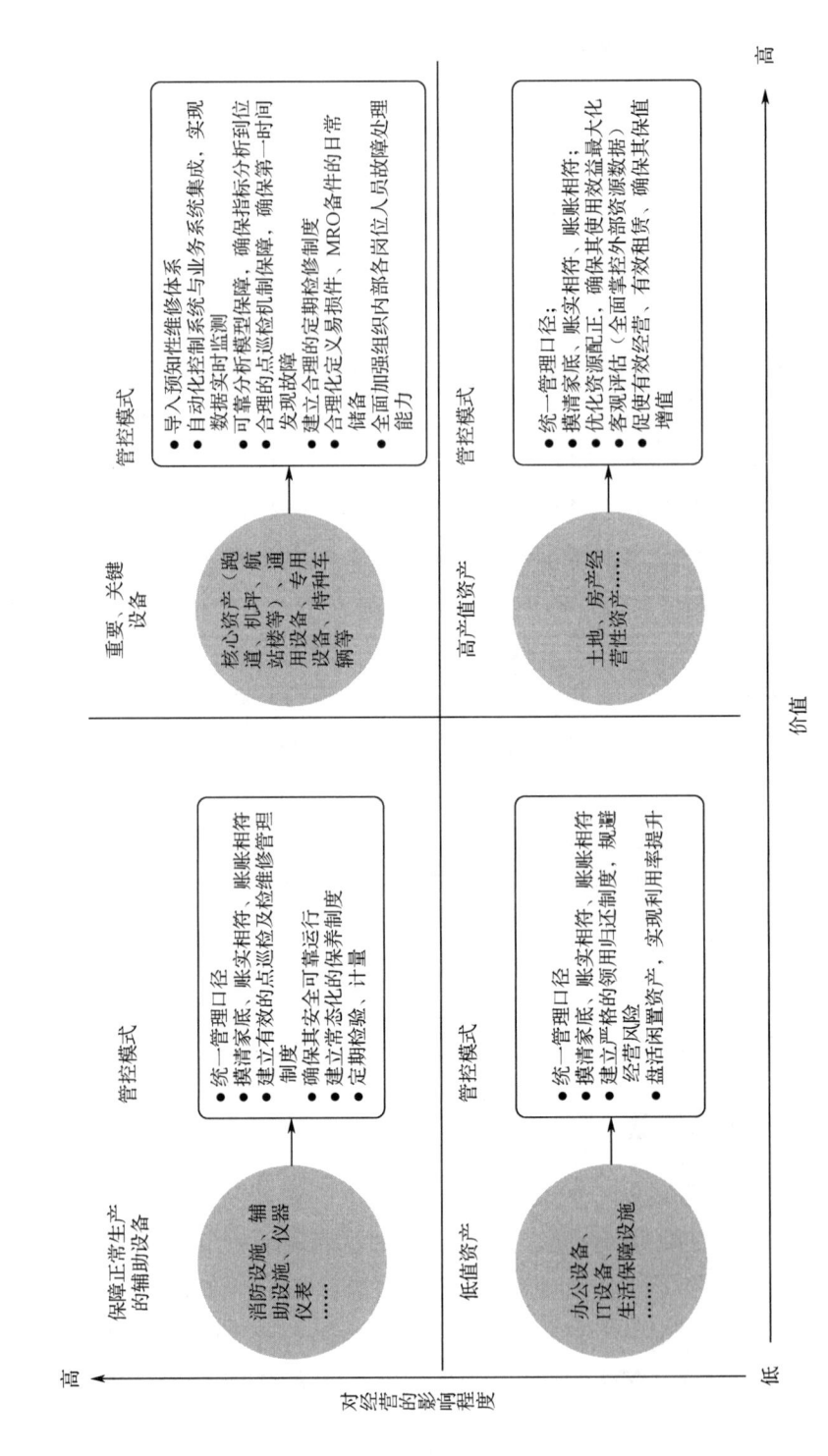

图 8-3 机场资产与管理模式分类示意图

从图 8-3 可见，机场资产管理并没有一个统一的部门负责，而是由计划、采购、财务、维修、库存等多部门分散管理，存在很多弊端，具体如下。

1. 缺乏运营一体化理念

纵观国内机场建设实践经验，由于受诸多因素影响，对机场改扩建工程存在重建设、轻运营的观念。使得机场建设与机场运营相脱节，项目工程前期建设方占主动地位，运营方后期被动接受，导致功能欠缺，反复修改设计，造成运营成本偏高，运营效率较差等问题。

2. 资产资本化能力弱

由于没有充分借助投资分析工具评估项目的可行性，未从服务企业整体发展战略的视角考虑，导致投资活动存在较大随意性，投资成本缺乏管控，相关投资管理风控机制不够完善。缺少对机场使用功能的调查研究，资产价值评估缺乏客观参考，资源、设备、房产的租赁活动无法有效监控，难以进行经营性资产布局，分散了企业资金，使盘活机场资产的目标落空，对企业的战略发展造成不利影响。

3. 资产管理不到位

缺乏设施设备实时监控的技术手段，台账实时性差。各部门之间协同能力弱，人员调度混乱，难以进行有效的资源分配和平衡。各单位独立使用自行开发的设备管理系统，数据无法共享，形成"信息孤岛"，无法实现资产的全寿命周期管理。

由于机场企业发展迅速，各类资产日益增多，传统的手工统计操作已无法满足机场企业发展需要，有必要引入信息管理技术对资产进行管理，开发完整的资产管理系统来管理从资产采购计划、资产采购、运营财务跟踪和维护的整个生命周期过程。可采用 DCS/SCADA、RFID、射频传感器、二维码等实现资产的自动化管理和全过程跟踪，在企业内部实现资产信息的实时共享，使决策部门与企业管理层能够随时掌握资产的变动情况，并做出准确的决策。

8.3.2 需求分析

资产管理系统（EAM，Enterprise Asset Management）是以企业资产管理及其维修管理为核心的应用软件系统，系统以规范化、精细化作为指导思想，以实现机场运行更高安全性、更高可靠性、更高运作效率和更高投资回报率为目标，建立设备、备件、人员信息互动的资产一体化平台，并引入物联网技术，对资产进行统一管理，通过明确资产一体化流程及资产管理模式，落实预防性维修策略、合理化资源配置、提高全员自主维护意识，实现全寿命周期技术经济综合管理，以及机场资产的智能管控与作业行为的管理智能化，使资产从粗放管理向状态可控、管理过程可控和整体成本可控的综合管控转变，让每一个资源都能得到最合理的应用，达成资产利用率最大化。

资产管理系统主要包括投资计划管理、资产台账管理、运维管理、物资管理、库存管理、采购管理等基本功能模块，能源管理、土地管理、租赁管理等可选模块，以及工作流管理、KPI 统计等支撑模块。

8.3.3 系统架构

资产管理系统从决策分析层、核心业务层、信息资源层三个层面分别实现资产一体化功能，决策分析层进行资产全生命周期管理、资产利用率分析、资产组合分析、资产调配分析与管理；核心业务层实现资产一体化流程管理、资产信息管理、资产运维管理以及资产管理模式设定等；信息资源层对资产状态信息、资产运行信息等进行管理，如图 8-4 所示。

决策分析层	资产全生命周期管理	资产利用率分析	资产组合分析	资产配置分析与管理
核心业务层	资产一体化流程管理 投资计划 资产设计 资产采购 资产验收 资产运营 资产运维 资产报废处置	资产管理模式 资产集中管理 统一会计科目 统一会计区间 资产信息共享 统一权限管理	资产信息管理 资产档案 资产合同管理 资产摊销管理	资产运维管理 资产配置管理 维保流程管理 维保工单管理
信息资源层	资产状态信息 战略管理系统	资产运行信息 资源管理系统	管理权限数据 ERP及经营管理系统	无形资产 物联网平台

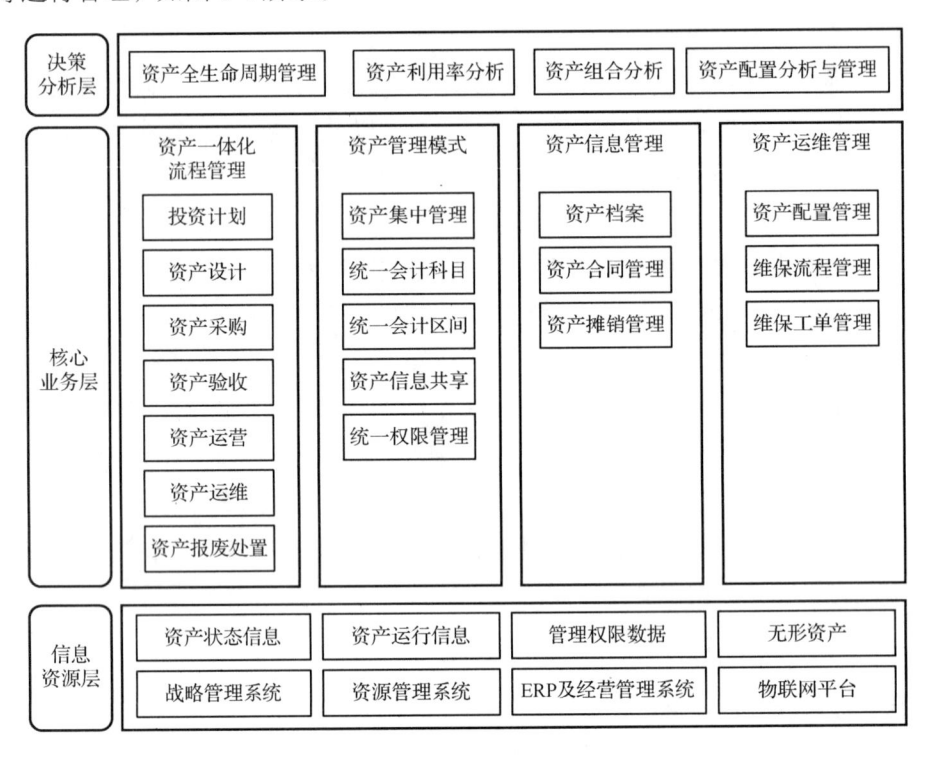

图 8-4　机场资产管理系统架构

1．决策分析层

（1）针对资产的全生命周期分析和资产的规划、调研、采购、报废、处理等各阶段重点分析。

（2）资产利用率是指资产实际利用时间与计划利用时间之间的比率，或总收入与总资产的比值。对资产利用率进行统计分析的目的是分析衡量资产的价值。资产利用率过低表明资产没有得到充分有效利用，导致资源浪费和资产经营效益降低；而资产利用率过高，超过了计划利用时间，就会导致资产超负荷运作，导致其磨损加速、使用寿命缩短，因此要通过加强资产管理，统筹资产调配，合理运用资产，努力提高机场经济效益。

（3）资产组合配置分析。资产配置组合是指资产总额中各类资产各自占有的比例。不同行业，由于资本结构、经营范围、技术条件、在国民经济中的地位等方面的不同，因此在资产配置组合上也有较大的差异。一般来说，机场属于航空业，固定资产比重大、流动资产比重小。机场资产组合配置分析通过统计分析各大类资产收益情况，进行资产配置组合的最优化选择，实现投资收益最大化。

2. 核心业务层

（1）资产一体化流程管理

完成包括投资计划、设计资产管理流程、制定资产采购计划、验收资产、监控监测资产运营状态、维护资产运营秩序以及资产报废处置各阶段的资产一体化管理流程，实现资产全生命周期管理，实现对资产状态全面跟踪。

（2）资产管理模式

通过部门间充分协同和业务数据无缝衔接，达成资产集中管理；通过统一会计科目、统一会计区间，使资产实物数据与资产价值数据的配置情况、归属情况、变动情况相对应并保持一致，达成业务财务一体化；实现资产信息共享，对资产进行统一权限管理。

（3）资产信息管理

包含资产档案管理、资产合同管理、资产折旧、资产摊销管理、资产信息发布等。

（4）资产运维管理

以维保工单管理为纽带，统一格式和处置流程，对资产维护维修过程进行管理，包括维修计划制定、资产日常巡检、维保档案管理、备件备品管理等。

3. 信息资源层

包括 ERP、物联网平台、资源监控等系统产生的资产状态、资产运行、管理权限等数据。

8.4 能源管理系统

随着社会经济的高速发展，能源消耗问题日益严峻。机场是能源消耗大户，绿色机场是"四型机场"建设的重要内容，能源管控系统则是建设绿色机场的关键。2020 年 2 月，《民用机场智慧能源管理系统建设指南》（以下简称《指南》）正式施行，为智慧能源管控系统的建设提供了有力的技术和实践指导。

在以往的机场能源管理过程中，往往存在能源监控子系统分散，系统之间无关联，各个系统产生的监控信息存在信息孤岛的问题，造成统一管理困难，难以形成规模、整体效益的优势。结合政策背景及《指南》标准支撑，构建智慧能源管理系统，覆盖能源生产—转换—存储—配送—消费领域，实现"电、冷、热、水、气"等能源一体化管控，能达到有效调整和平衡机场能源供需结构、推动节能减排、提高能源利用效率，提升管理运营水平的目标。

8.4.1 需求分析

1. 建设目标

能源管理系统对机场各供能/用能系统进行智能化数据采集、统计分析和一体化全景展示，通过区域自治与集中管控的能源调度、源网荷储协调控制、能源智慧运营等功能的建设，实现对航站区、飞行区、工作区、货运区全区域的供能/用能相关子系统的统筹运行和高度融合，辅助决策人员、管理人员做好机场能源管理工作，了解能源导向，清楚能源成本，提升机场能源综合效率。

2. 管控范围

能源管理系统管理范围涉及机场整个区域，涵盖范围包括：航站区、飞行区、货运区、工作区等区域。管控能源介质包括电、冷、热、水（中水、雨水、污水、自来水）、燃气。能源管理系统接入的各区域子系统见表8-1。

表 8-1 能源管理系统管理范围

子系统	航站区	能源中心	货运区	工作区	110KVA变电站	市政监控中心
建筑设备监控系统	✓	✓	✓	✓		
能源计量系统	✓	✓	✓	✓		
智能灯光控制系统	✓	✓	✓	✓		
充电桩系统	✓	✓	✓	✓		
登机桥监控系统	✓					
低压配电智能监控系统	✓	✓	✓	✓		
航站区微环境监控系统	✓					
综合管廊环境与设备监控系统						✓
冷热源群控系统		✓				
污水处理管控系统				✓		
燃气远程计量及调压监控系统				✓		
场站电力监控系统					✓	
电力调度系统					✓	

8.4.2 系统架构

能源管理系统架构如图8-5所示。

感知层：通过传感器、智能仪表、采集终端等数据采集手段，实现对供电、供水、供热、供冷、供气、综合管廊、气象、航班等信息和数据的统一接入，为智慧管控系统提供基础数据支撑。

网络层：该层由基于现有各个区域数据采集网络、主站监控网络组成。满足智慧能源存量和增量业务信息量的需求；基于时钟同步网和通信网，保证智慧能源管控系统网络安全可靠、方便运维。

数据层：将采集到的各供能及用能子系统数据进行处理，实现数据归类、归集和关联性分析；并按照业务要求利用数据挖掘、机器学习、聚类分析等技术对数据进一步分析和利用。

应用层：建设基础支撑平台，实现智慧能源的能源监控与分析、能源优化调控、能源运营管理三部分内容，从三个层次提升整个智慧能源的运行效率。

展示层：该层由监控大屏、PC 机、手机等接入设备和综合应用门户、移动应用门户组成。其中综合应用门户、移动应用门户是信息汇聚的窗口与各应用系统的入口。具体展示内容包括运行监控、能源运行与调度、能源利用指标数据、设备状态监视、地理信息；展示方式包括客户端浏览（C/S）、网页浏览（B/S）、移动 APP 浏览等。

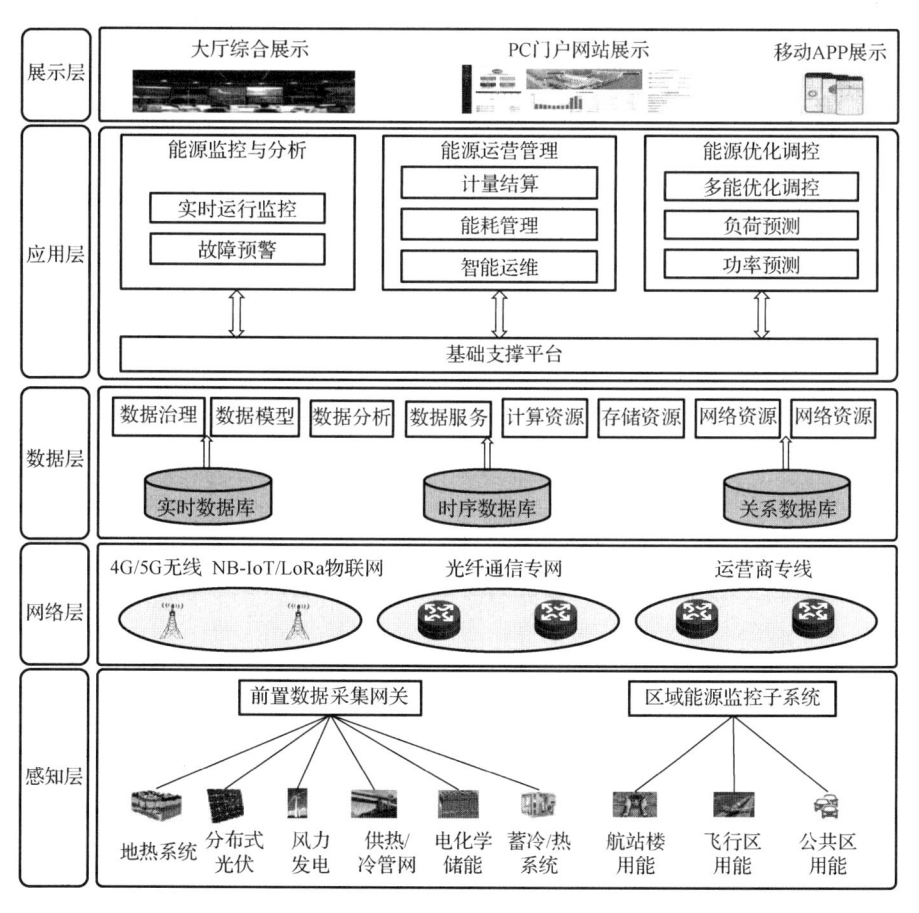

图 8-5 能源管理系统架构

8.4.3 主要功能

机场智慧能源管理系统功能如图 8-6 所示，由大功能类以及若干个功能子类组成，下面介绍相关主要功能。

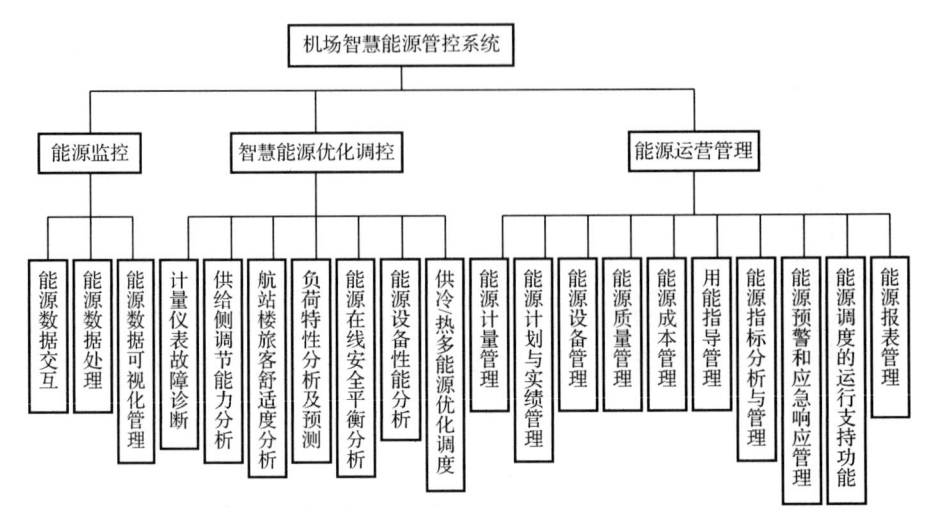

图 8-6 机场智慧能源管理系统功能

1. 能源监控

（1）能源数据交互

系统能够进行实时数据交互，数据采集功能支持信息分组采集、有线或无线网络方式的信息采集功能，实现对子系统数据采集以及对采集主备通道的软切换。系统同时具备向智慧机场业务平台、机场办公网、机场信息发布系统等发布数据的接口。同时系统应能够采集和处理下列几类数据：模拟量、电度量、状态量（含双位置）、时间顺序记录、定值参数和动作信号等。为保证信息传送的可靠性，应采用错误校验码。

（2）能源数据处理

系统对各能源监控子系统的模拟量、状态量进行实时数据处理，经过数据处理的数据成为调控系统中各项应用功能的基础及源泉。除对数据处理以外，还对所有数据打上质量标签，以标明其可信度。

（3）能源数据可视化管理

能源数据可视化为各类角色提供相应的全景、综合的人机展示。系统提供能源供应、转换、传输和消费各个环节各种能源介质的实时信息流及其方向，提供丰富的"源"端监视、"网"端监视、"荷"端监视和能源综合平衡监视。全景展示通过多专业、多手段、多场景的方式实现，采集指标数据、运行数据、地理信息数据及航班气象数据等，实现机场能源管控系统的一体化监视和运维。

2. 智慧能源优化调控

智慧能源优化调控在设计过程中，结合机场能源生产、配送及消费的具体情况，建立能源的优化调度模型，将日前计划和实时调度相融合，实现用户用能需求与供能单元的无缝衔接，有效解决能源"产—用"协调优化问题，以指导机场整体能源系统的优化。

（1）负荷特性分析及预测

对航站楼、综合交通中心等典型用户的负荷特性进行分析，接入航班信息、气象信息，综合分析，采用回归、神经网络等算法，建立与负荷特性相适应的冷热电预测模型和方法，实现电负荷、热负荷、冷负荷的长期（未来 24 小时）、短期（未来数小时）的多时间尺度的负荷预测，为调度优化提供依据。

（2）能源设备性能分析

对供冷系统（如制冷机组）、供热系统（如锅炉）、输配系统（如水泵）、末端空调机组、新风机组设备性能进行在线监测，实时分析制冷机组 COP、锅炉效率、冷量输配系数、末端空调机组能效、新风机组能效等指标，以便及时发现设备性能及系统能效的变化。

从机场制冷机组、水蓄冷、燃气锅炉、泵与风机等主要能源设备安全运转率、运维情况、关键设备无故障时间等角度分析机场的能源安全情况，从而达到实时监控整个机场运行安全情况的目标。

（3）供冷/供热多能源优化调度

根据负荷预测结果、能源系统状态等，以及内置的能源优化调度策略（包括经济效益最优、综合能效最优、绿色环保最优、综合最优四种策略），自动计算、生成制冷机组、水蓄冷、燃气锅炉供热等多种能源系统的生产调度计划并下发给相应系统执行，实现多能源系统智能协同生产及优化调控。同时调度计划生成以后，平台操作人员可对调度计划进行校核，根据实际情况对未超过时效的调度计划进行手动微调。

3. 能源运营管理

能量运营管理模块支撑机场能源管理综合评价体系，从能源管理的整个业务体系出发，结合各单位能源耗用的成本情况、能源指标计划的执行情况、能耗指标的完成情况、能耗设备的管理情况，对各单位的能源管理成绩和效果进行系统性的总体评价，推动机场整体能源管理水平的提升，最终实现节能减排的总体目标。

（1）能源计量管理

整合机场各区域能源计量系统数据及分散采集的计量数据，形成统一管理、集中计量的方式，对"电、热、冷、水、气"进行统一管理。针对同一个部分区域，使用统一的户号代码管理，使用一套系统解决所有计量相关工作，实现管理的高效、智能、可靠，提高生产效率。

系统提供对机场各部门区域能源的综合查询功能，能够采用曲线、图表等多种方式直观展示各单位、用户的能源使用数据。

根据量具的不同种类、所属部门等分类建立量具的电子台账，方便对量具的统一集中管理。

（2）能源设备管理

实现对能源设备管理的信息支持，建立关键能源设备信息库（包括设备档案、设备故障处理方案信息档案、点检定修信息档案、设备异常应急预案等），实现设备事故台账维护管理，同时建立设备运行参数统计台账及能源设备备品备件台账。

对能源系统的能源生产关键设备、重点用能设备的分类梳理，通过数据采集、统计、分析等手段，形成对设备的运行状态、故障情况、用能情况的直观统计，服务于设备的正常运行，通过工艺改进，降低重点用能设备能耗，减少能源成本。

（3）能源质量管理

实现外购能源的质量管理和自产能源的质量管理，建立能源质量标准的维护功能，实现对质量数据和指标进行跟踪分析。

能源质量模块将通过收集燃气、水质、冷热等各类能介质量信息，建立能源介质质量历史档案，分析掌握机场能源介质质量实际情况，为分析质量偏差提供数据基础。通过对各类指标进行跟踪监控和趋势分析，避免质量事故。

能源质量数据可以通过数据采集并存档的方式进入能源管理系统，对于暂时没有条件进行实时质量监测的测量点，也可以离线人工检验并人工录入。

对能源质量数据进行分析，用曲线和报表方式进行展现，以进行数据的对比、分析。对于实时采集的能源质量数据，按照设定的限值进行告警。建立完整的能源质量台账。能够以检测地点、能源介质、时间为入口进行能源质量数据查询。

第 9 章
智慧机场无人化保障装备

机场装备主要由场道、机坪、航站楼、应急救援的特种车辆和专用设备（以下简称装设备）组成，以各类特种车辆为主，品种众多、数量巨大、体系复杂，是机场保障的重要物质基础。我国机场装备制造业起步较晚，在 20 世纪 90 年代行业发展初期，企业自主研发能力弱、产品单一、规模较小，多数国内企业只能生产食品车、客梯车、清污水车等低附加值产品，大量技术含量高、附加值高的地面装备，如飞机牵引车、飞机气源车、集装箱升降平台系统、飞机除冰车、飞机空调车、机场摆渡车、多功能除雪车及飞机维修作业平台等主要依赖进口。进入 21 世纪以后，中国民航业一直保持两位数的增速发展，机场高端设备制造业迅速崛起，部分企业及产品已经能与国外先进企业展开正面竞争。随着技术的进步，我国机场设备的数字化、自动化水平也在不断提高，未来将建设无人化的机场装备体系，为智慧机场建设实施提供基础。

智慧机场无人化保障装备体系的核心是实现特种车辆无人化。本质上，无人化的特种车辆就是能够执行特殊功能的移动机器人，由于任何一种特种车辆都是由底盘和执行机构组成的，因此，实现特种车辆的无人化有三个途径，一是研制新型服务保障机器人，二是利用 AGV 小车加装执行机构，三是对现有特种车辆进行升级改造，使之能够自动驾驶和无人作业。

9.1 新型服务保障机器人

新型服务保障机器人是指面向机场服务保障特殊场景，聚焦某一特定功能开发的新型机器人。本节主要介绍外场使用的割草机器人和航站楼内使用的行李搬运机器人、服务机器人等，随着需求深入和技术进步，还会有更多种类的新型机器人随着新场景不断出现。

9.1.1 割草机器人

机场的飞行区割草工作是一项重要的地面保障工作，但存在劳动力投入巨大、工作简单重复、设备技术含量低、安全风险较高的特点。

近年来，国内外机器人技术研发取得了许多重大突破，特别是机器人学习能力、无人驾驶方面，一些小型的庭院型割草机器人已经走向市场，得到了市场的检验。而机场用割草机器人尚处于研发起步阶段，并没有实质性的应用先例。

1. 飞行区割草的意义

《民用机场运行安全管理规定》（CCAR-140）中对飞行区草高控制做了明确要求——第五十条　飞行区土面区尽可能植草，固定土面。飞行区内草高一般不应超过30厘米，并且不得遮挡助航灯光和标记牌。

飞行区割草的意义主要有：一是起到驱鸟的作用，过高的草地为鸟类提供了栖息地，同时草的生长是虫类繁殖的良好环境，为鸟类提供了食物源；二是阻碍了机场目视助航设施以及导航设备的正常运行，易出现遮挡标记牌、助航灯光的情况，同时草的不均匀生长一定程度改变了地形地貌，易对航向台、下滑台等对场地要求较高的导航设施产生干扰；三是提升机场的整体美观度，不管是进港还是出港的飞机，机组、旅客都能通过舷窗看到飞行区的植草，平整的绿色草地能给对方良好的视觉感受，从而对机场的管理品质做出直观的肯定。

综上所述，飞行区割草是一项不仅关系机场鸟害防治、助航设施运行保障，还担负着提高机场旅客满意度，具有品牌效益的重要工作。一般来说，看一个机场的管理水平，旅客不用下飞机，从飞机接地滑跑，观察飞行区的草高控制水平就能得到直观的判断。

2. 机场现有割草作业模式的弊端

机场的飞行区割草通常外包给劳务公司，主要采用人工+机械割草的方式实施，机具机械主要有拖拉机、割草机、打草机、毛刀等，目前存在如下弊端。

（1）效率低，劳动强度大

现有作业模式依靠人工+机械形成编队化作业，由于飞行区面积较大，作业面较为分散，尤其在夏季草生长旺盛的阶段，往往一次全面割草还未完成，先前作业区域的草已经超过控制高度，需要用透支人力的方式24小时轮番作业。

（2）风险高，管理难度大

割草作业人员主要为文化程度较低的劳务队伍，且由于工作繁重，人员流动性大，因此加大了机场方的监督管理难度，主要表现在：一是作业区往往在升降带、终端安全区、导航信号敏感区等重点位置，要防止作业机械、人员误入或有意闯入跑道、滑行道等运行区域；二是防止作业设备破坏飞行区各类设施；三是要对割草质量进行管控，割草设备往往技术含量不高，设计简单，极大依靠作业人员的操作，易出现漏割、高低不平等现象。

（3）能耗大，环保程度低

割草设备运行时产生较大噪音，一方面影响旅客、机组的体验，另一方面也影响作业人员的身体健康。大量设备依靠汽柴油，油料消耗巨大，同时大量燃烧不充分产生废气，无法满足当今社会提倡的节能减排的目标。

3. 机场割草机器人的应用需求

鉴于目前各大机场飞行区割草工作尚处于较为原始的依靠人力、传统机械的现状，为将这一行业从劳动密集型向知识密集型转变，一定程度上解决存在的弊端，以适应机场以及社会发展需要，机场飞行区割草以"机器换人"为主要思路来进行产业优化调整势在必行。

主要的应用需求包括以下方面。

（1）能自主作业，自动规划作业路径，具有主动学习能力，能对指定区域进行全覆盖割草，有效减少人工割草作业压力。

（2）有固定作业场地，一台设备的作业场地大约控制在200亩左右，场地尽量分割成矩形或其他简单的规则几何区域，方便编写机器人行驶算法，场地周边用电子围栏和物理围栏进行隔离，物理围栏采用低矮的易折物体，场地要求尽量平整。

（3）安全性强，不会突破作业指定区域，能自动避让区域内的设施和设备，具有紧急自动关闭功能。

（4）具有流线型的外形，整体高度尽量低矮，无垂直外边，有一定的承压能力，如上部搭载辅助设备，具有易折性，确保如发生航空器冲出跑道发生碰撞，不会因此损伤航空器。

（5）封闭式结构，全身涂装防腐材料，表面不反光，具有保温阻热能力，能全天候作业。

（6）有移动驱动和割草机驱动两套动力输出系统，有定向自动纠偏能力，割草刀片能够上下调节，保证割草作业均匀、美观。

（7）节能环保，低噪音，零排放。采用电机驱动，内置电池，一次作业时间不少于3小时，低电量时能自动回归固定位置进行充电，充电设备采用低压交流电，无人值守。

（8）有远程传输信号能力，能通过4G或者WiFi发送位置、路径、电量、运行状态等数据，供远程后台监控人员实时掌握设备运行情况，同时后台人员能发送紧急停止、回归等待点（充电位置）等指令，设备应立即做出相应反馈。

（9）具有短程遥控操作功能，现场管理者能通过遥控设备对局部区域进行二次作业。

（10）上部可搭载超声波、假人等驱鸟设备，采用易折件连接，能在割草作业同时进行驱鸟工作，无割草作业时也能自动定时移动驱鸟，减少驱鸟人员的作业压力。

4. 机场割草机器人的市场情况

（1）割草机器人的发展历程

割草机器人研发至今已有很长的历史，最早的割草机器人大约诞生在20世纪60年代，当时的产品不具智能性，仅能依靠人工遥控进行作业，属于早期割草机器人。

20世纪90年代，随着以单片机为代表的微型处理器、传感器的不断出现，新型的智能割草机器人相继问世。新型机器人能够自动割草，依据设定的轨迹进行工作，挡在路径上遇到障碍物时能立即停止，等待障碍物离开或以某种策略绕开障碍物后再进行作业，但不具备动态分析外部环境的能力，不能保证完全覆盖除障碍物以外的其他所有区域，属于中低智能的割草机器人。

近几年来，随着人工智能领域的技术革新，特别是在环境边界感知技术、定位与导航技术、多级积累误差修正技术、三维地形全覆盖规划等方面取得了突破，使割草机器人能直接建立工作区间的地图，具备了路径自主规划和决策的能力，无须任何外部因素干预即可实现割草区域的全覆盖，属于高智能的割草机器人。

（2）现有割草机器人产品介绍

现已上市的智能割草机器人主要以国外产品为主，主要用于庭院、公园绿地等小型区域，有 Frinediy Machines 公司设计的 Rboomower，采用三轮小车机构，两个后轮独立驱动，前轮为万向轮，能以一定策略反复运行于事先设定好的范围，遇到障碍物后进行简单绕行，但缺乏全局地图概念，属于中低智能割草机器人。类似的产品还有意大利 uzeehetti 公司的 a811brigio、比利时 Berlbooties 公司的 BigMow 等。国外科研机构对割草机器人展开的研究主要偏向割草机器人的智能控制技术，比如路径规划、避障、自动充电防盗等。

国内对割草机器人的研究起步较晚，参与该领域的研究单位也比较少，但仍取得了一定成果。南京理工大学机械学院设计了 MORO 型割草机器人，主要导航设备为驱动轮编码器和磁航向传感器，能自动生成无信标边界，实现全区域覆盖行走。近期中航工业洪都集团自主研发的割草机器人已初步投入市场，主要用于大型绿地的智能无人割草，采用自主决策与远程控制相结合的方法，自主获取场地地图，自主规划工作路径，并利用 GPS 导航系统和轨迹跟踪技术实现无人、智能割草作业，如图 9-1 所示。

图 9-1　割草机器人

5. 系统结构

机场割草机器人的结构框架图如图 9-2 所示，主要由多传感器系统、信号接收模块、单片机控制系统、电机驱动系统、附属设施控制系统、信号输出模块等组成。

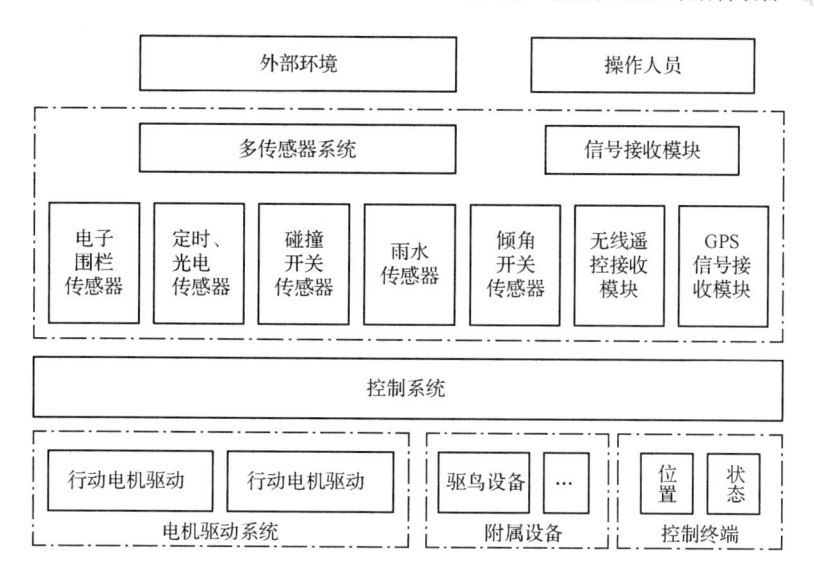

图 9-2 机场割草机器人结构框架

6. 管理问题

传统的飞行区割草采用集中化作业模式，集中人工和机械完成一个作业面，再转向下一个作业面，虽然效率低，但在管理上，只需要管好一个作业区域。但是自动化作业同时有数个施工作业面同时进行作业，将对现有的施工通报、施工监管等管理能力提出了挑战。为解决上述问题，一是建立后台统一监控，每台设备必须与控制平台有实时不间断的信号连接，一旦失去连接，设备立即停机回到归位点；二是信息通报及时，各作业区有明晰的边界划分，后台显示作业位置，及时将作业信息通过信息化系统传递给运行控制室、地面控制室、空管塔台等部门，使对方也能实时掌握作业情况；三是把设备固定在作业区域内，不发生突破作业区的情况；四是建立应急机制，万一发生突破作业区或者机器人失控等情况，在最短时间进行人工干预。

9.1.2 行李搬运机器人

机场行李搬运机器人与行李转盘配套使用，一般每个分拣传送带旁配备一台搬运机器人，与机场现有行李数据对接，能够实现所属行李传送带完全自动化、智能化作业。机器人可根据工作实际需要进行增加或减少，例如可在两个一组的传送带之间配置滑轨，当一台机器人空闲时，可自动就近配置到需要工作的工位，如图 9-3 所示。

1. 系统组成

如图 9-4 所示，单个搬运机器人的主要组成部分如下。

（1）由六轴机械手与传送拖盘组成的机械搬运机构。

（2）工业传送带机构，用于传送行李箱、包等物件。

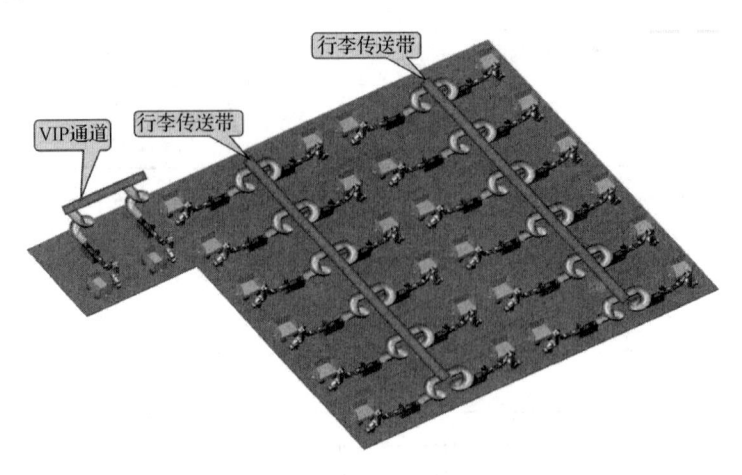

图 9-3　行李搬运机器人使用场景

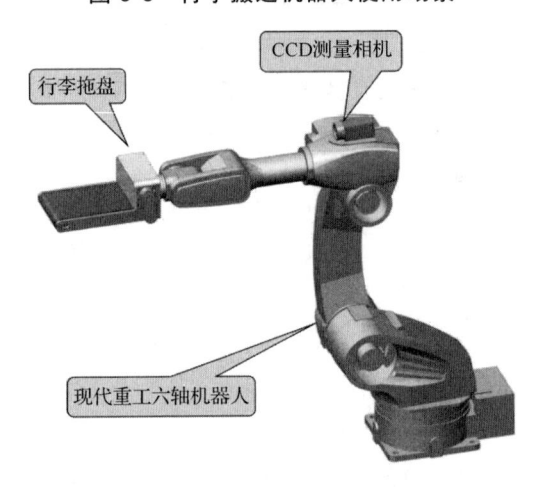

图 9-4　搬运机器人示意图

（3）360 度工业测量相机，对行李箱与行李包的长、宽、高坐标位置进行测量。

（4）装载深度学习系统，能对行李搬运能力进行学习与提升。

（5）具有自动识别、根据航班号分装、自动码摆等智能化功能。

2. 工作流程

如图 9-5 所示，单个搬运机器人的主要工作流程如下。

（1）行李箱通过传送带传送到 CCD 相机工作位置后，进行长、宽、高与坐标位置测量。

（2）测量完成后把测量参数发送给机器人，机器人根据行李箱的长、宽、高和位置自动调整机械手取料方式，固定在机械手上的行李箱拖盘与传送带对接，把行李箱传送到机械手行李箱拖盘上。

（3）机械手根据预读的航班号与行李重量信息，按照航班号区分行李，并可按照配载要求，对前后仓行李进行区分。

（4）机械手根据行李车的空位放置行李箱，每放一个行李箱机器都自动计算行李箱所占用的空间。放完一个行李箱后，机械手上的相机拍测行李车的空位、距离，根据下一个行李箱的尺寸自动选择足够放置的空间，依次进行码垛。

（5）机器人自动检测行李车是否装满，如果装满，机器自动停止，报警，更换空的行李车后重新开始运行。

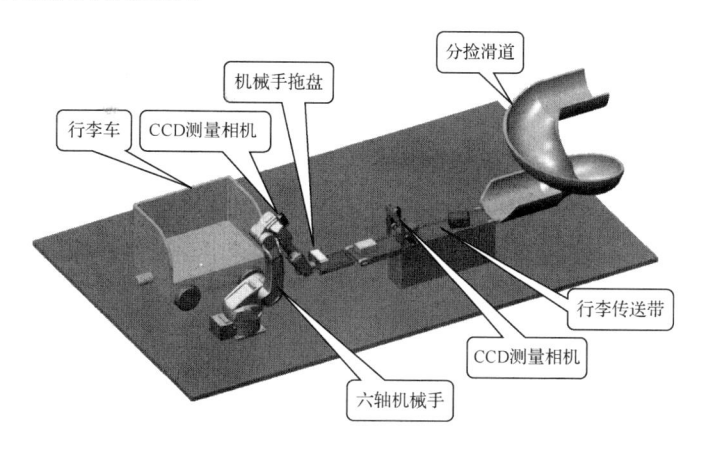

图 9-5　行李搬运工作示意图

9.1.3　服务机器人

智能服务机器人集成了先进的语音交互系统、雷达导航系统以及 AI 处理器，在 5G 以及 AI 时代，机器人会涉足各行各业，作为每个城市核心窗口之一的机场，将成为智能服务的一个高端展示地。机器人将是智慧机场一个核心的 AI 元素，能提升机场智能化程度。一种智能服务机器人如图 9-6 所示，主要具备迎宾接待、航班查询、语音互动等功能，未来智能机器人与机场业务进一步做深度定制开发，利用机器人云端服务、智能语音交互系统以先进的激光雷达导航系统，在机场航站楼为旅客提供航班查询、值机办理等业务服务，向旅客提供行李托运信息、安全检查信息、机场服务信息、机场交通信息查询服务；依据不同场景可提供问询服务、安检提示服务、登机口引导服务以及休闲娱乐服务，等等。

图 9-6　智能服务机器人

9.2 加改装 AGV 式机器人

目前，移动机器人的类型大致有三种：履带式、轮式和腿式，如图 9-7 所示。由于轮式机器人具有移动速度快、能源效率高、机构简单、控制方便、能借鉴成熟的汽车技术等优点，发展迅猛，在很多场景得到了广泛应用。AGV 小车又称全向移动机器人，是采用了全向轮的移动机器人，它不需要其他额外的转向器，只需要调节各个轮子的转速就能实现机器人移动及转向。AGV 小车近年来在物流领域得到广泛应用，由于 AGV 拥有 3 个运动自由度且基本上在平面运动，比传统的机器人结构简单，控制便捷，且车身低矮，便于作为通用底盘加改装功能执行机构，因此相对其他类型的轮式机器人，AGV 在机场应用方面更具优势。

（a）履带式　　　　（b）轮式　　　　（c）腿式

图 9-7　移动机器人的类型

9.2.1 AGV 概述

9.2.1.1 AGV 定义

AGV（Automatic Guided Vehicle）即自动导引小车，它是一种以电池为动力，装有非接触导向装置和独立寻址系统的无人驾驶自动化搬运车辆。它的主要特征表现为具有小车编程、停车选择、安全保护以及各种移载功能，并能在计算机的监控下，按指令自主驾驶，自动沿着规定的导引路径行驶，到达指定地点，完成一系列作业任务。其系统技术和产品已经成为柔性生产线、柔性装配线、仓储物流自动化系统的重要技术和设备。

9.2.1.2 AGV 单机

1. AGV 基本结构及典型部件

AGV 单机一般由动力系统、控制系统、安全系统、牵引系统、移载系统等组成，通过响应上位控制系统指令，在工作区域内行走、停止、移载搬运货架或其他负载。AGV 的基本结构如图 9-8 所示。

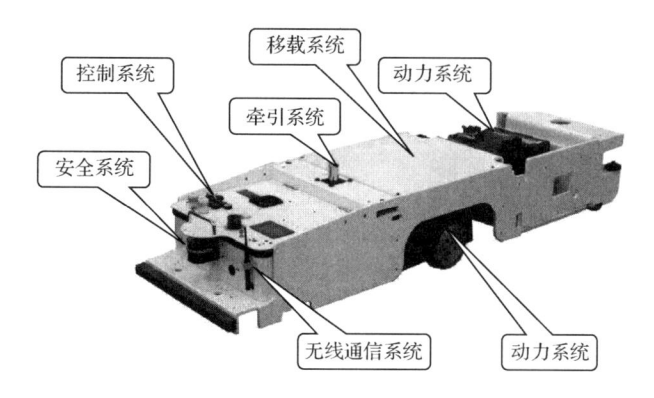

图 9-8 AGV 的基本结构

AGV 的典型部件主要如下。

- 车体：由车架和相应的机械装置所组成，是 AGV 的基础部分，是其他总成部件的安装基础。
- 蓄电和充电装置：AGV 常采用 24V 和 48V 直流蓄电池为动力。蓄电池供电一般应保持连续工作 8 小时以上。
- 驱动装置：由车轮、减速器、制动器、驱动电机及速度控制器等部分组成，是控制 AGV 正常运行的装置。其运行指令由计算机或人工控制器发出，运行速度、方向、制动的调节分别由计算机控制。为安全考虑，在断电时制动装置能靠机械实现制动。
- 导向装置：接受导引系统的方向信息，通过转向装置实现转向动作。
- 车上控制器：接受控制中心指令并执行相应指令，同时将本身的状态（如位置、速度等）及时反馈给控制中心。
- 通信装置：实现 AGV 与地面控制站及地面监控设备之间的信息交换。
- 安全保护装置：包括对 AGV 本身的保护、对人或其他设备的保护等。
- 移载装置：与所搬运货物直接接触，实现货物转载的装置。
- 信息传输与处理装置：对 AGV 进行监控，监控 AGV 所处的地面状态，并与地面控制站进行实时信息传递。

2. AGV 的特点及类型

AGV 特点包括自动化程度高、自动充电、安全性好、成本易控制、易维护，场地要求较低、灵活性好、可长距离运输等。

AGV 的类型有不同的分类方式，按导引方式分，可分为直接坐标方式、电磁导引、磁带导引、激光导引、光学导引、惯性导引、图像识别导引、GPS（全球定位系统）导引等；按驱动方式分，可分为单驱动、差速驱动、双驱动、多轮驱动等；按移载方式分，可分为推挽式、辊道式、链式、带式、牵引式、驮举式、叉车式、拣选式、龙门式、机器人式等；按通信方式分，可分为有线通信、红外光通信、无线电通信、无线局域网等，如图 9-9 所示。

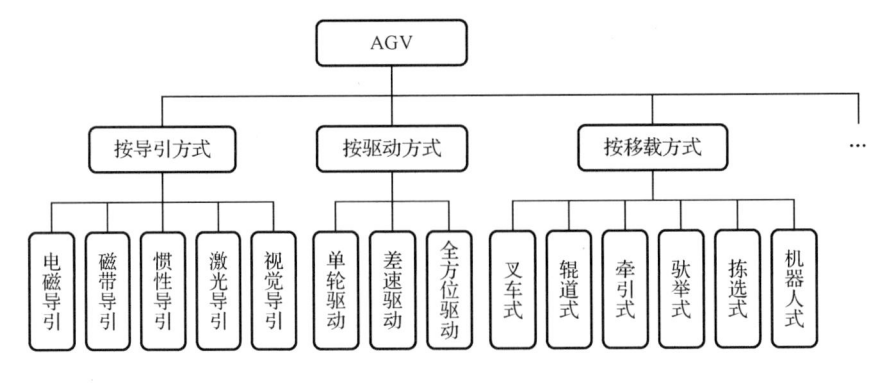

```
                              AGV
        ┌──────────────┬──────────────┬─────────── ...
    按导引方式        按驱动方式        按移载方式
   ┌──┬──┬──┬──┐    ┌──┬──┬──┐     ┌──┬──┬──┬──┬──┐
  电 磁 惯 激 视     单 差 全      叉 辊 牵 驮 拣 机
  磁 带 性 光 觉     轮 速 方      车 道 引 举 选 器
  导 导 导 导 导     驱 驱 位      式 式 式 式 式 人
  引 引 引 引 引     动 动 驱              式
                          动
```

图 9-9　AGV 分类

3. AGV 的主要技术参数

- 运载类别：托盘、集装、容器、牵引等。
- 承载质量：有效承载能力、牵引能力，包括重型、中型、轻型、微型等。
- 自重：包括蓄电池。
- 移载方式：自动、半自动或手工装卸，包括辊道式、叉车式等方式，可前移、后移、侧移、推挽、举升等。
- 行走速度：前进、反向、转弯、接近等速度。
- 行走功能：点对点功能，包括一点对多点配给式、多点依序运送式、多点对一点汇集式、多点依序环路式、多点对多点扩散式；反向行走功能；横向行走功能；转弯、分线行走功能；斜行步进功能；原地回转功能；升降功能；专用作业功能如装配作业、机械手等作业功能。
- 驱动形式：三轮式、对偶三轮式、速差式、四轮式，行走式、转向式、提升电机形式、液压形式等。
- 行走精度：相对导向线路的左右偏差，转弯时或分线时的左右偏差等。
- 停位精度：各种工况的 XYZ 停位误差。
- 尺寸：静态、动态、伸长、移载尺寸，轮距轴距，回转最小半径，地隙高度等。
- 导引方式：导引方式、导引器件形式（如激光扫描器、编码器、摄像头、磁钉等）。
- 通信方式：有线、无线、红外。
- 控制系统：机上、地面控制系统的硬件、软件，通用的型号、专用的年代版本等。
- 安全装置：车体正面、后面、侧面、叉头的各种声、光、电、机械传感器，开关、缓冲器、紧急停车按钮、声光报警，探测保护距离，探测保护距离随速度、转弯、接近、特殊工况、特殊路径自动调整，可选择制动方式（减速电机，干式电磁制动等）和各种工况的制动距离等。

- 蓄电池：功率、电池种类、组合状态。
- 充电方式：集中充电、快速充电等。
- 使用环境：工作噪声，对环境的要求等。

9.2.1.3 AGV 系统

1. 控制系统

AGV 单靠硬件是无法工作的，必须由控制系统通过通信传输链路，控制 AGV 动作。AGV 控制系统分为地面（上位）控制系统及车载（下位）控制系统，如图 9-10 所示，其中，地面控制系统指 AGV 系统的固定设备，主要负责任务分配、车辆调度、路径（线）管理、交通管理、自动充电等；车载控制系统在收到上位系统的指令后，负责 AGV 的导航计算、导引实现、车辆行走、装卸操作等。

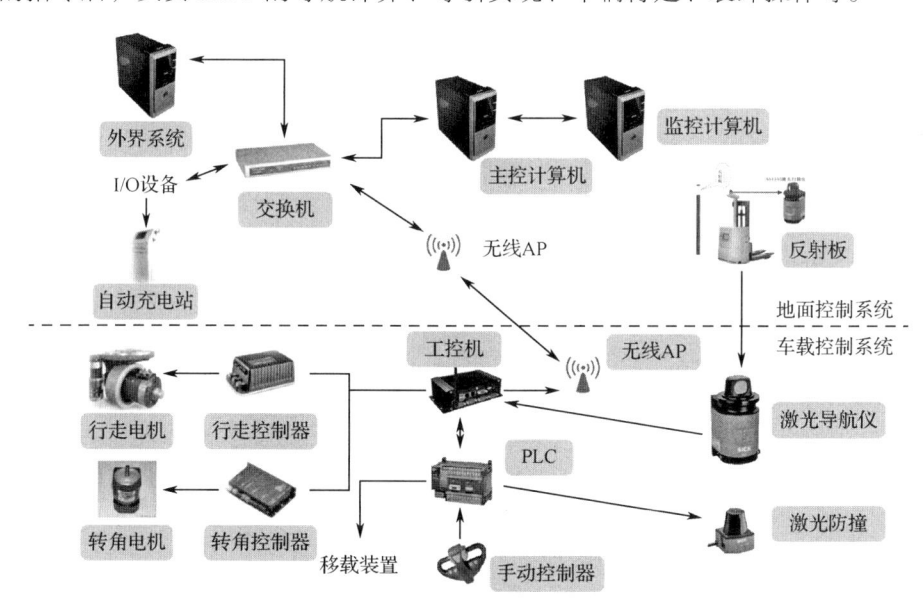

图 9-10 AGV 控制系统结构示意图

2. 调度系统

AGV 任务调度，就是与 AGV 进行通信，从空闲 AGV 中选择合适的一台或多台，并指导 AGV 按照一定路线完成任务。AGV 调度系统是控制系统的核心，它由接口程序通过网络控制现场一台或多台 AGV，指导 AGV 按照一定路线或程序完成作业任务。调度系统的功能包括地图管理、任务管理、系统管理等，如图 9-11 所示。

3. AGV 系统运行模式

（1）AGV 地面控制系统接受上位控制计算机发出的任务启动命令后，启动相应任务。

（2）调度管理根据 AGV 的任务执行情况调度 AGV 执行任务，并通过无线电将命令发送到 AGV。

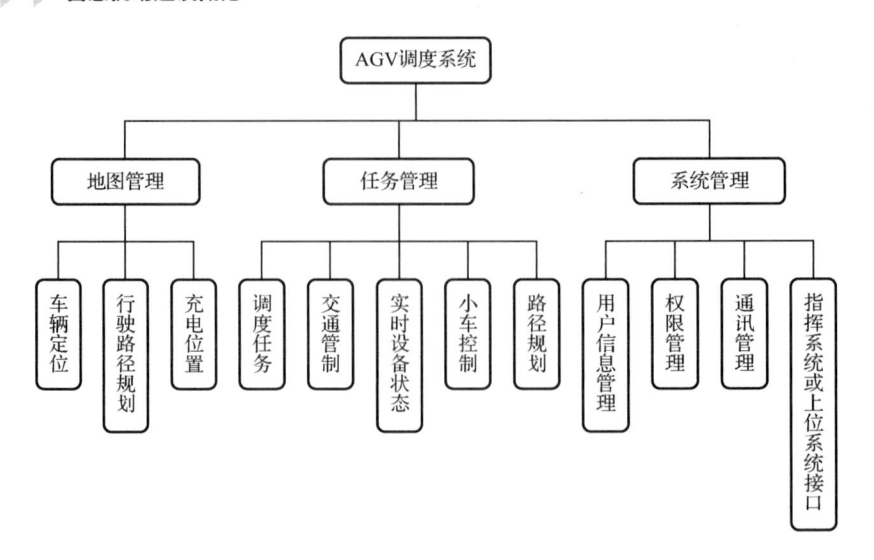

```
                          AGV调度系统
                               │
        ┌──────────────────────┼──────────────────────┐
      地图管理                任务管理                系统管理
        │                      │                      │
   ┌────┼────┐      ┌────┬────┬────┬────┐    ┌────┬────┬────┐
  车辆  行驶  充电   调度 交通 实时 小车 路径   用户 权限 通讯 指挥
  定位  路径  位置   任务 管制 设备 控制 规划   信息 管理 管理 系统
        规划              状态               管理              或上
                                                              位系
                                                              统接
                                                              口
```

图 9-11 AGV 调度系统功能

（3）AGV 随时报告车辆位置、状态信息及任务执行信息。

（4）交通管理根据各 AGV 的位置，确认每一辆 AGV 下一步应该走的路径。

（5）任务管理根据 AGV 任务执行信息报告上位控制计算机。

（6）地面控制系统在必要时使用输入输出模块控制外围设备，如通过数字 IO 模块启动或停止充电站。

（7）地面控制系统把各种 AGV 系统的运行状态发送给图形监控系统，图形监控系统使用这些运行状态构建各种监控界面，供系统维护人员监控系统。

9.2.1.4　AGV 关键技术

1. 导航和导引

AGV 之所以能够实现无人驾驶，导航和导引对其起到至关重要的作用。导航和导引在 AGV 领域是有区别的。所谓导航（Navigation），是指利用路径规划或其他技术手段得到路径点的信息，而导引（Guidance）则指根据 AGV 导航所得到的路径点位置信息计算路径偏移量，再得出 AGV 的实际控制命令值，进而控制速度和转向角，保证 AGV 精确行驶到目标点的过程，这是 AGV 控制技术的关键。简单看来，AGV 的导引控制就是 AGV 轨迹跟踪。这对有线式的导引（电磁，磁带等导引方式）不会有太多的问题，但对无线式的导引（激光，惯性等导引方式）却不是一件容易的事。

随着技术的发展，目前能够用于 AGV 的导航/导引技术主要有以下几种。

（1）直接坐标导引（Cartesian Guidance）

用定位块将 AGV 的行驶区域分成若干坐标小区域，通过对小区域的计数实现导引，一般有光电式（将坐标小区域以两种颜色划分，通过光电器件计数）和电磁式（将坐标小区域以金属块或磁块划分，通过电磁感应器件计数）两种形式，其优点是可以实现路径修改，导引的可靠性好，对环境无特别要求。缺点是地面测量安装复杂，工作量大，导引精度和定位精度较低，且无法满足复杂路径的要求。

（2）电磁导引（Wire Guidance）

电磁导引是较为传统的导引方式之一，目前仍被许多系统采用，它是在 AGV 的行驶路径上埋设金属线，并在金属线加载导引频率，通过对导引频率的识别来实现 AGV 的导引。其主要优点是引线隐蔽，不易污染和破损，导引原理简单而可靠，便于控制和通信，对声光无干扰，制造成本较低。缺点是路径难以更改扩展，对复杂路径的局限性大。

（3）磁带导引（Magnetic Tape Guidance）

与电磁导引相近，用在路面上贴磁带替代在地面下埋设金属线，通过磁感应信号实现导引，其灵活性比较好，改变或扩充路径较容易，磁带铺设简单易行，但此导引方式易受环路周围金属物质的干扰，磁带易受机械损伤，因此导引的可靠性受外界影响较大。

（4）光学导引（Optical Guidance）

在 AGV 的行驶路径上涂漆或粘贴色带，通过对摄像机采入的色带图像信号进行简单处理而实现导引，其灵活性比较好，地面路线设置简单易行，但对色带的污染和机械磨损十分敏感，对环境要求过高，导引可靠性较差，精度较低。

（5）激光导引（Laser Navigation）

激光导引是在 AGV 行驶路径的周围安装位置精确的激光反射板，AGV 通过激光扫描器发射激光束，同时采集由反射板反射的激光束，来确定其当前的位置和航向，并通过连续的三角几何运算来实现 AGV 的导引。此项技术最大的优点是 AGV 定位精确、地面无须其他定位设施、行驶路径可灵活多变、能够适合多种现场环境，它是目前国外许多 AGV 生产厂家优先采用的先进导引方式；缺点是制造成本高，对环境要求较相对苛刻（如外界光线、地面要求、能见度要求等），不适合室外（尤其易受雨、雪、雾的影响）。

（6）惯性导引（Inertial Navigation）

惯性导引是在 AGV 上安装陀螺仪，在行驶区域的地面上安装定位块，AGV 可通过对陀螺仪偏差信号（角速率）的计算及地面定位块信号的采集来确定自身的位置和航向，从而实现导引。此项技术在军方较早运用，其主要优点是技术先进，较之有线导引，地面处理工作量小，路径灵活性强。其缺点是制造成本较高，导引的精度和可靠性与陀螺仪的制造精度及其后续信号处理密切相关。

（7）视觉导引（Visual Navigation）

对 AGV 行驶区域的环境进行图像识别，实现智能行驶，这是一种具有巨大潜力的导引技术，此项技术已被少数国家的军方采用，将其应用到 AGV 上还只停留在研究中，目前还未出现采用此类技术的实用型 AGV。可以想象，图像识别技术与激光导引技术相结合将会使 AGV 更加完美，如导引的精确性和可靠性、行驶的安全性、智能化的记忆识别等都将更加完美。

（8）GPS（Global Position System，全球定位系统）导引

通过卫星对非固定路面系统中的控制对象进行跟踪和制导，目前此项技术还在发展和完善，通常用于室外远距离的跟踪和制导，其精度取决于卫星在空中的固定精度和数量，以及控制对象周围环境等因素。近几年，我国的北斗卫星亦可用于 GPS 导航，精度已达到厘米级。

对几种常用的导引方式示意如图 9-12 所示。

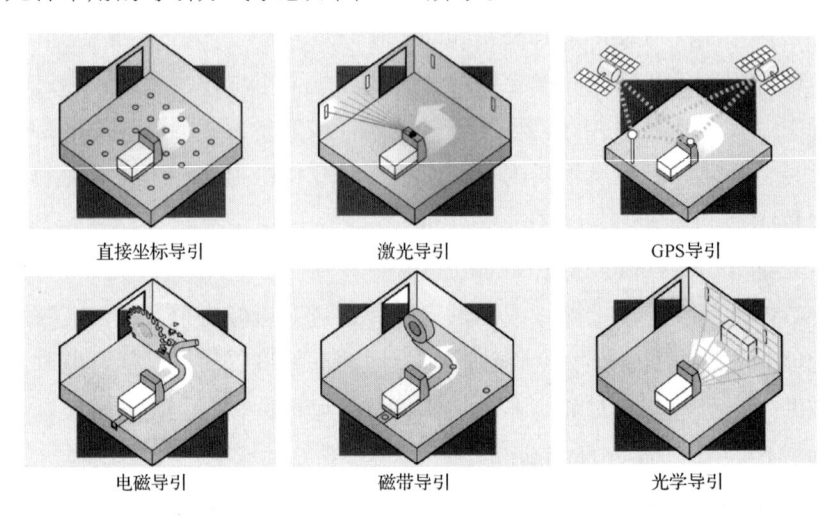

图 9-12　几种常用导引方式

实际应用中，AGV 路径规划模块根据 AGV 运行的实际环境设计出 AGV 运行的路径轨迹，AGV 单机按照地面控制系统下发的段表中的路径点（段）属性自动行驶。AGV 的导引控制算法就是解决段表下发后 AGV 的参考点如何沿着既定轨迹行走，一般需要实现直线段和四次方曲线的导引控制。对于不同驱动方式的 AGV 来说，由于它的运动学模型不一样，对应的导引控制算法也不同。

以 SD（Steer Driving）型 AGV 导引算法为例，控制目标是 AGV 的路径点，目的是使 AGV 能很好地沿着既定轨迹行走。对 SD 型 AGV 来说，可以控制的只有 AGV 前轮的转角和速度，通过运动模型可知，参考点的运行轨迹只和前轮的转向角有关，所以，要实现对参考点轨迹跟踪控制，实际上就是对前轮转向角的控制。

在具体的设计过程中，利用一种"追踪导引方法"，如图 9-13 所示。即在 AGV 的运行过程中参考点始终追踪着路径轨迹上的虚拟点，这个虚拟点就像在赛狗时所用到的兔子，AGV 永远追不上，但又永远在 AGV 前面不远的地方；AGV 前进的方向始终指向虚拟点，通过这样周期性的调节，就可以使 AGV 以很小的误差沿着路径轨迹行走。

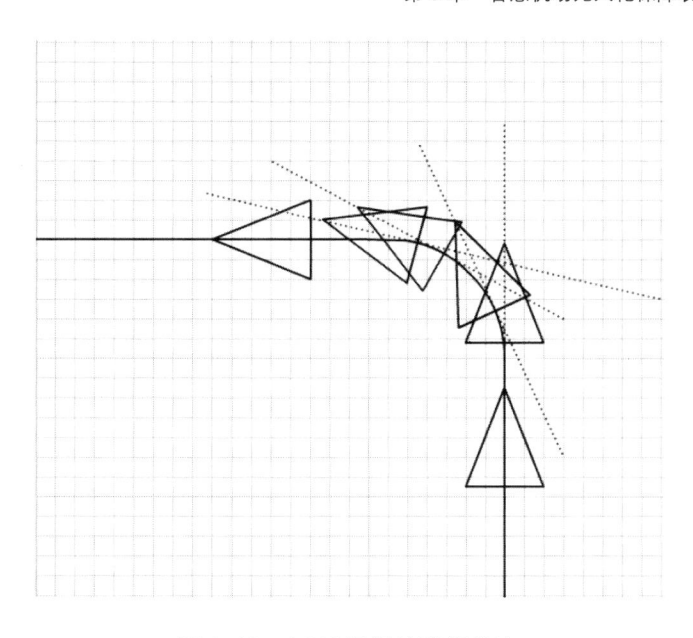

图 9-13　AGV 运行的路径轨迹

根据对国外十几家公司 AGV 系列产品所采用的主要导引技术的统计结果显示，电磁感应、惯性、光学检测、位置设定、激光检测、图像识别所占比例分别为 32.3%、27.8%、16.9%、13.8%、7.69% 和 1.54%。其中，电磁感应导引技术的应用比例最高，这表明该项技术已经十分成熟。而机器视觉导引技术应用较少，说明该项技术还需要深入研究和不断完善。另外，自主导引技术仍然处在研究阶段，还有许多技术问题需要解决。

AGV 的导航、导引技术多种多样，不同的场合可采用不同的导引技术。单一的导引技术无法覆盖所有应用，例如在有叉车行驶的场合不宜选用磁带导引；路径需要经常变换的场合，应考虑激光导引，而露天环境，考虑到气候因素，则不宜采用激光导引；路径复杂的场合应尽量考虑"自由路径导引"方式。导航、导引技术没有孰优孰劣，而应根据使用环境，因地制宜地灵活运用。导航、导引技术始终是 AGV 发展最主要的部分。目前，图像识别导航（环境导航）、无反射板激光导航（自然导航、轮廓导航）、差分 GPS、室内 GPS 也已得到应用，未来必将有更多的导航、导引技术出现。

2. AGV 路径规划

智能控制下的 AGV 路径规划较为重要的两种形态，静态环境中的路径规划及动态环境中的路径规划。

（1）静态环境中确定 AGV 路径规划

静态环境下的路径规划是假定在环境信息未被完全掌握的情况下，机器人是通过怎样的路径来感知环境。这种路径一般会在环境中仅存在静态已知障碍物的情况下被采用。但是要分析静态环境中 AGV 路径规划，需要解决的一个问题是在这种环境中什么样的路径才被认为是合理的。总而言之，能够使 AGV 系统实现控制的就是合理路径。合理的路径由路径的平滑程度决定，路径越趋于平缓，则 AGV 系统将会更容易实现。此时可以将路径分为四个种类，第一类平滑程度非常低，表现为路径的不连续性，此时很多位置会表现突变的特性，这种情况下 AGV 系统不容易被控制，因为这些曲线不连续，无法对其追踪。第二类，这类曲线相对于第一类来说具有连续性，但是在切线方向有时也会发生突变现象，此时也不被 AGV 系统控制。第三类，这类曲线不仅具有连续性的特点，而且还能在切线方向保持连续性，因此是较为合理的路径规划，一般情况下也常常被采用。第四类，将以上三类曲线的优点都集于一身，但是要生产这类曲线十分复杂，因此在实践当中，这类曲线很难生成，因而很少被采用。

（2）动态环境中确定的路径规划

在动态复杂环境中的路径规划不同于静态环境中的路径规划。因为环境变化之后，很多信息无法掌握，要保证最优性在这种情况下是无法被实现的。在进行路径规划时，应当在安全性以及时间性之间进行衡量。在较为复杂的环境下，不管决定用何种性能指标，都必须要考虑目标吸引、动态安全性以及时间约束三个方面的内容。

（3）多 AGV 路径规划

多 AGV 路径规划作为直接影响多 AGV 系统整体性能的重要部分，一直备受关注。随着研究的深入，国内外学者提出了很多计算模型和策略。如韩国的 JungHoonLee 等人将两阶段的交通控制策略应用于多 AGV 的无碰规划，刘国栋等提出了多 AGV 调度系统中的两阶段动态路径规划的方法。两阶段控制策略离线生成路径库，减少了在线运算的负担，但是随着节点数的增多，动态规划的负担加重，不适用于大规模多 AGV 系统。其他如 Petri 网、遗传算法、TabuSearch 算法（禁忌搜索算法）等策略和算法，在系统节点数增多的情况下，也有同样的缺陷。为了有效地共享系统路径，时间窗(Time-window)方法被提出并用于解决多 AGV 最优路径问题。然而使用时间窗实现多 AGV 路径规划也是一个 NP 完全问题，并且在使用时间窗的模型中，获得时间窗的 AGV 占用路径时间过长，容易导致关键路段发生拥堵，降低系统效率。

3. 驱动方式

目前 AGV 常用的驱动方式可以归纳为三种：驱动兼转向模式（Steer Driving）、差速驱动模式（Differential Driving）和全方向（位）驱动模式（Quad Motion）。

驱动兼转向是指用一个驱动总成兼有行走和转向功能，此种驱动方式的 AGV 运动性能稍差，转弯半径较大，但导引及运动的可靠性高。

差速驱动是指 AGV 左右对称安装两个固定的驱动轮，依靠左右驱动轮的差速来实现行走和转向，差速驱动模式的 AGV 转弯半径小，灵活性较好，但驱动轮的磨损较为严重。

全方位驱动是以两个或两个以上兼有行走和转向功能的驱动总成，或配置多个麦克纳姆轮（Mecanum），实现全方位的运动，其优越性主要体现在保持 AGV 的航向不变，实现平移或侧移（Crabwise）；AGV 能够变化回转轴线，实现更加复杂的平面运动。

在电机使用方面，随着低压交流电机性能的不断提高，以无刷鼠笼式交流电机替代有刷永磁直流电机成为 AGV 驱动发展的趋势，工程机械中的液压伺服驱动也在重载 AGV 上得到了应用。驱动技术的扩展应用和完善，使得 AGV 的驱动能力得以大幅提升。

4. 供电

传统 AGV 的供电一般是由电池作为储能载体，目前能够被 AGV 使用的电池种类有：铅酸/纯铅、镍氢、镉镍、锂离子电池，这些电池都是基于"电化学"原理。近年来，随着电池技术的成熟，超级电容在 AGV 上的应用逐步推广，电容最大的特性是"物理线性放电"，充电效率高，使用寿命长。另外，随着无接触能量传输技术的发展，在部分领域替代了 AGV 传统供电模式。

影响 AGV 供电配置的主要因素主要有各种供电方式的特性和成本，以及 AGV 使用时的工作模式等。从 AGV 应用角度看，电池作为能量供应载体仍然是目前 AGV 供电主流方案，其中铅酸、镉镍电池应用最为广泛，安全性好；锂离子电池虽因能量密度高，充放电特性好而得到一些应用，但使用环境及条件也较严格，配套电芯质量及电源管理系统要求较高，在安全等级较高的应用领域需要谨慎；超级电容的应用因其容量因素限制，一般会扬长避短与电池进行配套使用；无接触供电技术的应用对于具有固定路径的 AGV 系统有较强竞争力，让 AGV 在移动中持续获得电能成为可能，从而扩展了 AGV 作业方式。在有部分固定路径的 AGV 系统中，无接触供电技术作为电池供电的补充，实现了边行走边充电，从而提高了 AGV 的使用效率。

在充电模式上，一般可根据选用电池及工作模式的不同，采用不同的充电方式，如自动充电（快充/慢充、空闲充电/定时充电/定量充电）、人工充电或换电池（人工/自动换电池）。国外也有在 AGV 上装备"柴油机+发电机+电池"的案例，但不管怎样，供电方式始终是围绕提升 AGV 的工作效率而发展的。

5. 系统控制

AGV 的上位控制系统需解决的问题是对多台 AGV 进行有效控制，对各种任务进行优化排序，对 AGV 的分配及行驶路径进行动态规划，实现智能的交通管理。控制系统根据所需执行的任务，以及各台 AGV 所处的当前位置来优化车辆分配。

在不同的应用中，AGV 控制系统采用的调度策略是不同的，通常有三个因素会被考虑：系统最短响应时间、系统最高作业效率、系统最低能耗。这三个因素存在着辩证关系，如，系统最高作业率和系统最低能耗都要求对任务进行"堆积"，找出最合适的 AGV 来执行最合适的任务，从而减少 AGV 的"空跑率"。这个方法与系统最短响应时间相矛盾，极端的情况是，有的任务永远找不到合适的 AGV 来执行。因此，在 AGV 系统控制算法中，除智能的交通管理外，还必须做好各种调度策略在不同项目中的匹配，以满足项目对时间、空间和系统能耗的要求。

在任务控制模式上，有两种概念：一种是由上位计算机安排任务到空闲的 AGV 单机；另一种更为流行的做法是空闲 AGV 单机主动向上位计算机申请任务，这种做法能够减轻上位计算机负荷，更加体现出单机的智能化水平。

9.2.1.5 AGV 加改装思路

AGV 系统是集光、机、电、计算机于一体的高新技术，是柔性化、智能化程度极高的输送系统。AGV 技术仍在发展中，随着现代高科技的进步，AGV 的性能与功能都将不断得到提高。AGV 系统由于自身的技术优势，将适合更为广泛的工业或非工业需求，得到越来越广泛的应用。

目前，在国内的 AGV 技术应用分为两种。第一种技术追求 AGV 的完全自动化，几乎不需要人工干预，路径规划和生产流程复杂多变，能够运用在几乎所有的搬运场合。这些 AGV 功能完善，技术先进，系列产品的覆盖面广，具备各种驱动模式和导引方式，并适配各种不同的移载机构，载重量可从 50kg 到 60000kg。第二种技术追求的是简单实用，极力让用户在最短的时间内收回投资成本，该类 AGV 完全结合简单的生产应用环境，即单一的路径、固定的流程。在导引方面，采用简易的磁带导引方式，此类 AGV 称之为 AGC（Automated Guided Cart）。与真正的 AGV 相比，AGC 有其自身技术特点：第一，通常选用"固定路径导引"方式，即磁带导引或电磁导引；第二，需求相对简单，甚至不需要上位控制系统；第三，不追求导引和定位精度，只需将货物运送到大致位置；第四，通常不需要移载机构，可由人工装卸或采用拖拽式。AGV 与 AGC 本质上是相同的，区别只在单机性能和系统性能上有差别，相对而言 AGV 系统控制的复杂度要高得多，用户可根据具体的需求和应用场景进行选择。

对 AGV 的加改装一般都是通过移载装置进行的，移载装置的方式有叉车式、辊道式、牵引式、驮举式、拣选式、机器人式等，如图 9-14 所示，根据应用目的的不同，机场小车式机器人主要涉及三种加改装方式。一是直接利用叉车式或驮举式 AGV，用于机场货运、行李运输等场景，基本上不做改装或稍加改装；二是基于机器人式或牵引式 AGV，在 AGV 小车车体上直接附加执行机构，执行机构与车体无电气连接和控制关系，用于物资运输、反恐防爆等场景；三是利用 AGV 车体作为底盘，执行机构作为载荷安装于车体之上，执行机构与车体通过电路连接，可以直接或通过外部系统接口向车体发出控制指令，以执行特定功能。

| 叉车式 | 辊道式 | 牵引式 |
| 驮举式 | 拣选式 | 机器人式 |

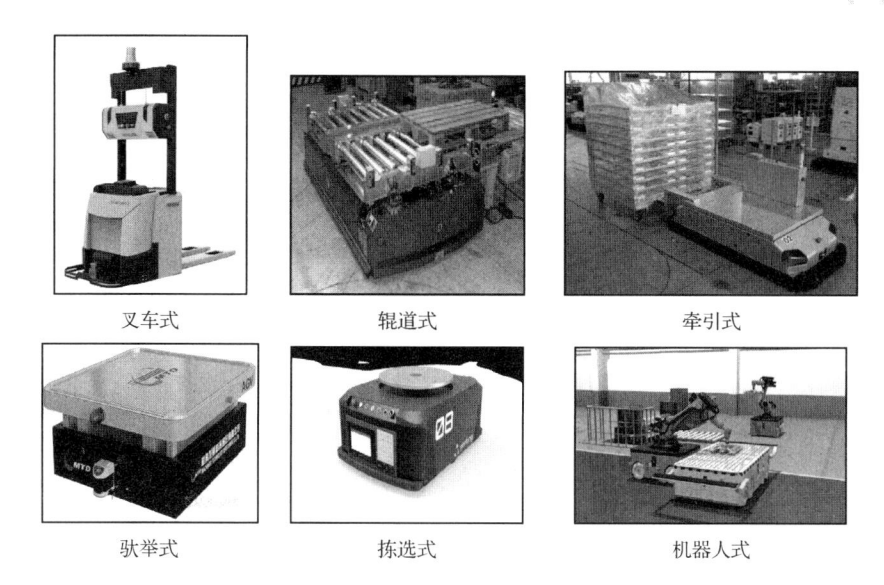

图 9-14　AGV 移载方式示意

AGV 最初是用作自动搬运设备，未来机场对 AGV 的需求并不仅仅是简单的搬运或替代人力，而是能够应用于各个领域，以整体提升智慧机场的技术水平和服务保障能力。因此，随着 AGV 的使用范围越来越广，采用第三种方式对 AGV 小车加改装执行机构的方式将成为机场机器人的主流样式。后面内容将集中介绍两个基于 AGV 小车改装的实例——道面安全检测机器人和智能巡检机器人。未来，AGV 技术的"专业知识"必须与机场业务的"领域知识"更紧密结合，更加注重面向业务、面向成本、面向服务，才能更为智能、更加实用。

9.2.2　道面安全检测机器人

机场跑道的安全检测是确保飞机起飞降落顺利的重要环节，主要包括两个方面的工作内容，一是异物检测，二是裂纹和其他缺陷检测。国外对于机场跑道自动检测系统的研究起步较早，目前已经研究出多种类型的自动化设备，典型的如图 9-15 所示，分别是 Tarsier 系统、FOD Detect 系统、FOD Finder 系统和 IFerret 系统。

其中，图 9-15（a）所示为 Tarsier 系统，由英国公司 Qineti Q 研制生产。该系统采用雷达定位的方式来定位裂纹和 FOD，在摄像头的帮助下将其进行分类。Tarsier 系统一般都在机场中的制高点安装，并可以对大面积的机场跑道进行检测。该系统的特点是当天气变化的时候仍然可以保持检测的精度，而且对于异物的定位较为准确。但是由于其是固定安装，所以灵活性较差，且识别到的问题需要人工解决，效率较低。

图 9-15（b）所示为 FOD Detect 系统，由以色列公司 Xsight 研制生产。其主要部分由毫米波雷达和高清摄像头组成，在使用时需要在机场上安装多台设备。

图 9-15（c）所示为 FOD Finder 系统，由美国公司 Trex Enterprise 研制生产。

该系统是以车辆为载体进行异物检测的，主要组成部分包括 GPS 定位系统、高清摄像头以及车载雷达。该系统受环境影响较小且比较灵活，但是造价较高，对大面积机场跑道进行检测效率较低。

图 9-15（d）所示为 IFerret 系统，由新加坡公司 Stratech 研制生产。其主要结构由高精度摄像头和中央处理器组成，通过摄像头采集图片信息，然后经过 DSP 芯片进行处理，运用图像处理技术找到探测到的相关问题。当天气变化明显，光线强弱变化大的时候，摄像头的性能会降低，导致检测的精度下降。

（a）Tarsier 系统

（b）FOD Detect 系统

（c）FOD Finder 系统

（d）IFerret 系统

图 9-15　国外 4 种典型的道面安全检测系统

相比于国外的研究状况，我国在机场跑道上异物检测方面的研究起步相对较晚。目前大多数国内机场仍然采用人工定期巡查的方法来清除 FOD 以及修补机场跑道裂纹。这样的方法不仅需要耗费大量的人力和物力，而且通常存在一定的安全隐患。部分国内高校和企业也在开发相关设备以及配套软件，取得了一定成果，如图 9-16 所示的两款道面安全检测设备，其中图 9-16（a）是采用光学器件对图像进行采集和识别的系统，当天气与环境变化明显时，检测精度所受的影响较大；图 9-16（b）基于毫米波雷达、近红外与高清摄像融合成像的边灯式道面检测设备，实现对机场跑道异物的智能扫描与分析检测。该系统精度高、基本不受环境影响，但同时机动性差、维护成本较高。

综合国内外相关研究情况，目前跑道道面安全检测系统需要在探测精度、移动性、灵活性等方面进一步完善。随着机器人、智能控制、无线网络通信等相关技术的发展，采用移动机器人结合道面检测设备的方案逐渐可行。

（a）光学道面检测设备　　　　　（b）融合成像道面检测设备

图 9-16　国内两种典型的道面安全检测设备

结合机场跑道自动检测系统和全向移动机器人技术，设计跑道自动检测机器人如图 9-17 所示。机器人包括移动平台系统和检测系统，检测系统安装在移动平台系统上，检测系统包括敲击扫描检测仪、升降机构和检测仪控制系统，升降机构安装在移动平台系统上，敲击扫描检测仪安装在升降机构上，检测仪控制系统和敲击扫描检测仪相连接。

图 9-17　跑道自动检测机器人

机场跑道自动检测机器人系统使用模式如图 9-18 所示，机器人集成多种无损检测传感器于一体，对飞行区道面实施全覆盖自动数据采集，由于无须人工驾驶，提高了检测安全性和检测数据的准确性，检测效率大幅提升。后处理软件自动预处理数据获得道面三维数字模型（含表观和结构信息），基于深度学习、多模态数据融合等数据处理方法可精准分析道面表观病害和内部隐性病害，自动生成病害详细信息报表（含位置、尺寸等）。基于 GIS 二维、BIM 三维道面信息管理软件直观管理病害，信息可定制接入现有道面管理系统。任务规划器按飞行区道面功能区域划分作业任务，根据停航窗口常态化排班自动检测，也可设定检测区域边界，自动规划临时任务快速完成检测。

图 9-18 跑道自动检测机器人系统使用模式

9.2.3 智能安防巡检机器人

机场在安防方面具有巨大的需求，智能巡检机器人可在一定程度上替代视频监控和安保人员，成为无人安防领域的一种选择。

1. 系统组成

智能巡检机器人（如图 9-19 所示）是实现主动安防的一次新突破，借助智能机器人的技术特征可达到巡检、巡逻、监控三位一体相辅相成。

智能巡检机器人的核心技术包括本体的低速无人驾驶技术（由底盘技术、传感器组合和自主导航 SLAM 技术组成）、以计算机视觉为主的 VSLAM 技术、人工智能视频分析技术和网络传输、云平台管控相关技术。尤其是 5G 应用逐渐开始商用，将来智能巡检机器人借助 5G 特征可以完成更多任务。在落地应用中智能巡检机器人有两大技术难点，一是如何保证 SLAM 技术在动态导航中的稳定性和准确性；二是如何保证在光照强弱不一、恶劣天气情况，以及多移动目标等复杂场景下，机器智能技术的可用性。

智能巡检机器人系统构成包括机器人、网络系统、机器人云平台、可拓展设备，以及充电坞，其中机器人本体近年来不断增加边缘计算能力，多采用 CPU+GPU 的芯片模式；网络传输方面多为视频传输需求，使用包括 WiFi、移动互联网（4G、5G）、BLE 通信、LoRa 等多渠道传输。云平台的主要作用是多机器人管理调度、应急控制、业务处理、视频分析、数据报表、安全态势分析、第三方数据平台接入等，是开放性合作的重要载体。安防智能机器人在落地部署方面主要包括机器人运行环境勘察、制定网络部署方案、制定机器人巡检巡逻方案、机器人建图，以及机器人巡检巡逻路径和工作目标设定。

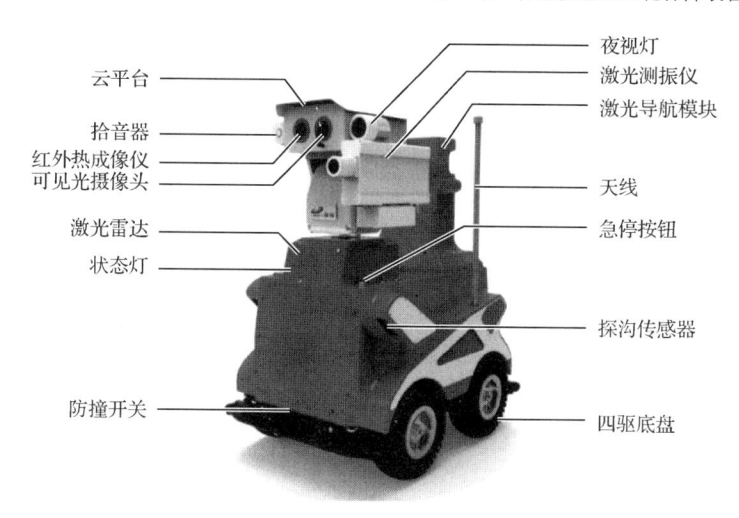

图 9-19 智能巡检机器人

目前智能安防机器人还无法实现自学、自理、自决等完全智能的能力，但已经具备了目标检测、物体识别、环境感知、多模态交互等基本的分析判定功能，未来相关技术的突破还有赖于学术成果落地，以及市场实际需求的推动。

2. 应用场景

实际上智能巡检机器人在机场应用适合封闭环境和开放环境两种场景，封闭环境的应用领域主要有航站楼、机房、仓库等场景，开放环境的应用领域主要有电力线路、办公区、物流园区等，如图 9-20 所示。

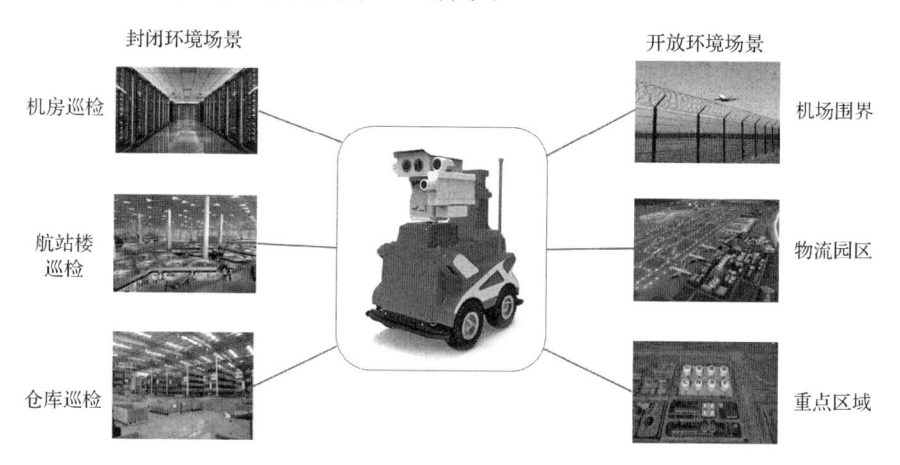

图 9-20 智能巡检机器人应用场景

应用在开放环境中的巡检机器人对导航的精准度和专业检测、报警能力有更高要求。使用的机器人智能检测基础能力包括烟火检测、高温告警、异常声音告警等。巡逻机器人因使用场景丰富，所以需求空间更大，由于需要暴露在开放的室外，所以对导航稳定性、流畅性、本体鲁棒性等方面有很高的要求。巡检机器人完成的任务主要包括人脸识别、人体检测、车辆检测及识别、烟火检测、异常行为分析以及人证核验、语音交互与语义分析等。

3. 使用模式

针对机场安防的实际需求，智能巡检机器人典型使用模式有以下几种。

（1）点布防

用户对各个固定巡查点进行预设后，机器人将在巡检途中进行停留，并对固定场景（公共设施完整、清洁程度、防火防盗设施情况、指定区域车辆物品存放情况等）进行安全识别以确保各设施处在正常工作环境。

（2）线布防

用户对产品主巡检路线进行设定后，机器人将按照预定路线进行安防巡检，并在巡检路程中进行动态监控。

（3）面布防

以整体区域作为布防面，包括巡检过程中对出现的车辆进行车牌识别；对可疑人群进行人脸识别、动作行为识别、轨迹/滞留识别；对异常声音进行识别分析；对可疑人员/车辆进行跟踪监控。

（4）后台布防

巡检过程全部全景视频实况将被传输至后台，由工作人员进行终端监控以确保无误。同时针对巡检过程中所有发生的意外状况将立刻通知后台人员，后台人员可以对安防车进行远程控制和喊话，同时对事发地精准定位以便交由工作人员处理。

（5）7-24安防

该模式作为传统安保体系的补充，主要优势为减少人工投入，提供24小时全方位移动监测，突破人眼视距，在线任务调度；有效弥补夜间、复杂天气情况下（雨雪雾等）的安保弱点；降低人力成本，提升服务品质，提高服务附加值。

9.3 特种车辆无人化改造

特种车辆无人化改造是指将现有的机场特种车辆加装传感器、控制计算机等，使之具有自我感知、自主调节和无人驾驶的能力。

9.3.1 无人驾驶水平划分

根据自动化水平的高低，分为四个无人驾驶阶段：驾驶辅助、部分自动化、高度自动化和完全自动化。

（1）驾驶辅助系统（DAS）：目的是为驾驶者提供协助，包括提供重要或有益的驾驶信息，以及在形势开始变得危急的时候发出明确而简洁的警告，如"车道偏离警告"（LDW）系统等。

（2）部分自动化系统：在驾驶者收到警告却未能及时采取相应行动时能够自动

进行干预的系统,如"自动紧急制动"(AEB)系统和"应急车道辅助"(ELA)系统等。

(3)高度自动化系统:能够在或长或短的时间段内代替驾驶者承担操控车辆的职责,但是仍需驾驶者对驾驶活动进行监控的系统。

(4)完全自动化系统:可无人驾驶车辆,允许车内所有乘员从事其他活动且无须进行监控的系统。这种自动化水平允许乘员从事计算机工作、休息和睡眠以及其他娱乐等活动。

9.3.2 智能化改造方法

车辆智能化改造方案如图 9-21 所示,在改造车辆上安装以下装设备。

图 9-21 车辆智能化改造方案

(1)激光雷达:车顶的水桶形装置是自动驾驶汽车的激光雷达,它能对半径 60 米的周围环境进行扫描,并将结果以 3D 地图的方式呈现出来,给予计算机最初步的判断依据。

(2)前置摄像头:自动驾驶汽车前置摄像头,用于识别交通信号灯,并在车载电脑的辅助下辨别移动的物体,比如前方车辆、自行车或行人,如图 9-22 所示。

(3)位置评估器:自动驾驶汽车的位置传感器,它通过左后轮上的感应器测定汽车的横向相关位置,确定它在路上的正确位置,如图 9-23 所示。

(4)前后雷达:在无人驾车汽车上分别安装雷达传感器(前后车身雷达数量可以不一致),用于测量汽车与前(和前置摄像头一同配合测量)后左右各个物体间的距离,如图 9-24 所示。

(5)主控电脑:如图 9-25 所示,安装在车厢的合适位置,用于汽车的行驶路线、方式的判断和执行。

图 9-22　前置摄像头辨别移动物体示意

图 9-23　左后轮感应器帮助定位

图 9-24　前后雷达帮助测距

图 9-25　主控电脑

9.4　机场多机器人协同

　　机场占地面积大、涉及专业多、生产服务流程复杂，任何一个场景下，仅凭单个机器人难以完成任务，必须依赖多机器人之间的协调与合作来完成。从另外的角度考虑，人们也希望通过多机器人间的协调与合作，来提高机器人系统在作业过程中的效率和可靠性，当工作环境发生变化或系统局部发生故障时，多机器人之间仍可通过本身具有的协调与合作关系来完成预定的任务。因此，多机器人协调与合作作为一种新的机器人应用形式日益引起国内外学术界的兴趣与关注。但从总体上讲，目前多机器人系统的研究还处于初期阶段，机场多机器人的应用也只是刚刚开始，离实用化还有很远的距离。

　　目前，根据协作机制不同，基于分布式控制的多机器人协作包括无意识协作和有意识协作两类。无意识协作多出现在简单同构的多机器人系统中，主要利用突现原理获得高层的协作行为；而有意识的协作主要用于异构机器人协作技术的研究，并更多依赖于规划来提高协作效率。

　　无意识协作多机器人系统主要仿生社会性生物群落如蚁群、蜂群等运行机制，利用大量简单、无意识的自主个体，通过局部交互和自组织作用，使整个系统呈现协调、有序的状态，并最终达到较高的集群智能。无意识协作多机器人系统适用于大空间范围内无时间要求的重复性工作，如清扫任务。但随着机场日趋复杂且多部门多专业协同任务不断增加，异构多机器人系统有意识协作的需求将不断增加。有意识机器人通常具有合理的系统体系结构、正确的环境感知能力、可靠的通信能力、优化的决策控制能力等，因此其研究内容也是围绕上述能力的获取与赋予展开（图 9-26），主要包括体系结构、环境感知、优化控制等。

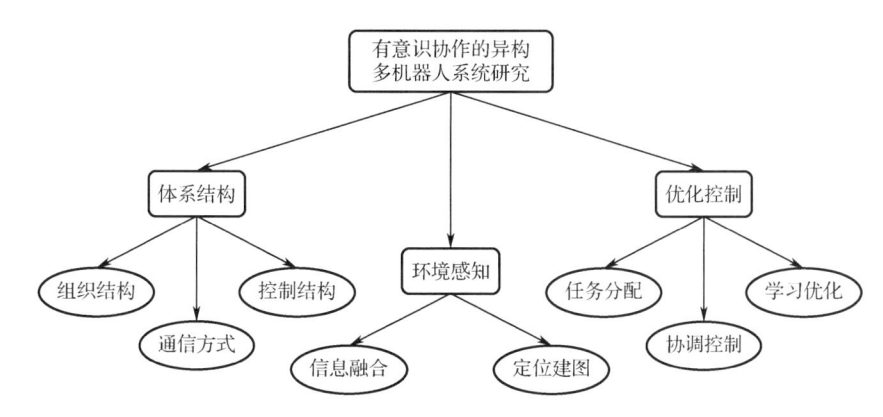

图 9-26 有意识协作多机器人系统研究内容

9.4.1 体系结构

多机器人系统由大量具有环境观察、任务规划和操作功能的智能机器人组成。随着科技的发展，这些智能机器人的智能、秉性和自主性变得越来越高。为了把这些智能机器人组织起来构成一个复杂系统，就需要一个体系结构。

多机器人体系结构是指系统中各机器人之间的信息关系和控制关系，以及问题求解能力的分布模式，它定义了整个系统各机器人之间的相互关系和功能分配，确定了系统和各机器人之间的信息流通关系及其逻辑上的拓扑结构，决定了任务分解和角色分配、规划及执行等操作的运行机制，提供了机器人活动和交互的框架。选择合适的体系结构，是多机器人系统正常、高效运转的关键，也是构建多机器人系统的首要问题。

多机器人的体系结构可分为集中式和分散式，而分散式又分为分层式和分布式，如图 9-27 所示。分布式结构中所有的机器人相对于体系来说是平等的，分层式结构在局部则是集中的。普遍认为分布式结构比集中式结构在可靠性和鲁棒性方面具有较高的性能。分布式体系结构的主要研究问题是设计出正确而合理的局部体系方案，以使多机器人系统能高效率地解决给定的问题。

面向多机器人协作系统（Multi-Robot Cooperative System，MRCS）是一种分布式体系结构，为了满足自主性和协作性要求，设计成三层结构形式，分别为协作规划层（Cooperation Planning Layer，CpPL）、协调规划层（Coordination Planning Layer，CdPL）及行为控制层（Behavior Control Layer，BCL），如图 9-28 所示。

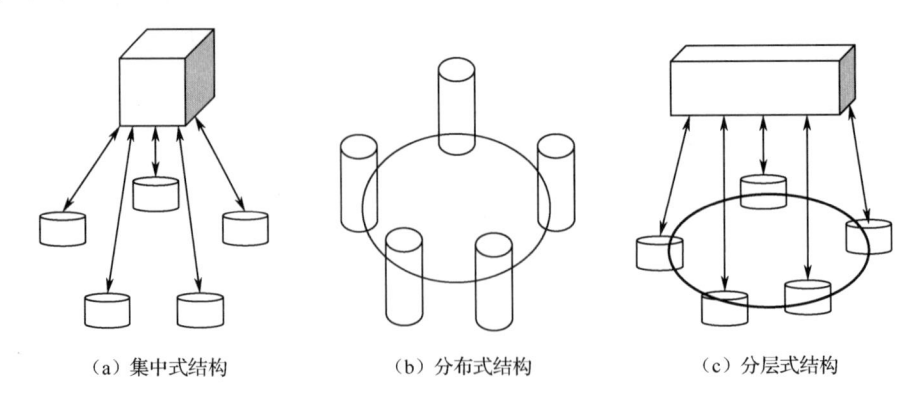

(a) 集中式结构   (b) 分布式结构   (c) 分层式结构

图 9-27　多机器人系统体系结构示意图

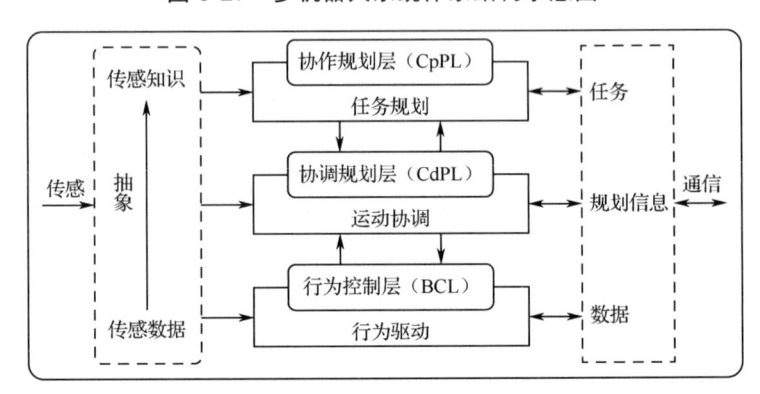

图 9-28　分层式体系结构框图

1. 协作规划层

协作规划层是为了满足机器人的任务协作要求设计的。在 MRCS 中，许多复杂的任务需要多个机器人协同完成，而协作规划层赋予机器人协作能力、组织能力等。

协作规划层可以实现以下功能。

（1）任务的承接、分解和分配；

（2）机器人之间的通信、协商等功能的管理。对于需要协作执行的任务，将任务分解为若干子任务后，按某种协议与其他机器人磋商，制定联合行动计划。若是决定独立执行，则将任务交给协调规划层处理。

如图 9-29 所示，协作规划层的各个模块如下。

（1）协作通信模块（Communication Module of Cooperation Layer，CMCoL）：负责机器人之间任务级的信息传递，如任务的承接、发布等。

（2）待规划的任务模块（Task Module of be Planned，TMP）：存放来自用户或其他机器人的招标任务。

（3）待发布任务模块（Task Module of be Announced，TMA）：存放任务分解后需其他机器人协作执行的任务。

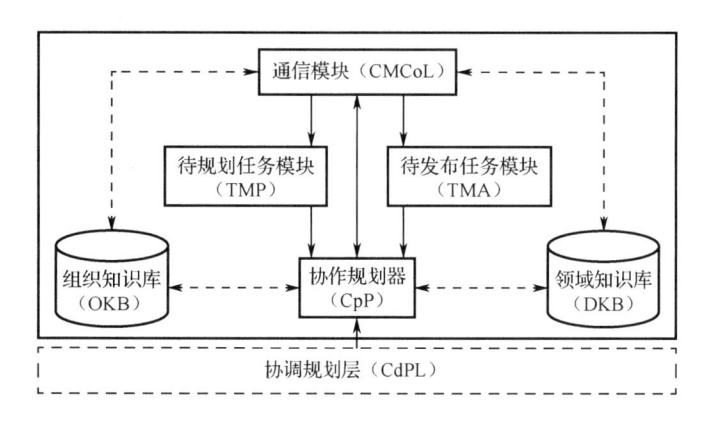

```
                    ┌─────────────────────────┐
                    │  通信模块（CMCoL）      │
                    └─────────────────────────┘
                ┌───────────────┐   ┌───────────────┐
                │ 待规划任务模块│   │ 待发布任务模块│
                │   （TMP）     │   │   （TMA）     │
                └───────────────┘   └───────────────┘
         ╱───────╲       ┌───────────────┐      ╱───────╲
        │ 组织知识库│────│  协作规划器   │────│领域知识库│
        │  （OKB） │     │   （CpP）     │     │  （DKB） │
         ╲───────╱       └───────────────┘      ╲───────╱
                         协调规划层（CdPL）
```

图 9-29　协作规划层结构框图

（4）组织知识库（Organization Knowledge Base，OKB）：组织模块中存放社会规则、谈判策略以及组织结构重组等方面的知识。

（5）领域知识库（Domain Knowledge Base，DKB）：领域问题求解知识，包括规划任务的规则、前提数据等。

（6）协作规划器（Cooperation Planner，CpP）：协作规划器是协作规划层的核心，协作规划器根据领域知识将承接的任务分解（若不需分解则将任务交给协调规划层处理）。基于确定的协商策略和协商协议以协商方式实现机器人之间任务的动态分配，协调机器人之间的合作，建立机器人之间的协作关系。

2. 协调规划层

协调规划层是为了解决机器人之间协作关系确定下来以后具体的运动控制问题。明确了机器人的任务/子任务后，机器人根据当前目标（任务）、自身状态、以往经验、传感信息等来规划自身的行为。另外，它在动作执行的过程中负责检查冲突和采取有效的措施来消解冲突。对于协调规划层中无法处理的问题，则返回协作规划层，由协作规划层重新规划。

协调规划层结构框图，如图 9-30 所示。

主要模块如下。

（1）协调通信模块（Communication Module of Coordination Layer，CMCdL）：负责机器人之间运动规划信息的传递。

（2）建模模块（Modeling Module，MM）：根据传感器信息和通信信息对外部环境进行建模，目的是对其他机器人的运动状态做出预测，作为自己动作的参考。其中，建模模型包括世界模型和其他机器人的状态模型。

（3）冲突检测模块（Conflict Inspecting Module，CIM）：随着时间的推移及外部环境的变化，原来的计划在执行过程中可能会产生冲突。冲突检测模块则检测冲突的发生、判断冲突发生的类型以及推测冲突发生的原因等。

```
        ┌─────────────────── 协作规划层（CpPL）───────────────────┐
        │                                                          │
        │   ┌──────────────┐                  ┌──────────────┐    │
        │   │通信模块(CMCdL)│                  │ 建模模块(MM) │    │
        │   └──────┬───────┘                  └──────┬───────┘    │
        │          │                                 │             │
        │   ┌──────┴──┐     ┌──────────────┐  ┌─────┴────┐       │
        │   │冲突类别库│     │ 协调规划器    │  │消解策略库 │       │
        │   │ (CTB)   │─────│  (CDP)      │──│ (CRSB)   │       │
        │   └────┬────┘     └──────┬───────┘  └────┬─────┘       │
        │        │                 │                │              │
        │   ┌────┴─────────┐       │        ┌──────┴────────┐    │
        │   │冲突检测模块(CIM)│      │        │冲突消解模块(CRM)│    │
        │   └───────────────┘       │        └────────────────┘   │
        │                                                          │
        └─────────────────── 行为控制层（BCL）────────────────────┘
```

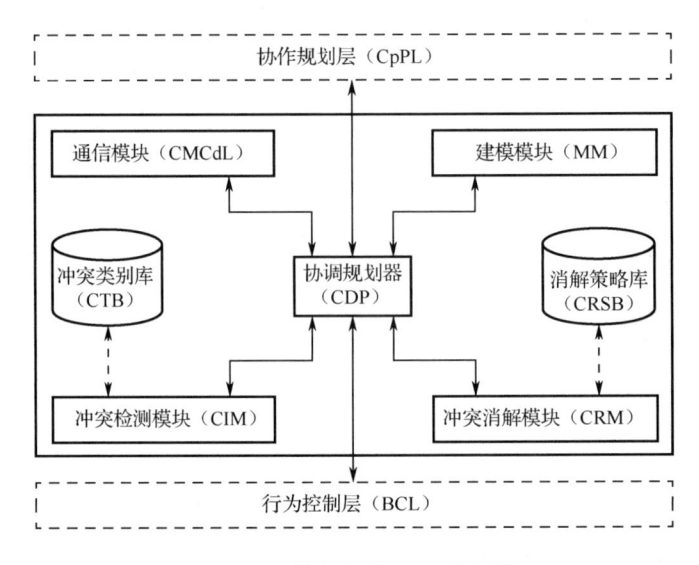

图 9-30　协调规划层结构框图

（4）冲突识别库（Conflict Type Base，CTB）：存放各种冲突类型，如目标冲突、资源冲突等。

（5）冲突消解模块（Conflict Reconciling Module，CRM）：根据冲突类型提供相应的冲突消解策略。

（6）消解策略库（Conflict Reconciling Strategy Base，CRCS）：存放冲突消解策略。

（7）协调规划器（Coordination Planner，CdP）：是协调层的核心，它负责机器人运动协调的局部规划。根据任务（目标）、自身状态及外部环境信息，规划自身的行为，产生近期的运动序列，并负责与机器人协作规划层之间的协商，实现机器人之间冲突的消解。

3. 行为控制层

行为控制层的设计有两个目的：一是为了使机器人对紧急情况或简单任务迅速做出反应（如避障），它直接由传感信息映射到某种行为，基本上不做推理或根据简单规则直接推理；二是执行协调规划层产生的运动控制命令，产生相应的动作。

通过反应产生的运动具有最高的优先级，动作模块立即执行，并使协调规划层送来的动作中断。如果发生中断，则协调规划模块将决定是否重新进行规划。如图 9-31 所示，f:(s) 表示从传感信息到运动控制的映射关系，可以由神经网络、分类器、规则推理等实现。

4. 具体设计

具体到机场应用，考虑到实际中常采用轮式机器人，设计多机器人系统结构如图 9-32 所示，包括系统监控层、协作规划层和行为控制层三个层次。

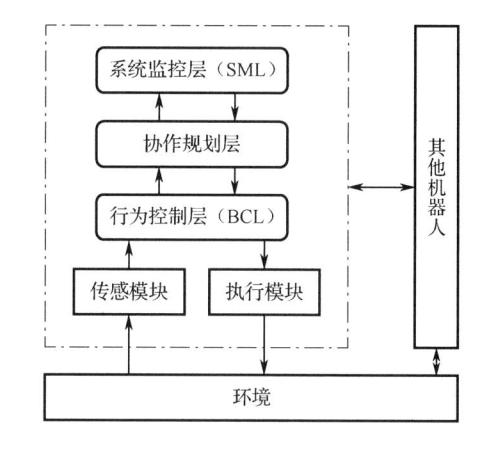

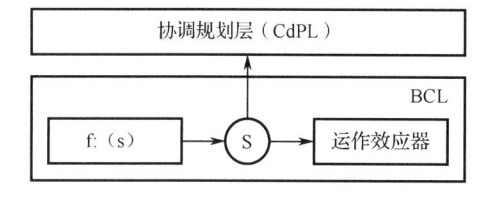

图 9-31　行为控制层结构框图

图 9-32　多移动机器人系统结构

（1）系统监控层（System Monitoring Layer，SML）

当系统发生不可预见的情况使得协作规划层和行为控制层都无法解决时，由系统监控层通知操作人员处理这些异常、冲突和死锁，如改变任务的执行状态和机器人运动的方向。另外，操作人员可以通过系统监控层直接对任务或者运动规划进行干预。

（2）协作规划层

协作规划层的主要功能是建立机器人之间的分层式组织关系，根据任务要求创建和组织合适的机器人群体，解决多机器人之间的任务级协作问题。它还承担处理一些异常、无法解决的冲突和死锁，同时作为系统监控层和行为控制层信息传递的媒介。

（3）行为控制层

采用基于行为的方法，根据当前的任务状态，综合感知模块检测到的环境信息，通过通信获得的相关信息及来自上层的有关命令，结合对工作环境的了解进行决策，为机器人规划出具体的运动方向和运动速度，实现具体的运动控制。

9.4.2　通信方式

通信是协作机器人之间交互的基本手段，机器人之间相互交换的信息包括任务、有关的内部状态和一些运动数据等。

多机器人系统在执行某项任务时，为了实现协调与合作，个体机器人的传感器必须提供足够的环境描述及其他机器人的信息。由于目前使用的各种传感器还不能达到这个要求，因此机器人之间或上层控制和下层合作之间的通信是必不可少的。机器人之间的通信方式主要有两种，即直接通信和间接通信。直接通信要求发送和接收信息时能保持一致性，因此在机器人之间就需要一种通信协议。直接通信的最重要特征是通信时发送者和接收者同时"在线上"，而间接通信不需要发送和接收信息之间保持一致性。例如,广播是一种间接通信方式,它不要求一定有接收者,也没有必要保证信息正确地传送到其他机器人,换句话说,发送的信息有可能被忽略,广播通信的重点在发送者。观察是另一种间接通信方式,它的重点在接收者(观察者)。尽管不是有意识地交换信息,但是无论信息是通过何种方式获得的,间接通信总是起作用。一般来讲,直接通信存在于有智能的机器人之间,而间接通信存在的范围就比较广,可存在于个体和个体通信、个体和群体通信、个体和环境通信等。目前,移动机器人系统的通信主要采取直接通信与广播相结合的混合方式。通常个体机器人与主控机器人(或控制中心)的信息交互(主要是工作信息和任务分配)通过直接通信实现,这样减少了其余机器人的网络负载;而主控机器人通常将机器人群中各机器人的当前位置和状态以广播形式发出,供个体机器人参考,简化了发送方的工作。选择通信方式的基本要求是保证通信的有效性和实时性。但由于目前通信还存在许多瓶颈问题,如负载量大则通信速度下降,在应用中直接通信过多会导致系统的动态性下降等。

9.4.3 协调控制

多机器人协调合作的主要研究方法有协商和反应式方法、分布式人工智能方法、学习与进化方法等。

协商和反应式方法中最著名的就是 Bratman 等人提出的 BDI(Belief-Desire-Intention)模型。Cohen 和 Levesque 又将"承诺(Commitment)"和"公约(Convention)"的概念补充进来,后又经 Jennings 和 Wooldridge 等人的进一步发展,形成了一套目前最为系统和成熟的多智能体协调理论框架——联合意图理论。其基本要点是:多个智能体在完成一个共同任务时会形成一个共同承诺,如果不出现"任务已完成""任务无法完成"和"任务不必完成"三种情况之一,智能体就应该遵守公约,即坚持承诺,直到成功完成共同任务;否则,智能体就会设法通知正在合作执行共同任务的其他智能体,自己将退出承诺。这样,其他智能体就能够适时做出调整。该理论只是侧重于智能体在完成任务时的一致性参与及坚持承诺,没有提出具体分工上的协作,所以该理论只是提出了一个框架,针对不同的问题还应该有相关的领域问题需要解决。

基于行为主义的多智能体系统的协调机制是以 Brooks 的基于行为的系统分析与设计方法为基础的。行为主义者认为智能体只需具有最基本的动作行为,智能体的智慧表现来源于对外界环境和变化的及时反应。这种协调机制也在许多方面得到了成功应用,典型的应用就是多机器人的编队。

多机器人协调系统是一个极其复杂的非线性动态系统,不可能具有完备的先验知识,必须依赖其自学习和自适应能力。通过自学习和再励学习建模,动态调整控制参数优化系统性能来适应环境变化。有不少文献对多机器人协调系统的自学习和再励学习做了研究，并提出了一些学习算法，如个体再励学习、群体再励学习、基于遗传算法的学习算法和基于模糊神经元的学习算法。多机器人学习方法中还包括行为控制参数的学习、增强式学习和学习分类器系统。行为控制参数的学习又有基于遗传算法的行为控制参数学习和基于案例的空间时间推理的行为参数学习等。这些问题已超出了本书的范围，有待于将来深入研究。

9.4.4 云机器人系统

近年来，机器人虽然得到了很大发展，但由于功能单一、自主性差、智力水平低及成本高等问题，阻碍了其推广应用。随着云技术的不断成熟，将云计算技术和机器人学相结合，是解决上述瓶颈问题的重要途径之一，现已成为智能服务机器人领域的研究热点。

所谓云机器人，就是云计算与机器人学的结合，如同其他网络终端一样，机器人本身不需要存储所有资料信息或具备超强的计算能力，只是在需要的时候可以连接相关服务器并获得所需信息。云机器人借助强大的云计算、存储和通信资源，把机器人本体的数据处理、规划、决策、协作等复杂计算功能卸载到云平台，使得机器人的知识能力被大规模拓展并超越了其物理本体的限制，可从根本上解决制约机器人存在的系统复杂、智力水平低和价格高等一系列瓶颈问题。

云机器人的主要目的是通过网络通信技术将高复杂度的计算卸载到云平台，大大降低单个机器人的计算负载。而在机场的实际应用中还需要考虑可靠性、可扩展性、模块性、互操作性、接口、QoS 等诸多因素，系统架构设计主要基于机器人即服务（Robot as a Service，RaaS）的设计思想，一方面将云机器人本地资源配置成云服务供用户直接调用，另一方面也可以利用云端资源供云机器人使用学习。图 9-33 描述了云机器人系统的体系架构，由云平台和机器人本体两大部分组成。其中云平台包括云存储、云网络和云引擎。云存储主要是对云机器人资源进行存储，如对象模型、算法库、任务库、语义映射等。云网络承担云平台的资源配置、分布式传输、通信优化等任务。云引擎则是云机器人智能化的核心。云机器人在运行过程中，将机器人本体信息如运动状态、环境信息等传送至云平台，云平台对这些信息进行运算、融合和分析，把最终的控制决策下发给机器人本体，并将有效信息进行存储。

云机器人有着丰富的应用前景，但现阶段国内外对智能云机器人的研究主要是以所有的机器人执行同样的指令和相同的任务为主，随着机器人、无线传感、网络通信技术和云计算理论、人工智能技术的进一步综合发展，云机器人的研究会逐步成熟化并推动机器人应用向更廉价、更易用、更实用化发展，同时云机器人的研究成果还可以应用于更广泛的人工智能、智能物联网系统等领域，云机器人不再依赖于自身机载设备上的某些命令，它们可以通过互联网访问云服务器下载属于自己的命令。云机器人通过与云平台计算资源的共享，推动多机器人系统和协作学习达到新的高度，通过把计算密集型任务卸载到云平台，机器人不再需要复杂的机载设备，大大降低了多机器人系统的应用成本。同时随着云计算、大数据、物联网等领域的发展，云机器人系统在智慧机场建设中会有更好的表现。

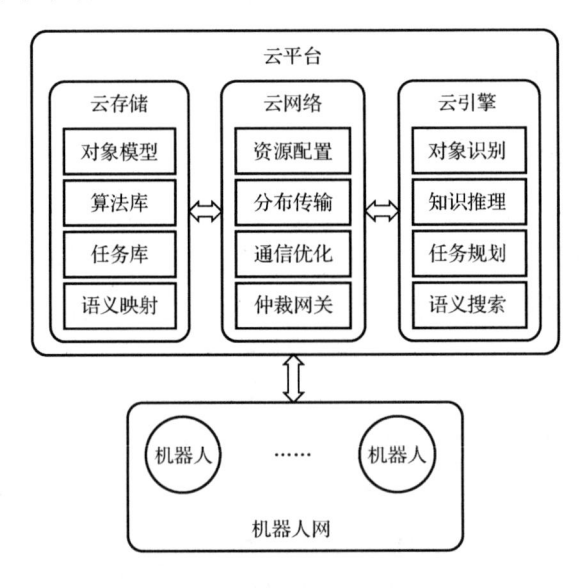

图 9-33　云机器人系统体系架构

第 10 章
智慧机场数字孪生系统

当前,以云计算、大数据、人工智能、虚拟现实、无人驾驶等新技术为代表的信息化浪潮席卷全球,也影响着机场规划、建设、运行与发展。在虚拟空间所构建的机场虚拟映像叠加在机场物理空间上,将极大改变机场面貌,重塑机场基础设施,形成虚实结合、孪生互动的机场发展新形态。借助更泛在普惠的感知,更快速度的网络、更智能融合的计算,数字孪生机场作为一种智慧机场建设运营的新形态新模式新业态,将使机场变得更加智能、更有活力。

10.1 理论基础

10.1.1 数字孪生概述

在知识爆炸的今天,物联网、大数据、人工智能、虚拟现实等新一代信息技术席卷全球,人类已拥有在信息空间中创造虚拟新世界的能力。就像电影《黑客帝国》描述的一样,这些虚拟世界不仅事无巨细、纤毫毕现地呈现了真实世界,还能自我运行、自我演化,与真实世界共同发展、交互作用、相互融合。在这种背景下,一种充分利用模型、数据、人工智能并集成多学科的技术——数字孪生应运而生,成为连接真实世界和虚拟世界的桥梁和纽带,目标是实现真实世界和虚拟世界的交互与共融。

数字孪生发端于制造业,脱胎于 CAD 等计算机三维建模理论,最早可以追溯到美国 Grieves 教授于 2003 年在密歇根大学的产品全生命周期管理(Product Lifecycle Management,PLM)课程上提出的"镜像空间模型",其定义为包括实体产品、虚拟产品及两者之间连接的三维模型。由于当时技术和认知水平的局限,这一概念并没有得到重视。直到 2010 年,美国国家航空航天局在太空技术路线图中首次引入了数字孪生的概念,目的是实现飞行系统的全面诊断维护。2011 年,美国空军实验室明确提出面向未来飞行器的数字孪生体范例,指出要基于飞行器的高保真仿真模型、历史数据及实时传感器数据构建飞行器的完整虚拟映射,以实现对飞行器健康状态、剩余寿命及任务可达性的预测。此后,数字孪生技术在制造业引起了广泛重视,作为一种实现物理系统向信息空间映射的关键技术,它通过充分利用布置在系统各部的传感器，对物理实体进行数据分析与建模，将物理系统在不同真实场景中的全生命周期过程反映出来，近乎实时地呈现物理实体的实际情况，并通过虚实交互接口对物理实体进行控制。

早期数字孪生研究和应用偏重于数字化，孪生的目标对象仅仅是物理产品或制造系统，而真实的世界是包含了人类社会、人工系统、自然和人造环境等在内的复杂系统，大到星辰大海，小到纤毫微尘，事无巨细，无所不包。然而现有数字孪生的定义并不涵盖对智能实体行为、人类组织形态、人工系统演化等领域的描述，也缺乏虚实动态实时互动。因此，为解决上述问题，在数字孪生的基础上，不断融入智能生命实体、社会组织实体的相关研究内容，通过传感器、物联网、虚拟现实、人工智能等数字技术对真实世界中物理实体、智能实体和组织实体对象的特征、行为、形成过程和性能等进行描述和建模，从而更加细致、更加精确、更加有预见地刻画真实世界，开发具有空间精确映射、虚实全息互联、模型全谱适应、自我演化学习、持续调整优化等特点的高保真仿真系统，不断将运行结果与来自真实世界的信息进行对比，从而对真实世界进行诊断和预测，对真实世界施加影响和调节，使真实世界变得更加高效、有序（图 10-1）。未来数字孪生将逐步解决信息、物理、社会深度融合过程中数字系统与物理系统间无缝连接、海量数据的融合与挖掘、智能生命体的行为与情感表达、社会群体智能的建模与仿真、人机之间虚实之间自然交互等问题，不断将应用场景扩展延伸到智能制造、智慧城市、人工社会等更宏大、更丰富的领域，为人类数字化智能化社会的建设提供新的思路和手段，也将不可避免地渗透到智慧机场建设领域。

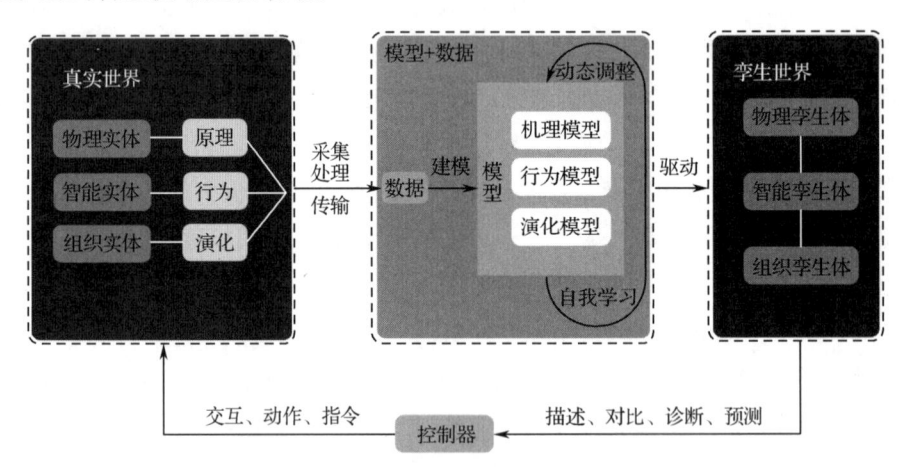

图 10-1 数字孪生定义

10.1.2 数字孪生机场

1. 概念内涵

数字孪生机场是数字孪生技术在机场层面的广泛应用，它利用物理世界实体机场的模型，结合传感器的数据以及其他相关数据，构建机场物理世界和网络虚拟空间的一一对应、相互映射、协同交互的数字机场模型，在网络空间再造一个与之匹配、对应的"孪生机场"，实现机场全要素全状态实时化、数字化、可视化，形成物理维度上的实体世界和信息维度上的虚拟世界同生共存、虚实交融的机场发展格局，如图10-2所示。

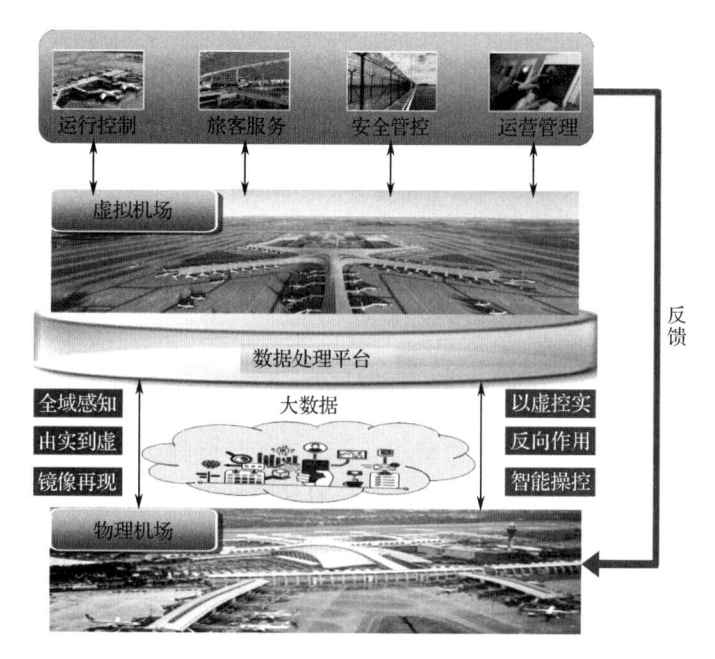

图 10-2 数字孪生机场示意图

数字孪生机场，既可以理解为实体机场在虚拟空间的映射和状态，也可以视为支撑新型智慧机场建设的复杂综合技术体系，是推进机场规划、建设、运行、服务智能化，确保机场安全、有序运行的赋能支撑。数字孪生机场通过建造基于精准映射、虚实交互、数据驱动、软件定义、智能干预的机场信息模型，可模拟、仿真、预测、分析机场的实时动态，最终实现孪生机场与现实机场同步规划、同步建设、同步运行，达成机场管理决策与服务的协同化和智能化，成为机场综合决策、智能管理、全局优化、持续迭代更新的创新平台。数字孪生机场建设的主要内容包括三部分：第一，通过 GIS、BIM、三维仿真等多种技术，实现机场室内外、地面地下的全方位建模，及对设备设施的多种方式的空间表达，从而完成机场的物理仿真；第二，通过物联网手段，采集机场设施、设备、人员和旅客的运行状态，实现机场的智能感知；第三，通过对业务流程的表达、仿真和优化，促进智慧决策。

2. 主要特点

数字孪生机场存在四大特点：精准映射、虚实交互、软件定义、智能干预。

精准映射：数字孪生机场通过空中、地面、地下等各层面的传感器布设，实现对跑道、停机坪、场面建筑、助航灯光等基础设施的全面数字化建模，以及对机场运行状态的充分感知、动态监测,形成虚拟机场在信息维度上对实体机场的精准信息表达和映射。

虚实交互:有了数字孪生机场,既可在机场实体空间观察到虚拟空间中的各类信息,也可在虚拟机场空间中搜索机场各类实体的信息,机场规划、建设、运营、管理及旅客的各类活动也将在虚拟空间得到极大扩充,虚实融合、虚实协同将定义机场未来发展新模式。

软件定义:数字孪生机场针对实体机场建立相对应的虚拟模型,并以软件的方式模拟机场在真实环境下的运行行为,通过云端和边缘计算,软性指引和操控机场的信号控制、能源调度、项目周期管理、基础设施选址建设。

智能干预:通过在"数字孪生机场"上规划设计、模拟仿真等,将机场的潜在危险进行智能预警,并提供合理可行的对策建议,以未来视角智能干预机场原有的发展轨迹和运行,进而指引和优化实体机场的规划、管理。

3. 作用意义

数字孪生是数字化浪潮的必然结果。未来,物理世界和数字世界将平行共存,万物在实体之外都有数字孪生体如影随形。从工业领域到机场领域,数字孪生成为创新发展的基础设施和关键引擎。数字孪生机场的核心价值,在于通过建立基于高度集成的数据闭环赋能新体系,生成机场全域数字虚拟映像空间,并利用数字化仿真、虚拟化交互、积木式组装拼接,形成软件定义、数据驱动、虚实交互的数字孪生机场,使得机场运行、管理、服务由实入虚,而虚拟空间的建模、仿真、演化、操控则由虚入实,改变、促进物理机场资源要素优化配置,开辟新型智慧机场的建设和治理新模式。数字孪生机场既是数字机场的发展目标,又是智慧机场的建设起点,推动机场在数字化基础上真正开启智慧时代。

一是提升机场规划、建设的质量和水平。当前智慧机场规划和顶层设计,大部分属于概念和功能设计,缺乏与实际人流、物流、资金流的交互,也缺乏以人为核心的机场设计、建设协同创新。数字孪生机场以航班流、旅客流服务作为核心主线,通过在数字孪生机场执行快速的"假设"分析和虚拟规划,在规划前期和建设早期了解机场特性、评估规划影响,摸清机场家底、把握机场运行脉搏,推动机场规划有的放矢,提前布局,避免在不切实际的规划设计上浪费时间,防止在验证阶段重新进行设计,以更少的成本和更快的速度推动创新技术支撑的智慧机场顶层设计落地。

二是推动智慧机场现代化运营治理。通过物联感知和泛在网络搭建一个可感知、可判断、快速反应的数字孪生机场,实现由实入虚,再通过机场全要素全流程建模仿真在"比特空间"上预测旅客轨迹、推演航班机场保障全程、评估设施布局、商业项目影响等,继而通过科学决策和智能控制实现由虚入实,达成对实体机场的最优管理。依托数字孪生机场与物理实体机场两个主体的虚实互动、孪生并行、以虚控实,在虚拟世界仿真,在现实世界执行,虚实迭代,持续优化,逐步形成深度学习自我优化的内生发展模式，大大提升机场的运营能力和治理水平。此外，数字孪生模式下，通过数字空间的信息关联，还可增进现实世界的实体交互，实现情景交融式服务。

三是优化并评估智慧机场建设成效。基于数字孪生机场体系以及可视化系统，以定量与定性方式，建模分析机场交通路况、人流聚集分布、空气质量、水质指标等各维度机场数据，决策者和评估者可快速直观了解智慧化对机场环境、机场运行等状态的提升效果，评判智慧项目的建设效益，实现机场数据挖掘分析，辅助机场高层在今后信息化、智慧化建设中的科学决策，大幅降低时间、人工和物料成本，避免走弯路、重复建设、低效益建设。

10.2 总体架构

10.2.1 技术架构

10.2.1.1 数字孪生通用技术架构

建立数字孪生的首要任务是创建高保真的虚拟模型，不仅要真实地再现实体的结构、属性、功能，还要体现实体的状态、行为和社会规则。因此数字孪生包含多种多样的子系统，传统的建模仿真方法无法精确地对整个数字孪生系统进行描述，应同时使用物理仿真、离散事件仿真、基于智能体仿真、演化仿真等多种手段，并集成在一个技术架构下运行。

图 10-3 是一个通用的数字孪生参考技术架构，从下到上分为 5 层，即物理层、数据层、模型层、功能层、应用层。

物理层是与数字孪生对应的物理实体、智能实体和组织实体等目标对象所处的现实世界，通过传感器、计量设备等数据采集手段达成与数据层之间的信息传递。

数据层的功能主要包括数据采集、数据处理和数据传输，连接目标对象与模型，实现对目标对象的状态感知和控制。

模型层是数字孪生的核心，包含各类实体的仿真模型，如物理模型、智能行为模型、演化模型、交互模型等，通过模型的运行，实现对真实世界的再现和仿真。

功能层包括提供建模管理、仿真服务和交互管理三类功能。建模管理涉及目标对象的数字建模与展示、与物理对象模型同步和运行管理。仿真服务包括模型仿真、分析服务、预测和决策支持。交互管理实现数字孪生与用户之间和与其他孪生体之间的接口，进行互操作、在线插拔和安全访问。

最上层是应用层，包括智能制造、智慧城市、智慧医疗等领域中人类用户、人机接口、应用软件以及其他相关的数字孪生体。

```
┌─────────┐    ┌──────────────────────────────────────────────────┐
│ 应用层  │    │  智能制造    智慧城市    智慧医疗    智能战争   │
│         │    │  人类用户  │ 人机接口 │ 应用软件 │ 其它虚拟孪生体│
└─────────┘    └──────────────────────────────────────────────────┘

┌─────────┐    ┌──────────────────────────────────────────────────┐
│         │    │  描述   监测   对比   诊断   预测   决策   控制  │
│ 功能层  │    │ ┌─建模管理─┐ ┌─仿真服务─┐ ┌─交互管理─┐         │
│         │    │ │数字建模 模型展示│模型仿真 报告生成│资源接口 在线插拔│
│         │    │ │模型同步 运行管理│分析服务 平台支持│安全访问 虚实互操作│
└─────────┘    └──────────────────────────────────────────────────┘

┌─────────┐    ┌──────────────────────────────────────────────────┐
│ 模型层  │    │ 物理模型  智能行为模型  组织演化模型  交互模型…… │
└─────────┘    └──────────────────────────────────────────────────┘

┌─────────┐    ┌──────────────────────────────────────────────────┐
│ 数据层  │    │  数据采集      数据处理      数据传输            │
└─────────┘    └──────────────────────────────────────────────────┘

┌─────────┐    ┌──────────────────────────────────────────────────┐
│ 物理层  │    │  物理实体      智能实体      组织实体            │
└─────────┘    └──────────────────────────────────────────────────┘
```

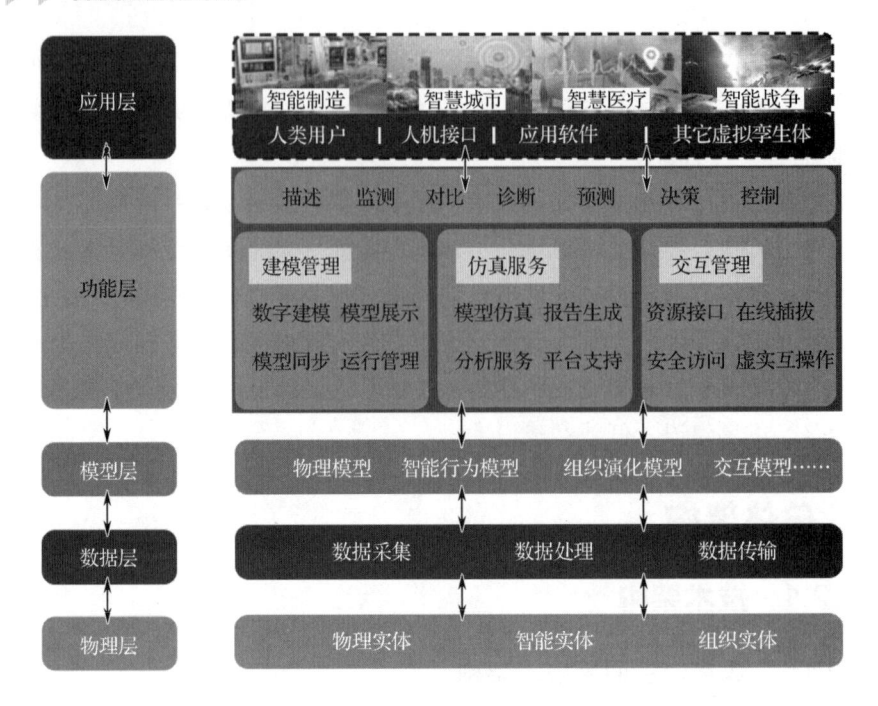

图 10-3 数字孪生参考技术架构

通过这个技术架构，可以生成不同物理实体、智能实体和社会实体的数字镜像，接受来自真实世界的实时信息并反过来作用于真实世界，实现虚拟与真实的世界交互共融、协同进化。

10.2.1.2 数字孪生机场技术架构

本质上，数字孪生机场是面向新型智慧机场的一套复杂技术和应用体系，是多源数据整合和多种技术集成的结果，因此，参照数字孪生通用技术架构，结合智慧机场关键要素，设计数字孪生机场技术架构如图 10-4 所示。

物理层由包括设施、设备、车辆、人员、各类组织机构在内的实体机场要素，以及物联感知设施、新型测绘设施、网络连接设施和智能计算设施等技术支撑要素组成。物理层应涵盖机场全部要素，并能感知体现实体机场的全部运行流程。

数据层包括两层，下层由物联感知平台和网络资源调度平台组成，对物理层的机场感知体系和智能化设施统一接入、统一管理，并能通过数据层对智能设施设备反向操控；上层是机场大数据平台，汇聚全域全量业务和运行数据，与机场信息模型整合，展现机场全貌和运行状态，成为数据驱动治理模式的强大基础。

模型层以机场信息模型（AIM，Airport Information Modeling）为核心，融合机场运行相关的各类人员、装备、物资、设施、组织机构等现实对象的实体模型，以及这些实体模型需要共同使用的方案计划模型、决策支持模型、智能调度模型、环境交互模型等。其中，AIM 依托 GIS（地理信息系统）+BIM（建筑信息模型）+IOT

第 10 章 智慧机场数字孪生系统

应用层	规划设计、建设施工、运行调度、安全监控、运维管理、训练演练、……
功能层	监控服务平台（描述能力）、数据服务平台（学习能力、监测能力）、仿真服务平台（决策支持模型、预测能力、控制能力）、共性服务平台（再现能力、评估能力）
模型层	方案计划模型、机场实体模型/机场信息平台（人员、装备、物资、设施、组织机构）、智能调度模型、环境交互模型
数据层	物联感知平台、机场大数据平台/数字孪生机场底座、网络资源调度平台
物理层	实体机场要素（人员、航空器、地面车辆与装设备、机场设施、组织机构、外部实体）、技术支撑要素（物联感知设施、新型测绘设施、网络连接设施、智能计算设施）

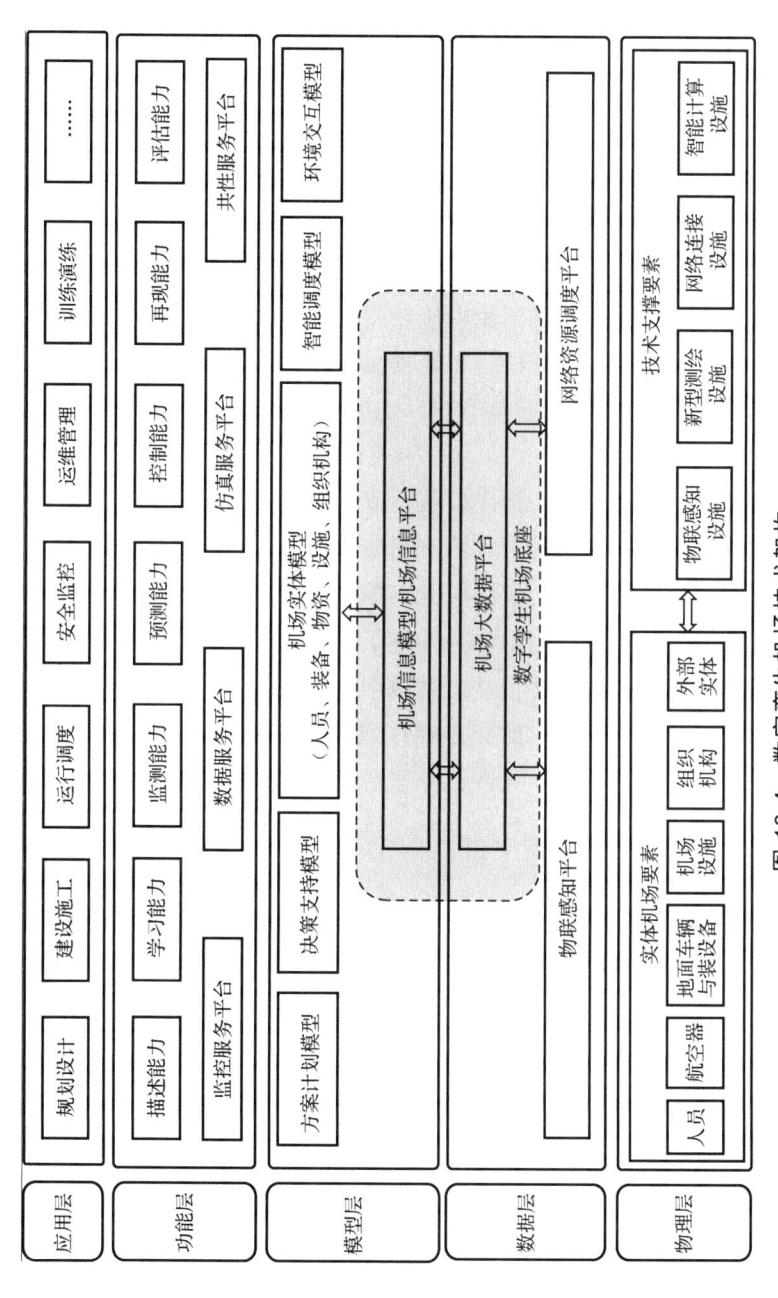

图 10-4 数字孪生机场技术架构

323

等技术，与机场大数据平台融合，对空间规划数据、二三维 GIS 数据、建筑 BIM 数据、市政设施 BIM 数据、IOT 感知数据以及机场服务保障、商业经营、企业管理等应用数据进行多元异构集成，形成基于统一标准和规范的 AIM 作为机场的数字底座，是数字孪生机场精准映射虚实互动的核心。同时，通过各类模型的运行和交互，实现对现实机场运行情况的再现和仿真，为智慧机场规划、建设、运行管理提供统一的基础支撑。

功能层为上层应用提供技术赋能与服务支撑，主要由监控服务平台、数据服务平台、仿真服务平台等组成，提供了虚拟世界数字孪生对真实世界的描述、学习、监测、预测、控制、评估等能力。

应用层包括机场规划设计、建设施工、运行调度、安全监控、运维管理、训练演练等场景，形成了包括数字孪生内核在内的机场各业务领域智慧应用体系，更加凸显数字孪生"一盘棋"管理特征和跨领域、跨行业、全域视角的超级应用地位。

10.2.2 核心平台

在数字孪生机场的五层架构中，起到中枢作用的是数据层、模型层和功能层，是连接底层终端设施、驱动上层行业应用的核心环节，主要由物联感知平台、大数据平台、机场信息模型平台、应用服务支撑平台等几个核心平台组成，尤其是机场信息模型平台与大数据平台相融合，构成了机场数字孪生的底座。在以上几个平台中，物联感知平台和大数据平台基本类似于智慧机场的物联网平台和大数据平台，在第三章已进行了详细介绍，此处主要介绍机场信息模型平台和监控服务平台、数据服务平台、仿真服务平台、共性服务平台等应用服务支撑平台。

10.2.2.1 机场信息模型平台

机场是城市的一部分，随着中国新型城镇化、特色小镇等城市片区开发项目的推进，以及信息化技术的突飞猛进，城市信息模型（CIM）理念应运而生。区别于针对小尺度建筑项目的 BIM 技术，CIM 技术是面向城市片区级别大尺度项目的信息化整体解决方案，而机场信息模型（AIM）则可以认为是一种特殊的城市信息模型。AIM 是在城市基础地理信息的基础上，面向机场及其周边部分城市片区建立的建筑物、基础设施等三维数字模型，是表达和管理机场三维空间的基础平台，也是机场规划、建设、管理、运行工作的基础性操作平台，是智慧机场的基础性、关键性和实体性信息基础设施。

机场信息模型平台技术架构如图 10-5 所示，主要由多源模型数据采集、模型平台、数据呈现与渲染三大部分组成。

第 10 章 智慧机场数字孪生系统

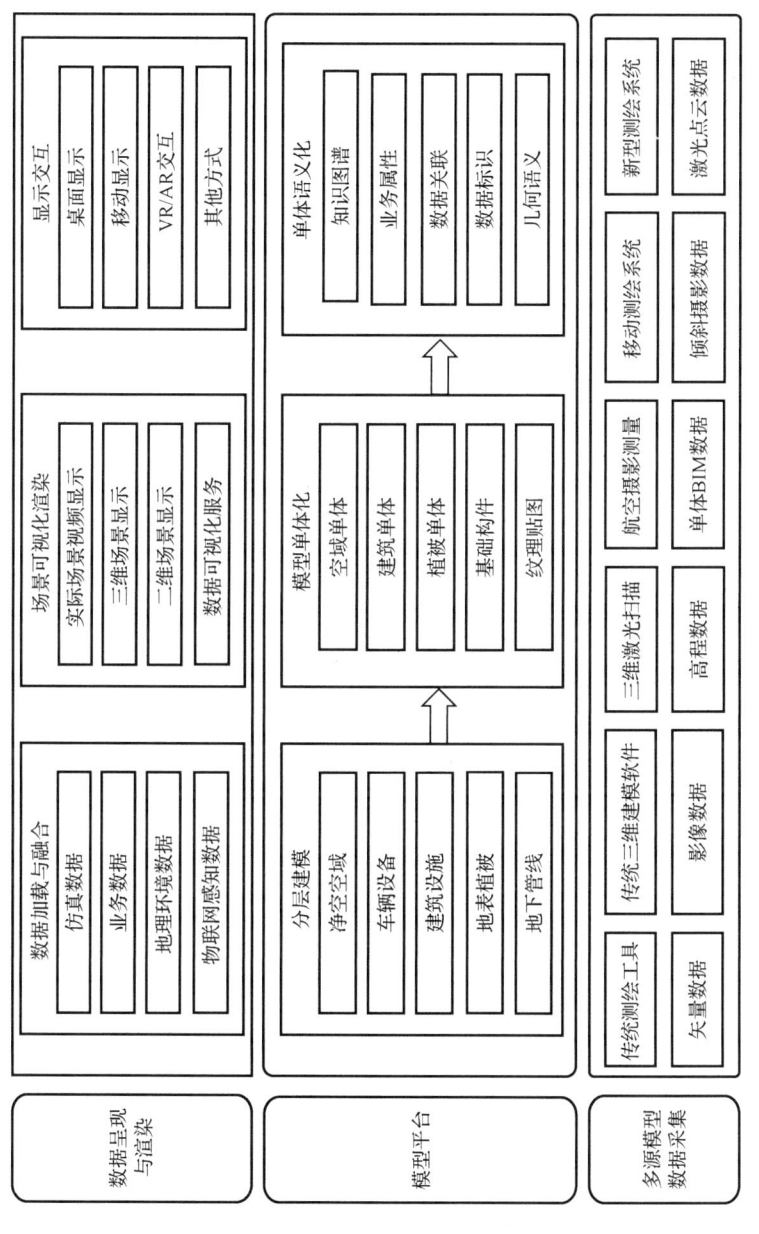

图 10-5 机场信息模型平台技术架构

数据呈现与渲染

数据加载与融合
- 仿真数据
- 业务数据
- 地理环境数据
- 物联网感知数据

场景可视化渲染
- 实际场景视频显示
- 三维场景显示
- 二维场景显示
- 数据可视化服务

显示交互
- 桌面显示
- 移动显示
- VR/AR 交互
- 其他方式

模型平台

分层建模
- 净空空域
- 车辆设备
- 建筑设施
- 地表植被
- 地下管线

模型单体化
- 空域单体
- 建筑单体
- 植被单体
- 基础构件
- 纹理贴图

单体语义化
- 知识图谱
- 业务属性
- 数据关联
- 数据标识
- 几何语义

多源模型数据采集

- 传统测绘工具
- 矢量数据
- 传统三维建模软件
- 影像数据
- 三维激光扫描
- 高程数据
- 航空摄影测量
- 单体BIM数据
- 移动测绘系统
- 倾斜摄影数据
- 新型测绘系统
- 激光点云数据

1. 多源模型数据采集是机场模型平台构建的基础

目前广泛应用的采集方法有传统三维建模软件、三维激光扫描、航空摄影测量、移动测绘系统等。主要采集机场基础地理数据，单体建筑物、构筑物、道路、地下管线的 BIM/CAD 建筑模型数据，地表高程属性数据和纹理数据，用于三维建模和重建的倾斜摄影数据和激光点云数据，地质、水体数据等多源异构数据。

目前机场信息模型尚无相关标准，但参考城市信息模型的数据组织，可以基于开放共享的城市信息模型和三维传输交换标准来构建。城市信息模型可参照国际标准组织 OGC 框架下的 CityGML 标准来实现。CityGML 核心模块定义了 CityGML 数据模型的基本概念和组件。基于 CityGML 核心模块，每个模块包含一个逻辑上独立主题组成的 CityGML 数据模型。CityGML 具有十三个专题扩展模块，包括外观、桥、建筑、城市部件、城市目标组类、泛型、土地利用、救援物资、交通、隧道、植被、水体以及纹理面。CityGML 数据模型的主题分解可以实现支持任何组合的扩展模块与核心模块，扩展模块可以根据应用程序或应用领域的信息需求任意组合。城市三维信息的传输和交换，国际上最常用的有开源的 3DTiles 格式，国内可采用中国地理信息产业协会审查批准的《空间三维模型数据格式》（T/CAGIS1—2019）团体标准，这些格式适用于海量、多源异构三维地理空间数据和 Web 环境下的传输与解析，为多源空间数据在不同终端（移动设备、浏览器、PC 电脑）地理信息平台中的存储、高效绘制、共享与互操作等问题提供了解决方案。但需要指出的是，无论是模型构建还是模型传输，仅使用城市信息模型的现有成果是不够的，由于机场的特殊性，除了体现机场建筑特点的跑道、塔台、航站楼等标准模块，至少还应加上净空模型、空域模型甚至是空中飘浮物、系留物模型等，因此，制定机场专用的信息模型标准应成为下一步工作的重点内容。

2. 模型平台是数字孪生机场运行"骨架"（信息载体）

主要是基于 GIS 地图，利用影像多视匹配技术、点云重构 TIN 技术、纹理映射技术、三维模型存储优化技术等建模技术，按照地形层、道路层、建筑层、绿化层、水域层等顺序逐层从大数据平台加载数据组建而成，并对各类机场重要设施及周边道路、桥梁、停车场、绿地等附属设施进行单体化处理。在模型单体化的基础上，利用语义化技术，形成一个量化并可索引的机场单体信息模型（类似于传统的 BIM），同步接入人员、装备、设施数据及各业务领域运行数据，并与模型单体基础数据进行融合处理。

融合处理方法通常包含以下 4 种：

一是识别，主要针对空间测绘图像数据和半结构文本类数据。对图像数据目前多采用机器学习中卷积神经网络图片识别的方法进行识别，如识别出空间数据中的道路、桥梁、建筑、灯杆、井盖等；对半结构化文本数据多采用语义识别的方法进行识别。

二是标识，识别出的数据对象需要进行标签化处理，才能被业务系统使用。数据对象通常会关联到一套标识系统之上，用来对数据标识对象的唯一性进行识别。例如建筑物编号、建筑物内房间编号、房间内门窗编号等。

三是关联，不同数据对象之间存在一定的关联关系，例如井盖对象与部署在井盖内的传感器实时数据之间的关联关系；道路网格数据与部署在道路上的不同视频监控设备关联关系等。

四是知识图谱，不同的数据对象关联后形成不同类别的知识图谱。

模型平台全面激活数据资源价值，能够模拟仿真机场运行状态。在数据集成范畴，模型平台集成了与机场运行的各类数据和物联感知数据；在机场运行模拟上，模型平台运用模拟仿真、深度学习等技术，仿真推演机场运行态势；在实时数据呈现上，模型平台不仅仅局限于静态数据，还可以通过集成智能终端运行数据，可视化展示机场运行的实时状态，对机场运行动态进行预测预警；在支撑机场当局的决策上，模型平台可快速模拟管理者决策效果，支撑管理者制定全局最优化决策方案。

3. 实时数据呈现与模型渲染是模型平台的主要应用

主要包括机场静态数据呈现和动态实时呈现。一是物联网感知数据实时在模型平台上快速加载、融合和实时呈现，实现实时运行监测数据可视化，如实时视频图像、航班流量、保障状态、车辆轨迹、旅客情况等；二是场景可视化渲染，根据地理信息数据源、模型精度、业务场景需求，不同精度标准呈现现实场景；三是支持多种交互方式，提供桌面、屏幕、移动设备以及 VR/AR 等交互能力，满足不同用户的需要。

10.2.2.2 数据服务平台

数据服务平台汇聚全域全量基础数据和业务数据，与城市信息模型平台整合，提供机场实时动态数据及更新服务，作为数据驱动治理模式的强大基础。数据服务平台不仅包括传统测绘数据、新型测绘数据等常规 GIS 数据类型，也包括基于倾斜摄影、BIM、激光点云的三维模型数据，基于移动互联网的地理位置数据、基于物联网的实时感知数据等，以及非结构化的视频、图片、文档等。数据服务平台以 BIM 数据为骨架，整合规划、建设、管理等数据，同时不断融入物联网感知数据、位置数据和各种运行数据，保证数据的实时性，展示机场真实运行状态。除此之外，通过对接已建业务系统产生的业务数据，实现机场数据的协同共享。

数字孪生机场的数据资源体系具备三个特征：一是数据更加多元多源，从机场业务数据扩展到感知数据、运行数据、运营数据、旅客信息数据等，实现从封闭自用的业务信息资源到多方共建共享共用的机场大数据的跨越；二是与物理世界动态连续映射，所有机场上的物理实体数据都将叠加时空信息，每个物理实体任何时间、任何地点的状态，均可以映射到数字孪生世界，实现物理实体在时空上的连续精准映射；三是从封闭割裂到有机整体的跨越，以往每一条独立的空间地理数据、建筑数据、业务数据、传感器数据、互联网数据均可关联到实体上，形成该实体的全量属性数据，并以实体为基础形成机场知识图谱。

数据服务平台对外提供各层次数据服务，主要包括：一是基础数据，包含机场各类基础设施等相对不变的结构化文本描述数据，如跑道、机坪、设备、车辆、人员、运营经济效益等数据，通过 SOA、DOA 等多种组件模型对外部系统提供统计查询、挖掘分析等服务；二是空间数据，包含机场各类基础设施等相对不变的图形图像数据，以结构化文本方式对外提供显示服务，同时可结合图形处理引擎，也以 3D 的方式提供 VR/AR 交互展示服务；三是业务数据，一般是动态变化的数据，包含保障工单统计、物资资源消耗、装备状态、能耗等数据；四是专题数据，指面向不同专题领域，关联基础数据、空间数据和业务数据的融合数据。

10.2.2.3 仿真服务平台

仿真技术是以相似原理、模型理论、系统技术、信息技术以及应用领域有关专业技术为基础，通过建立实际系统的模型，对实际系统进行研究、分析、试验、维护等全生命周期活动的一门多学科综合性技术。仿真技术和理论研究、实验研究共同构成了人类认识世界和改造世界的基本活动及有效手段，而且具有理论研究和实验研究不可替代的独特功能。数字孪生是仿真科学与技术综合应用的最高形式，除了能真实地再现实际系统和实体的结构、属性、功能，还能通过物理仿真、离散事件仿真、基于智能体仿真、演化仿真等手段体现实际系统和实体的状态、行为和社会规则。因此，仿真提供了数字孪生系统的描述、复现、预测、评估、决策等高级智能行为的能力，是整个数字孪生的"大脑"。

数字孪生机场利用集成、封装、云计算、高性能计算等技术将仿真相关工具软件、知识、经验、计算硬件等资源进行整合，形成仿真服务平台。通过仿真服务平台，提供事件、场景、决策预案的仿真服务，模拟机场运行和发展变化过程，预测机场运行状态和事件发生，为机场决策提供支持，并向用户提供软硬件资源、专家咨询、模板或快捷工具、业务培训和演练等服务。

机场中专业门类众多，业务流程复杂，很难用一种仿真模式覆盖所有需求，需要按照连续系统仿真机理实现实体级物理连续状态变化的仿真应用，与按照离散事件系统仿真机理实现组织机构工作流程的仿真应用集成起来，同时还要有效管理仿真需要的各种资源，以提高仿真系统的互操作性和重用性，满足机场仿真大规模、网络化、智能化的要求。因此，需要开发一个公用的、支持互操作、可组合性和可重用性的仿真服务技术框架，以有效使用机场仿真货架产品和长期积累的仿真模型和仿真资源，并以服务的方式提供给用户，实现仿真的按需使用和资源共享。

由于 Web 服务实现简单且具有松耦合的特征，目前已成为实现仿真服务平台最流行的方法，主要任务是将数字孪生机场仿真应用所需的仿真引擎、仿真支撑工具和仿真资源封装为各种仿真组件，并以 Web 服务的形式发布，通过 Web 服务发现，选择仿真服务，快速构建仿真应用系统。仿真服务平台提供统一的管理策略与服务门户，集成多种通用仿真软件、机场专用仿真货架软件和用户自行开发的仿真软件，形成能够覆盖机场全要素全过程的机场仿真体系，为用户提供全面、完整的仿真技术支持。

仿真服务平台技术架构如图 10-6 所示，从上至下依次为应用层、接口层、服务层、资源层、网络层。

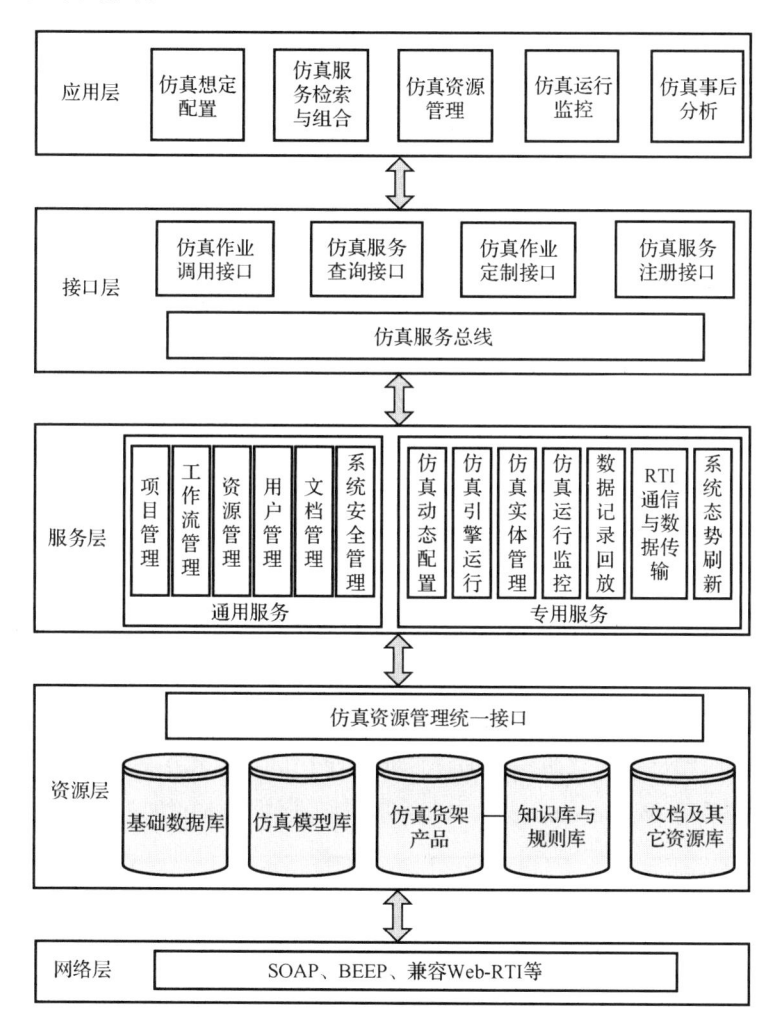

图 10-6 仿真服务平台技术架构

1. 应用层

应用层提供用户使用和管理仿真系统的操作环境，直接面向使用数字孪生仿真服务的各类人员，包括机场管理人员、规划人员、研究人员和技术人员等，他们使用各类仿真客户端，通过仿真服务检索和组合，将各类仿真服务组件、业务逻辑、数据等拼装在一起，形成按需组合的机场相关仿真系统，同时还可利用这个环境进行仿真动态配置、仿真资源检索、仿真运行监控、仿真事后分析等工作，构成完整的仿真开发使用流程。

仿真应用层在技术支持框架上，以页面流方式实现符合 MVC（Model-View-Controller）的应用模式实现各类应用显示，与用户层进行基于 Web 页面的图形化交互；将服务层和资源层中的相应服务组件集成在应用服务器后台；页面流控制器负责根据用户操作调用相应的应用逻辑，正确地实现页面内容的更新显示和应用层页面间的切换，如图 10-7 所示。

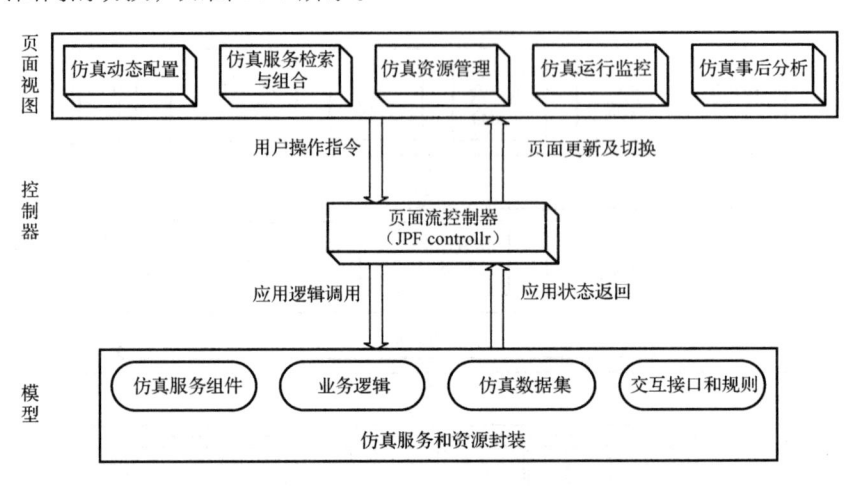

图 10-7 应用层架构

2. 接口层

接口层主要负责接受应用层各类仿真客户端的仿真服务查询、作业定制和调度，以及远程的仿真服务注册等功能，同时将仿真客户端的请求传递给仿真服务总线。如图 10-8 所示，接口层架构主要由仿真作业调用接口、仿真服务查询接口、仿真作业定制接口和远程仿真服务注册接口等四个访问接口和仿真服务总线组成，所有的访问接口均采用 WebService 技术实现，基于标准的 SOAP 协议供仿真客户端调用。

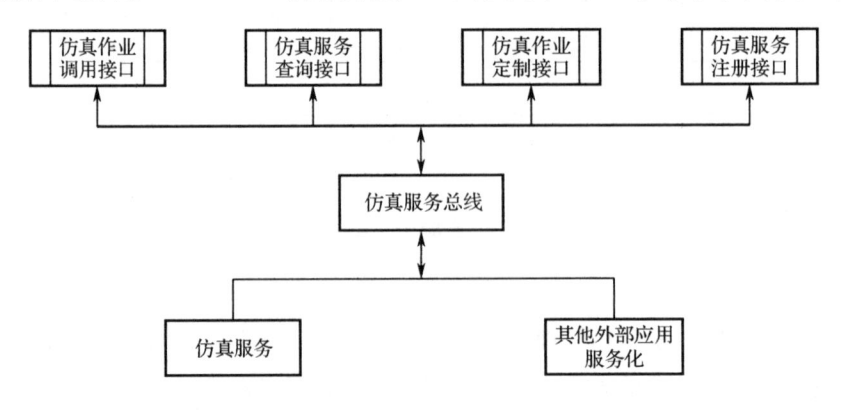

图 10-8 接口层架构

仿真服务查询接口供仿真客户端查询仿真服务库中可用的仿真服务，查询结果用 XML 格式返回仿真组件元数据描述信息。仿真业务定制接口接受仿真客户端通过仿真流程定制要求，完成仿真作业的设定，并返回仿真作业 ID 号给仿真客户端。仿真作业调用接口主要是让仿真客户端通过调用该接口执行相应 ID 号的仿真作业，在实现时可采用具有远程调用接口的软件开发平台，并利用全双工方法将仿真结果实时推送给仿真客户端。远程仿真服务注册接口是供部署在远程仿真服务器上的仿真服务在仿真服务数据库中进行注册，凡是经过注册的仿真服务就可供整个仿真系统查询和调用。

仿真服务总线（Simulation Services Bus，SSB）是接口层的重要组成部分，是一个在 SOA 仿真架构中实现服务间智能化集成与管理的中介。SSB 在框架中地位重要，主要是实现对仿真接口层四个接口调用的具体执行，完成仿真服务管理和在分布式异构环境中进行仿真服务交互。SSB 通过将仿真服务数据库中的仿真服务连接到总线上，并向用户提供相应的调用机制（如 API），实现从服务开发、服务注册、发现和组合等通用服务，完成仿真服务的管理。

仿真服务总线完成的具体工作包括：在总线范畴内对仿真服务进行注册、命名和寻址管理；面向仿真服务应用的中介；提供位置透明的仿真服务路由和定位仿真；支持多种消息传递形式（请求/响应、单路请求、发布/订阅等）；支持广泛使用的传输协议（SOAP、BEEP、HTTP 等）；支持仿真服务的 Web 服务集成方式；对仿真服务进行管理（如提供仿真服务调用记录、监控数据等）。

3. 服务层

服务层主要包括仿真系统开发、集成、部署、运行和评估等活动所需的项目管理、工作流管理、资源管理、用户管理、文档管理、系统安全管理等通用服务，以及仿真动态配置、仿真引擎运行、仿真实体管理、仿真运行监控、数据记录与回放、RTI 通信和数据传输、运行态势生成与刷新等专用服务，这些服务可以在应用层中进行定制，配置为不同组合下的个性化服务。

仿真服务是整个仿真服务平台的业务核心，它是一个服务组件应用库，具有明确的功能，通常实现了机场相关仿真系统的基本概念和业务流程，既包括仿真系统开发和运行的业务流程，也包括仿真系统管理和使用的业务流程。仿真服务一般由仿真服务的描述、接口、实现、业务逻辑、数据等组成。仿真服务描述提供一个信息规范，来说明该服务的作用、功能、约束和使用。服务交互接口将服务的功能向服务客户公开，以供服务客户使用。仿真服务接口描述是服务描述的一部分，但接口的物理实现包含服务占位程序，占位程序被嵌入到服务或调度程序的客户中。服务实现在物理上提供所需的业务逻辑和适当数据，在技术上实现服务描述。业务逻辑是指机场各专业领域的业务流程，由服务进行封装，是服务实现的一部分，可通过服务接口访问业务逻辑。服务还包含所支持实现的基础数据调用。如前所述，服务不仅仅只是封装了应用程序较低层的一些代码，各个仿真服务都是一个封装了高级业务的实体，它与代码和数据调用有着本质区别。因此，从服务客户角度分析，仿真服务是一个黑盒实体，是一个执行机场相关业务流程的最小单元。以机场空侧运行仿真服务为例，其具体结构如图 10-9 所示。

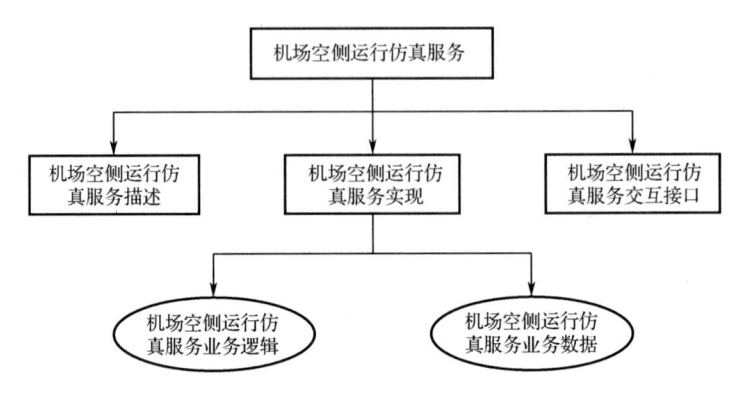

图 10-9 机场空侧运行仿真服务的组成结构

4. 资源层

资源层是构成仿真系统的基础设施，主要包括仿真资源以及访问仿真资源的接口。在数字孪生机场仿真系统的研发阶段和运行阶段，主要应用的资源有组织机构、人员、装备、物资、设施等数据资源，各类物理、行为、流程等模型资源和文档、知识、规则、标准等其他资源。这些计算资源通过网络设备连接起来，具有分布和异构特性。资源层仅实现了异构资源在物理上的连通，但从逻辑上看这些资源仍然是孤立的，资源共享问题仍然没有得到解决。因此，必须在仿真资源层的基础上通过仿真资源应用接口来完成广域异构资源的有效共享。

源于大型网络环境下面向服务仿真的特殊性，仿真资源具有与以往局域网下仿真系统资源所不具备的特点，主要如下：

① 异构性：由于仿真网络环境下的仿真资源种类繁多，提供的用户也各不相同，在访问接口上虽然可以定义统一的标准，但由于本地资源管理系统不同，共享规则不同，从而使仿真资源在根本上具备异构特性。

② 动态性：仿真资源由于管理的异构性，可以随时加入和离开仿真系统，仿真资源的可用性随时间变化而动态变化，一个仿真资源贡献给仿真用户使用的能力是随时间变化而动态变化的，仿真资源负载也是动态变化的。

③ 自治性：仿真资源处在异地管理机构的管理之下，仿真资源或强或弱地具有自治能力。

网络资源的这些特点确定了仿真资源的管理机制，既要隐藏网络资源的异构性，又要为网络用户提供统一的访问接口；既要屏蔽仿真资源的动态性，又要为用户使用资源提供服务质量保证。

资源管理上可采用集中式和分布式相结合的方法，所有资源由全局管理器统一描述，资源管理过程可以分层进行，高级管理器负责低级管理器，低级管理器负责底层资源的具体管理。这种方式可以用来管理一个或多个管理域的资源，支持统一的策略。仿真用户在资源授权情况下可以直接访问仿真资源以便进行作业。仿真资源统一管理接口应用模式如图 10-10 所示。

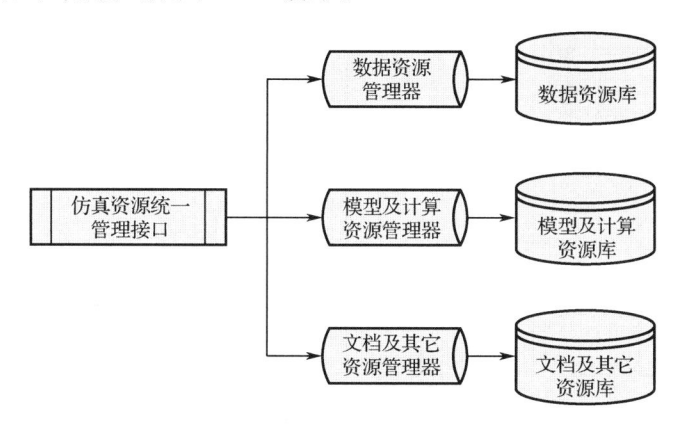

图 10-10　仿真资源统一管理接口应用模式

5. 网络层

网络层是整个系统的基础通信设施，也是保证消息传输的关键。在该体系结构中，采用 SOAP 作为远程调用协议，并通过可扩展交换协议（Blocks Extensible Exchange Protocol，BEEP）来传输 SOAP 消息，选择 SOAP 作为远程调用协议基于以下几点考虑：①SOAP 是真正跨平台跨语言的解决方案，通过使用 SOAP 开发的通信组件可以做到与特定的操作系统和编程语言无关；②SOAP 消息是一种可理解的数据格式，会使开发与调试工作变得相对容易；③SOAP 本身具有很强的扩展性，考虑到很多货架产品都支持分布交互仿真标准协议 HLA，它们主要以 RTI 为基础实现联邦成员互通，允许制定并发布 HLA 接口与 SOAP 映射的 XML 模式，只要遵循这一模式，所有厂商开发的 Web 使能 RTI 库都可以彼此兼容。

由于 Web 服务技术的约束，建立完全基于 Web 服务的 RTI 实现难度较大，并且在底层技术上有待于突破。目前还是主要利用 Web 服务对 RTI 通信层进行不完全扩展，改造 RTI 技术体系结构，主要代表是使用基于 Web 的通信协议 SOAP 和 BEEP 构建 Web 使能的 RTI，实现仿真组件和 RTI 的通信。Web-RTI 技术架构如图 10-11 所示。

10.2.3　关键技术

10.2.3.1　基于激光扫描的三维重建技术

三维模型是数字孪生机场运行的主要载体。传统 3D 模型建立采用 CAD 技术、航空摄影测量技术等,利用 2 维信息建立 3D 立方体,其纹理依靠专门的 3D 软件如 3DMAX 等进行人工粘贴,其工作量较大,生产成本也高。针对机场等大范围建筑群落的三维建模,传统基础测绘产品服务模式已难以满足要求,迫切需要转型升级。

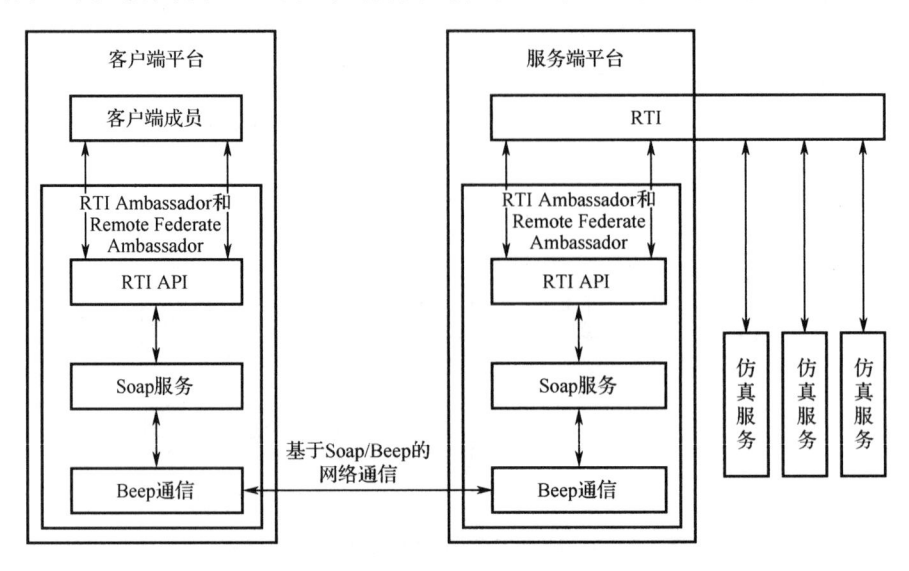

图 10-11 Web-RTI 技术架构

近年来,随着倾斜摄影、无人机、激光扫描等新型测绘技术的成熟,可实时、准确地获取城市局部的正射、倾斜或 Lidar 点云数据,大大减少了测绘工作量。尤其是三维激光扫描技术,又被称为实景复制技术,利用高速激光扫描测量方法和激光测距原理,大面积高分辨率获取被测物体表面的三维坐标、反射率和纹理等密集点云数据,通过点云构网 TIN 技术,快速复建出被测物体的三维模型及线、面、体等各种图件数据,同时配合倾斜摄影测量遥感数据成果,实现多幅建筑物立面的倾斜影像及屋顶垂直遥感影像与三维几何模型的快速、高精度纹理映射,具备高效率、高精度、高真实感、低成本、可同时适应室内和室外环境等特点,体现了数字孪生时代下三维模型自动化构建优势。

10.2.3.2 基于物联感知的全域标识技术

全域标识为物理对象赋予数字"身份信息",实现数字孪生资产数据库的物体快速索引、定位及关联信息加载。标识技术能够为各类城市部件、物体赋予独一无二的数字化身份编码,从而确保现实世界中的每一个物理实体都能与孪生空间中的数字虚体精准映射、一一对应,物理实体的任何状态变化都能同步反应在数字虚体中,对数字虚体的任何操控都能实时影响到对应的物理实体,也便于物理实体之间跨域、跨系统的互通和共享。目前,主流的物体标识采用 Handle、Ecode、OID 等。

数字孪生全域标识的基础是建立全域全时段的物联感知体系,实现机场运行态势的多维度、多层次精准监测。物联感知体系分为采集控制和感知数据处理两部分，采集控制技术通过直接与对象绑定或与对象连接的数据采集器、控制器技术，完成对对象的属性数据识别、采集和控制操作。主要包括：传感器、条码、RFID、智能化设备接口、多媒体信息采集、位置信息采集和执行器技术；感知数据处理技术是对感知数据和控制数据的加工处理技术，制定了覆盖物理链路层、传输网络层及应用层的协议，从而实现感知信息的高效传递。其中物理链路层又包括近场通信（NFC）、近距离通信（蓝牙、ZigBee、Z-Wave、UHF 等）和远距离通信（2G、3G、4G、NB-IoT、LoRa 等）；传输网络层包括 TCP、UDP 协议；应用层包括 MQTT、CoAP、LWM2M、HTTP、FTP、XMPP、ModBus、LoRaWAN 等协议。

在实际应用中主要考虑感知设备选型、空间布局规划和设备安全防护等问题。

1. 感知设备选型

感知设备根据感知功能不同，可分为报警终端、传感终端、控制终端三类，其中，报警终端根据设备感知的数值超过设定的告警阈值或设备状态发生变化时，能以声光电的方式发出警报；传感终端根据设备设定的感知频率实时采集被测量的数据，并转换为数字信号实现感知数据的监测；控制终端结合报警终端和传感终端采集的数据，接收控制指令并完成控制任务。

感知设备除具备以上三种主要功能外，为实现设备状态的实时监测一般具备心跳功能或设备状态告警功能，如防拆报警、温度过高报警等；同时，为便于设备管理和维护，设备应支持远程参数同步配置功能，以支持上报地址、频率等参数调整及设备复位等管理要求。

随着物联网技术、人工智能技术的发展，感知设备也由单模设备向智能 AI 设备和多模多制式综合设备发展。智能设备是将人工智能的算法嵌入到设备中，使设备本身具有一定运算和处理能力的设备，目前在智能摄像头领域应用较为广泛，可实现人脸识别比对、违章停车监测、人员密度监测、漂浮物识别、跨店经营、消防通道遗留物监测等智能识别；多模多制式设备将多种传感器融合汇聚到一个设备里，使设备能满足该场景下多种感知、计算、控制要求。如智慧路灯，以智能灯杆为载体，实现分布式网格化布置，统一感知温度、湿度、光照度、电池电量、噪音、气压、PM2.5、PM10、风速、风向、二氧化碳、一氧化碳、VOC、二氧化硫、二氧化氮、臭氧、车流量、人流量、紫外线强度指数、水深、辐照度、GPS 经度、GPS 纬度等参数。

2. 空间布局规划

综合考虑地上（飞行区、航站区、道路、公共设施）、地下（管线、排水设施、避难空间）、空中等多个维度，统筹感知体系建设，规范感知设备在机场物理空间的感知场景、安装要求、安装数量等，并针对感知设备的复杂性、多样性、不规范性，从功能、性能、数据上报、终端与平台交互等方面进行约束，从而促进感知设备与地理实体有效结合。通过规模部署多功能信息杆柱、智能网关和边缘计算节点，采集周围传感器收集到的信息，支持各种近距离及远距离通信协议标准，统一采集汇聚，处理后上传泛在物联感知平台和大数据平台进行管理整合，形成全域覆盖、动静结合、三维立体的规范化、智能化、全联接的感知布局，实现物理机场在数字机场的精准映射与机场动态数据共享。

地上：传感器包括感知温度、湿度、气压、风速、风向、雨量、辐射、能见度等。在室外采用标准气象观测场，或布设多功能信息杆柱等感知载体，利用智能环卫箱、智能公交牌等固定式载体安装地面感知节点；在楼宇建筑中布设排水、燃气、热力、电力、安防、消防等系统的感知节点；在能源系统布设自动计量水、电、气、热等能耗的智能仪表。地上感知节点可采用电池+太阳能板方式进行供电。在防雷、防电磁感应、防雷接地网、电流防护等措施的基础上，依据《地面气象观测规范》等，对感知节点进行规范化安装。

地下：地下环境包括地下综合管廊、地下交通、地下停车场、地下防务设施、防空洞等，监测要素包括大气环境、气体成分等。

空中：可利用浮空平台在空中进行气象、环境等监测和区域视频监控；并可利用低空无人机搭载传感器、摄像头等对特殊复杂环境和重点区域进行增强补充、定期巡检和应急保障。

针对不同感知载体和设施特点，传输可采用无线为主或有线为主两种方式进行布局。一是以无线为主，采用 4G/5G 运营商网络、LPWAN、传感器网络、无线专网等进行覆盖，支持低功耗、大连接、位置分散、移动性的感知节点。5G 网络与边缘计算相结合，可实现在网络边缘侧对海量数据进行预处理，再回传给中心云平台，节省传输带宽，提供低时延服务。二是以有线为主，利用搭载物联网关或边缘计算设备的信息集控箱，通过光纤、电缆或短距无线传输方式进行覆盖，支持位置固定、需要持续大带宽连接或持续供电的感知数据采集。

3. 设备安全防护

设备安全防护从物联采集源头确保运行数据的安全和基础设施可靠。物联网设备分布广泛，类型繁多，标准不一，本身的能力和安全级别也依赖于各个生产厂商。在物联感知体系建设中，需要通过区块链、设备身份认证、数据加密、通道加密等技术，实现终端设备的可信认证、报文不可篡改、设备存储的隐私数据不外露，确保设备的接入安全、数据安全、报文安全，并通过安全态势感知、分析技术，实现设备安全隐患的提前预防。

设备安全防护包括设备安全加固、设备唯一可信认证、设备通信加密、设备安全态势感知及设备安全修复等全方位的 IoT 设备安全。设备安全防护技术应适应多种操作系统，如 Android、Linux、RTOS 等，还需要不受各种网络通信协议（如 LoRa、NB-IoT、4G、WiFi）的限制。在设备安全加固方面，针对设备代码进行字符、函数、运行逻辑等多级混淆，防止源代码被逆向，同时提供安全 SDK，保护应用免受越狱系统、软件调试、资源篡改的困扰；在设备可信认证方面，基于证书双向认证为每个设备分配全球唯一的身份标识，使用轻量级算法，减少资源消耗，同时隔离非法终端接入，并在设备通信传输时采用 SSL 加密，保证设备与边缘设备及云端通信数据的安全，全程防窃取、防逆向破解、防非法调用。此外，在安全防护的同时，通过检测设备的内存、CPU、进程、系统行为、网络行为等，构建设备安全态势模型，建立安全策略，迅速定位威胁。设备安全修复可以通过 FOTA（Firmware Over-The-Air，移动终端的空中下载软件升级）、热补丁或虚拟补丁等技术低成本对设备漏洞进行修复或网络攻击拦截，保障设备持续运营安全。

10.2.3.3 基于空间理解的全要素数字化表达

物理实体的数字孪生体，归根结底就是一个个的模型和模型集合，所以建设数字孪生系统的关键也在于模型表达。物理实体的数字表达经历了从最初的二维平面、到三维立体、再到全要素结构化的发展历程。随着几何生成技术、语义化技术、多模态多尺度空间数据智能提取技术、深度学习技术、多分辨率空间索引和调度技术、高性能三维渲染等技术的不断发展，促进点云逆向建模、倾斜摄影实景三维重建、结构化语义建模等城市模型表达方式不断成熟，数字孪生城市（机场）的三维信息模型进入了高精度、高效率、高真实感和低成本的全自动全要素结构化表达阶段。

1. 多模态多尺度空间数据智能提取技术

利用性能互补的多模态多尺度遥感数据获取装置，重点突破空地多模态多尺度光学影像自动空中和联合精确定位、密集点云自动匹配、精细三维模型自动纹理采集和映射、激光 LiDAR/全景相机和 IMU 等传感器融合的同步定位和精细地图构建技术、激光点云的语义自动分析及提取、地物与人工建筑及其组件的语义特征识别与语义信息提取等核心关键技术，实现基于无人机/航空倾斜摄影、航空 LiDAR 的大场景真三维精细机场模型自动化构建。

2. 语义化技术

语义化即对数据进行智能化加工处理，使其所包含的信息可以被计算机理解。大数据环境下，只有将数据进行语义化处理之后，才能更快速、准确地提取到所需要的信息，保证数据的无歧义理解和良好结构化表达，实现可量化索引。利用语义化技术，可以形成一个量化并可索引的城市描述信息。同时利用 AIM 的可扩展性，可以接入机场各类人员、设施、设备信息、各业务领域运作数据、公共信息等信息资源，实现跨系统应用集成、跨部门信息共享，避免重复建设和信息化孤岛。

3. 深度学习技术

利用深度学习技术，自动对实景三维检测、分割、跟踪矢量、挂接属性入库，将物理世界中多源异构和多模态的空间大数据组织形成复杂庞大的数据语义网络，解决跨领域的数据在几何位置、属性语义、逻辑等方面的相似性、不一致性问题；并结合空－天－地一体化多源三维数据融合和可视化技术，实现静态三维可视化向智能动态可视化转变；建立从描述性可视分析到解释性可视分析和探索性可视分析的多层次可视分析体系，快速有效地从多模态实景三维大数据中发掘价值，支撑数字孪生各应用领域的决策分析。

10.2.3.4 基于虚实融合的可视化呈现

虚实融合互动能力，是指针对具体对象或业务，数字空间与物理空间之间的互操作与双向互动，既能在数字空间再现与影响现实世界，也可在现实世界中进入虚拟空间，二者满足实时、动态、自动、互动等属性。

通过图形引擎，多层次实时渲染呈现数字孪生，真实展现自然环境、机场环境、实时运行情况等各种场景，实现空间分析、大数据分析、仿真结果等可视化。应用场景三维渲染技术硬件方面主要是 GPU 实时渲染技术，软件方面主要有 RTC 流计算、多视频 3D 融合、基于深度学习的超分辨，以及实时光线追踪技术。

跨终端的人机交互实现大屏端、桌面端、网页端、移动端、XR 设备端多终端一体化展示，满足不同业务和应用场景需求。利用 WebGL\VR\AR\MR\全息投影技术等，可提高对地理环境的真实化表达，给人们提供沉浸式体验。WebGL 通过提供硬件三维加速渲染能力，实现利用显卡在浏览器里展示 3D 场景和模型，支持空间地理数据的可视化表达，可轻松应对复杂 3D 数据的渲染。VR 技术使用户沉浸其中，模拟环境的真实性与现实世界难辨真假，具有较强的人机交互能力。AR 技术将虚拟信息与真实世界相互叠加补充，从而实现对真实世界的"增强"。MR 技术通过全息图，将现实环境与虚拟环境相互混合，即在新的可视化环境里物理和数字对象共存，并实时互动。全息投影技术利用干涉和衍射原理记录并再现物体真实的三维图像技术，实现虚拟影像跃然于眼前，令人难辨虚实，视觉效果强烈。

10.2.3.5 基于一体化建模的机场仿真

仿真的价值在于试错和预测。利用仿真技术，可在数字孪生机场中，通过数据建模、流程推演、事态拟合，进行某些特定事件的仿真、计算、推演，为机场规划、运行决策、应急方案、培训演练等提供细化的、量化的、变化的、直观化的分析与评估结论。与物理世界相比，数字世界具有可重复性、可逆性、全量数据可采集、重建成本低、实验后果可控等特性。

机场地域广阔，人流众多，包含空中、地面甚至地下各类实体和运行、服务等各个业务领域，专业复杂，是一典型的复杂巨型系统，常见的涉及机场的仿真有以下三种类型。

（1）物理仿真。涉及体积、距离、速度、强度、刚度等物理参数的模拟仿真，常用在需要或可以使用物理学规律的仿真场景，如建筑力学用到的有限元分析，航空器运动用到的流体力学，地面特种车辆用到的动力学与自动控制等。

（2）流程仿真。涉及父子级关系、前后拓扑关系、串联并联、节点分散、流转效率等流程参数的模拟仿真，常用在应急事件流程推演、机场工作流程设计优化、机场物流仓储接驳、机场交通流量管理等场景。

（3）综合仿真。融合前两类要素，并叠加复杂的空间计算和数学计算，常用在应急预案方案评估、航站楼人群疏散推演、机场设施布局评估优化、无人车训练、智能驾驶人机交互、大型复杂综合交通态势仿真推算等。

综上，要开发面向机场数字孪生的全要素全流程的机场仿真系统，仅依靠一种方法是远远不够的，必须对机场空间结构、设施设备、人员班组、组织机构、运行流程等要素，采用先进的一体化建模方法进行统一描述、统一建模和联动仿真，使之融为一体，才能得到真实可信的仿真结果，真正发挥仿真价值。

10.2.3.6 基于深度学习的决策优化技术

现实机场场景复杂、变化迅速、各具特色，数字孪生机场需要持续进行自我优化、更新迭代，才能快速响应不断发展中的物理世界。数字孪生机场注重人工智能领域深度学习、自我优化技术的应用，利用计算机视觉、机器学习、知识图谱等人工智能技术，将大量非结构化原始数据进行挖掘和结构化处理，同时提升智能算法执行的效率和性能，适应快速变化的城市服务场景，实现机场运行数据感知→图像智能识别→知识图谱构建→数据深度学习→智能优化决策的循环，构建全域协同治理、问题智能响应、需求提前预判的机场运行模式，满足机场管理者、旅客和其他相关方按需、即时和精准决策需求。

深度学习核心应用技术包括计算机视觉、自然语言处理、生物特征识别、知识图谱等，其中前三者主要用以从已有数据中挖掘出新的数据，并结构化当前数据，知识图谱则将数据与数据联系起来，以形成决策的基础模型。另外，近年来深度学习算法层出不穷，可进一步满足数字孪生的实际应用需求，自动机器学习则推动系统不断自优化，实现数字孪生内生迭代发展。

1. 计算机视觉

计算机视觉是使用计算机模仿人类视觉系统的科学，让计算机拥有类似人类提取、处理、理解和分析图像以及图像序列的能力，相关技术具体包括图像分类、目标跟踪、语义分割等。目前计算机视觉最广泛的应用是人脸识别和图像识别。自动驾驶、机器人、智能物流等领域均需要通过计算机视觉技术从视觉信号中提取并处理信息。近年来预处理、特征提取与算法处理渐渐融合。根据解决问题分类，计算机视觉可分为计算成像学、图像理解、三维视觉、动态视觉和视频编解码五大类。

2. 自然语言处理

自然语言处理是实现人与计算机之间用自然语言进行有效通信的方法，主要包括机器的翻译、阅读理解、问答系统、文章摘要提取、命名体识别等。在数字孪生机场中，通过将计算机视觉与自然语言处理技术相结合，可构造更复杂的应用，赋予系统看图说话、视频摘要等能力。

3. 生物特征识别

生物特征识别可通过人体独特的生理特征、行为特征进行识别认证。人类的生理特征包括指纹、掌纹、虹膜、声纹、指静脉等，行为特征包括步态、击键习惯等。在数字孪生机场中，生物特征识别可广泛应用于服务领域和安全领域，如航站楼内人流监控、反恐防暴等。

4. 知识图谱

知识图谱本质上是结构化的语义知识库，为智能系统提供从"关系"角度分析问题的能力。以符号形式描述物理世界中的概念及其相互关系，其基本组成单位是"实体－关系－实体"三元组，以及实体及其相关"属性－值"对。不同实体之间通过关系相互联结，构成网状的知识结构。知识图谱能够依托数字孪生的海量信息为海量实体建立各种各样的关系，为人工智能的广泛应用奠定基础。

5. 深度学习算法

近年来，胶囊网络、迁移学习、联合学习等算法理论陆续被提出，一定程度上弥补了卷积神经网络、堆栈自编码网络等经典算法的缺陷，使人工智能在数字孪生的应用进一步拓展。胶囊网络能同时处理多个不同目标的多种空间变换，保留位置、大小、方向、变形、速度、色相、纹理等信息，图像识别能力更佳，适用于处理车辆、行人等快速变化的视频图像数据。迁移学习可利用数据、任务或模型之间的相似性，将学习过的模型应用于新领域，有助于数字孪生获得更快的决策效率。联合学习可通过参数共享和标注策略，从多个数据源获取数据进行学习并保护敏感数据，有助于信息安全和知识产权保护。

6. 自动机器学习

自动机器学习可使模型自动获得合适的参数和配置，选择最优算法，使人工智能系统更加完备。经典的自动机器学习方法包括超参数优化、元学习、神经网络架构搜索、自动化特征工程等，目前已有 AutoML、Auto-Keras、TPOT、H2OAutoML、PythonAutoML 等开源的自动机器学习工具面世。自动机器学习可以帮助智能系统免除手动调整算法的麻烦，自动体察系统运行规律，推动系统自优化，实现内生迭代发展，成为能够适应复杂多变现实场景的自主智能系统，从而有利于实现机场的智慧决策和高效运行。

10.2.3.7 基于空间分析计算的布局优化

空间分析计算是指基于数字孪生机场三维模型，结合时空网格技术、北斗定位服务等，针对具体业务需求，进行空间数据相关计算、分析、查看、展示的能力，包括距离测量、面积测量、体积测量等测量能力，叠加分析、序列分析和预测分析等时空分析，路径规划、漫游定制、可视域分析等场景分析，以及全景图定制和场景标注等。主要核心技术包括但不限于以下方面。

1. 空间测量

可在三维场景中进行线段长度测量，闭合图形面积与周长的测量。满足三维空间测距、测地块面积、测建筑高度、测外立面面积等需求。

2. 可视域分析功能

可以展示基于某个观察点，展示一定的水平视角、垂直视角及指定范围半径内区域所有通视点的集合，可以帮助了解机场空间内任一点的可见区域情况。这一工具可以用于安保监控的可视域范围和视线遮挡判断，通信信号覆盖、防火观察台设置等用途。

3. 空间路径规划

结合 GIS 数据，根据真实世界中的路网分布，实现起始点与目的地之间的最短路径绘制与规划。当发生应急事故时，可以迅速制定应急方案，就近整合调度应急物资，集合应急救援队伍等。

4. 空间对象搜索和统计分析

通过制定特定空间区域，快速定位搜索对象，快速统计空间中对象数据等。

10.3 系统实施

根据数字孪生机场技术参考架构，按照建造机场高精度数字化模型→引入真实数据并与数字化模型关联→开发机场设施设备预测模型→开发全要素全流程机场仿真系统→实现持续瞬态仿真和实时在线预测的步骤，构建机场数字孪生系统并确定形成使用模式。

10.3.1 建立机场的高精度数字化模型

准确将现实机场以数字化的方式表达，是构建机场数字孪生的基础。正如现实机场的构建从平面图纸开始一样，数字孪生机场也首先要构建二维平面模型，平面模型建立之后，再在其基础上建造三维模型，最后形成二三维一体联动的高精度数字化模型，为矢量计算、空间分析、仿真评估和可视化提供坚实支撑。

10.3.1.1 机场平面模型

10.3.1.1.1 地面设施模型

机场的地面交通设施对保证飞机正常飞行有着极为重要的作用，同时也影响机场航班流量和机场的使用效率，机场地面设施主要包括跑道、净空道、停止道、滑行道、停机坪等。

1. 跑道

除了跑道位置、方向、长度，影响跑道建模的信息还有跑道长度修正、跑道宽度、跑道 PCN、跑道入口、内移跑道道肩等。

（1）跑道长度修正

航空器基准飞行场地长度是指在标准条件下，即海平面、气温 15℃、无风、跑道无坡度的情况下，以航空器规定的最大起飞重量为准的最短平衡跑道长度。对于非标准条件的机场，基准飞行场地长度按下列平均修正系数加以修正后确定。

① 海拔修正。按机场海拔每高出海平面 100 米，跑道长度增加 2.5% 计算。

② 气温修正。经过海拔修正后的跑道长度，按机场基准温度超过该机场海拔的标准大气温度每 1℃，增加跑道长度 1%。如海拔和气温两项修正的总和超过修正前长度 35%，应根据专门研究来确定。

③ 坡度修正。经过海拔和气温修正后的跑道长度，再按跑道有效坡度（跑道中线上最高点和最低点标高之差除以跑道长度）每增加 0.1%，增加跑道长度 1% 来确定。

（2）跑道宽度

跑道宽度根据航空器的翼展长度和主起落架外轮外侧间距而定。飞行区等级代码为 1 的跑道宽度为 18～23 米；等级代码为 2 的跑道宽度为 23～30 米；等级代码为 3 的跑道宽度为 30～45 米；等级代码为 4 的跑道宽度为 45 米。

（3）跑道 PCN

跑道 PCN 反映了道面的承载能力，PCN 越大，道面承载能力越强，允许起落越重的飞机。一条跑道的 PCN，一般来说是固定的，但是如果道面强度受冰冻等条件影响而有季节性变化的话，则可以在不同季节有不同的 PCN 值（冰冻影响土基强度）。

跑道 PCN 值的表示方法，如 PCN90/R/A/X/U，PCN43/F/A/X/U，…，PCN 后面的数字代表了该跑道的等级号，它与道面厚度、道面材料（水泥铺筑面还是沥青道面）有关。在数字后面有四个字母，第一个字母可以是 R 或者 F，R（HIGH）代表刚性道面（硬道面）即水泥道面，F（FLEXIBLE）代表柔性道面（软道面）即沥青铺筑面；第二个字母可以是 A、B、C、D 之一，反映了道基的强度大小，A 表示地下土质高强度，B 表示地下土质中等强度，C 表示地下土质低强度，D 表示地下土质特低强度；第三个字母可以是 X、Y、Z、W 之一，代表允许的轮胎压力，W 表示允许的轮胎压力是高压，X 表示允许的轮胎压力是中等压力，Y 表示允许的轮胎压力是低压，Z 表示允许的轮胎压力是超低压；第四个字母是 T、U 之一，表示评价手段，T 表示技术鉴定，U 表示试飞或经验评定。

（4）跑道入口内移

位于跑道头的一段距离，航空器不能着陆在此段距离范围之内，但此段距离可以用于航空器起飞滑跑。

（5）跑道道肩

跑道道肩是紧靠铺筑面边经过整备作为铺筑面在邻接面之间过渡用的地区，目的是航空器冲出跑道时，使航空器的结构不致遭受损坏。跑道道肩的宽度根据跑道的宽度确定。飞行区等级代字为 A、B、C 的道肩宽度，跑道两侧各 1.5 米；为 D、E 的道肩宽度，视跑道宽度而定，跑道宽度加道肩宽度等于 60 米；如果跑道宽 60 米，则两侧道肩各 1.5 米。

2. 停止道

机场每条跑道不一定要设置停止道，但设置停止道可以增加跑道的可用加速停止距离。停止道设在跑道端部，宽度应同它相连接的跑道宽度相同，停止道应整备或修建在中断起飞的情况下，能够承受准备使用该停止道的航空器，不致引起航空器结构损坏。

3. 净空道

机场每条跑道不一定要设置净空道，但设置净空道可以增加跑道的可用起飞距离。净空道的起始点应在可用起飞滑跑距离的末端，长度应不超过可以起飞滑跑距离的一半，宽度应自跑道中线延长线向两侧横向延伸至少 25 米，在净空道范围内不应出现危及飞机安全的障碍物。

4. 滑行道

滑行道是机场内供飞机滑行的规定通道。滑行道的主要功能是提供从跑道到候机楼区的通道，使已着陆的飞机迅速离开跑道，不与起飞滑跑的飞机相干扰，并尽量避免延误随即到来的飞机着陆。此外，滑行道还提供了飞机由候机楼区进入跑道的通道。滑行道可将性质不同的各功能分区（飞行区、候机楼区、飞机停放区、维修区及供应区）连接起来，使机场最大限度地发挥其容量潜力并提高运行效率，滑行道应以实际可行的最短距离连接各功能分区。

滑行道分主滑行道、快速脱离道、联络道和辅助滑行道。主滑行道又称干线滑行道，是飞机往返于跑道与机坪的主要通道，通常与跑道平行。联络道大多与跑道正交，快速脱离道与跑道的夹角介于 25° 与 45° 之间，最好取 30°。飞机可以较高速度由快速出口的滑行道离开跑道，不必减到最低速度。出口滑行道距跑道入口的距离取决于飞机进入跑道入口时的速度（进场速度）、接地速度、脱离跑道时的速度、减速度以及出口滑行道数量、跑道与机坪的相对位置。出口滑行道数量应考虑高峰时运行飞机的类型及每类飞机的数量。一般在跑道两端各设置一个进口滑行道。对于交通繁忙的机场，为防止前面飞机不能进入跑道而妨碍后面的飞机进入，则通过设置等待坪、双滑行道（或绕行滑行道）及双进口滑行道等方式解决，为确定起飞顺序提供更大灵活性，也提高了机场的容量和效率。

滑行道应有足够宽度。由于滑行速度低于飞机在跑道上的速度，因此滑行道宽度比跑道宽度要小。滑行道的宽度由使用机场最大的飞机的前后轮距和主起落架外轮轮距而定，要保证飞机在滑行道中心线上滑行时，它的主起落轮的外侧距滑行道边线不少于1.5~4.5m。在滑行道转弯处，它的宽度要根据飞机的性能适当加宽。

5. 停机坪

停机坪，是指在陆地机场上划定的一块供飞机上下旅客、装卸货物和邮件、加油、停放或维修之用的场地。停机坪的面积要足够大，以保证进行上述活动的车辆和人员的行动，机坪上用油漆标出运行线，使飞机按照一定线路进出滑行道。

停机坪包括站坪、维修机坪、隔离机坪、等候机位机坪、等待起飞机坪等。停机坪上设有供飞机停放的划定位置（即停机位）。停机坪（特别是客货机坪）供飞机长时间停放、满载滑进滑出，其强度有一定的要求，所以停机坪也并不是所有的飞机都能停放，有最大能停放机型的限制。

一个机场并不是所有的停机位都设有廊桥，有些停机位还有被某些公司、国际航班、国内航班专用等限制。

6. 模型数据结构

考虑到机场平面交通的实际需求，需建立机场、跑道、滑行道、主滑行道、联络道、快速脱离道、停机坪、停机位、位置点、路段、航空器滑行路线、车辆行驶路线等机场地面构形数据结构，下面以机场和跑道的数据结构为例论述。

机场数据结构中共有11个属性，分别为机场名称、机场四字地名代码、机场基准点经度、机场基准点纬度、机场标高、机场磁差、机场基准温度、机场跑道构形机场飞行区等级代字、机场飞行区等级代码和备注。其中，机场四字地名代码为该表的主键。建立的机场数据结构如表 10-1 所示。

表 10-1　机场数据结构

字 段 号	字 段 名	数 据 类 型	长 度	允 许 空
1	机场名称	var char	50	Not NULL
2	机场四字地名代码	char	4	Not NULL
3	机场基准点经度	float	8	Not NULL
4	机场基准点纬度	float	8	Not NULL
5	机场标高	float	8	Not NULL
6	机场磁差	float	8	Not NULL

续表

字段号	字段名	数据类型	长度	允许空
7	机场基准温度	float	8	Not NULL
8	机场跑道构形	var char	10	Not NULL
9	机场飞行区等级代字	char	1	Not NULL
10	机场飞行区等级代码	char	1	Not NULL
11	备注	var cha	200	NULL

跑道数据结构中共有 21 个属性，分别为跑道识别代码、跑道起点位置、跑道终点位置、跑道方向、跑道长度、跑道宽度、跑道坡度、跑道 PCN、平行跑道间距、被其他跑道中断位置、与滑行道连接位置、跑道道肩宽度、跑道道肩坡度、跑道调头坪位置、跑道调头坪尺寸、净空道起点位置、净空道长度、净空道宽度、停止道起点位置、停止道长度、停止道宽度等。其中，跑道识别代码为该表的主键。建立的跑道数据结构如表 10-2 所示。

表 10-2 跑道数据结构

字段号	字段名	数据类型	长度	允许空
1	跑道识别代码	var char	50	Not NULL
2	跑道起点位置	Struct position	16	Not NULL
3	跑道终点位置	Struct position	16	Not NULL
4	跑道方向	float	8	Not NULL
5	跑道长度	float	8	Not NULL
6	跑道宽度	float	8	Not NULL
7	跑道坡度	float	8	Not NULL
8	跑道 PCN	float	8	Not NULL
9	平行跑道间距	float	8	Not NULL
10	被其他跑道中断位置	Struct position	16	Not NULL
11	与滑行道连接位置	Struct position	16	Not NULL
12	跑道道肩宽度	float	8	Not NULL
13	跑道道肩坡度	float	8	Not NULL
14	跑道调头坪位置	Struct position	16	Not NULL
15	跑道调头坪尺寸	float	8	Not NULL
16	净空道起点位置	Struct position	16	Not NULL
17	净空道长度	float	8	Not NULL
18	净空道宽度	Struct position	16	Not NULL
19	停止道起点位置	Struct position	16	Not NULL
20	停止道长度	float	8	Not NULL
21	停止道宽度	float	8	Not NULL
22	备注	var cha	200	NULL

（注：Struct position 为一个由经度和纬度组成的结构）

10.3.1.1.2 地下管线模型

1. 地下管线的概念

地下管线是机场的重要基础设施，关系到整个机场的正常运行。地下管线就像人体内的血管，担负着物质、能量的传输功能，因此机场地下管线可以看作是机场的生命线。

机场地下管线是指建设于机场地下的给水、中水、排水（雨水排水沟、污水管线）、燃气、电力、电信（通信、信息网络、助航灯、信号灯）和工业管道（航油、工业物料管道）等各种设施。按建设专业地理信息系统的角度，可分为电力、电信、给水、燃气、排水（雨水、污水）、工业管线等。

机场地下管线包括管线上的建（构）筑物和附属设施。建（构）筑物包括水源井、给排水泵站、清水池、调压房、动力站、变电所、配电室、电信交换站等，附属设施包括各种窨井、阀门、水表、排气排污装置、变压器、分线箱等。地下管线可抽象为管线点（管线特征点）和管线段。其中管线点可细分为各种窨井、各种塔杆电缆分支点、消防栓、水表、出口井、测压装置、放气点、排污装置、排水器、边坡点、变径点等。管线段又组成环。地下管网为环状网和树状网组成的复杂网络，有的管线还具有方向性。

长期以来，我国机场地下管线管理一直比较薄弱，不少机场地下管线分布情况不明，管线档案资料不完整、不准确、不规范，资料分散；机场建设、施工缺少系统的管线档案资料可供查询，造成机场建设施工中管线事故不断发生。因此，需建立集地形数据、机场管网信息的高精度数字化模型，实现机场管网管理的网络化、信息化、可视化。

2. 地下管线的数据组织

机场地下管线错综复杂，包括各种不同专业的管线，但总体来说，管线数据可分为管点数据和管段数据两种。管点包括各类专业管线的点状实体和三类特征点，即管径变化点、埋深变化点和管线交点；管段表示相邻节点间的管线段。因此，地下管线数据组织就是管段和管点的数据组织。

（1）管段数据表

管段数据表，用于记录管段连接和基本属性信息，包括管线编号、起止点编号、管线埋深等，其数据结构如表10-3所示。

表10-3 管段数据结构

字段号	字段名	数据类型	长度	允许空
1	管线编号	var char	50	Not NULL
2	起始点号	char	16	Not NULL
3	终止点号	char	16	Not NULL
4	起始埋深	float	8	Not NULL

续表

字段号	字段名	数据类型	长度	允许空
5	终止埋深	float	8	Not NULL
6	起始管顶高程	float	8	Not NULL
7	终止管顶高程	float	8	Not NULL
8	起始管底高程	float	8	Not NULL
9	终止管底高程	float	8	Not NULL
10	管线材料	var char	50	Not NULL
11	管径	float	8	Not NULL
12	管长	float	8	Not NULL
13	管线类型	var char	50	Not NULL
14	建设年代	char	16	Not NULL
15	权属单位	var char	200	Not NULL
16	备注	var char	200	NULL

（2）管点数据表

管点是地下管网的重要组成部分，其主要包括管段的起点和终点，窨井和其他管状符号。管点数据表主要记录各管点的基本信息，包括管线点编号、空间坐标、高程、管点种类等内容，其数据结构如表10-4所示。

表10-4 管点数据结构

字段号	字段名	数据类型	长度	允许空
1	管点编号	char	8	Not NULL
2	经度	float	8	Not NULL
3	纬度	float	8	Not NULL
4	高程	float	8	Not NULL
5	管点种类	var char	50	Not NULL
6	特征	var char	50	Not NULL
7	井底高程	float	8	Not NULL
8	备注	var char	200	NULL

10.3.1.1.3 机场空域模型

空域是指地球表面以上可供航空器运行的一定范围的空气空间，空域的组成要素包括：一定的空间范围；位置点、航路/航线；飞行高度、方向、位置、时间等限制；通信、导航、监视设施等四类，通常以明显的地标或导航台为标志。目前，空域主要用于公共运输航空、通用航空和军事航空三种用途。

我国空域面积约为 1.007×10^7（km^2）；截至2016年10月底，非民航主用空域面积约为 2.60×10^6（km^2），约占全国空域面积的 26%（按实际投影计算面积，航路按实际宽度计算空域面积); 民航主用空域面积约为 2.66×10^6 (km^2), 约占全国空域面积的 26%; 两类重叠使用空域面积约为 5.30×10^5 (km^2), 约占全国空域面积的 5%; 其余未被有效利用的空域面积约为 5.34×10^6 (km^2), 约占全国空域面积的 53%。

从保护重要目标和飞行安全的角度考虑, 我国划设了 2 个空中禁区、1 个临时空中禁区, 19 个空中危险区、43 个临时空中危险区, 199 个空中限制区; 根据人工影响天气的需求, 还设置了超过 1.0×10^4 个对空射击和气象气球施放点。

空域可以根据空域内的航路、航线的结构, 飞机的通信、导航、气象和监视设施以及空中交通服务的综合保障能力进行划分, 以便对空域内的飞机提供安全、有效的空中交通服务。

虽然未来对立体空间进行离散化剖分形成动态连续的空域体单元的做法可能越来越多, 但当前面向空域管理的空间位置基准还是多采用平面地图, 既可在平面地图上切分出规则或不规则的区域, 也可根据航路航线网与飞行空域结构进行平面地图分区, 因此本书将空域划分在平面模型的范畴。与机场安全和运行效率密切相关的空域主要涉及机场终端区和机场净空区, 本书主要讨论机场终端区和机场净空区这两种空域的数据结构。

1. 机场终端区空域

机场终端区空域最初是作为机场航空港的一个组成部分。机场航空港包括飞行区、地面运输区和航站楼三个组成部分, 机场终端区空域就属于飞行区中的空侧部分。

作为机场与航路过渡衔接的重要区域, 机场终端区空域是飞机进离场的必经之路, 其结构是所有空域中最为复杂的一类空域, 是制约空中交通整体效率进一步提高的瓶颈。一般地, 机场终端区空域是一个半径在 50 到 100km 的一个圆, 等待区分布在机场终端区空域的周边有航线进入的区域, 其结构主要包括: 走廊口、进离场共用航段、起始进近点、起始进近航线、起落航线、中间定位点、最后进近点、最后进近航线、公共离场点、离场航线和跑道, 如图 10-12 所示。

由于跑道对机场终端区空域的流量有一定限制作用, 当机场的飞机流量超过一定阈值时, 跑道将会成为限制机场终端区空域运行的一个瓶颈, 故而, 将跑道列入机场终端区空域结构组成的一部分。

2. 机场净空区空域

机场净空区空域又称机场净空保护区或机场净空区, 是指为保障航空器在机场安全起飞和降落, 在机场周围划定的限制地貌、地物高度的空间区域。

机场能否安全有效地运行, 与场址内外的地形和人工构筑物密切相关。它们可能使可用的起飞或着陆距离缩短, 并使可以进行起降的气象条件的范围受到限制。因此, 必须对机场附近沿起降航线一定范围内的空域 (即在跑道两端和两侧上空为飞机起飞爬升、降落下滑和目视盘旋需要所规定的空域）提出要求，也就是净空要求，保证在飞机的起飞和降落的低高度飞行时不能有地面的障碍物妨碍导航和飞行。这个区域就是机场净空区。

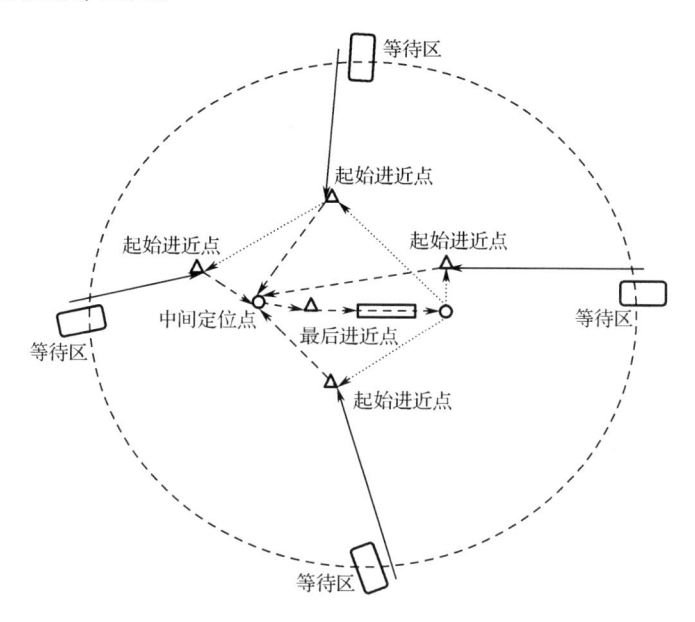

图 10-12 机场终端区空域结构

新规定的机场净空区由升降带、端净空区和侧净空区 3 部分组成，其范围和规格根据机场等级确定。升降带是为了保证飞机起飞着陆滑跑的安全，以跑道为中心在其周围划定的一个区域；端净空区为保证飞机起飞爬升和着陆下滑安全限制物体高度的空间区域；侧净空区是从升降带和端净空区限制面边线开始，至机场净空区边线所构成的限制物体高度的区域，由过渡面、内水平面、锥形面和外水平面组成。机场净空保护区范围，按照国际民用航空公约《附件 14：机场》管理要求，为每条跑道两侧（东西）各 6km，两端（南北）各 15km。

机场净空区的地面和空域要按照一定标准来控制，机场净空条件的好坏，直接关系到旅客生命财产的安危。由于机场净空条件的破坏通常是由超高障碍物引起的，空中漂浮物或烟雾、粉尘也会破坏机场净空条件，为此必须规定一些假想的平面或斜面作为净空障碍物限制面（即净空面），用以限制机场周围地形及人工构筑物的高度。如图 10-13 所示，其主要平面或斜面介绍如下。

基本面：指机场净空区的地面区域，呈椭圆形，以跑道为中线，其长度是跑道的长度加上两端各 60m 的延长线；椭圆形的宽度在 6km 以上，净空区以它为底部向外向上呈立体状延伸。

水平面：机场标高 45m 以上的一个平面空域。

进近面：由跑道端基本面沿跑道延长线向外向上延长的平面。

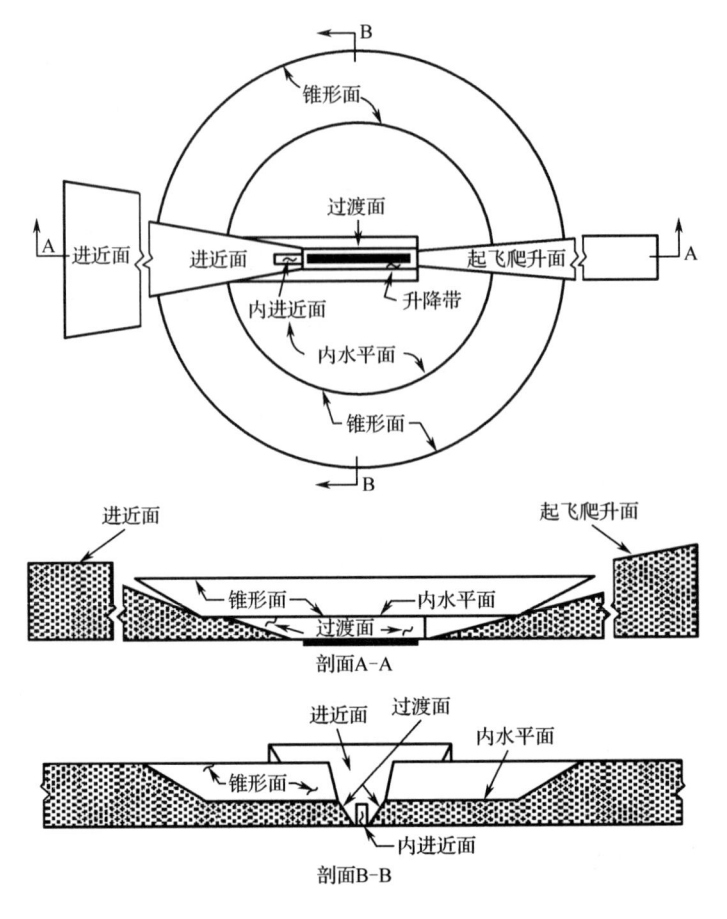

图 10-13 机场净空区空域结构

锥形面：在水平面边缘按 1∶20 斜度向上延伸的平面。

过渡面：在基本面和进近面外侧以 1∶7 的斜度向上向外延伸。

这些平面所构成的空间是飞机起降时使用的空间，由机场当局负责控制管理，保证地面的建筑（楼房、天线等）不能伸入这个区域，凡超过假想面之上的部分应除去或移走，以便达到净空标准。空中的其他飞行物（飞鸟、风筝等）也不得妨碍飞机的正常运行。

10.3.1.2 机场三维模型

10.3.1.2.1 机场地面三维模型

1. 建模内容

机场地面三维模型包括机场三维地形、机场内建筑物及设施设备、机场周边（8km 内）建筑物及设施设备、机场内特种车辆与工作人员及旅客、机场周边（8km 内）社会车辆与人群，建模内容如表 10-5 所示。

表 10-5　机场地面三维模型建模内容

建模对象	建模内容
机场三维地形	地形地貌特征，包括山体、高大树木、掘土采石采砂场、大面积堆放物、垃圾场等
机场内建筑物及设施设备	机场内所有建筑物、助航灯光设施、消防和保障设施，无动力设备，应急工具设备等
机场周边（8公里内）建筑物及设施设备	中高层障碍物、标志性建筑物、特殊用途的建筑物及设施，电视塔、气象塔、微波塔、高压输电线塔等基础设施设备
机场内特种车辆与工作人员及旅客	场坪内各种特种车辆、各类保障人员、航站楼内旅客
机场周边（8公里内）社会车辆与人群	机场外公共交通工具、社会车辆、普通人群等
航空器	各类飞机、无人机、空中飘浮物等

机场选址一般选择地势平坦的地区，但机场周边的地形高低起伏和地貌特征也是影响机场安全不可忽略的因素。地面附属物会影响机场的电磁环境，也可能是飞鸟的聚集地，这些潜在危险源不可忽视。

机场内部建筑物及设施设备是机场三维建模的重点，机场内所有建筑物、助航灯光设施、消防和保障设施等，都需要进行高精度的三维建模，主要包括航站楼、塔台、指挥楼、办公楼、住宿楼、跑道、滑行道、停机坪、飞机棚、维修库房、助航灯光、助航标记、消防设施和其他公共设施，静变电源机组、泵房，航站楼内手推车、自动扶梯、自动人行步道、安检门等无动力设备。

机场周边建筑物及设施的高度是影响机场净空安全的重要因素，国家民航总局规定：在机场净空保护区域内，物体的高度不得超过障碍物限制；在机场障碍物限制范围以外、距机场跑道中心线两侧各10km，跑道端外20km的区域内，高出原地面30m且高出机场标高150m的物体应当视为障碍物。因此，建模范围内超过限制高度的障碍物必须建模，其他标志性的和特殊用途的建筑物，如电磁信号塔、养殖场、屠宰场、靶场、爆炸物仓库和产生烟雾粉尘的场所等影响飞行安全的物体也需要建模。

机场内特种车辆是指机场所划定区域内使用的场道、航空器和运输服务所需的勤务车辆，主要有推土机、平地机、拖拉机、压路机、割草机、搂草机、洒水车、道路清扫车、扫雪车、跑道清扫车、摩擦系数测试车、巡道车、划线车等场道装备，以及牵引车、交流电源车、直流电源车、气源车、空调车、充氧车、飞机除冰车、高空作业车、航空食品车、清水车、污水车、垃圾车、加高客梯车、普通客梯车、机场摆渡车、残疾人登机车、升降平台车、行李传送车、行李拖车、引导车、管线加油车、罐式加油车、滑油车、运油车、充氮车、叉车等机坪装备，旅客电梯车、货梯旅客、登机桥行李输送设备、自动门等航站楼设备，还有消防车、灯光照明车、指挥车等应急装备。

机场内工作人员是指各机场各业务领域的服务保障人员。

机场周边（8 公里内）社会车辆是指与机场接驳的地铁、城铁、大巴等公共交通工具和各类社会车辆。

航空器是指正常运行的航班飞机、无人机和部分空中飘浮物。

2. 建模方法

在机场地面三维建模方面，目前有手工建模、参数化批量建模和全息三维建模等几种方法。

手工建模是最传统的方法，适用于建筑物、车辆等实体精细建模。通常需要建模人员事先搜集大量现状资料和采集实景数据，除需要二维 GIS 数据和正射影像数据的辅助外，还需要收集建筑物的平面图、结构图和施工图等，并进行现场勘测确定方位和材质，实地采集照片纹理。利用 3DS MAX、Sketchup、Multigen Creator 等专业建模软件，通过人机交互的方式精确绘制并构建出整个复杂模型，并结合实景图像映射纹理，再加入灯光效果进行渲染，最后保存导出为通用格式的模型文件，供三维系统加载调用。手工建模从收集、处理机场数据到绘制和编辑机场拓扑图都由建模人员手工完成，建模周期长，建模人员工作量大，没有发挥计算机自动化高效率的优势。随着机场大批的新建、改建和扩建，无论是维护已有机场三维模型还是构建新建机场三维模型，都是一项耗时、费力的工作，其工作量大、效率低的弊病逐渐显现出来。

参数化批量建模就是采用预定义的方法建立图形几何约束集，指定一组尺寸作为参数，并与几何约束集相关联，将所有的关联式融入应用程序中，然后采用人机交互方式修改参数尺寸，最终由程序根据这些参数顺序的执行表达式来实现建模的方法。通俗地讲，就是通过人机界面输入建模对象的主要设计参数后，由计算机通过预建立的程序完成二维或三维设计图（模型）的自动生成。在机场三维建模中，基于机场飞行区布局规则、组成元素可构的特点，通过分析机场内建筑的类别和性质，实地调查机场一部分结构相对固定的建筑，提取出元素最基本特征，将机场组成元素描述为图元，然后进一步对这些图元进行抽象，将他们的共同点封装起来，同时将不同点以参数的形式抽象出来，经获得图纸等资料或者通过简单的测量获取准确的参考数据，从而批量建立简体模型。参数化批量建模效率较高，但精度有所欠缺，适用于训练演练及机场周边建筑建模等对精度要求不高的场合。

全息三维建模是指利用倾斜摄影、三维激光扫描等新型测绘技术，快速采集地理信息，实现全空间、全要素三维地理信息场景的真实构建。其中，倾斜摄影生成倾斜摄影模型，真实反映三维场景，同时利用倾斜摄影模型与倾斜摄影无畸变影像可进行建筑模型的单体化构建。三维激光扫描技术可采集高精度三维点云数据，快速复制出被测物体表面的三维模型及线、面、体等信息三维模型，用以构建数字高程模型、建筑物部件、机场设施的三维结构信息。同时，三维激光扫描技术还可以采集图像数据，用来制作三维模型的纹理贴图。

3. 高精度 DEM 的快速构建方法

高精度数字高程模型（Digital Elevation Model，简称 DEM）是机场建设管理的重要基础数据之一，是真三维地形场景构建的基础。DEM 的精度直接决定了地形场景的真实感。DOM 是利用 DEM 对航空影像或高分辨率卫星影像进行数字微分纠正、镶嵌和裁剪等步骤而制作生成的，同时具备几何精度和影像特征的影像。高精度的 DOM 作为地形纹理能够直观真实地反映三维地形表面的丰富信息。DEM 可以通过地面工程测量、地形图数字化、数字摄影测量和三维激光扫描仪等方法获取。

LiDAR（Light Detection And Ranging）也称为激光雷达或激光测距仪，是一种可直接获取地表对象三维坐标，实现地表地物信息提取和三维场景重建的对地观测技术。车载三维激光扫描可以实现城市主干道平均点间隔 5cm 的点密度，经过纠正后可以达到的平面高程分别优于 5cm 的绝对精度，适用于机场高精度 DEM 的构建。机载三维激光点云平均点间隔为 10cm，平面高程绝对精度在 10cm 以内，可以快速实现机场全空间三维激光扫描，亦适用于机场内部高精度 DEM 的构建。

在对融合车载与机载三维激光点云进行点云滤波和地面点提取后，可以进行机场全空间高精度 DEM 的构建，有效满足不同场景的应用需求，如图 10-14 所示。

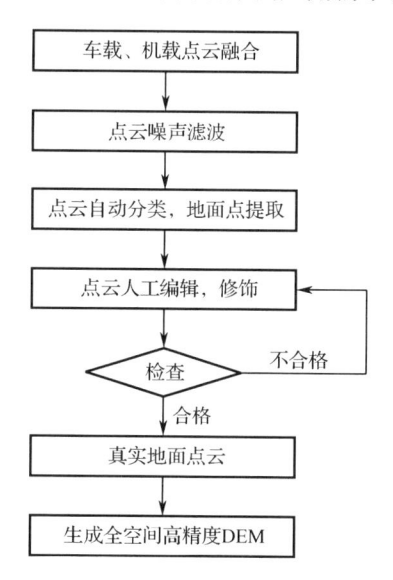

图 10-14　高精度 DEM 生成方法

4. 机场要素的快速建模方法

随着三维激光扫描、倾斜摄影测量等新型测绘技术的快速发展，以及高性能硬件设备的研制，利用倾斜模型与三维激光点云可以高精度地采集三维地理信息数据，机场要素的三维场景信息的准确、有效提取技术方案已逐渐成熟，如图 10-15 所示。

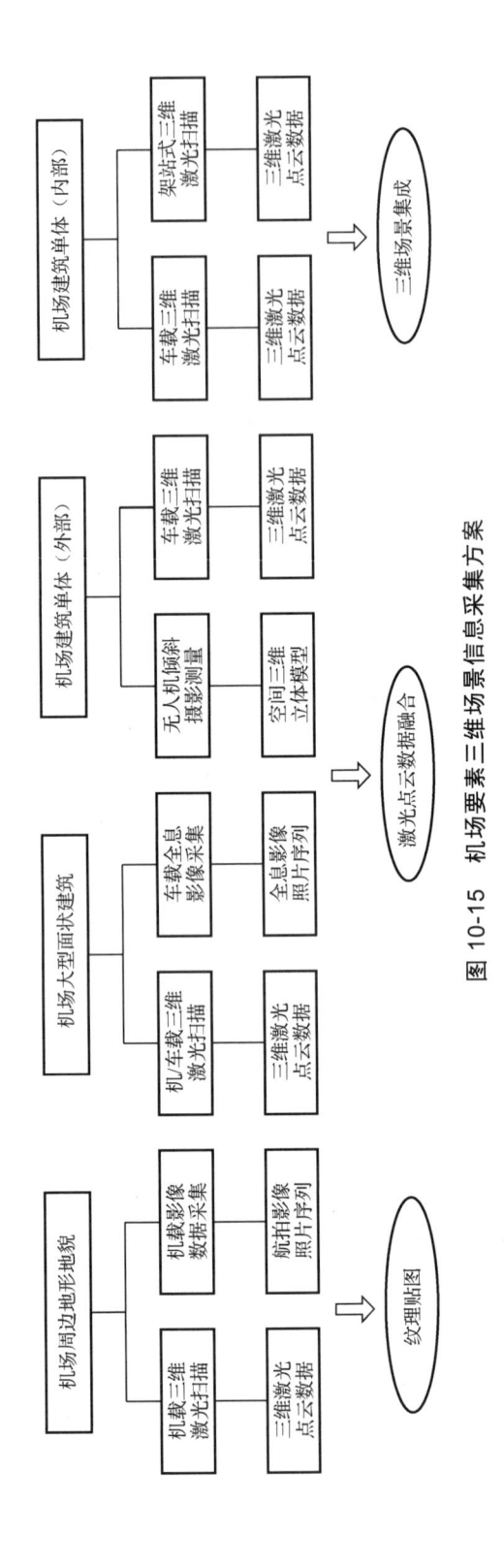

图 10-15 机场要素三维场景信息采集方案

在获取机场要素三维信息后，点状地物可通过匹配三维模型库进行自动化空间建模，线状地物可人工在三维场景中编辑构建，房屋建筑等面状地物可利用倾斜模型单体化进行空间建模，进而可以在高精度 DEM 基础上，进行机场全空间全要素三维信息模型的一体化构建。

5. 三维地理信息更新方法

机场空间并不是一成不变的，随着经济的发展和机场本身的需要，机场经常会进行改扩建工程，机场表面和空间也会不断发生变化。利用全息测绘技术方案可以实现机场三维信息的快速采集，构建全空间、全要素的机场信息模型，还需要建立有效的更新机制，保持机场信息模型的现势性。在技术手段上，可以采用卫星发现跑道、机坪等大范围的地物变更，点云差分检测大型部件和单体建筑的变更，利用物联网机制对机场核心地理要素进行实时信号监测，以及利用协同管理机制，整合地物变更情报，提高地理信息更新效率。

10.3.1.2.2 地下管线三维模型

在地下管线模型的基础上，将二维图纸上的管线数据经过处理，提取其上的管点、管段的详细信息，并录入到支持三维显示功能的地理信息系统中，再经过风格设置等操作，最终形成三维可视化的机场地下管线模型。这种依托建模软件的手动或半自动建模方法虽然精度可以满足要求，但存在效率低、成本高和周期长等问题，为此需研究高精度自动建模方法。

自动建模思路是利用二维管线普查数据，根据各类管线点和管线段的特点，采用不同方式，通过空间、属性和材质信息映射，实时驱动生成地下管线三维模型。其建模方法是针对形态规则且结构单一的管线段，通过二维管线段的定位、管径和材质信息映射，利用 OpenGL 实时绘制三维管线段，针对形态不规则但可复用的管线点，如阀门、消防栓、接线箱等，通过预先建立高精度的三维模型构件库，经过二维管线点的定位、定向和类型信息映射，实时生成三维管线点；针对形态规则但不可复用的管线点，如变径、弯头、三通等，经过二维管线点的定位、定向、管径和材质信息映射，分别建立主管和支管模型，通过 OpenGL 布尔运算，并集剖切连接形成完整的实体模型，具体建模流程如图 10-16 所示。

10.3.1.2.3 机场净空三维模型

机场净空三维模型是开展机场净空管理、保障机场安全的有效手段。在机场净空二维模型的基础上，计算机场净空模型中所有顶点以及进近面、内水平面、过渡面、锥形面、起飞爬升面、复飞面、内过渡面、内进近面等限制面的坐标，通过坐标转换将其转换为地理坐标系下的坐标，再导入到 Sketchup、3DSMax 等建模工具进行三维建模和贴图渲染。由于这方面资料较多，建模技术也较为成熟，此处不再赘述。图 10-17 是单跑道机场进近三维模型效果。

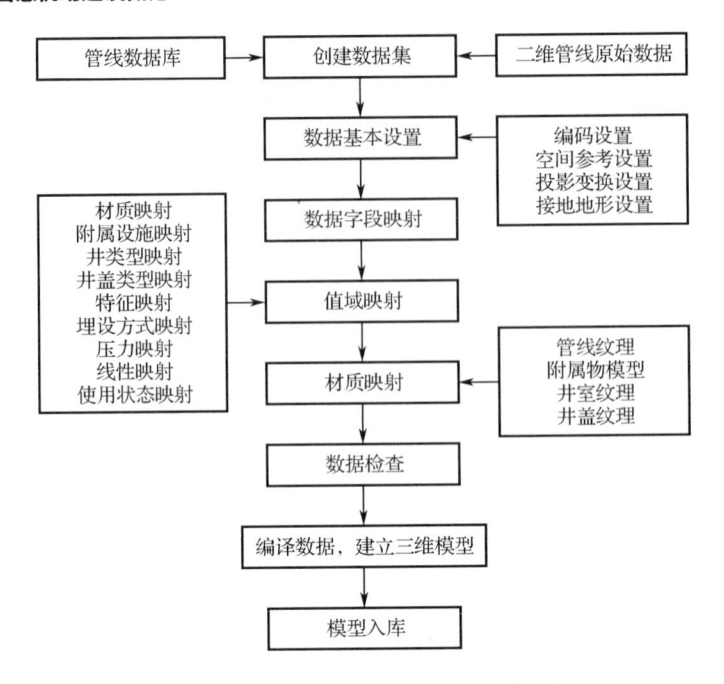

图 10-16　机场地下管线三维建模流程

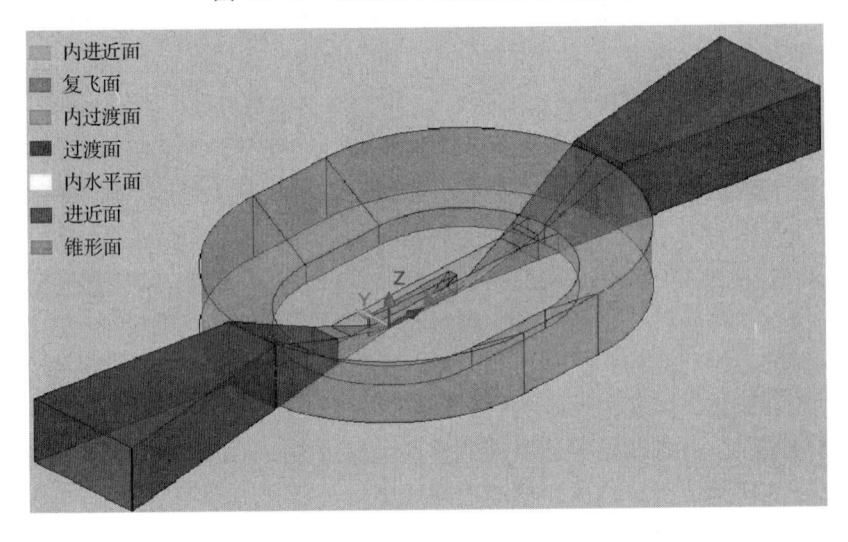

图 10-17　单跑道机场进近三维模型效果

10.3.1.2.4　特殊效果仿真模型

为提高机场三维视景仿真的逼真性，需完成天空仿真、立体云团仿真、不同时段仿真、天气仿真以及烟雾、爆炸等特殊效果的仿真。

1. 天空和云的仿真

（1）天空建模的原理

从地面的观察点来看，天空给人是一个锅盖的感觉。在晴朗的天气下，天空给人总感觉是蓝色的，蓝色天空是太阳光的光谱功率分布、大气分子散射、大气气溶胶粒子散射和人眼视觉规律等 4 个因素综合作用的结果。天空的颜色是人眼观察到的天穹上的颜色。太阳光从地球外到达天穹的过程中，受到大气分子和气溶胶粒子的散射和吸收，以及大气臭氧吸收的影响。到达天穹附近的太阳光被大气分子和气溶胶粒子散射，散射光穿过低层大气射入人眼，便形成了天空的颜色。天空中光的颜色随纬度、季节、地区和气象条件而变化，也与大气污染程度密切相关。如果仔细观察，就会发现随着视线由天顶到地平线移动，天空逐渐由淡蓝色转为青色进而转为雾状的黄白或白色，而且逐渐呈现模糊的景象。这是因为在天顶方向，大气的厚度相对于地平线方向是相当薄的，其中漂浮的颗粒状物体相对厚度也小，对光线的阻挡作用弱。这些颗粒物的相对密度和厚度随着大气相对厚度的增加而增多，最终导致天空颜色改变。在阴天时，由于云雾加厚，远处地平线的天空会呈现青灰色。

天空不是单纯由大气和颗粒物构成的，还有大量云，除了天空的基本蓝色背景，云是构成天空景象的主要物质。云一般处在对流层上层，有一定的厚度和形状，云的形状和颜色变化多端，极难模拟。

（2）天空建模的方法

① 四边体加纹理映射建模

在天空仿真中，往往要求天空呈现出晴、多云、阴、多雾，还有清晨、黄昏等效果；而视线尽头的远景，根据近景地形有诸如海洋、山脉、平原等效果。这种模型具有的公共特征是：与视点距离很远，没有细节要求，只强调表现效果。

通过在地形的边缘构造一周闭合的、由若干四边形组成的"围墙"，而在相应四边形上映射相应的纹理，实现该方向上远景的模拟。同样，对天空的模拟，采用加盖一个四边形或棱台作为"屋顶"，在表面上映射相应天气效果的纹理。这样，当视点在这个由地形、边界立面、顶面组成的盒子内移动时，加上适当的光照效果，就可以感到强烈的远景、天空所产生的纵深感，如图 10-18 所示。

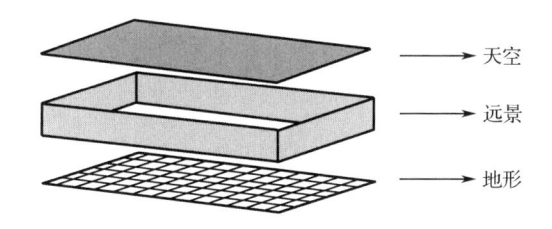

图 10-18　天空和远景模型

② 单层球形天空建模

这种方法用三维立体球来模拟纯净的天空，然后再实现天空背景下的云。以仿真中的地面焦点为中心，以相当大的半径做一个球体，这个球就构成了基本的天空，一般用由几十个面组成的球就能满足要求。

首先对天球赋上颜色，一般是淡蓝色，如果不满意，还可以赋上纹理，可以用图像处理软件编辑出满意的纹理，这个纹理必须是单纯的，因为只是作为基本的天空背景。其次要进行雾化处理，雾化是对场景模糊化及增加场景真实感的有效手段。只有进行了合适的雾化处理，才能表现大气对光的阻挡效果。雾效的原理是根据仿真实体不同的面相对于视点的距离，依用户给定的雾化参数，计算在这个距离的雾效下，物体表面应呈现的颜色，并将这个颜色赋给物体的各个表面。

赋上颜色和进行雾化处理后，从地面上看去，天球呈现均匀的浅白或浅蓝色，这与我们要求的从天顶到地平面颜色由淡蓝逐渐过渡为灰白色不相符。这是因为雾化效果的计算是根据视点到物体的距离来计算物体的颜色的。以视点为中心的天球，各个面的视点距离一样，所以看起来颜色也一样。据此，对天球进行垂直方向的压缩和水平方向的延伸，形成一个扁平的椭球体，这样随着顶部离视点距离的缩小和四周离视点距离的增加，再加上椭球面自身的逐渐过渡，就实现了天空颜色从天顶到地平面的渐变。

单层球形天空的构造比较简单，但不容易实现飞行仿真中的穿云效果。为了达到更高的逼真性，需研究多层天空模型的实现。

③ 多层球形天空建模

这种方法将天空分为连续七层（图10-19），每一层为具有一定厚度的球壳，其环境光的效果各不相同。根据环境光和各种环境因素的变化，改变多层球形天空模型中各个层次的参数（例如，混浊度、环境光照度、高度、厚度、明暗度、颜色表等），可以描绘出合成自然环境中一天24小时的变化和晴、多云、阴、多雾等不同大气状况下环境光的变化，例如：

- 晴：近地层的雾变薄，上下薄云层接近零。
- 多云：云层的厚度增加。
- 阴：上下可见层接近零，上下薄云层扩大。
- 多雾：近地层的雾扩大。

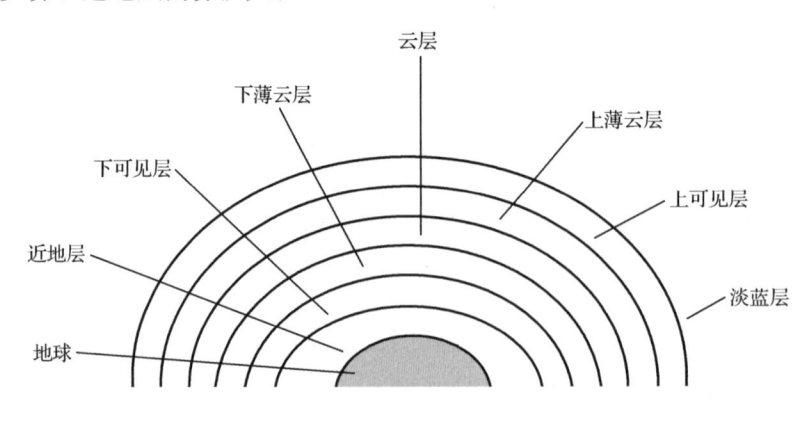

图 10-19 多层球形天空模型

(3)云的建模方法

① 水平云面的改进

在场景中显示云,最简单的方法就是贴一个平面的云的纹理。但是由于平面纹理云与我们日常生活常识不符,无法实现飞机穿云效果,所以要用曲面代替平面。可以生成一个四边下垂的贝塞尔曲面,进行适当放大后以一定高度置于地面上方。贝塞尔曲面有实时改变控制点数值进行云层浮动模拟的优点。

放置云层曲面时,最好能把曲面的四周置于地平线以下,因为从位于地表的观察点看去,云层也是完全覆盖在头顶之上的。曲面控制点应该是中点稍高,中点与四边之间的控制点可以进行适当随机浮动,以呈现云的不规则和紊流特性。

② 云朵和天气状况的模拟

对于云朵的形状、颜色和透光效果模拟,可以采用纹理加透明度变化以及对曲面进行变形并变化曲面材质的方法。如果给贝塞尔曲面赋的纹理不是一般云的照片,而是一些成散乱不规则分布的白色噪声景象,那么这种位图纹理由于面积很小,做成透明纹理后,一经赋给大面积曲面,就会随着曲面面积的放大而在各个方向上进行放大和拉伸,呈现各种不同的形状,完全能代替云的照片。纹理噪声点一定要是白色或灰色的,以便云的模拟和将来改变颜色。

从地面看上去,云层不是薄薄的一层,而是有一定厚度感和颜色变化的。为了表现云层的厚度感和颜色变化,可以采取多层云叠加的办法。即在一定高度范围内,以一定的高度差放置数层云曲面,而且每层云曲面的面积和贴纹理的方法都不尽相同,每层云的透明度也不相同,生成每层云时,贝塞尔曲面控制点的变化也进行随机扰动。这样,在纹理、透明度、材质、曲面运动和曲面面积改变的影响下,整个云层就会呈现出云的对流、漂动和不同厚度云对光的不同穿透率等效果(图10-20)。

图10-20 不同颜色的云

对于模拟晴天,可以用减少云的层数和增加云层的透明度来实现,对云层的颜色不做任何变化。对于模拟阴天及多云天空,可以采取增加云层,减少透明度和将云层曲面的颜色置为青灰色等手段实现。

2. 特殊效果的建模与渲染

特殊效果指的是对一些非刚性物质和不规则自然现象（如气流、尾烟、爆炸、雨、雪等）的描述。构造这些特殊视觉效果的模型，很难用经典的几何建模方法。目前对特殊效果的建模与渲染方法主要有基于粒子系统的方法、分形、动态纹理、基于物理过程和基于元胞自动机的方法等。其中粒子系统方法为人们描述这些现象开辟了新的途径，得到了较多的应用。

（1）粒子系统的特点

粒子系统模型的基本思想是用大量的、具有一定生命的粒子来描述自然界不规则的模糊景物。简单地说就是一些运动的颗粒物，每个颗粒物（多边形也可）按照一些简单的动力学规律来运动。粒子系统主要用于模拟不规则的物体。粒子系统将这些不规则景物定义为成百上千的不规则的、随机的粒子组成，每个粒子都具有各自的形状、颜色、运动规律、生命周期等属性，共同组成了不断变化的景物的总体形态和特征。

（2）粒子系统的实现

粒子的绘制主要有两种方法，一是无纹理的简单形体，如球体、正方体等；二是具有纹理和方向的正方形面。前者一般没有纹理、无透明度，外形简单但多边形数相对后者较多。后者通过纹理表现单个粒子的外形及颜色，对粒子本身的复杂度没有限制。

粒子系统生成与绘制过程如下：

① 更新系统中所有生存的粒子的属性。

② 产生新的粒子，并初始化。

③ 根据属性绘制每个年龄不为负值的粒子。

大多数特殊效果都属气体，可以认为云、烟、雾、火焰、飞行器航迹等均由众多小颗粒物随机运动而产生，形貌极不规则，并且有瞬息万变特性、捉摸不透的特性，结合不同的粒子生成算法，可以模拟出许多逼真的自然效果。关于具体特效的生成已超出了本书的范围，由于数字孪生与虚拟现实有千丝万缕的联系，图 10-21 显示了几种机场视景仿真中常见的特效。

（a）机场下雨　　　　　　　　　　（b）机场下雪

图 10-21　机场视景仿真中常见的特效

第 10 章　智慧机场数字孪生系统

（c）飞机特情　　　　　　　　　　　（d）飞行航迹

图 10-21　机场视景仿真中常见的特殊效果（续）

10.3.2　采集真实数据并与数字化模型关联

前面所述的对机场物理实体的数字化建模主要集中在对几何维度上的构建，缺少对同时反映物理实体对象的物理、行为、规则、约束的多维动态模型构建的研究。数字孪生机场需要采集分布在机场各处的数据源，获取真实的数据，并传输到数字孪生机场系统中与数字化模型相关联，才能在虚拟空间中复现机场的全貌，因此，数据采集的过程也是实体机场与数字孪生机场相互连接、交互信息的过程。由于机场存在大量异构设备或业务信息系统组成的数据源，具体有视频监控设备、无线传感设备、智能仪表设备、业务信息系统数据库等。这些异构数据源都有各自私有的数据采集传输协议，如果每一类设备都单独进行数据处理，很难实现数字孪生与真实系统之间信息的高效交互。因此，还需要构建机场多源异构数据采集框架，对异构设备和系统采集的数据进行集成封装，形成统一的机场运行数据格式，从而使数据共享更加便捷。

10.3.2.1　机场多元异构数据采集要求

数字孪生机场数据采集应当满足以下要求。

1. 完备性

保持数据的完整性，做到全要素全过程或者至少在某一具体领域（按用户需求）全要素全过程数据采集，并进行整体封装。

2. 实时性

一方面能够满足数字孪生机场对物理机场相关数据的实时获取，另一方面，当发生来自其他系统或设备的数据获取请求时，应当及时响应并提供完整的相关数据。

3. 准确性

数据采集应当保证数据的准确性，如对来自传感器、智能仪表的相关物理信息，应有明确的计量标准并在程序设计中具体执行。

4. 服务性

数字孪生机场能够提供满足其他子系统的数据获取需求，如能够对虚拟跑道设施提供实时数据查询功能,对设备故障预测提供历史数据的查询功能,提供实时仿真或推演后的预测信息等。

5. 可靠性

数据采集应当具备高可靠性。数据采集(尤其是数据传输环节)作为不同设备以及系统的中间部分,不仅需要在成本可控的条件下尽可能减少故障的发生,同时还应当具有不同方案来应对突发情况,保证数据的安全及完整。

6. 稳定性

应充分考虑数据采集的容错性、健壮性、鲁棒性以及良好的自我恢复能力,能在不同的硬件、网络、操作系统以及操作习惯中长期平稳运行,以保证日常业务的正常进行。

7. 通用性

应当能够适应多种生产环境,具有一定的通用性。

8. 安全性

在数据采集和传输的过程中,应当考虑数据的安全性,能够有效防止外部各种病毒攻击和恶意攻击,防止各种形式的非法入侵和数据泄露。

10.3.2.2 机场多元异构数据采集框架

一个完备的采集流程,应该包含采集、传输和入库监管这几个步骤。在满足大范围和多种类型的机场运营数据采集需求下,要实现数据快捷、稳定和高效采集,应根据数据类别、采集标准、现有设备的技术水平制定采集方案,现场设备接收上位机通过网络发送的指令,进行现场数据采集,然后通过互联网进行数据传输。上位机实时接收机场各处采集到的多源异构数据,对数据解析后,经过数据校验和算法处理,将满足要求的数据进行入库。数据被有效存储后,形成满足标准的结构内容,为后续的分析使用奠定基础。

根据以上分析,设计机场多元异构数据采集框架如图 10-22 所示。框架的核心是机场现场数据获取、传送和存储的三层架构体系,即数据采集层、网络传输层、存储管理层,另外还有数据源层和应用层作为数据采集功能的支撑和延伸。

1. 数据源层

数据源层主要针对机场生产运行相关的数据进行采集,该部分数据为整个数字孪生系统的运行提供了基础。数据源层包含两类不同的数据源,一类是物理数据,来自各种传感器、智能仪表、现场控制系统等,用于机场设施设备的监管控制;另一类是逻辑数据,主要来自机场各业务领域的信息系统及其数据库,用于机场运行情况的监管控制。

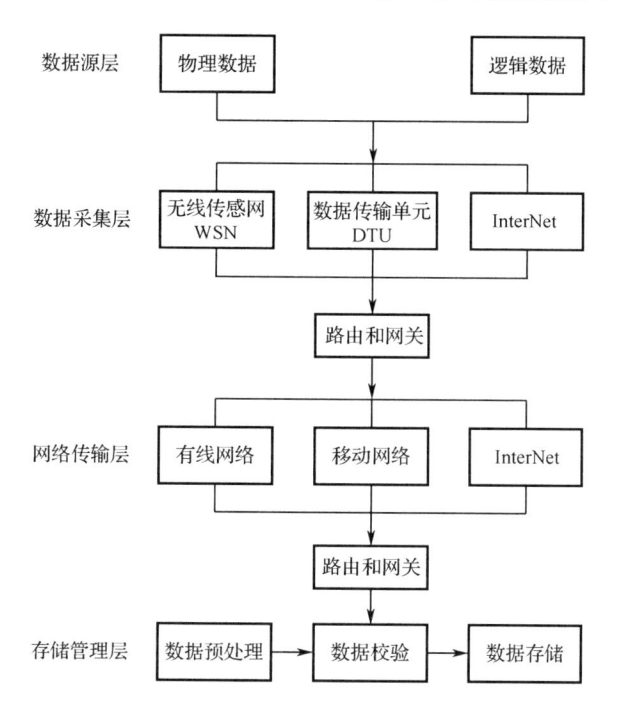

```
数据源层    物理数据        逻辑数据
                ↓              ↓
数据采集层  无线传感网  数据传输单元  InterNet
            WSN        DTU
                       ↓
                   路由和网关
                       ↓
网络传输层   有线网络   移动网络   InterNet
                       ↓
                   路由和网关
                       ↓
存储管理层  数据预处理 → 数据校验 → 数据存储
```

图 10-22　机场多元异构数据采集框架

（1）机场物理数据

机场物理数据主要包括机场生产运行中必须的"人－机－物－环"四个方面的基础数据。

"人"主要指人员信息，包括参与生产运行过程中人员的基本信息，如姓名、员工 ID、年龄、工作岗位，以及具体的工作日时长和工作任务等，一般该部分数据通过 RFID 方式对人员信息进行采集获取，例如员工按照任务单上岗打卡时需采集相关信息，以备实时监控统计和绩效分析。

"机"主要指设施设备信息，包括静态数据和动态数据两类。静态数据主要包括设施设备的基础信息，包括设施设备名称、功能、维修记录等，例如跑道道面、特种保障车辆等，该部分数据一般不会频繁改变，对数据采集实时性要求较低，但仍需要在一定间隔内对该部分数据进行采集校验，保证数据的正确性。动态数据则主要包括机场生产运行过程中，设施设备在运转时产生的大量数据，包括设施设备的运行状态（如是否正常、损坏、故障等）、设施设备的运行参数（如跑道道面应力、特种保障车辆能源消耗）、保障设备的实时轨迹（如特种保障车辆的实时位置）、设施设备警报等，一般该部分数据通过传感器或智能仪表获取，亦可以通过实时影像或视频获取。该部分数据具有较强的实时性，同时数据量较大，需要及时有效的获取该部分数据。

"物"是指在机场生产运行尤其是航班保障、旅客服务、设施设备运维等过程中，需要及时获取到参与这些过程的物资、备件、消耗品的种类、生产信息、批次号、标识码等基本信息，同时还需要在生产过程中对物资的实时情况（如消耗量）进行获取。通常该部分信息也是通过 RFID 或二维码形式实现采集。

"环"主要指环境信息，一般情况下需要对机场运行质量和安全生产影响较大的环境因素进行采集，包括温度、湿度、真空度和空气颗粒度等。该部分信息一般根据具体需要通过对应的传感器实现数据采集。

（2）机场逻辑数据

现代机场作为一个复杂巨系统，其生产运行具有极高的动态性，机场保障环境、保障需求、保障条件、保障要素都在不断发生变化，对机场保障的精准性和可靠性等要求也日益提高，这就需要各种不同业务领域信息系统对机场生产运行提供服务，从而避免人工操作带来的差错隐患。在实现物理世界和虚拟世界间智能互联与智能操作的过程中，数字孪生机场与真实机场软件信息系统之间形成良好的数据互通能够起到重要的桥梁作用。这些数据不同于直接从传感器采集而来的物理数据，而是经过信息系统处理加工过的，因此称其为逻辑数据，可以通过各业务系统数据库直接读取，或通过大数据平台获取，实现孪生机场与真实机场信息系统的融合。根据本书前面叙述的机场五大业务系统的分析，主要采集的业务系统有 ACDM 系统、指挥调度系统、安全综合管理系统、非航业务管理系统和企业 ERP 系统等。这些系统在前几章进行了详细介绍，此处不再赘述。需要说明的是，机场业务系统覆盖了机场生产运行的各个领域，数据量巨大，数字孪生机场要获得来自各类系统和设备的实时数据和历史数据，需开发强大的数据交互接口、机场信息模型和数据存储系统。

2. 数据采集层

通过对目前机场数据获取方式的研究，确认采用 WSN（无线传感器网络）、无线数据传输单元（DTU）和 Internet 实现数据采集，满足机场大范围数据采集的要求，实现对机场多源异构数据的远程传输和实时更新。具体的，WSN 与 DTU 实现传感器数据的收集。智能型仪表带有通信模块，可利用 DTU 和 Internet 实现数据高效收集，数据库之间可以经由 Internet 互联完成数据采集。利用上述方法把获取的内容送达上位机。上位机在采集方面主要有三个任务：通过网络对传感器、智能仪表进行采集指令发送、接收采集的数据，以及进行数据解析处理。这些任务都通过上述设备中安装的相关软件（包括数据接收、采集控制、数据解析、数据处理、数据传输等）来实现。

3. 网络传输层

网络传输层利用两种方法完成对数据的远距离传送。第一种方式是利有线网络与互联网连接，实现对数据的传输，这种方式传输的数据较大、网速快、网络的安全性和稳定性最强，但是不适合机场分布较分散设备的数据传输；第二种方式是利用移动网络来实现接入互联网，将数据传输给上位机，由于移动网络的带宽、速度和稳定性限制较大，这种方式适合于机场分散的采集点的数据采集。网络传输主要是利用现有的移动网络服务，以减少实现的难度，同时在一种通信方式失效的情况下，可以选择其他传输方式实现对数据传输的补救。

4. 存储管理层

存储管理层的任务是数据的接收、校验、存储管理。上位机获得数据后，首先对数据解析和审核，经过算法处理，确定数据格式与内容满足要求，自动存入数据库。另外还要实现远程控制传感器，尤其是采集注重实时性的数据，则要求可以远程控制采集频率。在上位机软件端，编写相关的控制程序，对设备的有关控制参数进行更新，进而实现对传感器的控制。

以上的流程设计和采集网络架构可以满足多种机场多源异构数据的采集，能够解决大范围机场监测数据采集的实际问题。

10.3.2.3 机场多元异构数据采集

1. 数据输入接口

根据数字孪生机场多源异构数据采集参考架构可知，数据传输的主要输入来源为物理数据和逻辑数据，针对不同数据源和不同格式的数据应当采用与之对应的数据接口技术。

（1）与物理数据对应的输入接口

对于跑道、机坪、单体建筑等设施，采用现场传感器通过物联网协议进行信息采集。对于电站、发电机、油管等带有智能仪表的设备，可采用 OPC_UA 协议直接获取数据。对于不提供 OPC_UA 协议接口的设备，则需要通过 OPC 服务器统一获取相关数据，然后再将相关数据进行输入。针对设施设备管理类系统业务数据，可采用 ESB 协议或直接访问大数据平台进行数据传输，为了提高数据的通用性，一般选择 XML 或 JSON 作为数据语言。

（2）与逻辑数据对应的输入接口

数字孪生机场与实际机场业务系统的数据传输一般会选择企业信息总线（ESB）进行传输，但随着机场业务系统的不断增加和云计算技术的发展，传统的各系统之间直接进行连接的传输方式逐渐被抛弃，将各系统接入 SaaS，并采用 WebService 技术进行数据传输逐渐成为主流方式。数据语言采用 XML 或 JSON 格式，考虑到不同系统之间数据格式存在不统一的问题，因此需要通过开发专用插件将数据格式转化为 XML/JSON 格式。

2. 数据输出接口

数据输出部分主要采用 RESTful 架构进行设计，通过开启 RESTful 服务器，监听来自其他系统的数据请求，当收到其他系统的数据请求后，根据具体请求内容在对象数据库中查询相关数据，并及时以 XML/JSON 格式将数据输出至发生请求的系统，完成数据输出，如图 10-23 所示。

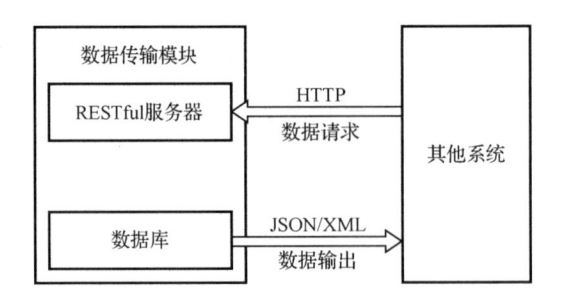

```
┌─────────────────────────────┐
│  数据传输模块                │
│  ┌──────────────┐   HTTP     │        ┌────────┐
│  │ RESTful服务器│◄───────────│────────│        │
│  └──────────────┘  数据请求  │        │        │
│                              │        │ 其他系统│
│  ┌──────────────┐ JSON/XML   │        │        │
│  │   数据库     │───────────►│────────│        │
│  └──────────────┘  数据输出  │        └────────┘
└─────────────────────────────┘
```

图 10-23　基于 RESTful 架构的数据输出接口

在实际系统实现时，可根据数字孪生系统实时性和对历史数据传输量的要求，设计数据临时存储和分包传输机制，以优化数据输出机制，提高传输效率。

10.3.3　开发机场设施设备故障预测模型

10.3.3.1　故障预测方法概述

在机场生产运行过程中，设施设备发生故障将会使安全生产带来很大的影响，传统的设施设备维修一般采用故障发生后进行维修和定期进行维护两种方式。故障发生后进行维修往往维修难度大，常需要中断正常生产运行秩序，并且消耗较大的人力和财力，但定期进行设备维护又会存在浪费。因此，数字孪生机场如何对设施设备运行状态进行监控，进而能够对故障进行预测预警，成为数字孪生机场的基本职能和重要目标。

故障预测（Fault Prognosis）主要包括对设施设备将要发生的故障进行分析预测和对设施设备剩余使用寿命进行预估。目前，故障预测主要分为定性预测和定量预测两种方式。

定性预测是通过基于相关知识库，利用已有的相关经验理论，根据设施设备运行过程的发展趋势，对故障实现定性推测，主要代表方法为专家系统。由于该方法不需要对系统建立详细的数学模型，只需要利用合适的推测方法便可提前预知故障的发生时间，因此该方法曾是故障预测的研究热点。但是由于定性预测精度较差，且必须对预测的系统具有足够多的相关领域知识，因此实际应用范围较小。

定量预测又称为统计预测，主要是根据系统运行数据，利用科学方法对其进行分析处理，从而实现对系统未来运行趋势预测的目的。定量预测主要包含基于模型的预测方法和基于数据的预测方法。

基于模型的预测方法主要是指通过对系统故障本质进行深入研究，结合系统历史运行数据，选择合适的模型参数，并不断进行实验修正，从而达到模型能够对系统运行进行刻画，实现对系统未来运行情况的预测。但是基于模型的预测方法实际应用效果较差，主要原因是当预测系统的复杂度较高时，难以通过模型对系统运行过程中所有特性进行刻画，并且模型建立时参数选择较为困难。且当参数选择过多时，会出现参数间互相影响的现象，导致预测精度下降。

基于数据驱动的预测方法主要包括多元统计和机器学习，主要是通过对系统运行过程监测所获得的数据进行分析，得到系统运行时的特征参数，利用特征参数实现对系统运行状态的判断，从而实现系统故障预测。由于该方法既避免了对系统建立复杂的模型，同时又避免了基于知识库预测的一些缺陷，能够有效利用机场产生的海量历史数据，因此该方法是目前研究和工程应用的热点。

10.3.3.2 基于神经网络的故障预测

1. 原理

人工神经网络是一种典型的基于数据驱动的故障预测方法，以 SOM（Self Organizing Map，自组织映射）网络为例。SOM 网络作为一种无监督分类方法，主要通过不同神经元对输入数据产生不同反应，并且具有一定相似性的数据输入会导致神经元响应结果较为类似，从而实现输入数据中同类数据能够聚集到同一区域，实现对输入数据的特征提取和分类效果。由于 SOM 网络本身具有有效性和易用性，因此 SOM 网络目前已成为应用最广泛的自组织神经网络方法之一。

SOM 网络实现自组织学习的最根本原理是通过 WTA（Winner Takes All，赢者全拿）竞争机制实现对输入数据的聚类或特征的提取。在 SOM 网络训练过程中，WTA 竞争机制主要通过输出层神经元竞争过程和输出层神经元的侧反馈过程两个过程实现，其中输出层神经元竞争过程主要是指通过比较输入向量值和每个输出层神经元的权值向量的距离的大小，距离最短的神经元被称为获胜神经元；输出层神经元的侧反馈过程是指产生获胜神经元后，获胜神经元会通过神经元之间的链接对周围神经元产生不同影响，距离获胜神经元较远的神经元会受到抑制作用，而距离较近的神经元则会受到激励作用。通过不断的迭代训练，使得获胜领域范围内神经元数量不断减少，从训练初期的粗映射进行逐渐调整，实现 SOM 网络对输入数据的精确描述。

通过对 SOM 算法的结构和工作原理的介绍，实现 SOM 网络的方法步骤如下。

（1）确定 SOM 网络的结构形式，根据输入数据的维度确定输入层神经元数量，选择合适的输出层神经元数量，并对神经元权值矢量、网络学习率和领域函数等相关参数进行初始化。

（2）对输入数据和神经元权值矢量进行归一化处理。

（3）选择样本输入 SOM 网络中，并计算输出层所有神经元与该样本的距离，确定优胜神经元。

（4）根据领域半径确定优胜邻域，并根据优胜邻域和激活函数对所有神经元的权值矢量进行更新。

（5）对学习率和邻域函数进行更新。

（6）完成一次完整迭代过程，若迭代次数达到设定值，则进入步骤（7），否则返回步骤（3）。

（7）记录每个输入数据的最佳神经元，将同一神经元下的输入数据分为一类。

2. 流程

SOM 网络能够对训练数据进行不断学习，主要是通过不断寻找每个输入样本的优胜神经元，即与某个训练数据距离最小的神经元，并且将优胜神经元的优胜邻域的所有神经元向该输入样本移动，从而实现优胜神经元能够更加接近输入样本。同时，为了实现收敛，优胜邻域的距离和神经元的移动幅度也会随着迭代次数的增加而不断减小。最后，SOM 网络中的每一个神经元能够表示一部分训练数据。输入数据中样本密集的部分会由较多的神经元进行表示，样本稀疏的部分则由较少的神经元进行表示。通常来说，SOM 网络的神经元数量远远小于训练数据，从而实现训练数据的离散化，便于利用 SOM 网络来表示训练数据中最重要的特征。

利用 SOM 网络进行设备故障预警，主要是通过 SOM 网络对设备历史运行日志中设备正常运行的数据样本进行学习，实现 SOM 网络对大量设备正常运行数据的表示。通过输入设备实时运行数据，将设备实时运行数据映射至 SOM 网络中，通过计算实时运行数据与 SOM 网络中神经元的距离，及时发现数据异常，从而实现设备故障预警。

具体流程如图 10-24 所示，流程图中有关训练数据生成、神经元距离计算、训练样本数据生成等具体的计算方法超出了本书范围，可参阅相关文献。

10.3.4 开发全要素全流程机场仿真系统

前面介绍了基于数据分析的机场设施设备实时监控和故障预测，这实际上是对机场物理状态的监控，而机场生产运行还要依靠人员和组织机构执行相应的业务流程，要达成机场生产运行状态的监控和预测，则需要建立机场各业务系统的全要素全流程运行逻辑模型，通过仿真的手段分析航班、旅客等动态变量对机场运行的影响，并以此为基础进行能力评估、决策分析、流程优化、推演演练等延伸功能的实现。

10.3.4.1 机场仿真发展状况

所谓计算机仿真，其实质就是建立仿真模型和在计算机上对所研究系统的结构、功能和行为以及参与系统控制的主动者——人的思维过程、行为，结合实际的或模拟的环境条件进行研究、分析和实验的技术。

20 世纪 70 年代末，欧美等发达国家最初开始尝试将系统仿真技术，尤其是离散事件仿真建模的方法，引入到空域和机场管理中来，建立整个空域和机场系统或者局部的某个子系统的仿真模型，并利用计算机和设计好的模型，对已有的或设想

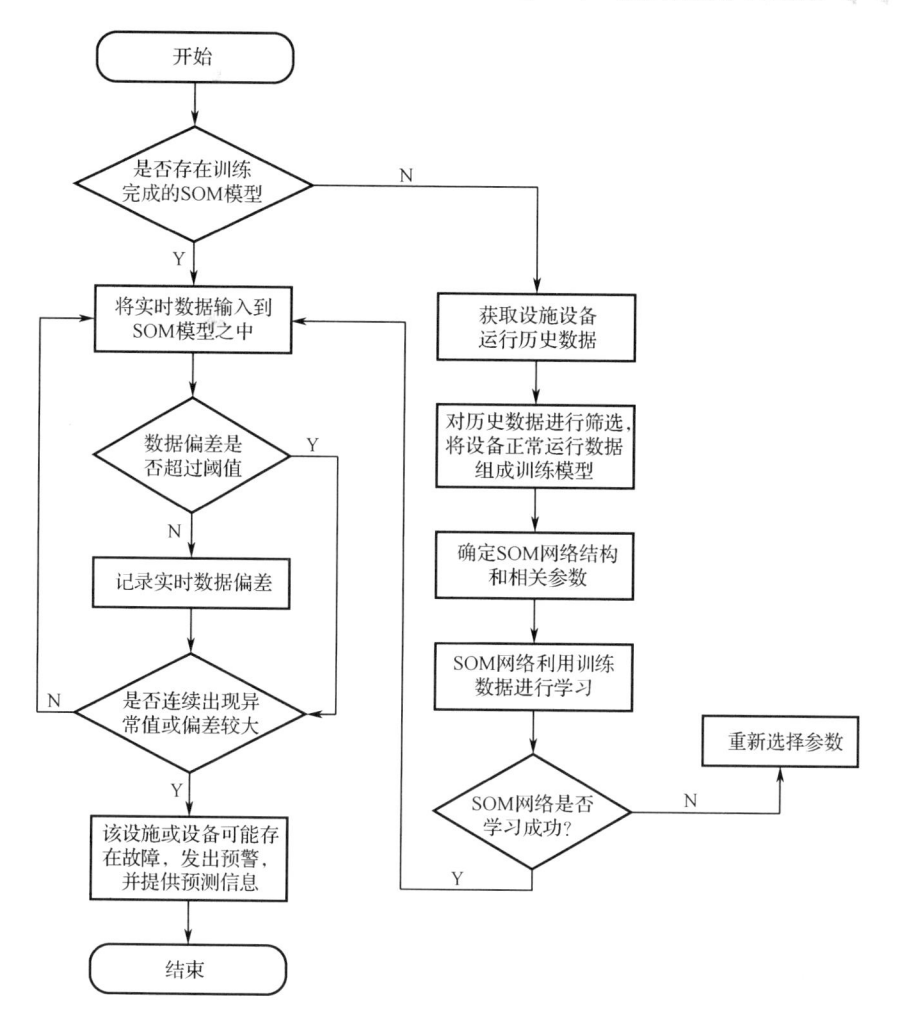

图 10-24 基于 SOM 网络的设备故障预测流程

的空域和机场系统及管理策略进行模拟实验，输出重要的统计与决策信息，以便对所设计的方案和出现的问题进行分析判断。随着民航系统的发展，机场规模越来越大，机场系统越来越复杂，为了缓解民航交通流量日益增大问题，更好地维护机场运行秩序、保证机场交通安全、提高机场运行效率、改善服务质量，以适应未来航空运输需求，民航仿真从一开始主要被用于评估机场容量和航班延误等单一目的的研究，逐渐扩展到对整个机场地面和空域管理的全过程全要素的研究，通过建构机场飞行区、航站楼、公共区的运营模型，结合机场运营大数据平台、对机场的运行进行仿真预显，应用于机场服务水平分析、机场运营方案比较、确定机场资源匹配方案、机场运营效率及绩效评估、机场跑道容量/延误评估、飞行区跑道资源瓶颈和冲突点、机场改建扩建新建评估等方面，为机场决策者提供全方位视角和整体解决方案。

1. 国外发展状况

国外（如美国的联邦航空管理局 FAA 等）对机场系统的计算机仿真技术研究开展得比较早，并取得了一批研究成果。目前，国外建立的有针对性的机场模型以及仿真模型等主要研究成果如下。

（1）Airfield Capacity Model。该模型由 FAA 开发，是用来在给定连续需求情况下，计算机场跑道系统的"极限容量"或称"饱和容量"的计算机分析模型。在给定跑道构形和运行策略等数据后，利用该模型可以计算出包括单跑道至四跑道等十五种常见跑道构形的小时极限容量。

（2）DELAYS。DELAYS 是由麻省理工学院（MIT）建立的机场延误模型。它主要用来计算由于跑道系统拥挤而造成的机场延误。DELAYS 是一个动态排队模型，它可以应用于交通需求以及跑道容量随时间变化的情况。在给出某特定一天的动态容量和动态需求情况后，DELAYS 即可近似计算出机场的期望延误值和排队长度期望值，以及当天任意时间的大于任意指定时间段的被延误飞机的百分数。

（3）AND。AND（全称为 Approximate Network Delays）是由 MIT 建立的排队网络模型，由 MITR 公司提供软件支持。该模型的目标是分析在国家或地区的航线网上，在进行航班计划时，交通需求和机场容量等参数的变化对飞行延误的影响。

（4）LMI Runway Capacity Model。LMI Runway Capacity Model 是用来计算跑道系统容量的一个广义随机模型，它的基本结构单元是计算单跑道容量的一个模型。这个单跑道可以只用于到达或只用于起飞或两者兼而有之。LMI Model 的主要特点是它考虑了机场运行的随机性。

（5）HERMES。HERMES 是 Heuristic Runway Movement Event Simulation 的简称。是一种计算平行跑道容量的软件，也可作为塔台管制员工作量的评估工具。HERMES 在侧重跑道系统运行模拟的同时，也可对整个机场包括滑行道进行仿真。该软件的输入数据主要是来自实际观察的飞行记录，另外还有机型组合、跑道占用时间等。输出数据是模拟中每次飞行的平均延误值。

（6）The Airport Machine。The Airport Machine 是由 MIT 开发的一个仿真模型。该模型可详细模拟飞行区运行的各个方面（包括跑道、滑行道、停机坪等）。它的主要性能指标是飞行区每单位时间的交通流和吞吐容量，以及在各飞行区设施上所引起的延误。它是基于一种"点－线"结构（也就是将飞行区描述成为由点和线连成的网络模型）。飞机沿着由这些点线连成的飞行区网络上运行，每条连线在某一时刻只能容纳一架飞机，当某时有两架飞机在同一连线上时，模型中的运行策略模块决定哪一架首先通过，而另一架则将发生延误。

（7）SIMMOD。SIMMOD 是 FAA 开发的应用于机场飞行区和航站空域的仿真模型（Airport and Airspace Simulation Model）。该模型由数据预处理、仿真、油耗处理、图像处理和报告生成模块组成，将航班调度数据、空域数据、航空器数据和机场数据作为输入数据来进行多维度的仿真，如机场场面运行仿真（包括跑道、滑行道和停机坪等）、机场终端区空域仿真、多个相邻机场及终端区空域仿真、区域空域仿真等。SIMMOD 为机场地空仿真模型，可以精微仿真单个机场（包括跑道、滑行道和停机位区域），机场及其相关的终端区空域；SIMMOD 主要依赖于详细的飞行区空域的网络描述，飞机沿着网络的点线运行，每条连线或每个节点在某时只能容纳一架飞机，当某时有两架飞机同时需出现在某一连线或某一节点时，模型中的运行策略模块将决定哪一架飞机首先使用，而另一架飞机则将出现延误。网络上的飞机运行路线既可由用户指定，也可按最短路径算法优化得到。SIMMOD 是一个基于网络的二维仿真模型，主要测量飞机运行时间、单位时间内的流量和吞吐容量、延误和燃油消耗，还可以对机场地面操作（比如推出操作、登机门占用、除冰程序等）进行评估。

（8）TAAM。TAAM（空域和机场总体模拟器）是由 Preston Group 和澳大利亚民用航空局联合开发的，是当前最完整的三维 ATM 仿真系统，可以详细地模拟实时处理模式下机场门到门的运行。它有以下显著特点：及时精确的现场模拟；模拟世界范围内任一空域和机场的运行状况；详细模拟整个机场地面和空域的环境；同SIMMOD 一样，TAAM 也支持节点的仿真，并且在同类功能的中 TAAM 仿真的细节化程度最高。TAAM 将空中交通时间表、环境、飞机飞行计划、环境描述、空中交通控制及控制规则作为模型的输入数据，这些数据模拟机场空域和地面状况，进行冲突检测和解决。TAAM 组件中包括一个可实时交互图形工具，为用户提供空域和机场平面的二维或三维视图。输出部分包括一个具备定制功能的数据报告工具，用来生成不同格式及不同内容的报告。

SIMMOD 和 TAAM 都属于快速仿真软件，采用离散事件仿真方法，在解决复杂系统和微观评估方面具有一定优势。它们的成功之处在于充分考虑了飞行过程中的随机因素，并具有较为完善的空中交通管制逻辑，因此仿真效果比较贴近实际。然而，由于评估过程不仅需要建立复杂的仿真环境和逻辑规则，还要求进行多次反复仿真和参数调节，所以需要耗费大量的人力，导致软件的使用成本较高。

2. 国内情况

在我国，民航事业起步比较晚，发展程度相对较低，相关研究的出现也较晚。随着我国民航业的发展和科研技术的进步，机场运行仿真评估的理论研究及应用取得了一定进展。例如，我国民航总局的空域仿真与评估系统（ASMES），是一款基于计算机系统的空域仿真系统，在北京、上海、广州、成都、西安等地的容量评估中不断得到实际应用，取得了一定进步，产生了一定效益。南京航空航天大学、中国民航大学和中国民航管理干部学院等研究机构均在陆侧、空侧和空中交通仿真方面做了大量研究工作。但我国机场仿真技术的研究与应用总体上还处于探索和试验阶段，尚未实现真正意义上如同 SIMMOD、TAAM 那样的通用化的机场仿真系统。

近年来，我国民航建设进入了高速发展新时期，全国各地新建、改扩建了一大批机场。由于机场系统内部结构错综复杂，航空器流、物流和旅客流交错相互制约，在对原有机场的运行瓶颈进行诊断时，传统的方法和工具往往会力不从心。因此，越来越多的机场认识到仿真模拟技术在机场规划设计与运行管理领域的作用，大力推进系统仿真技术应用已经成为我国机场建设发展的一个重要方向。

3. 发展趋势

以智慧机场为代表的新一代民航智能系统的规划设计涉及许多新的技术和运行模式，从安全和经济的角度考虑，新技术、新建设、新运行模式的应用研究都是通过预先建立仿真环境进行仿真、测试、验证和评估的，因而需要调整和确认新技术、新运行模式的发展路线，明确研究方向、安全风险和潜在挑战。民航仿真应用从早期单一设备、单一要素、单一领域的仿真逐渐扩大到系统级全过程全要素仿真，且已经成为民航建设过程中至关重要的一个环节。

未来民航系统仿真模型的发展将呈现以下几个趋势。

（1）仿真结果的可信度越来越高，能为民航管理者提供决策支持。

（2）虚拟现实技术的应用，使仿真模型的可视化效果发展到更贴近现实的三维运动空间，显著改善仿真系统的人机界面。

（3）仿真模型的范围越来越广，未来机场仿真能够覆盖跑道系统、机场空中交通管理的模型、航站楼的旅客流程管理模型、地面交通管理模型、机场物流管理模型等。

10.3.4.2 基于 AUML 建立机场仿真模型

机场仿真系统开发的一般过程如图 10-25 所示，分为前期准备阶段、建模实施阶段和分析评估阶段三个主要阶段，其中最核心且难度最大的就是仿真模型的建立。

由于机场系统内部结构错综复杂，航空器流、旅客流、物流以及信息流相互交错、相互制约，传统的数学解析、统计分析、过程描述等建模方法均难以满足机场建模规模与复杂性的要求。

目前，机场仿真领域越来越多采用了面向 Agent 的建模方法，多 Agent 系统具有对人类社会复杂系统描述的能力，但是 Agent 对于描述机场各业务系统的组织特性和业务活动的流程方面还有很多不足，且机场领域多 Agent 系统开发目前还大多基于机场专业人员的实际经验，与建模技术人员之间的沟通缺乏实用工具和渠道，尽管 AnyLogic 等混合型仿真平台提供了相关支持，但掌握一套完善的设计方法和建模技术来对机场系统建模，对机场仿真系统的开发、使用等各方面都有好处。而且，机场仿真肯定存在一些 AnyLogic 等建模平台不适用的高实时性、高反应性的场合，需要自行开发仿真平台以满足需求。因此，本小节介绍 AUML（Agent 统一建模语言），它是一种结合了 UML 和面向 Agent 的系统建模语言，以此作为机场仿真的理论基础,来实现对基于多 Agent 的机场仿真系统模型的构建。

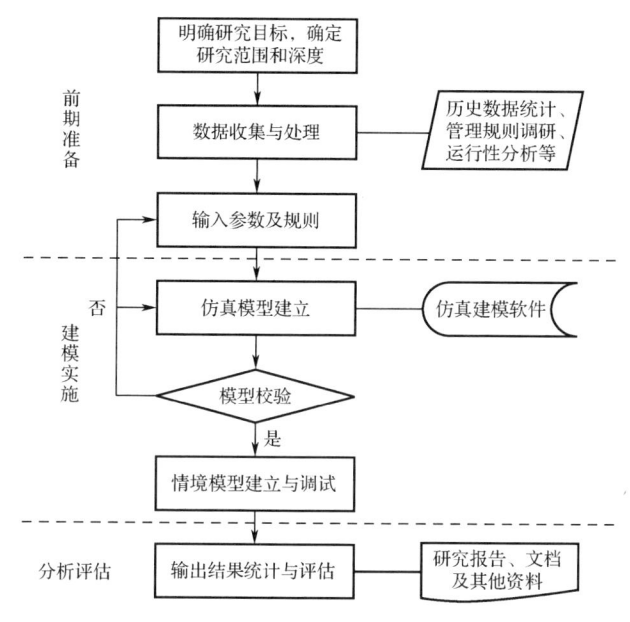

图 10-25　机场仿真系统开发的一般过程

10.3.4.2.1　理论基础

1. Agent 和多 Agent 系统

（1）Agent 及特点

Agent 是具有自治性、社会性、反应性和能动性等特征的软件系统,其结构分为接口消息库、属性（数据/知识）、方法库、知识库和数据库等部分,其结构见图 10-26。从图中可以看出,当 Agent 接收到外部其他 Agent 的交互信息后,首先存放在信息库中,通过消息解码器对信息进行分析、加工以及处理,而后与方法库中已有的方法进行匹配,找出最适当的任务解决方案,并将获得的经验和数据分别存入知识库和数据库,同时将任务执行情况报告给其他 Agent。

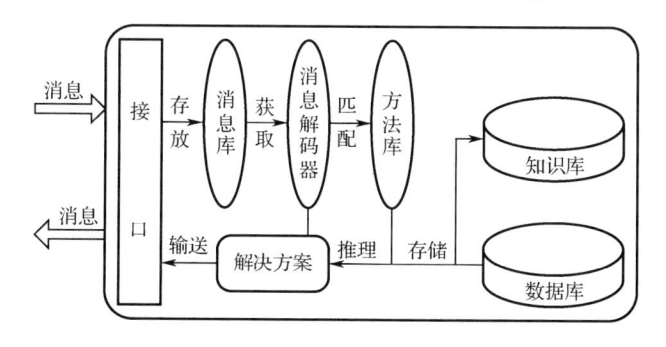

图 10-26　Agent 结构图

自治性和社会性是 Agent 的基本特性,反应性和能动性则是延伸特性。

① 自治性。自治性是指：①Agent 是保持相对完整的独立个体，所以它与其他个体能相互区别，反映出 Agent 理论能从系统内部出发刻画系统特征和行为，即通过个体来刻画整体；②Agent 具有一定的信息处理能力（也可称为理性、问题求解能力等），即 Agent 是具有一定理性的意识系统。自治性表明 Agent 是具有理性的独立个体，能很好模拟人的行为。

② 社会性。社会性是指 Agent 之间可以实现个体之间的交互联系，Agent 的社会性表明多 Agent 系统能模拟复杂行为。在设计基于多 Agent 的机场仿真模型体系的过程中，不仅要考虑单个实体 Agent 的知识和信念的表示方法及推理机制的实现，也要考虑各类 Agent 实体间的复杂关系。

（2）MAS 及特点

MAS 是多智能系统 Multi-agent System 的简称，它是由具有耦合关系的不同 Agent 群体进行交互和协调形成的，具有一定智能、组织结构和交互机制。MAS 中每个 Agent 成员拥有不同的属性、信息、知识和能力等特征，可以完成各自任务和解决领域内的问题。通过 Agent 自主运行，能够实现与其他 Agent 交换信息、依据外界信息进行推理和规划、各类 Agent 交互协同执行任务、相互合作解决复杂问题等行为。因此，MAS 解决问题的能力要大于几类 Agent 的简单加总。目前，MAS 已被广泛应用于各类自然系统、人工系统和社会系统的抽象和分析。机场是由内部的各个业务系统的组织机构相互协调共同完成航班保障任务的，采用 MAS 方法对其建模，组成了一个由多个 Agent 组成的相对完整的复杂系统，可以对其行为实现较好的模拟仿真。

2. UML 统一建模语言

UML 是一种功能强大的、面向对象的可视化系统分析的建模语言，提供了多种结构建模和行为建模方法，广泛适用于从国民经济、国防军事到民生娱乐等各个应用领域。UML 语言不仅可以描述系统的静态结构，还可以描述系统的动态行为。通过定义活动单元，描述业务逻辑，分析业务过程，将通常难以清晰表达的活动和逻辑可视化表现出来，已成为业务建模的主流语言之一。

UML 包含三种基本构造模块，它们分别是事物（Thing）、关系（Relationship）和图（Diagram）。事物是对模型中最具有代表性元素的抽象，主要包括结构事物、行为事物、分组事物和注释事物，关系把事物结合在一起，图则聚集了相关的事物和关系。

（1）UML 事物

① 结构事物（Structure Thing）

结构事物是 UML 模型的静态部分，它们是 UML 模型中的名词，描述了概念或物理元素。包括：类（class），是对一组具有相同属性、相同操作、相同关系和相同语义的对象进行描述；接口（interface），是对一个类或组件的一个服务操作集进行描述；协作（collaboration），定义了一个交互，是由一组共同工作以提供某协作行为的角色和其他元素构成的一个群体,这些协作行为大于所有元素各自行为的总和;用例(use case),是对一组动作序列的描述,系统执行这些动作将产生一个对特定参与者有价值的可观测结果;主动类(active class),是主动对象,至少拥有一个进程或者线程,因此它能够启动控制逻辑活动。

② 行为事物(Behavior Thing)

行为事物是 UML 模型的动态部分,它们是 UML 模型中的动词,描述跨越时间和空间的行为。包括:交互(interaction),是由在特定语境中共同完成一项任务的一组对象之间交换的消息所组成;状态机(state machine),描述一个对象或者一个交互在生命周期内响应事件所经历的状态序列;活动(activity),描述一个状态机中进行的非原子的执行单元。

(2)UML 关系

UML 关系构造模块是依赖、关联、泛化和实现。依赖(dependency)是两个事物之间的语义关系,其中一个事物(称为独立事物)发生变化会影响另一个事物(称为依赖事物)的语义;关联(association)是一种结构关系,它描述一组链的对象之间相互连接;泛化(generalization)是一种特殊/一般关系,特殊元素的对象(称为子类对象)可替代一般元素的对象(称为父类对象);实现(realization)是两个类元之间的语义关系。

(3)UML 图

UML 图是一组元素的图形表示,大多数情况下把图画成顶点(代表事物)和弧(代表关系)的连通图。为了对系统进行可视化,可以从不同角度画图,这样图就是对系统的反映。其中:类图(class diagram)展现一组类元、接口、协作以及它们之间的关系,在面向对象系统建模中最常见的图就是类图;对象图(object diagram)展现一组对象以及它们之间的关系;用例图(usecaes diagram)展现一组用例、参与者以及它们之间关系,这些图对于系统的行为和功能建模是非常重要的;顺序图(sequence diagram)展现一种交互,它由一组对象以及它们之间的链组成,对象之间通过发送消息来交互,顺序图是一种强调消息时间顺序的交互图;状态图(state diagram)展现一个状态机,它是由状态、转换、事件和活动所组成;活动图(activity diagram)展示系统中从一个活动到另一个活动的流程,是一种特殊的状态图;组件图(component diagram)展现多个组件以及它们之间的组织和依赖。

10.3.4.2.2 AUML 建模思路

Agent 和 UML 在描述复杂系统方面各有所长,为适应复杂系统建模的需要,出现了结合二者优势的 AUML(Agent UML,即面向 Agent 的 UML 建模语言)概念,主要是对 UML 模型动态描述机制做了一系列面向 Agent 的扩展,以适应多 Agent 系统的组织构成和交互协议,便于描述组织本身及其内部各角色之间的动态行为。

使用 AUML 方法对多 Agent 系统建模时,一方面采用面向 Agent 的分析方法分解问题，另一方面在构建模型时，采用类似 UML 的描述方法，将图形化直观描述和形式化严格定义相结合。该方法总体上是以需求为驱动的，遵循"自顶向下、先静后动、由外到内、由粗到细"的分析步骤，其主要的建模思路如下。

（1）获取系统目标和任务，识别并组合系统中的各种角色，通过用例图来描述其承担的任务。

（2）通过角色将系统分解为多个 Agent，采用基于扩展类图和对象图的 Agent 类图来描述 Agent 系统的组织结构。

（3）采用扩展的 UML 顺序图来描述系统中 Agent 间的交互行为。

10.3.4.2.3 具体方法

1. 根据领域知识确定机场仿真概念模型

概念模型是建模的第一个阶段，它是在需求分析过程中，对客观现实世界进行的第一次抽象，其核心是结构化机场各业务系统运行规则的描述，需要从规则设计内容上如实反映模型系统的业务需求，如实反映业务活动和执行机构进行决策的规律。

机场系统是一个包含人员、设备、物资器材、设施以及组织机构、信息、管理等诸多因素的动态系统，从功能和作用上可分为指挥层和操作层。指挥层主要是指各分区指挥机构，如 AOC、TOC、GTC 等，而操作层主要是具体执行某项业务活动的班组、人员、装设备等。应用 AUML 方法对机场系统进行建模，主要完成对机场各类业务活动的分析与描述，包括航班保障、旅客服务、安全监控、商业经营、企业决策以及涉及的组织机构、保障资源、方案计划、行动规则等。以飞行区航班保障仿真为例，按照 AUML 建模流程，以图来描述该项业务的概念模型，如图 10-27 所示。

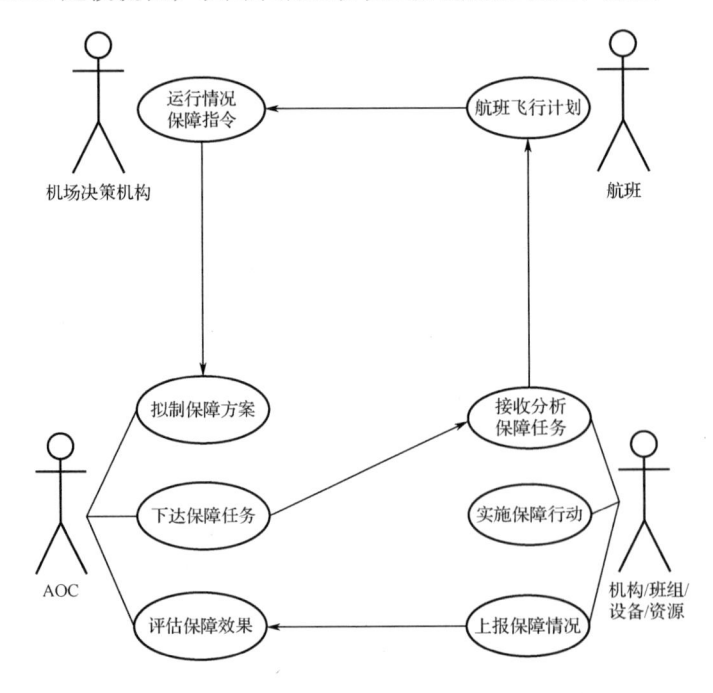

图 10-27 飞行区航班保障仿真概念模型

2. 用 Agent 组织类图建立系统静态结构模型

多 Agent 系统中的静态模型主要用于描述系统中由角色关系反映出来的组织结构。这种结构具有相对静止和稳定的特点。在多 Agent 系统中，扮演一定角色的 Agent 必须承诺根据角色的要求与其他 Agent 进行交互，从而保证系统整体行为的协调一致。在面向对象的建模方法中，系统的静态模型一般用类图表示，类图是一种通过描述构成系统的类（对象）及它们之间的关系来反映系统静态特性的建模工具，通过将面向对象系统中类的概念扩展到多 Agent 系统中的角色概念，可以得到描述 Agent 组织静态关系的 Agent 类图（图 10-28 所示）。

Agent
状态
属性
方法
交互协议、本体、语言

图 10-28　Agent 类图

在 Agent 类中也使用了属性和方法，用以描述 Agent 的特性和行为。为了表示 Agent 能够根据其内部状态和感知的环境信息，决定和控制自身行为的能力，采用了状态这一概念，来表示 Agent 所能呈现的状态值及改变状态的行为。此外，Agent 之间的交互采用的是 Agent 专用的通信语言，遵循一定的交互协议，因此 Agent 类中还表示出了 Agent 和其他 Agent 进行交互的协议、本体和语言。

图 10-29 所示即是采用 Agent 类图表示的飞行区航班保障仿真的静态模型，航班 Agent 代表需进行进离港航班，他们产生保障需求并提报给机场决策机构，机场决策机构 Agent 结合保障态势和机场实际情况向飞行区运行中心（AOC）Agent 下达命令或提供授权，AOC Agent 分析保障需求、保障态势及保障资源、保障装设备的能力状况后进行决策，形成保障任务并以保障指令的形式下达给场面保障实体（包括机构、班组、设备、资源等）Agent，由这些负责具体保障活动的 Agent 对航班 Agent 实施保障，并将保障情况和保障效果上报给 AOC Agent。

图中，各类 Agent 发送/接收的保障指令、保障任务、保障情况等各类信息以超类的形式体现，此处省略。

3. 用 AUML 交互图建立系统动态结构模型

交互协作是 Agent 社会性的集中表现，也是多 Agent 系统的一个重要特征。多 Agent 系统的动态行为建模主要用于描述系统中各角色之间的动态交互协作关系。通过对交互行为进行合理的抽象，建立交互行为模型，可以形成相应的交互协议和交互模式。业务流程是机场仿真系统的核心，重点围绕业务流程的处理来描述 Agent

之间的交互过程。

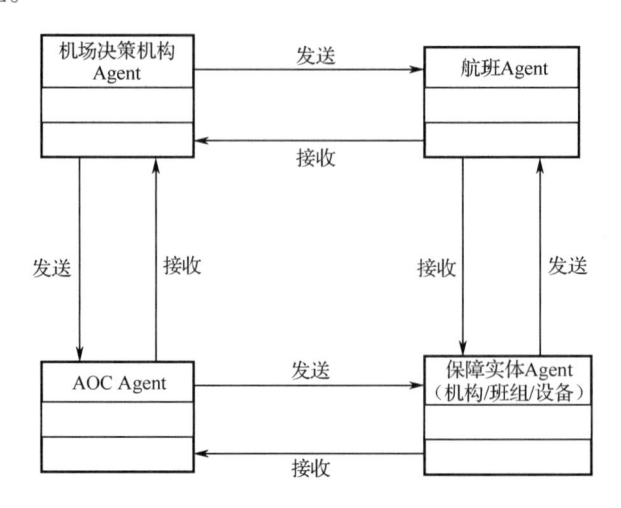

图 10-29　飞行区航班保障仿真 Agent 类图

对 Agent 交互行为的描述是通过扩展 UML 中的顺序图得到的，首先将顺序图中对象的概念扩展到 Agent 或角色；其次对消息的格式进行扩展，对象的消息机制大都建立在方法调用的基础上，Agent 的消息概念则是建立在语言行为理论基础上的，因此 Agent 之间的消息应包含通信协议和消息内容等信息。此外，Agent 具有处理复杂事件的能力，最典型的就是具有对多个消息或事件并发处理的能力，而面向对象技术并不支持并发机制，所以需要扩展 UML 顺序图，使其支持并发机制。图 10-30 表示了扩展 UML 顺序图对三种多线程并发的支持。图 10-31 是飞行区航班保障仿真 AUML 顺序图。

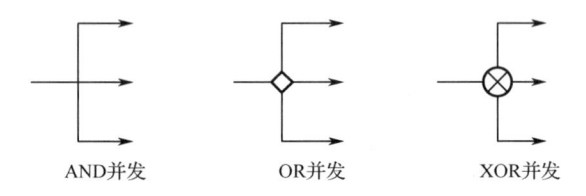

图 10-30　UML 支持交互并发的扩展

需要指出，这里所给出的飞行区航班保障仿真用例是一种最简单的理想状态情况，在实际仿真系统开发时，建模的对象和过程要复杂得多。同时，作为建模模板，其他业务和保障活动亦可依照以上给出的思路进行仿真模型开发。

10.3.4.3　机场空侧仿真系统

机场空侧仿真是应用计算机仿真模拟软件，构建空侧飞行区地面运行情境，在一定的管制运行规则下，模拟典型航班地面运行及起降的全过程。

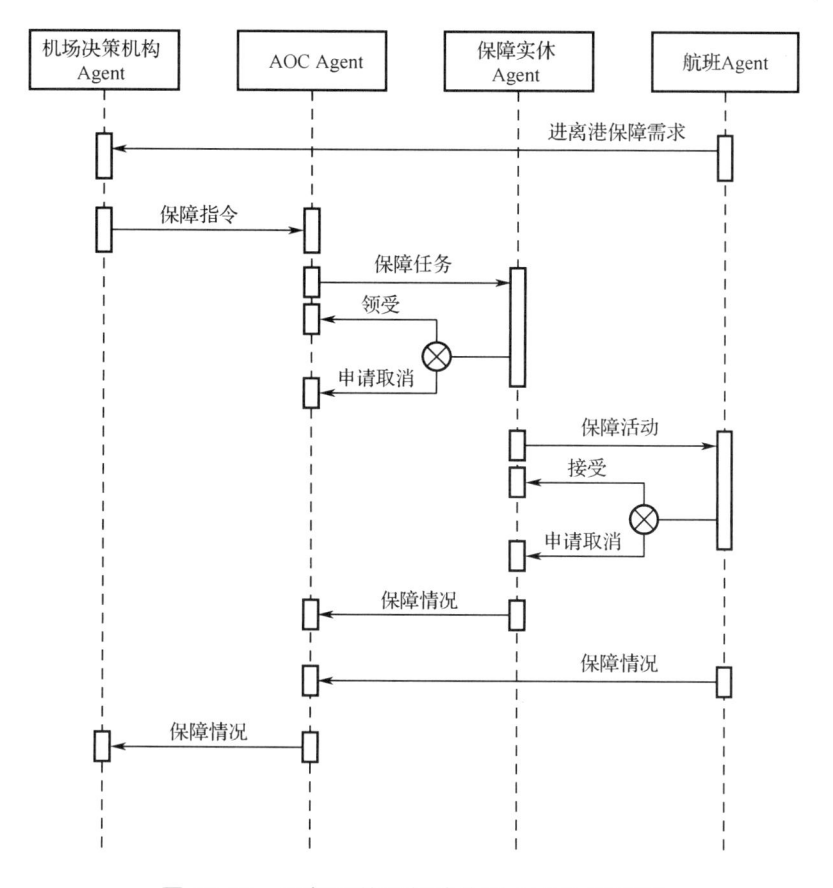

图 10-31 飞行区航班保障仿真 AUML 顺序图

10.3.4.3.1 开发目标

以机场空侧运行管理的实际情况为背景，结合用户实际需求，基于实际机场建立机场停机位、停机坪、滑行道、跑道、地面设备、特种车辆、保障人员等的位置信息与属性数据，构建机场空侧运行全过程仿真平台，实现航班起降仿真、滑行道滑行仿真、跑道连锁关系与运行仿真、地面保障资源调度仿真、场坪保障作业仿真等，达成航班运行和机场运行的整体联动仿真的效果，通过二三维动态显示其具体运行情况，分析仿真数据，给出统计结果，从而形成操作简单、通用性强、可靠性高的机场空侧仿真工具。

10.3.4.3.2 总体流程

根据进离港航班起降及地面服务流程的分析，机场空侧运行仿真系统涉及的各种对象主要包括：航班、机位、车辆、操作员以及各种约束规则和条件等。机场空侧仿真系统的总体流程如图 10-32 所示，在系统开始阶段，首先需要对每个航班进行机位分配，机位分配应当包含机位预分配和机位的动态调整。当航班预计进场时间到达时，需要对航班进行类型判断来确定飞机的滑行路线和所需服务，飞机通过对应的路线进入机位，同时，飞机在一定时刻请求所需的服务，机场方面需要对飞机进行操作员和车辆的调度，如果车辆和操作员调度不成功，则需要对该服务需求进行反复处理直至调度成功；当飞机到达机位且资源分配完成时，对飞机进行相应保障服务，服务结束后，统计相关数据并动态调整后续可能受影响的航班。

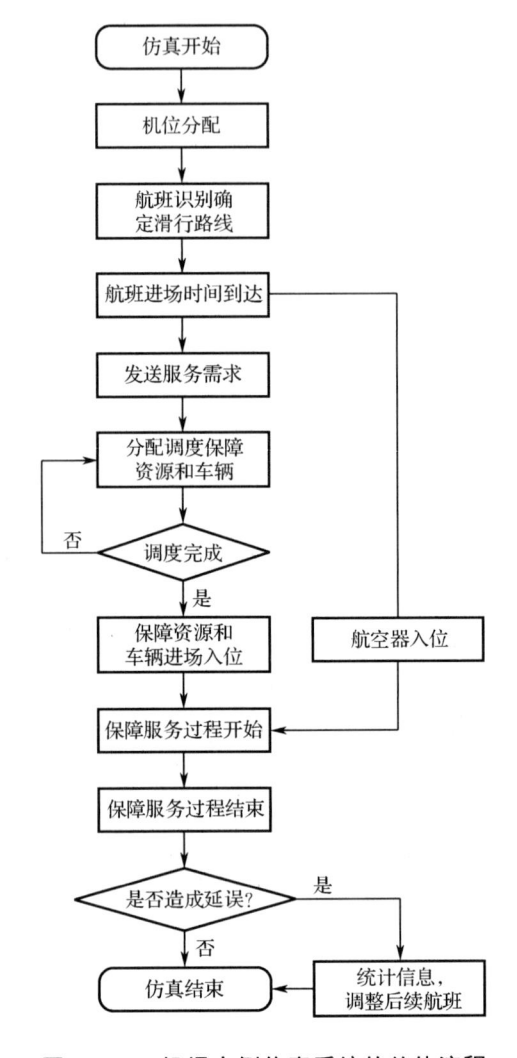

图 10-32　机场空侧仿真系统的总体流程

10.3.4.3.3　仿真模型

1. Agent 类型

根据总体流程图中的描述，通过分析，在整个系统中，所需要的 Agent 分为 7 大类，各个 Agent 类之间通过交互实现实时通信，以交换各自所获取的信息，并对飞机所需资源进行实时分配，各类 Agent 的主要功能介绍如下。

（1）航班 Agent

根据自身情况请求分配机位资源，机位分配完成且仿真时间到达时，通过判断飞机的类型选择相应路线进入机位，并在规定时间段内请求所需保障服务，如果航班延误，则需再次请求资源管理 Agent 为其进行机位调配。

（2）系统管理 Agent

负责初始化系统中各个资源的相关信息，接收航班 Agent 发来的机位和车辆操作员资源请求，传递资源请求给 AOC Agent，并实时更新系统中的相关信息。

（3）AOC Agent

负责数据传递，接收资源请求数据并传递给资源管理 Agent，将分配结果传递给其他 Agent。

（4）资源管理 Agent

将飞机 Agent 发送的服务请求进行记录，并按照资源分配规则对请求进行响应，与机位 Agent、操作员 Agent 和车辆 Agent 进行实时通信，按照资源分配的规则和方法对资源进行调配。

（5）机位 Agent

显示自身的分配状态，接受来自资源管理 Agent 的分配指令，判断分配条件，并检测即将分配的飞机是否存在邻近机位冲突等问题。

（6）操作员 Agent

接受来自资源管理 Agent 的调度请求，检测是否满足所需服务的操作条件，如操作员是否处于空闲状态，是否具备操作权限等，如果条件满足，则分配该操作员为航班服务。

（7）车辆 Agent

接受来自资源管理 Agent 的分配请求，检测分配条件是否满足，当该车辆的分配条件满足时，记录相应的服务航班和司机的信息，并为该车辆的操作员和该车辆服务航班的相应信息进行更改，同时更改自身状态，并行驶到该车辆服务的飞机所在机位进行相应服务。

2. 基于 AUML 的航班过站地面服务系统建模

根据空侧仿真系统的总体流程设计，以及系统所需 Agent 分类中对各个 Agent 功能的描述，设计该系统的 AUML 时序图，如图 10-33 所示，它描述了系统中各个 Agent 之间的实时交互，交互过程如下。

（1）系统管理 Agent 用于系统的初始化，创建航班 Agent、机位 Agent、车辆 Agent、司机 Agent、AOC Agent 和资源管理 Agent。

（2）航班 Agent 用于感知自身状态，通过判断预计进港时间、航班机型、预计离岗时间等信息，根据航班状态生成机位申请，向系统管理 Agent 和 AOC Agent 发送申请信息，系统管理 Agent 将申请信息汇总，AOC Agent 将申请信息发送给资源管理 Agent。

（3）资源管理 Agent 通过收到的机位申请信息，向所有机位 Agent 广播，并发出状态查询指令，要求各个机位汇报自身状态并检查是否符合申请要求，机位的状态判断机型是否匹配、使用时间是否满足、邻近机位是否有冲突等。

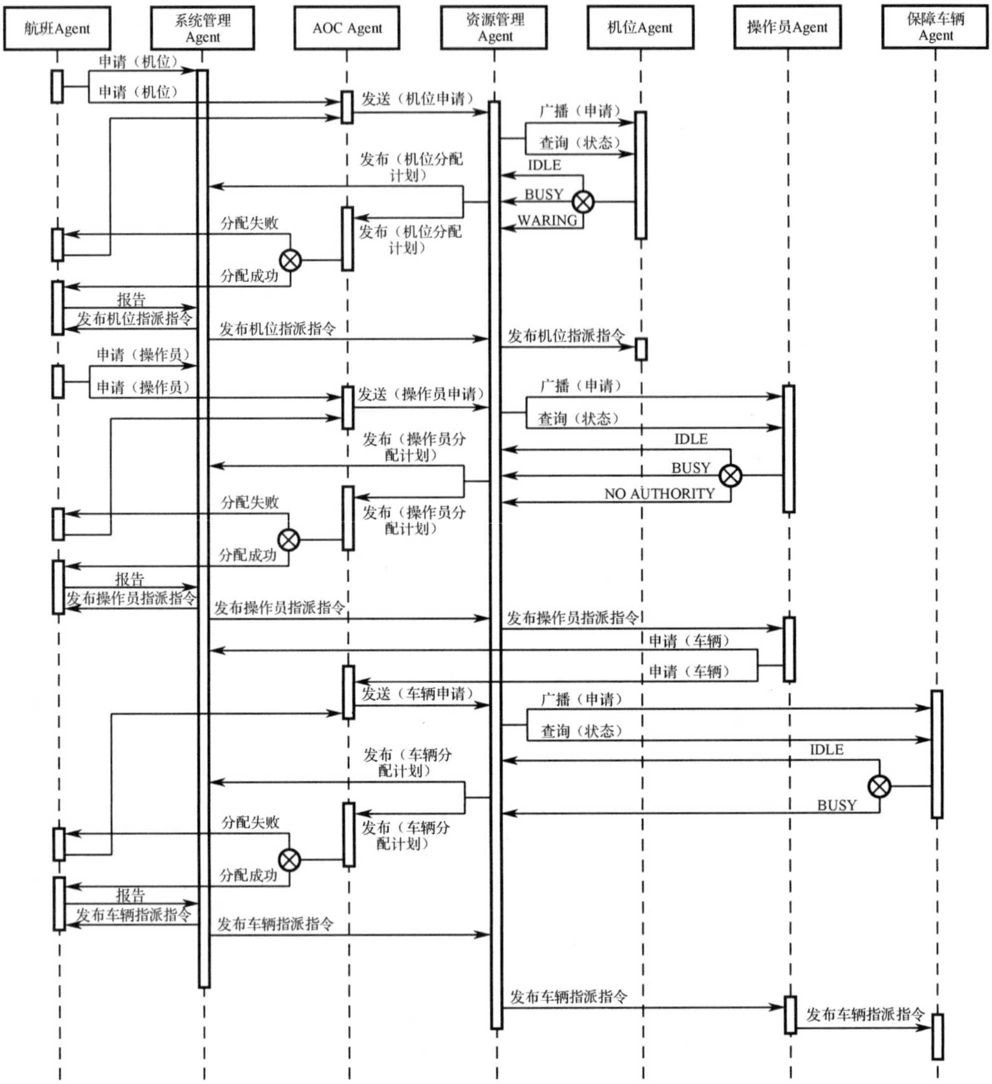

图 10-33 机场空侧仿真系统 AUML 时序图

（4）机位 Agent 状态判断完成后，向资源管理 Agent 汇报状态，机位状态分为 IDLE、BUSY、WARING 三种，分别表示机位空闲可用、机位忙碌正在使用中和机位有冲突三种情况，资源管理 Agent 根据不同状态采用不同的处理机制。机位空闲时，直接响应分配，将该机位加入已分配机位中；机位忙碌时，关闭该机位的分配；机位出现冲突时，实时判断冲突，并加入分配调整列表。

（5）资源管理 Agent 在确定分配方案后，向系统管理 Agent 和 AOC Agent 反馈分配信息，系统管理 Agent 将分配信息进行汇总，AOC Agent 将分配情况反馈给操作员 Agent，如果分配成功，则操作员 Agent 向系统管理 Agent 汇报成功，系统管理 Agent 收到报告后，发布指令要求操作员 Agent，资源管理 Agent 以及机位 Agent 进行相应机位信息修改；如果分配不成功，则操作员 Agent 继续申请机位直到分配成功。

（6）操作员 Agent 的机位分配成功后，当到达规定时间，操作员 Agent 向系统管理 Agent 和 AOC Agent 申请保障服务所需的资源，系统管理 Agent 将申请信息汇总，AOC Agent 将申请信息发送给资源管理 Agent。

（7）资源管理 Agent 通过收到的资源申请信息，向所有操作员 Agent 广播，并发出状态查询指令，要求各个操作员汇报自身状态并检查该操作员是否满足所需服务的权限。

（8）操作员 Agent 状态判断完成后，向资源管理 Agent 汇报状态，操作员状态分为 IDLE、BUSY、NOAUTHORITY 三种，分别表示操作员空闲可用、操作员忙碌正在工作中和操作员没有权限三种情况，资源管理 Agent 根据不同状态采用不同的处理机制。操作员空闲时，直接响应分配，将该操作员加入工作中的操作员序列；操作员忙碌时，关闭操作员的分配；操作员无权限时，需要该操作员对此资源进行重新分配申请。

（9）资源管理 Agent 在确定操作员分配方案后，向系统管理 Agent 和 AOC Agent 反馈分配信息，系统管理 Agent 将分配信息进行汇总，AOC Agent 将分配情况反馈给操作员 Agent，如果分配成功，则操作员 Agent 向系统管理 Agent 汇报，系统管理 Agent 收到报告后，发布指令，要求资源管理 Agent 以及操作员 Agent 进行相应操作员，信息修改；如果分配不成功，则操作员 Agent 继续申请该类操作员，直到分配成功。

（10）当操作员 Agent 接收到由系统管理 Agent 发送的申请完成，并进行操作员信息修改的指令后，立即由该操作员向系统管理 Agent 和 AOC Agent 申请所需保障服务车辆资源，系统管理 Agent 将申请信息汇总，AOC Agent 将申请信息发送给资源管理 Agent。

（11）资源管理 Agent 通过收到的车辆资源申请信息，向所有车辆 Agent 广播，并发出状态查询指令，要求各个车辆汇报自身状态。

（12）车辆 Agent 状态判断完成后，向资源管理 Agent 汇报状态，车辆状态分为 IDLE、BUSY 两种，分别表示车辆空闲可用、车辆忙碌正在工作中，资源管理 Agent 根据不同状态采用不同处理机制。车辆空闲时，直接响应分配，将该车辆加入工作中的车辆序列；车辆忙碌时，关闭该车辆的分配。

（13）资源管理 Agent 在确定车辆分配方案后，向系统管理 Agent 和动态 Agent 反馈分配信息，系统管理 Agent 将分配信息进行汇总，AOC Agent 将分配情况反馈给操作员 Agent，如果分配成功，则操作员 Agent 向系统管理 Agent 汇报车辆分配成功，系统管理 Agent 收到报告后，发布指令，要求资源管理 Agent、操作员 Agent

以及车辆 Agent 进行相应车辆信息修改；如果分配不成功，则操作员 Agent 继续申请该类车辆，直至分配成功。

10.3.4.3.4　核心模块

仿真系统包括数据输入模块、仿真运行模块、仿真显示模块和结果分析模块这四大模块。

1. 数据输入模块

数据输入模块提供一个交互式的编辑环境，包括机场地面组成系统模型、航班参数、场面保障资源（机位）参数、保障车辆参数及仿真运行参数。其中机场地面组成系统模型包括地面滑行道基本链路、跑道组成链路、空地耦合点节点、脱离口节点、起飞队列点等设置；航班参数有用户输入交通流中大、中、小机型比例、各种机型的平均滑行速度等；仿真运行参数包括跑道脱离口分布比率及占用时间、到达/起飞间隔、设计仿真时长、仿真架次等。

数据输入模块主要功能如下。

- 输入机场基准点和标高，建立机场地面坐标系统；
- 滑行道系统空间数据建立与属性数据维护；
- 跑道系统空间数据建立与属性数据维护；
- 机场静态场面结构拓扑网络构建；
- 停机位空间数据建立与属性数据维护；
- 脱离口空间数据建立与属性数据维护；
- 机场场面资源的空间数据建立与属性数据维护；
- 保障车辆数据建立与属性数据维护；
- 仿真系统参数设置。

2. 仿真运行模块

仿真运行模块根据输入模块提供的仿真参数，以及运行程序中设置好的机场运行规则、机场运行约束条件、跑道起飞降落连锁关系及机场运行控制策略和各种 Agent 运行行为模型，实现仿真航班生成、地面资源保障、特种保障车辆与操作员调度、机场运行控制等。仿真运行模块主要功能如下。

- 建立符合实际机头距的概率分布、机型比例、进离比例等参数的虚拟航班计划数据库，为运行和仿真功能提供数据基础；
- 实现航班仿真时间序列控制；
- 实现跑道起飞/降落及相应尾流间隔互锁关系；
- 根据场面拓扑网络找到合适的滑行道路径到达停机位或者跑道入口；
- 根据机场运行控制策略，实现机场在机场有序起飞/降落、跑道脱离、滑行道滑行/等待等运行控制；
- 记录实际起降时间及航班飞行轨迹表；

- 实现地面保障资源调度与运行控制；
- 实现特种保障车辆及其操作员行为仿真、调度和运行控制；
- 记录车辆保障时间及地面运行轨迹表。

3. 仿真显示模块

仿真显示模块读取仿真运行模块的运行结果数据，动态呈现整个机场的地面机场动态运行情景，主要功能如下。

- 基于可视化开发平台输入场面各个组成元素的位置信息，建立场面的结构图层；
- 动态直观显示各 Agent 在各个时刻的具体状态信息，如位置、属性、动作与行为状态等信息；
- 显示机场运行的重要事件并能直观预警报警；
- 实现仿真全过程的复现控制，如放大、缩小、加速、减速、前进、后退以及逐帧全方位显示。

4. 结果分析模块

仿真结果输出是计算机仿真需求的根本，计算机仿真仅仅提供手段，对仿真研究对象进行模拟计算，只有将仿真结果输出，对仿真结果进行分析才能确定仿真对象的相关技术评价结果，体现出计算机仿真的实际意义。主要输出指标有航班地面延误时间、跑道起降架次、航班滑行时间/距离、滑行道使用频次、延误发生位置、机位周转频次、航班靠桥率等。该模块主要功能如下。

- 根据对飞行轨迹表中实际起降时间和全程滑行时间及位置信息进行分析，得出机场的延误及相关延误的数据；
- 地面统计延误包括：总的航班延误、平均航班延误、起飞等待延误、滑行延误、停机位延误等；
- 根据飞行轨迹表记录的数据，分析产生延误环节及原因；
- 根据运行模块产生的数据，统计航班延误总量，完成数据分析处理，给出容量分析结果；
- 通过本系统对仿真结果进行输出及分析，可以确认计划航班容量安排是否妥当、地面运行线是否合理等，可以为机场运行优化、地面运行控制的研究提供辅助手段。

5. 部分关键子模块

以上 4 个模块是本系统的核心模块，每一个模块又包含多个子模块，共同实现系统功能，其中比较关键的如下。

（1）机场路网结构模块

基于所要仿真的机场结构数据资料，实现机场地面路网结构的输入与构建。机场路网结构数据包括地面节点数据、地面链路数据、跑道数据、脱离道数据等的坐标及相应属性。为了避免直接对数据库进行手工输入的繁杂工作和位置数据的不精确,采用 GIS 技术直接在机场平面图上采集地面的节点和链路等地理信息数据,同时完成数据入库工作,提高输入效率和准确度。

(2)航班计划表生成模块

航班计划表是航班进离港的时刻表,不仅是空侧仿真的输入,而且是航站楼、陆侧和机场空域仿真等不同类型机场仿真模拟的基础运行数据。合理构建航班计划表起降波形,尤其是大型机场客运航班起降波形,对于有效组织航班运行,提升机场使用效率具有重要意义。采用的方法主要对实际航班计划表进行统计分析,根据航班之间需要保持一定的最小安全距离或时间间隔的要求以及不同机型的特性,采用泊松分布、负指数分布或其他形式的概率分布,确定航班时刻的概率分布类型。

(3)机场停机位分配模块

考虑"先到先服务"的规则,利用计算机对停机位进行自动分配,以提高工作效率,采用优先分配闲置时间最长的机位为原则,减少因停机位分配不当而造成的航班延误,提高机位的使用效率,合理、平衡地使用机位资源。

(4)滑行道冲突探测及解脱方案模块

由于地面系统内部网络构造复杂,停机位节点、滑行道链路、滑行道交叉点、跑道起飞等待点、滑行道(段)使用冲突情况、滑行道(段)占用时间、机型和滑行速度、安全间隔和地面管制规则等错综复杂、相互制约影响,使得滑行道滑行模块成为地面最难解决的模块之一。根据滑行起点终点、航班机型,结合上述网络拓扑关系数据,按照机场地面条件下的寻最短路径算法计算,合理选择滑行道、保证航班的安全间隔,生成每架航班的路径并存入数据库;以预见两机路过同一交叉点的时间作为冲突探测的评判依据;在冲突解脱中,对头滑行冲突而又不失合理的仿真速度,难度较大。在考虑管制员指挥习惯和有关滑行道使用通则的同时,引入"动态单向路径(DSD Paths—Dynamic Single Direction Paths)",能够较好地解决地面冲突解脱问题。

(5)跑道运行模块

单跑道使用冲突,主要是进场航班之间、离场航班之间和进离场航班之间在跑道使用时间、空间上的冲突,需要满足尾流间隔等。由此,引入了耦合点(Interface Node)的概念,作为操作员在终端区网络和地面网络运行的过渡点,通过在耦合点控制相关起降程序间的锁定/解锁关系,来实现空地间的耦合;它的另一个重要作用是,十分方便地把模型的适用性由单跑道机场拓展到平行双/多跑道机场,能适应我国机场、跑道扩建的发展趋势,为今后实现多跑道通用仿真扩展预留了接口。

(6)保障车辆调度模块

机场保障车辆的调度管理直接关系到航班能否准时接受保障服务,进而影响机场的运行效率。机场保障车辆的调度不同于其他普通的地面车辆调度,主要有三个特点,一是服务存在一定先后顺序,进入停机位需接受不同类型的地面保障服务,并且根据服务种类的不同，作业顺序也随之不同；二是为保证飞行安全，在机坪上任何移动的物体都需要按照指定的路线进行移动；三是时间窗问题，由于航班到达时间与航班计划到达时间存在一定差异，也就是所谓的延误，此时如果按原计划对车辆进行调度的话，会与实际情况有一些出入，所以对车辆服务的时间进行时间窗约束，使得调度结果更加符合实际情况。机场保障车辆调度的目的就是在不违背飞行安全的情况下，在尽可能短的时间内完成对飞机的地勤保障服务。目前，机场保障车辆调度的研究比较多，一般是在混合时间窗约束下，建立多目标、多车型、多行程的智能化调度模型，结合启发式算法分别实现静态与动态的车辆路径规划，从而完成保障车辆调度。

10.3.4.4　机场航站楼仿真系统

航站楼是机场的核心组成部分，是整个机场系统的关键子系统。随着机场航站楼内的人流和滞留旅客量的大幅增加，航站楼内资源显得日渐紧张。航站楼仿真是应用计算机仿真模拟软件，基于对航站楼的客流特性分析，对航站楼内关键流程环节构建仿真模型，模拟机场航站楼在预定场景下的运行情况，分析评估客流在航站楼内的活动状态及规划方案对未来航空需求的适应性。

航站楼仿真系统的开发过程与空侧飞行区仿真基本相同，但旅客区分为出发旅客、到达旅客和中转旅客三类，同时可以考虑旅客在航站楼停留期间的目的地选择、排队队列选择、停留位置选择、路径选择等微观交通行为，根据各类旅客服务流程设计实现航站楼旅客仿真。

航站楼仿真系统的输入主要是旅客流，如前所述，机场仿真需求的根源是航班流，航站楼旅客流转换流程如图 10-34 所示，基于仿真模拟所用的航班时刻表，根据航班类型、使用机型及客座率，得到每个航班的预计载客人数。然后，根据航班时刻及旅客到达时间分布得到旅客预计到达机场的时间。

航站楼仿真系统的主要输出指标包括进出港旅客到达分布、各项设施排队人数和排队时间分布、候机区旅客人数分布、行李提取区旅客人数分布、旅客各流程耗时统计等。

10.3.4.5　机场陆侧仿真系统

机场陆侧交通是机场航空运输与地面交通衔接的关键节点，是构建机场航空运输能力的重要环节，是地面交通有序组织的关键，陆侧交通设施与运输需求的匹配程度也是机场运行效率的重要影响因素。机场陆侧交通仿真系统从陆侧交通系统布局方案入手，通过构建各种交通要素如车辆行驶环境、车辆性能、驾驶员行为特性、交通需求等的计算机模型，来反映机场复杂交通现象，再现交通流时间空间变化，以解决与我国陆侧交通系统运行存在的相关问题，如进出场流线设计、交通设施配置、各种交通方式的服务能力、分担率，停车场的车位数量、布局以及各交通设施与航站楼之间的相互联系和陆侧交通系统服务能力评价指标体系等。主要输出指标包括行程时间、路段评价、排队长度、路段/路径延误等。

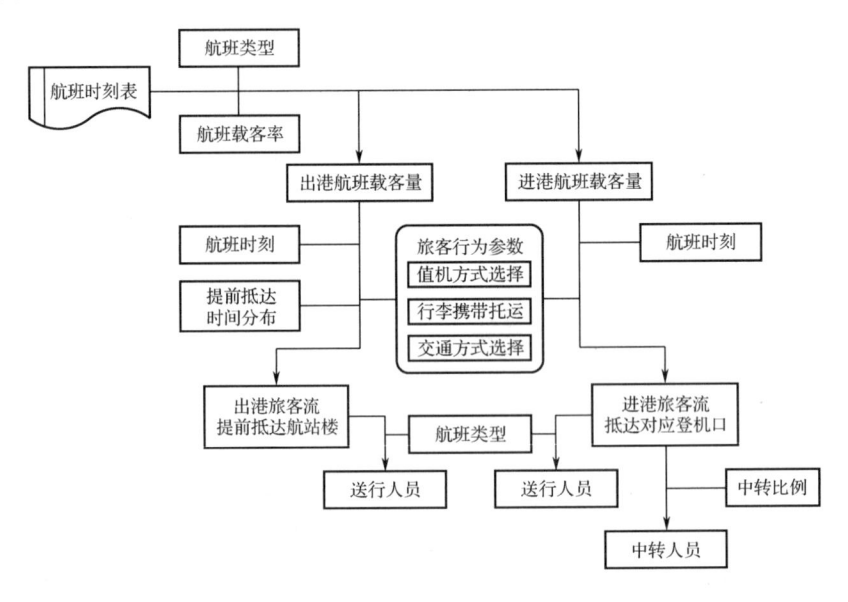

图 10-34　航站楼旅客流转换流程

同航站楼仿真系统一样，机场陆侧仿真系统输入的根据也是航班流。将航班时刻表中的航班起降波形通过一系列换算转换为各种交通车流，进行机场陆侧交通仿真建模，如图 10-35 所示。

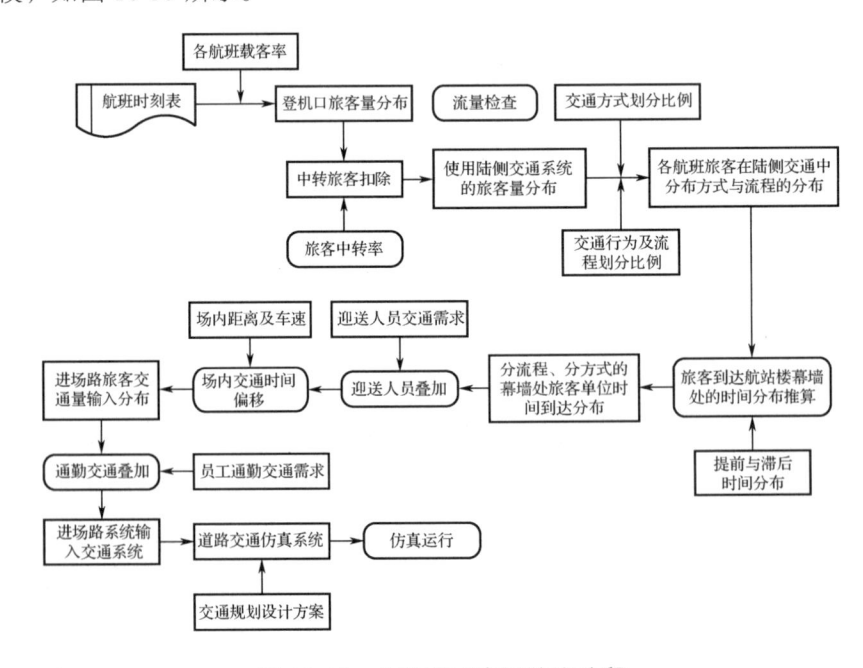

图 10-35　机场陆侧交通仿真流程

10.3.5 实现持续瞬态仿真和实时在线预测

数字孪生的本质是在虚拟空间构建一个能够动态实时反映真实系统当前的状态和行为，并能准确预测其未来状态与行为的模型，从而辅助人员进行优化决策。机场是典型的复杂系统，具有物理对象多样、运行过程动态性强、不确定因素多等特点，利用数字孪生技术实现机场的全面监控和实时预测一直是研究的热点。就机场运行状态预测来说，多数仿真方法为离线仿真，在系统初始配置和设定上多由人工指定，且只能在特定的输入条件下输出仿真结果，仿真时刻与实际系统运行时刻之间存在时间差，功能明显滞后。运用大数据相关技术进行预测的方法不仅对数据量要求较高，且基于大数据的预测为纯数据维度，与系统模型相关性低，是一种理想化的稳态预测。机场生产运行过程除了稳态预测，更需要在系统状态瞬息变化的情况下获得实时瞬态预测，而目前的研究对预测的实时性和瞬态性考虑较少，需要面向机场数字孪生，在实时数据驱动下同步运行，实现在线、实时、持续、瞬态的仿真和预测，从而动态映射机场真实的状况，最终实现机场运行状态真实描述、动态展示和实时预测等功能，进而辅助机场管理人员进行决策。

物联网技术的大规模应用为现场实时数据获取提供了支撑，而无线通信技术的快速发展使得数据的高速回传和控制指令的实时下发成为可能。在以上两种技术的帮助下，大规模的在线运行模式逐渐成为可能。在线运行模式下，仿真系统嵌入到实际系统运行过程中，仿真模型可以从被模拟对象获取实时运行数据，用于修正、调整仿真模型，达到以实控虚的效果，而仿真模型的运行结果可以用于预测被模拟对象的发展结果，与实际系统完成数据交互，辅助实时在线决策，达到以虚控实的效果。

以机场空侧运行为例，在线仿真实现思路是：对真实世界中的机场空侧航班保障系统进行实时观测，辨识输入特性，结合航班计划表生成仿真样本。循环扫描当前状态作为仿真的初始状态，并以事件调度法推进仿真程序的执行，通过实时通信，仿真系统持续更新系统结构、模型和参数，实现持续瞬态仿真和在线实时预测。最后将仿真运行以及推算的实验结果，提供给真实机场相关系统，为航班保障决策辅助提供数据支撑。

航站楼和陆侧的在线仿真需将航班流通过前述方法转换为旅客流，然后可参照机场空侧运行仿真方法实现。

10.3.5.1 基于事件调度法的持续瞬态仿真

基于事件调度法的仿真是一种基于将来事件表（Future Event List，FEL），通过仿真时钟的推进，将事件不断列入或移出 FEL，来保证所有事件按正确事件次序发生的仿真推进机制。在事件调度法中，只有初始事件是事先安排的，其余事件均为在仿真推进过程中自然发生，如航班随机进港事件和随机离港事件。基于事件调度法的仿真原理如下。

（1）在时刻 t 清除 FEL 所有事件，根据预测监控需要，设置时间窗宽度ΔT，ΔT 为物理时间。需要说明的是，FEL 不仅仅包含进港、离港事件，在仿真进程中所有事件种类均可包括，如航班保障状态、机位占用情况、特种保障车辆的状态等。

（2）取出 ΔT 范围之内航班计划表中的所有进港、离港航班，结合输入特性，生成进港、离港事件，作为仿真的初始样本。

（3）在 ΔT 范围之内开展实时仿真。设置仿真推进时间Δt，当仿真时钟 t 推进至 $t_1=t+\Delta t$ 时，触发Δt 时间范围内不同的事件处理逻辑，完成系统仿真流程，如已发生或者将发生违反规则行为，即向操作人员或相关决策系统、指挥系统等发送预警信息，达成以虚控实的目的，同时刷新 t_1 时刻的系统状态，根据实时输入的数据将新产生的事件添加到 FEL 中，并按事件发生时间的先后顺序排列。

（4）通过循环扫描 FEL 确定下一Δt 时间范围内（$t_1 \sim t_1+\Delta t$）将要发生的事件，完成这一时间内的仿真逻辑和状态刷新，并将 FEL 中上一Δt 范围之内已发生的事件移除（某一事件一旦发生即被移除），生成新的 FEL。

（5）当到达 $t+\Delta T$ 时刻时，冻结系统状态，检查评估机场运行状况，检查航班计划表，剔除已经执行的航班计划。与实际机场系统通信，重置仿真系统状态和 FEL，开展下一ΔT 的仿真。

10.3.5.2 典型仿真事件处理逻辑

本书将航班空侧运行过程抽象为地面保障和旅客登机两个阶段，因此产生了航班进港事件、开始保障事件、保障结束事件、开始上客事件、上客结束事件、航班离港事件等。航班进港事件是机场系统运行的根本驱动力，保障结束事件和航班离港事件是人为操作产生的次要驱动力，而开始保障事件、开始上客事件、上客结束事件等为自然发生的从动事件，因此，以航班进港事件、保障结束事件、航班离港事件作为驱动机场仿真系统的典型事件为例，分别用 A（Arrive）、F（Finish processing）和 D（Departure）表示事件类型，分析 3 种事件的处理逻辑。需要说明的是，实际机场运行流程非常复杂，在整个机场运行的全生命周期中，会产生很多类型的事件，单就保障事件就涉及十几个甚至几十个业务流程，本书将保障过程简化为一个，在实际开发时，要根据情况设计不同的处理逻辑。

1. 航班进港事件处理逻辑

航班进港事件处理逻辑如图 10-36 所示。假设 t 时刻发生航班进港事件，则为该航班分配停机位，判断该停机位是否处于繁忙状态。若该停机位繁忙，则将该航班列入该停机位的等待队列，若该停机位空闲，航班进入停机位进行保障，并将该停机位的状态更新为繁忙。接着为航班调度保障车辆，采用正态分布样本发生器为该航班计划一个保障时间 p^*，并在 $t+p^*$ 时刻产生新的保障结束事件，将事件（F，$t+p^*$）插入 FEL。之后，无论停机位是否繁忙均要计划下一次航班进港事件，采用指数分布样本发生器为下一个进港航班计划一个到达时间间隔 a^*，在 $t+a^*$ 时刻取出航班计划表中时间最近的航班，安排新的进港事件，并将事件（A，$t+a^*$）插入 FEL。汇总上述过程中发生变化的状态数据和统计数据，将仿真程序的控制流返回时间，以时间顺序推进主进程继续执行仿真。

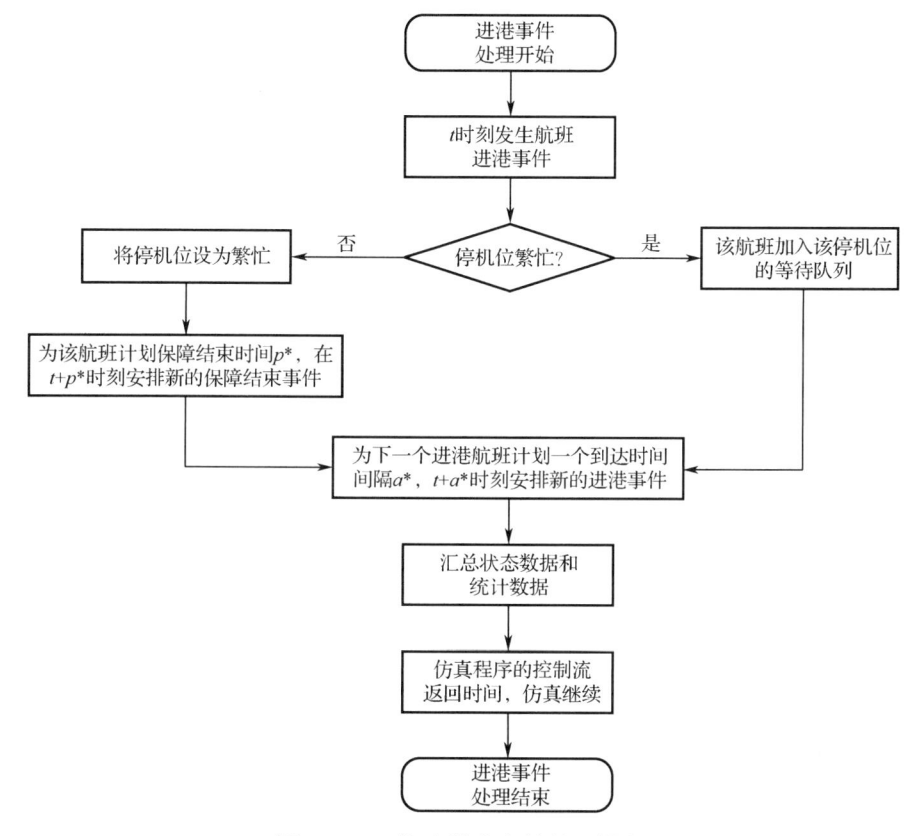

图 10-36　航班进港事件处理逻辑

2. 航班离港事件处理逻辑

离港事件处理逻辑如图 10-37 所示。假设 t 时刻发生离港事件，则判断该航班所处停机位的排队队列中是否仍有航班正在排队。如果队列为空，则将该停机位状态更新为空闲，否则，抽出队列中优先级最高的航班进行处理。采用正态分布样本发生器为该航班计划一个旅客上客结束时间 i^*，并在 $t+i^*$ 时刻安排新的离港事件，将事件（D，$t+i^*$）插入 FEL。然后汇总上述过程中发生变化的状态数据和统计数据，最后将仿真程序的控制流返回时间，以时间顺序推进主进程继续执行仿真。

3. 航班保障结束事件处理逻辑

保障结束事件是保障开始事件和开始上客事件的中间事件，可以看作同时进行保障过程的离开事件和上客过程的到达事件。将到达事件和离开事件的处理逻辑结合，即为保障结束事件的处理逻辑，如图 10-38 所示。假设 t 时刻发生保障结束事件，判断当前停机位等待队列是否还有排队航班。若无排队的航班，采用正态分布

图 10-37　航班离港事件处理逻辑

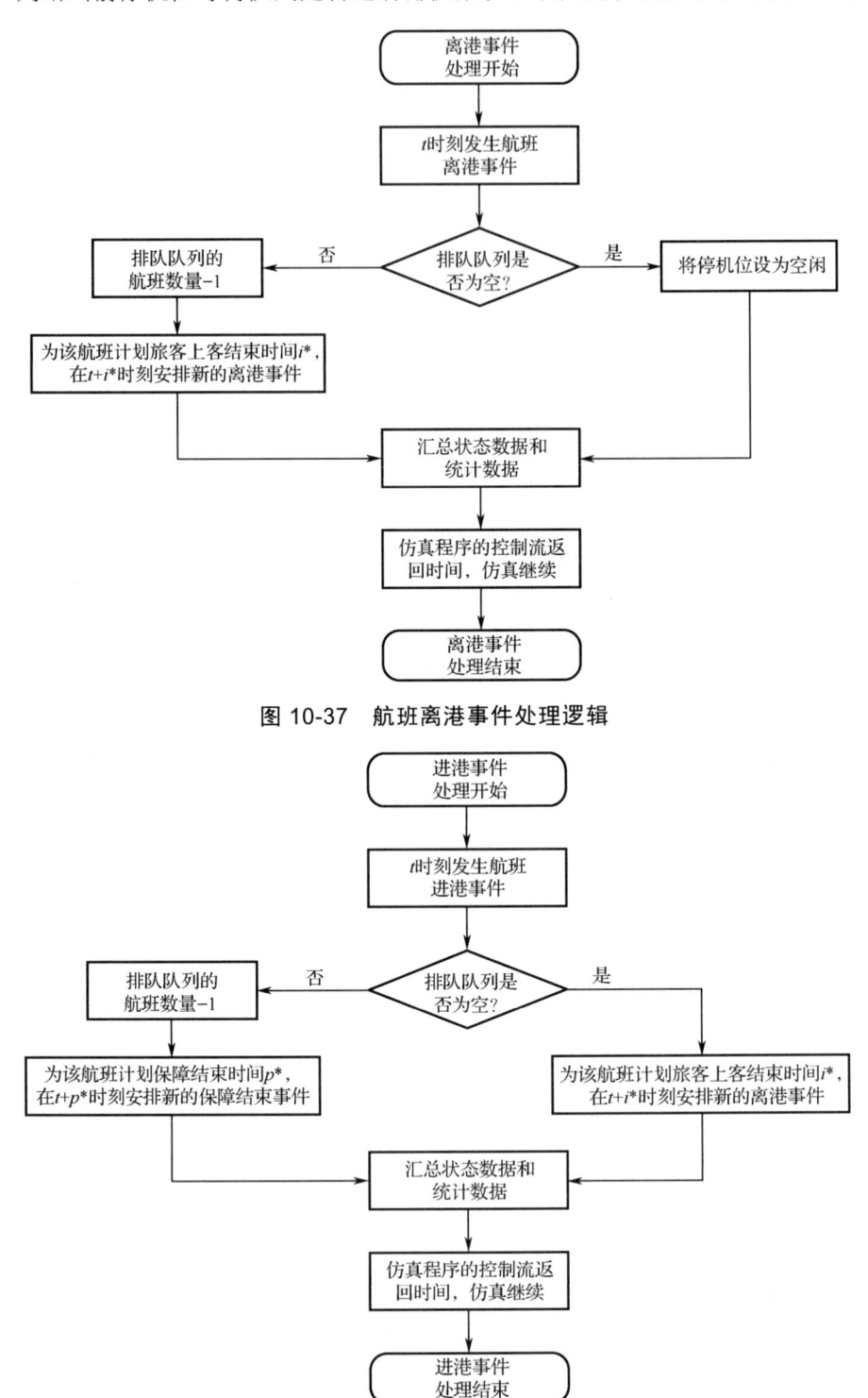

图 10-38　航班保障结束事件处理逻辑

样本发生器为该航班计划一个旅客上客结束时间 i^*，并在 $t+i^*$ 时刻安排新的离港事件，将事件（D，$t+i^*$）插入 FEL。若有排队航班，则排队航班数量减 1，采用正态分布样本发生器为该航班计划一个保障时间 p^*，并在 $t+p^*$ 时刻产生新的保障结束事件，将事件（F，$t+p^*$）插入 FEL。然后汇总上述过程中发生变化的状态数据和统计数据，最后将仿真程序的控制流返回时间，以时间顺序推进主进程继续执行仿真。

10.3.5.3 融合实时数据实现在线预测

为满足数字孪生机场运行状态在线预测的需求，摒弃了传统离线仿真模式，采用基于离散事件系统在线仿真的原理，以事件调度法推进仿真执行，同时利用状态循环扫描的方法在每次仿真程序执行前扫描机场当前状态，并更新 FEL，以保持仿真执行时的数字孪生机场数据始终为机场各系统当前数据，从而实现仿真的实时性；另外，通过遍历扫描将数字孪生模型中的当前状态和实际统计量作为仿真的初始输入值，通过事件调度法驱动执行仿真程序获得数字孪生仿真的瞬态性。最后通过设置仿真步长进行仿真循环，从而实现一定频率的持续仿真，如图 10-39 所示。

近年来，中国机场完成了大规模的物联网建设，并逐步发力 5G 技术落地工作，这些措施为实时监控提供了硬件层和通信层的支撑，但由于保障车辆与航班大多数处于运动状态，仅靠监控系统难以掌握其运动规律。利用上述在线仿真和预测能力，不仅可以实时掌握每个对象的位置和状态信息，而且对下一时刻各个对象的状态信息进行预测，并将预测结果与预警标准进行比较，如果达到预警级别则发出预警信息，部分典型预警规则如表 10-6 所示。通过与实际保障系统（如 ACDM）的对接，可以实现对各个活动对象在监控盲区的状态掌控，对潜在的冲突、碰撞预警，为机场管理人员提供智能决策支持。

表 10-6 部分典型预警规则

对象	行为/状态	预警级别
航班	与其他物体碰撞	一级
航班	航班之间间隔过小	一级
航班	滑行速度过快	一级
航班	牵引速度过快	一级
航班	未按路线行驶	一级
航班/保障车辆	与其他物体碰撞	一级
航班/保障车辆	与航班距离过近	一级
保障车辆	行驶速度过快/过慢	一级
保障车辆	偏离路线	二级
保障车辆	车辆之间间隔过近	二级
机位	航班停留时间过长	二级
机位	航班类型不匹配	二级

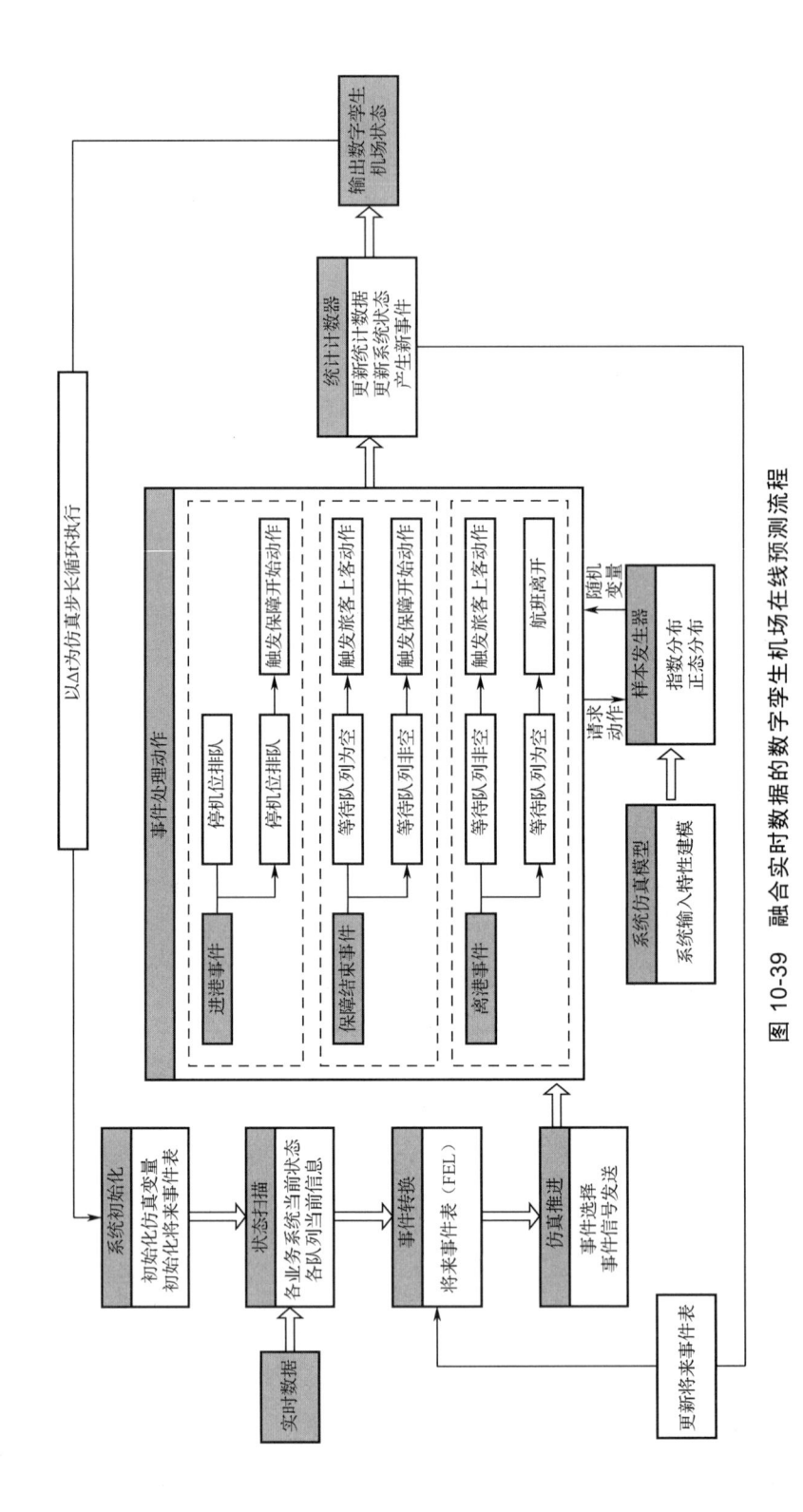

图 10-39 融合实时数据的数字孪生机场在线预测流程

10.4 应用场景

目前智慧机场的业务系统软件品类繁多，急需一个应用聚合的系统平台。数字孪生机场在虚拟世界中映射出一个与物理现实世界完全相同的数字机场模型，集中了机场建设运行过程中所有的数据资产，可有效解决以往系统互通性不高、数据融合度不高、可视化程度不够、人工监管模式下管理效率低下等弊端，实现对机场在建设、运营、管理、维护、安全等领域的技术赋能，有力促进智慧机场建设发展。数字孪生机场通过向用户提供在线预测模式、实时监控模式和离线仿真模式等三种服务模式，可应用于智慧机场规划设计、建设施工、运行管理、安全监控、设施运维、训练演练等场景，并贯穿于智慧机场建设的全生命周期。

10.4.1 规划设计

机场规划是对某个机场为适应未来航空运输需求而做的发展设想。它可以是一个新机场也可以是现有机场某些设施的扩建或改建。机场总体规划是整个机场地区以及机场邻近土地使用的方案，使其满足航空需求，并与环境、公共事业发展及其他形式的交通方式协调。

数字孪生机场能够利用三维空间分析的方法，直观地观察机场空间布局、空域布局、航线规划并进行交互式调整优化，还能够在离线仿真模式下，针对近远期总体规划方案和空域规划方案，通过对机场各区域运行状况的建模仿真，分析评估规划方案运行效率和容量，判断规划方案能否满足规划目标年预测的业务量需求，识别机场地面和空中运行的主要冲突和瓶颈，为规划方案优化提出建议并验证效果，突出"量化总规"的特点。

依托数字孪生机场的规划设计仿真，重点开展跑道构型、机坪布局、垂直联络道数量和位置、平行滑行道方案、绕行滑行道方案，及不同运行模式、规划航线或进行出港点布局等仿真研究。以跑道构型研究为例，跑道存在单跑道、相互平行、交叉以及开口 V 几种基本跑道构型（图 10-40），实际机场的跑道构型都采用了其中一种或由几种基本构型经过叠加而成，国外以交叉跑道和 V 形跑道居多（图 10-41），国内的多跑道构型基本上是平行跑道。通过仿真研究跑道构型运行效率与构型本身、运行条件之间的关系，可以为机场规划设计前瞻性地提出合理、科学的建议。

10.4.2 建设施工

传统施工管理方法有关键日期法、进度曲线法、横道图法、网络计划法、里程碑事件法等，这些方法存在项目信息易丢失、无法有效发现施工进度计划中的潜在冲突、工程施工进度跟踪分析困难等问题。数字孪生机场的出现，为机场建设施工管理提供了一种新的手段。

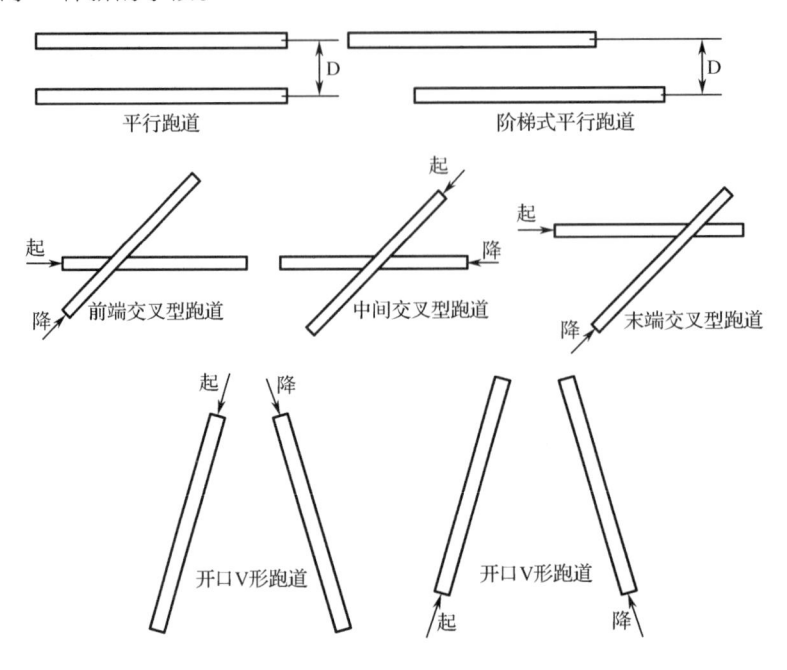

图 10-40 机场跑道几种基本构型

图 10-41 芝加哥奥黑尔国际机场（9条跑道）

数字孪生体的演化和完善是通过与物理实体的不断交互开展的。为有效减少沟通障碍和信息丢失、支持施工主体实现"先试后建"、支持工程进度管理与资源管理集成协作,在机场建设施工阶段,数字孪生机场将机场建设实测数据(如检测数据、进度数据、物流数据)从物理现实世界不断传递到虚拟世界中的虚拟机场并实时展示,实现基于模型的实时数据监控和建造过程监控(包括设计值与实测值的比对、实际使用物料特性与设计物料特性的比对、计划完成进度与实际完成进度的比对等),并通过智能化的预测与分析,实现质量、建造资源、生产进度的预测与分析;智能决策模块根据预测与分析的结果再制定出相应的解决方案反馈给实体机场,从而实现对实体机场建设过程的动态控制与优化,达到虚实融合、以虚控实的目的。

数字孪生机场在机场建设施工阶段主要应用场景有机场建筑三维时态可视化、机场施工动态管理、机场建设过程优化等。

1. 机场地理要素三维时态可视化

机场建设可以看作一种人为因素驱动的、以视觉特征变化为主的动态地理过程,地理要素是动态地理信息的载体。地理要素的变化可以通过尺寸、形状、纹理等视觉变量的变化进行描述。

建设过程可视化方式有多种,一种是二维方式,将带有地理位置信息的照片或视频资料按照时间顺序组织存储在数据库中,通过动态调度,再现建设过程。由于二维影像不能完整地展示地理要素的空间位置关系,会造成解译困难。另一种方式是利用建筑信息模型(BIM)、4D 技术、仿真技术、虚拟现实等,将地理要素的变化过程展示出来,实现建设过程可视化,但是建模过程复杂,工作量大,尤其是 BIM 模型,包含建筑几何、空间关系以及建筑构件的数量和质量等要素生命周期中的所有信息,不利于效率的提高和非专业用户理解。

基于数字孪生的三维建模平台,将三维时态可视化技术应用于机场建设过程,对地理要素进行三维时态展示,可以直观地模拟瞬时场景,帮助用户建立全局观念。如图 10-42 所示,其思路是首先构建描述地理要素变化特征的视觉变量组,设定时间粒度;然后通过控制视觉变量组生成地理要素的动态模型;最后根据地理要素在空间位置上的逻辑关系确定动态模型在时间轴上的叠加顺序,构建瞬时场景,将机场建设过程中地理要素随时间的变化过程展示出来。该方法建立的系统随时间的变化能够实现建设过程三维动态展示与空间信息查询,提高建设过程的管理及决策水平。

2. 机场施工过程可视化

在机场工程项目管理中,随着信息化技术的普及,无纸化、信息化、精细化已成为发展趋势。数字孪生机场作为各种智慧机场建设项目的数据和系统支撑,引导建筑工程管理的巨大转变,呈现变革性的应用前景。

数字孪生机场还原工程建设场景、建设状态、构件信息等真实信息,并对构件属性、资料、照片、进度进行管理,对工程实时信息、质量及安全做到全线上展示。还可实现工程场景自定义路径漫游、工程建设进度三维播放、质量安全信息实时统计等功能,为管理者了解现场情况提供可视化展示。同时,可以将单元模型与管理信息相关联，使管理人员能够即时发现问题解决问题。通过上述方式，系统可以实现以单元构件为基础的机场全生命周期演进展示和管理，让项目相关人员都可以更快了解到项目实时状态，对各种事件做出及时准确的反应。图 10-43 是基于数字孪生的机场工程项目可视化管理示意图。

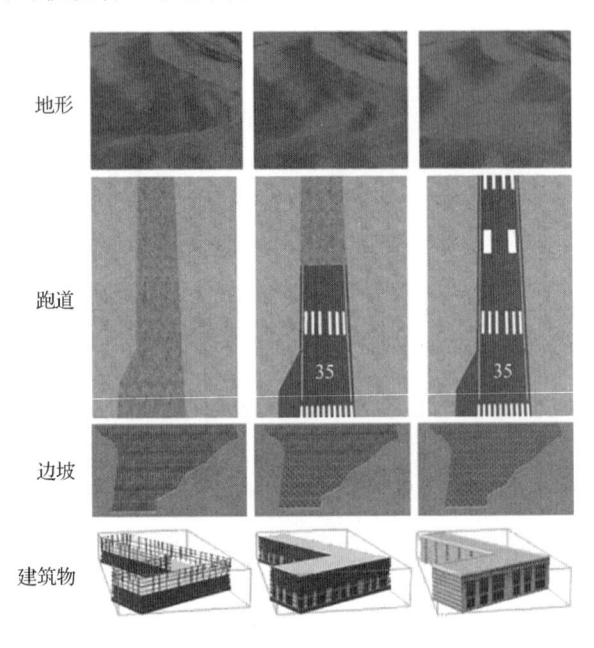

图 10-42 机场地理要素三维时态可视化

图 10-43 基于数字孪生的机场工程项目可视化管理

3. 基于数字孪生机场的施工动态管理

工程施工管理主要包括图纸会审、施工组织过程、施工动态管理、施工协调四个方面的内容，其总体的大概框架如图 10-44 所示。

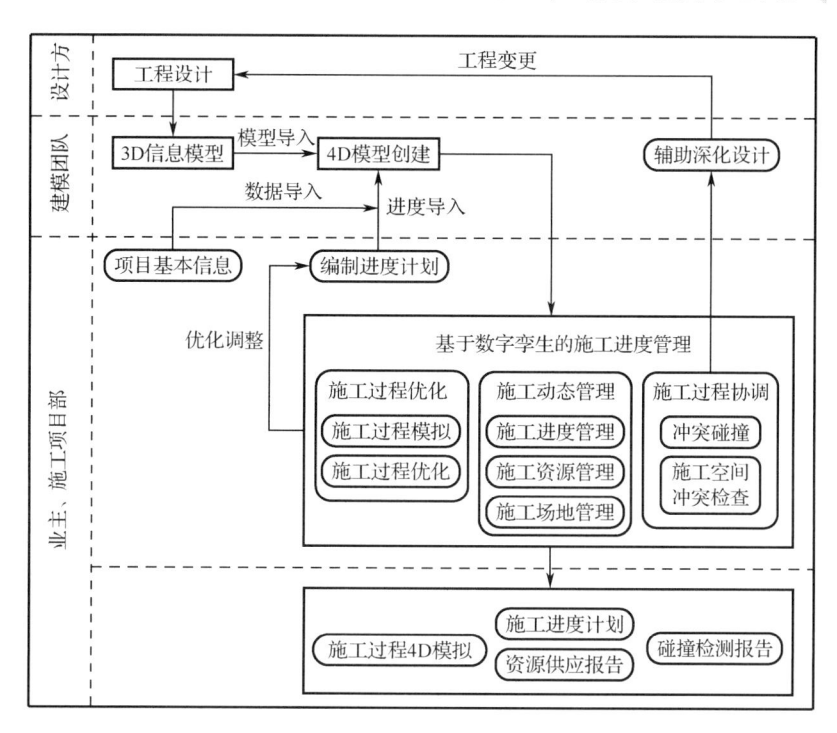

图 10-44 基于数字孪生机场的施工动态管理框架

（1）图纸会审

图纸会审是指工程各参建单位（建设单位、监理单位、施工单位）在收到设计院施工图设计文件后，对图纸进行全面细致检查，审核出施工图中存在的问题及不合理情况并提交设计院进行处理的一项重要活动。由建设单位负责组织并记录。

施工图纸会审主要包括：总平面图的相关审查；各单位专业图纸本身是否有差错及矛盾、各专业图纸的平面立面剖面图之间有无矛盾；不同专业设计的图纸之间有无互相矛盾等。

数字孪生机场应能支持 2D CAD 图纸与 3D BIM 模型的对比、3D 效果展示和构件信息查询等。

（2）施工组织过程

① 施工进度计划编制

施工进度计划是对生产任务的工作时间、开展顺序、空间布局和资源调配的具体策划和统筹安排，是实现施工进度控制的依据，施工进度计划是为了对施工项目进行时间管理。基于数字孪生机场，开展施工方案设计，项目管理者能够清晰地认识到项目实施过程中可能出现的状况，从而在编制施工进度计划时能够合理确定各分项工程的作业工期、作业间逻辑关系、作业资源分配情况。通过工程算量软件将数据进行整理，可直接精确计算出各种材料的用量和各分项工程的工程量；也可以依据施工阶段的划分，计算出相应阶段所需的工程量。

② 施工布置方案

首先将基本信息模型和施工设备、临时设施以及施工项目所在地的地上地下已有建筑物、管线道路结合成实体的 3D 综合模型，然后赋予 3D 综合模型以动态时间属性，实现各对象的实时交互功能，使各对象随时间的动态变化形成 4D 的场地模型；最后在 4D 场地模型中，修改各实体的位置和造型，使其符合施工项目的实际情况。

建立统一的实体属性数据库，并存入各实体的设备型号位置坐标和存在时间等信息，具体可包括材料堆放场地、材料加工区、临时设施、生活文化区、仓库等设施的存放数量及时间、占地面积和其他各种信息。

③ 资源供应量的建立与分配

资源供应量与分配包括材料资源的供应与分配、劳动力的供应与分配、机械设备的供应与分配以及资金供应与分配等内容。

数字孪生机场支持 4D 虚拟建造、先试后建，将模拟的项目分解为各个阶段、各种材料，利用算量软件计算出任意里程碑事件或施工阶段的工程量和相应施工进度所需的人工劳动力、材料消耗、机械设备。依据 4D 施工过程模拟分析，确定施工过程中的各项任务都得到应有的资源供应量和分配额度。

④ 施工过程的优化

依据施工现场的人力、机械、工期及场地等资源情况对施工场地布置、资源配置及施工工期进行优化。通过 4D 虚拟建造过程的反复模拟，选择最合适的施工方案、施工场地布置、材料堆放、机械进出场路线，并根据最终的 4D 虚拟建造过程，进行合理资源供应量的确定与分配。

（3）施工动态管理

① 施工进度动态展示

结合项目施工方案对进度计划进行调整，不断优化项目建造过程，找出施工过程中可能存在的问题，并提前在各参与方、各专业间进行协调解决，优化 4D 虚拟建造过程。当施工项目发生工程变更或业主指令导致进度计划必须发生改变时，施工项目管理者可依据改变情况对进度、资源等信息做相应调整，再将调整后的信息交互到数字孪生机场，进行 4D 虚拟建造过程模拟。

② 工程施工进度监控

在 4D 虚拟施工模型中，将工程实际进度与模型计划进度进行对比，可以进行进度偏差分析和进度预警。通过实时查看计划任务和实际完成任务的完成情况，进行对比分析、调整和控制，项目各参与方能够采取相应适当的措施。项目管理者可以通过软件单独计算出项目滞后范围，以及滞后部分的工程量，然后针对滞后的工程部分，组织人力、材料、机械设备等，进行进度调整。

③ 施工资源管理

利用基于数字孪生技术的 4D 虚拟模型生成施工过程中动态的资源需求量及消耗量报告，项目管理者依据资源需求量及消耗量报告，调整项目资源供应和分配计划，避免出现资源超额分配、资源使用出现高峰与低谷时期等现象。

④ 施工场地管理

结合施工现场的实地情况，并依据施工进度计划和各专业施工工序逻辑关系，合理规划物料的进场时间和顺序、堆放空间，并规划出清晰的取料路径。有针对性地布置临水、临电位置，保证施工各阶段现场的有序性，提高施工效率。

（4）施工协调

结合三维地质信息模型，通过 4D 建造过程的模拟，将建造过程对地下环境的影响情况在虚拟的过程模拟中直观地展示出来，在施工前采取相应的保护措施，避免因施工造成破坏。

① 施工碰撞检测

先进行土建碰撞检测，然后设备内部各专业进行碰撞检测，最后建筑、结构与给排水、暖通、电气等专业进行碰撞检测。

- 建筑与结构专业的碰撞检测：建筑与结构模型中的标高、柱、剪力墙等的位置是否一致，梁与门是否冲突等；
- 设备内部各专业碰撞检测：检测各专业管线的冲突情况；
- 建筑、结构与设备专业碰撞检测：设备与室内装修的碰撞检测以及设备管道与梁柱是否冲突；
- 解决管线空间布局问题，如机房过道狭小等、各管线交叉等问题，进行管线交叉优化。

② 施工空间冲突检查

开工前根据施工方案进行动态施工模拟找出可能存在的问题，以便设计最优的机械行进路线以及人员活动范围，从而减少伤害及可能造成的损失。

10.4.3 能力评估

机场保障能力属于一个比较宽泛的概念，广义地说，机场保障能力是指由机场、航空公司及驻场单位为旅客、货主提供的各种保障工作的能力，以及空管、飞机维修企业、航油公司企业等向航空公司提供服务的能力。狭义地说，它是针对空侧而言，航空器在到港、离港期间，机场、航空公司及驻场单位向航空器提供的各种地面保障作业。机场保障主要工作是在保障安全的前提下，合理地安排调配机场地面保障车辆，用尽可能短的时间有条不紊地完成航空器的保障工作，尽量避免发生航班延误。在实际运行中，机场的地面保障单位数量众多，保障工作的影响因素多、随机性强，往往会受到航班计划、航班的载客量和载货量、航班接受服务的项目，航空器机型、地面保障车辆的服务路径等影响，通过一般方法难以找到其规律。

通常设计复杂指标体系对机场保障能力进行衡量，一般指标体系包括机场容量、延误水平、航班正常率等，其中最常用也是最核心的一个指标是机场容量，即根据航空器性能、机场和空管运行规则、限制因素和可接受的延误水平，在确定的机场单位时间计划起降架次。

常用的机场容量评估方法主要有4种，数据统计分析方法、数学理论分析方法、基于管制员工作负荷的评估方法和计算机仿真建模方法。其中，数据统计分析方法是基于对现有机场的流量统计资料绘制容量包络图，进而估算出机场容量，该方法是早期容量分析经常采用的模型，其缺点是仅能对繁忙机场已有跑道系统既有运行模式进行容量评估，缺乏预判性。数学理论分析方法是通过适当假设，建立机场地面运行参数的数学方程组，进而求出跑道容量，主要用于宏观容量评估，缺少对运行细节的考虑，模型通用性差。基于管制员工作负荷的评估方法采用以管制录音为主，以模拟机数据分析为辅的方式，该评估方法可对不同运行场景及开放、合并后的扇区进行容量评估，适用于描述管制员工作负荷与航空器架次之间的相互作用关系。计算机仿真建模方法是目前应用最广泛的机场容量评估方法，它通过仿真软件构建目标机场的运行环境和管制规则模型，可较为逼真地反映机场实际运行情况，通过分析模拟运行数据得出机场容量水平，具有精度高、适用性强、统计分析便捷等特点。

计算机仿真建模方法评估流程如下。

（1）确定评估场景。依据机场容量评估的基本条件，结合历史运行数据的分析确定机场容量评估的评估场景，评估场景分为基准运行场景和特定运行场景。基准运行场景为在现有机场活动区和机场空域结构条件下，根据基本运行规则，不同跑道方向的机场空域、活动区和终端区运行场景，基准运行场景的建立可为仿真模型的基准检验提供支撑。特定运行场景为在基准运行场景基础上，根据机场实际运行环境，增加限制约束条件生成的机场终端区运行场景。限制约束条件可包括：军航活动限制、飞越航班、外围关键点流量限制、除冰除雪、低云低能见度、航站楼可用资源归属化，以及未来半年内机场活动区或机场空域的结构、运行规则变更。

（2）确定仿真参数。根据采集的数据内容，确定仿真所需参数值，并与机场及空管部门确认。主要包括：终端区空域（进近、离场、起飞、降落等），空中航道，空中交通流量管理，机场地面设施（跑道、滑行道、停机坪、除冰坪等），机场服务车辆（加油车、餐车、牵引车、摆渡车等）。

（3）建立基准运行场景。根据确定的仿真参数，选取典型繁忙日，建立机场基准运行场景仿真模型。

（4）仿真模型基准校验。仿真模型必须经过基准合理性校核验证。由空管、机场、评估机构等相关部门对基准模型进行校验，将基准运行场景仿真与实际情况进行对比，检查建立的基准模型是否准确、客观地反映实际情况。

（5）仿真实施。基于仿真基准模型和特定运行场景，按照现有航班时刻的交通流时空分布，调整（增加或减少）航班量，输出不同运行场景下，每次航班量调整对应的机场流量分布、延误等仿真数据（如每次输出数据为该航班量仿真11次，按延误航班的平均延误顺序排列的第6名仿真结果，即输出序列的中位数）。

（6）仿真结果。通过仿真数据分析，取可接受延误水平条件下，机场高峰时间（半小时或15分钟）航班量作为机场的仿真容量。

以上实施与分析内容主要以评估机场空侧区域内航班运行全过程为对象，进行航班流的仿真与分析。机场其他区域如航站楼的仿真评估以被评估机场航站楼内旅客服务全流程为对象，进行旅客流态的仿真与分析，其方法可参照空侧仿真执行，此处不再赘述。

通过仿真建模和仿真结论分析，使仿真建模技术在机场保障能力评估中得到有效利用，仿真结果还可以给出机场地面服务保障情况、航空器地面延误等重要运行数据，对于地面车辆调度、资源分配等方面具有重要的实际应用价值，能为机场管理者提供理论和技术支持。

10.4.4 车辆调度

机场航班密集，地面保障服务种类繁多，随着航班数量的增加，地面保障车辆的数量也随之增加，使得机场场面运行更加复杂。目前，我国大部分机场对地面保障车辆的调度方式以人工调度为主，即一个任务出现时，人工派遣一辆空闲车辆从车场出发执行保障任务，完成当前任务后回到车场等待下一个任务。这种调度方式效率极低，一辆车一次只能服务一个航班，且不考虑路径优化，很可能导致航班延误。同时，由于航班计划易受各种不确定性因素影响，如飞机故障、航空管制、天气等，导致航班计划时间变化较大。此时，要求已有车辆路径方案也应及时调整，否则，地面保障服务不及时将加重航班延误。因此，利用有限时间和资源，在保证运行安全的条件下，对地面车辆进行高效地调度具有十分重要的意义。在满足飞行任务的同时，保证资源的有效利用以节省车辆资源成本，并且确保航班正点率，成为航空运输过程中必须解决的问题之一。

10.4.4.1 概念特点

所谓调度，是指在满足到达时间、作业流程、资源能力等约束的前提下，通过车辆和操作人员的分配、排序以及规划指派合理的运行路径，达到提高作业效率、减少航班延误等一个或多个优化目标的过程。因此，车辆调度问题实质上就是车辆的路径问题（Vehicle Routing Problem，VRP）。

机场保障车辆调度问题可以描述为：航班作为顾客点，停靠在不同位置的停机位上，每个进离港航班都有一定的地面保障服务需求。地勤人员需要合理规划特种车辆路径，并且能在一定的约束条件（最大续驶距离、最大载荷、时间窗等）下，使得每个航班的需求得到满足，并且同时达到任务分配均衡、特种车辆最少、总距离最短等目的。机场保障车辆调度属于一个生产排程和车辆路径的混合问题。在进行机场保障车辆调度时，航班进出港的时间是离散的，每架航班的载客量和载货量是随机的、动态的，不同设备的服务效率也是动态变化的。此外，在实际生产过程中，环境会不断变化，会出现很多非人为的随机干扰，例如设备故障、航班晚点、天气突变、飞机备降等，所以机场保障车辆调度过程是一个存在很多随机和不确定因素的离散动态复杂过程，一般很难用确定性的数学模型进行描述，也难以采用一般的优化方法来求解。

机场保障车辆调度同时也是多目标决策问题，调度目标可以归结为两类，一类是基于时间的目标，包括尽量缩短飞机过站时间，减少航班延误；另一类是基于成本的目标，如对机坪保障设备进行优化配置，充分发挥已有保障设施的作用，提高设备的使用效率以及车辆的行驶距离，以减少设备成本和油料成本。因此在评价调度方案时，常用的指标有服务延误时间、单位时间设备服务航班数、车辆日使用成本和车辆空载率等。

10.4.4.2 主要内容

机场保障车辆调度问题分为静态调度和动态调度两类，具体内容如下。

1. 静态调度

该问题可以归结为满足给定约束条件的带时间窗的车辆路径问题（Vehicle routing problem with time windows，VRPTW），VRPTW 基本问题的数学模型如下。

$$\sum_{k \in V} \sum_{i \in N} \sum_{j \in N} c_{ij} x_{ijk} \quad (10\text{-}1)$$

约束条件为

$$\sum_{k \in V} \sum_{j \in N} x_{ijk} = 1 \quad \forall i \in N \quad (10\text{-}2)$$

$$\sum_{j \in N} d_i \sum_{j \in N} x_{ijk} \leq q \quad \forall k \in V \quad (10\text{-}3)$$

$$\sum_{j \in N} x_{0jk} = 1 \quad \forall k \in V \quad (10\text{-}4)$$

$$\sum_{i \in N} x_{ihk} - \sum_{j \in N} x_{jhk} = 0 \quad \forall h \in N, \quad \forall k \in V \quad (10\text{-}5)$$

$$\sum_{j \in N} x_{i0k} = 1 \quad \forall k \in V \quad (10\text{-}6)$$

$$s_{ik} + t_{ij} - K(1 - x_{ijk}) \leq s_{jk} \quad \forall i, j \in N \quad \forall k \in V \quad (10\text{-}7)$$

$$a_i \leq s_{ik} \leq b_i \quad \forall i \in N \quad \forall k \in V \quad (10\text{-}8)$$

$$x_{ijk} \in \{0,1\} \quad \forall i, j \in N \quad \forall k \in V \quad (10\text{-}9)$$

式（10-1）表示目标函数是最小化车辆的服务费用。式（10-2）表示车辆 k 服

务完客户 i 后服务客户 j。式（10-3）表示车辆容量约束。式（10-4）、式（10-5）、式（10-6）分别表示车辆从配送中心出发、依次服务客户点、返回配送中心。s_{ik} 表示车辆 k 为客户 i 开始服务的时间。式（10-7）表示车辆 k 为客户 j 开始服务的时间要不早于车辆 k 为客户 i 开始服务的时间与车辆 k 从 i 行驶到 j 的时间之和。式（10-8）表示开始服务的时间窗约束。式（10-9）表示如果服务完客户 i 后服务客户 j，则 $x_{ijk}=1$，否则 $x_{ijk}=0$。

机场保障车辆的品类及数目较多，各种车辆的用途及使用频率也不同，调度问题非常复杂。例如，根据优化目标函数的个数，该问题可以分为单目标和多目标问题。根据给定的时间窗个数，该问题可以分为单时间窗及多时间窗问题。根据车辆服务时间是否允许超出时间窗约束，该问题可以分为硬时间窗和软时间窗问题。根据顾客服务需求，该问题可以分为确定需求、随机需求、模糊需求等。按服务车辆类型，该问题可以分为同种车辆、异种车辆协同调度问题。按车场数目分类，该问题可以分为单车场和多车场问题。按照车辆完成服务任务后是否返回车场，该问题可以分为封闭式和开放式车辆路径问题等。对于实际问题，约束条件的种类也很多，如车辆行驶距离约束、车辆容量约束、车辆负载约束、车辆间任务均衡约束等。但归根结底，机场保障车辆调度还是 VRPTW 问题的变种，可以根据不同情况对 VRPTW 进行修改完善，满足不同的需求。

求解 VRPTW 的算法可以分为精确算法与启发式算法。精确算法包括分支定界法、动态规划法、列生成及切平面法等。因该问题是 NP 难问题，当问题规模较大时，用精确算法在可接受的时间内求得问题的最优解比较困难。因此，学者们多采用启发式算法，如模拟退火法、遗传算法、禁忌搜索算法、蚁群算法等，力求在合理的时间内求得问题的近优解。

VRPTW 问题的研究内容较为丰富，国内外学者对相关问题进行了广泛的研究。在模型方面，现有的目标函数主要集中在研究最小化保障车辆行驶距离、车辆使用数目最少、航班延误时间最短、延误航班数目最少及车辆任务均衡化等方面。近年来，我国民航部门开始致力于推进节能减排，探索绿色机场、低碳机场的发展道路。因此，在未来的模型中，可以考虑最小化保障车辆的碳排放量、降低出勤车次；根据新能源车辆（如电动车）的特点，建立相应的优化调度模型。人们对航空公司的评价会影响其经济效益，在优化为旅客服务的保障车辆调度方案时，可以考虑顾客的满意度函数，以此来评价航空公司的服务水平和服务质量。在求解算法方面，求解 VRPTW 问题的算法丰富多样，可以借鉴来求解地勤保障车辆调度问题。但因机场的内部道路结构复杂、停机坪的位置情况不同，以及人员、车流量较大的特点，对车辆行驶路径有严格要求，需要根据机场的具体特点设计符合实际的高效求解算法。

2. 动态调度

对普通的车辆路径问题而言，约束条件和优化目标较少，一般只需总路程最短即可，处理较为简单，基本不需考虑复杂的不可预知因素和系统实时响应速度。但是，实际情况中，机场航班信息是动态变化的，每个进港航班的计划进港时间，只有在其从对方机场离港时才能确定，并且由天气、空域管制、飞机故障、车辆及路况等不可控因素导致的航班延误及取消，也将加大航班信息的不确定性。同时，由于要达到总路程最短、出勤车次最少、任务分配均衡等多个目标，且每种保障车辆具有不同的约束条件，造成目标函数和约束条件异常复杂，因此需要制定一个动态调度策略，来应对航班信息动态变化的影响。

目前解决动态车辆路径问题一般可分为两个阶段，首先利用优化算法计算出静态调度方案，然后根据动态事件，及时对已有静态调度方案进行调整。对于第二阶段的方案调整策略，一般可分为全部重新规划和局部重新规划。除此之外，在根据动态事件调整路径方案时，事件驱动频率的控制同样重要。

（1）全部重新规划策略

所谓的全部重新规划策略，就是遇到动态事件时，将现有的所有车辆路径方案，全部重新规划一遍。实质上，这种处理策略利用的仍然是静态调度方法。这种策略的优点是，能保证规划出的解的质量，能像静态调度一样高。缺点是，这种策略计算量相当大，现有计算机技术很难实现这种响应速度，无法应用于实际。

（2）局部重新规划策略

与全部重新规划策略不同，局部重新规划策略，是事先根据已知的信息规划车辆路径。当接收到航班实时信息后，只对当前规划的路径方案做局部调整。尽管这种局部重新规划策略规划出的路径方案可能会比全部重新规划策略差，但是这种方法大幅降低了系统时间复杂度。

（3）事件驱动频率

以上两种处理动态事件的策略，其本质都是加大了静态规划调度的频率，都存在路径方案调整过于频繁的问题，必须选择合理的事件驱动频率。在实际应用中，可对事件进行分级，设计驱动策略，以平衡求解质量和时间复杂度之间的关系。

10.4.4.3　基于数字孪生机场的车辆调度

目前针对机场保障车辆调度优化的研究主要集中在两个方面。一方面是基于特种车辆服务特点优化算法的研究，主要有遗传算法、最邻近算法、蚁群算法、粒子群算法、动态搜索算法、Epsilon 约束算法、启发式算法、整数规划和基于时间窗的算法等。另一方面是对机场保障车辆的调度问题进行仿真研究和优化系统的设计。另外，调度算法还存在着问题和缺陷，例如未能综合考虑机场多种保障车辆的协同调度，不同的机型对保障车辆的服务需求有所差别，场内道路通告有限制等。因此，调度问题异常复杂，设计一个实用高效的调度要考虑非常多的因素，难度很大。而将数字孪生这一新兴技术引入到传统的车辆调度问题中，利用数字孪生提供的精确建模、仿真评估、实时监控和在线预测等能力，提高调度方案的有效性和生成效率，并能在执行过程进行实时监控和动态调整，达成协同统一调度飞机、车辆和人员的目的，从长远看，还为机场场面保障的无人化提供了一条可行的技术路径。

基于数字孪生机场的车辆调度过程如图 10-45 所示，可简要描述为"统一建模、集中生成；分布执行、实时跟踪；在线预测、动态调整"。

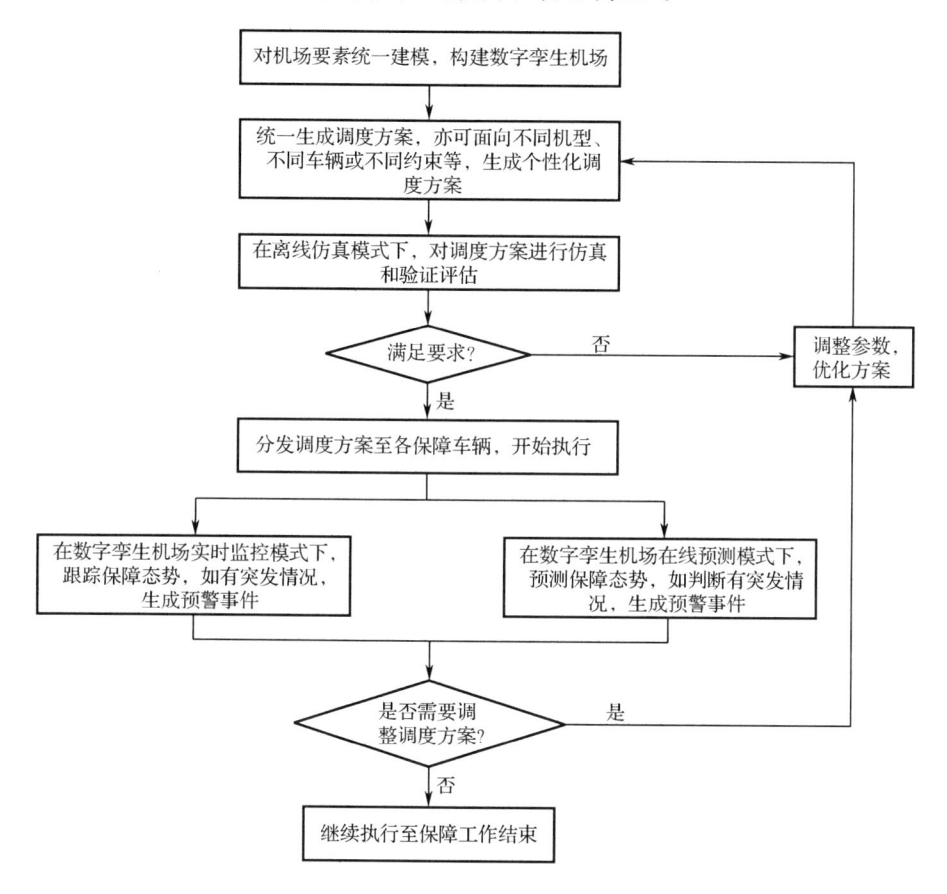

图 10-45 基于数字孪生机场的车辆调度过程

基于数字孪生机场的车辆调度是数字孪生技术在智慧机场中的最典型应用场景之一，把前几节所述的仿真、评估、预测、监控等技术能力集中结合在一起，完美体现了数字孪生在智慧机场"大脑"中的作用。

10.4.5 应急演练

10.4.5.1 概念特点

由于民航事故突发性强、社会影响大，机场安全一直以来都备受社会各界关注。近年来，随着机场业务的快速增长，突发事件的频率和规模也随之扩大，机场应对突发事件的处理机制从人工、手动逐渐依托于信息系统的处理结果，建立覆盖机场生产运行监控、异常情况预警、应急突发事件通报、应急救援指挥调度等多方面管理环节的应急工作机制尤为重要。依据交通运输部 2016 年第 45 号令《民用运输机场突发事件应急救援管理规则》以及《国际民用航空公约》附件 14 中的要求和机场应对突发事件应急救援工作的实际需要，机场应经常性制度化地开展应急训练演练。

目前机场应急演练主要有两种模式，一种是桌面模拟演练模式，另一种采用在实际场地、利用实际设备的传统模式。基于这两种模式，我国民用机场应急救援演练领域普遍存在以下问题：

- 演大于练，尤其是桌面演练效果十分有限，事件完全按照剧本描述，照本宣科，难以达到提升应急水平的目的。
- 传统演练模式成本消耗高、不安全，演练形式单一、扩展性差，且容易对正常生产活动造成影响。
- 缺乏统一的应急演练标准，也缺乏对应急救援演练过程的评价体系，难以发现演练过程中存在的问题，更无法及时对应急救援中出现的问题进行整改。
- 应急救援演练、培训方法和手段落后，演练中缺乏情景意识，难以调动参演人员情绪，代入自己职业角色显得十分困难。

数字孪生机场为解决上述问题提供了新的手段。数字孪生机场利用高精度的二三维机场信息模型，构建高度逼真的沉浸式虚拟仿真演练平台，可仿真模拟各类机场事故现场，通过人机交互的操作，使相关人员得到全面培训和指导，可减少实际应急救援演练的资源消耗，提升整个机场应急救援水平和能力。

机场应急虚拟仿真演练平台具有以下特点：

- 真实性，即应急救援虚拟场景具有强烈的现场感，能实现对环境中各种自然实体的客观仿真。
- 可扩展性，即平台具有强大的虚拟场景编辑器，可支持对不同事故场景的三维动态配置。
- 科学性，即平台可基于科学计算，对虚拟场景进行推演，并基于引擎计算虚拟场景模拟演练结果。
- 实时性，即在整个虚拟演练过程中，平台人机交互的各种指令可实时得到响应。
- 协同性，即平台可支持多个终端进入，使多用户可在同一个虚拟场景内进行联合演练。
- 安全性，即平台可实现实地演练中难以呈现的场景（比如航空器起火爆炸等），从而极大程度地避免人员在演练过程中受到伤害。

10.4.5.2　系统组成

4.5 节已详细叙述了智慧机场应急管理系统的功能需求、系统架构和具体实现，培训演练是应急管理系统的重要功能，因此虚拟仿真演练系统可看作应急管理系统的子系统。系统管理、预案管理、角色管理等功能在智慧机场应急管理系统中实现的情况下，基于数字孪生机场的支撑，开发计划管理、场景编辑和演练管理等功能模块，如图 10-46 所示。

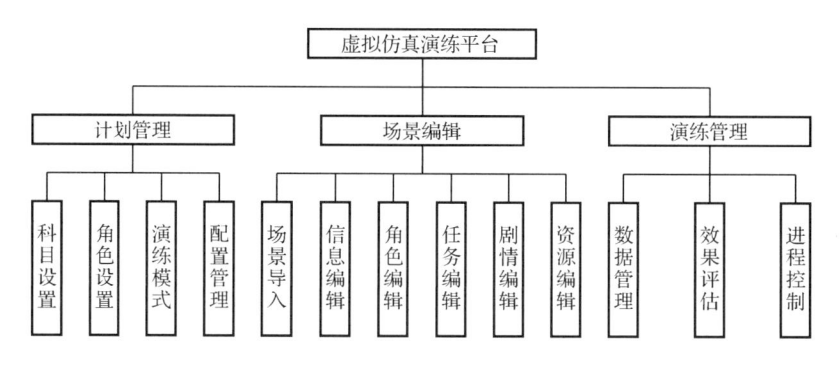

图 10-46　机场应急虚拟仿真演练平台组成（部分）

10.4.5.3　运行流程

机场应急虚拟仿真演练平台的运行流程如图 10-47 所示。管理员根据应急救援预案流程设置典型的应急演练场景，不同的用户登录系统并等待管理员分配演练角色。各用户在获得角色指派后，根据自身角色对应的任务展开虚拟救援过程。

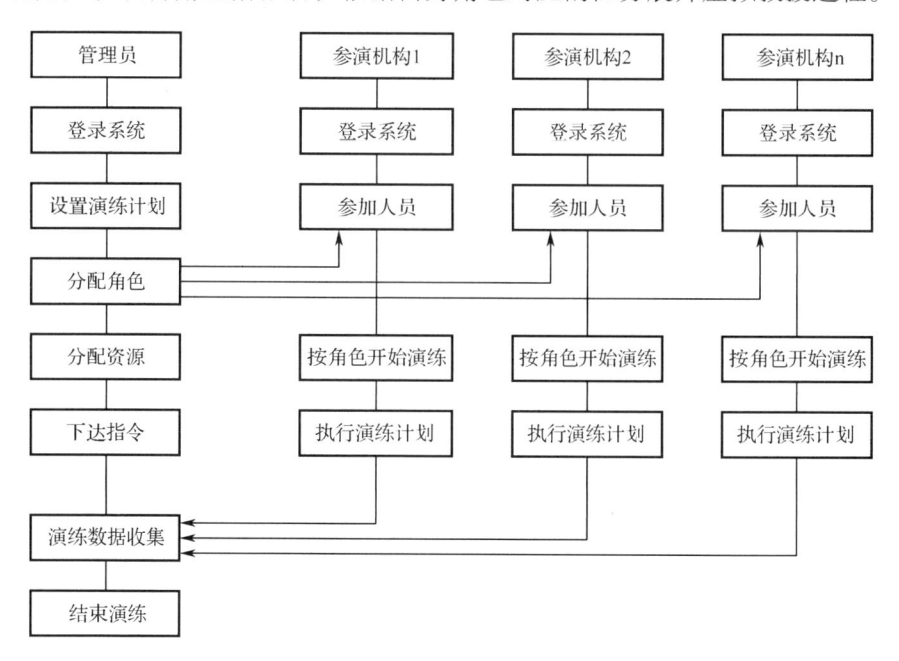

图 10-47　机场应急虚拟仿真演练平台的运行流程

借助虚拟演练平台，可将演练人员置身于各类机场应急事件复杂多变的环境中进行专项演练，并由管理员根据人员的不同情况进行角色的合理分配与级别设置，提高其自身专业技能及应变能力。管理人员可通过平台观摩窗口实时发现并纠正演练过程中出现的小组协调问题或演练人员的专业操作问题。图 10-48、图 10-49 是飞机起火特情和航站楼防恐疏散特情应急处置演练的仿真场景。

图 10-48　飞机起火特情应急处置演练仿真场景

图 10-49　航站楼防恐疏散特情应急处置演练仿真场景

第 11 章
智慧机场标准体系与评估体系

标准是在总结实践、科学论证的基础上形成的技术规则；评估指标标准，是引领建设与发展的重要抓手。智慧机场建设是一项复杂的系统工程，涉及要素多、领域广，且国内外智慧机场建设都尚处于摸索阶段，缺少可借鉴的成熟经验，因此智慧机场评估指标与标准体系建设和应用实施的综合性和难度都较高。

智慧城市标准体系与评估体系的建设与发展，为智慧机场的建设提供了很好借鉴。例如，为指导当前和未来一段时间内新型智慧城市标准化工作，尤其是评估指标和标准体系的应用工作，依据《国家标准委、中央网信办、国家发展改革委关于开展智慧城市标准体系和评估指标体系建设及应用实施的指导意见》相关要求，国家智慧城市标准化总体组组织专家编制了《国家新型智慧城市评估指标和标准体系应用指南》，并于 2017 年 7 月正式出版，可作为智慧机场标准化工作的重要参考。

11.1 标准体系

智慧机场的建设不仅需要硬软件投入，更需要顶层设计支持，应该建立统一的规范和标准。智慧机场标准体系是由智慧机场范围内相互关联的标准按照一定的结构进行逻辑组合构成的有机整体，标准体系内部的各项标准应按照合理的分类进行梳理。建立科学合理的智慧机场标准体系，有助于开展智慧机场标准化的顶层设计和总体布局，有利于判断和明确智慧机场的标准化方向和重点，对于科学合理地制定智慧机场相关标准和促进智慧机场发展具有非常重要的意义。

当前，我国智慧机场建设刚刚起步，各方对智慧机场建设的理解和认知水平参差不齐，在信息化基础设施建设投入、信息化开发能力等方面还存在很大差异，智慧机场的"智慧"程度还存在较大差距，在没有统一的规划指导和标准支撑，以及指导实践的准确性操作性尚不充分的情况下，往往会造成重复投资和资源浪费，还会导致原有问题尚未解决、新的问题又不断产生的"智慧机场"不智慧的局面。调研表明，在智慧机场建设中最为关注的仍然是多年来信息化建设的难题，如信息资源共享、统一标准、有效利用和跨部门业务协同等，同时，探索实体机场与数字化虚拟孪生机场"双规划"合一、"双基建"同步，加快推进全域智能感知体系、新一代通信网络、计算能力、"城市大脑"、无人化装备体系等智能基础设施建设，也是智慧机场建设需关注的重点。

建设智慧机场是一项复杂的系统工程，涉及物联网、云计算、宽带无线移动通信等众多技术和机场管理、公共服务、产业发展等诸多领域，信息化系统内外部接口多，信息和系统开放共享和协同互动的要求高，此外，智慧机场的安全保障问题也是智慧机场建设的核心和关键技术难题，这些特点使得智慧机场标准体系建设的意义和作用更加凸显。但总体上，智慧机场标准体系的建设工作还有较大差距，缺乏总体性、统一性、体系性的规划，部分领域标准缺失，标准体系不完善。因此，应尽快启动智慧机场标准化工作研究，建立完善智慧机场标准体系，使智慧机场建设者有章可循、运营者有据可依，从而促进智慧机场健康、持续和规模化发展。

11.1.1 建设思路

标准体系是一定范围内的标准按其内在联系形成的有机整体，也可以说标准体系是一种由标准组成的系统。按照目前我国对现行的《中华人民共和国标准化法》对标准体系层级的划分，智慧机场标准体系属于行业标准体系，是智慧机场建设及相关产业发展的一项基础性工作，具有重要的行业保障和引领作用。

智慧机场标准体系按照"三步法"原则建设完成。第一步，通过研究智慧机场建设发展以及运营管理过程中所需要的基础设施、应用系统、关键技术、保障条件等要素，提取其共性抽象特征，构建由生命周期、系统层级和业务功能组成的三维智慧机场系统架构，从而界定智慧机场标准化的内涵和外延，识别智慧机场现有和缺失的标准，认知标准间的交叉重叠关系；第二步，在深入分析标准化需求的基础上，综合智慧机场系统架构各维度逻辑关系，将智慧机场系统架构的生命周期维度和系统层级维度组成的平面依次映射到功能体验维度的五个领域，形成基础设施、数据共享、技术平台、通信保障、管理保障等 5 类关键技术标准，与基础共性标准和行业应用标准共同构成智慧机场标准体系结构；第三步，对智慧机场标准体系结构分解细化，进而建立智慧机场标准体系框架，指导智慧机场标准体系建设及相关标准立项工作。

11.1.1.1 智慧机场系统架构

智慧机场系统架构通过生命周期、系统层级和功能体验三个维度构建完成，可形式化表示为：系统架构 = {生命周期，系统层级，功能体验}。主要解决智慧机场标准体系结构和框架的建模研究，如图 11-1 所示。

1. 生命周期

生命周期是由规划、设计、开发、运行、服务等一系列相互联系的价值创造活动组成的链式集合，可形式化表示为：生命周期 = {规划,设计,开发,运行,服务}。

生命周期中各项活动相互关联、相互影响。

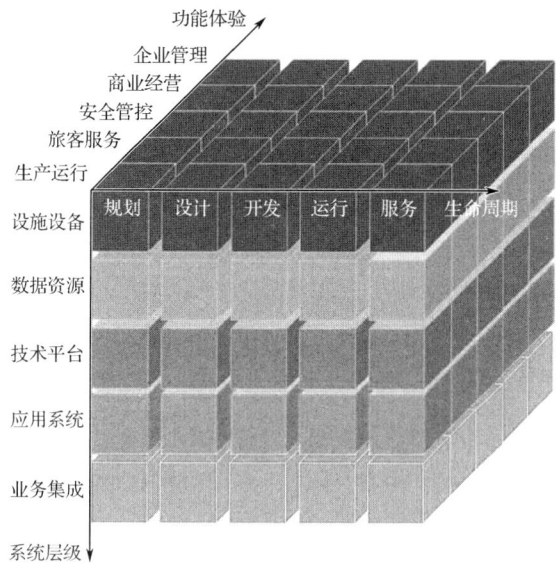

图 11-1 智慧机场系统架构

2. 系统层级

系统层级自下而上共五层，可形式化表示为：系统层级 = {设施设备，数据资源，技术平台，应用系统，业务集成}。智慧机场系统层级体现了智慧机场开发建设的复杂性和层次性。

（1）设施设备层：包括传感器、雷达、定位、摄像机等各类传感采集设备，跑道、机坪、功能建筑或构件、管廊等设施，特种保障车辆、无动力设备、航站楼服务设备等，以及数据中心、计算设备、网络设备、存储设备、操作系统、云服务设备等信息化设备，是智慧机场建设的物质基础。

（2）数据资源层：数据资源层对应智慧机场蓝图规划中数据架构的有关内容，包括各类业务数据资源的采集、管理、存储、共享和应用。

（3）技术平台层：主要包括大数据平台、物联网平台、云平台、GIS 平台、可视化平台、信息安全平台、"互联网+"平台、统一备份平台和业务平台等，是智慧机场各业务应用系统研发、运行和信息集成的基础平台。

（4）应用系统层：主要包括智慧机场各业务领域的管理系统、控制系统、决策系统等，是智能机场实现具体功能的主要依托。

（5）业务集成层：面向机场和机场群，围绕航班、旅客、行李三个主要保障对象，根据具体的业务场景对各应用系统及其功能的统一装配、统一运用、统一展现，实现"端到端"的业务集成。

3. 功能体验

包括智慧机场生产运行、旅客服务、安全管控、商业经营、企业管理等五个关键领域,具体的功能在 1.1.3 节已进行了详细描述,可形式化表示为:功能体验 = {生产运行、旅客服务、安全管控、商业经营、企业管理}。

4. 示例解析

智慧机场系统架构通过三个维度展示了智慧机场的全貌。为了更好解读和理解系统架构,以特种保障车辆、ACDM 系统和大数据平台为例,分别从点、线、面三个方面诠释智慧机场重点领域在系统架构中所处的位置及其相关标准。

（1）特种保障车辆

为机场提供服务保障的车辆大致可分为四种,它们分别是场道保障车辆、航空器保障车辆、旅客服务车辆以及应急救援车辆,位于智慧机场系统架构生命周期的运行环节、系统层级的设施设备层,以及智能功能的生产运行领域,如图 11-2 所示。已发布的特种保障车辆相关标准主要如下。

- MH/T 5002—1996　民用机场特种车辆、专用设备配备
- 中华人民共和国交通运输部令 2017 年第 12 号　交通运输部关于修改《民用机场专用设备管理规定》的决定
- AP-137-CA—2015-02　民用机场专用设备检验办法
- GBT18384　新能源汽车安全测试标准

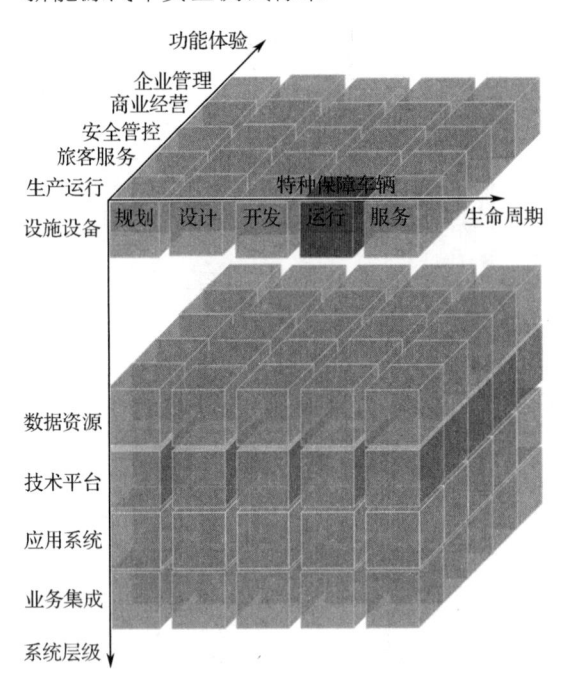

图 11-2　特种保障车辆在智慧机场系统架构中的位置

（2）ACDM 系统

ACDM 系统位于智慧机场系统架构生命周期的开发和运行环节、系统层级的应用系统层,以及业务功能的生产运行领域,如图 11-3 所示。已发布的 A-CDM 标准

主要如下。
- 机场协同决策（A-CDM）技术规范
- 机场协同决策（A-CDM）实施规范》（试行）

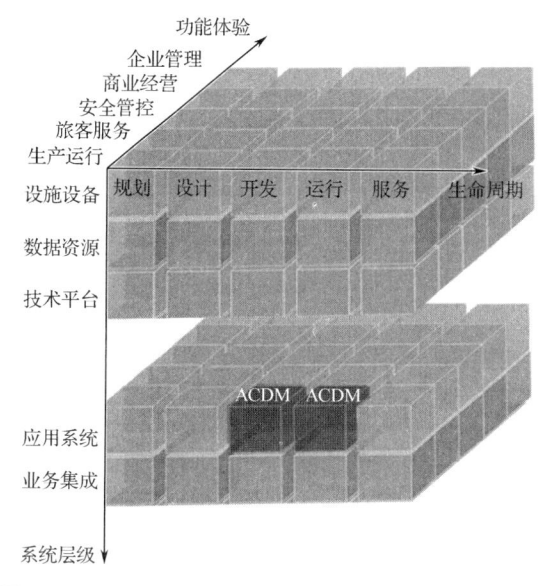

图 11-3　ACDM 系统在智慧机场系统架构中的位置

（3）大数据平台

大数据平台位于智慧机场系统架构生命周期的所有环节、系统层级的技术平台层，以及业务功能的所有领域，如图 11-4 所示。已发布的大数据平台标准主要如下。

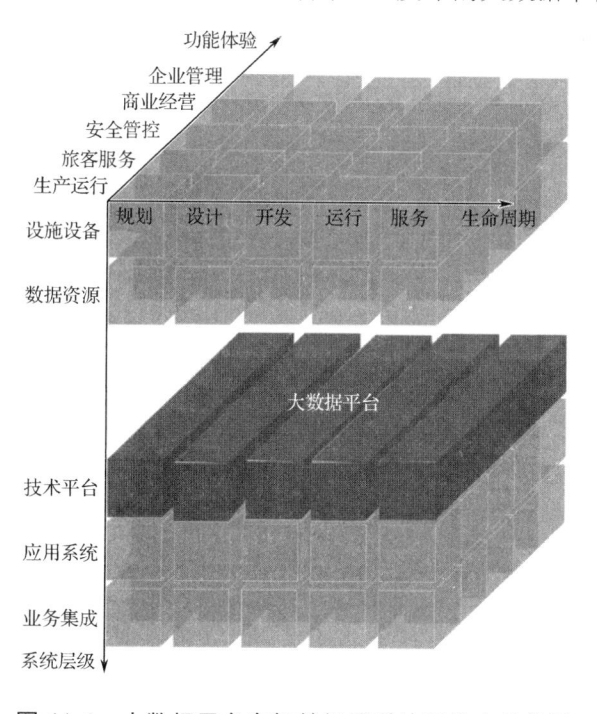

图 11-4　大数据平台在智慧机场系统架构中的位置

- GB/T18391　信息技术元数据注册系统（MDR）
- GB/T20273—2006　信息安全技术数据库管理系统安全技术要求
- GB/T28821—1012　关系数据管理系统技术要求
- GB/T29262—2012　信息技术面向服务的体系结构（SOA）术语
- GB/T29263—2012　信息技术面向服务的体系结构（SOA）应用的总体技术要求

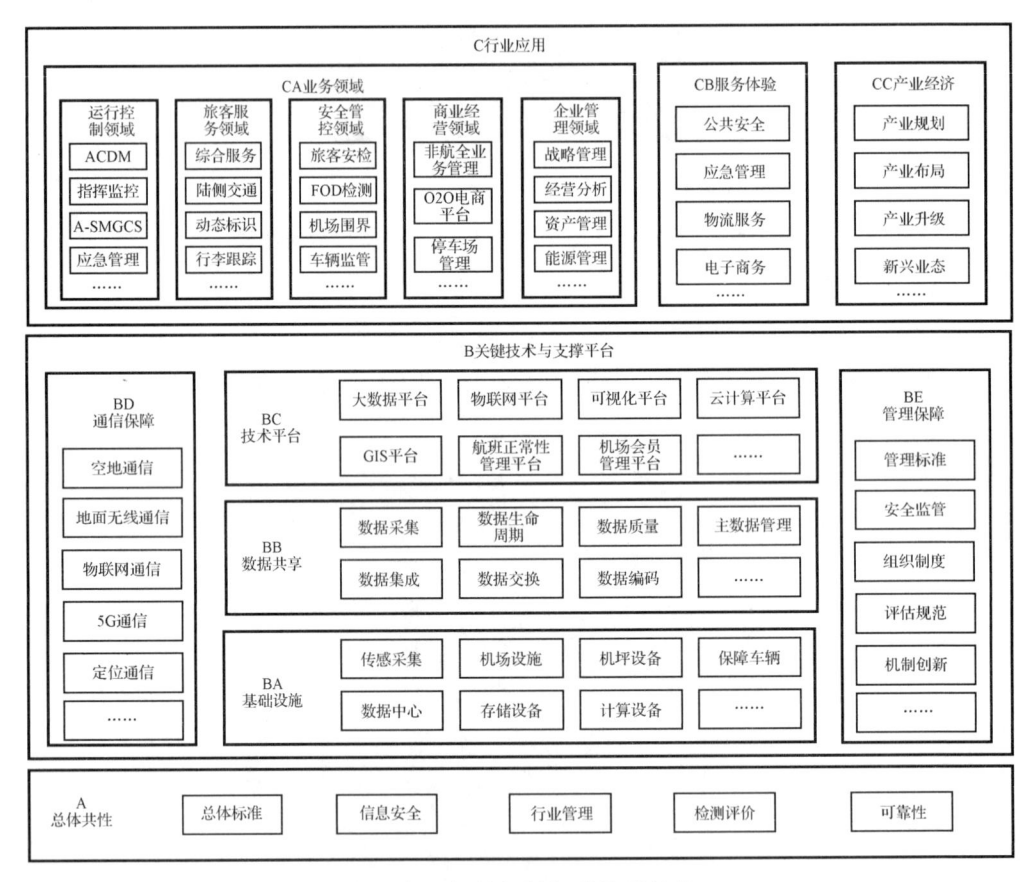

11.1.1.2　智慧机场标准体系结构

智慧机场标准体系结构包括"总体共性""关键技术与支撑平台""应用系统"3 个主要组成部分，它主要反映标准体系各组成部分间的相互关系。智慧机场标准体系结构如图 11-5 所示。

图 11-5　智慧机场标准体系结构

具体而言，总体共性部分包括总体标准、信息安全、行业管理、检测评估和可靠性五部分，位于智慧机场标准体系结构图的最底层，其研制的总体共性标准支撑着整个标准体系结构。关键技术与支撑平台又分为基础设施、数据共享、技术平台和通信保障、管理保障 5 部分。技术平台位于整个标准体系结构的中间，与智慧机场业务系统研发应用联系最为紧密，在标准体系框架中起到承上启下的作用。行业应用部分位于标准体系的上层，面向用户和行业的具体需求，由业务领域、服务体验和产业经济组成，指导业务领域标准研发、落地和推广应用。

11.1.1.3 智慧机场标准体系框架

标准体系框架主要反映标准体系的总体组成类别和层次结构关系，是对标准体系的概括，由标准体系结构向下映射而成，是形成智慧机场标准体系的基本组成单元，如图 11-6 所示。

11.1.2 建设内容

11.1.2.1 总体共性标准

总体共性标准是智慧机场标准体系中的指导性和整体性标准，其他标准应在总体标准指导下来制定并与总体标准保持一致，所有各主要技术单元和应用实体都与总体标准具有相关性并在总体标准的指导下进行设计和实施。主要包括共性标准、信息安全、行业管理、检测评估和可靠性等五个部分。

1. 共性标准

共性标准主要包括术语定义、参考模型、评估模型与指标、标准应用指南、标识标准等。其中，术语定义标准用于统一智慧机场相关概念，为其他各部分标准的制定提供支撑；参考模型标准用于帮助各方认识和理解智慧机场标准化的对象、边界、各部分的层级关系和内在联系；标识标准用于对智慧机场中各类对象进行唯一标识与解析，建设既与企业已有的标识编码系统兼容，又能满足发展前瞻要求的标识体系。评估模型包含指标体系，用于科学评估智慧机场建设发展水平，供相关各方决策服务。

2. 信息安全标准

信息安全标准是为保障智慧机场中的各网络和信息系统安全而制定的技术标准、管理标准、安全评测标准，用于保证信息系统不因偶然的或恶意的原因而遭到破坏、更改、泄露，系统能连续可靠正常运行，主要包括软件安全、设备信息安全、网络信息安全、数据安全、信息安全防护等五个部分。

3. 行业管理标准

行业管理标准主要包括面向机场服务行业的智慧机场建设应用管理体系和面向社会的智慧机场相关产业发展管理体系两个部分，主要由相关国家法规、地方行业发展措施规定、产业联盟发布的指导意见等。

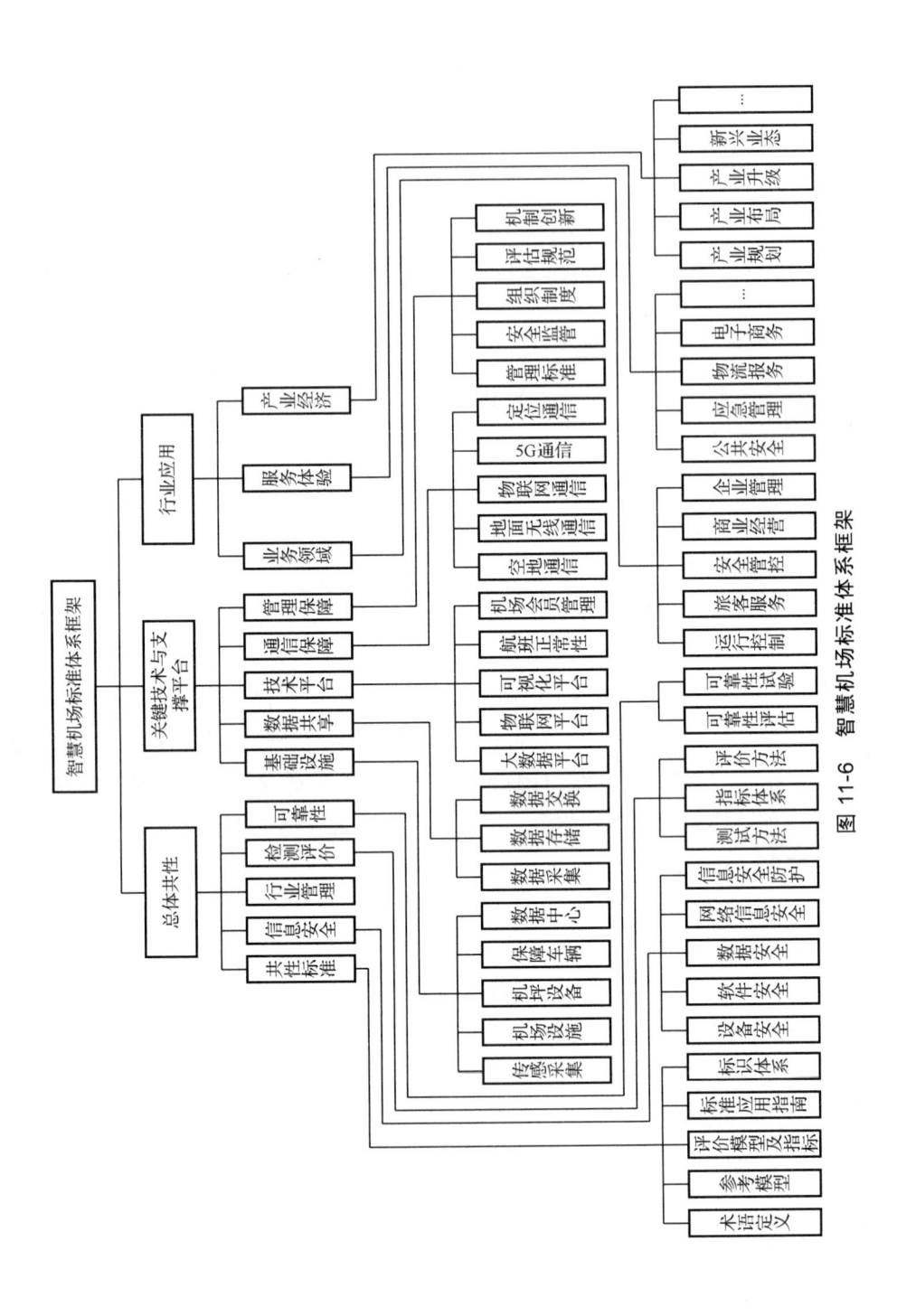

图 11-6 智慧机场标准体系框架

4. 检测评估标准

检测评估标准主要包括测试项目、测试方法、指标体系、实施指南等，用于指导智慧机场相关系统测试的试验内容、方式、步骤、过程、计算分析等具体工作。

5. 可靠性标准

可靠性标准主要包括过程和技术方法两个部分。过程标准用于对智慧机场系统可靠性要求、风险管理和寿命费用的分析，主要包括智慧机场系统可靠性管理、故障预测和综合保障等三个部分。技术方法标准用于指导智慧机场相关系统或设备可靠性分析评估和试验验证。

11.1.2.2 关键技术与支撑平台标准

关键技术与支撑平台标准为智慧机场建设中所需的关键技术、共性平台及软件的标准规范总称，包括基础设施、数据共享、技术平台和通信保障、管理保障五部分。

1. 基础设施标准

支撑和确保智慧机场项目建设和运营的基础设施的相关标准及规范，包括智慧机场的 ICT 基础设施、水基础设施、能源基础设施、交通基础设施等子类标准，其中，与信息获取、传输和处理相关的基本 ICT 技术标准以采标为主，标准应与现有标准全方位对接，除有特殊要求外，一般直接采用现行的国际标准、国家标准或信息通信行业标准。

2. 数据共享标准

数据共享标准包括智慧机场项目建设中结构化与非结构化的虚拟数据模型、数据汇聚及存储、数据融合与处理、智能挖掘分析等方面的标准，以支撑实现智慧机场的信息汇聚、共享、交换和有效利用。特别要注意开发元数据和数据字典标准，用于规定智慧机场项目建设、应用等环节涉及的元数据命名规则、数据格式、数据模型、数据元素和注册要求、数据字典建立方法，为智慧机场系统数据集成、交互共享奠定基础。

3. 技术平台标准

构建以大数据平台为核心的一系列公共应用支撑平台，如 GIS 平台、物联网平台、可视化平台、航班正常性管理平台、机场会员管理平台等业务平台，用于支撑解决智慧机场建设所需的大量跨部门、跨系统的资源整合和业务协同问题。

4. 通信保障标准

规范承载智慧机场各业务的有线网、无线网、空地通信网、机场物联网以及互联网、WiFi、公用 4G/5G 网等通信网络保障的标准。

5. 管理保障标准

支撑和确保智慧机场项目建设和运营过程中的监理验收、评估方法以及相关运行保障的标准和规范，包括管理标准、安全监管、组织制度等。

11.1.2.3 行业应用标准

1. 业务领域

业务领域是智慧机场标准体系制标的重点内容，最具机场服务业的特色，包含机场五大业务领域所有信息系统、设施设备开发、运行、运维时应遵循的标准，应予以重点关注。

2. 服务体验标准

智慧机场运行中对用户提供的服务内容、效率、质量等相关的标准规范，主要包括公共安全、应急管理、物流服务、电子商务等。

3. 产业经济标准

针对智慧机场中相关产业规范、升级和发展所涉及的相关标准和规范，包括产业规划、产业升级、新兴业态等子类标准。

11.1.3 组织实施

从行业性质来讲，智慧机场属于民用航空运输行业中机场工程建设和民用机场地面保障与服务业，标准体系建设工作是智慧机场建设发展的一项重要基础性工作，标准体系的建设和有效实施，有利于促进智慧机场规划、建设、管理、运行系统化、体系化，提高智慧机场建设水平。当前，我国民航正在全面推进"四型机场"建设，智慧机场领域正是开展标准化的有利时机和关键时期，急需解决标准体系完善和加快落地实施问题。但是，由于技术、管理及机制等多方面问题，智慧机场标准体系建设还面临很多问题。主要表现在：一是智慧机场尚处于发展初期，由于技术发展迅猛，其建设内容、服务方式、软硬件技术规格等具体的形态还在不断演进中，在实践中也缺乏成熟实用的经验可供借鉴，标准体系作为智慧机场顶层设计重要内容之一，实现起来难度较大；二是机场尤其是大型机场正在承担越来越多区域交通枢纽功能，建设涉及面广、业务类型多、运行管理复杂，需信息、通信、应用多领域协作，而目前各部门各领域和各不同层级间缺乏协同机制，部分领域标准缺失和标准重叠同时发生，导致大量重复建设，造成资源浪费，难以连通；三是旅客服务需求随着时代发展不断求新求变，机场正在从单一的运输功能向交通、环保、商业、娱乐等多功能综合体转变，单一的、僵化的标准体系难以满足高质量服务需求，需要不断调整优化；四是智慧机场标准技术指标的科学性、适应性存在争议，对于标准中明确的技术指标，需要通过试验研究的方式，反复论证指标是否科学，同时，市场的实际情况也是需要考虑的一个实际因素；五是制标只是智慧机场标准建设的第一步，还需要长期的验标、用标和推广的过程。

建立符合民航行业发展现状，又能保护行业利益和提升国际竞争力，应对国际挑战的新型标准体系并在体系建立后有效实施，整体提高标准的质量和水平是标准体系建设工作的主要任务。在加快建设"四型机场"的背景下，智慧机场标准体系建设工作要为推进我国机场服务业发展、推广新产品新技术应用提供更有效的技术支撑，更好地发挥引领作用，重点应抓好以下几个方面的工作。

一是创新智慧机场建设管理机制，通盘考虑、并行谋划、整体设计、统一部署智慧机场标准体系和智慧机场建设方案，强化标准化的整体功能。二是充分借鉴智慧城市标准体系建设的经验做法，在民航局的牵头下，联合相关职能部门，加强统筹协调，加强顶层设计，积极参与相关国际标准化工作，协同组织开展智慧机场标准体系研究、制标和试点工作。三是制定标准复审机制，优化完善标准体系。结合物联网、云计算、大数据等新一代信息技术和 5G 等网络技术发展状况和高质量智慧服务需求扩展情况，调整完善智慧机场标准体系框架，推进重要标准研制和标准试验验证。重视实践经验的提炼总结，使标准体系充分反映市场变化的需求。四是加强人才、经费、信息化等保障条件。加强标准化技术机构建设，建立一支多层次、专业化、高素质的标准化专家、管理和技术队伍。通过改革创新标准化管理和运行机制，完善保障体系，积极稳妥推进配套条件建设，增强标准化发展的内生动力和活力，保证标准体系的顺利实施。五是充分发挥高校、研究机构、企业和专业性社会组织的作用。支持科研院校承担标准制修订、标准化专题研究项目，建立相关机制调动民航企业和专业性社会组织参与标准化工作的积极性。鼓励具备相应能力的企业和学会、协会、联合产业及技术联盟等专业性社会组织参与标准化工作，承担标准的制定编写任务，增加标准的有效供给。

总之，智慧机场标准体系建设是一项复杂的系统工程，不可能一蹴而就。因此，需要我们在运用系统的分析方法针对智慧机场标准化对象及其相关要素所形成的系统进行整体标准化研究的基础上，坚持理论与实际应用相结合，采取试点、评估、优化、推广、反馈的工作方式，通过不断的闭环迭代，逐步形成适合我国国情的智慧机场标准体系，促进智慧机场建设发展。

11.2 评估体系

智慧机场是一项复杂的系统工程，不仅需要规划、建设、运营管理，而且还需要评估、优化调整等环节来保证智慧机场建设决策的合理性。同时，在建设过程中，要在建设需求基础上，充分理解智慧机场的内涵、外延及建设目的，认真做好顶层设计和规划，运用相应的技术和管理标准做指导，运用评估指标体系进行评测并不断改进和完善。因此，科学、系统地评估智慧机场的发展水平，既是加强智慧机场相关项目评估考核、完善行业管理体系的实际需求，又是推动智慧机场建设领域发展和应用的必然要求和重要保障，其目的是为了较为准确地衡量和反映智慧机场建设的主要进度和发展水平，为各方进行科学决策提供依据。从检测评估在智慧机场标准体系中的定位看，建设智慧机场标准先行，某种意义上是评估先行，只有做好评估工作，帮助机场企业在智慧机场建设过程中识别能力短板，才能明确发展方向，把握重点，做到有的放矢，避免浪费。

目前，智慧机场领域尚未形成一个涵盖规划、建设、管理、运营诸环节的完整的、动态的、定量的闭环评估体系，也缺乏能够突出体现智慧机场建设发展水平、覆盖所有关键核心要素且在实践中可行的智慧机场评估指标体系，虽然有智慧城市评价指标可供参考，但顶层的、定性的、静态的居多，与智慧城市相比，智慧机场评估指标应更具体、更细化，更能体现智慧机场演进变化状态、技术发展水平和运营的效率效果。因此，急需在研究智慧机场组成诸要素及其关系的基础上，对智慧机场的评估体系进行理论探索，构建以智慧机场评估指标体系、评估方法和优化策略为核心的智慧机场评估体系。

1. 组成架构

智慧机场评估体系是指涵盖智慧机场各组成要素的、能够对智慧机场建设情况进行全过程定性和定量评估的原则、标准、方法、流程、技术、结果发布、政策保障等。概括起来，主要包括智慧机场评估指标确立原则、智慧机场评估指标体系、评估方法、评估反馈机制、政策保障、评估组织机构保障六个部分，其组成架构如图 11-7 所示。

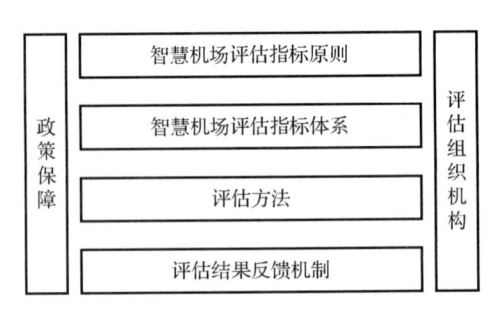

图 11-7 智慧机场评估体系组成架构

2. 评估体系构建原则

（1）客观性原则。保证评估体系的客观公正，不人为地为达到指定的目标而构建评估体系，数据来源准确可靠，评估方法科学。

（2）系统性原则。评估体系的各个部分以及评估指标体系中各层次的内部或指标之间，应建立一种清晰的相互连锁关系，使其具备普遍性，以便能进行横向对比和按同一标准进行统计评估，制定决策进行及时修正。

（3）有效性原则。所构建的评估体系必须与所评估对象的内涵与结构相符合，能够从本质上真正反映机场的智慧化水平。

（4）可比性原则。评估内容都确定且可以比较，每个指标的含义、量化方法和依据、时间和适用范围均需明确，以确保评估结果能够进行横向与纵向比较，以便更好地了解和把握不同机场（或者同一机场在不同发展阶段）信息化的实际水平和变化趋势。

（5）扩展性原则。指标具有可扩展性，可根据实际发展情况对指标体系内容进行增减和修改。

3. 评估指标体系

智慧机场评估指标体系由结构和评估标准两部分组成。其中"结构"是评估方对智慧机场的系统认识，这种认识与评估视角的主题相关联，形式上指标体系的结构一般分 2～3 个层次（即有一至三级指标），底层是具体的评估性指标，而上层是对智慧机场某一领域的一种系统分解。

确立智慧机场评估指标体系要以智慧机场评估体系的构建原则为前提，以智慧机场的内涵、特征、组成要素、建设目标和建设模式为基础，对影响智慧机场建设效果的因素进行整合、分类、分级，按照金字塔形状构建层次型评估指标体系。通常，金字塔的"塔尖"是评估目标，即智慧机场建设的效果；塔尖下的层数根据评估要素间隶属关系和并列关系进行分层，分别为一级指标、二级指标等，越靠近塔基指标级数越高；位于"塔基"的指标是评估指标体系的最小单位。由于对智慧机场建设影响因素的整合、分类方法和侧重点各不同，所以构建的智慧城市评估指标体系也存在差异。图 11-8 是智慧机场发展水平指标体系的一种实施方案。含有 5 个一级指标，25 个二级指标，由于篇幅所限，三级指标没有一一列出，在实际使用时可根据情况进行增减或修改。

4. 评估方法

智慧机场的评估是在已经确立了智慧机场评估指标体系的前提下，以信息化评估理论和方法为依据对智慧机场的建设与发展进行评估。由于智慧机场是一项立足实际、面向未来的工程，需要更能直观反映被评估对象在信息技术应用发展上的水平的评估方法，目前主要评估方法有综合指标评估法和能力成熟度评估方法两种。

（1）综合指标评估法

综合指标评估法的核心由评估指标、指标的处理方法和综合指数的测算模型三部分构成。具体表现为建立评估指标体系的方式、指标数据标准化处理方法和综合指数测算的定权方法。

① 数据处理方法。数据处理的方法与指标数据类型有关，常用的方法是对客观的统计数据（或主观的评分）处理。由于综合指数是按照测算模型将评估指标数据最终合成一个指数，所以为了便于拟合，要对不同量纲的指标（包括主观评分）进行统一测度量纲。基本方法是用效益指标对指标进行无量纲化处理，所谓效益型即表示指标值越大越有利于系统正向发展，用分段函数表示为

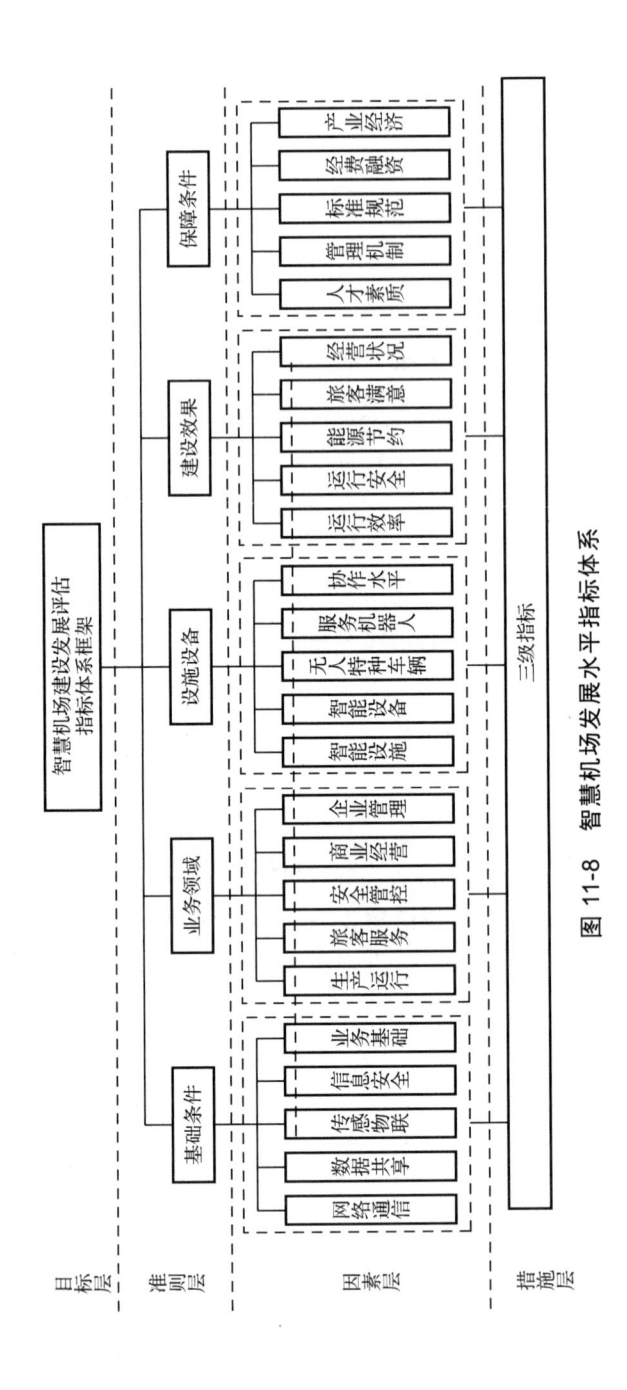

图 11-8 智慧机场发展水平指标体系

$$U_i = \begin{cases} 0, u_i \leq a_i \\ \dfrac{u_i - a_i}{b_i - a_i}, a_i \leq u_i \leq b_i \\ 1, u_i \geq b_i \end{cases}$$

其中，U 是统一测度量纲后的指数，U_i 是指标值，$U \in [a_i, b_i]$。

② 综合指数模型。综合指数模型的关键是确定指标权重的方法，如主成分分析法、灰色测度法和神经网络法等。智慧机场的综合评估指数模型一般采用逐项分层加权的指数求和方法，即智慧机场评估总指数为

$$H = \sum_{i=1}^{n} w_i \left(\sum_{j=1}^{m} w_{ij} * U_{ij} \right)$$

其中，H 为智慧机场发展水平评估总指数的得分，n 为智慧机场发展水平构成分领域要素个数，m 为智慧机场发展水平第 i 个构成要素的评估指标个数，U_{ij} 为第 i 个构成要素的第 j 项指标标准化后的值，W_i 和 W_{ij} 为对应构成要素和指标的权重。

（2）能力成熟度模型

采用综合指数模型可得出智慧机场建设水平的相对值，但是这个值是各指标聚合计算后的，可反映机场之间综合的对比，但对于智慧机场形态演进的动态性刻画不足。因此，将能力成熟度模型引入智慧机场评估体系，旨在帮助机场企业更准确深入地了解自身智慧化建设当前的阶段，更合理地设计建设路径。

① 能力成熟度模型的概念

成熟度是一套管理方法论，将事物发展的过程分为不同的成熟级别，并明确定义每个级别以及标准和实现的条件。各级别之间具有顺序性，从最低级到最高级，每个级别是前一级别的进一步完善，也是向下一级别的演进基础，体现事物从低层次向高层次不断发展的过程。

借鉴以往经验，在智慧机场评估领域应用成熟度理论，打造智慧机场能力成熟度模型，该模型涉及人员（P）、技术（T）、资源（R）、建设（D）、服务（S）五大类核心能力要素，简称 PTRDS 模型，该模型体现以建设水平和服务能力提升为核心，以人员、技术、资源为保障，实施智慧机场阶梯目标和演进路径，提出实现智慧机场的核心能力及要素、特征和要求，帮助机场企业识别当前不足，引导其科学地弥补战略目标与现状之间的差距。

② 成熟度等级划分

成熟度等级自低向高划分为五个级别，分别是初始级（1.0）、规划级（2.0）、发展级（3.0）、规范级（4.0）和引领级（5.0）。低等级的要求包含于高等级，通过渐进的方式来提升等级，具体等级要求如下。

初始级：对智慧机场尚缺乏整体认知，部分业务领域有偶发性的智慧机场建设活动，物联网、云计算、大数据等基础设施尚不成体系，缺少无人智能化装备，主

要由人员手工作业。

规划级：开始规划智慧机场实施的基础条件，有智慧机场建设短期计划，可以对生产运行、旅客服务、安全管控、商业经营、企业管理等核心业务进行流程化管理，部分场景已开始使用数字化智能化装备。

发展级：有智慧机场建设明确目标和中期计划，通过数字化装备、信息化技术等进行核心业务数字化改造，在单一业务内部实现数据共享。

规范级：有智慧机场建设战略目标和长期规划计划，具有集成实施方案，技术路径可行，通过对装备、系统等开展网络化集成，实现不同业务间的数据共享和协同运行。

引领级：信息系统和数字化装备全面支撑业务流程。基于数据、模型驱动业务优化和协作运行，通过模型和知识库等开展各业务系统所涉及的装备、人员、环境和运行过程的数据挖掘或仿真分析，实现对核心业务的预测分析和部分业务的优化决策，达成建设模式、运行模式和商业模式的持续创新。

③ 评估结果计算

将采集的证据与其满足程度进行对比打分，基于不同的满足程度分为不满足、部分满足、大部分满足和全部满足，依次得分为 0 分、0.5 分、0.8 分和 1 分。对各评估问题进行加权求和得到该能力子域的得分；对能力子域的加权求和得到该能力域的得分；对能力域求和得到总体分数，已满足的级别分值取 1，不满足的级别分值为该等级的实际值。

5. 评估结果反馈机制

智慧机场的评估结果反馈机制，是指根据评估结果对指标评估体系中各项指标的得分值进行逐项分析，根据分值高低，找出参评智慧机场建设中的薄弱环节，提出相应改进方法和策略并应用于下一阶段智慧机场建设的工作流程。同理，也可以根据指标的得分值总结归纳出智慧机场建设中可借鉴、可推广的经验和方法，用于提升智慧机场建设水平。

科学评估智慧机场建设水平，能够给相关各方都带来价值。对机场企业，可用于智慧机场现状评估和差距诊断，了解实际情况和运行水平，发现问题、差距和不足，制定改进方向和实施方案。对主管部门，可用于项目遴选和统计分析，评估机场企业建设项目的需求、能力和应用效果，遴选符合条件的项目组织实施。对解决方案供应商，可用于智慧机场项目前期的评估诊断，有利于制定目标、整体规划和把握实施重点。另外，智慧机场建设评估领域尚未引入第三方机构，应充分发挥相关学会、协会、联合产业及技术联盟等专业性社会组织的作用，组建或引入第三方咨询服务和评估机构，客观评估验证智慧机场应用的现状、关键问题和实施推进路径，在主管部门指导和社会监督下，颁发企业成熟度符合性证书，加强产业协作，共同把智慧机场事业的蛋糕做大，不断满足民航和地方经济高质量发展需求。

第 12 章
智慧机场案例分析与实施路径

为全面贯彻落实习近平总书记出席北京大兴国际机场投运仪式时对"平安、绿色、智慧、人文"四型机场建设的指示要求，推进新时代民用机场高质量发展和民航强国建设，2020 年 1 月，民航局正式印发《推进四型机场建设行动纲要（2020—2035 年）》（以下简称《纲要》），作为加快以智慧机场为关键支撑的"四型机场"建设的主导性文件。根据《纲要》，到 2035 年将实现标杆机场引领世界机场发展，全面建成安全高效、绿色环保、智慧便捷、和谐美好的"四型机场"，为全方位建设民航强国提供重要支撑。《纲要》明确，2021 年到 2035 年是"四型机场"建设的全面推进阶段，要重点突破，推进示范引领，抓重点、补短板、强弱项，在重点领域和关键环节发力，发挥标杆机场在试点验证、标准制定等方面的引领作用。《纲要》还明确，要因地制宜，统筹推进大型机场和中小型机场建设，先大后小，以大带小。在民航局引领下，全行业掀起"四型机场"建设热潮，首都机场、深圳宝安机场、重庆江北机场、长沙黄花机场、遵义茅台机场和鄂州花湖机场等在生产运行、旅客服务、节能减排等方面的智慧化建设取得了较好成效，展现了科技创新对民航发展的支撑作用。

12.1 典型案例

12.1.1 首都机场

12.1.1.1 整体建设成果

首都机场股份公司始终坚持打造世界一流大型国际枢纽这一主线，坚持以科技创新为引领，以新技术、新理念为驱动，通过战略目标理解、业务模型构建、技术趋势分析、行动路线规划及项目落地实施等过程，形成首都机场智慧机场建设的战略规划目标。以首都机场"五维六化"的业务模型框架（图 12-1）为蓝图，通过不断融入创新理念与技术，制定一系列智慧机场建设的落地项目，实现首都机场在协同运行、主动安全、个性服务、精准商业、精细管理等业务领域的智慧化进阶，为首都机场建设成具有特色的未来机场，成为世界先进的大型国际机场提供有力支撑。

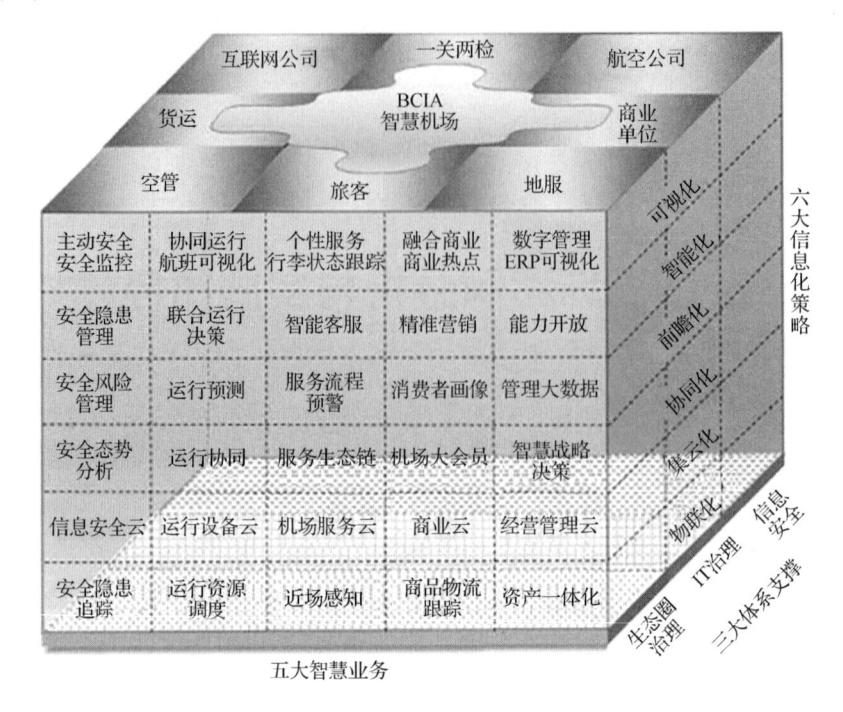

图 12-1 首都机场"五维六化"业务模型框架

首都机场自 2016 年启动智慧机场信息技术研究规划项目以来,顺利完成了对现有重要信息系统及业务架构的全方位调研梳理,绘制了首都机场发展蓝图及实施路径。

在智慧机场规划指导下,首都机场通过快速发展、全面深化、融合腾飞持续推进智慧机场建设,在智慧运行、智慧安全、智慧服务、智慧商业、智慧经营管理以及 IT 基础能力方面,开展了一系列建设工作,实现首都机场各项业务综合协同发展,实现属地之间、驻场单位以及外部相关所有单位流程集成的、信息共享的、可持续性发展的生态型新机场。

1. 智慧运行

首都机场 2010 年已启动 ACDM 系统建设筹备工作,先后经历了三期功能升级,并成功推出了 ACDM APP。目前已在空管、机场、航空公司、地服、油料等主要单位,全面推广使用。为各保障单位提供全链条运行数据、效率及趋势展示,支持各用户开展精细化的运行组织及保障。

2. 智慧安全

如图 12-2 所示,首都机场创新性地推出了首都机场"1-2-1"智慧安全管理系统,即 1 个平台(安全信息化管理平台)、2 个子系统(安全状态监控子系统、巡查管理子系统)、1 个随手拍公众号(安全随手拍微信公众号)。通过智慧化手段深化安全隐患零容忍长效机制,坚守安全"四个底线",落实安全"三抓"要求,夯实"三基"建设基础。

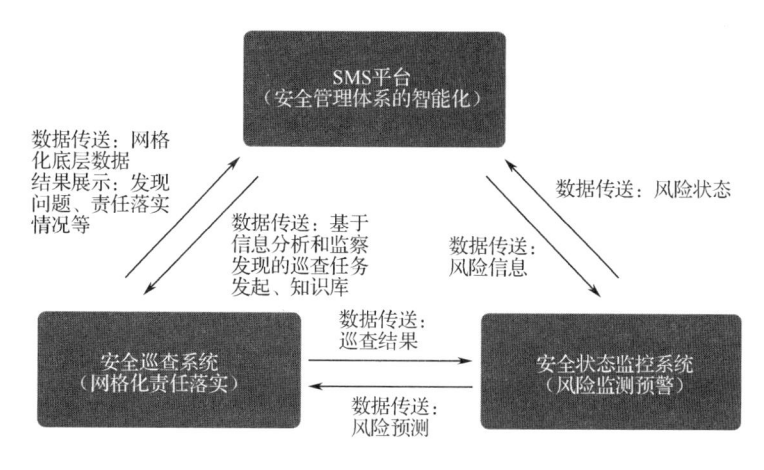

图 12-2　首都机场 "1+2+1" 智慧安全管理系统

首都机场"1-2-1"智慧安全管理系统对安全管理体系运行、安全风险隐患管理、安全责任落实和法定自查等提供了全方位支撑，对安全绩效管理提供实时的过程监控和科学的量化评价，实现了管理流程信息化、数据信息集成化、隐患管理常态化、风险管控实时化、责任落实透明化、监督检查定制化、统计分析自动化。

3. 智慧服务

首都机场以"高质量、高效率、高满意度"为服务要求，致力于旅客满意度提升。为满足业务发展需要，首都机场启动自建旅客 WiFi 项目，并于 2018 年 6 月顺利完成了项目一期建设工作，为旅客提供了"人文化体验、便捷化操作、智能化技术"的上网服务体验。在 2018 年第二、三季度旅客满意度排名中，机场 WiFi 的分项成绩，也有显著提升。2018 年首都机场自建旅客 WiFi 调研报告显示，超过 8 成使用过机场 WiFi 的旅客反映 WiFi 比之前整体有提升，高满意度占比达到 75%。

同时，在旅客服务提升方面，根据局方"千万级以上机场推广实施旅客便捷出行，实现旅客仅凭有效身份证件和手机等移动设备即可完成旅客所有登机手续，实现旅客全流程无纸化乘机"的要求，首都机场在完成全流程无纸化乘机的基础上，为持续提升旅客出行体验，引入成熟产品，实现民航旅客通过个人智能移动终端完成多渠道值机、安检通关、登机等行业业务服务，实现全流程无纸化登机，保障旅客便捷出行，提升机场信息化服务水平和保障效率，提高旅客出行体验。结合面相识别技术等新技术应用，构建"人证合一"的无纸化便捷通关业务，实现对旅客身份的有效识别，进一步提升安全管理水平。

4. 智慧商业

首都机场开展精准营销系统建设工作，通过打造"互联网+"时代机场行业特色的智慧化商业营销模式，为首都机场商业运营管理提供数据支持，同时融合商业、服务、运行等多业务数据，进行客流分析，绘制旅客画像，为旅客带来便捷、个性、愉悦的商业服务体验，并促进非航收入提升。

5. 智慧经营管理

首都机场"E企连"作为统一权限控制的移动门户 APP，实现了统一管理各类移动应用 APP 的发布、下载和更新。不仅满足了员工日常收发邮件、查阅公司新闻公告的需求，并实现了可通过移动办公进行收发文及呈批件审批等功能，最大程度提高了办公便利性和办公效率。

12.1.1.2 特色亮点

1. 首都机场 APP

移动互联网时代的到来，为机场旅客服务带来了全新机遇。手机应用 APP 提供了与机场紧密联系的入口和平台，移动终端丰富的传感器（包括地理位置、摄像头、WiFi、蓝牙、重力感应、时钟等）都可能成为与机场连接的要素。在移动互联网时代，机场与旅客，或者说与所有客户的关系正发生着微妙变化。为使旅客获得新的体验，首都机场开发了面向旅客服务 APP，为旅客提供智慧服务。

首都机场 APP 是在首都机场航站楼地理位置信息的基础之上设计的服务产品，是全流程、精准化、智能化、官方化的机场服务移动客户端，是集服务性、展示性、商业性三位一体的应用平台，具备机场各项基本功能，覆盖旅客出行全流程，包含各类出行必备的服务功能，如图 12-3 所示。主要功能和特点如下。

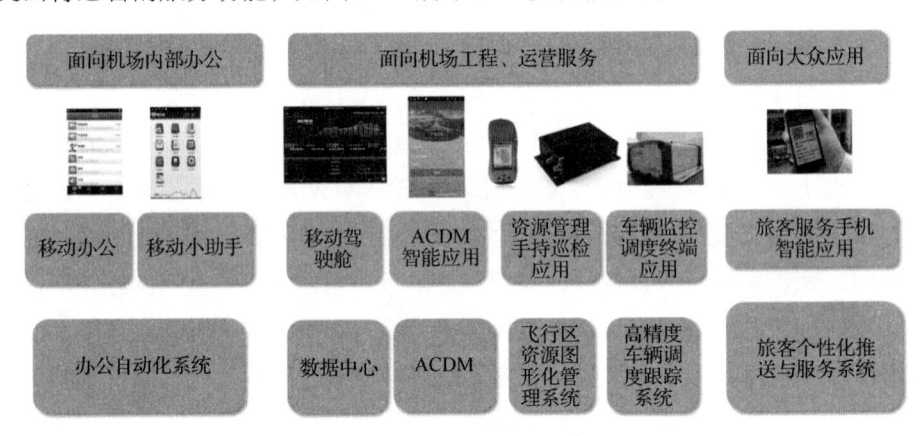

图 12-3 首都机场 APP 功能模块

- 全流程：涵盖客户从关注航班开始，以及天气提示、交通提示、行程安排、在线值机、登机提醒、降落指引等与机场相关的一系列完整流程服务。
- 精准化：能够按照乘机人、送机人、接机人的不同需求提供精准差异化、个性化的服务。
- 智能化：一键上网，在线预订，所有服务采用主动精准推送的形式，省心、省力。
- 官方化：作为首都机场的权威官方平台，能够第一时间推送官方信息，增加首都机场的话语权，为紧急情况的处理提供有效的实时平台与工具。

- 服务性：主动行程安排，精准信息推送，一键上网，在线预订，机场服务内容全覆盖，旨在给用户提供更好的体验和最优质的服务。
- 展示性：动态查询、信息公告、店铺展示、交通天气等全方位内容的展示。
- 商业性：机场在线预订餐饮与商品，打破以往仅仅是店铺与商品的画面展示，而是通过多种预订模式与用户互动，带动机场消费，增加非航收入。

2. 飞行区资源管理 APP

首都机场飞行区内共有 45 万块道面板块、321 个机位、139 条滑行道、3 条跑道、160 个土质区域、368 条助航灯光回路、7538 个助航灯光点位、371 个电缆井、827 个标志牌、745 条标记牌回路管线、237 个登机桥等，利用 APP 可显示、查询这些资源，提高工作效率。图 12-4 是飞行区资源管理 APP 的运行界面。

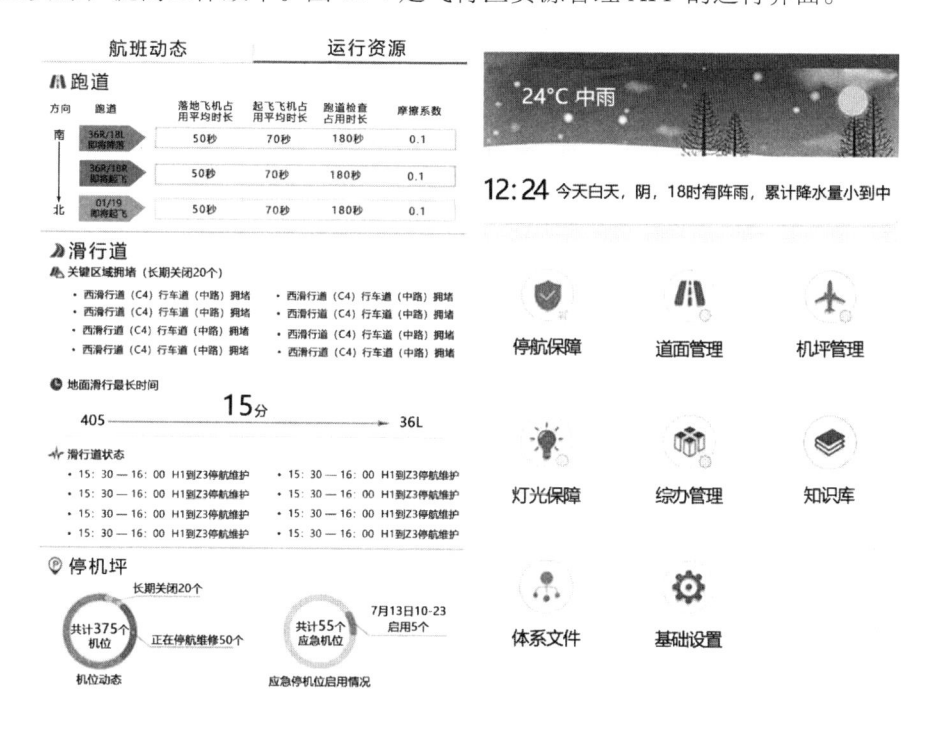

图 12-4　飞行区资源管理 APP 运行界面

12.1.2　深圳宝安机场

12.1.2.1　整体建设成果

按照"分步实施，稳步推进"的原则，机场在 2018 年启动了"未来机场"（智慧机场）信息化建设项目（一期），建设目标是：以数字化转型项目作为开启之路，向数字化要生产力，构建转型组织、培养转型人才、树立转型样板，以客户为中心，以新技术、新理念、新设计为支撑，适配数字化转型的文化与机制，力争用 3～5 年时间实现"ROADS 体验、高效运行、主动安全、智能决策、持续创新"，全面提升机场的安全裕度、运行效率和旅客体验，支撑机场成为世界领先、国内一流的未来机场。所谓 ROADS 体验，是华为总结的互联网化的体验需求，即实时（Real-time）、按需（On-demand）、全在线（All-online）、个性化自助（DIY）和社交分享（Social）。这要求运营商具备更加敏捷的运营能力，并构建开放、合作的生态系统，以支撑网络能力开放、缩短业务上市周期、降低运营成本，以及推动数字业务创新等商业目标。

（1）大运控目标：构建高效协同的大运控体系

- 航班放行正常率大于 90%；
- 始发航班放行正常率大于 90%；
- 控制航空器平均滑行时间进港不超 5.5 分钟、出港不超过 15 分钟；
- 航班保障迟误率不高于 1%；
- 航班保障节点信息自动化采集率大于 80%；
- 廊桥周转率大于 11 架次；
- 关键资源连接率达到 100%。

（2）大安全目标：风险隐患精准识别、异常事件秒级联动、安全态势全局掌握

- 隐患数字化识别准确率大于 95%；
- 控制区围界安防人数下降三分之一；
- 飞行区鸟情处置时间下降 25%；
- 飞行区异物扎胎事件下降 50%；
- 关键控制区门禁生物识别应用 100%。

（3）大服务目标：以客户为中心，构建顺畅、舒适、亲切的机场 ROADS 服务体系

- 客户满意度国内前三；
- 客户有效投诉率低于百万分之二；
- 智慧洗手间覆盖率 100%；
- 国内自助行李托运比例大于 30%；
- 自助值机比例大于 70%；
- 国内登机口自助登机覆盖率 100%；
- 生物识别准确率大于 95%；
- 客户关键接触点数字化率大于 90%；
- 无纸化流程覆盖率 100%。

12.1.2.2 特色亮点

1. 大运控

机场通过综合运用视频分析、物联网、大数据、人工智能等技术，提升收集运行数据的自动化程度，实现对五大业务流的实时监测和追踪，实现全局态势感知、

预测预警、协同运行和智能决策，缩短航班过站时间、提升资源利用效率、提升机场容量、提升员工和旅客体验，将机场航班放行正常率提升到 90%。

（1）航空器保障全程无缝衔接，提高保障精度，提升运行效率

利用雷达、ADS-B、多点定位等技术获取航空器精准位置，测算出准确落地时间和到达停机位时间，减少地面保障资源的空闲等待，提升资源使用效率。通过 GIS、IoT 物联网、智能视频分析等技术，获取保障资源的实时运行状态，为运行指挥人员调配保障资源提供依据，实现对保障资源的精细化管理。通过获取保障资源的实时运行状态，指挥人员可以对资源到位情况、匹配情况进行考核，有利于保障效率的提升。

目前，航空器入位时间正负不超过 1 分钟，航班保障迟误率不高于 1%，关键资源连接率达到 100%。

（2）航班保障节点数据全面自动采集，实现航班保障效率的提升

利用 IoT 物联网、智能视频分析技术对航班地面保障的关键节点数据进行采集，实现保障节点数据自动化采集率从 30%提升到 80%。通过获取实时的高质量数据，监控航班保障全过程，及时发现运行问题，协调各保障单位和驻场单位，确保航班放行正常。完善 ACDM 平台，将地面保障数据和航班放行数据有效结合，达成减少航班地面等待时间、提升运行品质的目标。

（3）运行资源智能调配，不同资源同步联调，科学提高资源利用效率

基于运控一体化运作机制，建立统一的运行资源管理平台，联席办公对机场核心资源实施统一管理。利用人工智能技术对资源进行智能调配，从机位开始逐步推广，减少人工调配误差，提高资源利用效率。通过大数据、人工智能技术，联通资产管理、采购、人力等部门，对资源规划、资源配置进行持续优化改进，进一步提升资源利用效率。建立资源共享机制，围绕航空主业推行车辆、设备等资源的共享运行，减少同类资源的重复配置，减少碳排放，减少空间占用，达到生态共赢的目的。

最终呈现的效果表现在以下方面。

- 业务流全程可视：利用视频、物联网、大数据技术实现航班保障节点数据的自动化采集，实现对飞机流、旅客流、货物流、行李流、交通流的实时监测。
- 全局感知：利用人工智能和大数据分析，依托智能运营中心（IOC）实现机场态势全局感知。
- 科学预警：通过大数据挖掘、分析，对未来趋势进行预测预警，提前识别风险。
- 数据决策：利用人工智能技术，实现对机场的运行进行决策支撑。

（4）智慧助航灯光 A-SMGCS

智慧助航灯光根据智能机位分配系统分配的机位信息和多点定位系统定位航空器的位置信息，进行航空器进港和出港路径规划，并通过 A-SMGCS 系统控制滑

行路径上的助航中线灯（绿色），实现 FTG（Follow the Green）。机坪管制通过 FTG 对航空器智能滑行引导，由传统的塔台发出滑行指令向助航中线灯发出灯带引导信号转变，实现更加安全、高效和节能的滑行引导。

目前于机场东南机坪区域部署 300 个单灯控制模块，利用旁路模块（PLC-IoT）和无线基站（eLTE-U）两种方案进行验证，实现对助航灯的控制，同时在机坪区域部署多点定位系统，实现对飞机位置的实时定位。后端部署 A-SMGCS 系统及 GIS 地图系统，结合飞机实时位置，精确控制助航灯亮灭，实现飞机沿助航灯光轨迹滑行的目标。后端同时部署系统控制平台，实现对灯具状态实时监测，并支持异常状态告警。

2. 大安全

综合运用智能视频分析、生物识别、物联网等技术，在加强风险隐患自动识别、提升风险管控能力的同时，进一步强化安全信息系统建设，实现机场内各相关单位的信息集成和共享，打造精准高效安检、立体化安防、一体化消防、自动化安全飞行区，不断提升安全保障能力。

（1）设立统一集成的安保控制中心（SOC），有助于安保工作的协调联动

如图 12-5 所示，利用 GIS 图叠加视频监控、车辆动态、人员分布信息，在大屏上实时展示。开发智能安防平台集成报警、安全管理及视频智能应用，统一监管机场各类报警事件，实现报警事件秒级联动；安全信息快速查阅和管理，并支持各类接入系统报警信息调阅、查询和管理等功能。融合通信+有线或无线调度，实现跨终端无缝通信，视频、语音和数据实时传输及交换，通过紧急事件的应急会商，SOC 可及时掌握一线动态，做到看得见、听得清、指挥快。

（2）机场站坪作业违章智能管理系统

机场站坪作业违章智能管理系统在现有站坪视频监控系统上接入 64 路前端摄像机，进行小范围部署视频巡视运营服务测试，如图 12-6 所示。选取作业人员横穿机位、车辆未按线行驶、反光锥筒违规摆放、作业人员未穿着高可视性警示服、机务接机人员数量不足、拖车拖挂数量违规及车辆设备违规摆放等 7 项违规操作作为测试对象。该系统根据预先设定的算法，结合机场视频联网平台，对机坪内违章行为进行自动识别和预警；同时实现视频智能检索功能和车辆轨迹回放功能，便于安全管理部门进行不安全事件调查，为飞行区和货运区违规交通安全事件调查提供技术支持。

3. 大服务

聚焦出行旅客中商务人士占比较大的特点，机场联合驻场单位协同创新推出国内航班"一张脸全流程自助"（ONE ID）便捷出行项目，通过引入生物识别技术、全面推广"无纸化便捷出行"、实施差异化分类安检、规模化应用自助值机、托运、登机设备，辅之以相应的旅客画像、数字化联接、商业服务转型、个性化服务等，变革旅客出行模式，实现旅客一张脸自助走遍机场，进一步改善旅客体验，助推旅客满意度提升（图 12-7）。

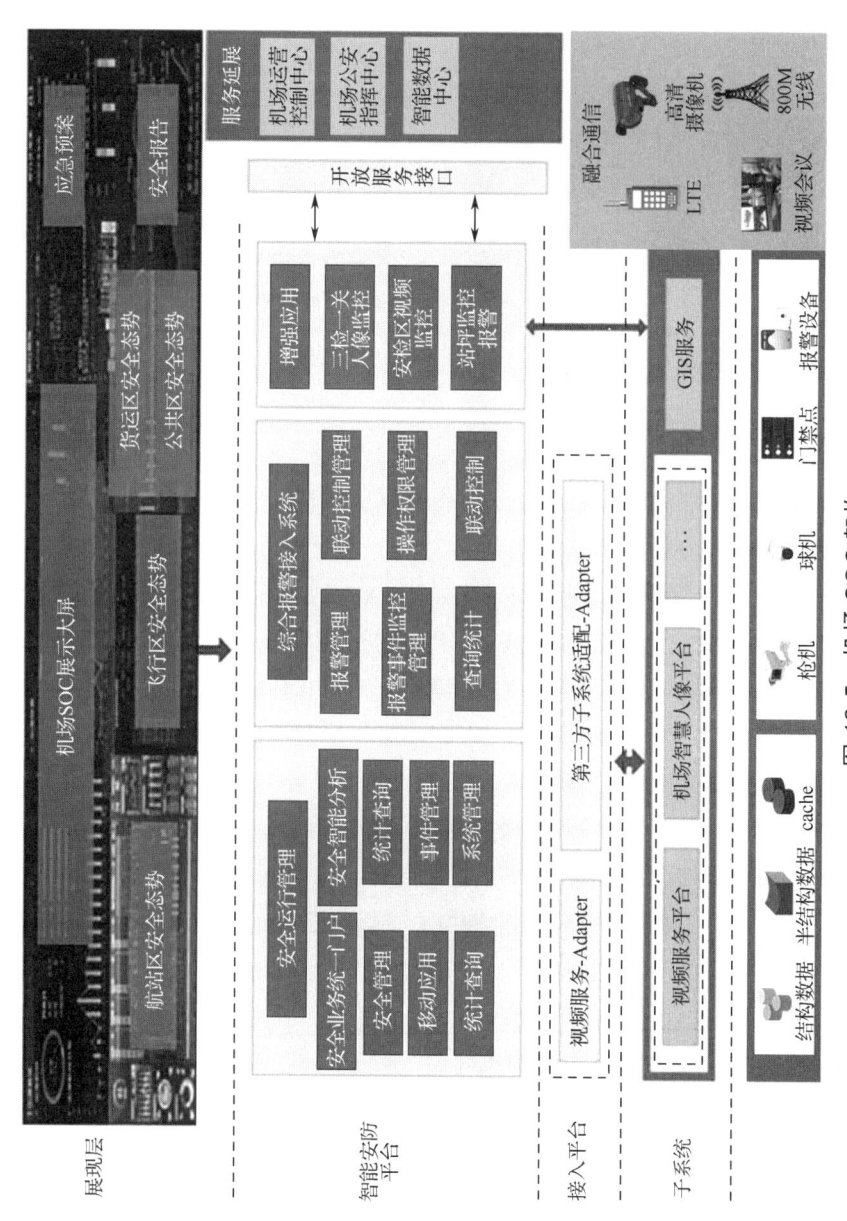

图 12-5 机场 SOC 架构

图 12-6　机场站坪作业违章智能管理系统

12.1.3　重庆江北机场

12.1.3.1　整体建设成果

重庆江北机场提出了"4-8-5-2-6"信息化建设总体框架，如图 12-8 所示，先后投资 16 亿元进行建设。

4 代表：全局指挥—机场运行指挥中心（AOC），以及区域管控的飞行区运管中心（ROC）、航站楼运管中心（TOC）、公共区运管中心（SCC）。

8 代表：地面服务中心（GSC）、地面交通中心（GTC）、公安指挥中心（PCC）、安全检查中心（SCC）、物流园管理中心（LMC）、客户服务中心（CSC）、信息技术中心（ITC）、能源管理中心（EMC）。

5 代表：生产保障、安全防范、客户服务、行政管理、商业经营五大领域信息系统。

2 代表：二层信息交换平台，打造综合的信息交互平台，涉及十项信息交流，分别为：航班信息、离港信息、呼叫中心、应急救援、安防集成、OA 集成、商业管理、物流信息、综合交通、门户网站。

6 代表：6 大核心信息库，分别为：航班信息库、客服信息库、管理信息库、商业信息库、安防信息库、物流信息库。

12.1.3.2　特色亮点

1. 机场协同决策系统（ACDM）

ACDM 覆盖机场航班保障全业务流程，对航班进港、出港的所有保障节点进行宏观监控，对作业异常情况进行预警提示，做到"事前有预警、事中有干预、事后有追责"。同时，系统全面采集和记录每个保障节点的生产数据，生成各种数据统计和分析图表，为管理和决策提供数据支撑。

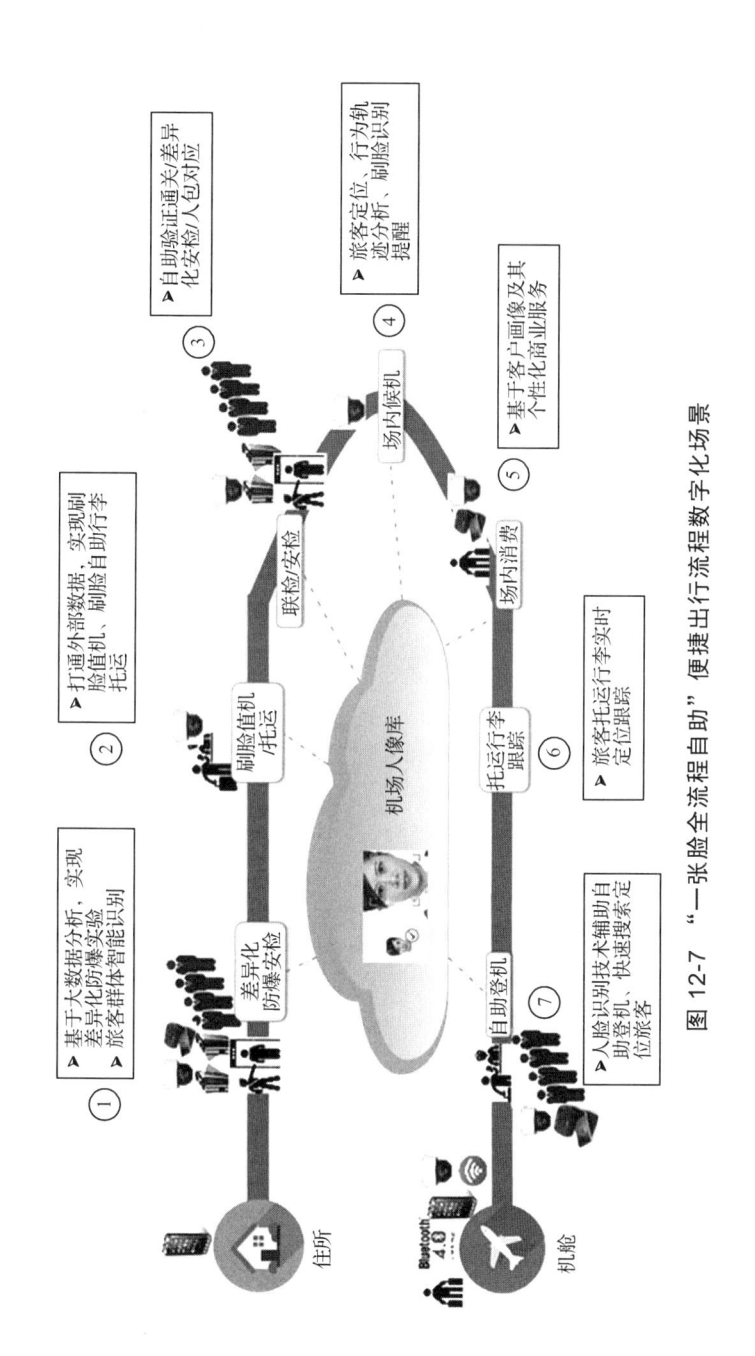

第 12 章　智慧机场案例分析与实施路径

图 12-7　"一张脸全流程自助"便捷出行流程数字化场景

图 12-8 "4-8-5-2-6" 信息化建设总体框架

2. 基于 1.8G 的站坪无线调度系统

建设 12 个 1.8G 室外基站以及室内覆盖系统，初期配置 400 台无线手持终端，对站坪作业区域有效全覆盖，站坪作业人员可以实时收发调度指令，监视现场作业情况，实现航班流程的精细化调度。

3. 统一开放的机场大数据平台

整合机场、空管、航空公司、城市轨道交通、长途客运、出租车等各类数据，建立统一开放的数据平台，通过挖掘分析航班、旅客、物流、经营、综合、宏观等大量数据，为集团决策层、管理层、业务层提供全景信息和数据支撑，提升集团智能化决策水平。

4. 旅客全流程自助服务

一方面，机场微信服务号功能升级，实现购票、值机、航班查询、登机指引、停车缴费、一键拨号等功能，旅客可通过自助操作完成相关流程，为出行带来更大便利。

另一方面，基于"简化商务、便捷出行"的原则，T3 航站楼区建设 106 台自助值机设备，为国内首次建设整个值机岛 32 台自助行李托运设备，体现了机场"以人为本、真情服务"的理念，有效提升了机场服务品质。

5. 基于蓝牙的室内位置服务平台（LBS）

室内导航方面引入低功耗蓝牙（ibeacon）定位技术，在 T2、T3 航站楼及 GTC 内部 ibeacon 近 4000 个，打造重庆机场室内位置服务平台。通过与移动服务平台对接，为旅客提供登机导引、反向寻车、导航等室内位置服务功能。同时，与智慧商业平台有效对接，实现精确推送、精准营销，有效提升旅客出行体验。

6. 智能化统一安防集成平台

为强化机场安全保障水平，在候机楼重点进出口加装 10 套人脸识别设备，对进入候机楼的人员进行视频采集和同步分析，及时发现高危人员并能自动报警，有力补充现有安保技术，实现安全防线进一步前移。

12.1.4 长沙黄花机场

长沙黄花机场不断加快新技术新设备新平台应用，以"四型机场"理念为引领，以《湖南机场"十三五"信息化发展规划》关于智慧机场发展框架体系为蓝图，从安全、服务、运行、能源等多个维度加快推进智慧机场建设，不断提升旅客出行体验，提高机场运行效率，基本形成了信息化、智能化、人性化的智慧机场体系，为推进未来机场建设奠定了良好基础。

12.1.4.1 整体建设成果

整合飞行区、航站楼的运行、服务和资源数据，建立统一数据交换平台和标准数据库，结合旅客画像、常旅客等数据分析，将机场运行的航班流、旅客流、行李流、货运流等业务数据融合到统一大数据平台，打通机场业务流程信息全链条，从航班运行、全流程便捷出行、旅客精准服务、不利条件协同、机场运行可视化、大数据智能分析、服务质量评价体系等专题方向，形成信息联动、业务协同的大平台、大数据、大服务一体化的机场总体运营管理平台，促进业务流程优化和变革，实现飞行区、航站楼的一体化协同运行模式，进而实现集团化区域协同运行。

在此基础上，根据长沙黄花机场业务规划，设计 N 个业务子平台，同时按照民航局新评价体系要求，在规划设计、运行管理、管理能力、旅客服务品质等方面，建立全新评价体系。逐步实现以旅客为核心的资源物联化、生产数字化、安全主动化、运行协同化、服务个性化、管理可视化、决策智能化的未来机场。

12.1.4.2 特色亮点

1. 统一数据交互平台 AOMDP 和 PSDB 标准数据库

AOMDP 平台为机场建立统一数据交换标准和接入规范，融合基础资源数据、生产数据、旅客服务数据、环境数据、商业数据、安全数据、交通数据等，并对数据进行有效的组织、管理和维护，为未来机场发展提供统一数据库和统一数据接入规范，确保平台向后兼容，形成以业务为驱动的信息链，以微服务形式向外提供服务，避免数据碎片化。PSDB 存储机场总体运营管理平台的核心数据，实时、并发地整合所有 AOMDP 接入的外部业务系统数据，完成异构数据的数据清洗、整合任务，并同时存储历史数据。

AOMDP 主要完成机场及第三方系统（如空管 CDM、集成 AODB、机场协同指挥 ACDM、航司系统、ADS-B、二次雷达、场间雷达、地面保障、GIS、订座、离港、安检、泊位、安防、视频监控、人力资源等）的接入，信息的校验、解析、路由分发功能，以及用户配置、系统监控、消息查询等功能，形成机场内部统一消息规范和统一转发平台。

2. 协同决策系统（ACDM）

强化 ACDM 业务能力，逐步实现以 ACDM 为基础，飞行区、航站楼、公共区信息联动、业务协同，掌握机场的整体运行情况，达成高效运行和快速决策、全面管理的目标。以航班运行、旅客、货邮行、保障资源等作为主线，融合运行和服务数据资源，优化资源配置，将机场、空管、航空公司等相关保障单位的数据集成到管理平台，实现以机场为中心，对航班运行各环节各主体的运行指标智能化监管、流程化控制和协同化配合，并实现"全景一张图"的可视化指挥调度。系统上线后，机场航班正常率始终保持在 80% 以上，有效提高了机场整体运行效率和航班正点率。

在此基础上，将长沙黄花机场 ACDM 扩展至机场集团 ACDM，充分发挥长沙黄花机场枢纽作用，带动成员机场的高效管理和协同发展。引入各成员机场生产动态数据和企业管理数据，建设湖南机场集团一体化运营管理平台，实现集团内部生产信息资源共享、协同运行，以及科学管理。

3. 全流程服务系统

树立全流程服务理念，基于 OneID 整合身份证、人脸信息并建立旅客关系数据库，打通旅客服务和 ACDM 系统运行信息，全面梳理旅客从订票、出行交通、值机、安检、中转联程、航延退改签、特殊服务、登机等所有服务接触点信息和业务流程，采用线上和线下相结合模式，建设长沙机场一体化旅客服务平台。以确保旅客可随时随地精准获取机场服务，机场服务人员通过"一机在手"、大平台支撑，能全面掌控保障全过程，并给旅客提供全方位服务。

基于国际航协简化商务便捷出行理念，为旅客提供全流程自助、无纸化通关、生物识别应用、智慧安检等多套既可独立应用又可有机融合的便捷通关解决方案。为旅客提供从订座、到值机、到安检、到登机的全方位高效率多样化的便捷通关服务。为旅客提供智能查询终端、移动终端、门户网站、AI 智能客服、自助值机、自助行李托运、自助安检验证闸机、毫米波全息成像人体安全自助检查仪、自助登机、智能分舱优先登机引导系统等多种办理渠道和自助设备，将 T1 航站楼打造成为全流程自助示范楼。

4. 智慧能源管理平台

打通能源信息孤岛，搭建基于大数据、物联网平台的集实时监控、计量计费、能源分析于一体的智慧能源管理平台。打破能源竖井，从用户需求出发，以能量全价值链开发利用为核心，因地制宜，清洁能源优先，推动能源站节能减排改造、机场内用能设施节能改造、航站楼、机坪照明节能改造、空调系统节能改造、光伏车棚充电桩一体化等项目，实现多能源互补的绿色、友好、互动的能源系统。通过能源流与航班信息、天气信息、视频信息等数据流互动，实现能源供需匹配，以绿色、节能、低碳、环保为前提，以确保用能安全为基础，以智能新技术为保障，达到能源供应精准高效，提升机场整体能效及能源服务水平，提升旅客用能舒适度，打造成为全国首家绿色智慧能源管理机场。通过智慧能源管理平台的建设和运营及能源设备的更新换代，实现能效提升 23.5%，年度能源费用降低 5% 的目标。图 12-9 为长沙黄花机场智慧能源管理平台的运行界面。

12.1.5 遵义茅台机场

12.1.5.1 整体建设成果

遵义茅台机场作为中小型机场，将 AODB、ACDM、地面保障、航显、广播等业务场景融合，建设协同一体化运行系统，协同安检、气象、飞行等系统，实现运行安全管理体系，在降低信息化建设成本的情况下，避免信息孤岛，提高运行安全，提升运行效率。同时，结合全流程自助和旅客服务，提高机场整体服务能力，打造适合中小型机场的信息化建设和机场运行新模式。

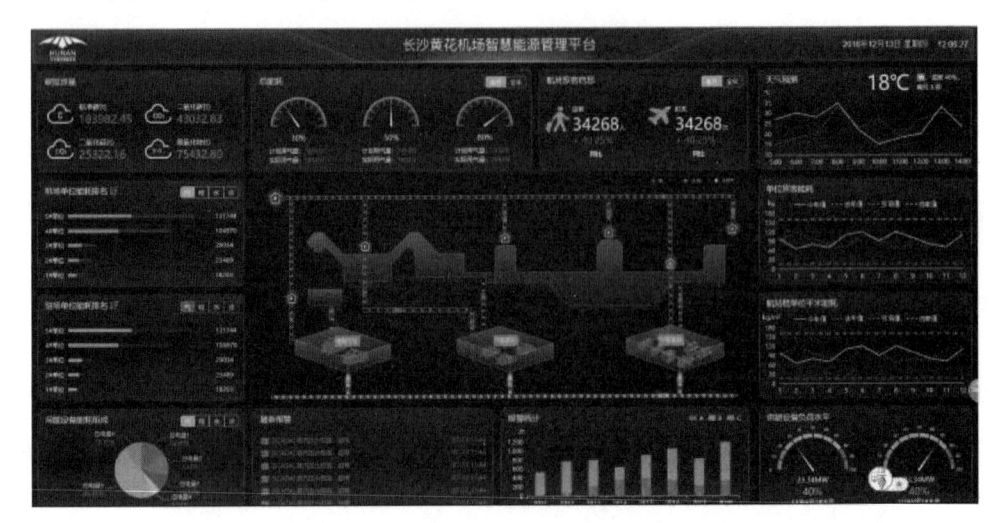

图 12-9　长沙黄花机场智慧能源管理平台

遵义茅台机场中小型机场协同一体化规划是以机场云平台为基础，利用云技术、物联网、车联网、大数据、人工智能等新一代信息与通信技术来感知、监测、分析、控制整个机场，包括安全、运营、管理、服务各个关键环节，同时结合中小型机场特点，实现对各种需求做出智慧响应，如图 12-10 所示。

12.1.5.2　特色亮点

遵义茅台机场中小型机场协同一体化规划主要建设内容包括四个方面，即智慧安全、智慧服务、智慧运营、智慧管理，如图 12-11 所示。

1. 智慧安全

（1）围界防入侵报警系统

本项目中围界防入侵报警系统是在周界围栏上设置周界防入侵报警设备和配套设施，通过传输设备（光缆、光端机）与周界安防监控中心报警管理计算机星形结构连接构成系统，当有入侵事件（如攀越或破坏围界、从大门强行进入等）发生时，系统能够及时发现非法入侵行为并向周界安防监控中心传送报警信号，在系统中心报警系统管理服务器及报警管理工作站上显示并记录事件发生的时间、地点，同时自动驱动广播装置现场播放警告、劝阻语言，当环境照度低于 1Lux 时自动启动灯光照明，周界安防监控中心通过手工操作相应防区的摄像机可进行跟踪及监视。

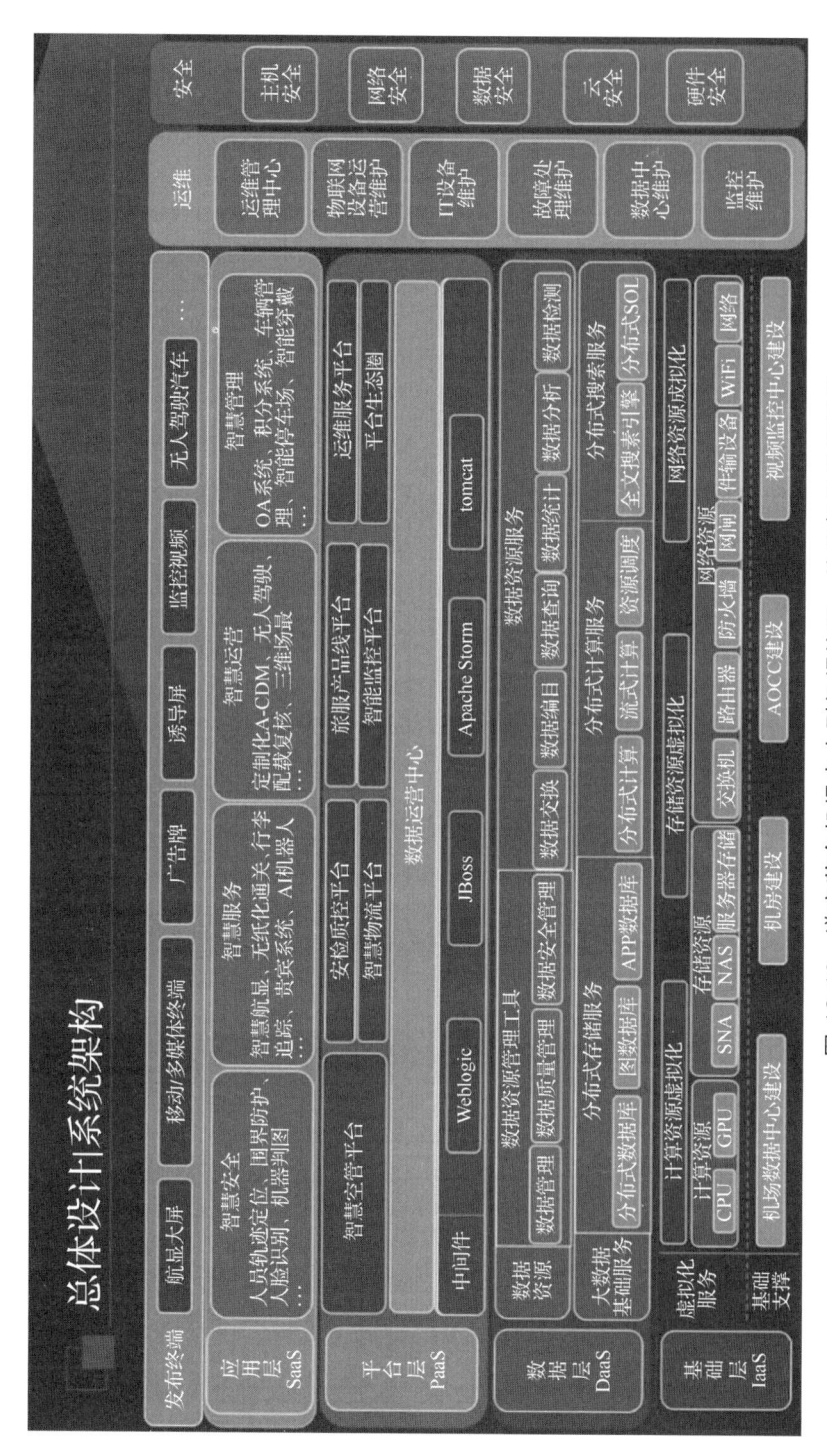

第12章 智慧机场案例分析与实施路径

图 12-10 遵义茅台机场中小型机场协同一体化规划系统架构

```
                    ┌─────────────────────┐
                    │    茅台智慧机场     │
                    ├─────────────────────┤
                    │ 运控调度中心、数据运营中心 │
                    └──────────┬──────────┘
         ┌────────────┬────────┴────────┬────────────┐
      智慧运营      智慧安全          智慧服务      智慧管理
         │            │                 │            │
    ┌────┴────┐  ┌────┴────┐      ┌────┴────┐  ┌────┴────┐
    │定制化ACDM│  │围界防护 │      │旅客全流程自助服务│  │OA系统   │
    ├─────────┤  ├─────────┤      ├─────────┤  ├─────────┤
    │三维场景可视化│ │人脸闸机航站楼监控│ │候检区/登机口监控 │  │门禁系统 │
    ├─────────┤  ├─────────┤      │智慧贵宾管理系统│  ├─────────┤
    │智慧物流系统│ │车载FOD系统│      │人脸贵宾管理系统│  │资产管理系统│
    ├─────────┤  ├─────────┤      ├─────────┤  ├─────────┤
    │机场航班信息集成系统│ │安检图像复核系统│ │AI机器人│  │积分管理系统│
    ├─────────┤  ├─────────┤      ├─────────┤  ├─────────┤
    │配载复核系统│ │行李追踪│      │机场微信小程序│  │车辆管理系统│
    ├─────────┤  ├─────────┤      ├─────────┤  ├─────────┤
    │ACARS信息服务及系统│ │机场安全管理系统│ │广播系统│  │智能停车场│
    ├─────────┤  ├─────────┤      ├─────────┤  ├─────────┤
    │航行情报数据可视化│ │机场运行安全与效率仿真│ │自助行李│  │智能排班系统│
    ├─────────┤  ├─────────┤                   ├─────────┤
    │航管信息自动化系统│ │助航系统/助航灯光│              │商铺管理系统│
    ├─────────┤  ├─────────┤
    │民航数据通信网│ │管制模拟与空或场面仿真│
    ├─────────┤  
    │机场进程单│  
    ├─────────┤  
    │机场能源综合管理系统│
    └─────────┘
```

图 12-11　遵义茅台机场中小型机场协同一体化建设内容

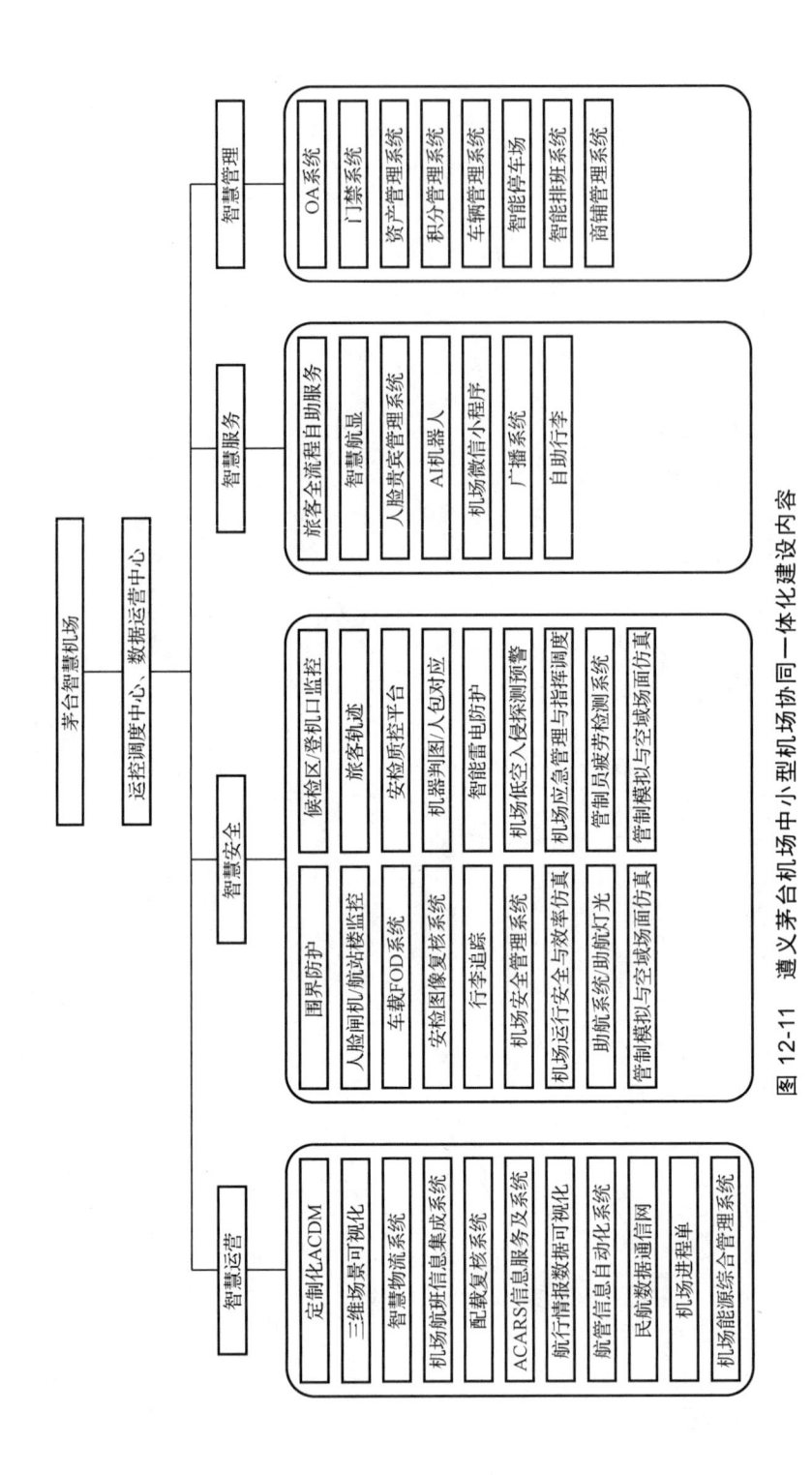

（2）安检质控平台

安检质控平台主要采取综合应用图像分析、移动互联网、数据统计分析等技术，为旅客身份验证、旅客行李 X 光图像复查等关键环节提供辅助技术手段，对安检工作全过程进行数据可视化监控。通过安检身份验证辅助系统、安检质量控制管理系统、安检工作精细化管理系统、智慧判图系统等实现质量控制。

（3）机场低空入侵探测预警

机场低空入侵探测预警主要是综合利用雷达、声波、光电等技术，开发机场净空区飞鸟与无人机探测预警系统，实现全天候、实时的可视化监控。

（4）应急信息管理系统

机场应急信息管理系统用于机场日常应急管理工作，并提供应急救援决策支持，实现基于二维 GIS 可视化的应急救援资源管理和调度功能。系统主要功能包括：应急预案与处置程序管理、案例库、设备台账与调度管理、专家库管理、重大危险源管理、统计分析、信息接报、GIS 应用系统、应急救援综合方格电子地图（电子版）等。

（5）跑道异物探测系统

机场跑道异物探测系统，由光学传感器、雷达传感器、信息处理系统和人机交互终端等设备组成。光学传感器主要负责跑道异物的光学探测和远程视频异物确认，雷达传感器负责跑道异物的毫米波探测，信息处理系统负责传感器探测数据的处理和融合，提取和管理异物信息，人机交互终端负责与操作人员交互完成异物发现、确认、清理、归档、统计及报表等异物处置流程。

2. 智慧服务

以增强旅客出行体验为导向，结合中小型机场特点，为机场智慧化服务提供解决方案。

（1）旅客全流程自助服务

旅客全流程自助服务主要从自助值机、自助行李托运、自助通关、自助登机、无纸化通关等方面全面提升服务水平，大大提高旅客便利度和满意度。其中自助登机系统由人脸闸机、人脸识别引擎和平台对接组成，人脸识别引擎通过安检信息系统，获取当前航班旅客信息（旅客照片）创建当前航班的旅客人脸库，通过与人脸闸机抓拍到的人脸照片比对旅客的身份，并将比对结果发送给人脸闸机以控制旅客放行与否，同时将比对结果发送给平台作为旅客离港信息的依据。

（2）多功能智能航班显示系统

多功能智能航班显示系统是基于人脸识别系统的人性化设计理念开发而成，主动识别当前旅客身份，突出显示旅客的航班信息及状态，并提供个性化信息提示及登机口导航，还能够为机场旅客提供气象报告、旅游导引、新闻报道等实时信息，有助于提升机场的服务质量。航显系统主要分为气象模块、人脸识别模块、智能航显模块、广告模块、旅游及机场公告模块,根据需求可设置个性化服务显示。

3. 智慧运营

智慧运营以协同一体化规划为基础,结合协同决策平台、配载复核系统、智慧物流等系统,通过信息化手段,提升机场生产运营的智能化水平,保障机场的运营安全,减轻工作人员的压力,提升机场的运营效率。

(1) 机场协同决策系统(ACDM)

机场协同决策系统(ACDM)以机场指挥调度部门为中心,从空管、订票部门获取航班信息,生成航班计划,并实时得到航班动态,供各业务部门服务旅客、保障航班运行使用。值机管理、配载管理、服务管理、行李管理、VIP 管理、车辆管理、机务、油料、食品、货运、清洁等部门报告服务完成时间,并进行停机位、候机厅、登机口、值机柜台、行李转盘、贵宾厅等资源的动态调整。系统可以对航班保障过程中产生的业务数据提供形式多样的统计分析,并为财务结算提供依据,同时提供用户认证和访问控制功能,以有效保护系统安全和信息安全。

(2) 飞行区 AR 智慧监控系统

飞行区 AR 智慧监控系统集前端、管理平台、存储、显示设备于一体,如图 12-12 所示。系统以飞行区 AR 立体监控平台为核心,采用 AR 技术,将大场景监控与飞机状态智能识别融为一体,并与机场 ACDM 系统进行数据交互,实现机场飞行区域安防业务集中管理,在控制中心即可对前端系统集中监控、统一调度,为机场正常运行保驾护航。

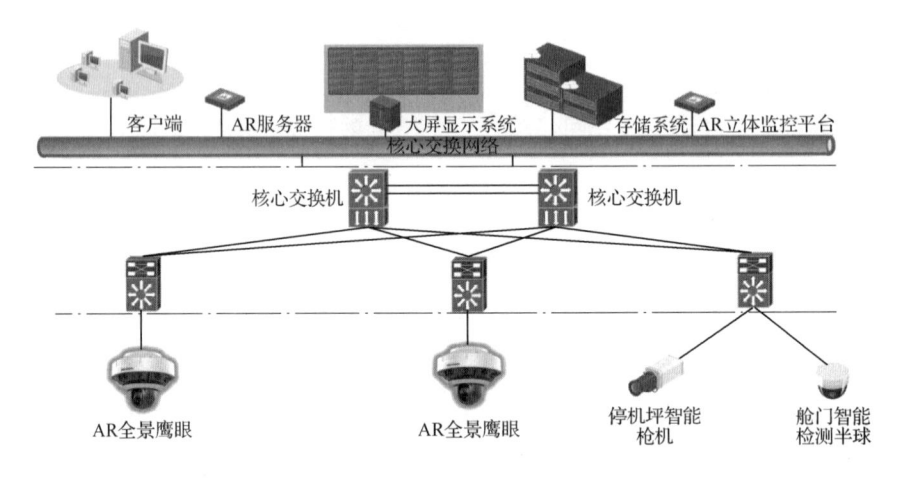

图 12-12 飞行区 AR 智慧监控系统

(3) 航班信息集成系统

航班信息集成系统以机场运行中央数据库(AODB)为核心,集成航班信息显示系统、航班信息管理系统、离港系统等业务系统,各系统通过应用服务接口访问 AODB,从 AODB 获取航班信息等相关数据,并发送数据到 AODB。

（4）配载复核系统

配载复核系统主要分基础数据管理、静态数据管理、复核航班管理、操作记录查询等功能。用于机场地服工作人员完成航班从录入到数据采集、复核、打印舱单等一系列操作，并提供数据历史记录查询以及系统基础数据维护，达到保证航班配载平衡的目的。

4. 智慧管理

（1）OA 系统

结合机场实际情况，对 OA 系统的开发提出了以下要求：协同管理平台应达到办公管理的电子化、流程化、平台化、移动化，实现提高管理效率、消除信息孤岛、整合公司资源、提升工作效率、节省办公费用以及移动办公的目的。主要功能包括门户管理、流程管理、新闻管理、公文管理、知识文档管理、会议管理、通讯录管理、报表管理、移动办公等协同办公功能。

（2）运维监控管理平台

运维监控管理平台包括信息系统相关的主机设备、操作系统、存储设备容灾的运行维护服务，保证机场现有信息系统的正常运行，降低整体管理成本，提高网络信息系统的整体服务水平。同时根据日常维护的数据和记录，为用户信息系统提供整体建设规划和建议，更好地为机场的信息化发展提供有力保障。

（3）智能停车系统

智能停车系统是指通过智能探测、物联网、RFID 技术，在机场停车场内将车位信息、车辆流量信息、收费人员及行为等资源进行整合和监控，提高停车位使用率和周转率，降低由于没有车辆诱导系统造成的堵车频率等。

12.1.6　鄂州花湖机场

12.1.6.1　整体建设成果

湖北鄂州花湖民用机场项目是构建我国现代化物流体系的重大战略性项目，该机场定位为货运枢纽、客运支线、公共平台、航空基地，建成后将成为全球第四个、亚洲第一个航空物流枢纽机场。

鄂州花湖机场坚持以人为本和客户思维，机场各主体协同行动，全面提升机场软硬件设施的数字化水平和智慧化功能；以数字化建造、全面感知、万物互联技术打造数字底盘，以人工智能、模拟仿真、生物识别、行为预判等新技术，构建智慧大脑；系统深度支撑或替代员工，以更稳健的安全管理水平，更绿色的资源消耗方式，更高效的协同运作，为货主、旅客提供更贴心、更人文的优质服务。

总体建设方案如图 12-13 所示，主要建设思路如下。

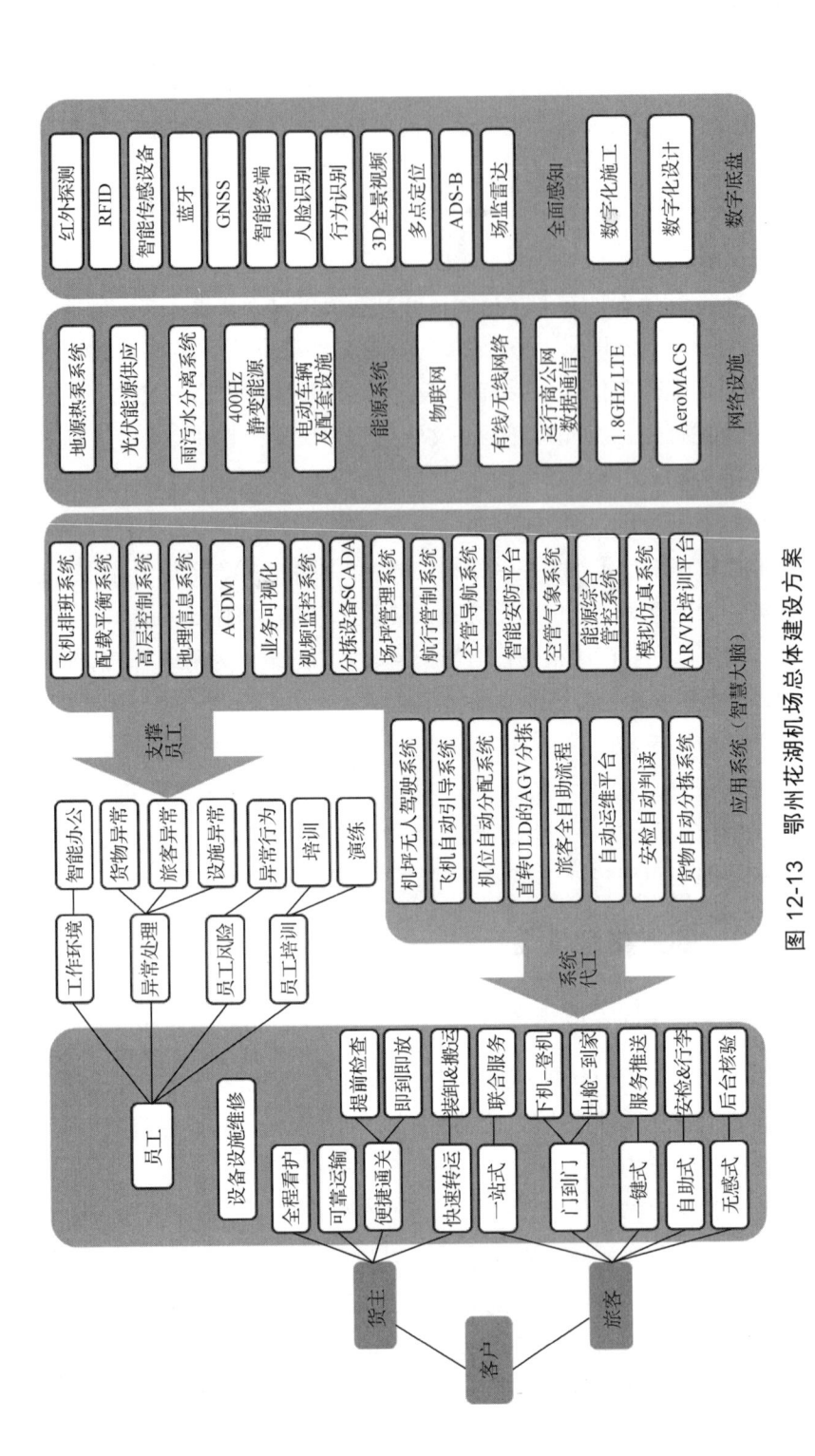

图 12-13 鄂州花湖机场总体建设方案

（1）基于货主思维洞察物流服务需求。机场提前获取货物信息，提前核验，货物即到即走，快速通关。货物装卸、分拣，运输安全、高效、精准。保障冷链等特殊货物在运输过程的环境需求。全程跟踪货物处理过程，货主随时可查。

（2）基于旅客思维洞察客运服务需求。为旅客提供全过程"门到门"服务、所有服务供给侧协同的"一站式"服务、智能精准推送的"一键式"服务、按语音执行的"一句式"服务；安检自助及其他环节后台核验的"无感式"通关服务。

（3）基于员工角度洞察服务需求。高风险性、高消耗性、日常事务性工作，尽量由机器替代人工；必须人工完成的工作，系统做好提示、警示，当好助手；利用数字化机场和虚拟场景，实现员工沉浸式培训演练。

12.1.6.2 特色亮点

1. 建设数字底盘，夯实智慧应用基础

（1）基于 BIM 技术实现孪生机场

机场设计采用建筑信息模型（BIM）技术，设计阶段搭建数字机场模型，施工设计阶段不断深化、细化数字模型。

全面采用数字化施工管理措施，在施工过程中确保建造实体符合数字模型，工程完工时形成现实、电脑中精准吻合的两个孪生机场。

（2）基于全面感知技术实现业务信息数字化

利用雷达、ADS-B、GNSS、人脸识别、传感器等各类设备实现机场运行物体的信息采集和全面感知。

（3）基于物联网技术传递数字信息

利用互联网和物联网技术，通过机场场面通信系统（AeroMACS）、机场无线通信专网（LTE）、电信运营商 4G/5G 公网通信和机场有线、无线网络，将感知层采集的数据实时传递；通过中间件软件处理，将信息完整地存储在各类信息系统；通过建设 EGIS 系统，实现机场运行"一张图"，让业务单元可以相互感知，建设综合可视化平台，实时集成展现信息。

2. 开发智慧应用系统，实现建设需求

（1）模拟仿真系统。建立运行模拟仿真中心，在数字机场的基础上，开发智能算法，预判客、货流量和流向，求解机场综合调度最优解，包括飞机排班、机位分配、货物装卸口分配，飞机滑行和车辆行驶路径，指导日常运营。

（2）高层综合调度控制系统。提供为空管、航司、快递、地服、其他驻场单位共同接入的集中协同调度平台，执行模拟仿真系统，给出运行方案，并根据实际情况动态调整，统一调度飞机、车辆和人员。

（3）基于仿真和虚拟现实技术的员工培训系统。利用数字化建立的三维模型，整合飞机模拟、车辆模拟、塔台模拟、虚拟现实等技术，建立飞行、空管、机场运行指挥、地面服务三维仿真培训系统，为各类员工提供场景沉浸式的协同培训环境，如图 12-14 所示。

图 12-14　VR 虚拟仿真培训系统

（4）智能安防平台。采用全范围、快刷新的视频覆盖、条码验证、RFID、人脸识别、行为识别、大数据等技术，跟踪所有活动目标（货物、旅客、员工），实时预判、识别风险，及时提示风险，辅助执行应急预案。

（5）能源综合管控系统。透过全面感知能力，实时掌控能源生产端各类设备、设施运行状态、了解末端能源需求状态，通过自动控制技术，精准供给能源，优先使用绿色能源。

（6）自动运维系统。通过视频监控、图像识别、传感器、巡检机器人等技术，监测设备、设施运行状态、预判维护、维修需求，派发维修维护工单，对运行风险进行提示并辅助应急维护，使维护工作自动化、精准化。

（7）建设少人机坪。飞机地面引导系统，自动引导飞机；机坪车辆无人驾驶运行；外来物自动监测和清除；鸟情自动监测和预警。

（8）建设无人货仓。建设自动化分拣设备、包裹自动单件分离、机器手供件，实现快递自动分拣；研发整箱 ULD 自动运输车，实现 ULD 室内自动分拣；利用智能视频分析、智能 CT 判图/远程判图等技术实现货物安检自动判读。

12.2　实施路径

当前，我国民航正处于从民航大国向民航强国跨越的关键时期，根据民航强国"一加快、两实现"[①]的战略谋划，到 2025 年，我国运输机场数量将达到 270 个，

---

① 《新时代民航强国建设行动纲要》指出，到 2020 年，我国将重点补齐空域、基础设施、专业技术人员等核心资源短板，大幅提高有效供给能力，加快实现从航空运输大国向航空运输强国的跨越；到 2035 年，预计我国人均航空出行次数超过 1 次，民航旅客周转量在综合交通中的比重超过 1/3，实现从单一的航空运输强国向多领域的民航强国的跨越；到 21 世纪中叶，实现由多领域的民航强国向全方位的民航强国的跨越，全面建成保障有力、人民满意、竞争力强的民航强国。

到 2030 年将近 400 个，覆盖全国所有地级行政单元和 99%以上的人口，这意味未来十年我国将处于机场集中建设期。为保证民航高质量发展，机场建设运营必须坚持以确保安全为基础，以运行高效为导向，以优质服务为目标，以"四型机场"为根本路径，依靠科技进步、改革创新和协同共享，通过全过程、全要素、全方位优化，实现机场安全运行保障有力、生产管理精细智能、旅客出行便捷高效、环境生态绿色和谐，更好地满足人民群众的美好航空出行需求。

智慧是"四型机场"的基本品质，智慧机场建设作为"四型机场"建设中的重要组成部分，是民航业今后一段时期的重点发展方向，也是机场发展的必然趋势。"十四五"规划中提到，"十四五"民航重大基础设施项目将加快建设，稳步扩大机场覆盖范围，稳妥推进以机场为核心的综合交通枢纽建设，深入推进新型基础设施建设，建设智慧机场。

智慧机场是具有高度感知、互联和智能能力的机场，通过物联网、云计算、大数据、移动互联网等技术手段，建立一套基于数字化系统的智能系统，实现实时、精准、充分地获取机场服务和管理信息并加以梳理、分析、加工和利用，达到提升机场运行效率、提高旅客服务水平、创造价值收益、优化管理决策、提升应急处置能力等目标。在"十三五"初期，我国对于智慧机场的认知仍处于初级阶段。但随着智慧城市、智慧交通的推广拓展，智慧机场的地位显得越来越重要。"十四五"期间，我国新建和改造的机场均将向智慧化方向发展，即使按机场投资的 30%用于智慧机场建设的保守估计，智慧机场投资规模也将至少达到 14947 亿元，成为我国高质量发展阶段又一个万亿级别的新兴产业。

建设智慧机场，要坚持智慧理念，围绕机场高质量发展，通过强化信息基础设施建设实现数字化，通过推进数据共享与协同实现网络化，通过推进数据融合应用实现智能化。既要适度前瞻，追求卓越，又要立足实际，控制成本，不可盲目上马，贪大求全。具体的实施路径包括以下方面。

1. 诊断先行，精准把握企业需求

根据国家综合机场体系分类框架，我国民用运输机场分为大型枢纽机场、中型枢纽机场、小型枢纽机场和非枢纽机场，通用机场分为大型、中型和小型通用机场。除各型枢纽机场，全国大部分机场都属于中小型机场的范畴，年旅客吞吐量在 200 万人次以下。近年来中小型机场发展呈现出数量越来越多、运量越来越大、分布越来越广的特点，在民航运输和综合运输体系中作用愈加重要，对区域经济发展的贡献愈加凸显。此外，每个机场的所在区域、自然条件、发展水平、战略目标等均不相同，因此，在智慧规划建设中，要根据机场实际情况分类施策，首先按照第 11 章给出的评估方法，以诊断服务为引领，围绕生产运行、旅客服务、企业管理和市场推广各环节的信息技术集成应用，为智能化改造需求迫切的机场开展实地调查和咨询诊断，精准把握企业的实际需求，帮助机场打通数字化转型和智能化升级改造过程中的堵点、难点和痛点，设计个性化解决方案，提出实施智慧机场的可行性、技术路线、硬件选型（研制）及集成内容、软件开发及系统集成要点等。

（1）大型机场

对于枢纽机场，作为一个涉及多方作业人员的庞大基础服务设施，拥有空侧、航站楼、陆侧等多方面的复杂业务场景，而机场各个业务对象的流程全部覆盖了机场空侧、航站楼和陆侧三大区域。因此，全面实现"智慧机场"就必须实现"智慧空侧""智慧航站楼"和"智慧陆侧"的建设和发展，提出整体解决方案。

众多机场、研究机构及 IT 企业都提出了有特色的智慧机场整体解决方案，总体来说，机场侧重于场面保障和服务的无人智能化以及整体安防，研究机构侧重于业务功能和企业管理，IT 企业侧重于通信平台、大数据平台和信息集成，但不管如何设计，都要满足机场空侧、航站楼和陆侧三大区域的业务场景需求。

图 12-15 是民航二所的解决方案，从下至上依次为大数据中心层、生产作业层、业务管理层和管理决策层。大数据中心层主要包括机场云计算中心和大数据应用。机场云计算中心实现机场业务数据的汇集和存储，利用机场大数据价值的挖掘和分析，形成一系列基于机场大数据的系统产品和评估服务。其中，机场舆情监控系统

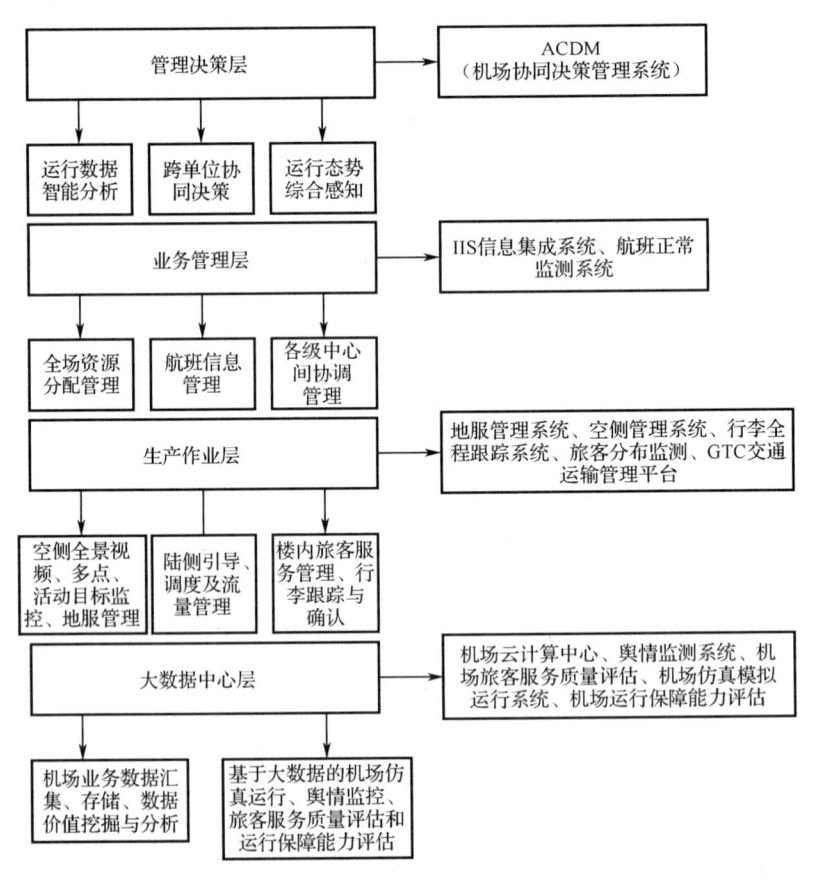

图 12-15 智慧机场整体解决方案（民航二所）

通过对各类互联网信息进行自动抓取和收集，利用大数据技术进行挖掘和分析，实现民航服务质量、机场交通和项目招投标的分析和预警，以及为民航政策方针和产业发展提供决策支持；机场旅客服务质量评估方案可找出机场服务质量的痛点和关键点，并根据评估结果为机场提供服务质量提升建议；机场仿真模拟运行系统利用机场业务数据结合自定义的仿真模型，实现机场业务全流程的仿真还原；机场运行保障能力评估系统围绕机场生产运行信息，利用数学模型和数据挖掘方法，实现对各业务环节指标的评估。

生产作业层的相关系统产品覆盖了机场空侧、航站楼和陆侧三大区域。空侧安全运行管理系统可实现空侧多点定位监视功能、全景视频增强监视功能和综合指挥运行功能，并可为机场空侧提供监视服务、安全服务和信息服务；地面服务管理系统是面向民航机场地面服务指挥调度及运营监控的生产作业管理系统，该系统在实现生产信息集成与融合、保障流程及服务标准规范化管理基础上，为用户提供生产信息查询、保障计划制定、服务数据采集、服务流程监控、生产信息统计分析等功能。行李全程追踪系统是一套集离港、进港、中转行李实时追踪、确认并提供数据中心相关服务的综合系统；旅客分布实时监测系统对旅客在航站楼内实现全流程的跟踪和服务，获取航站楼内旅客人流实时分布情况，实现航站楼内旅客密度、排队情况的智能监测和预警；GTC 交通运输管理平台是对机场综合交通实施运行监测、信息服务、资源调配、应急处置、协同管理的综合运输管理服务平台，该平台整合各种交通方式班次与旅客信息，实现陆侧交通引导、调度和流量监控，管理多交通方式的协同运行和资源调配，为旅客和交通方式提供高效运行保障。

在业务管理层中，新一代智能信息集成系统主要服务于机场航班运行保障业务板块的生产运营核心系统，该系统支撑了机场航班信息的管理和发布业务、机场动态运营资源的分配和管理业务以及地面服务保障的监控和保障业务；航班正常监测系统对接管理局，时刻协调管理系统及机场、空管局、航信等运输保障单位有关航班运行的数据，经过融合、处理后形成航班正常监测系统的数据模型，实现航班动态实时监控、延误原因判定、航班统计分析、航线航班核查、监督检查以及系统管理等六大功能模块。

对于管理决策层，ACDM 协同决策管理系统是以机场为中心协同空管、航空公司，以民航大数据共享为驱动，以统一的信息化平台为基础，以可视化决策为手段，并实现机场整体态势感知功能、不利条件下机场容量协调功能、航班里程碑监控功能、可变滑行时间计算功能、航班离港排序功能和数据可视化决策功能。

图 12-15 全面覆盖了机场的空侧、楼内、陆侧三大板块，从机场生产作业层到业务管理层再到管理决策层均提供了不同产品进行信息化支撑，同时不同产品之间依照业务流程的时序性、作业区域的关联性、生产管理的层级性建立起了有机联系。

（2）中小型机场

中小型机场是未来机场建设的主力军，在当前中国民航大发展的背景下，中小型机场也同样面临向"四型机场"目标建设发展的挑战。与大型机场相比，中小型机场最大的区别和特点是在旅客吞吐量和航班数量上的减少。据统计，我国目前大约78%机场都是吞吐量在200万人次以下的中小型机场，还有很大一部分不到50万人次，折算成日平均航班数量，200万人次的机场不到30架次，50万人次的机场不到10架次，按1个架次过站时间50多分钟计算，现有班组的数量、人力和设备完全可以在8小时以内应付。因此，从经济学的角度看，这么少的架次，投入大量的资源在场面上进行智能化管理和调度设计是不划算的。反映在智慧机场建设上，可以适当简化生产运行领域的指挥调度和管理功能，在重要保障环节上加强机器换人，突出旅客服务和企业管理，以减少成本、增加效益。

中小型机场智慧机场解决方案应以航班生产信息系统为核心，以形成以航班运输、服务、保障和管理为一体的业务体制为目标，综合考虑空管指挥、航空公司和地面服务单位的业务需求，在本书第2章给出的业务架构、应用架构和技术架构的基础上，结合机场的业务特点，适当裁剪，科学安排建设项目，如表12-1所示。

表12-1 中小型机场智慧机场建设项目组合建议

序号	系统	功能说明	机场旅客吞吐量小于50万人次/年	机场旅客吞吐量小于100万人次/年	机场旅客吞吐量小于200万人次/年	机场旅客吞吐量小于500万人次/年
1	云计算平台	提供企业上云服务，集成业务软件	★	★	★	★
2	大数据平台	集成业务数据，提供智能分析服务	★	★	★	★
3	信息安全平台	提供信息安全环境	★	★	★	★
4	物联网平台	集成物联网传感器软硬件，提供互操作性	不建议上	不建议上	★	★
5	可视化平台	集成二/三维和视频显示功能	★ 只提供视频功能	★ 只提供视频功能	★ 可增加二维功能	★
6	基础通信与位置服务平台	集成有线/无线，提供互操作性和内/外场通信环境	★ 只提供通信模块	★ 只提供通信模块	★	★
7	航班正常性管理平台	支撑航班正常性管理，提供航班服务保障标准	★	★	★	★
8	AODB	机场核心营运数据库，航班运行的支撑中心	★	★	★	★

续表

序号	系统	功能说明	机场旅客吞吐量小于50万人次/年	机场旅客吞吐量小于100万人次/年	机场旅客吞吐量小于200万人次/年	机场旅客吞吐量小于500万人次/年
9	ACDM	将机场、空管、航空公司等相关方集成至统一平台，以实现机场营运管理的协同决策	★	★	★	★
10	航班信息管理系统	对航班计划、动态的管理和发布。对航班营运进行统一监控和指挥	★	★	★	★
11	航班报文处理系统	处理 AFTN 报，实现航班信息的自动接入	不建议上	不建议上	不建议上	★
12	航显系统	进离港航班显示及引导，工作区行李提取和投放、安检区航班提示等	★ 简单显示	★ 简单显示	★	★
13	RMS（资源管理系统）	手动或自动、实时分配机位、登机门/桥、值机柜台、行李传送带（进港和离港）等资源	不建议上	不建议上	不建议上	★
14	指挥调度系统	进行与地面服务相关所有资源（包括：人员、车辆、设备等）的分配、协调、监督、记录等工作	不建议上	不建议上	★ 提供无线调度功能，支持PDA、手持设备、车载设备的调度	★ 提供无线调度功能，支持PDA、手持设备、车载设备的调度
15	应急管理系统	应急资源信息化管理，支撑应急指挥	不建议上	不建议上	不建议上	★
16	保障机器人/智能设备	智能化无动力设备和特种保障车辆	★	★	★	★
17	客桥系统	客桥运行保障业务智能化系统，包括人员排班管理、资质管理、指令消息管理、任务最优分配、航班运行保障监控、运行数据统计分析等功能	不建议上	不建议上	不建议上	★
18	场坪管理系统	实现对机坪的全面管理，对机坪运行数据实现合理分析	不建议上	不建议上	不建议上	★
19	会员管理平台	记录维护会员客户的资料，实现精准营销和个性化服务	不建议上	不建议上	不建议上	★
20	自助值机系统	用于机场值机系统的值机终端和软件系统	★	★	★	★
21	自助查询系统	供旅客查询信息所使用的自助查询终端及软件系统	★	★	★	★

续表

序号	系统	功能说明	机场旅客吞吐量小于50万人次/年	机场旅客吞吐量小于100万人次/年	机场旅客吞吐量小于200万人次/年	机场旅客吞吐量小于500万人次/年
22	动态标识系统	根据航班信息制定与调整引导旅客在航站楼内行进的显示内容，为旅客提供精准的服务体验	★	★	★	★
23	行李托运跟踪系统	对行李托运全流程跟踪和校验的系统，实现行李安检、分拣、装车、装机、卸载等行李托运全流程的数据自动收集	不建议上	不建议上	★	★
24	位置与导航系统	提供航站楼内位置服务	★	★	★	★
25	服务机器人/智能设备	聚焦航站楼内服务保障特殊场景，具有特定功能的新型机器人设备	★	★	★	★
26	互联网+旅客全流程自助系统	使用微信小程序、公众号、官网作为前端应用，统一服务入口，在值机、安检、改签中转、登机和行李追踪等环节打造旅客便捷出行的全流程自助服务的软件系统	★	★	★	★
27	陆侧交通管理系统	实现航空、高铁、城铁、地铁、出租、大巴、社会车辆等多种交通方式以及相应的场站、路网等的高效监管和协调调度	不建议上	不建议上	不建议上	★
28	安全综合管理平台	解决SMS深化落地，围绕安全管理体系的主要要素，满足安全态势监控、安全风险分析、安全培训演练等需求构建的机场安全综合管理系统	★	★	★	★
29	周界安防	周界防范报警	★	★	★	★
30	门禁系统	对出入口通道进行管制的系统	★	★	★	★
31	移动CCTV	视频监控	★	★	★	★
32	安检系统	利用人工智能技术、物联网技术及自动化技术，在旅客安检系统中集成创新，以实现旅客又好又快安检的安检系统	★	★	★	★
33	FOD检测系统	检测道面异物	不建议上	不建议上	不建议上	★
34	驱鸟系统	驱鸟业务管理	不建议上	不建议上	不建议上	★
35	信任旅客系统	为加快旅客通过安检开发的信任旅客管理系统	不建议上	不建议上	不建议上	★
36	安全巡查系统	机场安全巡检，分析预测安全态势	不建议上	不建议上	不建议上	★

续表

序号	系统	功能说明	机场旅客吞吐量小于50万人次/年	机场旅客吞吐量小于100万人次/年	机场旅客吞吐量小于200万人次/年	机场旅客吞吐量小于500万人次/年
37	证件管理系统	实现机场工作人员证件管理，提供基于电子工卡的员工移动综合服务	不建议上	★	★	★
38	非航业务平台	对非航商业经营全业务进行在线系统支撑，形成企业管理统一视图和跨部门的业务流程系统集成和资源共享	不建议上	不建议上	不建议上	★
39	商业管理系统	O2O电商平台	不建议上	不建议上	不建议上	★
40	移动支付	支持移动支付	★	★	★	★
41	停车场管理系统	停车场管理	★	★	★	★
42	自助缴费系统	实现旅客自助缴费	★	★	★	★
43	航班业务收费系统	机场起降费用、机场物业租赁费用收费管理	不建议上	★ 提供基本收费模块	★ 提供基本收费模块	不建议上
44	经营分析平台	利用先进的OLAP技术和数据挖掘技术，帮助企业的经营决策层了解企业经营的现状	不建议上	不建议上	不建议上	★
45	财务管理系统	财务管理软件分为企业财务和决策两个层次，提升财务管理的效率	★ 提供基本管理模块	★ 提供基本管理模块	★ 提供基本管理模块	★
46	资产管理系统	实现资产管理，有效控制成本	★	★	★	★
47	人力资源系统	员工管理、考勤薪酬、审批、社保、职业培训与发展等	★	★	★	★
48	ERP	企业资源计划管理	★ 提供基本管理模块	★ 提供基本管理模块	★	★
49	OA和移动OA系统	办公自动化	★	★	★	★
50	能源管理系统	对机场各供能/用能系统进行智能化数据采集、统计分析和一体化全景展示，提升机场能源综合效率	不建议上	不建议上	★ 只提供监控模块	★

2. 集成创新，整体推进建设内容

聚焦五大重点业务，全面应用云计算、大数据、移动互联网、人工智能等新技术，开展基于智慧机场标准、核心支撑软件、无人智能化装备、互联网+、基础与信息安全系统的关键装备和先进技术的集成应用，构建稳定、灵活、可扩展的数字平台，实现多方协同、信息共享、智能运行、智慧决策，整体推进智慧机场建设内容。

（1）智慧运营

建设基于物联网的全自动、协同化和高效率的运行一张看板。优化完善ACDM系统功能，实现航班保障节点的视频实时自动采集录入；运用大数据和AI智能分析，实现机位、登机口、安检口等全域保障资源的智能分配；强化与航空公司、空管等驻场单位合作，实现数据互联互通和信息共享，以航班流为核心构建"运行一张看板"，对航班保障态势进行全流程、全方位的感知和预警，实现运行管控决策数据化；加强5G应用场景研究，尽快推动基于5G的物联网应用落地，着力探索以5G为核心的智能机器人、无人驾驶等新应用和新业态，努力促使5G建设取得实效；深挖RFID技术潜能，完善行李辅助分拣系统功能，探索推广电子行李牌服务，实现"一颗芯行李管控"，实现旅客行李出发、中转、到达的全过程跟踪和闭环管理，让行李"有迹可循"；在集团公司层面推动空管、航司及其他兄弟机场的数据层面共享，建立数据交换的常态化机制，构建统一信息数据标准，建成开放共享的信息数据平台，应用大数据和复杂事件处理技术预测运行态势，打造高效运行协同指挥平台，实现一体化协同，提升整体保障效率。

（2）智慧服务

一是打造基于大数据的全流程、无感知OneID智慧服务一条线。使用微信小程序、公众号、官网作为前端应用，统一服务入口，在值机、安检、改签中转、登机和行李追踪等环节打造旅客便捷出行的全流程自助服务。通过人工智能、大数据等技术在自助服务中的应用，以旅客流为核心构建OneID，做到以旅客画像为驱动，提供电子值机、商业智能导引、临时乘机证明、快捷安检预约、航延通知、中转旅客引导等服务，为旅客提供场景化、智能化服务；借助微信平台，积累常旅客数据，建立常旅客会员体系，开展精准营销和个性化服务；通过整合不同平台的信息资源，上线自助式咨询问答的智能客服，畅通旅客信息获取及反馈渠道，提高旅客信息获取的效率和质量，打造旅客线上线下服务一条线，实现旅客从"家门口"到"登机口"的主动关怀；推行差异化安检，基于旅客个人信用等相关信息数据，对其进行潜在危险程度分析，并根据不同的危险程度，采用不同等级的安检模式；增大对自助值机、自助行李托运、自助安检及自助登机等旅客自助设备的投入，满足现有航站楼及新扩建航站楼投产后的旅客使用需求，不断提升本场自助覆盖率，提升旅客通关效率。

（3）智慧安全

建设基于智能动态分析的动态感知安全一张网。借助先进的信息技术，如人脸识别、生物识别等人工智能技术，实现机场视频、音频资源的联网以及门禁、围界入侵报警等各类安防业务数据的融合，建设无盲区、智能化、主动预警的智能安防分析平台，打造"安全防控一张网"，使机场的安全管理从传统的被动追溯转变为主动预防，实现精准、智慧、一体化安防体系；谋划飞行区跑道防入侵、FOD 检测、无人机反制、网络安全态势感知等专业系统建设，推进智能安防与"平安机场"建设的融合，通过信息化新技术提高机场安全防控水平。

（4）智慧商业

践行"互联网+"商业模式，打造智慧商业新坐标。搭建以商业资源规划、旅客消费行为智能分析为基础的智慧商业管理平台，一方面利用物联网、人工智能、大数据等新技术，通过人脸识别 POS 机和智能电子价签等智慧无感知设备，对旅客消费行为进行识别采集，充分融合航班生产数据、商业销售数据、用户画像及历史购买行为，建立旅客消费特征数据库，通过官网、微信小程序和抖音自媒体等自有平台为旅客提供个性化商业和优惠信息推送等服务,从而实现精准营销和智慧引流；另一方面，通过预置的分析报表，对用户画像、销售金额、商品资源等进行可视化图表呈现，构建完整的可视化商业资源数据体系，为商业规划和招商提供分析依据，从而提高机场非航收入；最终实现 O2O 业务的深度探索和创新，构造线上和线下商业闭环，提升旅客消费体验和促进消费转化。

（5）智慧管理

一方面充分借助云平台丰富资源，开展个性化应用开发和灵活配置，实现企业管理一个云平台，以信息化手段实现人力资源数据、财务数据、生产统计数据等的采集分析，形成业务流程与数据一体化，打造精细化、数据化、智能分析为特征的智慧管理平台，实现管理者对公司经营管理数据和信息的总体把控与智能决策；另一方面，打造基于电子工卡的员工移动综合服务系统，利用数字微卡代替现有一卡通，一码完成门禁考勤、食堂消费、班车乘坐等各种办公动作，助力本场员工实现移动协同作业和协同办公，同时可以构建员工服务助手，实现自助化的人事服务、财务报销、福利申领、职业成长等服务。

3. 技术赋能，打造标杆示范引领

推动 5G、人工智能、大数据及数字孪生等新兴技术与智慧机场建设深度融合，打造若干个典型应用场景，实现 5G 广泛应用，AI 深度赋能，数据全面驱动，孪生覆盖全程。

（1）推动 5G 技术与智慧机场融合发展

5G 时代的到来，为智慧机场建设提供了创新发展机遇，也为机场安全、运行和服务应用场景带来了新的可能。应鼓励支持通信运营商、系统解决方案供应商、智能设备制造企业共同研究 5G 技术在智慧机场领域的集成创新，围绕"客、货、城、人、智"发展战略，结合安全、运行、服务及管理四大类业务，重点探索 5G 在物联网、自动化控制、物流追踪、AR、云化机器人、机场安防等领域的应用，开展 5G 摆渡车、5G 智慧助航灯光、5G 北斗定位技术应用、5G 自动驾驶、5G 智能服务机器人等 5G 应用的创新实验，构建面向机场场景的 5G 边缘服务体系，助推智能安检、智能客服、智能物流、机场自动化调度等创新便捷出行服务的落地，引导机场利用 5G 高带宽、低时延、大连接的技术优势，加快推进 5G 布局，为智慧机场建设进一步赋能。

（2）促进人工智能技术在智慧机场建设中的应用

面向智慧安全、智慧运行、智慧服务、智慧商业和智慧管理五大业务领域，推进以机器视觉、智能传感、深度学习等人工智能技术在智慧机场建设中的应用，推动机场安全管理、服务保障、商业运营向柔性化、智能化、精细化转变。鼓励厂商提供商业化产品和整体解决方案，智慧安全方面，提供动态视频分析、人证票核验、人脸闸机等服务；智慧运行方面，提供车辆识别、视频分析、高精地图和无人车等技术服务；智慧服务方面，提供智能客服、智能机器人、智慧交通、人流分析等，全面提升旅客在机场的服务体验；智慧商业方面，基于大数据、AR/VR 等技术，为机场打造精准营销和个性服务，优化商业决策；智慧管理方面，协助机场实施基于生物特征管理，利用物联网分析现场数据，实现设备在线检测诊断、预测性维护及质量实时监控、优化节能。

（3）深化数字孪生技术全面应用

数字孪生机场是运用数字孪生技术，克隆出与真实机场对应的虚拟系统，在虚拟系统中可以看到真实机场中的每个角落，实现对机场运行全貌的实时展示。

我国数字孪生机场建设相比国外虽然起步晚，但由于中国民航局高度重视、政策引导得力，为数字孪生技术在民航领域的推广应用提供了良好的环境。伴随新冠肺炎疫情防控力度的加大、我国新机场建设的发力，数字孪生技术作为新老基建的重要耦合点和支撑力，在"十四五"时期多领域民航强国建设和"四型机场"发展中，将大有作为。首先，在机场前期规划设计阶段，实现物理机场数字化，协助设计机场三维模型，解决复杂的空间问题；其次，在建设施工管理阶段，构建涉及建设方、监理方、施工单位等主体的建设运营一体化管理系统，实现交付标的物进度安排、质量监管、造价审查的精细化管控和数字化管理；再次，在机场运行维护阶段，数字孪生机场通过大数据挖掘、人工智能以及深度学习等新理论新方法的应用，整合各类数据资源，实现机场运行品质的实时感知和可视化交互，依托数据高阶分析与挖掘服务技术，实现业务瓶颈问题的精准发现，利用仿真模拟技术对运行方案进行智能评估分析、优化运行策略等。

数字孪生机场是智慧机场的典型实现路径，国内部分民航机场及行业内外专业机构充分发挥资源优势，先行实践，在数字孪生领域展开研究，目前已取得了一定的应用成果。北京大兴机场通过大数据、云计算、人工智能等先进技术的有机融合，打造了一整套兼容多种客户端的数字孪生系统，主要包括机场地理信息系统、高精度综合定位系统、空侧运行管理系统、机坪车辆管理系统、设施设备维护维修管理系统、工程建设及运营筹备系统等。上海机场集团计划到2022年,初步构建数字孪生机场,实现机场全业务的态势感知及全景可视化,为机场决策层、管理层、运行层和作业层等各层面的应用有效赋能,持续引导机场安全保障、运行效率和服务体验的不断提升。中国民航科学技术研究院主导打造了一套为机场量身定制的数字孪生系统"云镜系统",映射与反馈飞机在空间坐标上的起降状态、巡航态势、停机坪安全监测,赋予车辆和航行器真实地理空间坐标,打通机场数据,提升信息化管理的应用效果和业务效率。

为了推进民用机场全国统一的数字孪生机场建设,保障数字孪生机场更好更快发展,应将信息化技术与传统基建有机融合,建立统一数字孪生平台,实现全生命周期与全业务管理,从顶层设计确保数字孪生机场的可持续发展。运用数字孪生和可视化仿真技术,融合机场智能模型,构建空天地一体化全生命周期信息管理平台,克服现阶段机场业务分割、独立管理的现状问题,将机场单体数据、业务进行融合、集成,秉持一图汇聚数据、一体业务联动、一屏尽览全局、一键智能决策、一网服务共享的一张蓝图绘到底的建设思想,实现智能感知、数据服务、云脑中台、综合管理、综合运营等功能,实现机场实时可视化运营、模拟推演预测、联动指挥,为机场运营管理者提供跨领域、跨业务、全域视角的一体化指挥、决策平台,以全面视野、系统观念统筹推进机场基础设施数字化、开发管理信息化、服务功能专业化和产业发展智能化,提升个性化、精细化、智慧化机场建设与治理水平。

4. 融通发展,促进产业生态培育

近年来,大数据、云计算、人工智能、物联网和支付平台等技术应用日趋成熟,推动了经济形态不断发生演变,突破了传统互联网思维,新业态"互联网+"应运而生,通过生产要素的优化、业务体系的重构、商业模式的创新等多种途径来达到经济生产的升级转型。随着"互联网+"的不断发展,市场的转型升级,未来以机场为核心将形成多产业链相结合的生态系统。

在机场内部,依托智慧机场平台体系,各平台围绕机场管理层的关键核心,形成辐射阶梯状网络化连接,智慧安全、智慧运行、智慧服务、智慧商业、智慧管理"五大智慧业务"发展为抓手的机场内部生态圈。该生态圈能够供给机场、航空公司、空管、物流、商业单位等机场关联对象进行更优化的资源交流与整合,将旅客、服务、人力、数据、产品等相融合,满足机场内各产业、企业对象的全生命周期需求,颠覆传统的生产模式,提升效益,如图12-16所示。

机场内部的生态圈建设使机场进一步得到发展,而互联网时代要求将各产业进行深度融合,创造新的发展生态,这对机场来说是一个巨大的契机。现代机场的建设和发展方向是建设特定的产业功能区,以机场为核心的辐射圈将不断扩大,开放变革,跨界融合,把孤岛式创新连接起来,联动创造更大的效益。另外,当前我国强调以城市群的发展带动机场群的发展,从追求单一的机场智慧化转变成多机场运行的智慧化，通过产业链关联、技术扩散实现对区域产业的升级优化，已成为全球机场航空城快速整合区域资源、提升区域竞争力的有效渠道。机场作为传统的公共设施、门户入口，具有天然的高交通性和高时效性优势，以机场为核心，依托互联网带来的机遇和平台，打造从政府部门、商业单位、航空公司和上下游机场等四大方向向外延伸的外部生态圈，融合传统产业，将业务信息化和生态链智慧化全面融合扩展至立体生态系统，通过产业升级促进经济生产力提升，将强有力地带动上下游产业发展，极大地促进城市经济发展，如图 12-17 所示为智慧机场外部生态圈。

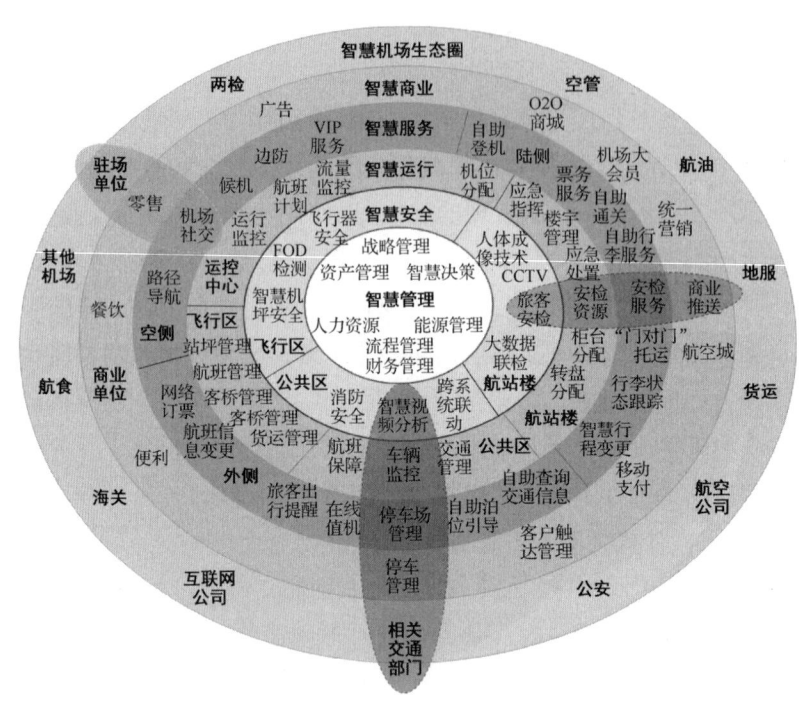

图 12-16　智慧机场内部生态圈

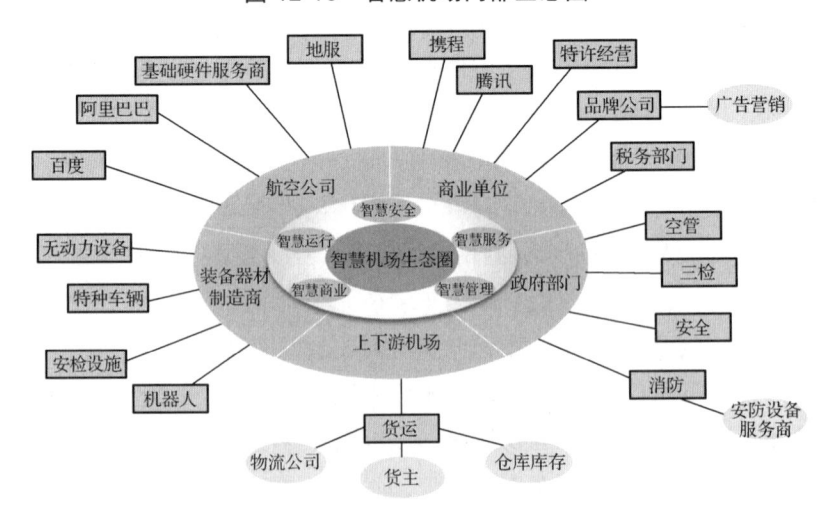

图 12-17　智慧机场外部生态圈

5. 人才为本，创新人才培训体系

人才是社会发展的第一资源。建设智慧机场必须大力提升机场干部职工的能力素质，优化行业人力资源结构，创新人才培训体系和培养路径。为此，建议实施以四型人才培养方案为核心的新时代民航服务能力提升计划。计划应面向机场各岗位的干部职工提供一整套、分模块、可选择的全新人才能力提升解决方案，围绕能力提升主线，补齐知识技能短板，助力成就全新人才。

一是以服务平安机场模块训练平安底线思维。通过平安机场的理念知识和核心应用技能，以及人脸识别、语音辨析、行为预判等最新技术，基于国际航空运输协会 ONE-ID 技术建设能力等内容，实现服务平安机场建设能力提升。

二是以服务绿色机场模块培育绿色发展理念。通过绿色机场的理念知识和核心应用技能，以及碲化镉发电玻璃、机坪车辆和工具电动化、定向区域控温、能耗可视化等最新技术，基于物联网技术建设能力等内容，实现服务绿色机场建设能力提升。

三是以服务智慧机场模块养成智慧洞见模式。通过智慧机场的理念知识和核心应用技能，数据挖掘、AI 技术、业务整体上云、基于微信旅客服务质量评价等最新技术，以及基于 5G 通信技术建设能力等内容，实现服务智慧机场建设能力提升。

四是以服务人文机场模块形成人文思考维度。通过人文机场的理念知识和核心应用技能，以及地域差异性文化凝练、心理趋向的室内环境优化、基于 AR 和 VR 设备的场景式浸入等最新技术，基于 VI 识别技术建设能力等内容，实现服务人文机场建设能力提升。

参 考 文 献

[1] 中国民用航空局. 关于印发《中国民航四型机场建设行动纲要（2020—2035年）》的通知[EB/OL]. http://www.caac.gov.cn/XXGK/XXGK/ZCFB/202001/t20200110_200302.html

[2] 中国民用航空局，国家发展和改革委员会，交通运输部. 关于印发《"十四五"民用航空发展规划》的通知[EB/OL]. http://www.caac.gov.cn/XXGK/XXGK/FZGH/202201/t20220107_210798.html

[3] 中国民用航空局. 关于印发《智慧民航建设路线图的通知》[EB/OL]. http://www.caac.gov.cn/PHONE/XXGK_17/XXGK/ZCFB/202201/t20220121_211212.html

[4] 马志刚，牟奇锋. 机场概论[M]. 重庆：西南交通大学出版社，2010

[5] 陈文华. 民用机场运营与管理[M]. 北京：清华大学出版社，2020

[6] Richard de Neufville, Amedeo R. Odoni. Airport Systems: Planning, Design, and Management[M]. New York, USA: McGraw-Hill, 2003

[7] 曾小舟. 机场运行管理[M]. 北京：科学出版社，2017

[8] 邵荃. 机场安全管理[M]. 北京：科学出版社，2018

[9] 李艳伟，张喆，李博. 民用机场应急救援[M]. 北京：清华大学出版社，2020

[10] 李艳伟，黄春新，高宏. 民用机场运行控制[M]. 北京：清华大学出版社，2020

[11] 何蕾. 民航机场地面服务[M]. 北京：化学工业出版社，2020

[12] 刘君强. 机场管理信息系统[M]. 北京：科学出版社，2018

[13] 高俊，启徐皓. 机场工程概论[M]. 北京：国防工业出版社，2014

[14] 王景霞，代少勇. 以价值为导向的机场战略规划与管控[M]. 北京：民航出版社，2015

[15] 蒋威威，李存国，赵迎迎. 新型智慧城市理论研究与深圳实践[M]. 北京：中国发展出版社，2021

[16] 杜明芳. AI+新型智慧城市理论、技术及实践[M]. 北京：中国建筑工业出版社，2019

[17] 信江艳. 企业信息化规划[M]. 北京：清华大学出版社，2017

[18] 范玉顺，胡耀光. 企业信息化战略规划方法与实践[M]. 北京：电子工业出版社，2007

[19] 方美琪，张树人. 复杂系统建模与仿真[M]. 北京：中国人民大学出版社

[20] 赵春晓，魏楚元. 多智能体系统建模、仿真及应用[M]. 北京：中国水利水电出版社，2021

[21] 慈玉生，吴丽娜. 交通系统建模与仿真[M]. 北京：人民交通出版社，2021

[22] 高艳丽，陈才. 数字孪生城市 虚实融合开启智慧之门[M]. 北京：人民邮电出版社，2019

[23] 戴超成. 广播式自动相关监视（ADS-B）关键技术及仿真研究[D]. 上海交通大学硕士学位论文，2011

[24] 刘智. ADS-B民航管理系统关键应用软件设计[D]. 电子科技大学硕士学位论文，2013

[25] 张嘉，张益，刘翱. 机场航空移动通信系统——AeroMACS[J]. 中国无线电，2018, (11): 52-54

[26] 温怡靖. AeroMACS 快速接入的关键技术研究[D]. 电子科技大学硕士学位论文，2016

[27] 王思勇. 宽带集群及其在民航机场中的应用[J]. 移动通信，2016, 40(14): 42-45

[28] 机场跑道无线 WiFi 盖建设方案[EB/OL]. https://max.book118.com/html/2019/0101/8006012003001143.shtm

[29] 张园. 物联网技术及应用基础（第 2 版）[M]. 北京：电子工业出版社，2020

[30] 物联网通信协议解析大集合 [EB/OL]. https://wenku.baidu.com/view/78a89805cbaedd3383c4bb4cf7ec4afe04a1b1c7.html

[31] 智慧机场 5G 融合专网部署方案[EB/OL]. https://www.doc88.com/p-06016971370962.html?r=1

[32] 于雷. 基于 ADS-B 的机场场面多点定位方法研究[D]. 中国民航大学硕士学位论文，2020

[33] 王晖. 场面监视雷达数据处理方法研究[D]. 电子科技大学硕士学位论文，2014

[34] 梅亚楠. 用于机场场面监视的多运动目标检测与跟踪方法研究[D]. 中国民航大学硕士学位论文，2014

[35] Thomas ERL. 云计算：概念、技术与架构[M]. 龚奕利，贺莲，胡创译. 北京：机械工业出版社，2020

[36] 李智慧. 大数据技术架构：核心原理与应用实践[M]. 北京：电子工业出版

社，2021

[37] 呼延智,高原. 机场大数据平台构建研究[J]. 综合运输, 2015, 37(11): 85-89

[38] 浪潮国际机场云计算解决方案[EB/OL]. https://blog.csdn.net/chengying332/article/details/45171051

[39] 李涛. 大型枢纽机场多源业务数据与空间数据融合方法研究[J]. 软件，2014, 35(3): 103-104

[40] 朱小栋，樊重俊，杨坚争. 面向机场场区管理的数据挖掘系统[J]. 计算机工程，2012, 38(3): 224-227

[41] 大数据平台对机场运行效率提升的支持和前瞻性展望[EB/OL]. http://www.airportse.cn/2019/05/10/

[42] 李涛. 地理信息系统在机场领域的应用研究[J]. 软件，2014, 35(3): 43-44, 51

[43] 通用机场综合地理信息系统（机场 GIS 管理系统）[EB/OL]. http://www.bolemap.com/case/kf/63.html

[44] 陆泽荣，刘占省. BIM 技术概论（第二版）[M]. 北京：中国建筑工业出版社，2018

[45] 张献民，等. 基于三维 GIS 的机场飞行区运行数字化管理系统[J]. 南京航空航天大学学报，2016, 48(5): 761-771

[46] MH/T 5042—2020，民用运输机场建筑信息模型应用统一标准[S]

[47] 庞国锋. 虚拟现实的 10 堂课[M]. 北京：电子工业出版社，2017

[48] 陆景鹏，赵倩，常存磊. 基于混合现实以及视频智能分析技术的全景监控系统[P]. 中国：CN111163286A, 2020

[49] 王勇，韩燕征，贾锐. 大型枢纽机场信息安全监测平台设计与实现[J]. 通信技术，2017, 50(7):1587-1591

[50] 李想 郑卓睿. 物联网平台在智慧机场中的应用与思考[J]. 智能建筑，2021(2): 50-51

[51] 智慧机场物联网智能化平台建设方案[EB/OL]. https://wenku.baidu.com/view/75a74a2c5ff7ba0d4a7302768e9951e79b8969a6.html

[52] 邓劲生，郑倩冰. 信息系统集成技术[M]. 北京：清华大学出版社，2012

[53] 智慧机场数据中台解决方案[EB/OL]. https://download.csdn.net/download/weixin_44094929/17229866

[54] 航班正常管理规定[EB/OL]. http://www.caac.gov.cn/XXGK/XXGK/MHGZ/201706/t20170621_44917.html

[55] 赵晓林. 深圳机场航班正常性管理体系构建研究[D]. 兰州大学硕士学位论文，2017

[56] 机场协同决策（A-CDM）实施规范[EB/OL]. https://max.book118.com/html/2019/0104/6201041114001243.shtm

[57] 民航局发布机场 A-CDM 技术规范征求意见稿[EB/OL]. http://news.carnoc.com/list/561/561191.html

[58] 鲍帆，王旭东. 机场协同决策体系结构设计与信息服务分析[J]. 信息化研究，2017, 43(5): 28-34

[59] 潘浩. 机场协同决策系统的设计与实现[D]. 大连理工大学硕士学位论文，2014

[60] 姬婷婷. 基于视频分析的 A-CDM 里程碑事件时间采集技术. 中国民航大学硕士学位论文，2019

[61] MH/T4042—2014. 高级场面活动引导与控制自动化系统技术要求[S]

[62] 唐勇. A-SMGCS 航空器滑行路由规划及三维仿真研究[D]. 南京航空航天大学博士学位论文，2014

[63] MH/T 5024—2019. 民用机场道面评价管理技术规范[S]

[64] 运输机场鸟击防范管理办法[EB/OL]. http://news.carnoc.com/list/561/561191.html

[65] 施泽荣，张亮，白文娟 机场鸟击防范与管理[M]. 合肥：合肥工业大学出版社，2014

[66] 机场站坪信息采集系统[EB/OL]. https://max.book118.com/html/2017/0922/134730567.shtm

[67] 杨太东，张积洪. 机场运行指挥[M]. 北京：中国民航出版社，2008

[68] Yin Kai1, Yin Gang, Zhao Shi-yi. Research on Problem of Airport Ground Services Scheduling[C]. 2011 2nd International Conference on Management Science and Engineering Advances in Artificial Intelligence, 2011, Vol.1-6: 113-118

[69] 现代机场运行指挥体系研究与探索统[EB/OL]. https://www.fx361.com/page/2020/0713/6871319.shtml

[70] 胡钰明，吴海云. 机坪管制移交后机坪运行管理系统的设计与实现[J]. 信息与电脑，2018(12): 76-79

[71] 陈雪. 民用机场应急保障方案设计与过程仿真研究[D]. 中国民航大学硕士学位论文，2018

[72] MH/T 5052—2021. 机场数据规范与交互技术指南[S]

[73] 关于印发《航班安全运行保障标准》的通知[EB/OL]. http://www.caac.gov.cn/XXGK/XXGK/ZFGW/202003/t20200319_201547.html

[74] 民航局关于促进航空物流业发展的指导意见[EB/OL]. http://www.caac.gov.cn/XXGK/XXGK/ZFGW/201805/t20180515_187947.html

[75] 迟越. 天津机场货运业务流程优化研究[D]. 中国民航大学硕士学位论文，2016

[76] 童思思，辜勇，徐子茗，等. 货运机场地面保障信息系统研究[J]. 物流工程与管理，2021, 43(1): 78-80, 86

[77] 高利佳，肖挺莉. 面向旅客个性化服务的机场室内位置地图与服务系统[J]. 中国民航飞行学院学报，2015, 26(1): 60-67

[78] 石征华. 虹桥机场陆侧交通管控平台研究[J]. 无线互联科技，2017(10): 115-117

[79] 颜超. 上海市枢纽机场陆侧公共交通管理研究[D]. 华东师范大学硕士学位论文，2015

[80] 夏慧永. 机场旅客服务质量评价方法研究[D]. 中国民用航空飞行学院，2015

[81] 李琦真. 新白云国际机场航站楼引导标识系统设计[J]. 建筑技术及设计，2005(2): 70-77

[82] 李子玉. 基于数据驱动的机场航站楼离港旅客托运行李需求预测研究[D]. 北京交通大学硕士学位论文，2018

[83] AC-139/140-CA-2019-3. 信息公开运输机场安全管理体系（SMS）建设指南[S]

[84] 首都机场航空安全管理体系（SMS）实践经验[EB/OL]. https://wenku.baidu.com/view/a336d5ca74a20029bd64783e0912a21614797f81.html

[85] 却建昆，杨云涛，杨红梅. 机场运行安全大培训体系建立构想及实践[J]. 中国民用航空，2018, 267(2): 66

[86] 梁文娟，程明. 基于运行数据的民航机场安全管理系统研究[J]. 中国民航飞行学院学报，2011, 22(5): 32-35

[87] 机场安检运控综合管理平台方案[EB/OL]. https://wenku.baidu.com/view/09de6cdaa31614791711cc7931b765ce04087af9.html

[88] 陈济达，汤新民，刘金安. 基于多特征融合的机场FOD图像检测技术[J]. 中国民航飞行学院学报，2020, 50(1): 42-45

[89] 李煜. 机场跑道异物检测识别算法与系统设计研究[D]. 上海交通大学硕士学位论文，2015

[90] 杨戈. 机场围界监控及预警软件设计与实现[D]. 中国民航大学硕士学位论文，2015

[91] 机场非航空业务发展创新研究[EB/OL]. https://www.wenmi.com/article/ps7lp3042e4w.html

[92] 陈广杰，张纯良，虞纯一. 机场非航业务精细化管理模式研究——以上海机场为例[J]. 企业管理与发展，2019(2): 32-35

[93] 袁芳. 新时代的机场非航业务营销创新初探[R]. 上海空港，21:15-19

[94] O2O 电商平台系统解决方案究[EB/OL]. https://max.book118.com/html/2021/1103/6152135024004041.shtm

[95] 机场车站停车管理解决方案究[EB/OL]. https://max.book118.com/html/2021/1103/6152135024004041.shtm

[96] 基于空间数据的全生命周期资产管理解决方案[EB/OL]. https://max.book118.com/html/2019/1230/7014113123002112.shtm

[97] MH/T 5043—2019. 民用机场智慧能源管理系统建设指南[S]

[98] 徐军库，肖斌，李强. 国内外绿色机场实践与发展[M]. 北京：中国民航出版社，2018

[99] 机场无人驾驶设备应用路线图（2021—2025 年）[EB/OL]. http://www.caac.gov.cn/XXGK/XXGK/ZCFB/202112/t20211201_210346.html

[100] MH/T 5002—1996. 民用机场特种车辆、专用设备配备[S]

[101] 民航特种车辆[EB/OL]. https://wenku.baidu.com/view/10f33ef2f524ccbff021843a.html

[102] 申泽邦，雍宾宾，周庆国，等. 无人驾驶原理与实践[M]. 北京：机械工业出版社，2019

[103] 谷明信，赵华君，董天平. 服务机器人技术及应用[M]. 成都：西南交通大学出版社，2019

[104] 智能无人割草机器人[EB/OL]. https://www.jxnews.com.cn/zt/system/2015/08/07/014124207.shtml

[105] 无人驾驶车辆执行机构的改装方案[EB/OL]. https://wenku.baidu.com/view/63940a1efad6195f312ba660.html

[106] AGV 关键技术现状及其发展趋势[EB/OL]. https://wenku.baidu.com/view/c7eef61c0b75f46527d3240c844769eae109a33d.html

[107] 蔡自兴. 多移动机器人协同原理与技术[M]. 北京：国防工业出版社，2011

[108] 胡春旭. 基于ROS 的云机器人平台设计与实现[D]. 华中科技大学硕士学位论文，2015

[109] 交通运输标准化体系[EB/OL]. https://wenku.baidu.com/view/12cea0ec6d175f0e7cd184254b35eefdc9d31511.html

[110] 刘一，许金海. 民航机场运行仿真模拟软件综述[J]. 民航管理，2017(8):54-57

[111] 刘武君，陈建国. 浦东国际机场货运站运营管理研究[M]. 上海：上海科学技术出版社，2013

[112] 新时代创建"智慧通航"产业生态体系的构想[EB/OL]. http://news.

carnoc.com/list/465/465255.html

[113] 苊军英. 我国通用机场建设与运行管理现状与思考[J]. 城市建设理论研究（电子版），2015(25): 2898-2899

[114] 杜瑾珺. 大型枢纽机场运行效率评价体系研究[J]. 2019(20): 247-249

[115] 辛国斌，田世宏. 国家智能制造标准体系建设指南（2016年版）解读[M]. 北京：电子工业出版社，2018

[116] 赵鸿铎，李深深，刘诗福，等. 机场智慧飞行区内涵、分级与评价[J]，同济大学学报（自然科学版），2019, 47(8): 1136-1142

[117] 新型智慧城市标准体系框架及评估指标初探[EB/OL]. http://www.iotworld.com.cn/html/News/201808/59844aa964584f98.shtml

[118] 徐兴娟，汪传雷，王慧，等. 长江三角洲地区机场高质量发展评价体系研究[J]. 中国储运，2021(6): 159-162

[119] GBT 33356—2016. 新型智慧城市评价指标[S]

[120] 杜伟军. 民航行业标准体系建设工作现状及建议[J]. 中国民用航空，2016, 227(6): 65-66

[121] 中国民航高质量发展指标框架体系[EB/OL]. https://wenku.baidu.com/view/faadbe99a22d7375a417866fb84ae45c3a35c26a.html

[122] MH/T 5144—2007. 中国民用机场服务质量评价指标体系[S]

[123] 庞国锋. 虚拟战场理论研究与工程实践[M]. 北京：电子工业出版社，2010

[124] 庞国锋. 作战后勤保障仿真概论[M]. 北京：电子工业出版社，2021

[125] "四型机场"示范项目展示|茅台机场中小型机场协同一体化平台[EB/OL]. http://finance.sina.com.cn/roll/2019-02-26/doc-ihrfqzka9212251.shtml

[126] 昆明长水国际机场智慧机场建设综述[EB/OL]. http://www.airportse.cn/2018/12/21/

[127] 未来机场示范项目：首都机场智慧机场建设[EB/OL]. http://finance.sina.com.cn/roll/2018-12-20/doc-ihqhqcir8668157.shtml?source=cj&dv=1

[128] 未来机场项目展示[EB/OL]. http://www.360doc.com/content/18/1228/23/26939665_805166385.shtml

[129] 未来机场示范项目：深圳机场未来机场规划建设[EB/OL]. http://www.cadas.com.cn/news/20190103111554700001.html

[130] 从梦想到现实，重庆机场"智慧机场"建设理论与实践[EB/OL]. http://www.airportse.cn/2017/11/15/

[131] 民用运输机场规划布局示意图（2030年）高清[EB/OL]. https://wenku.baidu.com/view/37549dcc2af90242a995e539.html

[132] 大型枢纽机场运行组织体系及其决策系统关键技术研究[EB/OL]. https://

max.book118.com/html/2018/1011/8132127036001126.shtm

[133] 推广保腾芒案例经验，民航局印发中小机场群协同一体化运行服务指南[EB/OL]. http://news.carnoc.com/list/562/562997.html

[134] 廖丹，黄宝军. 基于 AirTOp 机场综合保障能力仿真与评估[J]. 航空计算技术，2017, 47(1): 77-80

[135] 刘仍海. 基于数字孪生的机坪安全预警系统建设研究[J]. 山西交通科技，2021, 269(2): 103-106

[136] 高颖. 基于 CIM 的智慧交通与智慧道路感知体系[J]. 中国交通信息化，2021(1)

[137] 孙彩苹. 航空货运机坪特种车辆优化调度算法与仿真研究[D]. 中国民航大学硕士学位论文，2016

[138] 邢志伟，王超，罗谦，等. 过站航班地面保障服务时间估计[J]. 中国民航大学学报，2019, 37(6): 39-45

[139] 刘声畅. 特种车辆远程调度监控系统设计[D]. 浙江大学硕士学位论文，2020

[140] 王红微. 机场货运业务仿真评估与优化研究[D]. 天津理工大学硕士学位论文，2021

[141] 黎影影. A 机场地勤岗位排班优化问题研究[D]. 南京航空航天大学硕士学位论文，2020

[142] 李扬. 基于综合分析的机场地下管线数字化管理研究[D]. 中国民航大学硕士学位论文，2016

[143] 陈雪. 民用机场应急保障方案设计与过程仿真研究[D]. 中国民航大学硕士学位论文，2018

[144] 徐瑞时. 繁忙机场地面保障容量评估与优化[D]. 南京航空航天大学硕士学位论文，2014

[145] 许晨晨，邵荃. 不确定作业时间下机场地面服务保障设备调度优化[J]. 科学技术与工程，2018, 18(3): 39-45

[146] 唐勇. A-SMGCS 航空器滑行路由规划及三维仿真研究[D]. 南京航空航天大学硕士学位论文，2014

[147] 孙俊富. 基于 BIM 的民用机场机库火灾仿真与人员疏散研究[D]. 中国民航大学硕士学位论文，2014

[148] 葛亚威，戴雨，孔建国，等. A-CDM 机制下基于空闲时隙优化的停机位分配模型研究[J]. 科学技术与工程，2017, 17(8): 39-45